Markus Saur
Der Tyroszyklus des Ezechielbuches

Beihefte zur Zeitschrift für die alttestamentliche Wissenschaft

Herausgegeben von
John Barton · Reinhard G. Kratz
Choon-Leong Seow · Markus Witte

Band 386

W DE G

Walter de Gruyter · Berlin · New York

Markus Saur

Der Tyroszyklus des Ezechielbuches

W
DE
G

Walter de Gruyter · Berlin · New York

♾ Gedruckt auf säurefreiem Papier,
das die US-ANSI-Norm über Haltbarkeit erfüllt.

ISBN 978-3-11-020529-9
ISSN 0934-2575

Bibliografische Information der Deutschen Nationalbibliothek

Die Deutsche Nationalbibliothek verzeichnet diese Publikation in der Deutschen
Nationalbibliografie; detaillierte bibliografische Daten sind im Internet
über http://dnb.d-nb.de abrufbar.

Printed in Germany
Einbandgestaltung: Christopher Schneider, Berlin

„Daß nun die Phönicier das mittelländische Meer so inseln- und busenreich fanden, daß sie von Land zu Land, von Ufer zu Ufer allmählich über die Säulen des Hercules hinausgelangen und unter den uncultivirten Völkern Europa's eine so reiche Ernte ihres Handels antreffen konnten, war nichts als Lage der Sache, eine glückliche Situation, die die Natur selbst für sie erschaffen hatte.

Als zwischen den Pyrenäen und Alpen, dem Apennin und Atlas sich uralters das Becken des mittelländischen Meers wölbte, und seine Landspitzen und Inseln allmählich wie Häfen und Sitze emporstiegen, da schon ward vom ewigen Schicksal der Weg der Cultur Europa's gezeichnet.

Hingen die drei Welttheile zusammen, so wäre Europa vielleicht ebenso wenig als die Tatarei und das innere Afrika oder gewiß langsamer und auf andern Wegen cultivirt worden. Nur die mittelländische See hat unsrer Erde ein Phönicien und Griechenland, ein Etrurien und Rom, ein Spanien und Karthago gegeben, und durch die vier ersten dieser Ufer ist alle Cultur Europa's worden."

Johann Gottfried Herder,
Ideen zur Philosophie der Geschichte der Menschheit
(XII.4 Phönizien und Karthago)

Vorwort

Die vorliegende Arbeit wurde von der Theologischen Fakultät der Universität Basel im Herbst 2007 als Habilitationsschrift angenommen; für den Druck wurde sie geringfügig überarbeitet.

Zu danken habe ich an erster Stelle Herrn Prof. Dr. Hans-Peter Mathys, der die Entstehung der Arbeit in Basel begleitet und das Erstgutachten erstellt hat; ich habe fünf Jahre lang in Basel nicht nur forschen, sondern auch lehren dürfen – Prof. Mathys hat mit dem ihm eigenen Engagement dafür gesorgt, dass neben dem akademischen Unterricht und den anderen Dienstpflichten die Arbeit an der Habilitationsschrift nie aus meinem Blickfeld geraten konnte. Prof. Dr. Klaus Seybold, Prof. Dr. Thomas Römer und Prof. Dr. Markus Witte haben durch die zügige Fertigstellung ihrer Gutachten den reibungslosen Ablauf des Habilitationsverfahrens befördert – dafür sei ihnen sehr herzlich gedankt.

Ebenso danke ich den Herausgebern der Beihefte zur Zeitschrift für die alttestamentliche Wissenschaft sowie Herrn Dr. Albrecht Döhnert vom Verlag Walter de Gruyter für die freundliche Aufnahme der Arbeit in die Reihe.

Für die hilfreiche Unterstützung bei den Korrekturen danke ich sehr herzlich dem Basler Kollegen Stefan Berg. Zu danken habe ich aber auch einer Reihe weiterer Basler Theologinnen und Theologen: PD Dr. Christina Aus der Au, Prof. Dr. Heike Walz, Christian Mack, Julia Mack, PD Dr. Hanna Jenni, Pfr. Jürg Luchsinger, Stephanie Zellweger und – allen voran – Prof. Dr. Ernst Jenni; durch das tägliche Miteinander mit ihnen und den Studierenden an der Theologischen Fakultät sind die Basler Jahre zu einer reichen Zeit geworden!

Meiner Familie, meinem Patenkind Noah Joel und Sven Lipok danke ich neben den vielen praktischen Hilfen und Unterstützungen vor allem dafür, dass sie in den Jahren der Arbeit am Tyroszyklus für mich da waren, wann immer ich sie gebraucht habe. Das ist für mich ein Grund zu großer Freude und Dankbarkeit!

Erlangen, im Sommer 2008   Markus Saur

Inhaltsverzeichnis

1 Einführung

Jede Kultur entwirft Bilder, mit denen sie sich selbst und andere zu beschreiben versucht. Zwischen antiken und modernen Kulturen gibt es darin keinen grundsätzlichen Unterschied, auch wenn die gebrauchten Bilder erheblich voneinander abweichen können. Neben den Bildern, die bestimmte Gruppen von sich selbst entwerfen, sind dabei insbesondere die Bilder des Fremden aufschlussreich für die Denkwelten, in denen sich die jeweiligen Verfasser bewegen, denn es ist vor allem der Spiegel des Fremden, der den Blick für das Eigene öffnet, schärft und sensibilisiert.

Innerhalb der alttestamentlichen Literatur finden sich zahlreiche Texte, die sich mit dem Fremden auseinandersetzen. Es ist daher von hohem Interesse, diese Bilder des Fremden genauer zu analysieren, um zum einen das beschriebene Fremde und zum anderen die Denkwelten der Beschreiber genauer in den Blick zu bekommen. Die vorliegende Studie widmet sich dieser doppelten Aufgabe. Die textliche Grundlage bildet dabei eine Reihe von Völkersprüchen gegen die phönizische Küstenstadt Tyros, die sich im Buch des Propheten Ezechiel in Ez 26,1-28,19[1] findet und die vor allem in den Darstellungen zur Geschichte und Kultur Phöniziens breit rezipiert wird, ohne dass sich immer im nötigen Maß über das Problem der Verankerung dieses Textes im Kontext eines Prophetenbuches Rechenschaft abgelegt wird. Die textkritischen, literarhistorischen und formgeschichtlichen Schwierigkeiten werden in der Regel mit knappen Hinweisen in Erinnerung gerufen – aber nur, um dann doch über sie hinwegzugehen und den Text mehr oder weniger unkritisch als historische Quelle für die Rekonstruktion der Geschichte von Tyros zu lesen.

Die folgenden Überlegungen versuchen, den Tyroszyklus des Ezechielbuches aus verschiedenen Perspektiven in den Blick zu nehmen und damit literargeschichtliche Probleme mit kultur- und religionsgeschichtlichen sowie theologischen Fragestellungen zu verbinden, um ein möglichst umfassendes Bild dieses gewichtigen alttestamentlichen Textes zu erhalten.

Am Anfang steht nach der Übersetzung des Textes eine Darstellung der texthistorischen Probleme und die Erörterung der textkritischen Fragen, die diese texthistorischen Probleme aufwerfen.

---

1   Wenn im folgenden vom ‚Tyroszyklus' die Rede ist, so sind genau diese Kapitel des Ezechielbuches gemeint. Der Einfachheit und besseren Lesbarkeit halber wird zudem von Beginn an abgekürzt von Ez 26-28 gesprochen; gemeint ist damit immer nur der Tyroszyklus, der mit Ez 28,19 endet.

Auf dieser Grundlage wird in dem folgenden Teil eine eingehende literarische Analyse des Textes durchgeführt und ein literargeschichtliches Modell der Entstehung des Tyroszyklus entwickelt.

In dem sich anschließenden Teil der Arbeit wird ein Abriss der Geschichte von Tyros auf der Grundlage der antiken Quellen erarbeitet, um davon ausgehend den Wert des Tyroszyklus als eines historischen Dokumentes genauer bestimmen zu können, insbesondere im Blick auf den in Ez 26 angesagten Untergang der Stadt, im Blick auf die politischen, wirtschaftlichen und geographischen Daten aus Ez 27 und im Blick auf die Darstellung des tyrischen Königs mit den mythischen Bildern aus Ez 28.

Um das Bild von Tyros, das der ezechielische Tyroszyklus entwirft, angemessen in den Kontext der alttestamentlichen Literatur einordnen zu können, werden anschließend sämtliche alttestamentlichen Texte analysiert, in denen Tyros genannt wird; dabei wird insbesondere der Versuch unternommen, das wechselnde *image* der phönizischen Metropole zu bestimmen.

In einem Schlussteil wird – vor dem so ermittelten Hintergrund der Funktion des Tyroszyklus innerhalb des Gesamtrahmens der Bilder von Tyros und mit Blick auf die inneralttestamentlichen Verbindungen von Ez 26-28 – das theologische Profil des Tyroszyklus dargestellt und gewürdigt.

2 Der Text des Tyroszyklus

2.1 Übersetzung

Ez 26,1
Und es geschah im elften Jahr am ersten des aMonats,
da erging das Wort Jahwes an mich wie folgt:

2
Menschensohn, weil Tyros über Jerusalem gesagt hat: ,Ha, zerbrochen ist das Tora der Völker, es hat sich zu mir gewendet!
Ich will mich anfüllen, es ist vertilgt worden!'

3
So spricht darum der Herra, Jahwe: „Siehe, ich will an dich, Tyros!
Ich lasse aufbrausen gegen dich viele Völker, gleich wie das Meer seine Wellenb aufbrausen lässt!

4
Und sie vernichten die Mauern von Tyros und reißen seine Türme ein. Und ich fege sein Erdreich weg von ihm
und mache es zu einem kahlen Felsen.

5
Ein Trockenplatz von Netzen wird es inmitten des Meeres. Ja, ich habe es geredet." – Spruch des Herrna, Jahwes. –
„Und es wird zum Beutegut für die Völker.

6
Und seine Töchter, die auf dem Land, werden durch das Schwert getötet werden,
und sie werden erkennen, dass ich Jahwe bin."

7
Denn so spricht der Herra, Jahwe: „Siehe, ich bringe gegen Tyros Nebukadrezzarb, den König von Babel, von Norden her, den König der Könige,
mit Pferd und mit Wagen und mit Reitern und ein Aufgebot und viel Volk.

8
Deine Töchter auf dem Land tötet er mit dem Schwert.
Und er errichtet gegen dich ein Belagerungswerk und schüttet gegen dich einen Wall auf und stellt gegen dich einen Schutzschild.

9
Den Stoß seiner Belagerungsmaschine richtet er auf deine Mauern,
und deine Türme zerstört er mit seinen Brecheisen.

10
Aufgrund der Menge seiner Pferde bedeckt dich ihr Staub.

Vom Reiter- und Rad- und Wagenlärm erbeben deine Mauern, wenn er kommt durch deine Tore, ähnlich den Zugängen[a] einer eroberten Stadt.

11 Mit den Hufen seiner Pferde zertritt er alle deine Gassen.
Dein Volk tötet er mit dem Schwert und die Säulen deiner Macht brechen[a] nieder zur Erde.

12 Und sie rauben deinen Reichtum und erbeuten deine Handelsgüter, und sie zerstören deine Mauern und deine kostbaren Häuser vernichten sie.
Und deine Steine und deine Balken und deinen Schutt werfen sie mitten ins Wasser[a].

13 Und ich mache dem Klang deiner Lieder ein Ende,
und der Laut deiner Zithern wird nicht mehr gehört.

14 Und ich mache dich zu einem kahlen Felsen, ein Trockenplatz von Netzen sollst du sein[a], nicht mehr sollst du erbaut werden[a].
Denn ich, Jahwe[b], habe es geredet." – Spruch des Herrn[c], Jahwes.

15 So spricht der Herr[a], Jahwe, zu Tyros:
„Werden nicht vom Getöse deines Sturzes – beim Stöhnen des Durchbohrten, beim wütenden Morden[b] in deiner Mitte – die Gestade erbeben?

16 Und es steigen von ihren Thronen herab alle Fürsten des Meeres, und sie legen ihre Obergewänder ab und ihre buntgewirkten Kleider ziehen sie aus.
In Schrecken kleiden sie sich, auf dem Erdboden sitzen sie und zittern ohne Unterlass und entsetzen sich über dich.

17 Und sie erheben über dich Trauerklage und sprechen zu dir: ,Wie bist zu zugrunde gegangen, verschwunden[a] von den Meeren –
die gerühmte Stadt, deren Stärke im Meer lag, sie und ihre Bewohner[b], die ihren Schrecken verbreitet hat[c] durch[d] alle ihre Einwohner!

18 Nun erbeben die Gestade am Tag[a] deines Sturzes,
[b]und es erschrecken die Inseln, die im Meer, wegen deines Endes[b].'"

19 Denn so spricht der Herr[a], Jahwe: „Wenn ich dich zu einer verwüsteten Stadt mache – gleich den Städten, die nicht bewohnt werden –,
wenn ich[b] gegen dich die Urflut aufbranden lasse, so dass dich die tiefen Wasser überspülen,

20 dann stürze ich dich hinab mit denen, die in die Grube gestiegen sind, zum Volk der Vorzeit. Und ich lasse dich sitzen

in der tiefsten Erde bei[a] den Trümmern aus der Vorzeit mit
denen, die in die Grube gestiegen sind, so dass du nicht
zurückkommen kannst[b]
und dich aufstellst[c] im Land der Lebenden.

21 Schrecken mache ich aus dir, und du wirst nicht sein.
Und du wirst gesucht, aber nicht mehr gefunden[a] auf ewig."
Spruch des Herrn[b], Jahwes.

Ez 27,1 Und es erging das Wort Jahwes an mich wie folgt:
2 Und du[a], Menschensohn, erhebe über Tyros Trauerklage!
3 Und du sollst sagen zu Tyros, das am Zugang des Meeres[b]
liegt[a], eine Händlerin der Völker nach vielen Inseln hin ist:
So spricht der Herr[c], Jahwe: „Tyros, du hast gesagt: ‚Ich bin
von vollkommener Schönheit!‘[d]
4 Im Herzen der Meere formten sie dich[a],
deine Erbauer[b] haben deine Schönheit vollendet.
5 Mit Wacholder[a] aus Senir haben sie dir alle beiden Planken[b]
gebaut,
Zedern vom Libanon haben sie genommen, um einen
Mastbaum auf dir zu errichten.
6 Eichen aus Basan haben sie zu deinen Rudern gemacht,
dein Deck haben sie[a] aus Zypressen[b] von den Gestaden der
Kittäer hergestellt.
7 Buntgewirktes Leinen aus Ägypten war dein Segel[a], um dir als
Flagge zu dienen[b],
blauer und roter Purpur[c] von den Gestaden Elischas war deine
Schiffsdecke[d].
8 Die Bewohner von Sidon und Arwad waren dir Ruderknechte,
deine Weisen, Tyros[a], waren bei dir, sie waren deine Seeleute.
9 Die Ältesten von Byblos und seine Weisen waren bei dir als
deine Schiffszimmerleute[a],
alle Schiffe des Meeres und ihre Matrosen waren bei dir, um
deine Ware zu tauschen.
10 Paras und Lud und Put waren in deinem Heer als deine
Kriegsleute,
Schild und Helm hängten sie bei dir auf, sie waren[a] deine Zier.
11 Die Söhne Arwads und dein Heer waren auf deinen Mauern[a]
ringsum und die Gammaditer waren auf deinen Türmen.
Ihre Rundschilde[b] hängten sie auf deine Mauern ringsum, sie
haben deine Schönheit vollendet.
12 Tarschisch war deine Handelspartnerin aufgrund der Menge
allen Reichtums[a].

Um[b] Silber, Eisen, Zinn und Blei hat man[c] deine
[d]Depositwaren gegeben.

13   Jawan, Tubal und Meschech, sie waren deine Händler.
Um Menschen und bronzene Geräte hat man deine
Tauschwaren[a] gegeben.

14   Aus Bet-Togarma:
Um[a] Wagen- und Reitpferde und Maultiere[b] hat man deine
Depositwaren gegeben.

15   Die Söhne von Rhodos[a] waren deine Händler, viele Gestade
Handelspartner deiner Hand.
Elfenbein und Ebenholz haben sie als dein Handelsgut
gebracht[b].

16   Edom[a] war deine Handelspartnerin aufgrund der Menge deiner
Waren.
Um Türkis, Purpurwolle[b] und Buntzeug und Byssos und
Korallenschmuck und Rubin hat man deine Depositwaren[c]
gegeben.

17   Juda und das Land Israel, sie waren deine Händler.
Um Minnit-Weizen und [png][a] und Honig und Öl und
Mastixharz hat man deine Tauschware gegeben.

18   Damaskus war deine Handelspartnerin bei der Menge deiner
Produkte[a], aufgrund der Menge allen Reichtums[b]:
Um Helbon-Wein[c] und Zahar-Wolle

19   und Weinfässer[a]. Aus Uzal[b] hat man deine Depositwaren[c]
gegeben:
Gefertigtes[d] Eisen, Zimt[e] und Rohr war für deine Tauschware.

20   Dedan war deine Händlerin mit Reitdecken[a].

21   Arabien und alle Fürsten Qedars, sie waren Handelspartner
deiner Hand.
Für junge Widder und Zuchtwidder und Böcke – für sie waren
sie deine Handelspartner.

22   Händler Sabas und Ramas, sie waren deine Händler.
Um[a] Spitzenbalsamöl[b] und um allerlei[c] kostbares Gestein und
Gold hat man deine Depositwaren[d] gegeben.

23   Haran und Kanne und Eden, die Händler Sabas[a],
Assurs und ganz Mediens[b] –[c]

24   sie waren deine Händler. Für Prachtgewänder[a], bläuliche
Purpurmäntel und Buntgewirktes[b] und zweifarbige Textilien,
für gedrehte und feste Seile – für sie[c] waren sie deine Händler.

25   Tarschisch-Schiffe[a] waren deine Karawanen[b] deiner
Tauschware[c].
Du warst voll und sehr schwer im Herzen der Meere.

26	Über tiefe Wasser ließen dich kommen, die dich ruderten[a].
	Der Wind des Ostens[b] hat dich zerbrochen im Herzen der Meere.
27	Dein Reichtum und deine Depositwaren, deine Tauschware, deine Matrosen und deine Seeleute,
	deine Schiffszimmerleute und deine Warenhändler, und alle Kriegsleute, die bei dir sind, und dein ganzes Aufgebot[a], das in deiner Mitte ist – sie fallen ins Herz der Meere am Tage deines Sturzes.
28	Beim Lärm des Geschreis deiner Seeleute
	erbeben die Weidetriften[a].
29	Und es steigen von ihren Schiffen alle Ruderer, Matrosen, alle Seeleute des Meeres
	gehen an Land.
30	Und sie lassen erschallen über dich ihre Stimme und sie schreien bitterlich,
	und sie bringen Staub auf ihre Köpfe, in der Asche wälzen sie sich.
31	[a]Und sie scheren sich deinetwegen eine Glatze und gürten sich mit Säcken
	und weinen deinetwegen mit betrübter Seele eine bittere Klage.
32	Und sie erheben über dich mit ihren Trauergesängen[a] Klage und singen über dich den Klagegesang:
	[b]‚Wer ist wie Tyros vernichtet[c] inmitten des Meeres?‘[b]
33	Wenn deine Depositwaren hervorkamen aus den Meeren, hast du viele[a] Völker gesättigt.
	Mit der Fülle deiner Reichtümer[b] und deiner Tauschwaren hast du Könige der Erde reich gemacht.
34	Jetzt[a] bist du weggeschmettert[b] von den Meeren in Untiefen des Wassers.
	Deine Tauschware und all dein Aufgebot in deiner Mitte sind dahingefallen.
35	Alle Bewohner der Gestade sind erschüttert über dich,
	und ihre Könige erschaudern zutiefst – verstört sind die Gesichter.
36	Die Handelsleute bei den Völkern pfeifen auf dich.
	Zu Schrecken bist du geworden, und du wirst nicht sein auf ewig.‘“
Ez 28,1	Und es erging das Wort Jahwes an mich wie folgt:
2	Menschensohn, sprich zum Fürsten von Tyros: So spricht der Herr[a], Jahwe: „Weil du dein Herz erhoben hast und sprachst:

,Gott bin ich, einen Göttersitz bewohne ich im Herzen der Meere!' –

und du bist doch ein Mensch und nicht Gott – und weil du dein Herz wie ein Herz eines Gottes machtest –

3   siehe, du bist weiser als Daniel,
nichts Geheimes ist dir dunkel[a],

4   mit deiner Weisheit und mit deinem Verstand hast du dir Macht erworben,
und du machtest Gold und Silber zu deinen Schätzen,

5   im Übermaß deiner Weisheit hast du mit deinem Handel deine Macht groß gemacht,
und dein Herz hat sich aufgrund deiner Macht erhoben" –

6   darum: So spricht der Herr[a], Jahwe:
„Weil du dein Herz wie ein Herz eines Gottes machtest[b],

7   daher, siehe, bringe ich über dich Fremde, Gewaltige der Völker,
und sie bringen ihre Schwerter über den Glanz deiner Weisheit und entweihen deine Schönheit.

8   In die Grube bringen sie dich hinab,
und du stirbst Tode[a] des Erschlagenen im Herzen der Meere.

9   Wirst du dann noch behaupten: ,Gott bin ich!' im Angesicht deiner Mörder[a]?
Bist du doch ein Mensch und nicht Gott [b]in der Hand derer, die dich erschlagen[b]!

10   Tode[a] von Unbeschnittenen stirbst du in der Hand von Fremden!
Ja, ich habe es gesagt." – Spruch des Herrn[b], Jahwes.

11   Und es erging das Wort Jahwes an mich wie folgt:

12   Menschensohn, erhebe Klage über den König von Tyros
und sprich zu ihm: So spricht der Herr[a], Jahwe: „Du warst ein vollendetes[b] Siegel[c], [d]voll mit Weisheit[d] und vollkommen an Schönheit.

13   In Eden, dem Garten Gottes, warst du; alles edle Gestein war deine Umfassung[a]: [b]Karneol, Chrysolith und Jaspis, Goldtopas, Smaragd und Achat, Lapislazuli, Feuerstein und Malachit[b] – und Gold.
Die Arbeit[c] deiner Fassung[d] und deine Einfassung[e] an dir sind bereitet worden[f] am Tag, als du erschaffen wurdest.

14   Dem[a] [mmšh][b] schirmenden[c] Cherub
gesellte ich dich bei, auf dem heiligen Berg Gottes bist du gewesen, inmitten von feurigen Steinen bist du gewandelt.

15	Untadelig warst du auf deinen Wegen von dem Tag an, an dem du geschaffen wurdest,
	bis Unrechtes an dir gefunden wurde.
16	Im Übermaß deines Handels fülltest[a] du dein Inneres mit Gewalt und sündigtest.
	Da verbannte ich dich vom Berg Gottes und der schirmende[b] Cherub trieb dich[c] ins Verderben hinaus aus der Mitte der feurigen Steine.
17	Stolz war dein Herz auf deine Schönheit, du hast deine Weisheit zugrunde gerichtet wegen deiner Schönheit.
	Auf die Erde habe ich dich geschleudert, vor Könige dich gegeben, dass sie auf dich sehen.
18	Wegen der Menge deiner Schuld, im Übel deines Handels hast du deine Heiligtümer entweiht.
	Ich brachte Feuer aus deiner Mitte hervor – es verzehrte dich, und ich machte dich zum Staub auf der Erde vor den Augen aller, die dich sehen.
19	Alle, die dich unter den Völkern kennen, entsetzen sich über dich.
	Zu Schrecken bist du geworden, und du wirst nicht sein auf ewig."

2.2 Textkritik

2.2.1 Zur Textgestalt des Ezechielbuches

In den Prolegomena seines Kommentars zum Ezechielbuch bemerkt Carl Heinz Cornill im Jahr 1886: „Der Satz, dass der Text Ezechiels in besonders schlechtem und verderbtem Zustande auf uns gekommen sei, geht durch alle Einleitungen ins Alte Testament und durch alle Schriften, welche sich mit dem alttestamentlichen Texte beschäftigen; es handelt sich also zunächst darum, den Text ins Reine zu bringen."[1] Den Text ins Reine zu bringen, ist das Programm Cornills, der die seit langem bekannten Probleme der Überlieferung des hebräischen Textes des Ezechielbuches voll in das Bewusstsein der Forschung rückt, diese Schwierigkeiten systematisch in Angriff nimmt und sie in einer auf entsagungsvoller, akribischer Detailarbeit basierenden eindrucksvollen textkritischen Kommentierung zu lösen versucht.

Cornill versetzt sich für seine Aufgabe in die Rolle des klassischen Philologen und erklärt zu seinem Ziel, zunächst alle erhaltenen hebräischen Handschriften zu

---

1 C. H. Cornill, Ezechiel, 4.

vergleichen, macht sich aber klar, dass der masoretische Text bei aller Stabilität der Überlieferung das Ergebnis einer bewegten Textgeschichte ist, so dass man in den vielen Fällen der Textkorruption zum methodisch fragwürdigen Mittel der Konjektur greifen müsste – gäbe es nicht die alten Übersetzungen: „Es sind dies die vier unmittelbar aus dem Urtexte geflossenen: die altgriechische, die sogenannte Septuaginta; das Targum; die Peschito und die Vulgata. Diese Uebersetzungen geben wenigstens die je Eine Handschrift wider, welche dem Uebersetzer vorgelegen hat und ermöglichen uns so den Zugang zu einer anderen hebraeischen Textesgestalt, als der in dem massorethischen Text überlieferten."[2] Ausgangspunkt ist für Cornill dabei die Septuaginta, „da diese von allen uns zugänglichen Textesgestalten die älteste ist: sie steht dem Propheten um gut 350 Jahre näher, als der Archetypus des massorethischen Textes."[3] Am Ende seiner detaillierten Ausführungen über die alexandrinisch-griechische Übersetzung resümiert Cornill seine Ergebnisse und geht davon aus, „dass die Uebersetzung des Alexandriners nicht nur im Grossen und Ganzen, sondern fast bis in die kleinsten Einzelheiten hinein eine absolut treue ist, so dass wir in der LXX einen völlig zuverlässigen Zeugen für den im dritten vorchristlichen Jahrhundert zu Alexandrien gelesenen hebräischen Text Ezechiels willkommen heissen dürfen, welchen wir auch seinem geradezu unschätzbaren Werthe entsprechend hoch und in Ehren halten müssen."[4] Die methodische Konsequenz Cornills aus dieser hohen Wertschätzung der Septuaginta liegt auf der Hand: „Namentlich darf bei einem Minus des Griechen dem massorethischen Texte gegenüber mit Sicherheit angenommen werden, dass er die betreffenden Worte in seiner hebraeischen Vorlage nicht gelesen hat, und von welcher Wichtigkeit dies ist, brauche ich nur eben anzudeuten."[5]

Während Cornill sich bei seinen Arbeiten zum griechischen Text des Ezechielbuches nur auf die zu seiner Zeit bekannten Septuagintamanuskripte stützen konnte, hat sich die Lage mit der Entdeckung der aus dem 2.-4. Jh. n. Chr. stammenden Chester Beatty Papyri, namentlich des griechischen Ezechiel-

---

2   Cornill, Ezechiel, 12.

3   Cornill, Ezechiel, 12.

4   Cornill, Ezechiel, 102.

5   Cornill, Ezechiel, 102. Diese Andeutungen Cornills und die weitere Arbeit am Ezechieltext führen in den Einleitungen der Gegenwart zu Bemerkungen wie etwa der O. Kaisers, Einleitung, 260: „Die von der *Septuaginta* gebotene *knappere Textgestalt* geht auf eine ältere hebräische Vorlage zurück, die im ganzen den Vorzug gegenüber dem masoretischen Text verdient." ‚Im ganzen' mag das richtig sein, im Detail tut man aber dennoch gut daran, nach der Herkunft der jeweiligen Septuagintaüberlieferung zu fragen, denn gerade im Blick auf das Ezechielbuch ist hier eine Reihe wichtiger Differenzen in den einzelnen Codizes und Papyri zu verzeichnen; ob sich daher die ‚ältere hebräische Vorlage' im Einzelfall bestimmen lässt, wird an den konkreten Textstellen zu prüfen sein. Neben den hebräischen Vulgärtexten, aus denen die Septuagintaübersetzungen teilweise schöpften, darf die hohe Qualität des masoretischen Textes und die nachweislich stabile Überlieferung desselben bei der textkritischen Arbeit nicht außer Acht gelassen werden.

textes des Papyrus p967 geändert[6], denn die Abweichungen zwischen dem vorhexaplarischen Papyrus p967 und der hexaplarischen Septuagintafassung weisen auf unterschiedliche hebräische Vorlagen hin, die sich aber nicht einfach durch Rückübersetzungen erschließen lassen, da p967 in seiner vorliegenden Gestalt offensichtlich das Ergebnis einer Bearbeitung der griechischen Übersetzung vom hebräischen Text her darstellt und somit einen möglichen älteren Ezechieltext nur mittelbar bezeugen kann. Joseph Ziegler, der den Septuagintatext des Ezechielbuches im Rahmen des Göttinger Septuagintaprojektes bearbeitet hat[7], hat mit seinen Beiträgen „Die Bedeutung des Chester Beatty-Scheide Papyrus 967 für die Textüberlieferung der Ezechiel-Septuaginta" von 1946 und „Zur Textgestaltung der Ezechiel-Septuaginta" von 1953 die Debatte um den griechischen Ezechieltext vorangebracht. Die Bedeutung von p967 liegt nach Ziegler darin, dass er zeigt, „daß bereits in vorhexaplarischer Zeit (vielleicht schon im 1. Jahrh. nach Chr.) die Ez.-LXX nach dem hebr. Text korrigiert wurde."[8] Das hat natürlich methodische Konsequenzen für die textkritische Arbeit mit p967: „Mit Vorsicht ist das Zeugnis von 967 aufzurufen, wenn er mit M geht, da deutlich erwiesen ist, dass er nach dem Hebr. korrigiert ist. [...] Wenn 967 eine Lesart gegen M vertritt, so verdient sie Vertrauen, besonders wenn sie von alten Zeugen wie B und Tyc. gestützt wird."[9] Die Freude über Übereinstimmungen der alten Zeugen ist demnach aufgrund der deutlichen „Spuren einer Bearbeitung nach der hebräischen Vorlage"[10] nicht ungetrübt, so dass „bei Übereinstimmung mit M immer gefragt werden [muss], ob nicht sekundäre Einwirkung des Hebr. vorliegt."[11] Dass sich für diese Entscheidung eindeutige methodische Kriterien nicht finden lassen, liegt auf der Hand und zeigt deutlich, dass die textkritischen Probleme des Ezechielbuches nicht im allgemeinen, sondern im jeweiligen Einzelfall diskutiert werden müssen.

Auch mit dem Auffinden der Texte aus Qumran hat sich das Problem der Überlieferung des Ezechieltextes nicht grundlegend verändert. Die vergleichsweise schmalen Funde von Ezechielfragmenten lassen keine weitergehenden Schlüsse auf selbständige hebräische Textgestalten des Ezechielbuches zu[12]. Die Ezechielforschung bleibt daher auch nach den Textfunden von Qumran, die für andere Bücher neue Perspektiven der Textforschung erschlossen haben, vorrangig auf das Problem der Verhältnisbestimmung von masoretischer und griechischer Ezechielüberlieferung verwiesen und hat sich demnach weiterhin der Frage

---

6   Zu den Chester Beatty Papyri vgl. E. Würthwein, Text, 74.
7   Würthwein, Text, 79f.
8   J. Ziegler, Bedeutung, 94.
9   Ziegler, Textgestaltung, 436f.
10 Ziegler, Textgestaltung, 436.
11 Ziegler, Textgestaltung, 436.
12 Vgl. dazu P. Schwagmeier, Untersuchungen, 50-106.

zu stellen, wie die kürzere griechische bzw. die längere masoretische Version des Textes entstanden ist.

Während Walther Zimmerli in seinem klassischen Ezechielkommentar von 1969 der konkreten Einzelfallbetrachtung in den textkritischen Überlegungen zu Beginn jedes ausgelegten Abschnittes breiten Raum gibt[13], wählt Moshe Greenberg in seinem Kommentar von 1983 einen anderen Weg. Greenberg verweist zu Recht darauf, dass der überlieferte hebräische Text die einzige vollständige hebräische Fassung des Ezechielbuches bietet, so dass dieser Text die erste Quelle für die Auslegung der Botschaft des Propheten darstellt[14]. Die von diesem Text abweichenden Übersetzungen könnten zwar auf eine differierende hebräische Vorlage hinweisen, doch Greenberg nennt die Gründe, warum eine solche Annahme letztlich nicht weiterführen wird: „1. The texts of the translations are not finally established; [...] 2. The task of retroverting the translation to a possibly divergent *Vorlage* is full of pitfalls. [...] 3. Even if a given retroversion appears highly probable, and thus establishes a good probability of a variant Hebrew reading, its evaluation is a separate task."[15] Aufgrund dieser Probleme schlussfolgert Greenberg: „Once again we are thrown back on MT, with all its dubiousness, as the last shaky foundation for the study of the prophecy of Ezekiel."[16] Auch wenn man Greenbergs Hochschätzung der überlieferten Endgestalt des Ezechielbuches nicht vorbehaltlos teilen möchte und den literar- und redaktionsgeschichtlichen Fragestellungen und Ergebnissen mehr zutraut, als Greenberg es gemeinhin tut – im Blick auf den hebräischen Text als Ausgangspunkt der Auslegung des Ezechielbuches kann man seinem Standpunkt nicht einfach widersprechen, denn in der Tat birgt jede Rekonstruktion eines ‚Urtextes' auf der Grundlage der Übersetzungen unzählige methodische Schwierigkeiten, die das Ergebnis einer solchen Arbeit wohl kaum plausibler machen, als es der hebräische Ezechieltext in masoretischer Tradition ist.

Johan Lust hat in seinem Beitrag „The Use of Textual Witnesses for the Establishment of the Text. The Shorter and Longer Texts of Ezekiel" von 1986 allerdings erneut darauf hingewiesen, dass die Manuskripte der Ezechielseptuaginta um Jahrhunderte älter sind als die entsprechenden masoretischen Manuskripte der hebräischen Überlieferung. Die zu Tage tretenden Differenzen werfen für Lust die Frage auf, welche Texttradition die ältere Fassung des Ezechieltextes repräsentiert. Die entscheidende Frage lautet jedoch: „Indeed, textual criticism in general aims at the reconstruction of the ‚original form' of the text. What does that mean for the Old Testament? What is its ‚original form'?"[17]

---

13 Vgl. zur Frage nach der griechischen Überlieferung W. Zimmerli, Ezechiel, 116*-118*.
14 Vgl. M. Greenberg, Ezekiel 1-20, 19.
15 Greenberg, Ezekiel 1-20, 19f.
16 Greenberg, Ezekiel 1-20, 20.
17 J. Lust, Use, 16.

Lust weist auf unterschiedliche Buchfassungen in unterschiedlichen Kontexten hin, die jeweils differierende Fortschreibungen und Arrangements der biblischen Texte bezeugen. Hier greifen allerdings Text- und Literarkritik ineinander und die Frage nach der Herkunft des überlieferten Textes wird von der Frage nach der Entstehung des Textes als einem literargeschichtlichen Produkt überlagert. Bei den Unterschieden zwischen masoretischem und griechischem Ezechieltext bedeutet dies, dass man nicht nach unterschiedlichen Werten der Überlieferungen zu fragen hat: „Both texts have their own value."[18] Der eine Text repräsentiert eben nur eine weiter entwickelte Stufe des Prozesses der Textweitergabe und der Fortschreibung als der andere.

In der Tat scheint hier der Kern des Problems zu liegen: Was bedeutet es eigentlich, wenn man nach der ältesten Textform eines Buches wie dem des Propheten Ezechiel sucht? Steckt dahinter nicht die Suche nach einer möglichst geringen Distanz zum Ausgangspunkt der Überlieferung, womöglich nach der *ipsissima vox* des Propheten? Diese Suche ist vor dem Hintergrund des Quellenbegriffs der historischen Wissenschaften ein zunächst einmal notwendiges Unterfangen. Dennoch darf im Blick auf die biblische Überlieferung nicht übersehen werden, dass die Texte in der Mehrheit der Fälle nicht als historische Quellen für das Berichtete, sondern als Quellen für die Zeit der Berichtenden ausgewertet werden müssen; der teilweise erhebliche Abstand zwischen erzählter Zeit und Erzählzeit verschärft das Problem noch immens. Auch wenn im Blick auf das Ezechielbuch der zeitliche Abstand zwischen dem Auftreten des Propheten und den Verfassern und Fortschreibern des Prophetenbuches selbst bei einer extremen Spätdatierung nicht mehr als drei Jahrhunderte betragen wird, könnten sich schon bei einer kürzeren Distanz zahlreiche Unschärfen und Verschiebungen in der Darstellung der Ereignisse ergeben haben, die zudem durch die theologischen Intentionen der Verfasser bewusst eingesetzt worden sein könnten, so dass man die entsprechenden Texte sinnvollerweise eher als Quellen für die mehrere Jahrhunderte umfassende Arbeit der Ezechielschule denn als Quellen für eine Biographie des historischen Ezechiel lesen sollte. Die literar- und redaktionsgeschichtlichen Arbeiten der letzten Jahrzehnte im Bereich der Prophetenexegese haben deutlich gezeigt, dass die umständliche Suche nach den historischen Propheten mit ihrer ‚authentischen‘ Botschaft und die leidige Frage nach ‚echten‘ bzw. ‚unechten‘ Texten lange den Blick für den Überlieferungsprozess als einem eigenständigen theologischen Phänomen verstellt hat, das erst mit den neueren redaktionsgeschichtlichen Arbeiten in den Blick gekommen ist. Die hiermit angesprochenen Probleme greifen allerdings weit vor und sollen an dieser Stelle nicht die Schwierigkeiten der Textüberlieferung verwischen.

Es ist Peter Schwagmeiers Verdienst, die Schwierigkeiten der Textgeschichte des Ezechielbuches und die sich daraus ergebenden Diskussionen in einer eigenen Monographie ausführlich erörtert zu haben. In seiner Arbeit „Untersuchungen zur Textgeschichte und Entstehung des Ezechielbuches in masoretischer und

---

18   Lust, Use, 19.

griechischer Überlieferung"[19] nimmt Schwagmeier die Ergebnisse Cornills wieder
auf: Er hebt den besonderen Wert der griechischen Überlieferung des Ezechieltextes hervor und lässt eine positivistische Favorisierung des masoretischen Textes nicht gelten[20]. Die Unterschiede zwischen der masoretischen und der griechischen Überlieferung, die nicht einfach als Abschreibe- und Übersetzungsfehler
interpretiert werden können[21], zeigen seiner Meinung nach, dass die Textgestalt
des hebräischen Ezechielbuches im 1. Jh. v. Chr. noch im Fluss ist[22]. In den
überlieferten Handschriften spiegelt sich für Schwagmeier die Buchgenese und
zeigt, dass der masoretische Text keineswegs den ältesten Ezechieltext repräsentiert. Sowohl der masoretische Text als auch die griechischen Übersetzungen
seien Versionen des ‚Urtextes'[23]. Vor allem eine genaue Analyse von p967, zumal
im Bereich der abweichenden Kapitelfolge Ez 33-39, lasse den Prozess der Buchentstehung erkennen: Im 3./2. Jh. v. Chr. werde aus dem diasporaorientierten
Ezechielbuch, dessen Umrisse in p967 noch durchscheinen, ein utopisch-
ungeschichtlicher Entwurf, wie ihn jetzt der masoretische Text biete[24]. Daher
müsse man davon ausgehen, dass p967 dem älteren Ezechielbuch näher stehe als
der überarbeitete masoretische Text, dessen hohe sprachliche Kohärenz durch
erweiternde Eintragungen der prämasoretischen Tradenten erreicht worden sei.
Der Papyrus p967 zeige aber, dass neben der masoretischen Buchtradition auch
die abweichende Tradition, die p967 bezeuge, weitergegeben wurde und damit als
überlieferungsfähig angesehen worden sei. Die Rekonstruktion des ‚Urtextes'
aufgrund von p967 bleibt allerdings auch aus Schwagmeiers Sicht äußerst problematisch, da p967 vom hebräischen Text her überarbeitet wurde und somit viele
Spuren des ‚Urtextes', die sich in p967 noch finden lassen könnten, verwischt
wurden[25].

Schwagmeiers ausführliche Analyse des überlieferten Textmaterials führt
demnach zu zwei Ergebnissen: Zum einen repräsentieren weder p967 noch die
masoretische Tradition den ‚Urtext', zum anderen zeigt sich dennoch der hohe
Wert der griechischen Ezechielfassung. Da dieser Wert aber nur im Einzelfall
erschlossen werden kann und daher immer am konkreten Text abzuwägen ist, ob

---

19 Es handelt sich um eine 2001 vorgelegte, bei O. H. Steck erarbeitete Zürcher Dissertation.
    Publiziert wurde die Arbeit 2004.
20 Vgl. Schwagmeier, Untersuchungen, 41.
21 Vgl. Schwagmeier, Untersuchungen, 137f.
22 Vgl. Schwagmeier, Untersuchungen, 223f.
23 Vgl. Schwagmeier, Untersuchungen, 237; zur Frage der Homogenität der griechischen Über-
    setzung des Ezechielbuches vgl. die zusammenfassenden Bemerkungen von L. J. McGregor,
    Greek Text, 197: „The main conclusion of this study has been that the Greek translation of
    Ezekiel is not homogeneous. It was seen that the text could be split up into three distinct large
    sections: 1-25 (S1), 26-39 (S2), and 40-48 (S3)."
24 Vgl. Schwagmeier, Untersuchungen, 364.
25 Vgl. Schwagmeier, Untersuchungen, 366-368.

eine gegen den masoretischen Text laufende Lesart als älter anzusehen ist als die masoretische Textfassung, steht man letztlich wieder an Greenbergs Seite und muss den masoretischen Text als den einzigen vollständig überlieferten hebräischen Text zur Grundlage der Auslegung des Ezechielbuches machen. Dass dabei im Einzelfall die griechischen Versionen sehr sorgfältiger Beachtung bedürfen, gilt aufgrund der vorangehenden Ausführungen im Blick auf das Ezechielbuch offensichtlich in noch höherem Maße als im Blick auf die alttestamentliche Textüberlieferung im allgemeinen ohnehin schon.

Nach diesem längeren einleitenden Exkurs zur Textgeschichte des Ezechielbuches soll nun jedoch der Tyroszyklus in den Blick kommen. Die Probleme der Überlieferung des Textes und die Frage nach dem ältesterreichbaren Ezechieltext betreffen natürlich auch die Fremdvölkersprüche und die Orakel gegen Tyros in Ez 26-28. Aus den dargelegten Gründen ist es nicht sinnvoll, generell von einer Priorität des griechischen Textes der Septuaginta auszugehen, denn es bleibt offensichtlich zu beachten, dass die Septuaginta „sprachlich und sachlich aus der besonderen geschichtlichen und religionsgeschichtlichen Situation verstanden werden muß, aus der sie herausgewachsen ist und in die sie hineinwirken wollte. Das kompliziert ihre Verwendung in der Textkritik. [...] Vor vorschnellem Retrovertieren in das Hebräische in der Meinung, damit ohne weiteres die hebräische Vorlage zu gewinnen, muß gewarnt werden."[26] In Ermangelung eines besseren hebräischen Textes wird man also den masoretischen Text als Grundlage aller weiteren textkritischen und exegetischen Arbeit zu betrachten haben – setzt man sich nicht von vornherein zum Ziel, statt des hebräischen Textes den griechischen Text auszulegen. Es ist aber nötig, die grundsätzliche Erkenntnis des hohen Wertes der griechischen Überlieferung, namentlich des Papyrus p967 als einer dem masoretischen Text gleichsam ebenbürtigen Version des ‚Urtextes'[27], in die textkritische Arbeit einfließen zu lassen. Aufgrund der Ergebnisse der Arbeiten Cornills und Schwagmeiers ist es mehr als deutlich, dass die griechischen Versionen des Ezechielbuches als Textzeugen in einem größeren Umfang berücksichtigt werden müssen, als dies in der Regel der Fall ist. Allgemeingültige Leitlinien führen in textkritischen Fragen jedoch nicht sehr weit, sondern in den meisten Fällen in die Irre, so dass auch im Blick auf Ez 26-28 der Einzelfall der Textüberlieferung die Grundlage der textkritischen Arbeit bilden soll. Zu welchen Ergebnissen jedes andere methodische Verfahren führt, zeigt der konjekturenfreudige Kommentar Cornills, der dem masoretischen Text kaum noch etwas zutraut; Cornills Unterschätzung der masoretischen Überlieferung führt zu einer Überschätzung der Septuaginta – beides schießt über das Ziel hinaus.

Die folgenden textkritischen Anmerkungen gehen also zunächst vom hebräischen masoretischen Text aus. Da masoretische Tradition und Septuagintatradi-

---

26 Würthwein, Text, 72f.
27 Vgl. Schwagmeier, Untersuchungen, 237.

tion offensichtlich zwei eigenständige Überlieferungszweige der Textgeschichte des Ezechielbuches repräsentieren, sollten diese beiden Traditionen nicht vorschnell harmonisiert werden. Der masoretische Text wird daher im folgenden bzw. in der voranstehenden Übersetzung nur im Extremfall der Textkorruption abgeändert, nicht aber in den Fällen, in denen deutlich ist, dass die hebräische Vorlage der Septuaginta offensichtlich eine andere war als die des masoretischen Textes.

Die Entscheidung für den masoretischen Text als Ausgangspunkt macht aber die Auseinandersetzung mit den verschiedenen Textüberlieferungen nicht nur nicht überflüssig, sondern überhaupt erst notwendig. Diese Auseinandersetzung soll im folgenden in einem textkritischen Durchgang durch Ez 26-28 eröffnet werden, wird aber sinnvollerweise auch die weitere Auslegung des Tyroszyklus begleiten, da Textkritik bzw. Textgeschichte und Rekonstruktion der literarischen Genese der Kapitel – wie Lust dargelegt hat – aufgrund der besonderen Überlieferungssituation des Ezechieltextes nicht voneinander zu trennen sind.

2.2.2 Ez 26

In v1ª [28] ist die Monatsangabe, die in den datierten Worten des Ezechielbuches sonst neben der Tages- und Jahresangabe steht[29], wohl ausgefallen. Dieser Ausfall führt in der Septuagintatradition[30] im Codex Alexandrinus zu der Ergänzung (μιᾷ τοῦ μηνὸς) τοῦ πρώτου, die aber als nachträgliche Anpassung an die vorherigen Datumsangaben zu interpretieren ist[31]. Problematischer ist das in Ez 26,1 gegebene Datum selber, denn die Jahresangabe bezieht sich auf das 11. Jahr der ersten Gola, also 587 v. Chr.[32] Nach Ez 26,2 ist zum Zeitpunkt des Tyrosorakels der Prophet schon vom Fall Jerusalems in Kenntnis gesetzt, was nach Ez 33,21 allerdings erst im 12. Jahr der ersten Gola geschieht. Man wird wohl in Ez 33,21 den Text zu ändern haben und muss statt בשתי־עשרה שנה wie in Ez 26,1 שנה

---

28 Die hochgestellten Buchstaben verweisen hier jeweils auf die hochgestellten Buchstaben in der vorangehenden Übersetzung. Versangaben mit Buchstaben auf gleicher Ebene – etwa: ‚v1b‘ – bezeichnen den jeweiligen Versteil; die Versunterteilung in a und b richtet sich nach dem Atnach innerhalb des Verses.

29 Vgl. Ez 1,1; 8,1; 20,1; 24,1 u. ö.

30 Grundlage der Arbeit mit der Septuagintaüberlieferung bildet die im Rahmen des Göttinger Septuagintaprojektes entstandene Ausgabe Zieglers von 1952.

31 Vgl. Zimmerli, Ezechiel, 607, und D. Barthélemy, Critique textuelle, 214f.

32 Trotz abweichender Vorschläge wird die Lesart des masoretischen Textes בעשתי־עשרה שנה beibehalten. Etwa F. Fechter, Bewältigung, 87, möchte stattdessen בשתי־עשרה שנה lesen und verweist auf Zimmerlis Beobachtung, derzufolge die Zahl 11 bei Ezechiel sonst mit עשרה אחת wiedergegeben wird (Zimmerli, Ezechiel, 607). Zimmerli selber lässt die Frage allerdings offen und geht in Übersetzung und Auslegung des Textes vom 11., nicht aber vom 12. Jahr aus (Zimmerli, Ezechiel, 606.613).

בעשתי־עשרה lesen[33]. Ez 26 ist dann erst nach dem in Ez 33,21 gegebenen Zeitpunkt denkbar; ob eine Verortung des Tyrosorakels in der Biographie des Propheten aber überhaupt sinnvoll ist, bleibt fraglich; im Aufbau der inneren Dramatik des Ezechielbuches bildet Ez 26 jedenfalls ein Störelement, denn vor dem
Eintreffen des Entronnenen nach Ez 33,21 kann der Prophet noch nichts vom
Untergang Jerusalems wissen, Ez 26,2 setzt aber eben diesen Untergang bereits
als Hintergrund der Bedrohung von Tyros voraus. Was das für die Disposition
des Ezechielbuches insgesamt bedeutet, gehört nicht in die Textkritik; bereits an
dieser Stelle ist die skizzierte Beobachtung allerdings als Indiz für eine spätere
Einschaltung mindestens des Tyrosorakels, wenn nicht der Völkerorakel insgesamt zu notieren.

In v2ᵃ bereitet der Plural דלתות neben der Verbform der 3. f. Sg. Probleme.
Zimmerli meint zwar, dass hinter נשברה als unausgesprochenes Subjekt Jerusalem
liegt[34], dennoch dürfte die grammatische Verbindung einer Pluralform mit einem
Singularprädikat an dieser Stelle zumindest schwierig sein. Statt דלתות wird man
daher schlicht דלת lesen müssen.

In v3ᵃ wird, wie an allen anderen Stellen auch, אדני als Explikation des Got-
tesnamens יהוה zu verstehen sein. Die Septuagintatradition hat אדני nicht gelesen;
ob man אדני daher als spätere Fortschreibung ansehen kann, ist umstritten und
soll hier nicht weiter diskutiert werden[35]. In v3ᵇ wird das Objekt mit der Präposition ל eingeführt[36].

Zu v5ᵃ und v7ᵃ gilt das zu v3ᵃ Gesagte. V7ᵇ wird in der Übersetzung die
hebräische Form נבוכדראצר mit ‚Nebukadrezzar' wiedergegeben. Dahinter steht
das akk. nabû-kudurri-uṣur, das außerhalb des Ezechielbuches und von Teilen des
Jeremiabuches mit regressiver Dissimilation des ר zum נ als נבוכדנאצר wiedergegeben wird.

In v10ᵃ macht die Form כמבאי Schwierigkeiten, kann aber als Pl. cs. von מבוא
gelesen werden.

In v11ᵃ werden die ומצבות עזך in ungewöhnlicher Weise, aber grammatisch
wohl doch korrekt mit der Singularform תרד verbunden[37].

Die Septuagintaüberlieferung scheint in v12ᵃ הים gelesen zu haben, was aber
nicht dazu führen muss, den masoretischen Text zu ändern. בתוך מים ist ohne

---

33 Vgl. Zimmerli, Ezechiel, 810-812.
34 Vgl. Zimmerli, Ezechiel, 607.
35 Vgl. dazu ausführlich M. Rösel, Adonaj, 147-163, der die Verwendung von אדני innerhalb des
   Ezechielbuches untersucht und der These einer späteren Einfügung des Herrentitels wider-
   spricht. Ob die Skepsis Rösels gegenüber literarkritischen und redaktionsgeschichtlichen Zugängen aufgrund der Streuung des Herrentitels innerhalb des Ezechielbuches angemessen ist, soll
   hier zunächst offenbleiben (vgl. dazu die diachrone Analyse des Tyroszyklus in Teil 3.2).
36 Vgl. zu diesem aramaisierenden Stil G-K § 117n.
37 Vgl. dazu G-K § 145k.

weiteres in dem von bildlicher Sprache geprägten Zusammenhang denkbar, wie auch die Targume und die Vulgata bezeugen.

In v14ª müssen die Verbformen als 2. f. Sg. Impf. תהיי und תבני gelesen werden; auch wenn die doppelte Verschreibung von ה zu י ungewöhnlich ist, muss man hier mit einer solchen rechnen, weil man von einem Wechsel des Genus – feminine Anrede im ersten, maskuline Anrede im zweiten Versteil – der angesprochenen Person innerhalb eines Verses nicht ausgehen kann und ein Wechsel aus der 2. Sg. f. in die 3. Sg. f. ebensowenig wahrscheinlich ist. In v14ᵇ fehlt יהוה in Teilen der Septuagintatradition und weiteren Textzeugen, ist allerdings im *Codex Vaticanus* bezeugt, der damit den masoretischen Text stützt. Für v14ᶜ und auch v15ª gilt das zu v3ª Gesagte.

בהרג הרג in v15ᵇ ist als *figura etymologica* zu lesen und הרג als inneres Objekt zum Inf. cs. בהרג zu verstehen, so dass sich alle Konjekturen erübrigen[38].

In v17ª liest die Septuaginta (Πῶς) κατελύθης (ἐκ θαλάσσης), was sich von einer hebräischen Form נשבת herleiten dürfte, die auf die Verbalwurzel שבת zurückgeht; durch eine falsche Ableitung von ישב könnte das ו eingeflossen sein, so dass eine unverständliche Form entstand, die ihrerseits durch das vorangehende אבדת erklärt werden musste, das in der Septuagintaüberlieferung fehlt und das man daher als spätere Fortschreibung lesen muss[39]. V17ᵇ fehlt die Wendung אשר היתה חזקה בים היא וישביה vollständig in der Septuagintatradition und gehört womöglich nicht zum ältesten Ezechieltext. V17ᶜ bezieht sich אשר נתנו חתיתם auf die genannte Stadt und ihre Bewohner; würde man v17ᵇ streichen, bliebe nur ein Subjekt im Singular, so dass man die Pluralformen in den Singular setzen und נתנה חתיתה lesen müsste[40]; eine wörtliche Übersetzung sollte freilich lauten: „la ville célèbre qui était puissante sur mer, elle et ses habitants, eux qui instauraient leur terreur, par tous ses habitants"[41]. ל in v17ᵈ muss als *l-auctoris* mit Blick auf den verbreiteten Schrecken gelesen werden.

In v18ª lesen zwei Handschriften, Symmachus, die syrische Übersetzung, die Targume und die Vulgata בים, die Septuaginta wohl מיום. יום מפלתך ist mit Zimmerli aber als adverbiale Näherbestimmung zu verstehen und als grammatisch korrekte Wendung beizubehalten[42]. Dass in v18a die aramaisierende Form האיין und in v18b die im Hebräischen in der Regel verwendete Form האיים nebeneinander stehen, könnte zu textkritischen Eingriffen veranlassen, die aber nicht hinreichend begründet werden können; das gilt auch dann, wenn man bedenkt, dass v18ᵇ⁻ᵇ in der Septuagintaüberlieferung fehlt, denn ein Ausfall des zweiten

---

38 Vgl. dazu Barthélemy, Critique textuelle, 216-218.
39 Vgl. Zimmerli, Ezechiel, 610.
40 So – mit Bezug auf die Septuagintatradition – der Vorschlag im Apparat der BHS.
41 Barthélemy, Critique textuelle, 220.
42 Vgl. Zimmerli, Ezechiel, 611.

Versteils würde den *parallelismus membrorum* in v18 zerstören, mit dessen Ur-sprünglichkeit man rechnen kann.

Zu v19ᵃ gilt das zu v3ᵃ Gesagte. In v19ᵇ lesen Septuaginta, Targume und Vulgata wohl בהעל(ו)תי statt des masoretisch bezeugten בהעלות; der masoretische Text könnte „durch versehentliche Umstellung der beiden Schlußzeichen"[43] und Verschreibung von י zu ו entstanden sein.

In v20ᵃ ist statt כחרבות aufgrund einer Verschreibung von ב zu כ mit vielen Handschriften, der *Editio Bombergiana* und der syrischen Übersetzung die Form בחרבות zu lesen. V20ᵇ ist תָשֻׁבְ zu vokalisieren und von der Wurzel שוב abzuleiten. Die Verbindung ונתתי צבי in v20ᶜ ist nicht zu verstehen; man muss hier wohl mit einer Buchstabenverwechslung rechnen und daher die Form ותתיצבי von יצב le-sen, die wohl auch die Septuaginta, die μηδὲ ἀναστασθῇς liest, vor Augen hatte[44].

In v21ᵃ findet sich in der Septuagintaüberlieferung keinerlei Übersetzung für ותבקשי ולא תמצאי, so dass man es hier wohl mit einer späteren Fortschreibung des älteren Ezechieltextes zu tun hat. Zu v21ᵇ gilt das zu v3ᵃ Gesagte.

2.2.3 Ez 27

In v2ᵃ fällt in der Septuagintaüberlieferung ואתה aus; das rechtfertigt an dieser Stelle aber keine Eingriffe in den Text, da die anredende Wendung ואתה בן אדם im hebräischen Ezechieltext gebräuchlich ist.

הישבתי in v3ᵃ ist mit *Qere* und in Analogie zum folgenden רכלת als Partizip zu deuten und daher הַיֹשֶׁבֶת zu lesen; ob das י am Ende als *chireq compaginis* zu verste-hen ist, bleibt allerdings unsicher[45]. Mit der Septuagintaüberlieferung ist wohl in v3ᵇ על מבוא הים zu lesen: „Der plur von מבוא ist מבאים, cf 26,10. M ist entstanden durch Verschreibung von ה zu ת und die sich daraus ergebende falsche Worttrennung."[46] Zu v3ᶜ gilt das zu Ez 26,3ᵃ Gesagte. Die vielfach vorgeschla-gene Lesart אניה אני[47] in v3ᵈ passt sich zwar gut in die Bildsprache des folgenden Textes ein, ist allerdings als freie und unnötige Konjektur abzulehnen, denn der masoretische Text ist durchaus verständlich[48].

In v4ᵃ ist mit einer Buchstabenverdrehung zu rechnen und daher statt גבוליך die Form גבלוך zu lesen, die sich nach Hans Peter Rüger von arab. *ǧabala*, syr. *gbl*

---

43 Zimmerli, Ezechiel, 611.
44 Vgl. Barthélemy, Critique textuelle, 221-223.
45 Vgl. zu dieser Möglichkeit G-K § 90l/m.
46 H. P. Rüger, Tyrusorakel, 5.
47 Vgl. etwa R. Smend, Ezechiel, 195, und Zimmerli, Ezechiel, 626, der mit Inhalt und Metrum argumentiert.
48 Ähnlich Rüger, Tyrusorakel, 5.

und aram. גבל – alle mit der Grundbedeutung ,formen, kneten' – ableiten lässt[49]. V4[b] kann nicht einfach als Glosse aus metrischen Gründen gestrichen werden[50].

Das hebräische ברושים für ,Wacholder' in v5[a] dürfte sich vom akk. *burāšu* herleiten lassen[51]. In v5[b] rechnet Rüger mit den Targumen mit einer Form לחתיך (,deine Planken'), die dann zu לחתין verschrieben und später hebraisiert לחתים wurde[52]; die Dualform ist aber beizubehalten, da mit ihr auf die beiden Schiffsseiten hingewiesen wird[53].

Rüger möchte das Ende von v5 und den Anfang von v6 zusammenziehen und übersetzen: „Aus ,höchsten' Eichen vom Basan machte man deine Ruder"[54]. Das ist aber nicht sinnvoll, weil zum einen in v5b עליך als Ergänzung der Wendung לעשות תרן nicht ohne weiteres wegfallen kann, zum anderen am Anfang von v6 עליך zu עליוני o. ä. konjiziert werden müsste, was an dieser Stelle überhaupt nicht nötig ist.

שן in v6[a] ist als Dittographie zum vorangehenden עש zu streichen. In v6[b] ist die unklare Verbindung בתאשרים zusammenzuziehen, so dass sich die Form בתאשרים (,mit/aus Zypressen') ergibt, die auch von einer Handschrift und den Targumen bezeugt wird[55].

מפרשך in v7[a] taucht nur noch in Hi 36,29 auf und kann in Verbindung mit dem folgenden נס und abgeleitet von פרש mit ,Segel' übersetzt werden. Rüger versteht die ganze Wendung v7[b] להיות לך לנס als Glosse[56], eine Streichung lässt sich aber so nicht rechtfertigen. Dasselbe gilt für וארגמן in v7[c], das nach Rüger zu streichen wäre[57]. V7[d] ist anders zu vokalisieren und das suffigierte Substantiv מְכַסֵּךְ zu lesen, das etwa auch in Gen 8,13; Ex 26,14 u. ö. auftaucht.

Zu v8[a] wird immer wieder vorgeschlagen, die ,Weisen von Tyros' in die ,Weisen von Ṣemer' zu ändern, da sich eine ähnliche Verschreibung von צמר zu צר auch in Sach 9,2 finde und die Erwähnung der Weisen von Tyros hier keinen Sinn habe[58]. Doch die Weisen von Tyros übernehmen auf dem Schiff das Oberkommando als Seeleute und Kapitäne, so dass nicht von einer Verschreibung ausgegangen werden kann[59]; dass חבל das Leitungspersonal auf

---

49 Vgl. Rüger, Tyrusorakel, 6, aber auch Ziegler, Ezechiel, 527, und Zimmerli, Ezechiel, 627.
50 So Rüger, Tyrusorakel, 6, dann auch im Apparat der BHS, und mit ihm Zimmerli, Ezechiel, 627.
51 Vgl. AHW I, 139, und I Kön 5,22.24.
52 Rüger, Tyrusorakel, 7.
53 So Zimmerli, Ezechiel, 627.
54 Rüger, Tyrusorakel, 1.7, so auch Zimmerli, Ezechiel, 627.
55 Vgl. zudem Jes 41,19; 60,13.
56 Rüger, Tyrusorakel, 8; vgl. auch Zimmerli, Ezechiel, 628.
57 Rüger, Tyrusorakel, 8; vgl. auch Zimmerli, Ezechiel, 628.
58 Vgl. Rüger, Tyrusorakel, 9, und Zimmerli, Ezechiel, 628 (zu Sach 9,2 vgl. K. Elliger, Zeugnis, 71f, und unten Teil 4.3.2 und Teil 5.2.6).
59 Vgl. Barthélemy, Critique textuelle, 225.

einem Schiff bezeichnen kann, beweist die Verwendung in Jon 1,6 – dieselbe Bedeutung liegt auch in Ez 27,8 vor.

In v9ᵃ dürfte בדק mit akk. *batqu(m)* – ‚Riss‘ zusammenhängen.

Zu נתן הדר in v10ᵃ weist Rüger auf das Antonym לקח הדר in Mi 2,9 hin und übersetzt „sie (waren) gaben deine Zier"[60].

In v11ᵃ könnte das erste סביב aus dem zweiten Versteil eingedrungen sein und wäre dann zu streichen; dass es an dieser Stelle in der Septuagintaüberlieferung fehlt, bestätigt die Annahme. Die Bedeutung von שלט ist nicht ganz sicher; statt ‚Rundschild‘ wäre auch ‚Köcher‘ denkbar[61].

In v12ᵃ geht Rüger von einer Verschreibung aus und liest statt des masoretisch bezeugten כל־הון בכסף das leicht veränderte כל־הונך כסף: „M ist entstanden durch Verschreibung von כ zu ב unter Einfluß von 20.24."[62] Das Problem, das er damit an dieser Stelle umgeht, ist die Verwendung der Präposition ב innerhalb der folgenden Verse, in denen Handelsvorgänge zum Ausdruck gebracht werden.

Das Grundmuster des Handelsvorgangs setzt sich aus vier Elementen zusammen: Ein Handelspartner (I) bringt seine Handelsgüter (II) nach Tyros bzw. zu tyrischen Handelsdépendancen (III), um dort tyrische Ware (IV) für seine Produkte zu erhalten. Das sprachliche Problem besteht nun in Ez 27 darin, dass sowohl die Handelsgüter (II) als auch die tyrischen Waren (IV) mit ב eingeleitet werden können; die größte Schwierigkeit ergibt sich dabei durch die einigermaßen unsystematische Verwendung der Präposition. In v12f.17f.20-22.24 werden die Handelsgüter (II) mit ב eingeleitet, in v19 dagegen die tyrische Ware (IV) mit ב eingeführt. Man kann nun mit textkritischen Eingriffen versuchen, eine kohärente Struktur der Verwendung des ב zu erreichen. Doch scheitern diese Versuche an den Versen 14 und 16: Während in v14 überhaupt kein ב für die Bezeichnung des Handelsvorgangs verwendet wird, kommt es in v16 gleich zu einer doppelten Verwendung der Präposition innerhalb der Beschreibung eines Handelsvorgangs. Dass die Versionen dieses Durcheinander zu ordnen versuchten, erstaunt nicht; es ist aber fraglich, ob sie damit als Stützen für textkritische Eingriffe herangezogen werden sollten. Insbesondere kann man nicht in v12f.17f.20-22.24 das ב tilgen, um es dann in all diesen Versen der tyrischen Tauschware voranzustellen, so dass sich damit ein sinnvoller Ablauf des Handels ergibt[63]. Man könnte davon ausgehen, dass נתן ב ב die vollständige Wendung zur Bezeichnung eines Handelsvorganges ist, die in Ez 27 allerdings nur in v16 vorliegt und ansonsten abgekürzt – im Extremfall v14 bis zum völligen Ausfall des ב – verwendet wird. ב zur Bezeichnung eines Handelsgutes (I) wäre dann nicht als *Beth pretii* zu verstehen, sondern müsste als präpositionale Bezeichnung des Objektes gelesen werden[64]; ב zur Bezeichnung

60 Rüger, Tyrusorakel, 2.10.
61 Vgl. dazu HALAT, 1409f, wo trotz der Favorisierung der Bedeutung ‚Köcher‘ die Schwierigkeiten einer solchen Übersetzung im Blick auf Ez 27,11 zugestanden werden; aufgrund des Kontextes ist hier eine Übersetzung mit ‚Rundschild‘ vorzuziehen.
62 Rüger, Tyrusorakel, 10.
63 Das ist *cum grano salis* das Verfahren, mit dem Rüger versucht, das Problem in den Griff zu bekommen (Rüger, Tyrusorakel, 10ff).
64 Vgl. Gesenius, 81.

einer Ware (IV) wäre dagegen das klassische *Beth pretii*, dessen Funktion sich mit Ernst Jenni folgendermaßen bestimmen lässt: „eine Entität ersten Grades (Person/Ding) wird durch ב mit dem Agens einer (reziproken) Transporthandlung gleichgestellt, um die vorgestellte Situation zu komplettieren."[65] Dabei ist zu beachten, dass die Situation des Kaufes ein gleichzeitiges Geben und Nehmen voraussetzt: „Dieser relativ komplizierte Vorgang ist nur möglich bei den relativ komplizierten Verben des Gebens und Nehmens, die von Hause aus dreiwertig (trivalent) sind und neben Subjekt und Objekt auch ein präpositionales Objekt (dt.: Dativ) benötigen. Das Beth pretii ist also semantisch an das Vorkommen trivalenter Verben mit Objektergänzung und direktionaler Komponente gebunden: die Objektergänzung bedingt das Instrumentale am Beth pretii wie beim gewöhnlichen Beth instrumenti, die direktionale Komponente bei Geben und Nehmen ermöglicht zusätzlich eine ausgleichende Gegenbewegung, die mit dem Beth pretii vorausgesetzt und gemeint ist und ihm auch die Bezeichnung Beth aequivalentiae oder Beth aequivalentis eingetragen hat."[66]

Einen anderen Vorschlag zur Lösung des Problems hat Zimmerli unterbreitet. Er sieht die Formulierungen aus v12f als ursprünglich an: „Die Handels- und Filialvertreter von Tyrus geben die bei ihnen deponierte tyrische Handelsware um die ihnen aus ihrem Land gebrachten Güter [...] ab."[67] In der Fortsetzung der Liste, in der das mit den Handelsgütern verbundene ב teilweise fehlt, teilweise mit den tyrischen Waren verbunden wird, sieht Zimmerli „eine stärkere Variation und in ihrem Gefolge auch eine unklare Verwischung der Aussageweisen"[68]. Der Ort des Warenumschlags wäre damit allerdings weg von Tyros in die einzelnen Gebiete der Handelspartner verlegt; das geht an der Pointe von Ez 27 vorbei, denn hier wird ja gerade Tyros als die ‚weltweit' agierende Handelsmetropole gezeichnet[69].

Man wird Rügers Textkritik aufgrund der skizzierten Schwierigkeiten hier in v12[a] wie auch an den anderen, entsprechend problematischen Stellen nicht ohne weiteres folgen können: „Eine Änderung des Textes in כסף ... נתנו בעזבוניך (so etwa Bertholet, Fohrer, Rüger), welche im Übergang von 12a zu 12b aus dem Handelshelfer (Mitarbeiter) den Handelspartner zum subj. der Aussage macht, ist nicht angezeigt. Zu solcher Änderung des Textes hat man sich offensichtlich durch die Fortsetzung der Liste [...] verleiten lassen."[70] Daher ist in v12[b] das ב beizubehalten und בכסף zu lesen. Die Übersetzung der Formen נתנו – hier in v12[c] und in den folgenden Versen – soll die Unsicherheiten im Blick auf das Subjekt zum Ausdruck bringen: Da nicht klar ist, wer die Waren herausgegeben hat – die Leute von Tarschisch oder tyrische Handelsvertreter in Tyros oder wer auch immer –, soll hier zunächst die unpersönliche Wendung gebraucht werden. In v12[d] liest Rüger entsprechend seinem Verständnis des Abschnitts mit wenigen

65   E. Jenni, Präpositionen, 150.
66   Jenni, Präpositionen, 150.
67   Zimmerli, Ezechiel, 651.
68   Zimmerli, Ezechiel, 651.
69   Vgl. dazu die Überlegungen in Teil 4.4.2.2.
70   Zimmerli, Ezechiel, 651.

Handschriften und den Targumen בעזבוניך,[71] was aber aus den genannten Gründen nicht erforderlich ist; wie die modernen Exegeten haben auch die abweichenden alten Überlieferungen und Versionen den schwierigen Text aufhellen wollen und ein vermeintlich verbesserndes ב eingefügt bzw. gelesen. Ähnliches schlägt Rüger für v13ᵃ vor – allerdings ganz ohne stützende Textzeugen[72]. In v14ᵃ ist entsprechend dem in v12f vorgeprägten Schema בססים zu erwarten[73]. V14ᵇ fehlt in der Septuagintaüberlieferung ופרדים.

In v15ᵃ wird man mit der Septuagintaüberlieferung statt דדן, das in v20 noch einmal eigens genannt wird, Ῥοδίων bzw. רדן zu lesen haben, was durch eine Verschreibung von ר zu ד geändert wurde[74]. Die Wendung v15ᵇ übersetzt Rüger: „[…] schickten sie als an dich abzuliefernde Ware"[75] und verdeutlicht damit seine Interpretation des unklaren אשכרך als eines zu verarbeitenden Rohmaterials[76].

Wie in v15ᵃ muss man wohl auch in v16ᵃ mit einer Verschreibung rechnen, denn das genannte ארם taucht in v18 als דמשק auf und passt daher an dieser Stelle nicht; mit vielen Handschriften, Aquila und der syrischen Übersetzung liest man daher am besten אדם und geht wieder von einer Verwechslung von ר und ד aus[77]. V16ᵇ fehlt in der Septuagintaüberlieferung ארגמן. In v16ᶜ wäre ב zu streichen und mit der Septuagintaüberlieferung עזבוניך zu lesen, wenn man das in v12f verwendete sprachliche Schema zur Bezeichnung der Handelsvorgänge zugrundelegen würde.

Die Bedeutung von פנג in v17ᵃ ist vollkommen ungeklärt[78]. Handelt es sich um eine Süßigkeit? Die Septuagintaüberlieferung bietet μύρων und deutet damit auf einen Balsam, ein Salböl hin – ist das aber eine Übersetzung oder eine freie Übertragung eines unbekannten Begriffs? Hängt der Begriff vielleicht mit akk. *panagû* zusammen, das in einer jungbabylonischen Synonymenliste neben *siparru* steht und eine Kupferart bezeichnet[79]? Oder legt sich doch eher akk. *pannigu* für eine Gebäcksorte oder eine Art Mehl nahe[80]?

V18ᵃ wird ברב מעשך in der Septuagintaüberlieferung nicht übersetzt; in der Tat muss man die Wendung als spätere Fortschreibung des älteren Ezechieltextes

71 Vgl. Rüger, Tyrusorakel, 10.
72 Vgl. den von Rüger erarbeiteten Apparat der BHS.
73 Vgl. Zimmerli, Ezechiel, 629f. Es zeigt sich an dieser Stelle, dass alle Versuche möglichster Texttreue an ihre Grenzen gelangen und gelegentlich die schlechte Überlieferung zumindest ergänzt, wenn nicht gar verbessert werden muss.
74 Vgl. Rüger, Tyrusorakel, 11, und Zimmerli, Ezechiel, 630, sowie Barthélemy, Critique textuelle, 225f.
75 Rüger, Tyrusorakel, 2.
76 Rüger, Tyrusorakel, 57.
77 Zum Problem vgl. Barthélemy, Critique textuelle, 226-228.
78 Vgl. Barthélemy, Critique textuelle, 228f.
79 Vgl. AHW II, 818.
80 Vgl. AHW II, 818.

ansehen. Rüger liest in v18b-c mit Hinweis auf die syrische Übersetzung, Aquila und Theodotion כל הזנך יין חלבן: „M ist entstanden durch Verschreibung von כ zu ב, s. 12."[81] Diese Änderung ist aber nicht nötig, zumal das ב zu Beginn von v18b nicht fehlen kann, wenn man das v12f geprägte sprachliche Schema zum Ausdruck der Handelsvorgänge zugrundelegt.

In v19a bleibt die Verbindung ודן ויין unverständlich; leitet man דן von akk. *dannu* II – ‚Behälter, Fass‘ her und rechnet bei ויין mit einer Verschreibung aus יין (was auch die Septuagintaüberlieferung nahelegt, die am Ende von v18 οἶνον übersetzt), ergibt sich die Bedeutung ‚Weinfass‘ für יין ודן[82], was dann mit den vorangehenden Handelsgütern aus v18b zu verbinden ist. In V19b ist mit einigen Handschriften, Aquila und der syrischen Version מֵאוּזָל zu lesen. Das ב in v19c ist erneut zu tilgen, wenn man das Schema aus v12f als Grundlage annimmt; andernfalls läge hier wie möglicherweise in v16 der Fall einer doppelten, schwer verständlichen Verwendung des ב vor. עשות in v19d ist *hapaxlegomenon*, dürfte aber von der Septuagintaüberlieferung mit εἰργασμένος und der Vulgata mit *fabrefactum* richtig wiedergegeben sein. V19e fehlt in der Septuagintaüberlieferung קדה.

In v20a ist חפש *hapaxlegomenon*, könnte sich aber von akk. *ḫipšu* – ‚rauhe Wolle‘ herleiten lassen und „einen Stoff […] bezeichnen, dessen Verwendung hier durch לרכבה näher bestimmt wird."[83]

In v22a möchte Rüger das ב erneut streichen und lediglich ראש lesen, dafür aber mit einer Handschrift in v22d בעזבוניך lesen und damit ein ב einfügen. Das ist aber nicht nötig, da v22b komplett dem in v12f geprägten Schema folgt. V22bc fehlt in der Septuagintaüberlieferung jeweils כל.

V23a fehlt in der Septuagintaüberlieferung שבא. כלמד in v23b ist mit den Targumen als וְכָלְמָדָי zu lesen. In v23c ist רכלתך als Dittographie zu רכליך in v24aα zu streichen.

V24a fehlt in der Septuagintaüberlieferung במכללים בגלומי, v24b fehlt ebendort ורקמה. Mit Blick auf eine ähnliche Wendung in v21 ist das unklare במרכלתך in v24c zu trennen, mit einer Verschreibung von י zu ת zu rechnen und daher wohl בם רכליך zu lesen: „M ist entstanden unter Einfluß des רכלתך von 23."[84] In der Septuagintaüberlieferung findet sich die Wendung nicht und könnte daher im ältesten hebräischen Ezechieltext noch gefehlt haben.

In der Septuagintaüberlieferung fällt in v25a תרשיש aus, dafür werden die Schiffe mit Karthago in Verbindung gebracht: πλοῖα ἐν αὐτοῖς Καρχηδόνιοι ἔμποροί σου – hier zeigt sich die Freiheit der Übersetzer, die zwar bestimmte Wendungen nicht wörtlich wiedergeben, aber doch das Richtige treffen, denn Karthago als phönizische Kolonie mit den Tarschisch-Schiffen zu verbinden, liegt

---

81   Rüger, Tyrusorakel, 13.

82   Vgl. HALAT, 218.

83   Zimmerli, Ezechiel, 630.

84   Rüger, Tyrusorakel, 15; vgl. dazu Barthélemy, Critique textuelle, 233f.

nahe. שרותיך in v25^b ist von שור I – ‚mit etwas reisen' abzuleiten; die Bedeutung ‚Karawanen' bleibt freilich unsicher, passt sich aber gut in die reiche Bildsprache ein; Transportgegebenheiten des Landhandels, nämlich die Karawanserei, werden auf die Seehandelsmacht Tyros übertragen und damit sprachlich die Grenze des Meeres gesprengt und die weitausgreifenden Handelsbeziehungen der Tyrer auf einen Begriff gebracht. Mit einer Handschrift, der Septuagintaüberlieferung, der syrischen Übersetzung und der Vulgata liest Rüger in v25^c במערבך[85], was aber aufgrund der Verständlichkeit des masoretischen Textes nicht nötig ist.

V26^a übersetzt Rüger: „Auf hohe See brachten dich, die dich ruderten."[86] Aus dem ‚Wind des Ostens' macht die Septuaginta in v26^b τὸ πνεῦμα τοῦ νότου und passt damit „das Geschehen dem ägyptischen Klima mit seinem verhängnisvollen Südwind an."[87]

In v27^a ist mit vielen Handschriften, der Septuagintaüberlieferung, der syrischen Übersetzung und einem Targummanuskript statt ובכל־קהלך ohne Präposition וכל־קהלך zu lesen.

מגרשות in v28^a ist *hapaxlegomenon.* מגרש ist ein Weideplatz, so dass man mit Zimmerli ‚Weidetriften' lesen kann[88]. Die Bedeutung bleibt aber unsicher.

V31 fällt in der Septuagintaüberlieferung ganz aus und gehört damit möglicherweise nicht zum ältesten Ezechieltext.

In v32^a ist – wenn man בניהם nicht eine Kurzform ני zugrundelegen möchte – wohl eher בְּנֵיהֶם zu lesen. V32^{b-b} fällt in der Septuagintaüberlieferung aus und an Stelle des Abschlusses der ersten Vershälfte וקונו עליך findet sich die Übersetzung καὶ θρήνημα Σορ; auch an dieser Stelle scheint die hebräische Vorlage der Übersetzer vom masoretischen Text abzuweichen. כדמה in v32^c ist wohl entstanden „durch Verschreibung von נ zu כ"[89], so dass man נִדְמָה von דמה II ni. – ‚vertilgt, vernichtet werden' lesen muss[90].

V33^a fällt רבים in der Septuagintaüberlieferung aus. הונך in v33^b ist im Alten Testament sonst nicht bezeugt, so dass Zimmerli und Rüger vorschlagen, die singularische Form הונך zu lesen[91]; man könnte die pluralische Form an dieser

---

85 Vgl. den Apparat der BHS.

86 Rüger, Tyrusorakel, 2.

87 Zimmerli, Ezechiel, 633, mit Verweis auf S. Morenz, Joseph in Ägypten, 407.

88 Zimmerli, Ezechiel, 633; vgl. auch Gesenius, 398. Eine Ez 27,28 ähnliche Wendung findet sich in Ez 26,15 in Verbindung mit איים, so dass man mit den ‚Weidetriften' doch das Richtige treffen könnte. Ob mit dem Bild tyrische Dépendancen auf dem Festland gemeint sind, muss noch näher erwogen werden (vgl. zu diesem Vorschlag C. F. Keil, Ezechiel, 272). Rüger liest allerdings mit G. R. Driver, Ezekiel, 157: ‚Wellen'.

89 Rüger, Tyrusorakel, 18.

90 Vgl. dazu G. Hölscher, Hesekiel, 138 Anm. 1: „In 27,32b empfiehlt sich vielleicht der Vorschlag: איך צור נדמה." Anders dagegen Zimmerli, Ezechiel, 633, der eine Form נִדְמָה mit ‚gleichgemacht, vergleichbar' verstanden wissen will.

91 Vgl. Rüger, Tyrusorakel, 18; Zimmerli, Ezechiel, 634.

Stelle aber durchaus als Steigerung verstehen, so dass der masoretische Text beibehalten wird[92].

In v34[a] ist mit der Septuagintaüberlieferung, den Targumen und der Vulgata
(עָתָּ[ה]), in v34[b] mit drei Handschriften, der Septuagintaüberlieferung, der syrischen
Übersetzung, den Targumen und der Vulgata נִשְׁבַּרְתְּ zu lesen; in beiden Fällen
können die problematischen Vokalisierungen ohne Eingriff in den Konsonan-
tentext geändert werden.

2.2.4 Ez 28

In v2[a] könnte wie in Ez 26,3[a] אדני als spätere Fortschreibung zu lesen sein.

Unklar ist עממך in v3[a]. Karl-Friedrich Pohlmann leitet die Form von der
Wurzel עמם II ab, die sonst nur noch in Klgl 4,1 verwendet wird und mit ‚dunkel
sein' wiedergegeben werden kann[93]; die Verbindung der pluralischen Verbform
עממך mit כל־סתום lässt sich am ehesten damit erklären, dass כל in der Wendung
eine pluralisierende Kraft hat und daher die Verbform in der 3. Pl. steht[94]. Dass
die Septuagintaüberlieferung hier eine völlig andere Vorlage hatte oder – was
wahrscheinlicher ist – selbständig überträgt, zeigt die zweite Vershälfte von v3 in
der griechischen Version: σοφοὶ οὐκ ἐπαίδευσάν σε τῇ ἐπιστήμῃ αὐτῶν.

In v6[a] ist אדני entsprechend Ez 26,3[a] als Explikation zu lesen. V6[b] ist die
Wiederaufnahme von v2 und kommt mit der auffälligen doppelten Suffigierung
תתן אתדלבבך (יען) – wörtlich: ‚weil du dich mit deinem Herzen gemacht hast' –
übervoll daher; man kann für תתן mit einer Verschreibung von ן zu ך rechnen
und hätte dann entsprechend v2 תתן zu lesen.

ממתי in v8[a] taucht nur noch in Jer 16,4 auf und ist als Intensivplural zu verstehen[95].

In v9[a] ist mit vielen Handschriften, der Septuagintaüberlieferung, der
syrischen Übersetzung und der Vulgata der suffigierte Plural הֹרְגֶיךָ zu lesen[96]. V9[b]-
[b] fällt in der Septuagintaüberlieferung ביד מחללך aus; auch hier scheint die
hebräische Vorlage der Übersetzer von der masoretischen Tradition abzuweichen.
מותי in v10[a] ist wie ממתי in v8[a] als Intensivplural zu lesen; die Septuagintaüberlieferung weicht davon ab und übersetzt die erste Vershälfte: ἐν πλήθει ἀπεριτμήτων
ἀπολῇ ἐν χερσὶν ἀλλοτρίων. Zu v10[b] und v12[a] gilt das zu Ez 26,3[a] Gesagte. תכנית

---

92 Vgl. G. Fohrer, Ezechiel, 155.

93 Vgl. K.-F. Pohlmann, Hesekiel, 389. Zimmerli, Ezechiel, 663, leitet dagegen von עמם I ab und
    geht von der – allerdings sehr ungewöhnlichen und nicht weiter bezeugten – Bedeutung
    ‚mattsetzen, in Verblüffung setzen' aus.

94 Vgl. jedoch auch den Vorschlag bei Barthélemy, Critique textuelle, 234f („on ne t'a tenu caché
    aucun secret").

95 Vgl. Gesenius, 431.

96 Vgl. dazu auch die Ausführungen bei Barthélemy, Critique textuelle, 235-237.

in v12[b] könnte von akk. *teknûm/teknītu(m)* – ,liebevolle Behandlung'[97] abzuleiten sein und würde sich dann auf das sorgfältig gestaltete Siegel beziehen, das in v12[c] mit wenigen Handschriften, der Septuagintaüberlieferung, Aquila, der syrischen Übersetzung und der Vulgata als חוֹתָם (Cs.-Form) zu lesen ist. V12[d-d] fällt in der Septuagintaüberlieferung חכמה מלא aus.

מסכתך in v13[a] lässt sich von סך I – ,verzäunen, einschließen' ableiten und könnte dann eine Umfassung oder Rahmung der genannten Edelsteine meinen; leitet man es von סכך ab, würde dagegen hier bereits ein Hinweis auf die in v14 folgende Rede vom כרוב הסוכך vorliegen. Die Edelsteinreihe v13[b-b] entspricht – mit Abweichungen – Ex 28,17-20/39,10-13[98]. V13[cde] stellt vor außerordentliche Probleme, da die Bedeutung von תפיך und ונקביך nicht klar ist; die Versionen haben diese Probleme erkannt und offensichtlich übertragend übersetzt: „Jeden-falls helfen deren Lesarten in keiner Weise weiter."[99] מלאכת in v13[c] ist Cs.-Form von מלאכה – ,Arbeit'; תפיך von תף in v13[d] leitet sich von תפף – ,die Handpauke schlagen, schlagen' ab und könnte in der Grundbedeutung ,schlagen' auf eine handwerkliche Tätigkeit verweisen: „Es muß darin wie in dem gleich folgenden נקביך ein kunsthandwerklicher terminus stecken."[100] נקביך in v13[e] ist wohl von נקב – ,bohren, durchstechen' herzuleiten und könnte nach Gesenius ein „dunkler Kunstausdruck des Goldschmiedehandwerkes"[101] sein; man hätte es also in der Wendung v13[cde] mit einer Begrifflichkeit zu tun, die die Erschaffung (ביום הבראך) des tyrischen Königs in einer zu den vorher genannten Edelsteinen passenden Bildsprache aus dem Bereich des Kunsthandwerks illustriert; dass die Einzelbe-deutungen sich dabei nicht mehr genau erschließen lassen, ist äußerst misslich, wird aber aufgrund des Wortfeldes, das erschlossen werden kann, dem Verständ-nis der Absicht der Verfasser keinen Abbruch tun. V13[f] fällt in der Septuaginta-tradition כונגו aus; die Wendung ביום הבראך wird zudem erst zu Beginn von v14 mit ἀφ' ἧς ἡμέρας ἐκτίσθης σύ übersetzt – leitet die Septuagintatradition an dieser Stelle zu einem besseren Verständnis des Textes an? In jedem Fall würden die Schwierigkeiten damit erleichtert; genau das aber sollte misstrauisch machen, so dass man dem erleichterten Text der Septuagintaversion in diesem Fall die *lectio difficilior* des masoretischen Textes vorziehen sollte.

In v14[a] ist mit der Septuagintaüberlieferung אֵת an Stelle des Personalprono-mens אַתְּ zu lesen, das in dieser Form kaum für die 2. *m.* Sg. stehen könnte[102]; die Stelle bleibt allerdings problematisch[103]. Noch gravierender sind die Schwierigkei-

97 Vgl. AHW III, 1344.
98 Vgl. dazu und zur Identifikation der Steine unten Teil 6.2.2.
99 Fechter, Bewältigung, 165.
100 Zimmerli, Ezechiel, 674.
101 Gesenius, 519.
102 Vgl. die Ausführungen bei Barthélemy, Critique textuelle, 237f.
103 Vgl. Barthélemy, Critique textuelle, 238: „Il est normal que, dans cette imagerie, tout ne soit pas limpide pour nous."

ten in v14^{bc}, wo הסוכך sich zwar noch einigermaßen verständlich von סך I –
‚einschließen' oder eher von סכך – ‚sich waffnen, schirmend bedecken' ableiten
lässt und damit die Funktion des Cheruben näher bestimmt wird, ממשח aber uner-
klärlich bleibt: Von משח I abgeleitet würde es in irgendeiner Weise mit der Salbung in Verbindung stehen, von משח II her gesehen, hätte es mit ‚Maß, Länge' zu
tun; wird hier die Länge bzw. Größe des Cherubs herausgestrichen oder wird
seine Urfunktion als Salbender betont? Die Septuagintaüberlieferung gibt v14^{bc}
überhaupt nicht wieder, was darauf hindeuten könnte, dass es sich hier um eine
spätere Deutung und Ergänzung handelt. Letztlich bleibt die Wendung „eine ganz
dunkle Wortverb."[104]

In v16^a ist מלו wohl mit der Septuagintaüberlieferung als מָלְאָת zu lesen[105]; das
ח könnte dabei durch Haplographie ausgefallen sein. V16^b fehlt auch an dieser
Stelle in der Septuagintaüberlieferung eine Übersetzung für הסכך. Statt ואבדך ist in
v16^c mit der Septuagintaüberlieferung (καὶ ἤγαγέ σε τὸ χερουβ) ויאבדך zu lesen;
der masoretische Text hat hier – wie auch in v14^a – die Tendenz, den tyrischen
König mit dem Cherub zu identifizieren; der Lesart der Septuagintaüberlieferung,
die den Cherub als Strafvollstrecker sieht, ist an dieser Stelle – wie auch in v14^a –
der Vorzug zu geben[106].

---

104 Gesenius, 432.
105 Die 2. m. Sg. wird auch durch das folgende ותחטא nahegelegt.
106 Vgl. Zimmerli, Ezechiel, 676.

3 Die literarische Gestalt des Tyroszyklus

3.1 Synchrone Analyse des Tyroszyklus

3.1.1 Die Makrostruktur

Der Tyroszyklus innerhalb des Ezechielbuches wird mit der Datierung in Ez 26,1 eingeleitet, umgreift in seiner von den Masoreten überlieferten Fassung die Kapitel Ez 26,1-28,19 und besteht damit aus 76 Versen. Dass der Textumfang in der Septuagintaüberlieferung etwas geringer ausfällt, kann aus den bereits im Rahmen der Textkritik genannten Gründen beiseite gelassen werden, denn die einzige greifbare vollständige hebräische Fassung des Textes liegt in der masoretischen Tradition vor, die deswegen zur Grundlage aller weiteren Überlegungen gemacht werden soll, auch wenn sich im Verlauf der textkritischen Arbeit gezeigt hat, dass sich offensichtlich ältere und jüngere Textfassungen unterscheiden lassen; ein ‚älterer' oder ein ‚jüngerer' Tyroszyklus lässt sich auf dieser Basis jedoch nicht rekonstruieren.

Die althebräische prophetische Tradition, insbesondere die Kreise, in denen diese Tradition verschriftlicht wurde, hat einen Formelbestand geprägt, der sich quer durch die prophetische Literatur findet und der es ermöglicht, komplexe Textkompositionen zu gliedern und in kleinere Einheiten zu zerlegen. Die Wortereignisformel (ויהי דבר יהוה), die Botenspruchformel (כה אמר יהוה) und die Gottesspruchformel (נאם יהוה) sind gewissermaßen die Zäsuren, die die Verfasser der Texte eingefügt haben, um Sinnabschnitte zu kennzeichnen. Diese Zäsuren weisen darüber hinaus aber auch auf mögliche Textentstehungsprozesse hin, die gerade in der prophetischen Literatur nicht einlinig verlaufen sind. Vielmehr stehen meist komplexe literargeschichtliche Entwicklungen hinter den vorliegenden Texten, die sich in kommentierenden Fortschreibungen, theologischen Redaktionen und das ganze bündelnden Kompositionen niedergeschlagen haben. Das weiter zu erörtern, würde an dieser Stelle allerdings zu weit führen; zunächst soll hier ein Blick auf die Großkomposition des Tyroszyklus in seiner überlieferten Fassung geworfen werden.

Es zeigt sich, dass die drei genannten prophetischen Formeltypen in Ez 26-28 Verwendung gefunden haben. Die viermal gebrauchte Wortereignisformel untergliedert die Gesamtkomposition in die vier Teile Ez 26 – Ez 27 – Ez 28,1-10

– Ez 28,11-19[1], die im Blick auf ihre Länge voneinander abweichen, im Blick auf ihre inhaltliche Ausrichtung aber so angeordnet sind, dass sich innerhalb der Abfolge die beiden Untergangsorakel Ez 26 und Ez 28,1-10 und die beiden Klagelieder Ez 27 und Ez 28,11-19 entsprechen. Die Abfolge ‚Untergangsorakel – Klagelied' findet sich also innerhalb des Tyroszyklus in doppelter Ausführung, einmal in Ez 26.27 und dann in Ez 28,1-10.11-19. Mit diesen formalen Entsprechungen ist eine Textbewegung verbunden, die sich von einem umfassenden Panoramablick her verengt und ins entscheidende Detail geht: Während in Ez 26.27 die gesamte Stadt ins Visier genommen wird, richtet sich der Blick in Ez 28,1-10.11-19 auf den tyrischen König und stellt mit dieser Fokussierung und Konzentration den Brenn- und Kristallisationspunkt der tyrischen Kultur und Gesellschaft in die Mitte. Wie in allen altorientalischen Kulturen steht auch in Tyros der König als Repräsentant und Regent an der Spitze des Gemeinwesens, im König bündelt sich das, was die Stadt letztlich zusammenhält. Dass bei einer solchen Hervorhebung der Königsfigur auch mythische Elemente eine Rolle gespielt haben, liegt auf der Hand und ist anhand der entsprechenden Spuren in Ez 28,13f auch noch innerhalb des vorliegenden Textes zu greifen: Der König steht – oder, auf der Zeitebene des Klageliedes betrachtet: stand – in einer beeindruckenden Nähe zur Gottheit, die damit die Legitimität und Autorität des Königs garantiert. Wenn in Ez 28,21 vom tyrischen König so gesprochen werden kann wie in Ez 26,21 von der Stadt als ganzer, zeigt sich hier deutlich, dass der König nicht nur als Repräsentant der Stadt agiert, sondern letztlich die Stadt *ist*.

Die Textbewegung innerhalb des Tyroszyklus läuft damit von der Gesamtheit der Stadt in aller Breite auf die Spitzenposition des Königs zu; an ihm und an seinem Ende wird der Untergang von Tyros besonders schreckensvoll sichtbar, denn von den Höhen des Berges Gottes geht es für den König direkt in die Tiefe, nach Ez 28,8 in die Grube, in der nach Ez 26,20 auch das Volk der Vorzeit sein Wesen oder Unwesen treibt. Die dunklen Metaphern machen deutlich, dass der Fall der Stadt und ihres Königs grausiger und steiler bergab nicht denkbar ist.

Der den Tyroszyklus prägende Wechsel zwischen Ansage des Untergangs und folgender Klage, der sich im folgenden Ägyptenzyklus in Ez 29-32 mit anderen Adressaten wiederholt, bringt eine bemerkenswerte theologische Spannung zum Ausdruck: Sowohl die Unheilsansage als auch das Klagelied des Propheten gehen auf Anweisungen Jahwes zurück. Der angekündigte Untergang wird dabei nicht als Anlass zur Freude über den Sturz des hochmütigen Nachbarn gesehen, sondern als Grund für tiefe Trauer und das Erheben der Totenklage. Auf dieses bemerkenswerte Nebeneinander von Untergangsprophetie und

---

1   Vgl. dazu Zimmerli, Ezechiel, 601, der allerdings auch darauf verweist, dass sich in Ez 26,21; 27,36b; 28,19b jeweils kehrreimartige Schlussverse finden, denenzufolge Ez 28,1-10.11-19 als eine Einheit zu verstehen wäre. Auf die literarischen Vernetzungen innerhalb von Ez 28 wird noch näher einzugehen sein; auf der Ebene der Makrostruktur lassen sich die beiden Teile v1-10 und v11-19 jedoch aufgrund der Wortereignisformel voneinander abheben.

Totenklage wird an anderer Stelle noch weiter einzugehen sein[2]; die theologische Grundspannung zwischen der Ansage der Vernichtung und der folgenden Klage über die vollzogene Vernichtung und das Ende der Stadt soll aber schon hier zu Beginn der Textanalyse herausgehoben werden, denn letztlich wird bereits an dieser Stelle deutlich, was das Verhältnis zwischen Israel und Phönizien insgesamt prägt und daher wohl auch auf der Ebene der Völkerorakel seine Spuren hinterlassen hat: Es ist die durchgängig unentschiedene Beziehung Israels zu seinen nördlichen Nachbarn, die einerseits so beneidet wurden, dass man ihnen den Untergang wünschen konnte, die andererseits aber aufgrund ihres Erfolges, ihres Reichtums und ihrer Kultur so sehr bewundert wurden, dass der Untergang dieser Pracht doch zur tiefen Klage über das Verschwinden all der Herrlichkeit nötigte. Doch mit dieser Deutung der im Tyroszyklus greifbaren Spannung ist der Rahmen einer ersten Betrachtung der Makrostruktur von Ez 26-28 längst überschritten; die skizzenhaften Überlegungen sollen erst später wieder aufgegriffen werden, wenn es um den theologischen Ort und die Intention des Tyroszyklus gehen wird[3].

3.1.2 Die Mikrostruktur

3.1.2.1 Ez 26

Wie die Gesamtkomposition des Tyroszyklus, so ist auch jede Gliederungseinheit in verschiedene Untereinheiten eingeteilt. Und wie auf der Makroebene so zeigt sich auch auf der Ebene der Gliederungseinheiten, dass die verschiedenen Formeltypen zur Gliederung des Textmaterials einen ausgesprochen hilfreichen Beitrag leisten können.

Neben der einleitenden Datierung des Tyroszyklus und der damit verbundenen Wortereignisformel in Ez 26,1 finden sich in Ez 26 sieben weitere prophetische Formeln: die eröffnende Botenspruchformel in v3.7.15.19 und die eher abschließende Gottesspruchformel in v5.14.21; daneben könnte man die für Ezechiel typische Jahwe-Erkenntnisformel[4] in v6 (וידעו כי אני יהוה) und das vor der

---

2   Vgl. dazu unten Teil 3.3.

3   Vgl. dazu unten Teil 5.4 und Teil 6.

4   Vgl. dazu Zimmerli, Ezechiel, 55*-61*, und seine Interpretation der Erkenntnisformel im Rahmen des ‚Erweiswortes'; die Erkenntnisformel grenzt in diesem Kontext nicht allein Texteinheiten voneinander ab, sondern ist als theologische Signatur zu verstehen: „All das, was an scheinbar auch neutral zu verstehendem Geschehen vom Propheten verkündet wird, hat sein Ziel darin, Israel und die Völker zur Erkenntnis, und d. h. im AT immer auch Anerkenntnis, ebendieses in seinem Namen offenbaren Ichs zu führen. Jahwes ganzes Tun, das der Prophet verkündet, dient Jahwes Erweis unter den Menschen." (Zimmerli, Ezechiel, 58*)

Gottesspruchformel in v14 stehende כי אני יהוה דברתי[5] als geprägte Wendungen anführen, die für die Gliederung der Texteinheit ebenfalls heranzuziehen sind.

Zunächst einmal ist festzuhalten, dass Ez 26 als eine in sich geschlossene Texteinheit erscheint, die sich durch die Wortereignisformeln in Ez 26,1 und Ez 27,1 innerhalb der Großeinheit des Tyroszyklus als eigene Einheit gut abgrenzen lässt. Die Anrede an den Propheten mit dem für Ezechiel so typischen בן אדם in Ez 26,2 und Ez 27,2 lässt sich als weitere Textmarkierung innerhalb der Großeinheit Ez 26-28 benennen und die Abgrenzung von Ez 26 als erster Untereinheit als sinnvoll erscheinen.

Ez 26,1 zeigt, dass Ez 26 als ganzes als Jahwerede zu verstehen ist. Dieses inhaltliche Merkmal ist zugleich auch ein Strukturmerkmal, denn damit ist der Absender des Textes klar benannt: Trotz aller Verschachtelungen innerhalb des Textes, der sich aus Zitaten von Freudenrufen und Klageliedern und mehreren Prophetensprüchen zusammensetzt, steht in letzter Konsequenz nicht der Prophet, sondern Jahwe selber als Autorität im eigentlichen Sinn hinter dem Text. In v2 folgt in dieser groß angelegten Jahwerede die Anrede an den Propheten und das Zitat eines tyrischen Freudenrufes über das Ende Jerusalems. Das hat natürlich Konsequenzen für die Datierung des Textes, der sich mit diesem Zitat selber nach den Ereignissen von 587/86 v. Chr. verortet – ein Freudenruf über den Untergang Jerusalems von tyrischer Seite ist vor der Zerstörung Jerusalems durch die Babylonier sinnvollerweise nicht denkbar, so dass diese Bemerkung innerhalb des Textes dann auch mit der Datumsangabe in Ez 26,1 in Einklang zu bringen ist. Was eine solche Datierung für die Rekonstruktion der Kompositionsgeschichte des Ezechielbuches als ganzem für Konsequenzen hat, kann hier nicht ausführlich erörtert werden; es muss der Hinweis genügen, dass der Prophet selber innerhalb des dramatischen Aufbaus des Ezechielbuches an dieser Stelle der Kapitelabfolge eigentlich noch nicht über den Fall der Stadt informiert ist; erst in Ez 33,21 kommt der in Ez 24,27 angekündigte Entronnene aus der Stadt zum Propheten und verkündet mit den Worten הכתה העיר das Ende Jerusalems. Ob diese Spannung zwischen Ez 24.33 und Ez 26-28 als Hinweis auf den späteren Einschub der Völkerorakel gedeutet werden kann, soll an anderer Stelle noch einmal gefragt werden[6].

Die in v1f vorliegende Einleitung von Ez 26 begründet mit dem Zitat der schadensfroh spottenden tyrischen Worte die folgende Einheit, die in v3-5a.5b-6 vorliegt. Diese Einheit wird mit der Botenspruchformel eingeleitet und in v5a mit der Gottesspruchformel bzw. in v6 mit der Erkenntnisformel abgeschlossen. Es geht in v3-5a in einem von der Wasser- und Küstenmetaphorik geprägten Orakel um den Untergang von Tyros und in v5b-6 um das damit einhergehende Ende der tyrischen Dépendancen auf dem Festland.

---

5   Vgl. Zimmerli, Ezechiel, 40*, der von einer „Schlußformel des Gotteswortes" spricht.
6   Vgl. dazu unten Teil 3.2.1.

In der folgenden Einheit v7-14 – eingeleitet durch die Botenspruchformel und abgeschlossen durch die Schlussformel des Gotteswortes und die Gottesspruchformel – wird dieser Untergang in einem erweiterten Bild genauer beschrieben. Auffällig ist hier, dass die Wasser- und Küstenmetaphorik an den Rand gedrängt wird und sich offensichtlich keine Seemacht gegen Tyros wendet, sondern Landstreitkräfte über die Stadt hinwegrollen. Diese Landstreitkräfte werden zudem noch namentlich mit dem babylonischen Herrscher Nebukadnezar verbunden. V14 nimmt dann innerhalb dieses zweiten, präziseren Untergangsorakels ein Bild des ersten Orakels aus v5 auf: Die Stadt wird zu einem Trockenplatz für Fischernetze, d. h. sie wird so kahl wie ein Felsen, der sich für diesen Zweck nutzen lässt.

Die Einheit v15-18, die durch die Botenspruchformel eingeleitet wird, nimmt die Reaktionen auf den Untergang von Tyros in den Blick und zitiert das Klagelied der Fürsten des Meeres, die den Fall des mächtigen Tyros betrauern, dessen Schicksal zu allgemeinem Entsetzen und Erschrecken führt. Die hier erhobene קינה liest sich an dieser Stelle wie eine Antizipation der großen Totenklage, die in Ez 27 angestimmt wird.

In v19-21 – eingeleitet durch die Botenspruchformel und abgeschlossen durch die Gottesspruchformel – wird noch einmal auf das Schicksal von Tyros zurückgelenkt, wiederum mit der Wassermetaphorik der Untergang beschrieben und hier nun über den Bereich des für alle Welt Sichtbaren hinaus der Sturz der Stadt bis in die Unterwelt hinein verfolgt. Das gesamte Arsenal mythischer Vorstellungen wird eingesetzt, um den Sturz in seiner Dramatik in Worte zu fassen: die aus Gen 1,2; 8,2; Ps 104,6; Hi 28,14; 38,16.30; 41,24 u. ö. bekannte Urflut תהום brandet auf und spült die Stadt hinab zu denen, die aus der Vorzeit in der Tiefe der Grube dahinwesen. Nach v21 wird dieses Ende der Stadt endgültig sein.

Aufgrund dieser Textbeobachtungen lässt sich Ez 26 folgendermaßen gliedern[7]:

---

7   Schon in der älteren Forschung besteht über die Gliederung von Ez 26 kein großer Dissens, vgl. dazu nur die Ausführungen im Kommentar von Smend, Ezechiel, 188, der den Text in die drei Strophen v1-6, v7-14 und v15-21 unterteilt. Keil, Ezechiel, 251, differenziert noch ein wenig mehr, wenn er neben der ersten Strophe in v2-6 und der zweiten Strophe in v7-14 eine dritte Strophe in v15-18 und eine abschließende vierte Strophe in v19-21 erkennt. A. Bertholet, Hesekiel, 135-137, schließt sich dieser Gliederung an, während R. Kraetzschmar, Ezechiel, 203, nur drei Teile annimmt, nämlich v1-6.19-21, v7-14 und v15-18, wobei sich die ersten beiden Teile seiner Ansicht nach ausschließen; Kraetzschmar verweist in seinem Kommentar dazu auf C. H. Manchots 1888 erschienenen Aufsatz „Ezechiel's Weissagung wider Tyrus", lehnt allerdings dessen Ansetzung von v7-14 in der Phase der Belagerung von Tyros durch Antigonos zwischen 315 und 313 v. Chr. ab (vgl. Manchot, Weissagung, 464-466). Von einer der Gliederung Keils und Bertholets entsprechenden Vierteilung des Kapitels geht dann wieder J. Herrmann, Ezechiel, 176-179, aus. Fohrer, Ezechiel, 150-152, schließt sich dieser Unterteilung an, geht allerdings mit seiner formgeschichtlich orientierten Gattungsbestimmung der vier Teile des Kapitels – v1-6, v7-14 und v19-21 sind nach Fohrer Drohworte, v15-18 ist seiner Meinung nach als Leichenlied zu bestimmen – über eine reine Gliederung hinaus; darauf wird zurückzu-

v1-2   Einleitung und Begründung des folgenden Unter-
              gangsorakels
v3-6   Untergangsorakel I – Beschreibung mithilfe der
              Wassermetaphorik
v7-14   Untergangsorakel II – Beschreibung der Vernichtung
              durch Nebukadnezar
v15-18   Reaktionen der Fürsten des Meeres auf den
              Untergang von Tyros
v19-21   Untergangsorakel III – Beschreibung des Sturzes in
              die Unterwelt

Inwieweit die drei verschiedenen Bestandteile des Untergangsorakels literargeschichtlich als Fortschreibungen von verschiedener Hand zu deuten sind, soll
später noch eingehender erörtert werden. Die verschiedenen Akzentuierungen
machen aber bereits deutlich, dass der konkrete Vorgang der Vernichtung der
Stadt mit unterschiedlichen Szenarien vorhergesagt werden konnte: Eine eher von
den Wassermassen bzw. Seestreitkräften her geprägte Vernichtungsvision steht
einer vom Landweg durch Nebukadnezar in Gang gesetzten Zerstörungsvision
gegenüber – dass letztere im Blick auf die Inselfestung Tyros zumindest als ungewöhnlich eingestuft werden muss, bedarf hier keiner weiteren Erwähnung.

Auch wenn im Detail bei der Gliederung von Ez 26 mithilfe des Formelmaterials kleinere Unebenheiten bleiben – wie etwa bei der Abgrenzung von v3-6
mit der Gottesspruchformel in der Mitte von v5 – so erscheint der Text doch in
dieser Einteilung als eine in sich abgestimmte und sinnvoll fortschreitende Komposition: Auf die alle weiteren Orakel fundierende Begründung folgt eine eher
allgemeine und dann eine weitaus umfangreicher angelegte und historisch ver-
ortete Darstellung des Untergangs und der erkennbaren Reaktionen darauf, die
dann durch die nicht allgemein sichtbaren Aspekte des Sturzes, der bis in die
Unterwelt hinabführt, fortgesetzt werden[8]. Als thematische Klammer fungiert
zudem die von v2 zu v21 gebaute Brücke, mit der sich der Kreis schließt: Aus der

---

kommen sein. Zimmerli, Ezechiel, 613-622, fügt den einzelnen Teilen noch charakteristische
Überschriften hinzu: „Die Versündigung von Tyrus und das Gericht" (v1-6); „Der Großkönig
von Norden und seine Scharen als Gerichtsvollzieher" (v7-14); „Die Klage der Nachbarfürsten"
(v15-18); „Die Hadesfahrt von Tyrus"(v19-21). Auch W. Eichrodt, Hesekiel, 249-253, geht von
den nun schon mehrfach genannten vier Untereinheiten aus, was auch in der Neubearbeitung
des Ezechielbuches in der Reihe Altes Testament Deutsch von K.-F. Pohlmann, Hesekiel, 374,
aufgegriffen wird. Kurz: Im Blick auf die Gliederung von Ez 26 besteht eine überwältigende
Einigkeit innerhalb der Ezechielforschung vom späten 19. Jh. bis in die neuesten Beiträge hinein
(vgl. etwa V. Premstaller, Fremdvölkersprüche, 58-61) und die genannten Textmerkmale geben
auch keinen Anlass, diesem Konsens zu widersprechen; lediglich die Einleitung des Kapitels
wird hier in den beiden Versen v1-2 gesehen, womit aber nicht bestritten werden soll, dass diese
beiden Verse auch zugleich Bestandteile der folgenden Untergangsorakel darstellen.

8   Vgl. dazu Premstaller, Fremdvölkersprüche, 70-72.

Schadenfreude der Tyrer über das Ende Jerusalems wird der endgültige Schrecken aller Welt über den Sturz von Tyros.

3.1.2.2 Ez 27

Im Gegensatz zu der ersten Einheit des vierteiligen Tyroszyklus erweist sich die Analyse der zweiten Einheit insofern als problematisch, als das verwendete Formelmaterial für die Analyse des Textes nicht in dem gleichen Maße herangezogen werden kann wie bei der Analyse von Ez 26, da sich neben der einleitenden Wortereignisformel in v1 und der Botenspruchformel in v3 keine weiteren geprägten Wendungen bzw. typisch prophetischen Formeln finden lassen. Das ist im Blick auf einen Textabschnitt, der mit 36 Versen innerhalb des Tyroszyklus die längste Einheit bildet, ausgesprochen erstaunlich – besonders im Vergleich mit der vorangehenden und der folgenden Einheit, in denen das Formelmaterial doch in größerer Dichte verwendet wird. Lässt dieser Sachverhalt darauf schließen, dass man es bei Ez 27 mit einer nicht weiter unterteilbaren, geschlossenen Einheit zu tun hat? Auf den ersten Blick könnte man diese Frage vielleicht sogar positiv beantworten, denn Ez 27,1 eröffnet das Kapitel – analog zu Ez 26 – wieder mit einer Einleitung als Jahwerede, in der der Auftrag an den Propheten ergeht, die Totenklage קינה über Tyros zu erheben. Diese Totenklage wird dem Propheten dann ebenfalls in den Mund gelegt und mit den Worten der Botenspruchformel eingeleitet. Von v3bβ an folgt dann diese letztlich als Jahwewort ausgewiesene קינה und endet erst mit v36. Man hätte bei einer solchen Textgliederung letztlich nur den Einleitungsteil v1-3bα und die Klage in v3bβ-36 voneinander zu unterscheiden und müsste auf weitere, auch formal begründbare Unterteilungen verzichten.

Im Blick auf Ez 27 ist man nun aber in der Lage, ein von den prophetischen Formeln unabhängiges Strukturelement als Hilfe weiterer Gliederungen in den Blick zu nehmen, denn es handelt sich bei diesem Text um eine Totenklage, die als poetische Sprachhandlung den Gesetzen der Poesie unterworfen sein müsste. Bei genauerem Hinsehen stellt sich heraus, dass dies tatsächlich der Fall ist. Denn auch wenn man den metrischen Analysen, denen Ez 27 in der Forschungsgeschichte mit unterschiedlichen Ansätzen und ebenso unterschiedlichen Ergebnissen unterzogen wurde, nicht allzu weit trauen möchte und man das typische Metrum der Totenklage mit einem 3+2-Rhythmus nicht ohne weiteres bzw. nur um den Preis teilweise erheblicher Eingriffe in den Text erkennen kann, so lässt sich dennoch ein anderes Kennzeichen der hebräischen Poesie für die genauere Analyse des Textes heranziehen, nämlich die Strukturierung einzelner Verse mit dem Stilmittel des *parallelismus membrorum*, der sich als synonymer und teilweise auch synthetischer Parallelismus in bestimmten Passagen von Ez 27 leicht erkennen lässt, während er in anderen Textteilen offenbar keine Rolle spielt.

Untersucht man den Text mit Hilfe dieses formalen Kriteriums, ergeben sich zunächst einmal die folgenden Beobachtungen. Während der erste Satz nach der Botenspruchformel in v3bβ.γ als Überschrift der sich anschließenden Totenklage zu lesen ist, finden sich in der Passage v4-11 durchgehend parallel strukturierte Verse, in denen der erste Versteil dem zweiten entsprechend als ‚Gedankenreim‘ zugeordnet werden kann. In v4a entspricht die Formung im Herzen der Meere der in v4b folgenden Vollendung der Schönheit durch die Erbauer; in v5 bilden die Planken in v5a und der Mastbaum in v5b das parallele bzw. synthetisch sich ergänzende Element; dasselbe gilt für die Ruder in v6a und das Deck in v6b sowie das Segel in v7a und die Schiffsdecke in v7b; ab v8 rückt die Besatzung ins Zentrum der Darstellung und es sind in v8a die Sidonier und Arwaditer den Weisen von Tyros in v8b zugeordnet wie dann in v9a die Byblier den Matrosen in v9b als synthetisches Gegenelement innerhalb des Parallelismus entsprechen; in v10 kommen dann kriegerische Bilder in den Blick und der Erwähnung der Kriegsleute in v10a folgt deren militärische Handlung – Aufhängen von Schild und Helm – in v10b; v11a schließt an v10 an und betont noch einmal die militärische Präsenz in Tyros, v11b beendet den Durchgang unter Rückgriff auf v10b – Aufhängen nun der Rundschilde – zum einen und auf v4b – Vollendung der Schönheit – zum anderen. Damit schließt dieser erste Abschnitt, in dem zum einen die einzelnen Bauteile eines Schiffes bzw. die Materialien, die zur Konstruktion eines Schiffes benötigt werden, benannt werden, zum zweiten die Besatzung des Schiffes angeführt wird und zum dritten die militärischen Aspekte, insbesondere die nicht-tyrischen Söldner, erwähnt sind; die Tatsache, dass im Blick auf die Materialien, die Besatzung und die Militärs Herkunftsländer und Herkunftsgebiete je eigens aufgelistet werden, ist eine wertvolle Besonderheit dieses ganzen Kapitels innerhalb des Tyroszyklus, das mit diesen Zusatzinformationen wertvolle Einblicke in das Beziehungsnetz einer phönizischen Stadt im 1. Jt. v. Chr. gibt und damit für die Kulturgeschichte des Alten Orients eine ganz außerordentliche Quelle darstellt.

Was nun folgt, wendet sich vom Bild des Schiffes ab, mit dem Tyros in v3bβ-11 gezeichnet wird, und legt den Schwerpunkt auf die Handelsbeziehungen von Tyros. Dieses Thema klingt in v9b bereits an, wird aber erst ab v12 weiter ausgeführt. In v12-24/25 werden in der Form einer Handelsliste die ökonomischen Aktivitäten der Stadt vor Augen geführt, indem jeweils die Handelspartner und die entsprechenden Handelsgüter genannt werden. Auf die genauen Abläufe dieser Handelsvorgänge soll hier nicht weiter eingegangen werden – dass die sprachliche Gestalt der Handelsliste erhebliche Schwierigkeiten im Blick auf die Fragen nach der Art des Ankaufs, Verkaufs, möglichen Zwischenhandels und der Handelsniederlassungen bietet, wurde bereits im Rahmen der Textkritik erwähnt. Im Zusammenhang der Textanalyse ist es an dieser Stelle von größerer Bedeutung, dass die vorliegende Liste der Handelsbeziehungen offensichtlich ebenfalls in einer formal mehr oder weniger streng strukturierten Gestalt vorliegt,

dass die einzelnen Verse aber nicht mehr den Gesetzmäßigkeiten des Parallelismus folgen. Einen gewissen Übergang bildet erst v25, in dem in v25a die
Tarschisch-Schiffe genannt werden, mit deren Hilfe dann in v25b ansatzweise
und ab v26 dann vollständig das Bild von Tyros als einem Schiff wieder aufgegriffen wird. Bis auf den summarischen und im Vergleich mit den übrigen Versen
unverhältnismäßig langen v27 liegen ab v26 wieder eher parallel geformte Verse
vor: V26 muss dabei allerdings als synthetischer Parallelismus interpretiert werden, mit dessen zweitem Teil in v26b die Untergangsthematik eingeführt wird, die
dann in der vorliegenden Gestalt des Kapitels in v27 breit ausgeführt wird und
daher aus der Reihe der Parallelismen herausfällt. V28 ist im Gegensatz zu v27
äußerst knapp gehalten, ein klassischer Parallelismus ist hier nicht zu erkennen,
weil von einem zweiten Versteil an dieser Stelle letztlich keine Rede sein kann.
V29 bietet dann allerdings einen klassischen synonymen, v30 einen synthetischen
Parallelismus, in dem auf das Klagegeschrei in v30a in v30b der Klageritus folgt,
was ebenso – allerdings in umgekehrter Reihenfolge – für v31a und v31b gilt. Der
nächste synonyme Parallelismus liegt in v32a vor; die in v32b folgende Frage fällt
aus der Abfolge der Parallelismen heraus und markiert damit auch auf formaler
Ebene die vollkommene Unvorstellbarkeit des Geschehenen. In synonymer Form
greifen v33a und v33b die Handelsthematik aus v12-24/25 auf und stellen in
ebenso synonymer Form der Schilderung des Reichtums in v34a und v34b die
Tiefe des Falls von Tyros gegenüber. In v35 und v36 steht dann der Schrecken
der umliegenden Gebiete und Königreiche im Zentrum, wobei in v35b das etwas
überschießende רעמו פנים die Verwirrung der Zuschauer auch auf der formalen
Ebene deutlich zum Ausdruck bringt. V36b schließt mit der Nennung der בלהות
nicht nur von der Thematik her, sondern auch auf der terminologischen Ebene
an das Ende von Ez 26 in v21 an.

Wie ist nun mit diesem recht unausgeglichenen Befund innerhalb von Ez 27
umzugehen? Man wird zwei Ebenen voneinander unterscheiden müssen. Literarhistorisch sind die genannten Beobachtungen am Text sicherlich mit Hilfe der
Annahme unterschiedlicher Quellen, aus denen die Verfasser des vorliegenden
Textes schöpften, zu erklären; hier wird man wohl einen Totenklagetext von einer
Handelsliste unterscheiden müssen. Textstrukturell sind allerdings auf der Ebene
der überlieferten Passage die ineinander verwobenen Strukturen in v3bβ-36 zu
beachten, die sich formal letztlich nur mit Hilfe der Unterscheidung zwischen
parallel und nicht parallel gestalteten Versen gliedern lassen. Lässt man die genannten Abweichungen im Schlussteil einmal außer Acht, ergibt sich damit folgende Grobgliederung von Ez 27[9]:

---

9   Nach Smend, Ezechiel, 194, liegen in Ez 27 drei Strophen vor, nämlich v2-11, v12-25 und v26-
    36. Dieser Gliederung schließt sich Keil, Ezechiel, 259, an. Bertholet, Hesekiel, 138, dagegen
    unterscheidet – wie auch vor ihm schon Manchot, Weissagung, 423-435 – die Totenklage in v1-
    9a.25b-36 von einem Mittelteil, den er bereits in v9b beginnen lässt und der seiner Auffassung
    nach in v25a endet. Kraetzschmar, Ezechiel, 207, unterteilt in nahezu gleicher Weise, sieht den

v1-3bα	Einleitung der Totenklage
v3bβ-11	Tyros als Prachtschiff
v12-25	Liste der Handelsbeziehungen
v26-36*	Untergang des Prachtschiffes

Die Abweichungen vor allem im Schlussteil zeigen das Bemühen der Verfasser des Textes, eine literarische Einheit zu gestalten, die das Bild der Stadt Tyros als eines Schiffes mit den Handelsaktivitäten, die in der Liste greifbar werden, verbindet; im Schlussteil wird diese Gestaltungsabsicht kreativ fortgeschrieben und damit eine Totenklage entworfen, die einen Bogen von der Überschrift in v3bβ.γ mit der Betonung der außerordentlichen Schönheit der Stadt bis zum Schreckensbild der untergegangenen Pracht in v26 schlägt. Die ganze Schilderung des Reichtums und der Herrlichkeit in v3bβ-25 lenkt zunächst einmal von der Totenklage ab, dient aber letztlich dazu, die Tiefe des Sturzes in v26-36 besonders deutlich vor Augen zu führen[10].

Das hebräische בלהות in v36 und Ez 26,21 – ebenso in Ez 28,19 – bindet die Einzelteile des Tyroszyklus in ihrer Schlusstendenz eng aneinander; solche auffällig positionierten Stichwortverknüpfungen verweisen darauf, dass Ez 26-28 eine wohl durchdachte und mit einer gezielten theologischen Aussageabsicht versehene literarische Einheit darstellt.

Wiedereinsatz der Totenklage allerdings schon in v25a. Nach Herrmann, Ezechiel, 179, beginnt das Klagelied erst in v4, reicht dann bis v9a, wird in v25 aufgegriffen und in v26 abgeschlossen, so dass das inmitten der Klage liegende Handelsverzeichnis seiner Ansicht nach den Abschnitt v9b-24 umfasst. Noch weiter differenziert Fohrer, Ezechiel, 154, der v10 aus diesem Verzeichnis herausnimmt und somit das Klagelied in v1-9a.10.25-36 und das Handelsverzeichnis in v9b.11-24 erkennt. Zimmerli, Ezechiel, 634-638, geht von einer Einleitung in v1-3bα aus, auf die in v3bβ-9b/11 eine Qina folgt, die erst in v26-36 wieder aufgegriffen wird; in das Klagelied ist nach Zimmerli in v12-24(.25) die Liste der Handelspartner von Tyros eingeschoben. Eichrodt, Hesekiel, 259, schließt sich wiederum der älteren Forschung an und sieht das Klagelied in v1-9a.25b-36, die Handelsliste demnach in v9b-25a. Es zeigt sich also, dass die Abgrenzung der einzelnen Teile von Ez 27 nicht unumstritten ist; dennoch gehen alle Positionen davon aus, dass sich Ez 27 aus einem Klagelied und einer in dieses Klagelied eingeschobenen Handelsliste zusammensetzt (vgl. dazu auch Premstaller, Fremdvölkersprüche, 78-80). Letztlich wird die Frage der genauen Abgrenzung der Handelsliste – die Differenzen innerhalb der Gliederung ergeben sich aufgrund der Unsicherheiten im Blick auf die Ränder der Handelsliste in v9-11 bzw. v24f – nur mit literarhistorischen Annahmen zu beantworten sein. Da derartige Annahmen über die Geschichte eines Textes von seinem vorliegenden Aufbau unterschieden werden müssen, weicht der hier gegebene Gliederungsvorschlag, vor allem aufgrund der Abgrenzung einer Einleitung, von der bisherigen Forschung und ihrer Annahme einer Dreiteilung des Textes ab; er schließt sich aber im Blick auf die Handelsliste namentlich den älteren Forschungsbeiträgen von Smend und Keil an, die das Zentrum der Handelsliste in v12-25 sehen.

10 Vgl. Premstaller, Fremdvölkersprüche, 92f.

3.1.2.3 Ez 28,1-10

Der Tyroszyklus besteht zwar aus drei Kapiteln innerhalb des Ezechielbuches, setzt sich aber – wie bereits anhand der Wortereignisformeln gezeigt wurde – aus vier großen Texteinheiten zusammen, die sich ihrerseits weiter untergliedern lassen. Nach den beiden größeren Passagen Ez 26.27 folgen in Ez 28 die beiden verhältnismäßig kleineren Prophetenworte in v1-10 und v11-19. Die erste dieser beiden Passagen in v1-10 wird neben der Wortereignisformel mit der erneuten Anrede an den Propheten mit בן אדם eröffnet, auf die dann direkt die Adressatenangabe – angesprochen wird der נגיד von Tyros – mitsamt der Botenspruchformel folgt. Mit dieser Eröffnungskonstruktion wird hier wie an den anderen Stellen des Ezechielbuches das prophetische Wort an die göttliche Autorität gebunden und damit legitimiert. Entscheidend ist für die Passage Ez 28,1-10 die Verengung des Blickwinkels, der von der breiten Betrachtung des Stadtwesens und seines Untergangs in Ez 26.27 nun den Fürsten der Stadt ins Zentrum rückt. Das Prophetenwort an diesen Fürsten wird in Ez 28,1-10 in zwei jeweils mit der Botenspruchformel (v1.6) eingeleiteten Anläufen entfaltet, die der Zweiteilung des Gesamtwortes entsprechen, das sich erstens aus der Begründung für das kommende Unheil und zweitens aus der auf die Begründung folgenden Ankündigung des kommenden Untergangs des Fürsten zusammensetzt; der Hauptgedanke innerhalb der Begründung ist dabei die anmaßende Selbstüberschätzung des Fürsten, der Zielpunkt der Unheilsansage ist die Ermordung des Fürsten durch die Hand von Fremden. Am Ende der Texteinheit steht die Gottesspruchformel, die das dritte Orakel des Tyroszyklus abschließt.

Mit Hilfe des Formelmaterials, das hier wieder bei der Gliederung der Texteinheit herangezogen werden kann, ergibt sich damit folgende Struktur: v1-2aβ bilden die Einleitung; in v2aγ-5 findet sich der erste Teil der Begründung des Untergangs, der allerdings durch einen längeren ausführenden Zusatz in v3-5 unterbrochen bzw. verzögert wird; v6-10 stellen dann – nach einer kurzen an v2 anschließenden Wiederaufnahme der Begründung – ab v7 mit dem einleitenden לכן die Deklaration des auf die fürstliche Anmaßung folgenden Unheils dar; bemerkenswert ist, dass auch der zweite Teil durch einen Zusatz in v9 unterbrochen wird, der die Ansage des Unheils unterbricht und verzögert und in dem die in v2 zitierte Erklärung der Göttlichkeit des Fürsten in zynisch-fragender Form aufgegriffen wird – in der Klammer der den Tod ansagenden v8 und v10 wird der Fürst in v9 auf seine Menschlichkeit zurückgeworfen und kann nun nicht länger behaupten, Gott zu sein. Die klare Struktur des prophetischen Wortes, das sich aus Unheilsbegründung und Unheilsankündigung zusammensetzt und damit dem klassischen Aufbau des begründeten Drohwortes folgt[11], ist damit trotz der retardierenden Zusätze in v3-5.9 gut zu erkennen.

---

11 Vgl. zu dieser Gattungsbezeichnung Kaiser, Einleitung, 302f, und unten Teil 3.3.

Was hat es nun aber mit diesen Zusätzen auf sich? Während die Apposition in v9 aus der Perspektive des Todes die Menschlichkeit des Fürsten betont, greift der Zusatz in v3-5 ausgehend von der Anmaßung des Fürsten dessen Weisheit auf, auf der seine Macht und sein Reichtum, sein Stolz und sein Selbstlob gründen; der Vergleich mit Daniel muss an dieser Stelle als eine Illustration verstanden werden, die bei den Verfassern und den Adressaten des Textes allerdings die Kenntnis einer Danielfigur bzw. einer entsprechenden Legende voraussetzt. Ob die retardierenden Passagen auf literarhistorischer Ebene als spätere Zusätze gedeutet werden können, bleibt zu prüfen[12].

Das dritte Orakel innerhalb des Tyroszyklus lässt sich demnach folgendermaßen gliedern[13]:

v1-2aβ	Einleitung des Prophetenworts
v2aγ-5	Begründung des Untergangs
v3-5	*Ritardando: Weisheit des Fürsten*
v6-10	Wiederaufnahme der Begründung des Untergangs und Ansage des Todes des Fürsten
v9	*Ritardando: Menschlichkeit des Fürsten*

Damit liegt innerhalb des dritten Orakels eine gegliederte und mit retardierenden Elementen versehene Passage vor, deren Aussagegehalt durch die verzweigte Struktur keineswegs verschleiert wird: Die Selbsterhöhung des tyrischen Fürsten bis hin zur Vergöttlichung und seine damit einhergehende maßlose Selbstüber-

---

12 Vgl. dazu unten Teil 3.2.2.3.

13 Dass Ez 28 aufgrund der jeweils eigenständigen Einleitungen in v1 und v11 in zwei Teile zerfällt, ist in der Ezechielforschung unbestritten. Über die Untergliederung der beiden Teile besteht allerdings kein Konsens. Smend, Ezechiel, 219, sieht von der Wortereignisformel in v1 ab und meint im Blick auf die Drohrede in v2-10: „Bis v. 8 geht ein Satz durch. Der Vordersatz v. 2 wird v. 6 wieder aufgenommen und v. 7f. bringt den Nachsatz. Dazwischen tritt v. 3-5 eine längere Parenthese." Keil, Ezechiel, 274, geht davon aus, dass in v2-5 zunächst die Versündigung angegeben und dann in v6-10 die Strafe für diese Sünden angekündigt wird. Einen literarkritischen Zugang wählt Manchot, Weissagung, 470, wenn er innerhalb des Ensembles Ez 28,1-19 mit erheblichen Textumstellungen rechnet; auf dieses Modell soll später noch genauer eingegangen werden (vgl. dazu unten Teil 3.2.1). Während Bertholet, Hesekiel, 147, und Kraetzschmar, Ezechiel, 214f, auf eine weitere Unterteilung des Abschnitts v1-10 verzichten, unterscheidet Herrmann, Ezechiel, 181f, die Passagen v1-5 (Vorwurf des Hochmuts) und v6-10 (Strafe der Hybris). Fohrer, Ezechiel, 159, geht über Smend, Keil und Herrmann hinaus und erkennt „4 Strophen zu je 7 Kurzversen (2*.3-4.6-7.8-9a+10b) mit prosaischer Einleitung (1)"; problematisch ist dabei, dass v5 und v9b-10a als erläuternde Glossen verstanden und daher aus dem Text getilgt werden; behält man die entsprechenden Verse bei, geht Fohrers Einteilung in vier Strophen nicht mehr auf. Zimmerli, Ezechiel, 664f, hält v3-5 für eine Ergänzung und erkennt in v2.6-10 den knapperen Grundtext. Während Eichrodt, Hesekiel, 265, auf eine weitere Einteilung verzichtet, geht auch Pohlmann, Hesekiel, 394, literarkritisch vor und grenzt v3-6 von v1f.7-10 ab; auf seine und Zimmerlis literarkritische Erwägungen soll später eingegangen werden (vgl. dazu unten Teil 3.2.1).

schätzung führen ihn – trotz all seiner Weisheit – in die Grube, in die die Stadt als ganze nach Ez 26 bereits hinabgefahren ist. Das gesamte Orakel veranschaulicht am Beispiel des hybriden tyrischen Fürsten die Geltung des Sprichwortes: Hochmut kommt vor dem Fall – und der ist, je höher der Hochmut emporsteigt, um so tiefer[14].

3.1.2.4 Ez 28,11-19

Der letzte Teil des Tyroszyklus in Ez 28,11-19 wird wieder mit der Wortereignisformel in v11 eingeleitet, auf die dann in v12 die Anrede an den אדם בן folgt, der dazu aufgefordert wird, über den König – hier wird dieser nun nicht mehr als נגיד, sondern als מלך bezeichnet – das Klagelied anzustimmen. Dass dieses Klagelied letztlich erst auf die Botenspruchformel in v12b folgt, verweist in dieser Passage erneut auf die Verankerung des prophetischen Wortes in der Gottesrede, von der her der Prophet seine Worte entwickelt. Mit diesen einleitenden Formeln und Anreden in v11f erschöpft sich dann allerdings das verwendete Formelmaterial und man ist bei der Gliederung des Textes wieder auf über die Formeln hinausgehende Kriterien angewiesen. Da es sich jedoch den Angaben der Einleitung zufolge bei Ez 28,11-19 um ein Klagelied und damit um eine poetische Gattung handelt, müsste sich auch in dieser Passage – neben dem Qinametrum, das einige Ausleger ausmachen wollen[15] – eine Prägung des Textes durch gebundene und geprägte Sprache erkennen lassen. Die nahezu jeden einzelnen Vers des Abschnitts betreffenden Textprobleme erleichtern eine Analyse allerdings in keiner Weise; es sei dennoch ausgehend von der oben vorgelegten Textfassung ein Versuch gewagt.

Wie die Klage in Ez 27 wird auch die Qina in Ez 28,11-19 durch eine Art Überschrift in v12b nach der Botenformel eröffnet: Wie in Ez 27 die Schönheit der Stadt am Anfang der Klage steht, so eröffnet Ez 28,12bγ.δ das Trauerlied mit der Betonung der Schönheit des Königs. In v13 stehen am Anfang und am Ende Stichwortverbindungen zur Schöpfungsterminologie – zu Beginn die assoziationsreiche Ortsangabe אלהים גן עדן(ב) und am Ende das Schöpfungsverb

---

14 Vgl. dazu Premstaller, Fremdvölkersprüche, 93-103.

15 Vgl. dazu die Ausführungen bei Zimmerli, Ezechiel, 676-680, der – unter Rückgriff auf C. Budde, Klagelied, 20: „Aber auch hier macht der Prophet zunächst gar keine Anstalten, in den Rhythmus des Klageliedes einzulenken, und vergebens wäre das Bemühen, mehr als leise Anklänge daran aufzuzeigen." – auf die großen Schwierigkeiten bei der Rekonstruktion eines Metrums hinweist, aber dennoch einen Vorschlag unterbreitet. Trotz der Möglichkeit, das Qinametrum zu rekonstruieren, soll hier wegen dieser Schwierigkeiten und der damit verbundenen Unsicherheiten auf einen weiteren Versuch verzichtet werden und die deutlichere Struktur der aneinander gereihten Parallelismen zur Grundlage der poetischen Analyse gemacht werden.

ברא; in diesen Rahmen ist mit der Rede von Umfassungen und Einfassungen die Terminologie des Kunsthandwerks eingelassen, in deren Zentrum wiederum die neun Edelsteine und das zuletzt genannte Gold stehen. Der ganze Vers bildet damit eine konzentrische Struktur, die von der Schöpfungsthematik über die handwerkliche Begrifflichkeit auf die Edelsteine hin ausgerichtet ist; von einem Parallelismus im eigentlichen Sinn kann man hier sicher nicht sprechen, vielmehr ist die klassische Form der hebräischen Poesie bereits in hohem Maße aufgelöst, durch den Ausbau der formalen Gestaltungsmöglichkeiten aber zugleich erweitert worden; dass die Konzentrik des Verses allerdings nicht in mindestens ebenso hohem Maße als gebundene Sprache bezeichnet werden kann wie ein klassischer *parallelismus membrorum*, wird man nicht behaupten können. Der folgende v14 sprengt erneut die Grenzen des klassischen zweiteiligen Parallelismus; man könnte allerdings von einem dreigliedrigen Parallelismus, einem Tripelvers sprechen, in dem folgende Elemente einander zugeordnet werden: Gesellschaft des Cheruben, Anwesenheit auf dem heiligen Berg Gottes, Wandeln zwischen den feurigen Steinen. Auch wenn die Bedeutung der einzelnen Elemente sich nicht mehr zweifelsfrei ermitteln lässt, gehören doch alle drei Teilverse auf dieselbe Bedeutungsebene: Thema ist das vormalige Ergehen des tyrischen Königs, das mit mythischen Bildern und Erinnerungselementen, die mit dem Gottesgarten verknüpft sind, geschildert wird. In v15 wird die Reinheit des Königs mit dem Beginn des Abfalls konfrontiert: Während in v15a noch einmal das untadelige Verhalten von seiner Schöpfung her unterstrichen wird, steht dem in v15b der Zeitpunkt gegenüber, an dem עולתה an ihm gefunden wurde. V16a führt diese Verhaltensänderung des Königs mit der Begrifflichkeit aus Ez 27 weiter aus: ברב רכלתך verweist auf die Handelsterminologie, die in der Klage in Ez 27 zur Begründung des Untergangs der Stadt gebraucht und hier nun auf den tyrischen König bezogen wird; v16b lässt die Konsequenzen folgen, die auf die drei Elemente aus v14 zurückgreifen: Verbannung vom Berg Gottes, Vertreibung durch den Cheruben weg von den feurigen Steinen. V17 fasst in zwei mal zwei Parallelismen die Situation zusammen: In v17aα und v17aβ sind der Stolz des Königs auf seine Schönheit und die Folgen daraus einander zugeordnet, in v17bα und v17bβ wird der Sturz des Königs im Bild des Auf-die-Erde-Schleuderns drastisch veranschaulicht und wiederum die Folge – der König wird ein Spektakel für die fremden Könige – geschildert. V12bγ-17 bilden damit eine thematische Einheit, die sich auch auf kompositioneller Ebene spiegelt: V12bγ-13 bilden die Einleitung mit einer umfassenden Beschreibung der königlichen Pracht und geben so das *setting* der folgenden Ausführungen an; v14-15a beschreiben die Vergangenheit des tyrischen Königs vor seinen Verfehlungen, v15b-16 den gegenwärtigen Sturz des Königs aufgrund seines unrechten Verhaltens; v17 greift die Pracht und Schönheit des Königs aus v12bγ-13 wieder auf und fasst deren Ende im Bild des Sturzes zusammen, wobei das Schauspiel, das der König nun für die fremden Könige abgibt, die Erniedrigung in besonders deutlicher Weise zum

Ausdruck bringt; zentraler Mittel- und Wendepunkt der Einheit ist v15, in dem die Verhaltensänderung des Königs im Zentrum steht. Der verhältnismäßig umfangreiche v18 führt v17 noch weiter aus, greift dabei wieder auf die Handels- terminologie zurück und ordnet der Entweihung der Heiligtümer in v18a das aus der eigenen Mitte hervorgebrachte, verzehrende Feuer in v18b zu; am Ende von v18b werden erneut die Betrachter des Untergangs des tyrischen Königs erwähnt, damit zum einen an v17b angeschlossen und zum anderen zu v19 übergeleitet. In v19 ist nun am Ende der Passage noch ein deutlicher Parallelismus zu greifen: Dem Entsetzen der Völker über das Ende des Königs in v19a entspricht v19b, in dem mit der schon bekannten Terminologie aus Ez 26,21; 27,36 das Bild des prächtigen Herrschers über die Meere zu בלהות verkehrt wird; die endgültige Vernichtungsansage ואינך עד עולם steht am Ende des Tyroszyklus und schließt die Komposition der Prophetenworte ab.

Die Analyse von Ez 28,11-19 ist aufgrund der fehlenden oder nur schwierig zu ermittelnden formalen Gliederungsmerkmale wohl nur mit großen Vorbehal- ten durchführbar. Weder mit Hilfe des Qinametrums noch auf der Grundlage paralleler Versstrukturen noch mittels prophetischen Formelguts lässt sich die Einheit sinnvoll strukturieren. Doch trotz dieser Mängel zeigt sich die in hohem Maße gebundene Sprache des Textes an den internen Verknüpfungen, Vorver- weisen und Rückbezügen innerhalb der Versabfolge; der Vorstellungshintergrund des Textes – vor allem in dem zentralen Teil v12bγ-17 – erweist sich in seiner Sprache in hohem Maße geprägt und mit Bildern gesättigt, die aus Kontexten der Schilderung der Urzeit als bekannt vorausgesetzt werden können. Eine Übersicht zur Gliederung des Textes könnte demnach wohl am ehesten folgendermaßen aussehen[16]:

v11-12bβ	Einleitung der Totenklage
v12bγ-17	Totenklage mit Mittel- und Wendepunkt v15
v18	Fortführende Erläuterung von v17

---

16 Smend, Ezechiel, 220, sieht von v11 ab und unterscheidet die „Schilderung des prächtigen Greifen" in v12-14 von v15-19, in denen die Vertreibung und der Spott im Zentrum stehen (Smend, Ezechiel, 224). Keil, Ezechiel, 276, Bertholet, Hesekiel, 148f, Kraetzschmar, Ezechiel, 215f, und Herrmann, Ezechiel, 182-184, unterteilen nicht weiter. Fohrer, Ezechiel, 162, gliedert den Abschnitt in „5 Strophen zu je 7 (12-13aα.13aβ-15a.15b-16.17.18) und 1 Strophe zu 4 Kurz- versen (19) mit prosaischer Einleitung (11)" und bleibt damit wieder dem poetischen Charakter des Textes auf der Spur. Zimmerli, Ezechiel, 676-680, geht ähnlich vor und kommt aufgrund seiner bereits erwähnten Rekonstruktion der Qina zu einer vierstrophigen Struktur (v12bβ-13.14- 15a.15b-17bα.17bβ-19a), bei der er allerdings mit einer Reihe von sekundären Erweiterungen rechnen muss, die das ursprüngliche Qinametrum stören. Eichrodt, Hesekiel, 267-270, unterteilt den Text nicht weiter. Pohlmann, Hesekiel, 391-393, unterscheidet v12 als Einleitung der Qina von v13-15a, in denen der außergewöhnliche Stellenwert des Königs betont wird, bevor in v15b- 18 dargestellt wird, warum es zur Verstoßung kommt: „Die Ausführungen in V. 16-19 decken […] mehrere Seiten des in V. 15b angesprochenen Frevels auf" (Pohlmann, Hesekiel, 392).

v19   Abschluss der Totenklage und des gesamten Tyros-
                                 zyklus

Ez 28,11-19 spiegelt damit – wie auch schon andere Teile des Tyroszyklus – eine
Auflösung der strengen Formen; diese Auflösung geht allerdings nicht mit einem
Abfall des sprachlichen und stilistischen Niveaus einher, sondern schafft den
Verfassern Freiräume für eigene schöpferische Fortschreibungen des bekannten
Vorstellungsmaterials. Inwieweit die letzte Totenklage des Tyroszyklus von geprägten Vorstellungen und Sprachmustern bestimmt ist, kann an dieser Stelle
noch nicht ausführlich erörtert werden; es zeigt sich aber, dass sich der Text trotz
der wahrscheinlichen Partizipation an überlieferten Elementen vor allem durch
seine internen Verknüpfungen und durch seine Verbindungen mit den anderen
Passagen des Tyroszyklus erschließt[17]. Hinter diesen Beobachtungen lässt sich
daher ein kompositorischer Gestaltungswille der Verfasser des Tyroszyklus vermuten, denen es weniger darum ging, die überlieferten Vorstellungen treu wieder-
zugeben, sondern die vielmehr darum bemüht waren, mit Hilfe von altem Material ihre theologischen Intentionen in anschaulicher Weise zum Ausdruck zu
bringen.

3.2 Diachrone Analyse des Tyroszyklus

3.2.1 Modelle der Entstehung des Tyroszyklus

In seinem 1888 erschienenen Beitrag „Ezechiel's Weissagung wider Tyrus. Capitel
26.27.28." stellt Carl Hermann Manchot fest, dass der Verfasser des Ezechielbuches, der sich an anderen Stellen seines Werkes durch eine wohldurchdachte
und strukturierte Bildsprache auszeichnet, beim Bild von Tyros als einem Schiff
erstaunlich inkonsequent vorgeht und „Spuren einer Nachlässigkeit der
Composition wahrgenommen [werden], wie man sie bei diesem genauen Schriftsteller nicht erwarten sollte."[18] Nach Manchot lässt sich etwa das
Handelsverzeichnis in Ez 27,9-25a „vollständig loslösen und herausnehmen und
dann erhält man ein in sich einiges, dem in den übrigen Allegorien dargelegten,
schriftstellerischen Wesen Ezechiel's völlig entsprechendes Stück"[19]; dieses Stück
umfasse v1-8.25b.26.27*.28-35, hieran schließe sich dann allerdings die Klage der
Inseln aus Ez 26,16-18 an, die in Ez 27 offensichtlich weggebrochen sei; die

---

17   Vgl. dazu Premstaller, Fremdvölkersprüche, 116-120.
18   Manchot, Weissagung, 424.
19   Manchot, Weissagung, 433.

Allegorie werde mit Ez 27,36b abgeschlossen, während der Händlerspott in v36a „ein dem ursprünglichen Text fremdes Einschiebsel zu sein"[20] scheint.

Manchot weist weitergehend auf die Entsprechungen zwischen Ez 26,19-21 und Ez 27 hin, wo das Meer und seine Fluten als Zerstörer von Tyros gesehen werden. Dem stehe Ez 26,1-6 gegenüber, wo nicht das Meer, sondern Völkerschaften gegen die Stadt ziehen, um sie zu vernichten: „Zwischen dem Aufziehen eines Belagerungsheeres, das erst vom Lande her gegen Tyrus operiren muss und dem plötzlichen vulkanischen Aufsteigen des Meeres, das dann von allen Seiten über die Insel strömen und sie mit den Fluthen der Tiefe bedecken (V. 19) und ihren Felsen kahl abkehren wird (V. 5), besteht gar keine Aehnlichkeit."[21] Manchot möchte daher zwischen der Mutterstadt Tyros auf dem Meeresfelsen und den Töchterstädten an der Küste unterscheiden; diese Unterscheidung sei sinnvoll, „wenn der Mutterstadt auf der Insel durch das Meer, den Töchterstädten dagegen auf der Küste durch das Schwert von Feinden die Vernichtung angekündigt wurde."[22] Manchot sieht also zunächst einmal einen literarischen Zusammenhang zwischen v3-6 und v19-21, der zwei verschiedene Untergangsstadien beschreibe. Große Probleme bereite aber der Abschnitt v7-14, da hier die Eroberung von Tyros durch Nebukadnezar angekündigt werde, die zu dem vorangehenden und zu dem folgenden Text nicht passe. Auffällig sei insbesondere die ausführliche Nennung der Königstitel Nebukadnezars in v7: ‚Nebukadnezar, König von Babel, König der Könige'; vor allem die Wendung ‚König der Könige' weist nach Manchot eher in Richtung der persischen Könige und taucht in den alttestamentlichen Texten nicht mit Bezug auf babylonische Könige auf – dass hier eine spätere Einschiebung vorliegen könnte, lasse syntaktisch das zwischen den beiden Titeln hängende מצפון vermuten. Doch auch sachlich sei ‚von Norden her' problematisch, denn die Babylonier kamen nicht von Norden, sondern von Jerusalem her von Süden gegen Tyros heraufgezogen: „Deshalb ist es sehr unwahrscheinlich, dass Tyrus ein von Norden kommender Angriff der Babylonier angekündigt wurde."[23] Demzufolge vermutet Manchot, dass v7-14 ein Fremdkörper innerhalb von Ez 26 sei, wobei wahrscheinlich „darin einige Wendungen bewahrt sind, welche ursprünglich in 26,1-6 ihre Stelle hatten."[24] Manchot nimmt daher eine ältere Weissagung gegen Tyros an, in die eine spätere Weissagung, „die eine Eroberung und Zerstörung durch einen Nebudkadnezar genannten König ankündigt, [...] eingeschoben ist."[25] Die ältere Weissagung sieht den Untergang der Stadt durch heftige vulkanische Erschütterungen, Erdbeben und folgende Überschwemmungen voraus, die spätere dagegen

---

20 Manchot, Weissagung, 431.
21 Manchot, Weissagung, 437.
22 Manchot, Weissagung, 437.
23 Manchot, Weissagung, 445.
24 Manchot, Weissagung, 456.
25 Manchot, Weissagung, 460.

rechnet mit der Einnahme der Stadt durch einen Feldherrn – und tatsächlich, so Manchot, entspreche die Schilderung in Ez 26,7-10 der Belagerung und Eroberung von Tyros durch Alexander den Großen. Dafür spreche die schwere Reiterei in Alexanders Heer, sein Heranziehen von Norden her, sein Dammbau und der blutige Kampf um die Stadt; es bleibe nur ein Makel, wenn man den Text auf die Belagerung und Einnahme Alexanders beziehen wolle: „Tyrus ist nicht zerstört worden; Alexander machte die Stadt zum macedonischen Waffenplatz, zur Hauptstation seiner Schiffe an der syrischen Küste."[26]

Manchot unterscheidet im Tyroszyklus insgesamt drei Ankündigungen über den Untergang der Stadt: zum einen durch Erdbeben und Wasser, zum anderen durch Feuer und zum dritten durch einen Eroberungszug: „[D]ie älteste, der vorpersischen Zeit angehörige Weissagung ist die Androhung der Zerstörung durch Wassersfluth; der persischen Glanzzeit gehört an die Androhung der Zerstörung durch Feuer; der macedonischen Zeit: die Ueberarbeitung der ersten Weissagung zu einer Androhung der Eroberung ‚durch ein von Norden kommendes Kriegsheer'."[27]

Während sich Manchots Arbeit auf einen kleinen Ausschnitt des Ezechielbuches beschränkt, widmet sich Gustav Hölscher in seiner Monographie „Hesekiel – der Dichter und das Buch. Eine literarkritische Untersuchung" von 1924 Ezechiel und dem Prophetenbuch als ganzem. Hölscher macht es sich dabei zum Ziel, zwischen dem Dichter und seinen Bearbeitern zu unterscheiden: „Es gilt meines Erachtens, schärfer als bisher zwischen dem hesekielischen Gute und dem, was jüngeren Händen angehört, zu sichten."[28] Methodisch steht Hölschers Studie unter dem Eindruck der Arbeit Bernhard Duhms am Jeremiabuch[29]. Wie Duhm widmet sich auch Hölscher in hohem Maße der prophetischen Dichtung und möchte nur die Textbestandteile dem historischen Ezechiel zuschreiben, die in dichterischer Form vorliegen: „Ungewollt hat sich auch bei Hesekiel, ebenso wie bei Jeremia, herausgestellt, daß er in allem wesentlichen Dichter ist. Durch die Befreiung der Gedichte Hesekiels aus der öden priesterlichen Schablone, in die die Redaktion seine Gedichte eingespannt hat, tritt der Dichter Hesekiel mit seiner blendenden, phantasievollen und leidenschaftlichen Rhetorik nunmehr ins helle Licht."[30] Ezechiel sei, so Hölscher, nicht der starre priesterliche Prophet, als den man ihn bisher sehen wollte; die vielen Berührungspunkte mit priesterlichen

---

26 Manchot, Weissagung, 463; zur Lösung dieses Problems verweist Manchot, Weissagung, 464-466, auf eine spätere Belagerung der Stadt durch Antigonos.

27 Manchot, Weissagung, 470.

28 Hölscher, Hesekiel, 4.

29 Vgl. dazu B. Duhm, Jeremia, VII und XIIf. Duhm hält von den prosaischen Texten des Jeremiabuches lediglich Jer 29, den Brief des Propheten an die Exulanten, für jeremianisch; ansonsten ist der historische Jeremia seiner Ansicht nach nur in seinen Gedichten greifbar: „Amos und Jesaia sind die Redner, Jeremia der Lyriker" (Duhm, Jeremia, XIII).

30 Hölscher, Hesekiel, 5.

Traditionen, namentlich dem Heiligkeitsgesetz, „haben mit dem echten Hesekiel nichts zu tun, sondern gehören dem Redaktor oder jüngeren Ergänzerhänden an."[31]

Im Rahmen seiner Textanalyse kommt Hölscher zunächst zu dem Schluss, dass Ez 26,1-6 wie die Einleitungen zu den Völkerworten aus Ez 25 aufgebaut und daher dem Redaktor zuzuschreiben sei: „Dieses Bilderwirrwarr ist gewiss nicht hesekielisch. 26,5aβb-6 hinkt nach."[32] Der Problematik der Jahresangabe in Ez 26,1 entledigt sich Hölscher mit dem Hinweis auf den redaktionellen Charakter von v1-6. V7-14 sind nach Hölscher ebenfalls nicht Hesekiel zuzuschreiben, da der hier angekündigte Ansturm Nebukadnezars gegen Tyros mit Kriegswagen nicht denkbar ist; dazu kommen sprachliche Bedenken: „Gegen die sicher echten Dichtungen Hesekiels fällt das Stück sehr ab. Es fehlt ihm die originelle Bildersprache, die sonst Hesekiel eigentümlich ist."[33] Gleiches gilt von v15-18, die Hölscher als ‚Ausspinnungen' von Ez 27,32ff interpretiert, und von v19-21, wo „der Verfasser in besonders häßlicher Weise Wirklichkeit und Bild"[34] vermische: „Dieser Abschnitt lebt überhaupt nur von Entlehnungen"[35], geht nach Hölscher – wie Ez 26,1-6 – auf den Redaktor zurück, „während Ez 26,7-14 wie die Stilübung eines jüngeren Ergänzers aussieht."[36] Damit ist das gesamte Kapitel 26 erledigt und als redaktionell bzw. ergänzt eingestuft.

Ez 27 wird dagegen als „eins der schönsten Gedichte Hesekiels"[37] vorgestellt, das allerdings mit einer redaktionellen Einleitung in v1-3bα versehen sei und somit erst in v3bβ beginne. Mit Bezug auf Manchot geht Hölscher von einem Einschub in v9b-25a aus, meint aber nicht, dass es sich hierbei um ein eigenständiges Gedicht handle, sondern interpretiert den Abschnitt als „eine recht prosaische Wucherung, die, abgesehen von der öden und planlosen Aufzählung aller möglichen Völker- und Ländernamen, wie die Epigonen das lieben, fast nur von hesekielischen Brocken aus Kap. 27 und anderen Stellen lebt und ziemlich geistlos immer die gleichen Ausdrücke wiederholt."[38] Ob das Stück wegen der Verbindung zu v3aβ dem Redaktor zuzuschreiben ist oder von späterer nachredaktioneller Hand stammt, lässt Hölscher offen. Im großen und ganzen[39] findet Hölscher das hesekielische Gedicht nun in v3bβ-9a.25b-36*. Das für Tyros gebrauchte Bild eines Schiffes komme auch sonst in antiken Texten vor; die Wen-

---

31 Hölscher, Hesekiel, 6.
32 Hölscher, Hesekiel, 134.
33 Hölscher, Hesekiel, 136.
34 Hölscher, Hesekiel, 136.
35 Hölscher, Hesekiel, 136f.
36 Hölscher, Hesekiel, 137.
37 Hölscher, Hesekiel, 137.
38 Hölscher, Hesekiel, 137.
39 Hölscher rechnet mit einer Reihe von einzelnen kleinen Schäden, so etwa in v27, wo er nur die Wendung הונך ועזבוניך יפלו בלב ימים als ursprünglich ansieht (vgl. Hölscher, Hesekiel, 138 Anm. 1).

dung בלב ימים erinnert Hölscher an ähnliche Kennzeichnungen phönizischer Städte in assyrischen Inschriften[40]. Das Gedicht belege die Vorherrschaft von Tyros innerhalb der phönizischen Städte und sei ein Zeugnis für den blühenden Seehandel der Stadt; falls Ez 26,1 zu diesem Gedicht gehören sollte, wäre der Text „noch während der Belagerung Jerusalems durch die Babylonier entstanden."[41]

Ez 28,1-10.11-19 hält Hölscher für Dubletten, deren Stil sich jedoch seiner Meinung nach unterscheidet „wie Tag und Nacht"[42]. Nur v12b-19 sei nach der redaktionellen Einleitung v11-12a als Dichtung und Klagelied auf den König von Tyros zu verstehen und damit Hesekiel zuzusprechen. Sekundär ist nach Hölscher in diesem Teil „alles, was von der Weisheit und von der Heiligkeit, und was vom tyrischen Handel spricht"[43] sowie die Aussage vom Gottesgarten und die Aufzählung der neun Edelsteine in v13. Den Gottesgarten muss Hölscher eliminieren, weil er den Text als ein mythisches Märchen verstehen möchte, das von einem Urmenschen handle, der auf dem Götterberg wohne und wegen seines Hochmutes von dort verstoßen werde. Ez 28,1-10 hält Hölscher für eine „mißglückte Interpretation von 28,11-19"[44], in der der Textverlauf durch v3-6 so unterbrochen werde, dass man hier mit einer nachträglichen Erweiterung des wahrscheinlich redaktionellen Stückes rechnen müsse. Das ganze Stück handle nicht mehr vom Aufstand des Königs gegen Babylon, sondern von der Selbstvergötterung des tyrischen Königs und damit von einer für typisch angesehenen Verhaltensweise des heidnischen Königtums überhaupt.

Nach Hölscher geht der größte Teil des Tyrosorakels nicht auf den Propheten, sondern auf die spätere Redaktion und noch spätere Erweiterer zurück; lediglich Teile von Ez 27 und Ez 28,11-19 werden als dichterische Stücke dem historischen Ezechiel zugeordnet. Alle anderen Textpassagen werden demgegenüber abgewertet und nicht nur als sekundär, sondern auch als minderwertig eingestuft, was sich an der Häufung von charakterisierenden Begriffen wie ‚stillos‘, ‚missglückt‘ oder ‚hässlich‘ ablesen lässt.

Eine entscheidende Leistung des 1969 abgeschlossenen Ezechielkommentars von Walther Zimmerli besteht in der Etablierung des Begriffes ‚Fortschreibung‘ in der Prophetenexegese. Mit diesem Begriff und dem dahinter stehenden Konzept wird die alte Gleichung: *Literarhistorisch sekundäre Textteile entsprechen theologisch inferioren Konzeptionen‘* obsolet. Zimmerli setzt diesem Ansatz der älteren Forschung das Modell der theologisch kommentierenden Fortschreibung entgegen: „Darin zeichnet sich ein Prozeß der sukzessiven Anreicherung eines Kernele-

---

40   Vgl. Hölscher, Hesekiel, 140; leider gibt Hölscher keine weiteren Belege an.
41   Hölscher, Hesekiel, 140.
42   Hölscher, Hesekiel, 140.
43   Hölscher, Hesekiel, 141.
44   Hölscher, Hesekiel, 142.

mentes ab, das in neuen Ansätzen, wohl in einem etwas späteren Zeitpunkt, weiter ausgesponnen wird."[45] Bei Fortschreibungen habe man es nicht mehr an allen Stellen mit dem Niederschlag vorangehender mündlicher prophetischer Verkündigung zu tun, vielmehr sei manches als „schulmäßige Weiterbearbeitung des schon schriftlich vorliegenden Wortes zu beurteilen."[46] Zimmerli geht demnach von einer ezechielischen Prophetenschule aus[47], die die theologische Botschaft des Propheten in Form des Ezechielbuches zusammenstellte. Im Verlauf dieses Vorgangs der fortschreibenden Entstehung des Buches seien an verschiedenen Stellen eingeschobene Stücke erkennbar, „welche zuvor bestehende Zusammenhänge zerreißen und deren Einfügung einer jungen Phase des Redaktionsvorganges, welcher damit als ein in Phasen gestaffelter Prozeß erscheint, angehört."[48] Neben Ez 3,16b-21 und Ez 18 verweist Zimmerli auch auf die Völkerorakel in Ez 25-32, die den Zusammenhang zwischen Ez 24 und Ez 33 aufsprengen; innerhalb der Völkerorakel hätten die Tyrosorakel einmal eine eigenständige Sammlung gebildet: „Das ist aus den gleichlautenden Abschluß-Sätzen redaktioneller Herkunft in 26,21 (durch einen Zusatz erweitert), 27,36b und 28,19b zu erschließen."[49] Vorausblickend fasst Zimmerli bereits an dieser Stelle seine Auslegung des Tyroszyklus mit den folgenden Worten knapp zusammen: „Von den drei Worteinheiten zeigt die erste das Phänomen der ‚Fortschreibung', die zweite ist durch eine prosaische Handelsliste ergänzt, und in der dritten sind zwei in sich eigenständige Worte verbunden, von denen das erste das im zweiten verkündigte Gericht über den König von Tyrus motivieren soll."[50] Mit der literarhistorischen These einer sukzessiven Fortschreibung des Prophetentextes gelingt es Zimmerli zum einen, die Annahme zu entkräften, hinter dem Ezechielbuch als ganzem stehe die Einzelgestalt eines großen Propheten, zum anderen wehrt er die Annahme ab, es handle sich beim Ezechielbuch letztlich um ein pseudepigraphes Werk, das sich zwar auf den Exilspropheten Ezechiel beziehe, letztlich mit diesem aber nichts zu tun habe[51].

Am Beispiel von Ez 26 ist zu erkennen, wie sich Zimmerli zufolge die Fortschreibungsprozesse innerhalb des Ezechielbuches rekonstruieren lassen.

---

45 Zimmerli, Ezechiel, 106*.

46 Zimmerli, Ezechiel, 107*.

47 Zimmerli spricht dabei von „einer Art ‚Lehrhaus-Betrieb'" (Zimmerli, Ezechiel, 109*), muss allerdings zugestehen, dass der Text des Ezechielbuches kaum Rückschlüsse auf diesen Betrieb zulässt; vgl. zur Annahme derartiger Schulen A. Lemaire, Écoles, 49-54, dessen Analysen ihn dazu führen, „à admettre l'existence d'écoles prophétiques à condition de ne pas donner au terme ‚école' un sens trop institutionnel mais à le rapprocher plutôt des écoles de philosophie grecque" (51f.).

48 Zimmerli, Ezechiel, 110*.

49 Zimmerli, Ezechiel, 112*.

50 Zimmerli, Ezechiel, 112*.

51 Vgl. Zimmerli, Ezechiel, 114*.

Zimmerli deutet Ez 26 als eine mehrfach erweiterte Einheit, deren Kernbestand in dem Abschnitt v2-5aα zu suchen ist, der dann formelhaft und mit einer Wiederaufnahme der Gerichtsdrohung in v5b-6 abgeschlossen wurde.

Diese erste Passage v2-6 ist in der folgenden Abfolge v7-14 „in einem Zweitvorgang der weiteren Interpretation inhaltlich stärker entfaltet und ausgelegt, wobei der ‚Text' dieser Auslegung in 8a.12.14 wörtlich anklingt."[52] Eine Beziehung dieser Passage auf Alexander den Großen lehnt Zimmerli unter Hinweis auf Ez 29,17ff ab; wegen der konkreten Bezüge auf die Eroberung einer Stadt auf dem Festland geht Zimmerli davon aus, dass die Schilderung in v7-14 sich an ein „Formular der Schilderung einer Stadteroberung"[53] anlehnt, die Verse allerdings „nach dem Beginn, aber doch wohl vor dem Ende der ganz anders ausgegangenen Belagerung von Tyrus durch Nebukadnezar zugesetzt worden sind."[54]

Die Klage der Umwelt über den Sturz von Tyros in v15-18 steht nach Zimmerli in der Nähe zu Ez 27,28ff, ist von diesem Text her in Ez 26 eingefügt worden und setzt – im Gegensatz zu v1-14 – den Untergang der Stadt voraus[55]. In entsprechender Weise sei auch der Abschnitt v19-21 eingefügt worden, dessen Nähe zur Darstellung des Untergangs Ägyptens in Ez 32,17-32 deutlich greifbar sei.

Nach Zimmerli hat man es demnach in Ez 26 mit einem mehrere Phasen umfassenden Entstehungsprozess zu tun: Am Anfang steht ein – in sich bereits überarbeitetes – Untergangsorakel gegen Tyros (v2-6), das dann in einer ersten Phase interpretierend erweitert wird (v7-14), um danach durch zwei weitere Fortschreibungen (v15-18.19-21) mit den folgenden Texten verknüpft zu werden. Während nach Zimmerli das Grundwort in v1-6 „noch in großer zeitlicher Nähe zum Fall Jerusalems von 587 formuliert worden zu sein"[56] scheint und wohl vom Propheten selber herzuleiten ist, möchte Zimmerli die Erweiterungen in v7-14.15-18.19-21 eher als „das Werk der Schule oder des Tradentenkreises sehen, der danach schon mit der Weiterauslegung des Wortes befaßt war, als Ezechiel selber noch gar nicht sein letztes Gotteswort (29,17ff.) gesprochen hatte."[57]

Im Blick auf Ez 27 argumentiert Zimmerli von der rhythmischen Struktur des Textes her. Er erkennt in v1-3bα eine Einleitung, auf die in v3bβ ein Klagelied im Qinarhythmus einsetze, das aus der Zeit der Belagerung von Tyros

---

52   Zimmerli, Ezechiel, 612; an späterer Stelle erläutert Zimmerli noch weiter: „Der targumartig
     auslegende Charakter von 7-14 ist gar nicht zu verkennen. Man möchte hier von einem geradezu
     klassisch durchsichtigen Beispiel solcher Auslegung reden. Neben den Elementen der einfachen
     Auslegung und Übertragung uneigentlicher in eigentliche Rede findet sich darin auch die Anleihe
     bei älterem vorgefundenen Gut." (Zimmerli, Ezechiel, 618)
53   Zimmerli, Ezechiel, 619.
54   Zimmerli, Ezechiel, 619.
55   Vgl. Zimmerli, Ezechiel, 619.
56   Zimmerli, Ezechiel, 622.
57   Zimmerli, Ezechiel, 623.

stamme, und zunächst bis v9/10 reiche, dann durch v11 erweitert werde, in v26 wieder einsetze und – wie im ersten Teil auch mit erheblichen Erweiterungen[58] – bis v35 reiche; in dieses Klagelied sei die Liste der Handelsbeziehungen in v12-24/25a eingeschoben worden, „die durch 25b wieder an das ursprüngliche Bild vom Prachtschiff herangeführt wird"[59] und zudem durch v3.9b.27.33.34b.36 mit dem Kontext verknüpft und in einem komplexen Prozess in Ez 27 eingebaut worden sei: „Aus einer Liste, die in der Form ‚Aus dem Orte X. die Güter Y.' ihre Angaben aufreihte, hat der Redaktor zunächst die Ortsangaben herausgegriffen. Im Anschluß an 8-11 der (erweiterten) קינה hat er die Orte bzw. deren Bewohner in einem selbständigen Nominalsatz entsprechend der Thematik von 8-11 als Handelshelfer von Tyrus aufgeführt, wobei nur in 15 und 19 Elemente des ursprünglichen Listenstils stehengeblieben sind. In einem zweiten, selbständigen Verbalsatz ist dann von den Waren geredet, die gehandelt werden, und darin das 2. Element der ursprünglichen Liste eingebaut."[60] Dem Ort nach könnte die Liste Zimmerli zufolge in einem großen Kaufmannshaus oder einer staatlichen Stelle aufgezeichnet worden sein[61]; zeitlich möchte sich Zimmerli nicht festlegen, meint aber, dass die Liste eher nicht in die Exilszeit gehöre, sondern „den Tradentenkreisen des Ezechielbuches durch tyrische Exulanten als Dokument der Zeit vor 587 zugekommen sein"[62] könnte. Die literargeschichtliche Analyse Zimmerlis zeigt deutlich, dass er im Blick auf Ez 27 mit dem Text ringt und vieles unklar und vage bleiben muss, weil die Vielschichtigkeit des Textes und besonders die innertextlichen Vernetzungen eine Rekonstruktion der Geschichte des Textes erheblich erschweren.

Nicht weniger kompliziert liegen für Zimmerli die Dinge im Blick auf das Kapitel Ez 28, das seiner Meinung nach zunächst durch die abschließende Formel in v19 als dritte Einheit des Tyroszyklus neben Ez 26 und Ez 27 steht, dann aber in sich doch in zwei Einheiten zu zerlegen ist, die sich durch die abschließende Gottesspruchformel in v10 und die erneute Wortereignisformel in v11 gut in v1-10 und v11-19 abgrenzen lassen[63].

Ez 28,1-10 setze sich aus einem Vorder- und einem Nachsatz in v2 und v6-10 zusammen, die durch einen Zusatz in v3-5 unterbrochen und erweitert worden seien; das Grundwort sei aufgrund seiner bösen Erwartungen für den tyrischen König wohl noch zur Zeit der Belagerung der Stadt abgefasst worden[64]. Während in diesem Grundwort eher die Züge der Königsvergötterung im Zentrum stün-

58 Nach Zimmerli, Ezechiel, 637, sind Ez 27,8b.9b.27.33.34b.36 als Erweiterungen des ursprünglichen Klageliedes zu interpretieren.
59 Zimmerli, Ezechiel, 645; vgl. zudem Zimmerli, Ezechiel, 634-638.
60 Zimmerli, Ezechiel, 650.
61 Zimmerli, Ezechiel, 659.
62 Zimmerli, Ezechiel, 661.
63 Vgl. Zimmerli, Ezechiel, 662.
64 Vgl. Zimmerli, Ezechiel, 665.

den, ergänze die Erweiterung „das Bild durch die stärker ausgeführten, psychologisch einsichtigeren Züge kluger Begabung und lebenskundigen Erfolges, die zum Hochmut verführen."[65]

Ez 28,11-19 liest Zimmerli wieder als rhythmisch geformte Qina und erkennt aufgrund seiner metrischen Analyse eine Reihe von Zusätzen zum Text. So seien im letzten Teil der Qina die weisheitlichen Passagen in v12bβ und v17aβ – wie auch vorher die weisheitliche Passage v3-5 – auszuscheiden; v18a falle metrisch heraus, was folgerichtig auch für v16a zu gelten habe; v19b bilde wie in Ez 26,21; 27,36 den Abschluss des Kapitels. Zu Beginn des Klageliedes interpretiert Zimmerli die neun Edelsteine in v13 als „nachträgliche Illustration"[66]; zudem sind für die klare Struktur, die Zimmerli gewinnen möchte, in v13 und auch in v14 weitere Streichungen und Umstellungen nötig, die den dadurch letztlich ermittelten vierstrophigen Grundtext mit einer hohen Hypothek belasten, denn es ist – wie Zimmerli auch selber zugesteht – aufgrund der textlichen Schwierigkeiten, die die Passage bietet, nur unter äußerst erschwerten Bedingungen möglich, einen metrisch geformten Text zu ermitteln[67]. Fraglich bleibt zum einen, ob der auf diese Weise ermittelte Text dem prophetischen ‚Grundtext' entsprechen kann, problematisch bleibt zum anderen, dass sich nur schwer erklären lässt, wer wie und aus welchem Grund einen derart klar strukturierten Text durch Zusätze und entstellende Textverschiebungen in den vorliegenden Zustand gebracht haben könnte. Was die zeitliche Ansetzung der Passage angeht, bleibt Zimmerli in derselben Phase wie im Blick auf v1-10: „Ezechiel erwartet in 28,11-19 den Sturz der Stadt Tyrus, die hier in ihrem König mitgemeint ist, noch in den großen Dimensionen einer totalen Entmächtigung."[68]

Das Verhältnis der beiden Textteile in Ez 28 bestimmt Zimmerli mit Blick auf die mythische Vorstellungswelt des zweiten Teils in v11-19 und den sehr formelhaften Stil des ersten Teils in v1-10 nicht – wie es etwa Hölscher getan hat – mit Hilfe der Kategorien ‚echt' (v11-19) und ‚unecht' (1-10), sondern fragt, „ob 1-10 nicht allenfalls erst nachträglich der קינה (11-19) als deren offene Begründung vorangestellt worden ist."[69] So würde sich auch in den letzten Teilen des Tyroszyklus die Fortschreibungsarbeit innerhalb des Ezechielbuches ermitteln lassen; insbesondere die zeitliche Ansetzung Zimmerlis zeigt jedoch, dass er damit rechnet, dass weite Teile von Ez 28 auf den Propheten bzw. sein direktes Umfeld zurückgehen und damit – in der Terminologie der alten Exegese gesprochen – als ‚echt' zu beurteilen wären.

---

65   Zimmerli, Ezechiel, 670.
66   Zimmerli, Ezechiel, 678.
67   Vgl. zur Gesamtanalyse der Qina Zimmerli, Ezechiel, 676-680.
68   Zimmerli, Ezechiel, 680.
69   Zimmerli, Ezechiel, 662.

Einen eigenständigen literarkritischen Zugang zum Ezechielbuch hat Karl-Friedrich Pohlmann in seinen Vorarbeiten und zusammenfassend in seinem 1996/2001 erschienenen Kommentar zum Ezechielbuch vorgelegt[70].

Entgegen der Annahme, dass sich die drei Teile des Ezechielbuches auf drei Wirkungsphasen des Propheten verteilen ließen, geht Pohlmann davon aus, dass diese Aufteilung dem dreigliedrigen eschatologischen Schema folge und nichts mit dem Wirken des Propheten Ezechiel zu tun habe. Ezechiel sei insgesamt nicht der, der dem Leser des Ezechielbuches vor Augen geführt werde. Vielmehr sei im Verlauf der Entstehung des Ezechielbuches aus dem Propheten, dessen Unheilswort sich erfüllt habe, ein prophetischer Visionär geworden, so dass sich das Ezechielbuch von einem Prophetenbuch zu einem Buch der Visionen entwickelt habe[71].

Wie kommt Pohlmann zu einer solchen Interpretation des Ezechielbuches? Letztlich ist der entscheidende Fortschritt der Interpretation Pohlmanns, dass er versucht hat, die von Zimmerli benannten Fortschreibungen innerhalb des ezechielischen Textes in ein klarer strukturiertes Modell der sukzessiven Entstehung zu bringen, innerhalb dessen sich verschiedene Phasen und Tendenzen voneinander unterscheiden lassen.

Pohlmann kann für diesen Versuch etwa auf die Vorarbeiten Thomas Krügers zurückgreifen. Krüger vertritt in seiner Arbeit über die Geschichtskonzeptionen innerhalb des Ezechielbuches die These, eine kurz nach Ezechiel wirkende Redaktion habe das ezechielische Textmaterial zweigliedrig geordnet und erweitert, so dass erst dadurch ein Buch entstanden sei. Dieses Buch, ein ‚Kompromissdokument' „königstreuer und zadokidischer Kreise der exilierten Oberschicht Jerusalems"[72], habe die Gola als Ausgangspunkt der Neukonstituierung Israels favorisiert. In der Makkabäerzeit sei dieses Buch dann durch eine apokalyptische Redaktion in die vorliegende Form gekommen[73].

Pohlmann unterscheidet innerhalb seiner Auslegung des Ezechielbuches zwischen einem ezechielischen älteren Prophetenbuch sowie einer gola-orientierten und mehreren diasporaorientierten Redaktionen. Was hat es damit genau auf sich?

Die Basis des Ezechielbuches bildet nach Pohlmann ein älteres Prophetenbuch. Diesem Prophetenbuch lagen wohl kurz nach 587 v. Chr. entstandene Texte wie Ez 15,1-4*; 19,1-9*.10-14*; 23*; 31* zugrunde[74], die zu einem

---

70 In der Einleitung zu diesem Kommentar hat Pohlmann seine Sicht der Entstehung des Ezechielbuches zusammengefasst (vgl. Pohlmann, Hesekiel, 22-39).

71 Vgl. Pohlmann, Hesekiel, 41.

72 T. Krüger, Geschichtskonzepte, 469.

73 Vgl. Krüger, Geschichtskonzepte, 464-471.

74 Vgl. Pohlmann, Ezechielstudien, 217-219; Pohlmann, Ezechiel, 100f.

zweigeteilten Prophetenbuch zusammengestellt wurden[75]. Ez 24 hätte den Abschluss des ersten Teils des alten Buches gebildet, der zweite, wesentlich kürzere Teil hätte demnach vor allem Heilsworte enthalten, die sich auf die Situation im Lande konzentrierten. Ez 11,1-13; 24; 37,11-14 weisen darauf hin, dass das ältere Prophetenbuch in Palästina entstanden sein könnte, hinter dem nach Ez 19 am ehesten dem Königshof verbundene Jerusalemer Kreise gestanden hätten. Der beschriebene Hochmut und Stolz des Königshauses wären als Ursachen für den Untergang interpretiert worden[76]. Dieses ältere Buch sei bereits fortgeschrieben worden. Den Untergang habe man als erfüllte Prophetie und mithin als Tat Jahwes verstanden.

Pohlmann geht nun davon aus, dass dieses ältere Prophetenbuch im 5. Jh. v. Chr. von einer golaorientierten Redaktion erheblich umgearbeitet und im 4. Jh. v. Chr. von diasporaorientierten Redaktionen sukzessiv fortgeschrieben worden sei. Im Ezechielbuch finde sich ein Netz golaorientierter Texte[77], teilweise sei in solchen Texten allerdings der besondere Status der ersten Gola aufgegeben[78], so dass man zwischen den Texten, die einer golaorientierten Redaktion zuzuschreiben seien, und denen, die einer diasporaorientierten Redaktion angehören, zu unterscheiden habe.

Die golaorientierte Redaktion wolle unterstreichen, dass allein die erste Gola, also die Deportierten von 597 v. Chr., das wahre Israel bilde und damit als Adressat der Heilsworte des Propheten anzusehen sei[79]. Hier melde sich eine Gruppe zu Wort, die unter der Führung Serubbabels die Rückkehr wagte und zugleich den religiösen und politischen Führungsanspruch erhob. Zentralanliegen der golaorientierten Redaktion sei die Neuinstallierung des Königtums aus dem Geschlecht des Davididen Jojachin gewesen, wie Ez 17 zeige[80].

Dieser Favorisierung der ersten Gola steht nach Pohlmann innerhalb des Ezechielbuches eine theologische Konzeption entgegen, die nicht allein die erste Gola, sondern die Diaspora insgesamt in den Blick nimmt. Die Anordnung der Texte vom prophetischen Wächteramt und vom Verstummen des Propheten[81]

---

75   Dieses Buch umfasste nach Pohlmann, Ezechiel, 98-100, die folgenden Texte: Ez 4-7*; 11,1-13*; 12,21ff*; 14,1-20*; 15,1-6*; 17,1-18*; 18*; 19*; 21,1-5*; 24*; 31*; 36,1-15*; 37,1-14*.

76   Vgl. dazu die Folgerungen unten in Teil 6.3.

77   Vgl. Pohlmann, Ezechielstudien, 121f: Ez 1,1-3*; 3,10-16*; 8-11*; 14,21-23; 15,6-8; 17,19-24; 24,25-27; 33,21-29*; 37,1-14*.

78   Vgl. etwa Ez 20*; 36,16-23a*; 37,15ff; 38f* (vgl. Pohlmann, Ezechiel, 96f).

79   Vgl. dazu nur die Datierungen, die sich (bis auf Ez 24,1) nach Jojachin richten, womit die Bedeutung der ersten Gola unterstrichen wird, „denn wenn auf diese Weise ausgedrückt wird, daß der exilierte Jojachin und nicht der in Jerusalem regierende Zedekia der wahre König ist, wird damit zugleich angedeutet, daß diese Exilsgemeinde das wahre Israel repräsentiert." (Pohlmann, Hesekiel, 21)

80   Vgl. Pohlmann, Ezechielstudien, 120-131.

81   Vgl. Ez 3; 24; 33; ursprünglich ist das Verstummungsmotiv nach Pohlmann, Ezechielstudien, 30f, in Ez 24 in Anknüpfung und Weiterführung zu den vorangehenden Darlegungen über

werde erst dann verständlich, wenn man erkenne, dass auf diese Weise der zeitliche Rahmen für das Wirken des Propheten als eines Wächters so abgesteckt
werde, dass es gerade nicht mehr bevorzugt auf die erste Gola abziele. Nach Ez
3,22-27 solle Ezechiel nämlich stumm bleiben; erst nach der Katastrophe werde
das Verstummen nach Ez 33,21f von ihm genommen. Während die golaorientierte Redaktion Ezechiel also zum Wächter für die erste Gola machen wollte,
sorgte aus Pohlmanns Sicht die diasporaorientierte Redaktion dafür, dass durch
die Anordnung des Verstummungsmotivs Ezechiel erst wieder sprach, als es zu
einer Erweiterung der ersten Gola durch die zweite Deportation gekommen war.
Die Motive ‚Ezechiel als Wächter' und ‚Ezechiels Verstummen' wurden demnach
miteinander verknüpft, um den von der golaorientierten Redaktion betonten
Sonderstatus der ersten Gola zu nivellieren. Ein weiteres Kennzeichen der
diasporaorientierten Redaktion sei die Tatsache, dass innerhalb des Ezechielbuches mehrfach umfassend und allgemein von der Zerstreuung und Sammlung
Israels gesprochen werde[82]; besonders in Ez 20 werde versucht, die Diaspora-
situation Israels theologisch zu bewältigen. Das von der Golarezension bestimmte
Ezechielbuch sei demnach von den Fragen nach der Zukunft der Diaspora her
aktualisiert worden. Die erste Gola werde damit zum Paradigma des künftigen
Diaspora-Israel generell[83].

Welche Auswirkungen hat diese Konzeption nun im Blick auf die Völkerorakel und insbesondere den Tyroszyklus Ez 26-28? In seinen Studien von 1992
meint Pohlmann im Blick auf das älteste Prophetenbuch: „Der Frage, ob und in
welchem Umfang Fremdvölkerworte bereits im Prophetenbuch verarbeitet waren, kann im Rahmen dieser Untersuchung nicht nachgegangen werden, obwohl
zu vermuten ist, daß das, wenn auch nicht in einem sehr frühen Überlieferungs-
stadium, so doch im weiteren Verlauf der vorgolaorientierten Überlieferungsge-
schichte der Fall war."[84] In seinem Einleitungsbeitrag von 1994 geht Pohlmann
jedoch davon aus, dass die Fremdvölkerworte in Ez 25-32 einen nachträglichen
Einschub bilden, „der im Interesse der dreigliedrigen eschatologischen Schemati-
sierung des Buches vorgenommen worden ist. Mithin liegt die Annahme nahe,
daß sie das golaorientierte Beziehungsgefüge voraussetzen und demgemäß erst
relativ spät in das Buch aufgenommen worden sind."[85] Pohlmann gesteht aller-

---

Ezechiels leidvolle Erfahrungen als ein Element aus dem Beschreibungsrepertoire von
Reaktionen auf Leid- und Notsituationen verwendet worden und dann erst nachträglich von der
diasporaorientierten Redaktion in ihre Konzeption von einem bis zum Untergang Jerusalems
verstummten Propheten eingebaut worden.
82   Ez 4,13; 6,8-10; 11,16; 12,11.15f; 20,23.34.41; 22,15f; 28,35; 34,13; 36,19.24; 39,25ff (vgl.
      Pohlmann, Ezechiel, 96 Anm. 53 und Anm. 54).
83   Vgl. Pohlmann, Ezechielstudien, 131-134.
84   Pohlmann, Ezechielstudien, 128.
85   Pohlmann, Ezechiel, 97.

dings schon an dieser Stelle zu: „In der jüngsten Diskussion sind die Ansichten in dieser Hinsicht jedoch geteilt."[86]

Hans Ferdinand Fuhs etwa schreibt die Einfügung der Orakel erst der Endredaktion des Buches zu[87]. Krüger meint zunächst ebenso, dass im älteren Ezechielbuch „der Komplex der Fremdvölkerworte (Kap. 25-32) jedenfalls nicht zwischen Kap. 24 und 33 stand. Doch scheint auch das ,ältere EB' durchaus Fremdvölkerorakel enthalten zu haben."[88] Nach Krüger ist es plausibler, davon auszugehen, dass die Fremdvölkersprüche in einem literarischen Zusammenhang mit Ez 1-24; 33ff überliefert wurden, als anzunehmen, dass die Texte zunächst selbständig tradiert und dann erst später mit dem Ezechielbuch verbunden wurden[89]. Matthias Krieg rechnet dagegen mit einem aus sechs Leichenliedern bestehenden ,Nänienzyklus', der neben den Tyros- und Ägyptenworten auch das Gedicht in Ez 19 umfasst haben soll und in dem sich Ezechiel dichterisch gegen den Hochmut der Judäer, der Tyrer und der Ägypter richtet; erst später habe eine Redaktion den Zyklus aufgesprengt, die Leichenlieder über Tyros und Ägypten in die Fremdvölkerworte eingebaut, „dabei stark übermalt, in die Nähe von Prosa gebracht und teilweise wohl auch zerstört."[90]

Während Fuhs' Annahme einer späten Redaktion, die die Fremdvölkersprüche wohl im Sinne des dreigliedrigen eschatologischen Schemas eingebaut hätte, für die Klärung der Entstehungsprozesse zu wenig differenziert und Kriegs Hypothese einer sekundären Aufteilung und Zerstreuung eines älteren Zyklus über das Ezechielbuch nicht einmal durch Indizien plausibler gemacht werden kann, weist Krügers Modell einer Überlieferung von Fremdvölkersprüchen im Rahmen eines älteren Ezechielbuches in die richtige Richtung, so dass von daher auch Pohlmanns These einer Einfügung der Fremdvölkertexte erst nach der golaorientierten Redaktion kritisch zu prüfen ist.

In seinem Kommentar zum Ezechielbuch geht Pohlmann nun davon aus, dass Ez 25-32 wegen der zahlreichen Unausgeglichenheiten nicht aus einem Guss

---

86   Pohlmann, Ezechiel, 97.
87   H. F. Fuhs, Ezechiel, 7. Fuhs steht damit in einer Auslegungstradition, die Fremdvölkersprüche innerhalb von Prophetenbüchern erst späteren Redaktoren zuordnen möchte; vgl. dazu exemplarisch Hölschers Position, der zwar mit ezechielischem Gut innerhalb der Völkerorakel gegen Tyros und Ägypten rechnet, insgesamt aber annimmt, dass die Gesamtkomposition auf den ersten Redaktor des Buches zurückgeht; seine Bewertung der Völkerorakel spricht dabei für sich: „Die übrigen fünf kurzen Orakel sind sehr dürftige, rein schriftstellerische Erzeugnisse, durch die die runde Siebenzahl der Heidenmächte [...] vollgemacht werden sollte. Die neben Tyrus und Ägypten bedrohten Mächte sind die kleinen Nachbarn Judas [...], welche mit Vorliebe die Zielscheibe der nachexilischen Ergänzer unserer Prophetenbücher sind" (Hölscher, Hesekiel, 132); anders dagegen noch Herrmann, Ezechiel, XXIX: „[D]och darf die Sammlung im ganzen als Werk des Profeten selbst angesprochen werden."
88   Krüger, Geschichtskonzepte, 307.
89   Vgl. Krüger, Geschichtskonzepte, 307f. Krüger merkt allerdings an, dass in der Frage der Überlieferung der Fremdvölkersprüche kaum über Spekulationen hinauszukommen sei (Krüger, Geschichtskonzepte, 308 Anm. 103).
90   M. Krieg, Todesbilder, 454.

entstanden sein können; da Ez 33,1-22 bereits Völkerworte voraussetze, könne man nicht annehmen, dass die Fremdvölkerorakel des Ezechielbuches zunächst unabhängig entstanden und überliefert wurden, sondern müsse sie eng mit der Buchentstehung des gesamten Prophetenbuches zusammensehen[91]. In Verbindung mit dem Edomwort in Ez 35* nimmt Pohlmann die Überlieferung weiterer Völkerorakel im Kontext eines älteren Prophetenbuches an; dennoch: „Die ursprüngliche Abfolge der Völkerworte im älteren Prophetenbuch ist, abgesehen vom Edomwort als Beschluß (Ez 35*), kaum noch sicher zu rekonstruieren, zumal damit zu rechnen ist, daß es schon im Verlauf der Tradierungsgeschichte dieses Buches zu Ergänzungen, Weiterentwicklungen und Umstellungen kam."[92] Ez 33-34 als Produkte der gola- und diasporaorientierten Redaktionen hätten den Zusammenhang der älteren Völkerwortsammlung aufgesprengt, so dass nachträglich in der dann jüngeren Sammlung in Ez 25,12-14 ein nun an dieser Stelle vermisstes Edomorakel nachgetragen werden musste[93].

Wie sind nun nach Pohlmann die Worte gegen Tyros entstanden? Der Kopftext des gesamten Tyroszyklus ist nach Pohlmann die Passage Ez 26,1-6, die seiner Meinung nach schon im älteren Prophetenbuch zu finden war und in dem Edomwort Ez 35* kulminierte. Aufgrund der Tatsache, dass „bestimmte Klagetexte [...] zum ältesten im Ezechielbuch enthaltenen Textgut"[94] zählen, macht Pohlmann genau dies zum Prüfstein bei seiner Analyse des Tyroszyklus: Welche Klagetexte könnten schon im älteren Prophetenbuch eine Rolle gespielt haben und wurden „dann sekundär auf die Linie von 26, 1-6 gebracht"[95]?

Ez 26,1-6 spricht nach Pohlmann in die Situation nach dem Untergang Jerusalems hinein; da Tyros Jer 27,3 zufolge allerdings kurz vor 587 v. Chr. noch als Bundespartnerin Jerusalems erscheint, bleibt unsicher, wann das Grundwort selber genau entstanden ist; die Ressentiments, die dem Text abzuspüren sind, gehörten wohl einer späteren Zeit an, denn erst „in exilisch-nachexilischer Zeit dürfte Tyros [...] seine Einflußsphäre derart ausgebaut haben, daß man darin in Jerusalem geradezu eine Bedrohung sah (vgl. z. B. Neh 13, 16)"[96]. Eine erste Ergänzung findet sich in v7-14, in denen das Untergangsszenario aus v1-6 konsequent historisiert und mit Nebukadnezar verbunden wird; dieser direkte Bezug auf Nebukadnezar musste dann später (Ez 29,17-20) wieder zurückgenommen werden, da Nebukadnezar Tyros letztlich nicht einnehmen konnte. Pohlmann erwägt, dass v7-14 ein Wort zugrundeliegt, in dem nicht von Nebukadnezar, sondern lediglich von einem ‚König der Könige' die Rede war, mit dem Alexander der Große gemeint gewesen sein könnte; erst noch später

---

91 Vgl. Pohlmann, Hesekiel, 366.
92 Pohlmann, Hesekiel, 368.
93 So Pohlmann, Hesekiel, 368.
94 Pohlmann, Hesekiel, 376.
95 Pohlmann, Hesekiel, 376.
96 Pohlmann, Hesekiel, 378.

hätte man dieses Wort dann auf Nebukadnezar zurückbezogen[97]. Ein späterer Fortschreiber hat nach Pohlmann in v15-18 unterstreichen wollen, „daß Jahwe den Terrormächten auf Erden ein Ende bereitet"[98], und in v19-21 betont, dass dieses Ende mit der Verbannung der Stadt in die Unterwelt ein letztgültiges Ende ist.

Ez 27 ist nach Pohlmann in eine Untergangsklage in v3-9*.26.28-36* und die Ausführungen über Tyros als Handelsstadt in v12-24 zu unterteilen. Die Untergangsklage setze – nach einer Einleitung des Prophetenwortes in v1-3a – mit dem Bild des Schiffes ein, das in v9b-11 verlassen werde, „denn hier ist von Schiffen und Schiffsleuten in Tyrus sowie dem militärischen Potential der Stadt die Rede."[99] V9b-25a listen Pohlmann zufolge im prosaischen Stil die Handelspartner und die Warenvielfalt von Tyros auf; es handle sich bei dieser Passage um „eine den ursprünglichen Zusammenhang 27,3b-9a.(25b).26 aufsprengende nachträgliche Ergänzung mit dem Ziel, die Bedeutung der Hafenstadt noch einmal mehr hervorzuheben"[100]; v9-11 fungieren dabei als „Überleitung bzw. redaktionelle Verklammerung mit der älteren Tyrusklage"[101]. V27 gehört nach Pohlmann stilistisch zu dieser Ergänzung, so dass erst v28-32a und vor allem die Klage in v32b-36 das in v3b erhobene Klagelied mit neuen Akzenten fortsetzen; signifikant sei nämlich, dass in dieser abschließenden Klage Reflexionen über die Bedeutung des Untergangs von Tyros für die Völkerwelt einfließen würden, die als eine Reaktion auf die weltweite Perspektive der Handelsliste gelesen werden müssten. So folgert Pohlmann: „[D]iese Klageeinheit ist hier nur zu dem Zweck geschaffen und in Abstimmung auf V. 9-24. 25 angebracht worden, um Tyrus' Fall und seine Folgen in einem umfassenderen Horizont, in weltweiter Hinsicht vor Augen zu führen."[102] Besonders wichtig ist eine Beobachtung Pohlmanns im Blick auf den Grund des Untergangs von Tyros: „Die Art der redaktionellen Verklammerung mit der älteren Tyrusklage [vgl. V. 9b. 10. 11 und V. 25. 27-35] läßt nirgends explizit ein Tyrus herabsetzendes Anliegen erkennen; aufgrund der Erweiterung wird auch nicht klarer, aus welchem Anlaß Tyrus das Untergangsgeschick trifft."[103] Offensichtlich ist Ez 27 im Kontext des Tyroszyklus zu lesen; die Gründe für den Untergang der phönizischen Küstenstadt müssen außerhalb dieses Großklagetextes gesucht werden.

In der Frage der Abfolge der Texte in Ez 28 schließt sich Pohlmann Hölschers Deutung von v1-10 als einer Interpretation von v11-19 an. Das Klagelied über den König in v11-19 habe sich ursprünglich an die ältere Klage über den

97 Vgl. Pohlmann, Hesekiel, 380.
98 Pohlmann, Hesekiel, 381.
99 Pohlmann, Hesekiel, 374.
100 Pohlmann, Hesekiel, 375.
101 Pohlmann, Hesekiel, 388.
102 Pohlmann, Hesekiel, 387.
103 Pohlmann, Hesekiel, 389.

Untergang des Prunkschiffes Tyros in Ez 27 angeschlossen: „28, 1-10 unterbricht hier demnach eine ältere vorgegebene Folge von Klagetexten."[104] Der in diesen älteren Klagetexten vorgebrachte Schulderweis als Begründung des Untergangs wurde offensichtlich als defizitär empfunden, so dass weitere Erklärungen nötig waren, wie sie sich nun in v1-10 spiegeln. In der Klage in v11-19 sind nach Pohlmann zum einen die deutlichen Reminiszenzen an Gen 2 unverkennbar, zum anderen könnte die ursprüngliche Klage, die sich nur sehr unsicher rekonstruieren lässt, „dargelegt haben, wie ein kostbares Siegel zu einem wertlosen Objekt herabgewürdigt wurde"[105]. V1-10 sind Pohlmann zufolge nicht einheitlich, da v3-6 sich vom Kontext abheben; der Verfasser von v1f.7-10 möchte die Gründe für den Untergang des Königs in v11-19 klarer darlegen, während v3-6 „eher nüchtern betrachtend festhalten, daß Tyrus' an sich positiv zu wertende Weisheit auch dahingehend pervertierte, sich über den Handel auf die Anhäufung von Reichtum und Macht zu konzentrieren, was dann zur Überheblichkeit führte."[106] Pohlmann möchte eine solche Haltung Tyros gegenüber am ehesten in der Perserzeit verorten[107].

Pohlmanns redaktionsgeschichtliches Erklärungsmodell in bezug auf das Ezechielbuch führt demzufolge zu einem differenzierten Bild des Tyroszyklus, der sich seiner Meinung nach aus Textteilen des älteren, vorgolaorientierten Prophetenbuches (Ez 26,1-6; 27,1-10.25b-26.28-36; Ez 28,11-19), einem großen Teil von späteren Fortschreibungen (Ez 26,7-14; 27,11-25a.27; 28,1f.7-10) und sehr jungen Ergänzungen (Ez 26,15-18.19-21; 28,3-6) zusammensetzt[108].

Auf diesem Niveau der differenzierten Analyse des Tyroszyklus sollten alle weiteren Untersuchungen zu Ez 26-28 ansetzen. Manchots Spätdatierung der Texte, Hölschers Rückfrage nach dem historischen Ezechiel und dem ihm zuzuschreibenden Textgut sowie Zimmerlis und Pohlmanns literar- und redaktionsgeschichtliche Ergebnisse, insbesondere das Grundmodell der Fortschreibung, sollen nun aufgegriffen werden und mit teilweise neu akzentuierten Argumenten in ein Modell der Entstehung des Tyroszyklus einfließen.

---

104 Pohlmann, Hesekiel, 391.
105 Pohlmann, Hesekiel, 393; vgl. dazu auch Jer 22,24-28.
106 Pohlmann, Hesekiel, 395.
107 Vgl. Pohlmann, Hesekiel, 395.
108 Die von Pohlmann abgegrenzten Textanteile sind den unterschiedlichen Drucktypen innerhalb seiner im Kommentar wiedergegebenen Übersetzung zu entnehmen (vgl. dazu allerdings die einschränkenden Bemerkungen Pohlmanns, Hesekiel, 364 Anm. 1, die etwa im Blick auf die überaus unsichere exakte Abgrenzung der Handelsliste in Ez 27 beachtet werden müssen).

3.2.2 Rekonstruktion der literarischen Entwicklung des Tyroszyklus

3.2.2.1 Ez 26

Bereits bei der Beschreibung der literarischen Struktur von Ez 26 hat sich gezeigt, dass der Text mit Hilfe des verwendeten Formelmaterials in mehrere Abschnitte gegliedert werden kann, die aus literarhistorischer Perspektive betrachtet die Vermutung nahelegen, dass das Kapitel im Sinne der Literarkritik als uneinheitlich eingestuft werden muss. Dass dies in der bisherigen Forschung zu einer *opinio communis* geworden ist, haben die Ausführungen zur Forschungsgeschichte gezeigt, denn sowohl Manchot als auch Zimmerli und Pohlmann erkennen die literarischen Unebenheiten und gehen daher von einem mehrstufigen Entstehungsprozess aus; Hölscher geht sogar so weit, das gesamte Kapitel dem Propheten abzusprechen.

Unterschiedliche Bewertungen gibt es allerdings in der genauen Abgrenzung der literarischen Einheiten innerhalb von Ez 26. Ob die durch die Formeln innerhalb des Textes markierten Einschnitte in die Sinneinheiten des Textes auch als literarische Scharnierstellen interpretiert werden können, soll nun geprüft werden. Grundsätzlich liegen zunächst einmal vier Untereinheiten vor, nämlich die Abschnitte v1-6.7-14.15-18.19-21.

Die erste Einheit v1-6 bietet zu Beginn die Datumsangabe in v1a, die Wortereignisformel in v1b, die Botenspruchformel in v3aα, die Schlussformel des Gotteswortes in v5aβ[109], die Gottesspruchformel in v5aγ sowie am Ende das für Ezechiel typische Erweiswort וידעו כי אני יהוה in v6b. Es drängt sich hier nun fast die Frage auf, wo neben einer solchen Häufung geprägten Formelgutes noch Raum für den Inhalt eines prophetischen Wortes bleibt. Doch das Wort findet seinen Raum in der bereits analysierten Zweiteilung der Einheit in die Einleitung und Begründung in v1.2 und das folgende Untergangsorakel in v3-5.6. V1 ist dabei einer das gesamte Ezechielbuch übergreifenden Redaktion zuzuordnen, die das Buch mit einem Netz von Datumsangaben überspannt und damit eine Chronologie des prophetischen Auftretens zu erstellen beabsichtigt. Mit Hilfe dieser Datierung in Ez 26,1a wird der Tyroszyklus von den vorangehenden kleineren Völkerorakeln in Ez 25 abgegrenzt[110], Ez 26,1b leitet die folgende Worteinheit ein. Der auf v1 folgende Begründungsvers v2 beginnt mit der Anrede בן אדם und dem Zitat des tyrischen Spottes über Jerusalem. Wichtig ist hier das die Begründung einleitende יען, das nicht nur an dieser Stelle, sondern strukturell analog

---

109 Vgl. dazu Zimmerli, Ezechiel, 40*.

110 Die Einleitung des Ägyptenorakels in Ez 29,1 ist die zweite Abgrenzung des Tyroszyklus, dem das Sidonwort in Ez 28,20-26 auf diese Art und Weise geographisch vollkommen zu Recht noch zugeordnet wird; der unterschiedliche Umfang und die verschiedene Form der Orakel machen allerdings deutlich, dass man zwischen dem Tyrosorakel und dem Sidonwort unterscheiden muss.

ebenso in Ez 25,3.6.8.12.15 auftaucht und dort die jeweiligen Gerichtsworte gegen die Nachbarvölker Judas einleitet. Diese Worte könnte man wegen ihrer Formelhaftigkeit dem Exilspropheten Ezechiel absprechen[111], dafür besteht allerdings kein Grund, denn dass Fremdvölkerworte in der prophetischen Verkündigung ihren Platz hatten, zeigen fast alle Prophetenbücher des Alten Testaments[112]; mit Zimmerli, der auf den „archaischen Charakter"[113] der Formensprache Ezechiels hinweist, kann man mit gutem Grund davon ausgehen, dass diese Worte bis zu Ezechiel zurückreichen – was dann für den den Worten aus Ez 25 analog strukturierten Tyrosspruch in v2-6 entsprechend gelten dürfte. Wie Ez 26,1-6 werden auch die Orakel aus Ez 25 in v5.7.11.17 jeweils mit dem Erweiswort beendet; das Edomorakel wird in v14 allerdings mit der Gottesspruchformel abgeschlossen, was in gewisser Weise an Ez 26,5aγ erinnert. Streng genommen wirft genau das nun die Frage nach dem ursprünglichen Abschluss des Tyrosspruches in v1-6 auf: Sind v5b.6a als Nachträge zu deuten? V5b ist über den Begriff גוים mit v3 verbunden, wobei in v5b der Begriff der Beute (בז) einen neuen Aspekt hervorhebt, der erst in v12 (בזז) voll ausgeführt wird; v6a spricht mit der Erwähnung der ובנותיה אשר בשדה wohl von den tyrischen Niederlassungen auf dem Festland, die nach v6a durch das Schwert umkommen sollen, was dann im folgenden vor allem in v8a thematisiert wird. Es hat demnach den Anschein, als sei die Nähe von v5b.6a zu der folgenden Einheit v7-14 größer als zu den vorangehenden Versen v2-5a, so dass die Vermutung naheliegt, dass mit v5b.6a in einem späteren Überarbeitungsschritt das ursprüngliche Orakel gegen Tyros mit dem folgenden Orakel verknüpft wurde, um so eine größere Vernetzung zwischen beiden Abschnitten herzustellen. Ob das Erweiswort in v6b den Abschluss des älteren Orakels oder erst des erweiterten und vernetzten Wortes bildet, lässt sich schwer entscheiden; die Gottesspruchformel in v5a scheint – Ez 25,14 entsprechend – ein möglicher Abschluss zu sein; zudem würde das Erweiswort mit der pluralischen Verbform vorzüglich an v5b anschließen und damit erst innerhalb der Vernetzung seinen Platz haben; dennoch spricht die Mehrheit der vorangehenden älteren Völkerorakel in Ez 25 gegen eine solche spätere Hinzufügung, so dass man im Blick auf das Tyroswort mit einem strukturell den Worten aus Ez 25 entsprechenden Abschluss rechnen muss, der dann das Orakel v2-5a.6b beendet, das als Grundwort von Ez 26 zu verstehen ist.

Die zweite Einheit innerhalb des Kapitels liegt in Ez 26,7-14 vor. Diese Verse bilden offensichtlich eine historisierende *relecture* des vorangehenden Orakels, die das sehr in der Bildsprache der Überflutung durch die Völker gehaltene Untergangsszenario durch den babylonischen König Nebukadnezar

---

111 Vgl. dazu etwa Hölscher, Hesekiel, 132.

112 Methodisch tragen die Beweislast hier diejenigen, die Völkerorakel der prophetischen Verkündigung *in toto* absprechen möchten; zunächst einmal bezeugen die Texte und ihre Verankerung in den Prophetenbüchern, dass sie als Teil der prophetischen Botschaft zu lesen sind.

113 Zimmerli, Ezechiel, 588.

konkretisiert, der hier gewissermaßen aus den Wassermassen, die der Text eben noch beschwor, trockenen Fußes mit einer Landstreitmacht gegen Tyros emporsteigt – kurz: Die vorausgesetzte Situation in v7-14 ist eine ganz andere als die in v2-5a.6b, denn auch wenn es in v2-5a.6b letztlich nicht um eine Überflutung der Stadt durch das Wasser, sondern nach v3b durch die Völker geht, wird genau dies in v7-14 viel konkreter geschildert: Die wie eine Flutwelle anbrandenden Völker werden hier nun durch moderne Militärtechnik ersetzt. V12b und vor allem v14 bringen die Wassermotivik ins Spiel und verknüpfen v7-14 mit v2-5a.6b, ansonsten geht es in v7-14 aber nicht um eine Seestreitmacht, wie man sie vielleicht für das erste Orakel annehmen könnte, sondern um Landstreitkräfte, die gegen Tyros kämpfen, die Stadt erobern und letztlich zerstören. Nun ist für Nebukadnezars Feldzug gegen Tyros von einem solch ruhmvollen Sieg nichts bekannt und auch innerhalb des Ezechielbuches weist die Anmerkung in Ez 29,17ff darauf hin, dass die Belagerung von Tyros für die Babylonier nicht ganz so glorreich ausgegangen sein dürfte, wie in v7-14 angekündigt. Wie ist mit diesem Problem nun umzugehen? V8 könnte hier einen Schlüssel für das Verständnis der Passage bieten: Wurde die Vernichtung der tyrischen Dépendancen auf dem der Inselfestung vorgelagerten Festland nachträglich auf die Inselstadt übertragen? Im Blick auf Nebukadnezars Feldzug sind kaum andere Deutungsmöglichkeiten gegeben. Es wird daher bei der Interpretation dieser Passage gern auf den Eroberungszug Alexanders des Großen verwiesen, mit dem die in v7-14 geschilderten Details der Eroberung besser zusammenzupassen scheinen als mit Nebukadnezars Belagerung der Stadt. Hier ergeben sich allerdings sehr große Schwierigkeiten, denn selbst wenn v7-14 eher die Eroberungstaktik Alexanders als Nebukadnezars beschreiben, bleibt doch die entscheidende Frage, wer die Eroberung von Tyros durch Alexander den Großen in das Ezechielbuch eingetragen haben könnte und dabei noch dazu Alexander den Großen mit dem Babylonierkönig Nebukadnezar chiffriert haben sollte. Wollte eine hellenistische Fortschreibung gewissermaßen historisierend den Untergang von Tyros mit dem Babylonier verbinden, obwohl dieser doch vor Tyros mehr oder weniger gescheitert war und erst Alexander die Stadt einnehmen konnte? Und hat diese Fortschreibung dann Ez 29,17ff gleichzeitig als Modifikation der Vorhersage eingeschoben? Die mit solchen literarhistorischen Annahmen verbundene Unsicherheit verpflichtet in jedem Fall zur Vorsicht. Dennoch weist in v7a womöglich das Prädikat der Königstitulatur מלך מלכים eine Möglichkeit der Deutung der gesamten Passage auf, denn es ist sehr deutlich, dass dieses Element des Königstitels nachträglich eingeschoben wurde und dass die Titelabfolge ‚Nebukadrezzar, König von Babel‘, die ja vollständig ist und im laufenden Satz mit מצפון bereits fortgeführt wird, erst später durch ‚König der Könige‘ ergänzt wurde. Bemerkenswert ist nun, dass dieser Titel ‚König der Könige‘ in die nachexilische Zeit gehört und innerhalb des Alten Testaments nur noch in den aramäischen Passagen Dan 2,37; Esr 7,12 gebraucht wird[114]. Der in v7a vorliegende Einschub führt daher zu der Hypothese einer literarischen Stufung der Einheit: Liegt in v7-14 eine erste Fortschreibung vor, die das Grundwort in v2-5a.6b um das Nebukadnezar-Orakel erweitert, das dann seinerseits in hellenistischer Zeit auf Alexander hin überarbeitet wurde? Der ausgesprochen dichte Text lässt eine genaue Unterscheidung zwar nur an einigen wenigen Stellen zu, aber insgesamt dürfte eine solche literarhistorische Annahme den schwierigen Befund am ehesten erklären. Vielleicht kann man v7*-8a.13-14*[115] dem Nebukadnezar-Orakel zuschreiben, da hier vor allem den Dépendancen auf dem Festland die Vernichtung angekündigt wird; die genaue Beschreibung der Belagerung der Stadt, des Dammbaus, der Plünderung und der Vernichtung in v8b-12(.14aγ) dürfte dagegen der Alexander-Redaktion angehören[116].

Die Einheit v7-14* schreibt also das Grundwort v2-5a.6b fort, zunächst in einer Nebukadnezar-Fassung (v7*-8a.13-14*), dann in einer später auf Alexander umgedeuteten Alexander-Fassung (v8b-12), die in v7 zudem den Titel ‚König der Könige‘ nachträgt und in v14 die Wendung ‚nicht mehr sollst du erbaut werden‘ ergänzt. Die literarische Einheit v7-14 ist damit das Ergebnis einer sukzessiv vorgehenden historisierenden Fortschreibung des Grundwortes, die zunächst – wohl in exilischer Zeit – den Untergang von Tyros mit dem Babylonierkönig verbindet und nach dessen Scheitern mit Ez 29,17ff eine Modifikation dieses Untergangsorakels einfügt; nach der Eroberung von Tyros durch Alexander den Großen im 4. Jh. v. Chr. hat eine spätere Fortschreibung in hellenistischer Zeit die ezechielische Untergangsprophetie gegen Tyros als erfüllt angesehen, das Nebukadnezar-Wort auf den tatsächlichen Vollstrecker des Gerichtsurteils Jahwes, auf Alexander den Großen umgedeutet und damit das ezechielische Orakel gegen Tyros nachträglich als wahre Prophetie legitimiert. Hier dürfte der Hauptanlass für die Redaktion zu suchen sein: Es ging den Bearbeitern der ezechielischen Prophetie in erster Linie um die Autorität des Exilspropheten, die an dieser Stelle aufgrund seiner bislang unerfüllten Vorhersagen gegen Tyros in Frage stand und sich nun – wenn auch unter anderen Vorzeichen – erfüllt hatte.

---

114 Zu den greifbaren Anklängen an die persische Königstitulatur vgl. J. Wiesehöfer, Persien, 53f.

115 Die Wendung לא תבנה עוד in v14aγ wäre dann natürlich an dieser Stelle Teil der Alexander-Redaktion, denn sie setzt ja eine vorhergehende Zerstörung der Stadt voraus, die für Nebukadnezar nicht angenommen werden kann. V14 greift ansonsten auf die Wassermotivik aus v5 zurück und lässt damit das Bestreben erkennen, die Einheit mit dem vorangehenden Orakel zu verknüpfen, und gehört daher wohl eher der direkten Nebukadnezar-Fortschreibung des Grundwortes v2-5a.6b an.

116 Innerhalb dieses Abschnittes fallen vor allem die Verbformen der 3. Pl. in v12 aus der Reihe, die die Abfolge der Formen der 3. Sg. beenden. Darf man daher das Ende der Alexander-Redaktion nach diesem Vers annehmen?

Wie steht es um die beiden verbleibenden Einheiten v15-18 und v19-21? V15-18 beinhalten vor allem das Klagelied der ‚Fürsten des Meeres‘, mit denen sicherlich die Tyros bislang gleichgestellten und als Handelspartner verbundenen Herrscher über den Mittelmeerraum gemeint sind. Neben der Qina in v17aβ-18 ist das in v16bβ genannte Entsetzen dieser Fürsten gegen Tyros zentral. Denn in beiden Texten werden die Folgen des Untergangs von Tyros deutlich herausgestellt: Entsetzen und Erschrecken sind die Konsequenzen für die außenstehenden Betrachter[117] – wohl doch wegen der Ahnung, dass der eigene Untergang nicht weniger grausam und radikal aussehen könnte. Im Zentrum stehen innerhalb dieser Einheit, die sich damit deutlich von v7-14 abhebt, die Außenbetrachter, die das Geschehen kommentieren. Man wird sich fragen, ob eine solche Beschreibung der Reaktionen in den Kontext des Grundwortes oder der ersten Fortschreibung gehört, die ja beide den Untergang von Tyros noch nicht vor Augen haben, oder eher im Kontext der Alexander-Redaktion zu verorten ist und die tatsächlichen Reaktionen derjenigen beschreibt, die die Zerstörung der Handelsmetropole verfolgen. Die Beschreibung ist so allgemein gehalten, dass eine Entscheidung hier kaum noch möglich sein dürfte. Aufgrund der Position der Passage innerhalb von Ez 26 ist jedoch nicht auszuschließen, dass v15-18 bereits im Kontext der exilischen Abfassung der Untergangsorakel gegen Tyros entstanden ist. Ob der in v17 erwähnte Schrecken, den Tyros durch seine Bewohner allerorten verbreitet hat, erst in spätere Zeiten verweist und nicht doch auch eher als ein Indiz für eine Abfassung der Passage im 5. Jh. v. Chr. gewertet werden muss, kann hier nur gefragt werden. Die Vormachtstellung von Tyros innerhalb des phönizischen Städteverbundes im 6./5. Jh. v. Chr. könnte jedoch dafür sprechen, dass es in dieser Zeit am ehesten zu Verhaltensweisen kam, die von den Nachbarn der Stadt als Schrecken verbreitend beschrieben werden konnten. Der Geschichte von Tyros soll aufgrund dieser Unsicherheiten in einem eigenen Abschnitt nachgegangen werden[118].

V19-21 nehmen nochmals eine eigene Thematik auf, die aufgrund der Wassermotivik zum einen an das Grundwort anklingt und sich somit deutlich als dessen Fortschreibung zu erkennen gibt, die sich zum anderen – gerade auch wegen der Erwähnung der Urflut תהום in v19b – wie ein Vorgriff auf das von mythischen Vorstellungen und Motiven geprägte Kapitel Ez 28 liest. Es ist von daher nicht auszuschließen, dass diese Passage ganz gezielt die Absicht verfolgt, die einzelnen Teile des Tyroszyklus, insbesondere die Großeinheiten, miteinander zu verknüpfen, denn neben der Urflut wird in Ez 26,20 auch der Abstieg in die Grube thematisiert, der in Ez 28,8 ebenfalls vorhergesagt wird, und in Ez 26,21

---

117 Dieses Motiv taucht dann wieder in Ez 26,21; 27,36; 28,19 auf, wird an diesen Stellen zudem einheitlich mit dem Begriff בלהות umschrieben (Ez 26,16 verwendet dagegen חרדות) und weist darauf hin, dass hinter diesen Parallelen innerhalb der Texte gezielte Verkettungsabsichten stehen könnten.

118 Vgl. dazu unten Teil 4.1.

werden die Schrecken בלהות genannt, zu denen Stadt und König auch nach Ez 27,36; 28,19 werden, so dass man hier von gezielt entstandenen Verbindungen innerhalb des Tyroszyklus auszugehen hat, die natürlich auch Konsequenzen für die zeitliche Ansetzung der entsprechenden Passagen haben. Daher lässt sich an dieser Stelle im Blick auf v19-21 nur feststellen, dass der Text offensichtlich in einigermaßen enger Verbindung mit Ez 28,1-10.11-19 steht und auch mit dem Schlussteil von Ez 27 vernetzt wurde, sich dabei aber gleichzeitig wie eine mythisch geprägte Exegese des Grundwortes Ez 26,2-5a.6b liest, das innerhalb von Ez 26 mehrfach und in verschiedene Richtungen fortgeschrieben wurde. Wie mit v7-14 und v15-18 wird auch mit v19-21 vor allem die Endgültigkeit des Untergangs betont, die innerhalb des Grundwortes nicht in der Deutlichkeit zu finden ist, in der sie v14.18.21 zufolge erwartet wird.

Der Bogen innerhalb des mehrfach überarbeiteten Kapitels Ez 26 wird demnach geschlagen von einem wahrscheinlich ezechielischen begründeten Untergangsorakel in v2-5a.6b, das sukzessive historisiert und konkretisiert wurde (Nebukadnezar-Fortschreibung: v7*-8a.13-14* mit v6a; Alexander-Redaktion: v8b-12 mit v5b und v14aγ) und über ein Trauerlied der umliegenden Fürsten des Meeres auf die gefallene Stadt (v15-18) bis hin zu einem abschließenden Untergangswort Jahwes reicht (v19-21), auf dessen Endgültigkeit hin keine weitere Reaktion mehr folgt.

Der Entstehungsprozess von Ez 26 lässt sich demnach folgendermaßen veranschaulichen:

Ezechiel und Ezechielschule

Phase I	v2-5a.6b	Grundwort
Phase IIa	v1b	Einleitung
Phase IIb	v15-18	Fortschreibung I

- -

Phase III	v6a.7*-8a.13-14*	Fortschreibung II
	v19-21	Fortschreibung III

- -

Spätere Redaktionen

Phase IV	v5b.8b-12.14aγ	Alexander-Redaktion
Phase V	v1a	Datierungsredaktion

Erstaunlich ist innerhalb des gesamten Kapitels die innere Dynamik, die von der recht offenen Untergangsansage in v2-5a.6b über die sehr konkreten Ansagen in v7-14* reicht, die dann in v15-18 wieder offener und weniger konkret werden, um in v19-21 in kaum noch ausdeutbare mythische Bildsequenzen auszumünden.

Hinter dieser Dynamik steht offensichtlich ein mehrfach gestufter literarhistorischer Prozess, der sich nicht auf Ez 26 beschränkt, sondern – wie die Vernetzungen vor allem des letzten Teils zeigen – den gesamten Tyroszyklus umfasst. Dem soll nun weiter nachgegangen werden.

3.2.2.2 Ez 27

Aufgrund der Rekonstruktion der Literargeschichte des ersten Hauptteils des Tyroszyklus stellt sich nun die Frage, ob die auf mehrere Phasen verteilten Prozesse der Textentstehung sich auch in den anderen Hauptteilen des Zyklus wiederfinden lassen. Im Blick auf das folgende Kapitel Ez 27 lässt sich den bisherigen Textbeobachtungen zufolge in der Hauptsache ein Klagelied auf die Handelsstadt Tyros von einer Liste der Handelsbeziehungen unterscheiden. Die genauen Abgrenzungen sind dabei innerhalb der bisherigen Forschung äußerst umstritten, vor allem die Bestimmung von Anfang und Ende der Liste der Handelsbeziehungen bereitet offensichtlich Schwierigkeiten.

Blickt man zunächst auf den Anfang des Kapitels, so fällt auf, dass Ez 27 mit einer doppelten Einleitung eröffnet wird, die in v1 mit der Wortereignisformel eingeleitet und in v3bα mit der Botenspruchformel abgeschlossen wird; in dieser Einleitung wird der Prophet zum einen in v2 dazu aufgefordert, die Qina über Tyros zu erheben, zum anderen findet sich in v3a eine Erweiterung dieser Aufforderung mit einer umständlichen Beschreibung von Tyros als einer Stadt, die am Meereszugang liegt und mit vielen Völkern Handel treibt. Die Einleitung ergäbe auch ohne diese Erweiterung einen stringenten Text, der von v1f direkt zu v3bα führen würde und in dem die Aufforderung, ein Klagelied gegen Tyros anzustimmen, im Zentrum stünde. Durch v3a kommt es zu einer Akzentverschiebung mit deutlicher Betonung der Stellung von Tyros am Meer und im Welthandel, so dass sich die Annahme nahelegt, dass man es hier mit einer redaktionellen Erweiterung der Einleitung zu tun hat, die bereits an dieser Stelle mit Hilfe des Begriffes רכלת die Handelsthematik einbringt, obwohl sie hier eigentlich noch keinen rechten Platz hat und erst später in der Liste der Handelsbeziehungen von Tyros voll ausgebreitet wird. V3a wurde mit einer deutlichen Vernetzungsabsicht eingefügt und stand einer älteren Fassung der Einleitung des folgenden Klageliedes sicherlich nicht voran. Dieses Klagelied wurde allein mit v1f.3bα eröffnet[119], wobei die abschließende Botenspruchformel – wie an vielen anderen Stellen des Ezechielbuches auch – verdeutlicht, dass die Botschaft und das Wort des Propheten letztlich im Wort Jahwes verankert sind.

---

119   Eine entsprechend kürzere Einleitung einer Qina findet sich zu Beginn des Klageliedes über den Sturz des tyrischen Königs in Ez 28,12.

Das Klagelied selber beginnt nun in v3bβ mit dem Zitat einer Redeweise, wie sie in Tyros umgegangen sein soll. Eine solche Einleitung entspricht auch der Einleitung des Grundwortes in Ez 26,2. Ez 27,3bβ zufolge brüstet sich die Stadt selber mit ihrer Schönheit und hebt deren Vollkommenheit hervor. Ab v4 folgt nun in formaler Hinsicht eine große Anrede an die Stadt in der 2. f. Sg., deren literarische Einheitlichkeit aufgrund dieser formalen Stimmigkeit zunächst einmal nicht in Frage zu stehen scheint. Doch bei genauerem Hinsehen ergeben sich erhebliche Zweifel. Neben den in der bisherigen Forschung immer wieder angeführten metrischen Gründen, denenzufolge innerhalb von Ez 27 eine Qina im 3+2-Metrum von einem prosaischen Teil unterschieden werden muss[120], sprechen gegen die Einheitlichkeit des Kapitels noch weitere Gründe. Insbesondere muss die Bildsprache von Ez 27 genau beachtet werden, denn das Bild von Tyros als einem Schiff, das zur Illustration herangezogen wird, bestimmt nicht den gesamten Text, sondern bricht zunächst nach v9a weg, wird dann erst in v25b wieder aufgegriffen und auch dann im folgenden – abgesehen von v27 – nur bis v32 verwendet. In den anderen Passagen des Textes ist dieses Bild des Schiffes zugunsten anderer Motive verlassen: So treten in v10f militärische Aspekte in den Vordergrund und die erwähnten Mauern und Türme von Tyros zeigen, dass hier nicht mehr von einem Schiff Tyros die Rede sein kann; in v12-25a stehen die Handelsbeziehungen von Tyros im Zentrum und Schiffe werden nur am Ende in v25a in der Form von Tarschisch-Schiffen erwähnt; in v9b.27 stehen vorverweisend bzw. rückgreifend die Handelsmotive voran[121]; und in v33-36 greifen alle diese Themen dann in einem großen Untergangsszenario ineinander und sind darüber hinaus bis in die Textdetails hinein mit den anderen Hauptteilen des Tyroszyklus verbunden[122].

Geht man die so angenommenen einzelnen Textteile etwas genauer durch, so bestätigt sich das Bild eigenständiger Passagen, die später miteinander verbunden wurden. V3bβ-9a.25b-26.28-32 zeichnen in einem breit ausgebauten Bild das Schiff Tyros von Grund auf nach, das der Ostwind zerbricht und damit zum Sinken bringt, so dass es nur noch betrauert werden kann. V3bβ-4 geben innerhalb dieses Klageliedes zunächst einmal die Grundsituation des Schiffsbaus inmitten des Meeres vor. V5-7 führen die Einzelteile dieses Schiffes an, die für den Bau des Schiffes verwendet werden und verbinden diese Einzelteile mit ihren Herkunftsländern: Planken aus Senir-Wacholder, Mastbäume aus Libanon-Zedern, Ruder aus Basan-Eichen, ein Deck aus Kittäer-Zypressen, ein Segel aus ägyptischem Leinen und Schiffsdecken aus blauem und rotem Elischa-Purpur – hier wurde nur das Beste vom Besten verwendet, um aus den vielen Kostbarkei-

---

120 Vgl. dazu die Rekonstruktionen der Qina bei Hölscher, Hesekiel, 138-140, und Zimmerli, Ezechiel, 637f.

121 Vgl. dazu in v9b die Wendung לערב מערבך und in v27 das gesamte Arsenal ökonomischer Terminologie, das den Redaktoren zur Verfügung stand.

122 Vgl. zu Ez 27,34a: Ez 26,19; zu Ez 27,35: Ez 26,18; zu Ez 27,36: Ez 26,21; 28,19.

ten das Kostbarste zu machen. V8-9a nennen dann abschließend die Besatzung, die lediglich aus Phöniziern besteht: Ruderer aus Sidon und Arwad, Leute aus Byblos als Schiffszimmerleute und, natürlich, die Weisen von Tyros selber als Seeleute; dass der Verfasser dieser Passage auch eine innerphönizische Hierarchie hervorheben wollte, liegt auf der Hand, denn während alle anderen als Zuarbeiter dienen, führen die Tyrer das Schiff. V25b-26a beschreiben noch einmal diesen reichen Koloss der Meere, bevor in v26b in einem knappen Halbvers der Ostwind genannt wird, der das Zerbrechen und den Untergang des Schiffes herbeiführt. V28-32 schildern dann den erzwungenen Landgang der Besatzung, die entsprechenden Trauerriten und das abschließende Klagelied in v32b, das aus einer einzigen Frage im 3+2-Metrum besteht: „Wer ist wie Tyros vernichtet inmitten des Meeres?"

Dass mit dieser Frage die Qina abgeschlossen wurde, zeigen die folgenden Verse: V33f greifen erneut die Handelsthematik auf, die ansonsten in der Qina keine Rolle spielt; zudem – um einmal metrisch zu argumentieren – fällt v33 nun überdeutlich aus dem knappen Klagemetrum heraus. V35f sind – wie bereits erwähnt – mit dem vorangehenden und dem folgenden Hauptteil des Tyroszyklus verknüpft, so dass man davon ausgehen kann, dass die gesamte Passage v33-36 als spätere redaktionelle Erweiterung gelesen werden muss, die zum einen mit der Liste der Handelsbeziehungen, zum anderen aber auch mit den anderen Teilen des Tyroszyklus in Verbindung steht. Diese redaktionellen Erweiterungen, zu denen wohl auch v3a.9b.27 gehören, haben allesamt die Absicht, die vorliegenden großen Textteile – Qina und Handelsliste – miteinander zu verknüpfen, indem die Handelsthematik in die Einleitung, vor die Unterbrechung und in den Schlussteil der Qina eingebaut wird.

Zu den redaktionellen Erweiterungen sind in jedem Fall auch v10-11 zu zählen, denn sie setzen im Gegensatz zum Bild von Tyros als einem Schiff die Festlandsituation voraus, und auch wenn v11bβ auf v4b zurücklenkt, darf diese Verbindung nicht über den redaktionellen Charakter der beiden Verse hinwegtäuschen, denn die Thematik unterscheidet sich grundlegend von den vorangehenden und folgenden Beschreibungen: Im Gegensatz zur Schiffskonstruktion in der Qina und den Handelsmotiven in der Liste stehen in v10f militärische Aspekte im Vordergrund, die nur in diesen beiden Versen innerhalb von Ez 27 auftauchen und daher eher fremd wirken. Man ist bisher oft davon ausgegangen, dass die militärischen Aspekte noch zum Schiffsbild gehören, weil die Trennung zwischen Handelsschiffen und Kriegsschiffen in der Antike nicht üblich gewesen sei – wie dem auch immer sein möge: Wo von Mauern und Türmen die Rede ist, ist das Bild eines Schiffes längst verlassen, so dass v10f nicht in den Kontext der Qina eingelesen werden können.

Die nun folgende Handelsliste ist mitten in das Klagelied eingesenkt worden und bildet damit das Zentrum des vorliegenden Kapitels. Die Liste eröffnet mit Tarschisch in v12 und schlägt dann einen weiten Bogen über die Handelsbeziehungen von Tyros, um letztlich in v25a bei den Tarschisch-Schiffen zu enden. Auf die sprachlichen und formalen Brüche innerhalb dieser Liste, der ein bestimmtes Zuordnungsschema von Produkt und Handelspartner zugrundeliegt, wurde bereits hingewiesen[123]; im Kontext der literarhistorischen Überlegungen zu Ez 27 scheint es sich zumindest nahezulegen, die Handelsliste innerhalb dieses Kapitels als eine literarische Einheit zu betrachten, die womöglich eine verzweigte Vorgeschichte hat, deren Probleme schon auf der Ebene der Textüberlieferung zu Tage treten – doch ganz gleich, wie genau es gelingt, Vorstufen dieser Handelsliste voneinander abzuheben, und wie exakt sich das zugrundeliegende Zuordnungsschema rekonstruieren lässt[124]: Zentral ist in diesem Zusammenhang, dass v12-25a neben der Qina in v3bβ-9a.25b-26.28-32 den zweiten großen literarischen Block darstellt, von dessen Einbau her alle weiteren redaktionellen Vorgänge erklärt werden müssen.

Welches Bild ergibt sich demnach für die Literargeschichte von Ez 27? Das Kapitel setzt sich aus den beiden erwähnten literarischen Hauptteilen zusammen, die mit Hilfe mehrerer redaktioneller Einfügungen vernetzt und in Analogie zu Ez 26 und Ez 28 eingeleitet und beendet wurden. Als Grundtext liegt Ez 27 ein Klagelied in Ez 3bβ-9a.25b-26.28-32 zugrunde, das auf einer Ebene mit dem Grundwort in Ez 26,2-5.6b liegen und auf das prophetische Wirken Ezechiels selbst zurückgehen könnte. Erweitert wurde dieses Klagelied durch eine Handelsliste in v12-25a, die als literarischer Block übernommen wurde und sicherlich eine eigene Vorgeschichte hat. V3a.9b.27 haben diese Liste mit dem Klagelied vernetzt, um damit einen kohärenten Text zu schaffen, der dann mit v1f.3bα eingeleitet und mit v33-36 abgeschlossen und über diesen Einleitungs- und Schlussabschnitt mit den anderen Teilen des Tyroszyklus verbunden wurde, so dass man es insgesamt innerhalb von Ez 27 mit einem ähnlich komplexen Redaktionsprozess zu tun hat, wie er bereits im Blick auf Ez 26 beobachtet werden konnte.

Hinter diesem Redaktionsprozess stehen mit großer Wahrscheinlichkeit die Träger der Ezechieltradition, die in Schülerkreisen die Prophetie Ezechiels überliefert, aktualisiert, erweitert und fortgeschrieben haben; von ihrer Arbeit an Ez 27 her geben sich diese Verfasserkreise als gebildete Kenner der phönizischen Kultur sowie kenntnisreiche und geschickte Redaktoren zugleich zu erkennen, die es verstehen, eine ezechielische Qina um eine tyrische Handelsliste zu erweitern, um das Klagelied mit einem womöglich authentischen phönizischen Dokument[125] zu illustrieren; dass es ihnen dabei gelingt, die Handelsliste so geschickt mit der Qina zu verbinden, dass die Unterscheidung der Einzelelemente nur noch mit

---

123 Vgl. dazu oben Teil 2.2.3; zum Ortsnetz, zur Produktpalette und zur inneren Systematik der Handelsliste vgl. unten Teil 4.4.

124 Diesen Fragen wird in Teil 4.4.3 nachgegangen; an dieser Stelle soll zunächst einmal die Literargeschichte des gesamten Kapitels im Blick bleiben.

125 Was hier nur als Vermutung geäußert werden kann, wird unten in Teil 4.4.3 genauer untersucht.

großen Problemen möglich ist, spricht für die literarischen Fähigkeiten der Verfasser.

Große Schwierigkeiten bereiten in diesem Zusammenhang v10f, denn diese beiden Verse können mit ihrer militärischen Schlagseite kaum im Kontext der ezechielischen Schultradition verortet werden[126]; sie bilden innerhalb des Kapitels vielmehr einen literarischen Fremdkörper, der aufgrund der genauen Schilderung der Rüstungsinstrumente, die im ganzen Kapitel nicht wieder aufgegriffen wird, noch am ehesten an die genauen militärischen Details innerhalb der Alexander-Redaktion aus Ez 26,5b.8b-12.14aγ erinnert. Gehören Ez 27,10f auf dieselbe literarische Ebene wie diese späte Redaktion von Ez 26? Werden hier die von Tyros aufgebotenen Söldner gegen das Heer Alexanders eingeschoben, weil innerhalb des vorangehenden Klageliedes und der folgenden Handelsliste ebenfalls verschiedene Völkerschaften aufgezählt werden? Passte diese Notiz nach Meinung der späten Redaktoren an dieser Stelle am ehesten in den literarischen Zusammenhang des Tyroszyklus? Die Stelle bleibt in jedem Fall rätselhaft und man muss hier bei den in Fragen gekleideten Vermutungen stehenbleiben. Jedoch zeigt auch die Redaktion, auf deren Konto v10f zu verbuchen ist, ein Bestreben, die redaktionellen Partien mit dem restlichen Text zu verknüpfen, wie der Rückgriff auf v4b in v11b zeigt.

Aufgrund dieser Beobachtungen lässt sich der Entstehungsprozess von Ez 27 folgendermaßen veranschaulichen:

Überliefertes nicht-ezechielisches Material

	v12-25a	Handelsliste

Ezechiel und Ezechielschule

Phase I	v3bβ-9a.25b-26.28-32	Grundwort
Phase IIa	v1f.3bα	Einleitung

Phase III	v12-25a	Einfügung
	v3a.9b.27	Redaktionelle Vernetzung
	v33-36	Schlussteil

Spätere Redaktionen

Phase IV	v10f	Einfügung

Insbesondere im Blick auf die Einleitung und damit im Blick auf Phase IIa bleiben hier wie auch schon bei Ez 26 natürlich Fragen, die damit zusammenhängen,

---

126   Nach Zimmerli, Ezechiel, 643, ist das Bild des Schiffes, „vielleicht erst etwas später, in 10, der dann seinerseits in 11 prosaisch interpretiert wurde, um einen neuen Zug bereichert worden."

ob man eine erste Sammlung der prophetischen Worte noch dem Propheten
selber zuschreiben oder hier doch lieber mit einem sehr bald nach Ezechiel wir-
kenden Schülerkreis rechnen möchte; auf diese Fragen soll aber nicht weiter
eingegangen werden, da beide Zuordnungen in jedem Fall in das 6. Jh. v. Chr.
führen und die in Frage stehenden Textteile sich damit hinreichend genau verorten lassen. An dieser Stelle ist nun vielmehr zu prüfen, ob sich in Ez 28 ähnliche literarische Prozesse rekonstruieren lassen, wie sie sich für Ez 26 und Ez 27
nahelegen.

3.2.2.3 Ez 28,1-10

Die bisherigen literarischen Analysen von Ez 28 haben zu durchaus
unterschiedlichen Ergebnissen geführt. Während Hölscher und dann auch
Pohlmann in v1-10 eine nachträgliche Deutung von v11-19 erkennen wollen[127],
geht Zimmerli von einem Grundwort in v1-10* aus, das seiner Meinung nach
noch zur Zeit der Belagerung von Tyros abgefasst worden sein könnte[128]. Die
Bestimmung des Verhältnisses der beiden Textteile von Ez 28 ist demnach eine
der wichtigsten Aufgaben einer literarhistorischen Analyse des Kapitels. Für eine
getrennte Deutung der beiden Teile v1-10 und v11-19 spricht die Wortereignisformel in v1 und v11, die die Einheiten in Analogie zu Ez 26,1 und Ez 27,1 jeweils eröffnet; dagegen spricht für die Zusammengehörigkeit der Abschluss der
beiden Textteile in v19 mit der Ankündigung, zu Schrecken (בלהות) zu werden,
die sich auch am Ende der beiden anderen Kapitel des Tyroszyklus findet. Es
könnte sein, dass auf einer späteren Stufe der Komposition des Tyroszyklus der
ursprünglichen Vierteilung des Zyklus in vier Worteinheiten eine Dreiteilung mit
Hilfe der analogen Schlussformel entgegengesetzt wurde. Man wird diese doppelte Gliederung des vorliegenden Textes, die sich einerseits ganz formal an den
Eröffnungsformeln orientieren kann, die andererseits von einer kompositionellen
Beobachtung im Blick auf die Großeinheit Ez 26-28 ausgeht, bei der Konstruktion eines literarhistorischen Modells zu berücksichtigen haben. Doch dem muss
zunächst eine literargeschichtliche Analyse der Einzeltexte vorausgehen.

Ez 28,1-10 wird nach der Wortereignisformel in v1, der Aufforderung an den
Propheten, sich an den Fürsten (נגיד) von Tyros zu richten, und der Botenspruchformel in v2aα.β in v2aγ mit einer Begründung (יען) eröffnet, in die wieder – wie
zu Beginn der beiden vorangehenden Kapitel Ez 26,2; 27,3 auch – ein Zitat,
diesmal des Fürsten von Tyros, eingebaut ist. Diese Begründung wird in v3-5
unterbrochen durch den Vergleich des Fürsten mit Daniel, den Hinweis auf die
Weisheit des Fürsten und auf seine auf den Handel begründete Macht; die

---

127 Vgl. Hölscher, Hesekiel, 142, und Pohlmann, Hesekiel, 390f.
128 Zimmerli, Ezechiel, 665.

Passage ist leicht als späterer Einschub zu identifizieren, denn zum einen grenzt das einleitende הנה v3 von der Begründung ab, zum anderen tritt die Weisheit beherrschend in den Vordergrund, die ansonsten nur in v7 als ein Element neben anderen genannt wird[129]. In v6 wird die Begründung wieder aufgegriffen und noch einmal v2b zitiert; mit לכן wird die Ankündigung der Folgen des fürstlichen Verhaltens eröffnet. Diese Einleitung mit לכן wiederholt sich allerdings zu Beginn von v7 und wird dann mit einem Untergangsorakel fortgeführt, das in v9 auf v2 zurückgreift und die Selbstvergöttlichung des Fürsten als Begründung für den Untergang in das Gerichtswort einbaut. Mit den beiden Schlussformeln in v10b wird diese Einheit abgeschlossen. Aufgrund des Einschubs in v3-5.6 ergibt sich unter literarhistorischen Gesichtspunkten ein recht klares Bild: Ez 28,1-10 liegt ein begründetes Gerichtswort zugrunde, das nach der Einleitung in v1-2aβ in v2aγ mit יען eingeleitet wird und bis v2b reicht; dieser erste Teil des Gerichts-wortes, die Begründung, wird in v7 mit לכן fortgeführt (und vielleicht gehört auch die Botenspruchformel aus v6a an diese Stelle) und reicht bis v10a; v10b ist wie v1-2aβ als Abschluss im Kontext der Rahmung des Gerichtswortes zu interpretie-ren; v3-5 erweitern das Grundwort und werden durch v6 mit dem Grundwort verknüpft[130] – die Wiederholung von v2b in v6 und die Doppelung des לכן in v6 und v7 erweist v6 deutlich als einen Verbindungspunkt zwischen Grundwort und Erweiterung, der nach der Erweiterung des Grundwortes um v3-5 einen besseren Anschluss der Unheilsankündigung an die vorangehende Begründung gewähr-leisten sollte.

Wie ist nun mit diesem literarischen Befund umzugehen? Das als Grundwort anzusehende begründete Gerichtswort könnte noch in der ezechielischen Ver-kündigung gegen Tyros seinen Ort haben und es ist sehr gut denkbar, dass der Gerichtsbotschaft gegen die Stadt auch eine entsprechende Botschaft gegen das politische Oberhaupt von Tyros angefügt wurde[131]. Dafür spricht schon allein die klassische Einleitung der Begründung mit יען, die sich auch in den älteren Ge-richtsworten in Ez 25f findet. Doch schon das Ausweichen auf den Ersatzbegriff נגיד, mit dem offensichtlich die Verwendung von מלך umgangen werden sollte, innerhalb der Einleitung des Gerichtswortes in v2aα zeigt, dass spätestens die literarische Rahmung des Gerichtswortes nicht mehr auf Ezechiel zurückgeführt

---

129 Vgl. dazu insbesondere R. R. Wilson, Death, 212.218.

130 Vgl. dazu auch die Analyse von F. Hossfeld, Untersuchungen, 155-161, der zu dem Einschub in v3-5.6b allerdings auch noch das in v7 folgende לכן zählt.

131 Deutlich für eine nachezechielische Verfasserschaft des Grundwortes, das seiner Meinung nach in v1f.6a.7-10 zu suchen ist, spricht sich Hossfeld, Untersuchungen, 179f, aus. Hossfeld unter-scheidet innerhalb des Wachstumsprozesses der Orakel gegen Tyros fünf Etappen; Ez 28,1-10* ist seiner Meinung nach auf der zweiten Etappe dieses Prozesses (nach einer ersten Etappe „Authentische Verkündigung des Propheten Ezechiel gegen Tyrus") entstanden, deren Absicht in der Erstellung der „symmetrischen Abfolge Gerichtswort – Qina" (Hossfeld, Unter-suchungen, 183) lag.

werden kann, der den Begriff מֶלֶךְ an vielen Stellen ohne Probleme verwendet, so dass die merkwürdige Vermeidung an dieser Stelle nicht zu erklären wäre. Wer hatte nun aber Anlass und Absicht, den Königsbegriff zu vermeiden? Man fühlt sich zumindest an die Verfasser von Ez 40-48 erinnert, die jedoch in ihrem Entwurf des neuen Tempels als Ausweichbegriff für מֶלֶךְ nicht נָגִיד, sondern נָשִׂיא verwenden. Dennoch könnte auch hinter der Einleitung des Gerichtswortes in Ez 28,1-2aβ eine Verfassergruppe aus dem ezechielischen Kreis stehen, die wie die Verfasser von Ez 40-48 den Begriff מֶלֶךְ zur Bezeichnung des politischen Oberhauptes eines Staatswesens vermeiden wollte. Die Erweiterung des Grundwortes in v3-5 setzt mit einem Hinweis auf Daniel ein, was innerhalb des Ezechielbuches sofort an Ez 14,14 denken lässt, wo Daniel neben Noah und Hiob als einzelner Gerechter angeführt wird, der im Falle des Gerichts aufgrund seiner Gerechtigkeit gerade sich selber retten könnte; Ez 14 führt zu einem Aspekt der ezechielischen Botschaft, deren theologischer Haupttext in Ez 18 vorliegt, wo es um die individuelle Verantwortung eines jeden einzelnen geht. Ganz gleich, ob diese Individualisierungstendenz innerhalb des Ezechielbuches dem Propheten selber zuzuschreiben ist oder späteren Fortschreibern: In Ez 28,3-5 wird Daniel vor allem im Zusammenhang seiner großen Weisheit genannt, der die Weisheit des tyrischen Fürsten nach Angaben des Textes noch überlegen ist[132]; diese Verbindung Daniels mit außerordentlicher Weisheit findet ihren literarischen Niederschlag erst in den späten aramäischen Texten des Danielbuches, was auch für den Einschub an dieser Stelle innerhalb des Ezechielbuches an spätere Redaktorenkreise denken lässt, die den Untergang des tyrischen Königs nicht allein mit seiner Selbstvergöttlichung, sondern auch mit seinem fehlgeleiteten Weisheitsgebrauch begründen wollten; die Botschaft des Einschubs innerhalb des Gerichtswortes wäre demnach: Weisheit an sich ist nichts Verwerfliches, aber sie kann zu einem konstituierenden Element der Hybris werden, die letztlich in den Abgrund führt.

Die Entstehung von Ez 28,1-10 lässt sich demnach folgendermaßen veranschaulichen:

Ezechiel und Ezechielschule

Phase I	v2aγ-b.7-10a	Grundwort
Phase IIa	v1-2aβ	Einleitung
	v10b	Schlussformeln
- -		
Phase III	v3-5	Einfügung
	v6	Redaktionelle Vernetzung

---

132 Zur Weisheitsthematik vgl. Hossfeld, Untersuchungen, 173-176.

3.2.2.4 Ez 28,11-19

Ez 28,11-19 geben nach einer Einleitung in v11-12bβ die Klage über den מלך –
hier fällt nun erstaunlicherweise der Begriff, der vorher noch vermieden wurde –
wieder. Der Grundtext dieser Qina, die mit v12bγ einsetzt, wird aufgrund der
textgeschichtlichen Probleme und der erkennbaren fortgesetzten Überzeichnung
der mythisch-archaischen Bilder nur sehr schwer zu ermitteln sein. Sucht man
zunächst einmal das Ende des Klageliedes, so fällt auf, dass v19b als möglicher
Abschluss ausscheidet, denn dieser Versteil entspricht wörtlich dem Abschluss
von Ez 27 in v36b und sachlich dem Ende von Ez 26 in v21, so dass man Ez
28,19b mit einiger Wahrscheinlichkeit einem den gesamten Tyroszyklus umfassenden Kompositionsprozess zuzuschreiben hat. Ähnliches gilt allerdings auch
für v19a, in dem mit der Form שׁממו das Entsetzen über das Ende des Königs von
Tyros zum Ausdruck gebracht werden soll; Formen der Wurzel שׁמם finden sich
auch an den Parallelstellen in Ez 26,16; 27,35, so dass v19 insgesamt einer den
Tyroszyklus übergreifenden Kompositions- und Redaktionsarbeit zuzurechnen
ist. Das Ende des Grundtextes der Qina ist daher mit einiger Wahrscheinlichkeit
in v18 zu suchen; das innerhalb des Tyroszyklus vollkommen einzigartige Feuer-
wort stünde damit am Ende der Klage – was als Abschluss einer mit mythischen
und archaischen Vorstellungen gesättigten Qina sehr gut denkbar ist. Innerhalb
der übrigen Verse des Klageliedes lassen sich nun allerdings weitere Verbindungen zum vorangehenden Tyroszyklus erkennen: V18a greift auf die Terminologie
der Handelsliste aus Ez 27,12-25a und die entsprechenden Fortschreibungen in
v3a.9b.27 zurück; v17a steht sprachlich und sachlich in enger Verbindung mit der
weisheitlichen Fortschreibung des Gerichtswortes in Ez 28,3-5; v16a erinnert
wieder an die ökonomische Sprache aus Ez 27. Bemerkenswert ist an diesen
Verbindungen vor allem in v16a und in v18a, dass neben der Handelsthematik
auch noch Schuld (עון) und Sünde (חטא) sowie Gewalt (חמס) als Schuldzuweisun-
gen an den König hinzugefügt werden und somit die Rückgriffe auf innerhalb des
Tyroszyklus bereits verwendete Motive noch um die Schuld- und
Sündenproblematik erweitert werden, was wohl aufgrund der auffälligen Nähe
des gesamten Abschnitts Ez 28,11-19 zur nichtpriesterschriftlichen
Schöpfungserzählung in Gen 2,4b-3,24 nahelag[133]. Geht man v11-19 weiter rück-
wärts durch, so fällt neben v16a.17a.18a auch v13a auf: Die Aufzählung der Edelsteine erinnert zu deutlich an die entsprechenden Passagen in Ex 28,17-20/39,10-
13, als dass die Edelsteinreihe an dieser Stelle zur ursprünglichen Qina gehört
haben könnte[134].

133　Vgl. dazu unten Teil 6.2.1.

134　Vgl. Zimmerli, Ezechiel, 673, mit Blick auf die Edelsteinreihe: „Da ihre Aufzählung die beiden
　　　parallel gestalteten Glieder [...] זהב מלאכת תפיך || כל אבן יקרה מסכתך zerreißt, ist sie als nach-
　　　träglicher Einschub auszuklammern." Vgl. dazu auch unten Teil 6.2.2.

Nimmt man die genannten Versteile aus v11-19 heraus, so ergibt sich ein Grundtext, der der ursprünglichen Qina recht nahe kommen dürfte:

‚Du warst ein vollendetes Siegel, voll mit Weisheit und vollkommen an Schönheit.
In Eden, dem Garten Gottes, warst du;
alles edle Gestein war deine Umfassung.
Die Arbeit deiner Fassung und deine Einfassung an dir sind bereitet worden am Tag, als du erschaffen wurdest.
Dem [mmšḥ] schirmenden Cherub gesellte ich dich bei,
auf dem heiligen Berg Gottes bist du gewesen,
inmitten von feurigen Steinen bist du gewandelt.
Untadelig warst du auf deinen Wegen von dem Tag an, an dem du geschaffen wurdest,
bis Unrechtes an dir gefunden wurde.
Da verbannte ich dich vom Berg Gottes und der schirmende Cherub trieb dich ins Verderben hinaus aus der Mitte der feurigen Steine.
Auf die Erde habe ich dich geschleudert, vor Könige dich gegeben, dass sie auf dich sehen.
Ich brachte Feuer aus deiner Mitte hervor – es verzehrte dich,
und ich machte dich zum Staub auf der Erde vor den Augen aller, die dich sehen.'

Dieser Grundtext hätte demnach v12bγ-13aβ.13b-15.16b.17b.18b umfasst und wäre deutlich zweigeteilt gewesen. Im ersten Teil in v12bγ-15* steht die Vergangenheit des Königs im Zentrum, der von seiner Erschaffung an auf dem Berg Gottes in heiliger Umgebung weilt – bis עלתה an ihm gefunden wird. Mit der Nifalform von מצא in v15b wird innerhalb des Textes die Wende eingeleitet; hier ändert sich auf grammatischer und damit auch auf inhaltlicher Ebene die Form und Richtung des Textes, denn während bis v15 vor allem Formen der 2. Sg. den König und seine Situation sowie sein Verhalten ansprechen, tritt ab v16b Jahwes Handeln in der 1. Sg. durchgehend ins Zentrum: Vom Berg vertreiben, auf die Erde schleudern, Feuer hervorbringen und zu Staub machen – das ist das Stenogramm des Endes.

Diese Fokussierung auf Jahwes Gerichtshandeln wurde durch die redaktionellen Erweiterungen in v16a.17a.18a mit Hilfe der 2. Sg. wieder auf den tyrischen König umgelenkt und durchbricht damit die formale Struktur der alten Qina, die am Ende Jahwe als allein Handelnden gegenüber dem König herausstellt. Die atmosphärische Dichte, die die alte Qina mit Hilfe der mythischen Bilder erzeugt, wird durch die Einschübe in v16-18* sowie den Abschluss in v19 in die Gesamtkonzeption des Tyroszyklus hineingenommen und damit den Intentionen der hinter dem Tyroszyklus stehenden Verfasser dienstbar gemacht: Dem gesamten Zyklus wird mit v11-19* ein mythopoetisch glänzender Schlusspunkt gesetzt[135].

---

135 Zur Frage der Übernahme dieses mythischen Materials in den Zusammenhang des Tyroszyklus vgl. H. Jahnow, Leichenlied, 223, derzufolge sich ein ‚zeitgeschichtlicher Tatbestand' und ein ‚alter Mythos' voneinander unterscheiden lassen: „Diese beiden so verschiedenen Stoffe werden verbunden durch die moralisierende Auffassung des Ezechiel, der mit großartiger Einseitigkeit

Während die Einschübe in den Kontext der Gesamtkomposition des Tyroszyklus gehören und damit in irgendeiner Weise den Trägerkreisen der Ezechieltradition zuzuschreiben sind, bleibt natürlich die Frage nach der Herkunft der alten Qina in v11-19*, denn dieser Text ist – wie auch die Handelsliste in Ez 27* - ganz offensichtlich ein Überlieferungsstück, das die Kompositoren des Tyroszyklus aus anderen Zusammenhängen übernommen und für ihre Anliegen in den Kontext von Ez 26-28 eingebaut haben. Die Bilder vom Garten Gottes, von der Erschaffung, vom schirmenden Cheruben, vom heiligen Berg und den feurigen Steinen weisen den Weg: Der Text könnte in den Bereich alter mythischer Überlieferungen Israels zurückführen, in denen vom Sturz eines Edlen vom Berg Gottes hinab die Rede war[136].

Noch ungeklärt ist bisher die Herkunft der Edelsteine in v13aγ, die ja in auffälliger Nähe zu Ex 28,17-20/39,10-13 stehen. Es lässt sich an dieser Stelle nur vermuten, dass sie zur Illustration von späterer Hand an dieser Stelle eingefügt wurden, um die hohe Würde des in Ez 28,11-19 angesprochenen Königs zu unterstreichen und ihn mit demselben Schmuck zu versehen, der nach Ex 28 den Priester zieren sollte. Dass sich Ex 28 wohl auf die nachexilische Ausstattung des Hohenpriesters bezieht, auf den nach Ex 29,6f die königlichen Insignien – Kronreif und Salbung – übergehen, weist darauf hin, dass die Beziehung dieser hohepriesterlichen Schmucksteinreihe auf einen König sachlich durchaus ihre Berechtigung hatte und eine klare Intention verfolgte, denn nach der beabsichtigten Lesart der späten Ergänzer von v13aγ liegt der Hohepriester nun auf einem Niveau mit dem tyrischen König[137]. V13aγ dürfte daher von Ex 28,17-20 her eingetragen worden sein[138] – ob nur als Markierung der Würde des Hohenpriesters oder auch als dessen kritische Beurteilung (immerhin ist Ez 28,11-19 ein Klagelied!), wird noch genauer zu erörtern sein[139].

überall in der Welt denselben gewaltigen Zusammenhang von Schuld und Strafe sieht, sowohl im politischen Geschehen seiner Tage als in den dunklen Mythen der Vorzeit. So kann ihm der Mythus zum Bilde der Zeitgeschichte werden: hier wie dort gottloser Übermut, unweise Vermessenheit; darum muß hier der Sturz erfolgen, wie er dort eingetreten ist, ja, man kann schon mit solcher Sicherheit davon erzählen, als sei er bereits geschehen." Auch wenn Jahnow davon ausgeht, dass der Text auf Ezechiel selber zurückgeht und bereits vor dem Fall von Tyros entstanden ist, und man diese Auffassung nicht teilen möchte, so wird der Mechanismus der Übernahme der alten Tradition von ihr doch exzellent beschrieben – nur, dass man wohl davon ausgehen muss, dass dieser Text als ein Produkt der Ezechielschule und nicht als Wort des Propheten selber zu verstehen ist.

136 Auf den Kontext, in den dieser Edle gehört haben könnte, verweist das Prädikat חותם in v12bγ, das in königliche Zusammenhänge gehört (vgl. dazu Jer 22,24 und Hag 2,23, aber auch Ex 28,11.21.36); vgl. dazu unten Teil 6.2.1.

137 Zur königlichen Tradition von Ex 28,17-21 vgl. Noth, Exodus, 181f.

138 Vgl. Zimmerli, Ezechiel, 684: „Die Rede von den Edelsteinen ist durch eine Anleihe bei der Aufzählung von Ex 28,17-20 bereichert worden."

139 Zu den Einzelheiten der Entsprechungen zwischen Ex 28,17-20 und Ez 28,13aγ vgl. unten Teil 6.2.2.

Aufgrund der vorangehenden Analyse von Ez 28,11-19 lässt sich der Entstehungsprozess dieser Passage folgendermaßen veranschaulichen:

Überliefertes nicht-ezechielisches Material
    v12bγ-13aβ.13b-15.16b.17b.18b   Qina

Ezechiel und Ezechielschule
Phase I
Phase II

- -

Phase III	v12bγ-13aβ.13b-15.16b.17b.18b	Einfügung
	v16a.17a.18a	Redaktionelle Vernetzung
	v11-12bβ	Einleitung
	v19	Schlussteil

Spätere Redaktionen
Phase IV	v13aγ	Einfügung

Es muss nun noch einmal die Frage nach dem Zusammenhang von Ez 28,1-10 und v11-19 gestellt werden, die zu Beginn der Analyse von v1-10 bereits aufgeworfen wurde.

Die Klage in v11-19 folgt im jetzt vorliegenden Ablauf der Texte auf das Gerichtswort in v1-10 wie die Klage in Ez 27 auf die Sammlung von Gerichtsworten in Ez 26. Die kompositionelle Absicht bestimmt hier offensichtlich die Anordnung der Texte, die allerdings auch deren Entstehungsgeschichte widerspiegelt, denn während in Ez 28,1-10 ein Grundwort auf den Propheten Ezechiel zurückgehen könnte, greift v11-19 zwar auf noch älteres Überlieferungsmaterial zurück, ist aber insgesamt als Klagekomposition jünger als das Gerichtswort in v1-10. Eine echte *crux* bilden innerhalb der Abfolge der beiden Teile die Differenzen in der Königsprädikation in v1 und v11, die mit dem vorgeschlagenen Modell der Textentstehung nur unzureichend erklärt werden können, denn selbst wenn die Einleitungen der beiden Teile von Ez 28 auf verschiedene Verfassergruppen zurückzuführen sind, bleibt es problematisch, dass das ältere Wort mit einer Einleitung versehen wird, die den Titel מלך vermeidet, während die redaktionell jüngere Qina den Titel ohne Umstände vorangestellt bekommt. Wirkte die Verwendung des Titels מלך in v12a von der folgenden, von königlichen Vorstellungen geprägten Klage her auf die Einleitung zurück, beeinflusste dann aber nicht mehr die Einleitung des vorangehenden Gerichtswortes? Hier bleiben Unsicherheiten, die sich nicht mehr weiter aufhellen lassen.

Wie ist nun nach der literarhistorischen Analyse das Problem der Drei- oder Vierteilung des Tyroszyklus zu beurteilen? Eine Vierteilung des Tyroszyklus liegt

auf struktureller Ebene aufgrund der viermaligen Verwendung der Wortereignisformel zu Beginn der vier Einzeltexte vor. Dass in Ez 28,10 allerdings die für den
Aufbau des Tyroszyklus typische Schlussformel mit dem Hinweis auf die
Schrecken, zu denen Stadt und König gemacht werden sollen, fehlt und erst in
v19 das gesamte Kapitel abschließt, zeigt deutlich, dass die Schlusspassage v11-19
fest in den Zyklus eingebunden und erst mit v19 der Abschluss markiert werden
sollte. Die Auslassung der Schreckenswendung am Ende von v1-10 und deren
alleinige Eintragung am Ende von v19 folgt daher aus dem redaktionellen
Charakter von v11-19. Der Tyroszyklus ist demnach auf kompositioneller Ebene
als eine viergeteilte Großeinheit zu lesen, in der sich jeweils mit der Wortereignisformel in Ez 26,1; 27,1; 28,1; 28,11 eingeleitete Gerichtsankündigungen und
Klagetexte abwechseln; auf redaktioneller Ebene zerfällt diese Großeinheit jedoch
nur in drei Hauptteile, die jeweils mit dem wiederkehrenden Hinweis auf die
Schrecken in Ez 26,21; 27,36; 28,19 abgeschlossen werden

3.2.2.5 Zusammenfassung

Aus den vorangehenden Analysen ergibt sich nun folgende Übersicht über die
sukzessive Entstehung des Tyroszyklus in Ez 26-28:

Überliefertes nicht-ezechielisches Material

	27,12-25a	Handelsliste
	28,12bγ-13aβ.13b-15.	Qina
	16b.17b.18b	

Ezechiel und Ezechielschule

Phase I	26,2-5a.6b	Grundwort
	27,3bβ-9a.25b-26.28-32	Grundwort
	28,2aγ-b.7-10a	Grundwort
Phase IIa	26,1b	Einleitung
	27,1f.3bα	Einleitung
	28,1-2aβ	Einleitung
	28,10b	Schlussformeln
Phase IIb	26,15-18	Fortschreibung I

- -

Phase III	26,6a.7*-8a.13-14*	Fortschreibung II
	26,19-21	Fortschreibung III
	27,12-25a	Einfügung
	27,3a.9b.27	Redaktionelle Vernetzung

	27,33-36	Schlussteil
	28,3-5	Einfügung
	28,6	Redaktionelle Vernetzung
	28,12bγ-13aβ.13b-15. 16b.17b.18b	Einfügung
	28,16a.17a.18a	Redaktionelle Vernetzung
	28,11-12bβ	Einleitung
	28,19	Schlussteil

Spätere Redaktionen

Phase IV	26,5b.8b-12.14aγ	Alexander-Redaktion
	27,10f	Einfügung
	28,13aγ	Einfügung
Phase V	26,1a	Datierungs-redaktion

Es ist demnach innerhalb des Tyroszyklus zwischen verschiedenen Entstehungsphasen zu unterscheiden, deren Kernmaterial in drei Grundworten (Phase I) vorliegt, die zunächst zeitnah fortgeschrieben (Phase IIa-b) und mit älterem Überlieferungsmaterial vernetzt wurden (Phase III), bevor die so entstandene literarische Einheit in späterer Zeit durch eine an Alexander orientierte Redaktion und kleinere Einfügungen (Phase IV) sowie die Datierung des Tyrosorakels (Phase V) in die jetzt vorliegende Form gebracht wurde.

3.3 Formgeschichtliche Analyse des Tyroszyklus

3.3.1 Die Fremdvölkersprüche und ihre zyklische Form

Die prophetische Botschaft Ezechiels an Tyros und seinen König findet sich in einer Reihe von Texten, die sich an die Nachbarvölker Israels richten und die daher in der Regel als Fremdvölkersprüche bezeichnet werden. Diese Fremdvölkersprüche sind keine Besonderheit des Ezechielbuches, sie finden sich vielmehr in einer Reihe von prophetischen Büchern. In den Büchern der drei großen Schriftpropheten Jesaja, Jeremia und Ezechiel bilden die Fremdvölkersprüche geschlossene Textkreise, so dass man mit einer gewissen Berechtigung von Textzyklen sprechen kann[140]. Finden sich innerhalb dieser großen Zyklen von Fremd-völkersprüchen noch kleinere zusammenhängende Textsequenzen, die sich durch einen gemeinsamen Adressatenkreis auszeichnen, so ist es sinnvoll, auch diese kleineren Textkreise als Zyklen zu bezeichnen. Innerhalb des Ezechielbuches lässt sich etwa neben dem Tyroszyklus in Ez 26-28 noch ein großer Ägyptenzyklus in Ez 29-32 erkennen; ähnliche übergreifende Zusammenhänge finden sich aber auch innerhalb des Jesaja- und des Jeremiabuches.

Als eine Gattungsbezeichnung im engeren Sinne wird man den Terminus ‚Fremdvölkerspruch' nicht einstufen können, da innerhalb der Fremdvölker-sprüche sehr unterschiedliche literarische Gebilde überliefert sind. Es handelt sich eher um eine allgemeine, vom Inhalt her gewonnene Beschreibung derjenigen Texte, „deren inhaltlicher Schwerpunkt das Geschick konkreter, nicht-israelitischer Völker ist und die vorwiegend in größeren Komplexen als Samm-lungen begegnen."[141]

Dass die Fremdvölkersprüche innerhalb der Prophetenexegese ein Schatten-dasein führen, ist in den letzten Jahren mehrfach beklagt worden[142]. Als Beispiel für die mangelnde Beachtung dieser Texte sei hier nur exemplarisch auf Claus Westermanns Standardwerk „Grundformen prophetischer Rede" verwiesen, das 1960 erschien und mehrfach neu aufgelegt wurde; es ist bezeichnend, dass in keiner der Neuauflagen der Abschnitt „VI. Gerichtsankündigung an Israels Feinde" den Umfang einer knappen Seite überschritten hat[143]. Dadurch musste der Eindruck entstehen, man habe es bei den entsprechenden Texten mit einem Randphänomen innerhalb der prophetischen Literatur zu tun. Das ist allerdings keineswegs der Fall, denn schon rein quantitativ umfassen die Fremdvölker-sprüche einen beachtlichen Teil der überlieferten Prophetenbücher[144] – ganz zu schweigen von der theologischen, religions- und kulturgeschichtlichen Bedeutung der entsprechenden Texte, die im weiteren Verlauf dieser Untersuchung am Bei-spiel des Tyroszyklus herausgearbeitet werden soll[145].

---

140 Damit wird natürlich nicht die Existenz einzelner Fremdvölkersprüche außerhalb dieser Samm-lungen bestritten (vgl. etwa Jes 34 oder auch Ez 35; 38f; vgl. dazu B. Huwyler, Jeremia, 2f, der die verstreuten Fremdvölkersprüche aufzählt).

141 Fechter, Bewältigung, 2.

142 Vgl. dazu Fechter, Bewältigung, 1-3, und Huwyler, Jeremia, 4f.

143 Vgl. C. Westermann, Grundformen, 147f.

144 Dazu Huwyler, Jeremia, 3: „In den Büchern Jesaja, Jeremia und Ezechiel zusammen machen allein die Völkerspruchkomplexe etwas über 14% des Textbestandes aus; der Wert erhöht sich, wenn die außerhalb dieser Sammlungen überlieferten Texte mit eingerechnet werden, auf gegen 20%."

145 Auf eine detaillierte Darstellung der Forschungsgeschichte kann aufgrund der entsprechenden Abschnitte in der Dissertation von P. Höffken, Untersuchungen, 12-36, sowie in den neueren Arbeiten von Fechter, Bewältigung, 3-16, und Huwyler, Jeremia, 1-31, an dieser Stelle verzichtet werden.

3.3.2 Das prophetische Orakel

Neben den Fremdvölkersprüchen war in den vorangehenden Textanalysen mehrfach von Orakeln die Rede, ohne dass genauer erläutert wurde, was mit dieser Bezeichnung eigentlich gemeint ist. Ein Orakel im engeren Sinne bezeichnet zunächst einmal eine Redegattung, deren „*Sitz im Leben*' im Bereich der kultischen Prophetie liegt: Ein einzelner holt in einer konkreten Angelegenheit – vermittelt durch einen Kultpropheten – einen Gottesspruch ein, von dem er sich in seiner konkreten Situation Orientierung verspricht. In diesem Sinne ist der Begriff ,Orakel' im Bereich der Fremdvölkersprüche eigentlich unpassend, da die Nachbarn Israels sicherlich keine Mitteilungen von Israels Gott Jahwe erbeten haben[146].

Von Orakeln wird innerhalb der Prophetenexegese allerdings in recht allgemeiner und nicht direkt auf eine bestimmte kultische Befragungspraxis bezogener Form gesprochen[147]. Gemeint sind damit in der Regel prophetische Ansagen, die sich in irgendeiner Weise auf die Zukunft beziehen: „Die ursprüngliche Aufgabe der Propheten, die sie auch später niemals ganz verleugnet haben, war, die Zukunft zu weissagen; fast alle ihre Sprüche sind darum Orakel."[148] Es handelt sich allerdings um keine Gattungsbezeichnung im eigentlichen Sinne, sondern um eine allgemeine Beschreibung der Gestalt prophetischer Rede.

Spricht man von Orakeln im Bereich der Fremdvölkersprüche, so ist es unabdingbar, auf Hermann Gunkel einzugehen, der innerhalb der Orakel an die fremden Völker die „eigentlich prophetische Gattung" erkennt, „von der alles übrige ausgegangen sein muß."[149] Gunkel sieht – wie gerade zitiert – in den Propheten die Verkündiger der Zukunft und meint, dass diese Art prophetischer Botschaft musterhaft in den Orakeln an die Völker greifbar sei: „Denn da sich die Propheten in erster Linie stets an Israel gesandt fühlen, so treten die neuen Formen, deren sie sich bedient haben, hauptsächlich in den an Israel gerichteten Stücken auf, während die Reden gegen die fremden Völker einen gegenwärtig toten Flußlauf darstellen, der uns indessen zeigt, wo sich die Wasser vorzeiten ergossen haben. Ist diese Behauptung richtig, so muß sich in diesen eigentlich-prophetischen Zukunftsschilderungen auch die eigentlich-prophetische, ekstatische Form der Offenbarung am deutlichsten zeigen."[150]

Auch wenn man Gunkel hier nicht bis ins Detail folgen möchte, so wird man doch aufgrund seiner Einstufung der Fremdvölkersprüche bzw. der Orakel gegen die fremden Völker deren Bedeutung für die Religionsgeschichte Israels und vor

---

146 Zur Kritik vgl. vor allem Fechter, Bewältigung, 2.
147 Auf das Nebeneinander der verschiedenen Begriffe innerhalb der Forschung hat Huwyler, Jeremia, 1, verwiesen.
148 H. Gressmann, Messias, 69.
149 H. Gunkel, Propheten, XLVI.
150 Gunkel, Propheten, XLVI.

allem für die Geschichte der Prophetie zu bedenken haben. Dem kann hier nicht weiter nachgegangen werden, dennoch: Sollte Gunkel auch nur teilweise Recht haben, so sind in diesen Texten Spuren der ältesten Formen der israelitischen Prophetie überliefert.

3.3.3 Die prophetischen Gerichtsworte

Nach den vorangehenden knappen Bemerkungen zu der nicht gattungstechnisch verwendeten Terminologie ‚Fremdvölkerspruch' und ‚Orakel' sollen nun die in Ez 26-28 verwendeten Gattungen vorgestellt werden. Innerhalb der synchronen Analyse der Texte wurde bislang von Untergangsorakeln gesprochen; dieser Terminus ist allerdings allein von der inhaltlichen Seite her gewonnen und bedarf aus formgeschichtlicher Sicht einer gattungstechnischen Präzisierung, da die als Untergangsorakel bestimmten Stücke nicht den formalen Anforderungen an eine Gattung genügen, die sich nach Gunkel durch einen einheitlichen *„Sitz im Leben'*, einen gemeinsamen Gedankenschatz und eine gemeinsame Formensprache auszeichnet[151]. Während die in Frage stehenden Texte durchaus einen gemeinsamen Gedankenschatz haben und man sich eventuell auch noch über eine gemeinsame Formensprache verständigen könnte, kann der Terminus ‚Untergangsorakel' dennoch nicht als Gattungsbezeichnung verwendet werden, da sich ein gemeinsamer *„Sitz im Leben'* nicht ermitteln lässt und man gerade im Blick auf die langen Textpassagen innerhalb des Tyroszyklus eher von einem *„Sitz in der Literatur'* sprechen müsste.

Daher ist man darauf angewiesen, gattungstechnisch sehr allgemein anzusetzen und davon auszugehen, dass man es in Ez 26-28 in erster Linie mit Unheilsankündigungen zu tun hat[152] – der spezifische Adressatenkreis sollte dabei zunächst einmal vernachlässigt werden. Derartige Ankündigungen finden sich nämlich nicht nur innerhalb der Fremdvölkerspruchsammlungen, sondern in der gesamten prophetischen Botschaft; sie richten sich an verschiedene Adressaten, gelegentlich an einzelne wie etwa den König, in der Regel jedoch an bestimmte Gruppen wie etwa die Reichen, die Anführer des Volkes oder die falschen Propheten.

In seiner schon genannten Untersuchung zu den „Grundformen prophetischer Rede" unterscheidet Westermann zwischen prophetischen ‚Gerichtsworten

---

151   Vgl. Gunkel, Einleitung, 22f.

152   Vgl. dazu grundlegend Gunkel, Propheten, LXI-LXIII, dann weiterführend H. W. Wolff, Begründungen, 9-35, und im Blick auf den ursprünglichen *„Sitz im Leben'* Würthwein, Ursprung, 1-16, der insbesondere den kultischen Ursprung der prophetischen Gerichtsrede herausgestellt hat; dieser Ansatz könnte noch weiter entfaltet werden, kann aber im Blick auf den exilisch-nachexilischen Tyroszyklus außer Acht bleiben, da man hier von einer festen Verankerung der Gattungen im Kult nicht (mehr) sprechen kann.

an einzelne' und ‚Gerichtsankündigungen gegen Israel'. ‚Gerichtsworte an einzelne' setzen sich nach seiner Analyse der entsprechenden Texte aus einem Botenauftrag, einer Aufforderung zum Hören, einer Anklage, einer Botenformel und einer abschließenden Ankündigung zusammen[153], wobei sich bei Vernachlässigung der formelhaft-stereotypen Elemente – Botenauftrag, Aufforderung zum Hören und Botenformel – ein grundsätzlich zweigliedriger Aufbau erkennen lässt: „Das GE ist zweiteilig; es enthält eine Anklage und eine Ankündigung."[154] In ähnlicher Weise sind nach Westermann die ‚Gerichtsankündigungen gegen Israel' zweigeteilt: Auf eine Begründung, die in Anklage und Entfaltung der Anklage zerfallen kann, folgt nach der Botenformel die Gerichtsankündigung, die ihrerseits in eine Schilderung des Eingreifens Gottes und die Darstellung der Folgen dieses Eingreifens unterteilbar ist[155]. Berücksichtigt man, dass Gerichtsankündigungen gegen Israel in erster Linie Gerichtsankündigungen gegen ein Volk sind und stellt zudem in Rechnung, „daß bei den Propheten des 8. und 7. Jahrhunderts dem Gerichtswort gegen das Volk Israel z. T. genau entsprechend das Gerichtswort gegen andere Völker begegnet"[156], so ergibt sich von daher eine Möglichkeit, die Fremdvölkersprüche gattungsmäßig genauer zu bestimmen. Denn wenn Westermann meint, dass die Fremdvölkersprüche trotz formaler Übereinstimmung sachlich nicht zu den Gerichtsworten gegen das Volk gehören und eher als Heilsworte für Israel zu deuten seien[157], so ist ihm entgegenzuhalten, dass er mit einem *inhaltlichen* Argument die Zugehörigkeit der Fremdvölkersprüche zur Gattung der Gerichtsworte gegen ein Volk ausschließen möchte, was jedoch methodisch nicht sinnvoll ist – und sich womöglich auch an den Worten gegen fremde Völker nicht verifizieren lässt, die man gattungsmäßig durchaus als Gerichtsworte interpretieren kann[158].

Weiter als sein Ausschluss der Fremdvölkersprüche aus den prophetischen Gerichtsworten führt Westermanns Annahme, die Fremdvölkersprüche der frühen Zeit hätten eine andere Form gehabt und seien wohl eher unbegründete Unheilsankündigungen als begründete Gerichtsworte gewesen[159]. Ob innerhalb des Tyroszyklus also eher Unheilsankündigungen oder Gerichtsworte vorliegen,

---

153 Vgl. Westermann, Grundformen, 93.

154 Westermann, Grundformen, 94.

155 Westermann, Grundformen, 122.

156 Westermann, Grundformen, 147.

157 Vgl. Westermann, Grundformen, 147.

158 Kaiser etwa geht davon aus, dass „die biblischen *Fremdvölkersprüche* oder Völkerorakel, von Ausnahmen abgesehen, zur Gattung des *begründeten Drohwortes* gehören" (Kaiser, Einleitung, 302), was in der Terminologie Westermanns dem Gerichtswort entsprechen würde; doch auch Kaiser meint, dass die Fremdvölkersprüche „der Sache nach weithin als indirekte Heilsorakel für Israel zu werten sind" (Kaiser, Einleitung, 302) – ob dies allerdings auf die ezechielischen Tyrosworte zutrifft, bleibt zu fragen.

159 Vgl. Westermann, Grundformen, 148.

wird mit Hilfe der Begründungen innerhalb der entsprechenden Texte zu überprüfen sein. Sehr genau wird dabei in jedem Fall das zu beachten sein, was
Westermann als „Auflösung der Form"[160] bezeichnet: Die gattungstypischen
Spezifika lassen sich nur noch in Umrissen erkennen, zeigen aber dennoch die
tiefe Einprägung der alten sprachlichen Traditionen; im Blick etwa auf Ez 5 fasst
Westermann seine Beobachtungen folgendermaßen zusammen: „Selbst hier also,
wo die Auflösung der Form durch Häufung und Wiederholung so weit fortge-
schritten ist, läßt sich in der barocken Fülle die Grundstruktur doch noch erkennen; die Polarität von Anklage und Ankündigung ist selbst hier noch erhalten."[161]
Diese Auflösung der Form hängt natürlich in erster Linie damit zusammen, dass
die Gerichtsworte nur in schriftlicher Form überliefert sind: *„Es sind durchweg
literarisch geformte Worte."*[162] Die Schriftlichkeit spiegelt dabei eine „Entwicklung
von relativ kurzen zu sehr langen Einheiten"[163] und führt dazu, dass in den
konkreten Texten zwar der Aufbau des prophetischen Gerichtswortes noch
erkennbar ist, dass aber in demselben Maß auch persönliche Sprache und
Traditionsprägung der einzelnen Propheten in die Texte eingeflossen sind, so
dass „die Ausprägung eines einzelnen Prophetenwortes sehr weit von ihm [sc.
dem prophetischen Gerichtswort] abweichen kann."[164]

Gerade im Blick auf den Tyroszyklus ist vor diesem Hintergrund der Auflösung und Zerdehnung der ursprünglichen Formen auf die eingangs vermutete
Verankerung der ezechielischen Fremdvölkersprüche in der Literatur zu achten;
bei der formgeschichtlichen Analyse darf daher die Suche nach einem vermeintlichen *„Sitz im Leben‘* nicht den Blick dafür verstellen, dass man es mit einer genuin
literarischen Funktion der Gattung zu tun hat und man so womöglich eher den
„Sitz in der Literatur‘ bestimmen muss.

3.3.4 Das hebräische Leichenlied

Neben den begründeten Unheilsankündigungen, den Gerichtsworten, spielt innerhalb des Tyroszyklus noch eine weitere Gattung eine wesentliche Rolle, nämlich das Leichenlied, das auch als Totenklage, Klagelied oder Qina bezeichnet
wird.

Auch wenn innerhalb des Tyroszyklus der hebräische Terminus קינה selber
verwendet wird, ist man damit nicht aus der Pflicht entlassen, der Geschichte und

---

160 Westermann, Grundformen, 148.
161 Westermann, Grundformen, 150.
162 Westermann, Grundformen, 123.
163 Westermann, Grundformen, 123.
164 Westermann, Grundformen, 123.

Verwendung dieser besonderen Form zumindest in einer kurzen Skizze nachzugehen.

Bereits 1882 hatte sich Carl Budde in einem längeren Aufsatz mit dem hebräischen Klagelied auseinandergesetzt. Zu Beginn geht Budde auf die metrischen Verhältnisse innerhalb der von ihm analysierten Klagelieder Jeremias ein und kommt zu dem Ergebnis, dass die beiden Vershälften unterschiedlich gewichtet werden: „Das Verhältnis von 3 : 2 ist also das erste, welches der Absicht, ein kürzeres Versglied dem ersten längeren folgen zu lassen, entspricht; doch sind damit andere Verhältnisse und längere Verse, wie 4 : 2, 4 : 3 u. s. w. keineswegs ausgeschlossen."[165] Entsprechende metrische Verhältnisse findet Budde auch in den ezechielischen Texten Ez 19,1; 26,17; 27,2.32; 28,12; 32,2 – allerdings muss er hier mit weitgehenden Textänderungen rechnen, um die Qina herauslesen zu können, und dennoch eingestehen, dass sich der Verfasser „in der Folge nicht mehr so lästigen Zwang auferlegt [hat]. Die Auflockerung der Versform, die wir in c. 27 beobachteten, ist die Ueberleitung zu nur ganz partieller Handhabung derselben in den folgenden gleichartigen Partieen."[166] Wie im Bereich der Gattungen kann man also auch im Bereich der Metrik bei Ezechiel, „der überhaupt in der hebräischen Prophetie die allmähliche Auflösung ihres Bundes mit der Poesie einleitet, in auffallender Stetigkeit durch vier aufeinander folgende Stücke hindurch auch die allmähliche Auflösung der Form des Klageliedes verfolgen."[167] Budde weist darüber hinaus schon darauf hin, dass „nie ein *eigentliches* Klagelied außer denen der Klageweiber nach unserem Schema gesungen ist; daß dieses vielmehr außer der praktischen Verwendung im täglichen Leben nur übertragen zur Anwendung kommen konnte, und keine Spur desselben auf uns gekommen wäre, wenn nicht diese letztere Verwendung bei den Propheten aufgekommen und beliebt geworden wäre."[168] Diese Einsicht mahnt natürlich zur Vorsicht bei der Suche nach allzu regelkonformen Gattungen und nach einer mustergültigen Metrik innerhalb der ezechielischen Klagelieder, die oft um den Preis sehr gewagter textkritischer Eingriffe erkauft wurde und dennoch ihre Hypothetizität nicht leugnen kann[169].

---

165   Budde, Klagelied, 6; so dann später auch Jahnow, Leichenlied, 92, die ebenfalls nicht den Fünfer als das einzige Versmaß der Qina gelten lässt, sondern davon ausgeht, „daß auch andere Versmaße in hebräischen Leichenliedern vorkommen."

166   Budde, Klagelied, 19.

167   Budde, Klagelied, 22.

168   Budde, Klagelied, 45.

169   Vgl. dazu Fechter, Bewältigung, 105-107, der unter Hinweis auf W. R. Garr die Problematik der Bestimmung der Qinot allein aufgrund der Metrik diskutiert; Fechter fasst allgemein zusammen: „Die Qina ist demnach ein Klagelied (von der Wehklage zu unterscheiden!), welches metrisch geformt ist und häufig ein Versmaß aufweist, in welchem das erste Glied länger und das zweite kürzer ist." (Fechter, Bewältigung, 106) Vgl. dazu Garr, Qinah, 73f: „For the most part, the A line is an independent, self-contained sentence, which displays initial V word order. [...] The B line is highly dependent upon the A line. Because the A line is generally a complete thought, the

Eine große Untersuchung hat Hedwig Jahnow 1923 dem hebräischen Leichenlied gewidmet. Jahnow geht zunächst nicht allein auf die alttestamentlichen Zeugnisse dieser Gattung ein, sondern wendet sich auch dem Phänomen der Totenklage in einer kulturgeschichtlich breiteren Perspektive zu, um das Leichenlied dann als eine Gattung der Volkspoesie zu interpretieren: Leichenlieder seien zunächst einmal sehr kurze Lieder, die ihrem Wesen nach auf bestimmte Typen von Todesfällen zugeschnitten waren; typisch für das Leichenlied seien das Lob des Betrauerten, Motive der Klage, die Gegenüberstellung von Einst und Jetzt, aber auch versöhnende Motive, „welche die Härten des Todesgeschicks in den Augen der Hinterbliebenen mildern"[170]; stilistisch wende sich das Leichenlied oft an den Toten selber, stelle Fragen an die Trauernden und fordere imperativ zur Klage auf, Kehrverse und litaneiartige Elemente seien nicht selten, besonders in späteren Texten fallen die vielen Bilder auf, „mit denen die Ausdrücke für Tod, Unterwelt und Grab umschrieben werden."[171] Nach einer Reihe von Beispielen wendet sich Jahnow in ihrer Studie den Übertragungen des Leichenliedes zu: „Bei den prophetischen Leichenliedern [...] dringt die umbildende Kraft der prophetischen Dichter tief ins Mark der Gattung ein."[172] Typisch seien hier zum einen der Kontrast zwischen der Stimmung des Liedes und der der Zuhörer, zum anderen die Tatsache, dass die Leiche zumeist eine Gesamtheit personifiziere, und zum dritten die Verwendung des Todes als eines Bildes für den politischen Untergang[173]. Besonders Ezechiel habe in seinen Leichenliedern „alle verschiedenen Möglichkeiten der Übertragung verwirklicht; zugleich kann man an ihnen allen eine Auflösung der charakteristischen Merkmale der Gattung beobachten."[174]

Der atypischen Verwendung des Leichenliedes im Rahmen der prophetischen Rezeption der alten Gattung trägt insbesondere Otto Eißfeldt Rechnung, wenn er in seiner Einleitung Spottlied und Leichenlied in einem zusammengehö-

---

B line functions as a modifier or as a statement adjunct to the first." Diese Beschreibung trifft allerdings auf weite Teile der hebräischen Poesie zu, innerhalb derer die beiden Teile eines Verses in einem jeweils genauer zu beschreibenden Verhältnis stehen, das allgemein als Parallelismus und modifizierend als synonym, antithetisch oder synthetisch beschrieben werden kann.

170   Jahnow, Leichenlied, 99.

171   Jahnow, Leichenlied, 107; zum Vorangehenden vgl. Jahnow, Leichenlied, 90-108.

172   Jahnow, Leichenlied, 162.

173   Vgl. Jahnow, Leichenlied, 162-165; in diesem Zusammenhang ist bereits auf die aus Mesopotamien bekannten Stadtuntergangsklagen hinzuweisen, die eine deutliche Nähe zu den politisch-übertragen verwendeten Leichenliedern der Propheten aufweisen (vgl. dazu unten Teil 3.3.5.2).

174   Jahnow, Leichenlied, 197; auf Jahnows Untersuchung der Leichenlieder auf Tyros bzw. den tyrischen Herrscher wird im Rahmen der formgeschichtlichen Bestimmung von Ez 27 und Ez 28,11-19 in den folgenden Teilen 3.3.5.2 und 3.3.5.4 genauer eingegangen.

rigen Paragraphen behandelt[175]. Leichenlieder seien schon früh auf Kollektiva übertragen worden, einerseits um wirkliche Trauer zum Ausdruck zu bringen, andererseits im spöttischen Sinne, „wenn nämlich die Katastrophe in dem Dichter des Liedes nicht Beileid, sondern Hohn und Schadenfreude ausgelöst hat und das Leichenlied nun nur als Form benutzt wird, der Inhalt aber Spott und Hohn ist.“[176] Derartige spöttische Leichenlieder seien in der Regel gegen auswärtige Größen gerichtet; Eißfeldt verweist auf die ezechielischen Leichenlieder gegen Tyros und Ägypten, aber auch auf das „gewaltigste prophetische Leichenlied“[177] in Jes 14,4-21, in dem – wie auch in Ez 26-28 – recht ausführlich von der Unterwelt die Rede ist: „Das Motiv ist in diesem spöttischen Leichenlied beibehalten, aber in eine andere Stimmung hineingetaucht, nämlich die bitterer Ironie. Diese ironische Verwendung eines Trauermotivs bedeutet eine außerordentliche Steigerung der spöttischen Schärfe des Gedichts“[178].

Friedrich Fechter kommt in seinen Überlegungen zu den Leichenliedern zu dem Ergebnis, dass neben der erst sekundär zu untersuchenden Metrik vor allem strukturelle Merkmale bei der Identifikation einer Qina helfen: Qinot seien immer am einzelnen bzw. an einer als Einheit verstandenen Gruppe interessiert; in ihnen werden vergangene Zustände oder Verhaltensweisen, plötzliche Umschwünge und gegenwärtige Folgen geschildert, zu denen dann noch Ausblicke auf eine fernere Zukunft treten können[179]. Diese Offenheit der Kriterien zur Bestimmung der Qinot trägt den Texten, die sich klaren Zuordnungen und Kategorialisierungen entziehen, wohl am ehesten Rechnung; darüber hinaus ist Fechter vor allem in seiner Skepsis gegenüber allein auf der Metrik basierenden Argumentationen zu folgen – wesentlich wichtiger sind die „strukturellen Merkmale, vor allem die Tatsache, daß die als Qina zu bezeichnenden Texte nach dem Schema ‚Einst und Jetzt‘ gebildet sind.“[180]

In der folgenden formgeschichtlichen Bestimmung des Tyroszyklus wird insbesondere im Blick auf das Leichenlied die Funktion dieser Gattung innerhalb des Tyroszyklus und damit die Frage nach dem *„Sitz in der Literatur‘* zu bedenken sein; hier nach einem konkreten *„Sitz im Leben‘* zu fragen, könnte sich als genauso wenig sinnvoll wie bei den Gerichtsworten gegen Tyros erweisen – es gab wohl weder ein kultisches oder gar politisches Gerichtsverfahren gegen Tyros, in dem die entsprechenden Passagen soziologisch zu verorten wären, noch wurden öffentliche oder private Trauerfeiern anlässlich des Untergangs von Tyros zelebriert, in deren Rahmen die ezechielischen Leichen- bzw. Klagelieder ihren ursprünglichen *„Sitz im Leben‘* gehabt haben könnten. Die vielfachen Hinweise auf

---

175 Vgl. O. Eißfeldt, Einleitung, 105-114 (§ 13).
176 Eißfeldt, Einleitung, 105.
177 Eißfeldt, Einleitung, 112.
178 Eißfeldt, Einleitung, 113f.
179 Vgl. Fechter, Bewältigung, 107.
180 Fechter, Bewältigung, 107.

die Auflösung der Formen im Bereich des Ezechielbuches drängen eher auf die
Frage nach dem „*Sitz in der Literatur*' zu, so dass sich von daher weitere Auf-
schlüsse über die Bedeutung des Tyroszyklus erhoffen lassen.

3.3.5 Gattungen innerhalb des Tyroszyklus

3.3.5.1 Ez 26

Im Rahmen der literarhistorischen Analyse von Ez 26 ließ sich ein Grundwort in
v2-5a.6b von späteren Fortschreibungen dieses Grundwortes in v7-14*, v15-18
und v19-21 unterscheiden. Die formgeschichtliche Analyse hat daher zunächst
einmal von dem Grundwort auszugehen und nach dessen Gattung zu fragen.
Nimmt man die Ergebnisse der synchronen und der diachronen Auslegung zusammen, lässt sich die Struktur des Grundwortes folgendermaßen beschreiben:

v2	Begründung
v3-5a	Unheilsankündigung
v6b	Jahwe-Erkenntnisformel

Innerhalb der Begründung fällt als besonderes Element neben der Anrede an den
Propheten mit dem für Ezechiel typischen בן־אדם insbesondere die folgende
Konjunktion יען auf, die die Begründung der in v3 einsetzenden Unheilsankündigung einleitet. Derart mit יען eingeleitete Begründungen von Unheilsansagen
finden sich nicht nur innerhalb der dem Tyroszyklus vorangehenden Fremdvölkersprüche des Ezechielbuches in Ez 25,3.6.8.12.15, sondern auch innerhalb
der Gerichtsbotschaft des Jesajabuches, etwa in Jes 3,16; 8,6; 30,12. Die in Ez
26,3 einsetzende Unheilsankündigung eröffnet לכן mit folgender Botenspruchformel, auf die dann die sogenannte Herausforderungsformel[181] הנני עליך folgt, die
sich nicht nur in Ez 26,3, sondern auch zu Beginn des folgenden Sidonwortes in
Ez 28,22, im Ägyptenwort in Ez 29,3.10; 30,22 und im Edomwort in Ez 35,3
findet; außerhalb der Fremdvölkersprüche ist die Formel etwa in dem Gerichtswort gegen die Hirten in Ez 34,10 belegt[182]. Dass es sich bei dieser Wortverbindung um eine echte Formel und nicht um eine ezechielische Wendung handelt,
lässt sich mit Hilfe der außerezechielischen Vorkommen zeigen: So wird die

---

181 Vgl. dazu P. Humbert, Herausforderungsformel, 101-108, der diese Bezeichnung für die Formel
eingeführt hat.

182 Weitere Belege der Herausforderungsformel sind Ez 5,8; 13,8; 21,8; 38,3; 39,1 (vgl. Zimmerli,
Ezechiel, 134, der noch mehr Stellen nennt, die aber nicht alle mit gleicher Deutlichkeit die
Formel verwenden). Die Verteilung innerhalb des Ezechielbuches zeigt in jedem Fall, dass sie
nicht nur in bezug auf die Fremdvölker gebraucht wird, sondern sich auch gegen das eigene Volk
richten kann.

Herausforderungsformel auch in Jer 21,13; 23,30; 50,31; 51,25; Nah 2,14; 3,5 verwendet. Man kann sicherlich nicht von einer breiten Streuung sprechen, aber auch die wenigen Belege bei Nahum und Jeremia weisen darauf hin, dass die Wortverbindung als geprägte Wendung über den ezechielischen Kreis hinaus in Gebrauch war.

Sieht man zunächst einmal von der Jahwe-Erkenntnisformel in v6b ab, die dem ezechielischen Sprachgebrauch zugeordnet werden muss, so setzt sich das Grundwort in Ez 26 sehr klar aus zwei einzelnen Bestandteilen zusammen, die sich auch in anderen ezechielischen Texten finden und den Aufbau der Fremd-völkersprüche insgesamt prägen: der Begründung mit יען und der mit לכן und folgender Herausforderungsformel eingeleiteten Unheilsansage; diese Art der Begründung fehlt in den Fremdvölkersprüchen gegen Sidon, Ägypten und Edom in den folgenden Kapiteln, die Herausforderungsformel dagegen fehlt in den Fremdvölkersprüchen in Ez 25. Die Orakel gegen die Völker sind demnach nicht alle nach dem gleichen Schema aufgebaut und man kann den Texten hier bereits eine gewisse literarische Freiheit sowie eine Auflösung der festen Prägungen abspüren, was allerdings nicht den Blick dafür verstellen darf, dass das Grund-wort gegen Tyros in Ez 26 nach einem klaren zweigeteilten Schema aufgebaut ist, das man als begründete Unheilsansage oder, in der Terminologie Westermanns, als Gerichtswort bezeichnen kann. Westermann selber führt in seiner Arbeit für diese Gerichtsworte mehrere Beispiele an[183], erwähnt sei hier nur Jes 8,6-8, weil in diesem Text die strukturellen Parallelen besonders deutlich zu greifen sind:

,Weil (יען כי)
dies Volk verachtet die Wasser von Siloa, die still dahinfließen, und in Angst zerfließt vor Rezin und dem Sohn Remaljas,
darum siehe (ולכן הנה):
Der Herr bringt hervor über sie die Wasser des Stroms, die gewaltigen und die mächtigen, den König von Assur und all seine Macht, und er steigt über all seine Kanäle und er tritt über all seine Ufer; er dringt ein in Juda, überschwemmt und überflutet, dass er bis an den Hals reicht.'[184]

Abgesehen von den inhaltlichen Entsprechungen zwischen dieser Unheilsansage Jesajas, die den Eroberungszug der Assyrer mit dem Bild einer Flut ankündigt, und dem Gesamtwort gegen Tyros in Ez 26, das ja ebenfalls die Wassermetapho-rik als stilistisches Mittel einsetzt, entsprechen sich das Grundwort aus Ez 26 und die Jesajapassage auch in der Form, ja sogar in der Wortwahl innerhalb der Ein-leitungen von Begründung und folgender Unheilsansage; bei Jesaja fehlt letztlich nur noch die Herausforderungsformel, um die Analogie perfekt zu machen. Wenn nun also dieses Jesajawort gegen Juda zur Gattung der Gerichtsworte ge-

---

183 Vgl. Westermann, Grundformen, 120-126.
184 Zu den textkritischen Problemen vgl. H. Wildberger, Jesaja 1-12, 321f.

hört, so ist auch das Untergangsorakel gegen Tyros in Ez 26 der Gattung nach als ein Gerichtswort einzustufen. Die Tatsache, dass sich der Jesajatext an Juda und damit an das eigene Volk richtet, während Ezechiel ein phönizisches Nachbarvolk anspricht, ändert zunächst einmal nichts an der formalen Struktur der Texte, die dem Schema des aus Begründung und Unheilsansage bestehenden Gerichtswortes entsprechen.

Die Beispiele ließen sich vermehren, doch es soll hier der Verweis auf eine besonders deutliche Entsprechung genügen. Wichtiger sind die Schlussfolgerungen, die sich daraus nun ergeben. Denn es zeigt sich, dass die ezechielische Sprache und Form in ihrer ältest erreichbaren literarischen Fassung an den auch in anderen Prophetenbüchern belegten sprachlichen Grundmustern partizipiert und damit vor dem Hintergrund der gesamten alttestamentlichen Prophetie gelesen werden muss. Die Gerichtsworte der älteren Schriftprophetie in ihrer prägnanten Kürze sind der Horizont, vor dem die Unheilsverkündigung der späteren Prophetie zu lesen ist – auch wenn die Unheilsverkündigung der späteren Prophetie aufgrund ihrer literarischen Ausgestaltung die alten Formen kaum noch erkennen lässt.

Eine besondere Gestaltung des Gerichtswortes lässt sich über die beschriebene Struktur hinaus noch an v6b ablesen, der von Ezechiel so häufig verwendeten Jahwe-Erkenntnisformel. Diese Formel hat Zimmerli dazu geführt, nicht allein von einem Gerichtswort oder einer begründeten Unheilsansage zu sprechen, sondern auf ein dreiteiliges Erweiswort zu schließen, „das in den ersten Sprüchen über die nächsten Nachbarvölker in Ez 25 in besonders reiner Gestalt zu finden ist. Der mit יַעַן eingeleiteten Begründung folgt, mit לָכֵן eingeleitet, das Gerichtswort, an das dann die Erkenntnisformel anschließt."[185] Da allerdings sowohl die Jahwe-Erkenntnisformel als auch das mit dieser Formel gebildete Erweiswort in besonderer Weise den ezechielischen Sprachgebrauch prägen und damit eine Besonderheit dieses Textbereichs darstellen, sollte man die entsprechend geformten Texte in erster Linie dem auch außerhalb des Ezechielbuches breit belegten Gerichtswort zuordnen und erst in zweiter Linie auf die besondere Struktur als eines Gerichtswortes mit abschließender Jahwe-Erkenntnisformel hinweisen. In dieser Weise verfährt letztlich auch Zimmerli, der die erste Worteinheit in Ez 26 abschließend folgendermaßen kommentiert: „Die Erkenntnisformel rundet das Gotteswort schließlich zur Gestalt des vollen Erweiswortes ab und bringt zum Ausdruck, daß Jahwe in diesem Gericht nicht nur redet, sondern sich auch den Menschen zur Erkenntnis bringt."[186]

Problematisch bleibt in diesem Zusammenhang – ganz unabhängig von den Detailfragen der Gattungszuschreibung – die Frage nach dem „Sitz im Leben" des

---

185 Zimmerli, Ezechiel, 58*.
186 Zimmerli, Ezechiel, 616; vgl. zum Problem der Erkenntnis Gottes die Studie Zimmerlis, Erkenntnis Gottes.

vorliegenden Textes. Wenn Peter Höffken im Blick auf die Fremdvölkersprüche einen „Sitz im Leben' im Rahmen kriegsvorbereitender Riten annimmt[187], so trifft diese Vermutung womöglich durchaus auf die älteren Völkerorakelsammlungen zu, die vor dem Hintergrund der Staatlichkeit und militärischen Einsatzfähigkeit Judas gebildet wurden. Eine derartige soziologische Verortung der Fremdvölkersprüche wird aber mit dem Verlust des Staates und der militärischen Souveränität Judas hinfällig – und genau in eine solche Situation gehören die Orakel gegen Tyros, insbesondere das Grundwort in Ez 26, das zeitlich wohl kurz nach dem Fall Jerusalems und noch vor oder während der Belagerung von Tyros einzuordnen sein dürfte. Von kriegsvorbereitenden Riten gegen phönizische Städte von judäischer Seite aus kann in dieser Phase nicht mehr die Rede sein, aber auch kurz vor dem Fall Jerusalems wird man im Angesicht der Bedrohung durch die Babylonier kaum militärische Aktionen gegen die Phönizier geplant haben, eher wäre noch zu vermuten, dass man versuchte, Bündnispartner gegen den übermächtigen Feind zu gewinnen. Wie sind nun also die Worte gegen Tyros dem „Sitz im Leben' nach zu verstehen? Geht man von der Gattung ‚Gerichtswort' aus, so müsste man an ein Gerichtsverfahren denken, in dem Tyros seine Schmähung Jerusalems sowie seine Bereicherungsabsichten vorgeworfen werden und daher der Untergang als Urteil angesagt wird. Gerichtshöfe mit derartigen Kompetenzen hat es allerdings nicht gegeben, so dass man an dieser Stelle auf der Suche nach einem konkreten soziohistorischen Kontext nicht weiterkommt. Könnte es vielleicht sein, dass Ezechiel mit seinem Grundwort gegen Tyros die babylonische Kriegspropaganda unterstützt hat und damit – wie auch Jeremia – eher eine probabylonische, in jedem Fall aber eine antiphönizische Haltung an den Tag gelegt haben würde? Doch was sollte eine derartige Propaganda den Exulanten am Kanal Kebar bringen? Wollte man sich durch derartige Untergangsgesänge, die die Eroberungsgesänge der Babylonier noch flankiert hätten, das Wohlwollen der neuen Machthaber und der eigenen Unterdrücker sichern? Oder ging es eher darum, sich zumindest verbal und damit gewissermaßen auch fiktional an den Bereicherungsabsichten der Tyrer nach dem Fall Jerusalems zu rächen?

Diese Fragen können wohl nicht abschließend geklärt werden, doch es ist deutlich, dass das Grundwort gegen Tyros innerhalb des ezechielischen Kreises mehrfach hin und her gewendet wurde, wie die verschiedenen Fortschreibungen des Textes deutlich erkennen lassen. Damit zeigt sich, dass man mit Tyros auch nach dem eigenen Untergang, auch nach der Belagerung von Tyros durch Nebukadnezar und auch nach der Einnahme von Tyros durch Alexander nicht fertig war, sondern die alte Botschaft des Propheten immer weiter ausgebaut hat. Auf formaler Seite erweist sich das besonders innerhalb der Unheilsankündigungen, die durch mehrere Fortschreibungs- bzw. Redaktionsschritte in die vorliegende Form gebracht wurden. Die Grundstruktur des Gerichtswortes, also der

---

187 Vgl. Höffken, Untersuchungen, 158f.

begründeten Unheilsansage, bleibt dabei zwar erhalten, die Auflösung der alten Form ist aber deutlich zu beobachten: Der zweite Teil der Gattung, die Unheilsankündigung, wird in v7-14 und v19-21 immer weiter fortgeschrieben, in v15-18 sogar mit Elementen der Totenklage erweitert, man möchte fast sagen: literarisch überladen und aufgebläht, so dass letztlich die Proportionen nicht mehr stimmen und damit das Gerichtswort aus den Fugen gerät[188].

Für die formgeschichtliche Analyse ergibt sich damit ein eher ernüchterndes Ergebnis: Ein altes Gerichtswort gegen Tyros, das in seiner Kürze in der Tradition der Gerichtsworte der älteren Prophetie steht, wird im Verlauf der literarischen Weiterarbeit immer weniger erkennbar und durch redaktionelle Eingriffe fast ganz verwischt. Dass diese formgeschichtliche Auflösung der Gattungsbindungen aber mit einer literarischen Gestaltungsabsicht einhergeht, die gewissermaßen die andere Seite der Medaille darstellt, soll hier nur angedeutet werden. Formgeschichtliche Arbeit als Suche nach den kleinen Einheiten, die womöglich noch auf eine mündliche Vorform schließen lassen, ist der eine Zugang zu prophetischen Texten; gerade innerhalb der späteren Schriftprophetie wird die Frage nach der literarischen Gestaltung allerdings immer wichtiger, weil der klassische „Sitz im Leben" der kleinen Formen, der Ort des mündlichen Vortrags der prophetischen Botschaft, schlicht nicht mehr benannt werden kann, denn die prophetische Botschaft wurde nicht mehr als Rede, sondern als Text, als literarisches Produkt vorgetragen. Die mehrfach geäußerte Vermutung bestätigt sich daher schon bei einer formgeschichtlichen Untersuchung des ersten Teils des Tyroszyklus: Der „Sitz im Leben" des Textes ist ein „Sitz in der Literatur" und es ist hier – wie auch an anderen Stellen – zu bemerken, „daß Ezechiel zu einer jüngeren Phase der Prophetie, die nicht mehr durchgängig vom gesprochenen, in der Öffentlichkeit vorgetragenen Wort bestimmt ist, gehört."[189]

3.3.5.2 Ez 27

Dass das Gerichtswort in Ez 26 nicht nur gattungsintern mit weit ausholenden Unheilsankündigungen, sondern auch gattungsextern mit Hilfe eines kleinen Leichenliedes in v17f fortgeschrieben wurde, weist bereits darauf hin, dass die

---

188 Vgl. dazu aber Fohrer, Ezechiel, 150-154, der seiner Gattungsanalyse die einzelnen Abschnitte zugrunde legt und v1-6 als begründetes Drohwort gegen Tyros, v7-14 als Drohwort gegen Tyros, v15-18 als prophetisches Klage- und Leichenlied über Tyros und v19-21 wiederum als Drohwort gegen Tyros einordnet. Damit verliert er allerdings den Zusammenhang des Gesamtkapitels aus dem Blick, das eben nicht nur in die einzelnen Abschnitte zerfällt, sondern innerhalb des Tyroszyklus als eine eigenständige literarische Einheit abgegrenzt werden kann und daher auch als eine solche selbständige Einheit untersucht werden muss – auch hinsichtlich der Gattung.

189 Zimmerli, Ezechiel, 62*.

Gattung des Leichenliedes innerhalb des Tyroszyklus eine besondere Bedeutung hat. Das lässt sich besonders gut an der Großeinheit Ez 27 erkennen; denn dass in Ez 27 ein Leichenlied vorliegt, kann aufgrund der in v2 überlieferten Einleitung ואתה בן־אדם שא על־צר קינה nicht bestritten werden. Dass diese Qina hier allerdings in einer ausgesprochen ausgedehnten und wohl auch überarbeiteten Form vorliegt, hat bereits die literarhistorische Analyse gezeigt. Sieht man einmal von den kleineren redaktionellen Passagen wie der Einleitung und den Vernetzungsversen ab, zerfällt Ez 27 in zwei große literarische Blöcke: das Grundwort in v3bβ-9a.25b-26.28-32 sowie die Handelsliste in v12-25a.

Das Grundwort lässt sich bei genauerem Hinsehen in die folgenden drei Bestandteile zerlegen:

v3bβ-9a.25b-26a	Vergangenheit I: Beschreibung der Stadt im Bild des Schiffes
v26b.28	Vergangenheit II: Beschreibung des Sturmes von Osten und des Untergangs des Prachtschiffes
v29-32	Gegenwart: Klagelied der Seeleute

Das gesamte Grundwort von Ez 27 entwickelt das Bild des tyrischen Prachtschiffes, seiner Konstruktion, seiner Besatzung sowie seiner Handelsaktivitäten auf dem Meer und führt dieses Bild über die Schilderung des Seesturmes und des Untergangs bis in die Leichenklage der Seeleute hinein durch. Die Gegenüberstellung von Einst und Jetzt innerhalb des Grundwortes weist in den Bereich der Leichenlieder, in denen diese Gegenüberstellung von prachtvoller Vergangenheit und beklagenswerter Gegenwart zu den strukturellen Kernmerkmalen gehört[190]. Die reiche Bildersprache des Grundwortes bildet sich jedoch nicht um eine ausführliche Schilderung der Schönheit der Stadt und ihres Untergangs, sondern um die Seefahrtsmetaphorik herum aus; das Schiff ist dabei die Grundmetapher[191], mit der sowohl die Einheit der Stadt als auch die Vielfalt der einzelnen ‚Stadtteile' eingeholt werden. Das Bild von einem Schiff lag natürlich nahe, wenn es darum geht, eine Küstenmetropole zu beschreiben; dennoch darf dabei nicht unterschätzt werden, wie einzigartig dieses naheliegende Bild im Detail gezeichnet wird: Die Beschreibung der einzelnen Bestandteile des Schiffes und seiner Konstrukteure, die Darstellung der Seeleute und der Handelsreisen auf dem Meer, aber auch das Aufkommen des zerstörerischen Ostwindes und das Zitat der Qina

---

190 Vgl. dazu Jahnow, Leichenlied, 99; ihrer Meinung nach entspricht die Darstellung von Tyros in Ez 27 „inhaltlich den Lobeserhebungen im alten Leichenliede, etwa denen, die sich mit der körperlichen Herrlichkeit des Verstorbenen, mit seinem Reichtum, seiner schönen Kleidung und seiner Vornehmheit beschäftigten." (Jahnow, Leichenlied, 217)

191 Zur Metaphorik in Ez 26-28 vgl. C. A. Newsom, Maker of Metaphors, 151-164.

der klagenden Seeleute[192] – all das zeigt einen ästhetisch und literarisch komplexen und umfassenden Gestaltungswillen[193]. Erst die jüngeren verknüpfenden Teile wie v3a, v9b oder v27 sowie die Schlusspassage v33-36 durchbrechen die Stringenz der metaphorischen Darstellung von Tyros; sie bleiben zwar teilweise noch in der Bildsprache, wenden diese aber auch konkret auf die Stadt und ihre Handelsmacht an und sind damit bereits Deutung und Interpretation und nicht mehr Teil der Metaphorik[194].

Was ist nun von dieser Form einer Leichenklage zu halten, die sich ja nicht auf eine verstorbene Person bezieht und auch nicht mit der Personifikation der Stadt Tyros arbeitet, sondern den Untergang eines Schiffes mit Elementen der Totenklage betrauert?

Es muss an dieser Stelle zunächst auf die Stadtuntergangsklagen hingewiesen werden, die aus dem Alten Orient überliefert sind und die auf den ersten Blick eine Parallele zum Leichenlied auf Tyros in Ez 27 darstellen könnten. Die Analogien dieser Stadtuntergangsklagen vor allem zu den alttestamentlichen Klageliedern wurden in jüngster Zeit mehrfach herausgestellt[195]; da die Klagelieder mit anderen Texten des Alten Testaments wie etwa Am 5,1f und eben auch den Leichenliedern des Tyroszyklus zusammen der Gattung nach als „politische Leichenlieder"[196] bestimmt wurden, erscheint es sinnvoll, die immer wieder angenommene Nähe der Klagelieder zu den Stadtuntergangsklagen auch hinsichtlich des Leichenliedes in Ez 27 genauer in den Blick zu nehmen[197].

---

192 Vgl. Jahnow, Leichenlied, 217: „Sehr ausgesponnen ist in unserem Liede das Motiv von der Trauer der verschiedenen Leidtragenden. Alle, die nur irgendwie durch den Fall von Tyros betroffen werden, bekunden ihren Schmerz in den bekannten Trauerbräuchen. Die Fülle der angegebenen Leidtragenden soll zeigen, wie weite Kreise durch den Untergang der großen Handelsstadt in ihrer Existenz erschüttert sind."

193 Vgl. zur Ästhetik des Textes und zur Schönheit von Tyros insbesondere S. Gillmayr-Bucher, Klagelied, 72-99.

194 Fohrer, Ezechiel, 154-159, sieht hier allerdings aufgrund seiner literarhistorischen Analyse von Ez 27,1-9a.10.25-36 einen Zusammenhang und bestimmt das Stück der Gattung nach als ein ‚Prophetisches Klage- und Leichenlied über das Schiff Tyros', in das eine ‚Liste von Handelsbeziehungen' eingeschoben worden sei. Bei einem derart genau bestimmten Klage- und Leichenlied ‚über das Schiff Tyros' wird man allerdings von einer Gattung *sui generis* sprechen müssen, die keine Parallelen hat und damit im formalen Sinn auch keine eigenständige literarische Gattung darstellt, die ja in mehreren, voneinander unabhängigen Kontexten belegt sein müsste.

195 So etwa jetzt I. Meyer, Klagelieder, 479f, und mit einer Detailanalyse von Klgl 2 und Klgl 5 auch M. Emmendörffer, Gott, 39-76; vgl. zur Problematik bereits W. Rudolph, Klagelieder, 9.

196 H.-J. Kraus, Klagelieder, 9. Die Problematik dieser Gattungsbestimmung steht Kraus allerdings klar vor Augen, so dass er im Blick auf die Klagelieder eher von ‚Klagen um das zerstörte Heiligtum' sprechen möchte; für die Frage nach der Gattung von Ez 27 genügt hier einstweilen Kraus' Zusammenstellung der Klagelieder mit den Leichenliedern in Am 5,1f und Ez 27f.

197 An dieser Stelle kann freilich kein Forschungsbeitrag zur mesopotamischen Klageliteratur geleistet werden; es geht im folgenden nur um ein sehr knappes Referat des gegenwärtigen Er-

Die mesopotamische Gattung der Stadtuntergangsklagen umfasst im wesentlichen drei Textbereiche, die voneinander zu unterscheiden sind: zum einen die sumerischen sogenannten ‚historischen Stadtklagen' aus dem 19. Jh. v. Chr., zum anderen die Klage-kompositionen des Typs *balag* und zum dritten die Klagelieder des Typs *eršemma*. Die historischen Stadtklagen stammen aus der Ur-III-Zeit und sind als Klage über die Zerstörung von Sumer und Ur, als Klage über die Zerstörung von Ur, als Klage über die Zerstörung von Nippur, als Klage über die Zerstörung von Uruk und als Klage über die Zerstörung von Eridu überliefert[198]; die Gemeinsamkeit dieser Stadtklagen ist die themati-sche Geschlossenheit, die Aufteilung in verschiedene ‚Strophen' (*kirugu*) und der Bezug auf den konkreten Untergang einer Stadt, der in Form einer Litanei, einer Beschreibung der Tragödie, einer persönlichen Klage der jeweiligen Gottheit, einer Anklage der Gottheit und einer Bitte für eine bessere Zukunft literarisch bewältigt wird[199]. Bemerkenswert ist, dass innerhalb der Stadtklagen der Untergang „auf die letztlich unergründlichen Entschei-dungen der Götter, allen voran Anu und Enlil, zurückgeführt"[200] wird, von der Verschul-dung der Stadtbevölkerung dagegen keine Rede ist. Kleinere motivische Parallelen gibt es etwa zwischen der Stadtklage auf Uruk, in der von einem Sturmwind, der alles zerstört, die Rede ist[201], und der Qina in Ez 27, wo in v26 der Ostwind als der große Zerstörer des Prachtschiffes Tyros benannt wird – in beiden Texten stehen hinter der Naturmetapher natürlich militärische Feinde. Der *‚Sitz im Leben'* der historischen Stadtklagen ist wohl im Rahmen von Feiern anlässlich des Wiederaufbaus der jeweiligen Stadt zu suchen, so dass sie „in hohem Maße tendenziös sind und unter anderem auch der politischen Legitimation nachfolgender Herrscher dienten."[202]

Wie die historischen Stadtklagen sind auch die *balag*-Klagen aus dem 2. und 1. Jt. v. Chr.[203] in *kirugu*-Einheiten unterteilt; sie haben jedoch im Gegensatz zu den Stadtklagen keinen direkten Bezugspunkt, sind allgemeiner gehalten und damit auch wiederholt ver-wendbar gewesen[204]. Diese Texte wurden immer wieder kopiert und sind bis in die seleukidische Zeit hinein überliefert worden[205]. Die *balag*-Kompositionen sind jeweils einer bestimmten Gottheit zugeordnet; am Anfang dieser Texte steht zunächst das Lob der Gottheit, um davon ausgehend den Untergang einer Stadt erzählerisch darzustellen und

---

kenntnisstandes, um Form und Gattung der Qina in Ez 27 vor dem Hintergrund einer literari-schen Tradition des Alten Orients besser einordnen zu können.

198 Vgl. dazu M. Wischnowsky, Tochter Zion, 19f, und U. Berges, Klagelieder, 47; Emmendörffer, Gott, 18, weist zudem auf eine Klage über den Untergang von Ekimar hin, die allerdings nur in Fragmenten vorliege.

199 Vgl. Wischnowsky, Tochter Zion, 20.

200 Berges, Klagelieder, 47.

201 Vgl. die Übersetzung von H. Brunner in: Religionsgeschichtliches Textbuch, 140-142, besonders 173-175.200-205.

202 Vgl. Emmendörffer, Gott, 20.

203 Wischnowsky, Tochter Zion, 34, weist auf einen Kanonisierungsprozess in der Kassitenzeit (1600-1100 v. Chr.) hin, auf den allerdings weitere Kompositionen, etwa aus der neuassyrischen Zeit, folgten.

204 Zur Beziehung zwischen den älteren Stadtklagen und den *balag*-Klagen vgl. Emmendörffer, Gott, 22f.

205 Vgl. Emmendörffer, Gott, 23, und Wischnowsky, Tochter Zion, 34.

schließlich um das Ende der Zerstörung und die Beruhigung des Gotteszorns zu bitten[206]: „Das Repertoire an Phrasen und Bildern ist weitgehend dasselbe wie in den historischen Stadtklagen, sehr viel ausgeprägter ist der Hang zu Litaneien und refrainartigen Wiederholungen. [...] Ihnen eignet etwas formelhaftes und unbestimmtes, das auf ihre vorwiegend liturgische Funktion hinweist."[207]

Auch die *eršemma*-Klagen sind bestimmten Gottheiten zugeordnet, bestehen allerdings aus einer einzigen literarischen Einheit und sind daher im Vergleich zu den *balag*-Kompositionen als die ältere Gattung zu deuten[208]. Innerhalb der *eršemma*-Klagen werden formal Gottheiten angesprochen, inhaltlich bieten die Texte „Erzählungen mit mythologischen Stoffen, Klagen über Katastrophen oder hymnischen Lobpreis."[209] Die Nähe der *eršemma*-Klagen zu den *balag*-Kompositionen wird dadurch deutlich, dass *eršemma*-Klagen den *balag*-Kompositionen mehrfach als Schlussteil angehängt wurden, wie Texte aus dem 1. Jt. v. Chr. zeigen[210].

Diese knappe Übersicht verdeutlicht bereits, dass die Vergleiche zwischen mesopotamischer Stadtuntergangsklageliteratur und alttestamentlichen Klageliedern nicht ganz unproblematisch sind, da sich neben einigen Gemeinsamkeiten vor allem Schwierigkeiten im Blick auf die zeitlichen Distanzen etwa zwischen den ‚historischen Stadtklagen' aus der Ur-III-Zeit und dem 6. Jh. v. Chr. ergeben, aber auch in formalen Details gewichtige Unterschiede bestehen, etwa hinsichtlich der Hoffnung auf eine baldige Restauration der jeweiligen Städte, von der in den Klageliedern – und auch in Ez 27 – keine Rede ist[211]. Im Blick auf Ez 27 fehlt aber auch die Anrede an eine Gottheit und erst Recht die Klage einer Gottheit, die für die mesopotamischen Klagen konstitutiv sind. Ähnlichkeiten bestehen vor allem innerhalb des Motivbestandes, wie am Beispiel der Sturmmetapher gezeigt wurde, doch solche letztlich sehr allgemeinen und naheliegenden Motivverbindungen reichen nicht aus, um das ezechielische Leichenlied auf Tyros in die Gattungsgeschichte der mesopotamischen Stadtuntergangsklageliteratur einordnen zu können. Das gilt natürlich auch für den „*Sitz im Leben*", denn während die liturgischen Elemente der mesopotamischen Texte in den Bereich des Kultes verweisen und womöglich im Rahmen von Wiedereinweihungsfeierlichkeiten nach dem Wiederaufbau von Städten verwendet wurden, ist das im Blick auf Ez 27 undenkbar, da gerade die Unwiderrufbarkeit des Untergangs von Tyros ein inhaltliches Zentrum des Leichenliedes bildet. All das zeigt, dass die mesopotamischen Stadtuntergangsklagen in den gleichen Kontext wie Ez 27 gehören, den Untergang einer Stadt, dass der literarische und pragmatische Umgang mit diesem Ereignis in den beiden Textsorten jedoch als sehr unterschiedlich zu beschreiben ist.

---

206 Vgl. Wischnowsky, Tochter Zion, 34f.
207 Wischnowsky, Tochter Zion, 34f.
208 So Emmendörffer, Gott, 23.
209 Emmendörffer, Gott, 24.
210 Vgl. dazu Emmendörffer, Gott, 24, und Wischnowsky, Tochter Zion, 36.
211 Vgl. dazu aber Berges, Klagelieder, 49, der zum einen die skeptischen Bedenken referiert, dann aber auf die wachsende Zahl entsprechender Hinweise innerhalb der Arbeiten von Altorientalisten und Exegeten verweist; da es im Rahmen dieser Untersuchung nicht um die Klagelieder geht, soll diese Debatte hier nicht aufgegriffen werden.

Die Probleme der Gattungsbestimmung des Grundwortes von Ez 27 sind letztlich das Resultat der Einzigartigkeit des Textes, der bestimmte Formen und Vorstellungen der Gattung des Leichenliedes aufnimmt, dann aber doch wieder signifikante Eigenarten aufweist, die für ein Leichenlied untypisch sind. Sowohl metrische Elemente als auch der Aufbau, insbesondere die Gegenüberstellung von Einst und Jetzt, weisen in den Bereich der Qina; auch die Personifikation der Stadt würde in Analogie zu Am 5,1f noch als Leichenlied verstanden werden können[212] – doch es liegt bei genauem Hinsehen eben keine Personifikation der Stadt vor, sondern eine Metaphorisierung mit Hilfe des Schiffsbildes. Man könnte vielleicht noch von einem ‚politischen Leichenlied' sprechen, da es innerhalb von Ez 27 um eine politische Auseinandersetzung geht, in deren Verlauf nicht das Ableben einer Person, sondern der Untergang eines politischen Gemeinwesens beklagt wird. Man hätte es aber in jedem Fall mit einer gattungsuntypischen Verwendung des Leichenliedes zu tun; da die Form allerdings insgesamt gesprengt ist, was ja schon innerhalb des Grundwortes anhand der ausführlichen Beschreibung der Schiffskonstruktion in Ez 27,3bβ-9a und der dagegen nur knappen Bemerkung zum Untergang in v26 deutlich wird, muss man ernsthaft erwägen, die Frage nach einer Gattung im engeren, technischen Sinne im Blick auf Ez 27 fallen zu lassen. Bedenkt man, dass neben dem Grundwort das Gesamtkapitel Ez 27 mit Hilfe einer für ein Leichenlied völlig untypischen Liste der Handelsbeziehungen zusammengestellt wurde, erledigen sich auch die letzten Bedenken gegen einen Verzicht auf eine genauere Gattungsbestimmung, denn die Gattungsbestimmung ‚Leichenlied' müsste im Blick auf das Gesamtkapitel in einem derart hohen Maße modifiziert werden, dass außer einigen Umrissen nichts mehr von einer Qina erkennbar wäre.

Was die Gattung der Liste der tyrischen Handelsbeziehungen betrifft, muss man bei vagen Vermutungen stehenbleiben. Es ist sicher, dass es in den Handelszentren des Alten Orients solche wirtschaftlichen Aufzeichnungen gegeben hat, worauf schon im kleineren Kontext die zahlreichen Tontafeln mit wirtschaftlichen Notizen hinweisen, die man heute am ehesten als Rechnungen oder Quittungen bezeichnen würde. Dass eine Metropole wie Tyros Statistiken über Importe und Exporte führte, ist vor dem Hintergrund dieser zahlreichen ökonomischen Detailinformationen auf kleineren Fundstücken nicht weiter überraschend. Erstaunlich ist dagegen in hohem Maße, dass eine solche Statistik innerhalb eines alttestamentlichen Prophetenbuches aufgegriffen und in einen Klagetext eingebaut wurde[213].

Es handelt sich demnach in Ez 27 um eine vollkommen singuläre Komposition, die allenfalls noch mit Teilen des Ägyptenzyklus in Ez 29-32 verglichen werden könnte, der in ähnlicher Weise die Grenzen der bekannten Gattungen über-

---

212   Vgl. Jahnow, Leichenlied, 210.
213   Vgl. dazu unten Teil 4.4.3.

schreitet; deutlich ist, dass die Komposition von Ez 27 auf stilbildende Elemente des Leichenliedes zurückgreift, vielleicht sogar Motive aus den Stadtuntergangsklagen der mesopotamischen Kultur übernimmt, dass darüber hinaus aber auch weitergehende Informationen über den Schiffsbau und die Herkunft der von Tyros eingesetzten Arbeitskräfte sowie das geographisch weitreichende tyrische Handelsnetz eingeflossen sind[214], so dass man mit Ez 27 in seiner vorliegenden Form einem literarisch komplex gestalteten Text gegenübersteht, dessen politische Funktion in der exilisch-nachexilischen Zeit unabhängig von einzelnen Gattungselementen beschrieben werden muss und dessen theologische Intention innerhalb des Ezechielbuches vor dem Fragehorizont nach dem *„Sitz in der Literatur'* zu erfassen ist.

3.3.5.3 Ez 28,1-10

Dass Ez 26f und Ez 28 einander entsprechen und innerhalb der Abfolge der beiden Texte auf ein Untergangsorakel in Ez 26 und Ez 28,1-10 jeweils eine Klage- und Trauerbekundung in Ez 27 und Ez 28,11-19 folgt, wurde bereits innerhalb der synchronen Analyse des Textes nachgewiesen. Die diachrone Analyse hat zudem gezeigt, dass Ez 28,1-10 – wie auch Ez 26 und Ez 27 – als eine mehrfach überarbeitete und fortgeschriebene literarische Einheit zu verstehen ist. Beides – die Entsprechung von Ez 26 und Ez 28,1-10 sowie die literarische Mehrschichtigkeit des Textes – ist im Blick auf die Bestimmung der Gattung von Ez 28,1-10 von Bedeutung. Das Grundwort der Einheit liegt der literarhistorischen Analyse zufolge in v2aγ-b.7-10a vor und wurde dann durch eine Einlei-

---

214 Ob zudem ironische Elemente des Spottliedes in das Leichenlied auf Tyros eingeflossen sind, bleibt fraglich. Schon Jahnow, Leichenlied, 212, merkt im Blick auf die kleine Qina in Ez 26,17f an: „Die ironische Anwendung der Leichenklage ist in diesem Falle aus der ganzen Stellung des Ezechiel, der natürlich der schadenfrohen Stadt kein ernstgemeintes Leichenlied widmen kann, nicht aber aus dem Lied selbst zu erschließen." Was Ezechiel betrifft, kann man seine Stellung und deren Einflüsse auf den Text des Ezechielbuches zunächst einmal außen vor lassen; wichtig ist, dass sich der Qina selber keine Hinweise auf ironische Absichten entnehmen lassen. Im Blick auf Ez 27 führt Jahnow, Leichenlied, 218, zudem aus: „Die Stimmung des Leichenliedes ist eine eigentümlich gemischte. Die Schilderung des Prachtschiffes wird zwar von einer gewissen Bewunderung getragen, deren sich der Israelit, und selbst der Prophet, einer überlegenen Kultur gegenüber nicht ganz erwehren kann, aber trotzdem betrachtet er den Sturz der stolzen Stadt mit Gelassenheit." Kann man aus den Schilderungen und der Struktur von Ez 27 tatsächlich eine solche Gelassenheit herauslesen? Die prächtigen Bilder, mit denen Tyros geschildert wird, und die ausführlichen Beschreibungen der Trauernden, die in Ez 27 am Ende der Qina breiten Raum einnehmen, weisen eher auf Anteilnahme als auf Gleichgültigkeit hin! Von daher wird man sich eher Zimmerlis Interpretation anschließen müssen, die dem Text genau diese Anteilnahme abspürt, die Jahnow als Gelassenheit versteht (vgl. dazu Zimmerli, Ezechiel, 648, und unten Teil 6.3)

tung und eine Schlusspassage sowie v3-5 und v6 erweitert. Für die Gattungsbestimmung wird man zunächst mit dem Grundwort einsetzen:

,Weil du dein Herz erhoben hast und sprachst: ,Gott bin ich, einen Göttersitz bewohne ich
im Herzen der Meere!' –
und du bist doch ein Mensch und nicht Gott – und weil du dein Herz wie ein Herz eines
Gottes machtest:
Daher, siehe, bringe ich über dich Fremde, Gewaltige der Völker,
und sie bringen ihre Schwerter über den Glanz deiner Weisheit und entweihen deine
Schönheit.
In die Grube bringen sie dich hinab,
und du stirbst Tode des Erschlagenen im Herzen der Meere.
Wirst du dann noch behaupten: ,Gott bin ich!' im Angesicht deiner Mörder?
Bist du doch ein Mensch und nicht Gott in der Hand derer, die dich erschlagen!
Tode von Unbeschnittenen stirbst du in der Hand von Fremden!'

Das Grundwort wird mit einer Begründung der folgenden Unheilsankündigung
eröffnet, „welche das Wesen des Königs von Tyrus nicht nur schildert, sondern
im Zitat seiner Worte diesen selber zu Wort kommen läßt."[215] Die Einleitung mit
יען in v2aγ entspricht exakt der Begründung des Gerichtswortes in Ez 26,2;
ebenso hat die Einleitung der Unheilsansage in v7 mit לכן הנני in Ez 26,3 ihre
Entsprechung[216]. Man kann aufgrund dieser Analogien Ez 28,1-10 wie auch Ez
26 als ein Gerichtswort einstufen, muss dabei allerdings berücksichtigen, dass in
Ez 26 ein Gerichtswort gegen ein Volk bzw. eine Stadt vorliegt, während sich das
Gerichtswort in Ez 28 gegen den Fürsten von Tyros richtet und damit einen
einzelnen in den Blick nimmt. Westermann geht davon aus, dass das Gerichtswort an einen einzelnen eine Gattung darstellt, die ihre „eigene Zeit in der
Königszeit *vor* den Schriftpropheten"[217] hatte, und dass „die Gerichtsworte, gegen
eine einzelne Person gerichtet, als Typ älter sind als die gegen das ganze Volk
(oder eine Gruppe daraus) gerichteten Gerichtsworte"[218]. Die Analyse des Tyroszyklus zeigt, dass die in den literarischen Traditionen fest verankerten Verfasser
der Orakel gegen die phönizische Küstenstadt beide Gattungstypen nebeneinander verwenden: Der klare zweiteilige Aufbau des Grundwortes v2aγ-b.7-10a lässt
jedenfalls keinen Zweifel daran, dass es sich um ein Gerichtswort gegen einen
einzelnen handelt[219]:

---

215 Zimmerli, Ezechiel, 664.
216 In Ez 26,3 ist zwischen יען und הנני freilich noch die Botenspruchformel eingeschoben, die in Ez
28 bereits vor der Begründung in v2aβ steht und damit als spätere Einleitung des älteren Grundwortes interpretiert werden sollte.
217 Westermann, Grundformen, 99.
218 Westermann, Grundformen, 99.
219 Vgl. dazu Fohrer, Ezechiel, 159, der von einem begründeten Drohwort gegen den Anführer von
Tyros spricht, und Zimmerli, Ezechiel, 665, der die Begründung als Scheltwort einordnet und die

v2aγ-b   Begründung
v7-10a   Unheilsansage

Was ist nun die Besonderheit dieses Gerichtswortes gegen einen einzelnen? Der
Adressat des Gerichtswortes in v2aγ-b.7-10a ist der König, der an dieser Stelle
allerdings als נגיד bezeichnet wird. Deutlicher als in Ez 26 wird in Ez 28,2aγ-b.7-
10a die Unheilsansage mit der vorangehenden Begründung verbunden, denn die
Unheilsansage nimmt in v9 das zentrale Element der Begründung noch einmal in
fragender Form auf: Das Vergehen des tyrischen Fürsten wird offensichtlich als
so unerhört und gewichtig interpretiert, dass es das gesamte Gerichtswort über-
strahlt – man wirft ihm vor, sich selber als Gott zu verstehen, so dass in der Unheilsansage gefragt wird, ob er diese Anmaßung angesichts des Untergangs aufrecht erhalten werde. Dass hier Begründung und Unheilsansage miteinander
vermischt werden, deutet auf die schon mehrfach innerhalb des Tyroszyklus
beobachtete Tendenz zur Auflösung der engeren Formgrenzen hin; wenn Anklage und Urteilsspruch – die beiden Kernelemente des Gerichtswortes[220] – nicht
mehr voneinander getrennt werden und im Urteilsspruch das Vergehen, mit dem
das Urteil begründet wird, dem Angeklagten noch einmal mahnend und fragend
vorgehalten wird, kann man dieser Aufsprengung der formalen Grenzen innerhalb des Gerichtswortes das Engagement der Verfasser abspüren, die Hybris des
tyrischen Fürsten nur ja deutlich genug zu unterstreichen; in der fiktiven Ge-
richtssituation, in die das Gesamtwort hineinführen will, hätte dem angeklagten
Herrscher angesichts der Frage nach der Dauerhaftigkeit seiner Anmaßung vor
dem Hintergrund seiner schmählichen Niederlage gegenüber den eindringenden
Feinden die Schamesröte ins Gesicht steigen müssen.

Innerhalb des Grundwortes von Ez 28,1-10 fällt die Begründung für das
kommende Unheil recht knapp aus, während die Unheilsansage eher weiter aus-
holt. Die Fortschreibung in v3-5 durchbricht allerdings die Kürze der Begründung und ergänzt sie um eine ausführliche Erläuterung, die die ursprünglich
knappe Form des Gerichtswortes überdehnt und auf Weisheit, Reichtum und
Handel des Königs eingeht[221]. Vor allem die Hinweise auf den Handel zeigen
deutlich die Absicht der Fortschreibung, das Gerichtswort gegen den tyrischen
König mit dem vorangehenden Kapitel über die tyrische Handelsmacht zu ver-

---

folgende Unheilsansage als Gerichtswort bezeichnet. Folgt man der Terminologie Westermanns,
handelt es sich bei dieser Struktur ,Begründung mit folgender Unheilsansage' um ein Gerichtswort (vgl. Westermann, Grundformen, 94.97).

220 Vgl. Westermann, Grundformen, 97: „Wie zum ordentlichen Gerichtsverfahren als Grundelemente Anklage und Strafverkündung gehören, so zum prophetischen Gerichtswort an den
einzelnen." Westermann sieht diese Zweiteiligkeit schon in den alten Rechtssätzen vorgegeben,
in denen auf eine beschriebene Verletzung eines bestimmten Rechts hin die Form der
Bestrafung genannt wird.

221 Nach Zimmerli, Ezechiel, 664, hat der Vordersatz des Gesamtwortes „dadurch eine ungefüge
Zerdehnung und syntaktische Zerstörung erfahren."

knüpfen. Aufgrund dieser Verknüpfung kommt es letztlich – noch durch Einleitungen und eine Schlusssequenz versehen – zu der überlieferten Form von Ez 28,1-10, die nun rein formgeschichtlich als ein erweitertes Gerichtswort interpretiert werden kann. Von daher lässt sich auch die Frage nach dem „*Sitz im Leben*' am ehesten beantworten, denn für das Grundwort in v2aγ-b.7-10a lässt sich hier ebensowenig wie für das Grundwort in Ez 26 ein Gerichtsverfahren annehmen, in dessen Verlauf es zur Anklage des tyrischen Königs hätte kommen können. Die gesamte Einheit Ez 28,1-10 ist eine literarische Fiktion, eine schriftgewordene Vorstellung davon, was dem Herrscher der Handelsmacht Tyros aufgrund seiner maßlosen Selbstüberschätzung blühen wird. Man wird demnach auch für das Gerichtswort gegen den tyrischen König in Ez 28,1-10 keinen klassischen „*Sitz im Leben*', sondern einen „*Sitz in der Literatur*' annehmen müssen. Es zeigt sich damit immer klarer, dass der Tyroszyklus weniger auf konkrete prophetische Auftritte zurückgeht und in hohem Maße als das Ergebnis einer kenntnisreichen und gelehrten literarischen Beschäftigung mit sehr verschiedenen Inhalten interpretiert werden muss.

3.3.5.4 Ez 28,11-19

Wie Ez 27 gibt sich auch Ez 28,11-19 als קינה zu erkennen; nach v12 wird der Prophet mit der Anrede בן־אדם שא קינה על־מלך צור dazu aufgefordert, ein Leichenlied über den König von Tyros anzustimmen. Dass der in Ez 28,11-19 überlieferten Textform eine alte, mit mythischen Traditionen gesättigte Qina zugrundeliegt, die dann erst sekundär erweitert und auf den tyrischen König hin umgedichtet wurde, hat sich innerhalb der literarhistorischen Analyse des Textes ermitteln lassen. Dieser Grundtext liegt in v12bγ-13aβ.13b-15.16b.17b.18b vor und lässt sich der Gattung nach durchaus als Leichenlied lesen – vor allem das Gegenüber von Einst und Jetzt tritt deutlich hervor: anfangs der prächtige Edle im Garten Gottes, dann jedoch die Verbannung und der Sturz in den Staub der Erde. Es ist dabei bemerkenswert, dass schon diese alte Form des Leichenliedes ihren Ort wohl nicht in einer konkreten Trauersituation hatte, sondern in den Kontext der mythischen Überlieferungen gehört, die sich an dieser Stelle der Form des Leichenliedes bedienten. Die Frage nach kultischen Kontexten, in denen ein solches Leichenlied seinen „*Sitz im Leben*' gehabt haben könnte, ist letztlich nicht zu beantworten, weil der Text in der überlieferten Form derart überzeichnet ist, dass auch weniger komplizierte Probleme nur recht vage in den Blick genommen werden können und die Frage nach dem soziohistorischen Kontext den Rahmen des methodisch Möglichen weit überschreitet. Deutlich ist allerdings trotz der Schwierigkeiten im Umgang mit dem alten Text, dass der Edle im Garten Gottes aufgrund der außerordentlichen Prädikationen kaum als ein gewöhnlicher Mensch verstanden werden kann und es sich vielmehr um eine königliche, dem Göttlichen ausgesprochen nahestehende Gestalt handeln dürfte. Das zeigt sich insbesondere daran, dass die Qina deutlich als Wort Jahwes zu verstehen ist, der als Sprecher in der 1. Sg. auftritt und der die Erschaffung sowie das Ende des Edlen betrauert. Die Doppelstruktur der Qina ist bereits in ihrer alten Fassung greifbar: Vollstrecker des Gerichtsurteils und Trauernder um den Edlen sind identisch, auch wenn der Urheber der Vernichtung der Edle selber ist – dadurch, dass Unrechtes an ihm gefunden wurde.

Da diese religionsgeschichtlich und theologisch komplexe Qina der literarischen Analyse zufolge als ein vorezechielisches Überlieferungsstück einzustufen ist, sollte man sich bei der Frage nach Form und Gattung von Ez 28,11-19 dem Gesamtwort zuwenden, das in dieser Form aus dem Kreis der Ezechielschule hervorgegangen zu sein scheint[222]. Die Überarbeitung der überlieferten Qina hat dabei nicht das Gefüge eines Leichenliedes zerstört, sondern lediglich das Ziel verfolgt, das Leichenlied auf den tyrischen König zu beziehen[223] und in den Kontext des Tyroszyklus einzuweben, um damit ein kohärentes Gesamtwort gegen die phönizische Küstenstadt auszubilden und dem Gerichtswort mit folgendem ‚Leichenlied' in Ez 26.27 ein entsprechendes Gegenstück in Ez 28,1-10.11-19 an die Seite zu stellen. Die Funktion des Königs innerhalb von Ez 28,11-19 entspricht dabei seiner Bedeutung im vorangehenden Gerichtswort: „[E]r ist die vermenschlichte Herrlichkeit und Überheblichkeit der Stadt Tyrus ohne irgendwelche konkreten Züge einer geschichtlichen Persönlichkeit."[224]

Die Probleme, die sich schon im Blick auf die genauere Gattungsbestimmung von Ez 27 ergeben haben, wiederholen sich in Ez 28,11-19: Der Text ist überformt und fortgeschrieben, so dass die Merkmale einer Qina nur noch sehr verschleiert durchschimmern; ganz deutlich ist letztlich nur das Gegenüber von Einst und Jetzt, das die Ezechielschule aus der alten Qina beibehalten hat. Wenn sich schon über die metrische Struktur der alten Qina nichts Gesichertes sagen lässt und die Versuche, einen dem zu erwartenden Fünferrhythmus des Leichenliedes folgenden Grundtext zu rekonstruieren, aufgrund der notwendigen Umstellungen und Streichungen problematisch bleiben, so fällt das metrische Kriterium im Blick auf das Gesamtwort erst recht aus[225]. Wenn Jahnow meint, dass die Gattung des Leichenliedes „hier durch den fremden, von Ezechiel über-

---

222 Lediglich v13aγ scheint auf die Hand eines späteren Redaktors zurückzugehen (vgl. dazu oben Teil 3.2.2.4).

223 Vgl. dazu Fohrer, Ezechiel, 162, der folgende Überschrift wählt: „Prophetisches Klage- und Leichenlied über den König von Tyrus".

224 Jahnow, Leichenlied, 224.

225 Vgl. dazu aber Zimmerli, Ezechiel, 676-679, der auf den „metrisch ganz undurchsichtigen Eindruck" (Zimmerli, Ezechiel, 676) verweist, den das Stück zunächst hinterlässt, der dann aber „auf einen Zusammenhang von 13 Fünfern" (Zimmerli, Ezechiel, 678) kommt, „die das Geschick des Königs von Tyrus beklagen." (Zimmerli, Ezechiel, 678)

nommenen Stoff fast erdrückt worden"[226] sei, so ist wohl zu fragen, ob die Dinge nicht genau umgekehrt liegen: Der alte Stoff einer mythisch geprägten Qina könnte auch durch die redaktionelle Arbeit der Ezechielschule in die überlieferte Fassung gekommen sein, so dass die Absicht, das Leichenlied mit Hilfe literarischer Vernetzungen innerhalb des Tyroszyklus zu verankern, die alte Qina weitgehend übermalt hätte[227]. In jedem Fall ist mit Jahnow Ez 28,11-19 als eines der Beispiele zu sehen, „die besonders deutlich die Auflösung der Gattung des Leichenliedes bezeichnen."[228] Damit kommt man im Blick auf Ez 28,11-19 zu demselben Ergebnis wie bei der Bestimmung der Gattung von Ez 27: Es handelt sich um einen einzigartigen Text, der sich formgeschichtlich an Elemente des Leichenliedes anlehnt und seinem Selbstverständnis nach auch als קינה gelesen werden will, der allerdings die Grenzen eines klassischen Leichenliedes bei weitem überschreitet: sowohl auf formaler Ebene – metrische oder strukturelle Kennzeichen des Leichenliedes sind kaum zu erkennen – als auch vom Inhalt her – bei einem von Jahwe selber angestimmten Trauerlied auf den Untergang des tyrischen Königs, den er, Jahwe, selber herbeiführt, kann wohl von einer einfachen oder typischen Klage, in der die Hinterbliebenen den Verstorbenen betrauern, nicht mehr die Rede sein[229]. Dass die Grenzen des Leichenliedes in eine bestimmte Richtung überschritten werden, hat vor allem Zimmerli deutlich hervorgehoben: „Die קינה nähert sich [...] dem prophetischen Gerichtswort an, von dem sie sich nur dadurch unterscheidet, daß sie in der Wendung zur Vergangenheit ein schon geschehenes Gericht im Stil des Klagewortes schildert, statt kommendes Gericht anzukündigen."[230] Diese Nähe zum Gerichtswort wird vor allem im Schlussteil des literarisch überformten Leichenliedes greifbar, wo mit drastischen Bildern das Ende des tyrischen Königs geschildert wird; in der Tat stehen diese Beschreibungen den Ankündigungen der vorangegangenen Gerichtsworte in nichts nach, selbst Elemente der Begründung des Untergangs lassen sich in v16a (Handelsmacht), v17a (Hochmut wegen Schönheit und Weisheit) und v18a (Handelsmacht) erkennen. Die Auflösung der Gattung ist demnach genauer als eine gezielte Vermischung von Gattungselementen der Qina und des Gerichtswortes zu beschreiben – und damit wird einmal mehr deutlich,

---

226 Jahnow, Leichenlied, 228.
227 Vgl. Jahnow, Leichenlied, 228: „Ezechiel hat diesem Stücke zwar ausdrücklich den Namen der Qina gegeben, aber die Gattung des Leichenliedes hat es nicht vermocht, diesem Gebilde ihren Stilcharakter deutlich aufzuprägen." Man könnte es auch anders sehen: Die redaktionellen Ergänzungen der Ezechielschule hatten wohl nicht das Ziel, die Prägung der alten Qina vollkommen aufzuheben, haben sie jedoch an den Stellen, an denen sie literarisch fortgeschrieben haben, aus den Fugen gebracht.
228 Jahnow, Leichenlied, 228.
229 Vgl. dazu auch Zimmerli, Ezechiel, 680, der mit einer Auflösung der ursprünglichen Gattung rechnet und anmerkt, dass sich die Bildsprache innerhalb dieses Leichenliedes „noch weiter von der schlichten Klage über einen menschlichen Todesfall entfernt" habe.
230 Zimmerli, Ezechiel, 680.

dass es nicht weiter führt, einen soziohistorischen Kontext für eine derart aufgelöste Gattung zu suchen, sondern dass man auch im Blick auf Ez 28,11-19 von einem *„Sitz in der Literatur"* auszugehen hat, wenn man der literarischen Form des vorliegenden Textes gerecht werden will.

3.3.5.5 Zusammenfassung

Die Ergebnisse der vorangehenden formgeschichtlichen Überlegungen sollen nun noch einmal kurz zusammengestellt werden. Es hat sich gezeigt, dass die klassische formgeschichtliche Fragestellung nach der Gattung und dem zugehörigen *„Sitz im Leben"* eines Textes hinsichtlich des Tyroszyklus nur eingeschränkt zu einem besseren Verständnis führt. Es ist deutlich geworden, dass die Verfasser der Worte gegen Tyros die traditionellen Sprachformen kannten und beherrschten; Gerichtsworte gegen einzelne, Gerichtsworte gegen ein Volk und auch Elemente der Qina sind innerhalb der Textabfolge Ez 26-28 deutlich erkennbar. Dennoch lassen sich die Texte den hergebrachten Gattungen nicht mit der Eindeutigkeit zuweisen, die weitergehende tragfähige Schlüsse zulassen würde; es lässt sich vielmehr ein Phänomen erkennen, das mit dem Schlagwort ‚Auflösung der Formen' nur ansatzweise beschrieben werden kann. Diese Auflösung der Formen, die sich innerhalb des Tyroszyklus erkennen lässt, ist nämlich in erster Linie nicht als ein Prozess des Verlustes und des Absterbens der sprachlichen Konventionen oder der formal bestimmbaren Gattungen zu interpretieren, sondern als ein Vorgang, der dem literarhistorischen Befund bei Ezechiel sehr nahe kommt: So wie sich zeigen lässt, dass das Ezechielbuch in der exilisch-nachexilischen Zeit in einem fortlaufenden Prozess literarischen Wachstums begriffen war, so zeigt sich auch im Blick auf die literarischen Formen eine Fortschreibungstendenz – Auflösung der Formen ist damit zunächst einmal als Aufsprengung der Konventionen zu verstehen. Diese Auflösung und Aufsprengung hängt mit dem Entstehungshintergrund der Texte zusammen: Während die ältere klassische Schriftprophetie sich in ihrem Kern noch auf mündliche Formen zurückführen lässt und Mahn-, Schelt- und Gerichtsworte ihren *‚Sitz im Leben'* in der prophetischen Verkündigung hatten, ist dieser Kern innerhalb der späteren Prophetie nicht mehr erkennbar; die literarische Geschlossenheit und formale Einheitlichkeit des Ezechielbuches ist in der Forschung immer wieder deutlich hervorgehoben worden[231], so dass der Schluss naheliegt, innerhalb dieses Buches nicht nur mit einem mehrschichtigen Fortschreibungsprozess, sondern zugleich mit einer einheitlichen ezechielischen Traditionsgruppe, der Ezechielschule, zu rechnen, die das Buch letztlich in die vorliegende Form brachte. Auf diese literarhistorischen Details muss hier nicht noch einmal eingegangen werden; wichtig

---

231   Vgl. dazu zuletzt K. Schöpflin, Theologie, 343-358.

sind allerdings die Schlüsse, die sich aus dieser Einsicht ziehen lassen und die weniger auf der Ebene der Literargeschichte als vielmehr auf dem Niveau der Literaturwissenschaft anzusiedeln sind: Wenn sich innerhalb des Ezechielbuches ein literarischer und formgeschichtlicher Fortschreibungsprozess erkennen lässt, so weist das auf eine Verfasserschaft hin, die mit den eigenen literarischen Traditionen in einer Weise vertraut war, die es ihr ermöglichte, das überkommene Material eigenständig und kreativ weiterzuentwickeln. Mit dem Stichwort ‚Kreativität' ist dann auch das entscheidende Moment dieses Vorgangs erfasst: Diese Art der Textentstehung ist als ein schöpferischer und mit einem ästhetischen Potential ausgestatteter Prozess zu interpretieren, der die Verfasser des Tyroszyklus als Literaten ihrer Zeit ausweist. Damit soll und kann gar nicht bestritten werden, dass die Verkündigung eines Exilspropheten Ezechiel am Anfang des Ezechielbuches stand und dass dieser Prophet unter Umständen sogar die Initiative ergriff, die prophetische Botschaft schriftlich niederzulegen; die entscheidende Leistung lag allerdings bei den Literaten der Ezechielschule, die die prophetische Botschaft in großangelegten und mit den Bildungstraditionen ihrer Zeit gesättigten Textkompositionen konservierten und damit für spätere Zeiten rezipierbar machten. Dass sich bei einem solchen Textbestand, der sich durch seine Tendenz zur großen literarischen Einheit auszeichnet, die klassische formgeschichtliche Frage nach den ‚kleinen Einheiten' nur unzureichend beantworten lässt, liegt auf der Hand. Immerhin hat sich jedoch gezeigt, dass die beiden Orakel gegen Tyros in Ez 26 und Ez 28,1-10 in ihrem Kern auf der klassischen Zweiteilung des Gerichtswortes – Begründung mit folgender Unheilsansage – basieren und dass die beiden im Text jeweils als קינה bezeichneten Einheiten Ez 27 und Ez 28,11-19 auf Grundformen des klassischen Leichenliedes zurückgreifen, was insbesondere durch die kontrastreiche Gegenüberstellung von Einst und Jetzt innerhalb der Texte deutlich wird. Die Weiterarbeit an diesen Texten hat zu großen literarischen Einheiten geführt, die sich nicht mehr ohne weiteres als Gerichtsworte oder Leichenlieder bezeichnen lassen. Die Grenzen zwischen den Gattungen verschwimmen vor allem dadurch, dass sich die Gattungen gegenseitig durchdringen: In die Gerichtsworte sind wie etwa in Ez 26,15-18 Elemente des Leichenliedes eingedrungen, in die Leichenlieder sind dagegen wie etwa in Ez 28,11-19 auch Begründungselemente der Gerichtsworte eingeflossen. Man könnte hier von formgeschichtlicher Nachlässigkeit oder gar ‚Epigonentum' im Vergleich zu den klassischen Schriftpropheten sprechen; das würde dem kulturellen Niveau der Literaten, die diese Texte ausgearbeitet haben, aber nicht gerecht – nicht Nachlässigkeit und Epigonentum, sondern die Suche nach neuen Ausdrucksformen und literarischen Möglichkeiten zeigt sich an den mit großartigen Bildern gestalteten Texten des Tyroszyklus.

Dass der *„Sitz im Leben'* vor diesem Hintergrund als ein *„Sitz in der Literatur'* bestimmt werden muss, wurde nun schon mehrfach hervorgehoben. Dieser *„Sitz* *in der Literatur*' ist dabei nicht nur als eine Chiffre für die Literarizität der Texte zu verstehen, sondern kann als ein konkreter soziohistorischer Kontext interpretiert werden: Heute würde man sagen, der *„Sitz in der Literatur*' ist der Schreibtisch oder die Bibliothek. Im Israel der exilischen Zeit könnte dieser Ort als Treffpunkt der Gebildeten und Schreibkundigen etwa im Hause des Propheten zu suchen sein, wie Ez 8,1 nahelegt; in der Nachexilszeit ist die soziohistorische Verankerung der Ezechielschule am ehesten im Umfeld des Tempels und seiner Bildungsein-richtungen zu vermuten – diese Frage soll allerdings am Ende der vorliegenden Studie noch einmal aufgegriffen und genauer erörtert werden[232].

---

232 Vgl. dazu unten Teil 6.3.

4 Der Tyroszyklus und die tyrische Kultur

4.1 Die Geschichte von Tyros

4.1.1 Einleitung

Dass gerade von derjenigen antiken Kultur, die bereits im Altertum mit der Übermittlung der Alphabetschrift in Verbindung gebracht wurde, kaum literarische Zeugnisse vorliegen, könnte man als eine feine Ironie der Geschichte verstehen; das von den Phöniziern verwendete Schreibmaterial hielt den klimatischen Gegebenheiten offensichtlich mehrheitlich nicht stand und konnte daher die Jahrhunderte nicht überdauern. Für die Rekonstruktion der Geschichte der Phönizier muss man daher hauptsächlich auf außerphönizische Quellen zurückgreifen[1]. Als eine dieser Quellen aus der Umwelt des antiken Phönizien soll im folgenden der Tyroszyklus des Ezechielbuches ausgewertet werden. Da eine sachgemäße Analyse des Zeugniswertes von Ez 26-28 nur vor dem Hintergrund weiterer Quellen durchgeführt werden kann, steht am Anfang ein Abriss der Geschichte von Tyros im 1. Jt. v. Chr., in deren Kontext der Tyroszyklus des Ezechielbuches dann in mehreren Schritten eingeordnet wird[2]. Auf diese Weise wird wohl am ehesten deutlich, wo sich die Informationen aus Ez 26-28 mit denen anderer Quellen decken und in welchen Bereichen der Tyroszyklus über die übrigen Quellen hinausgehende Einsichten in die Geschichte von Tyros ermöglicht.

4.1.1.1 Quellen zur Geschichte von Tyros

Die Rekonstruktion der Geschichte der Phönizier ruht im wesentlichen auf drei Quellentypen.

An erster Stelle stehen die Überlieferungen der den Phöniziern zeitgenössischen Kulturen in Syrien-Palästina, Mesopotamien und Ägypten im 2. und 1. Jt. v. Chr. In diesem Zusammenhang spielen aufgrund der Menge der Nachrichten –

---

1   Zur Quellenlage vgl. die ausführlichen Beiträge in dem Sammelband von V. Krings, Civilisation phénicienne et punique, 19-181, und den knappen Überblick bei M. Sommer, Europas Ahnen, 29-34; zur bisherigen Forschungsgeschichte vgl. zudem die Übersicht bei Sommer, Europas Ahnen, 11-25.

2   Vgl. dazu die folgenden Teile 4.2 bis 4.5.

neben einer Reihe akkadischer Texte aus der Zeit des neuassyrischen Reiches[3] –
vor allem die biblischen Erwähnungen der Phönizier eine herausragende Rolle[4].

An zweiter Stelle ist die griechisch-römische Geschichtsschreibung zu nennen. Die antiken Historiker verweisen in ihren Darstellungen häufig auf weitere
Geschichtswerke und Quellen, die sie angeblich auswerten konnten, die in den
meisten Fällen allerdings verloren sind; man ist daher auf das mittelbare Zeugnis
der griechischen und römischen Geschichtsschreiber angewiesen und steht damit
oft genug vor der Frage, ob und, wenn ja, wie die gegebenen Informationen ausgewertet werden können.

Die für die Rekonstruktion der Geschichte von Tyros relevanten antiken Historiker und
ihre Werke können in diesem Zusammenhang nicht ausführlich vorgestellt werden; zur
Orientierung seien aber die wichtigsten Daten kurz genannt[5].

Der Geschichtsschreiber Herodot (ca. 480-424 v. Chr.) stammt aus Halikarnassos im
südwestlichen Kleinasien; in Athen pflegte er Umgang mit Perikles und Sophokles. Seine
Berichte über fremde Länder und Bräuche verdanken sich ausgedehnten Reisen, vor allem
nach Ägypten und in den Vorderen Orient. Auf der Grundlage eigener Besichtigung der
Dinge, der Autopsie, hat Herodot „aus dem Wust, der Vielfalt, der Gegensätzlichkeit
mündlicher Informationen, die er von zahllosen Personen an verschiedensten Orten bezog, die Gesch. der Perserkriege als Einheit in ihrer klassisch gewordenen Form heraus-
kristallisiert"[6]. Die Verlässlichkeit der Berichte Herodots ist nicht immer über jeden Zweifel erhaben; als historische Quelle kann er oft nur unter Vorbehalt herangezogen werden.

Isokrates (436-338 v. Chr.) betätigte sich als Rhetoriklehrer und Publizist in Athen;
überliefert sind 21 Reden und 9 Briefe. Seine Reden hat Isokrates selber nie gehalten, sie
dienten vielmehr als Material für den Unterricht, für den er ein eigenes Bildungsprogramm
erarbeitete, das Rhetorik und Philosophie miteinander verbindet. Als Zeugnisse eines
Zeitgenossen sind die Reden und Briefe wertvolle Quellen für das 5./4. Jh. v. Chr.

Der griechische Historiker Polybios (ca. 200-ca. 120 v. Chr.) verfasste eine Universal-
geschichte in 40 Büchern, von denen die ersten fünf vollständig erhalten sind und der Rest
in Form von Exzerpten verschiedener Autoren überliefert wurde. Vor allem die Bücher 4
und 5 schildern die Ereignisse im Osten gegen Ende des 3. Jh. v. Chr. und sind damit eine
wichtige Quelle für die hellenistischen Reiche der Ptolemäer und Seleukiden, in deren
Einflussgebiet sich Tyros zu dieser Zeit befand[7].

Diodor aus Sizilien entwarf seine 40 Bücher umfassende Weltgeschichte, an der er 30
Jahre, teilweise auch in Rom, arbeitete, im 1. Jh. v. Chr. Sie reicht von den Anfängen der
Welt bis ins erste vorchristliche Jahrhundert. In den Bänden 11-20 liegt die einzige erhal-
tene durchgehende Darstellung des 5. und 4. Jh. v. Chr. vor. Diodor wurde in der

---

3   Vgl. dazu P. Xella, Sources cunéiformes, 39-56.
4   Vgl. dazu Xella, Bible, 64-72, und im Blick auf Tyros unten Teil 5.
5   Vgl. zu den für die phönizische Geschichte relevanten Quellen vor allem S. Ribichini, Sources,
     73-83, und zur griechischen Geschichtsschreibung im allgemeinen O. Lendle, Einführung; zu
     den Quellen, die die Einnahme von Tyros durch Alexander bezeugen, vgl. Jidejian, Tyre, 69.
6   T. Dorandi, Herodotos, 472; vgl. weiterführend Lendle, Einführung, 36-63.
7   Vgl. zu Polybios weiter Lendle, Einführung, 221-234.

Forschung oft als Kompilator eingestuft, der seine Quellen eher unkritisch heranzieht[8]; dennoch bleibt er eine unersetzliche Quelle für die von ihm geschilderten Ereignisse.

Der griechische Geograph und Historiker Strabon schrieb sein geographisches Werk ebenfalls im 1. Jh. v. Chr. In Buch 16 werden in dieser Darstellung Mesopotamien, Syrien, Phönizien, Judäa und die Arabia behandelt. Wenn Strabon auch einige Informationen aus erster Hand weitergeben kann, hat er sich doch für weite Teile seines Werkes weiterer Quellen bedient; sein Werk ist die bedeutendste Quelle für die geographischen Kenntnisse der antiken Kulturen[9].

Der Historiker Livius (59 v. Chr.-17 n. Chr.) erhielt seine höhere Ausbildung in Rom, machte sich Cicero zum Vorbild und verfasste eine 142 Bücher umfassende Geschichte Roms unter dem Titel *Ab urbe condita libri*. Erhalten sind lediglich die Bücher 1-10 und 21-45, die allerdings von den Punischen Kriegen Zeugnis ablegen und damit für die Beziehungen zwischen Tyros und Karthago als Quelle herangezogen werden können.

Plinius der Ältere wurde ca. 23 n. Chr. geboren und ist im Zusammenhang mit Phönizien aufgrund seiner *Naturae historiarum libri XXXVII* für topographische Fragen von großer Bedeutung. Plinius greift für seine Darstellung auf weite Teile der griechisch-römischen naturwissenschaftlichen und geographischen Fachliteratur zurück, so dass mit seinem Werk neben der ausführlichen Darstellung Strabons ein weiteres Kompendium des antiken Wissens auf diesem Gebiet zur Verfügung steht.

Der Historiker (Flavius) Josephus (37-ca. 100 n. Chr.) wuchs in Jerusalem als Sohn eines Priesters in die jüdische Tradition hinein; seine Werke stellen eine Hauptquelle für die Geschichte des antiken Judentums dar. Die *Antiquitates Judaicae* gehören mit ihrer Darstellung der Geschichte Israels von der Urzeit bis zum Ausbruch des Jüdischen Krieges „in den großen Kreis der ethnographischen Monographien."[10] Josephus' Schrift *Contra Apionem* ist eine Verteidigung des Judentums gegenüber seinen Feinden, in der vor allem das Alter des Judentums nachgewiesen wird. In beiden Werken greift Josephus auf andere griechische Historiker zurück und zitiert sie vielfach wörtlich[11], so dass durch Josephus übermittelte Nachrichten etwa von Menander von Ephesus und von Dios vorliegen, die ansonsten verloren wären[12]. Der Quellenwert dieser Nachrichten ist vielfach bezweifelt worden; in jedem Fall „versteht Josephus unter Quellentreue nicht die sklavische Unterordnung unter die Quelle, sondern wie jeder antike Historiker die Treue in der Sache"[13], und daher wird man seinen Werken nicht immer im Detail folgen, sie aber dennoch als historische Quelle heranziehen können, vor allem wenn andere Berichte fehlen.

Arrian (geb. ca. 90 n. Chr.) gehörte einer vornehmen römischen Familie an, diente zunächst als Offizier und ließ sich später in Athen nieder, wo er sich seiner literarischen Tätigkeit und vor allem der Bewunderung Xenophons widmete. In dessen Nachfolge sieht

---

8   Vgl. Lendle, Einführung, 244.

9   Zu Strabon als Historiker vgl. Lendle, Einführung, 237f.

10 Lendle, Einführung, 249.

11 Ob er die entsprechenden Geschichtswerke selber exzerpiert hat oder seinerseits bereits auf Kompilationen zurückgriff, ist nicht klar zu erkennen (vgl. die eher kritische Haltung von Lendle, Einführung, 249).

12 Zu Menander und Dios, von denen kaum etwas bekannt ist, vgl. Lendle, Einführung, 202-205, und unten Teil 4.1.2.2.

13 G. Mayer, Josephus, 261.

er sich und verfasst in dieser Tradition seine historiographischen Werke. Als Quellen seiner Geschichte des Feldzuges Alexanders zieht er die Darstellungen Ptolemaios' und Aristobulos' heran, die Alexander selber begleiteten; „man darf voraussetzen, daß er den Wert dieser Zeugen aufgrund seiner eigenen militärischen und administrativen Erfahrungen besser als ein Schreibtischliterat beurteilen konnte."[14]

Quintus Curtius Rufus verfasste seine *Historiae Alexandri Magni Macedonis* wohl ebenfalls im 1. Jh. n. Chr. Auch wenn die Darstellung teilweise romanhafte Züge trägt, hat Curtius „zu gewissenhaft nach den Quellen, einem von verschiedensten Traditionen überlagerten auf Kleitarchos zurückgehenden Grundstock, gearbeitet, als daß man von bloßer Unterhaltungslit. sprechen könnte."[15]

Der Historiker Justinus (3./4. Jh. n. Chr.) überliefert in Exzerpten die verlorenen *Historiae Philippicae* des Pompeius Trogus und stellt damit eine wichtige Seitenquelle zu den Feldzügen Alexanders des Großen dar[16].

Ebenfalls als Vermittler tritt der Kirchenhistoriker Euseb von Caesarea (ca. 265-339/340 n. Chr.) in Erscheinung. In seinem apologetischen Werk *Praeparatio evangelica* weist Euseb die Überlegenheit der jüdisch-christlichen Tradition gegenüber dem Heidentum nach, geht dabei auch auf die phönizische Kultur ein und zitiert Philon von Byblos, der aufgrund eigenen Quellenstudiums phönizische Literatur in den griechischen Kulturraum hinein vermittelt haben soll[17]. Ob der von Philon erwähnte und zitierte Phönizier Sanchunjaton eine historische Person oder eher das Produkt einer jahrhundertelangen Legendenbildung darstellt, ist umstritten und aufgrund der vielschichtigen Überlieferung der Nachrichten wohl auch nicht mehr zu entscheiden[18].

Als Quellen für die Geschichte der Phönizier stehen an dritter Stelle epigraphische und archäologische Funde zur Verfügung.

Während die phönizischen Inschriften[19] wertvolle Einblicke in die Kultur- und Religionsgeschichte der Phönizier ermöglichen, müssen die archäologischen Arbeiten noch weiter fortgeführt und vertieft werden, um ein umfangreicheres Bild der materialen Kultur der Phönizier zeichnen zu können[20]. Marlies Heinz weist auf die bislang spärlichen Daten hin: „Ausgrabungen in Sarepta/Sarafand und Tyros haben einige wenige Siedlungsbelege aus

---

14 Lendle, Einführung, 251.

15 R. Porod, Curtius, 248.

16 Zu Pompeius Trogus und Justinus vgl. die Einführung bei O. Seel, Pompeius Trogus, 7-79.

17 Philon von Byblos lebte wohl im 1. Jh. n. Chr. und verfasste nach Eusebs Angaben eine Geschichte Phöniziens, die eine Übersetzung der Texte Sanchunjatons enthalten haben soll (vgl. S. Fornaro, Philon, 410f).

18 Vgl. W. Röllig, Sanchuniathon, 30f, der darauf hinweist, dass seit den Textfunden von Ugarit deutlich geworden sei, dass die überlieferten Nachrichten Sanchunjatons im Blick auf die mythischen Vorstellungen eine recht verlässliche Quelle darstellen.

19 Vgl. die Belege in KAI I, Nr. 1-22 und Nr. 280-286, und die Einführung von M. G. Amadasi Guzzo, Inscriptions, 19-30, sowie die Bemerkungen von F. Briquel-Chatonnet, Relations, 7; darüber hinaus sei auf die neueren Studien von R. G. Lehmann, Dynastensarkophage, und H.-P. Mathys, Inschriften, verwiesen.

20 Vgl. dazu Briquel-Chatonnet, Relations, 20f, und Sommer, Europas Ahnen, 40-53.

den Städten des phönikischen Zentrums geliefert, aus Byblos und Sidon liegen vereinzelt bauliche Hinweise vor, und durch die Ausgrabungen in Beirut seit den 90er Jahren kann nun punktuell auch die phönikische Existenz von Beirut erstmals mit materiellen Belegen nachgewiesen werden [...]. Umfassende Einblicke in die urbanen Strukturen und die baulichen Belege der Phöniker fehlen jedoch nach wie vor."[21]

Da die phönizischen Metropolen aufgrund ihrer Überbauung und späteren Besiedlung nur sehr oberflächlich untersucht werden konnten[22], stehen als aussagekräftigere Quellen bisher vor allem Grabungsergebnisse aus dem Hinterland zur Verfügung[23].

Für die direkte Umgebung von Tyros ist hier etwa die eisenzeitliche Nekropole zu nennen, die allerdings zahlreiche Probleme aufwirft – so etwa hinsichtlich der Frage nach den vermeintlichen Kinderopfern, die von den Phöniziern vollzogen worden sein sollen, sich aber im phönizischen Mutterland nicht nachweisen lassen[24].

Im weiteren Umland ist aus dem südlich von Sidon gelegenen Sarepta „ein etwa 800 m² großes Handwerkerviertel bekannt, in dem Werkstätten, Werkzeuge und Reste von Rohstoffen freigelegt wurden (Pritchard 1978)."[25] Hier hat man es offensichtlich mit Spuren von künstlerischen und handwerklichen Aktivitäten zu tun, „qui faisaient le renom des Phéniciens dans le reste du monde antique: murex pour la préparation de la pourpre, installations pour la teinture des textiles, moules pour la fabrication des bijoux. Des restes de pressoir à huile et des jarres de stockage (pour céréales?) rappellent la vocation agricole

---

21   M. Heinz, Altsyrien und Libanon, 225f. Zu den einzelnen archäologisch untersuchten Arealen vgl. einführend W. A. Ward, Phoenicia, 313f, und vor allem M. Yon, Prospections, 85-105, sowie Yon, L'archéologie, 119-131, der allerdings auch beklagt: „Mais dans l'état actuel, on manque cruellement de véritable ‚surveys‘ en Phénicie, par exemple pour essayer de délimiter les territoires dépendant des cités (dont on sait en outre qu'ils ont varié selon les époques)." (Yon, Prospections, 104)

22   Vgl. Heinz, Altsyrien und Libanon, 227: „Umfangreiche griechisch-römische Überbauungen überlagern die Überreste phönikischer Besiedlung in Byblos, Beirut und Sidon. Auch in Tyros konzentrierten sich die bisherigen Ausgrabungen im wesentlichen auf die griechischen und römischen Strukturen." Zum eisenzeitlichen Tyros vgl. die auf einem schmalen *sounding* beruhende Studie von P. M. Bikai, Pottery of Tyre, sowie die Zusammenfassung von P. Bikai/P. Bikai, Tyre at the End of the Twentieth Century, 67-83; eine Einführung geben M. H. Chéhab, Phönizier, 91-125, und Ward, Tyre, 247-250.

23   Verwiesen sei hier exemplarisch auf die Grabungsergebnisse aus dem bronzezeitlichen **Kāmid el-Lōz** (vgl. die Übersicht von H. Weippert, Kumidi, 1-38) und die neuesten Ausgrabungskampagnen auf dem Tell el-Burak (vgl. den Vorbericht von J. Kamlah/H. Sader, Ausgrabungen auf *Tell el-Burak*, 123-140).

24   Vgl. dazu jetzt M. E. Aubet, Begräbnispraktiken, 1-13, die den aktuellen Stand der Forschung zusammenfasst. Auf die 1990 bei Raubgrabungen entdeckten Stelen der tyrischen Nekropole, die teilweise mit phönizischen Inschriften versehen sind, wies zuerst H. Sader, Phoenician Stelae, 101-126, und Sader, Phonician Stelae (continued), 53-79, hin; die Urnen und Votivgaben, die hier gefunden wurden, stellt H. Seeden, *Tophet*, 39-82.86f vor; auf die Skarabäen und Amulette geht Ward, Scarabs, 89-99, genauer ein. Insgesamt handelt es sich hier um einen außerordentlich bedeutsamen Fund, der für die Frage nach phönizischen Todes- und Bestattungsriten weiterführende Einsichten verspricht; vgl. dazu die einführende Übersicht von M. Gras/P. Rouillard/J. Teixidor, Phoenicians and Death, 127-176, die hinsichtlich der häufig angenommenen ‚Kinderopfer‘ im phönizischen Mutterland sehr zurückhaltend urteilen.

25   Heinz, Altsyrien und Libanon, 227.

de la plaine côtière. [...] Peut-être autonome au début de son existence (textes d'Ougarit), la cité de Sarepta n'a cessé d'être disputée, au Ier millénaire, entre les royaumes ou cités de Sidon et de Tyr"[26].

Ebenfalls zwischen Sidon und Tyros liegt Tell el-Burak. Die bisherigen Untersuchungen haben gezeigt, dass sich hier – neben einer mittelbronzezeitlichen und einer osmanischen – auch eine Besiedlung aus der zweiten Hälfte der Eisenzeit nachweisen lässt. Die Ausgrabungen von Tell el-Burak haben „die ersten vollständigen Grundrisse phönizischer Wohnhäuser aus dem südlichen Libanon erbracht"[27]; zudem können in Tell el-Burak offenkundig „erstmals phönizische Befestigungsanlagen aus der Region zwischen Tyros und Sidon archäologisch untersucht werden."[28]

Neben den archäologischen Forschungen im Mutterland der Phönizier, also dem heutigen Libanon, bilden auch die Ausgrabungen im Norden Israels wichtige Grundlagen, um die Kontakte zwischen Phönizien und Israel bzw. Juda erhellen zu können[29]. Darüber hinaus ist auch auf die assyrischen Darstellungen der Phönizier bzw. einzelner phönizischer Städte – wie etwa von Tyros auf dem Bronzetor von Balawat und auf einem Reliefausschnitt aus Ninive[30] – hinzuweisen.

Die genannten drei Quellentypen bringen auf je eigene Weise Schwierigkeiten mit sich, die bei ihrer Auswertung für die Rekonstruktion der Geschichte der phönizischen Städte zu berücksichtigen sind. Die altorientalischen und vor allem die biblischen Texte eröffnen nur einzelne Einblicke in bestimmte Ausschnitte der phönizischen Geschichte und sind vor allem als politische und religiöse Tendenzliteratur zu bewerten. Die Berichte der griechisch-römischen Historiker treten dagegen mit dem Anspruch ausgewogener Darstellung auf, geben allerdings Quellen wieder, deren Authentizität nicht mehr überprüft werden kann, so dass auch hier ein hohes Maß an Unsicherheit bleibt. Die bisher gewonnenen archäologischen Daten lassen ohne ergänzende Texte kaum weitergehende Rückschlüsse auf die Geschichte Phöniziens im 1. Jt. v. Chr. zu, und die epigraphischen Funde eröffnen zwar Einblicke in die religiöse und politische Kultur, sind aber letztlich nur kleine Mosaiksteine, die zudem oft mehr Fragen aufwerfen als Antworten geben. Trotz dieser schwierigen Quellenlage kann der Versuch einer sachgemäßen Rekonstruktion der Geschichte von Tyros nur dann – in Ansätzen und vorläufig – gelingen, wenn die drei genannten Quellentypen zueinander in Beziehung gesetzt werden[31].

---

26   J.-F. Salles, Phénicie, 565.
27   Kamlah/Sader, Ausgrabungen auf *Tell el-Burak*, 129.
28   Kamlah/Sader, Ausgrabungen auf *Tell el-Burak*, 130.
29   Vgl. hier nur exemplarisch etwa zum bronzezeitlichen Hazor den Überblick bei D. Vieweger, Archäologie, 301-312, zum bronze- und eisenzeitlichen Dan die Darstellung von H. Weippert, Dan, 55f sowie zum perserzeitlichen Dor die Anmerkungen von Vieweger, Archäologie, 329-334 (an allen Stellen weitere Literatur).
30   Vgl. dazu Yon, L'archéologie, 120f, und unten Teil 4.1.2.4.
31   Vgl. zu den allgemeinen Problemen der Quellenlage und zur Notwendigkeit ihrer sachgemäßen Korrelation C. Uehlinger, Bildquellen, 25-39.71f; H. M. Niemann, Oberflächen, 85-115; J. Renz,

4.1.1.2 Tyros – Name und geographische Lage

Während die Bezeichnung ‚Phönizier' und ‚Phönizien' als Fremdbezeichnung mit dem griechischen Begriff φοῖνιξ für ‚purpurrot' zusammenhängen dürfte[32] und somit die Kultur und Bevölkerung der nördlichen syropalästinischen Küstenebene, die selber einen nordwestsemitischen Dialekt sprach, mit einem griechischen Begriff benannt wird[33], hat man es bei der Bezeichnung der phönizischen Städte mit semitischen Eigennamen zu tun: Das phönizische ṣr findet sich wieder im hebräischen צר, im akkadischen ṣurru und im ägyptischen ḏw3wj[34]; in der griechisch-lateinischen Form wird dieser semitische Name mit Τύρος bzw. *Tyrus* wiedergegeben[35]. Die Konsonantenfolge ṣr bezeichnet in den semitischen Sprachen einen Felsen[36]; aufgrund der geographischen Lage der Stadt ist ein solcher sprechender Name nicht weiter überraschend.

Das antike Tyros war die südlichste der phönizischen Städte und befand sich auf einer 9 km südlich der Mündung des Nahr el-Liṭānī gelegenen[37], der Küste vorgelagerten Insel[38]. Während der Belagerung der Stadt durch Alexander den

---

Epigraphik, 123-155; M. Witte, Geschichtswerke, 73f. Herausgegriffen sei hier nur das Fazit Uehlingers, Bildquellen, 72: „Letzlich geht es darum, alle Quellen – archäologische Befunde, biblische und außerbiblische Texte und Bilder – als Teile einer ‚gesellschaftlichen Totalität', konkret einer vergangenen Welt zu verstehen. Je mehr Teile des Puzzles wir berücksichtigen und je mehr Medien wir für die (Re-)Konstruktion jener vergangenen Welt zu Rate ziehen, desto dichter wird unsere Wahrnehmung und Darstellung der ‚Geschichte Israels' sein." Das gilt in gleicher Weise für die (Re-)Konstruktion der Geschichte Phöniziens im allgemeinen bzw. der Geschichte von Tyros im besonderen.

32 Vgl. dazu S. Moscati, Phöniker, 15f.

33 Innerhalb der alttestamentlichen Texte entspricht diesem Gebrauch die Rede von כנען (und den entsprechenden Ableitungen); vgl. dazu Mathys, Hausfrau, 30, und M. Weippert, Kanaan, 355.

34 Vgl. dazu HALAT, 985.

35 Vgl. dazu bereits den frühen Beleg bei Herodot I 2,1.

36 Vgl. HALAT, 952f.

37 Vgl. H. Weippert, Tyrus, 349.

38 In den Gründungsmythen der Stadt ist von einer ursprünglichen Doppelinsel die Rede, auf die auch die bei Josephus, Ant. Jud. VIII 5,3; C. Ap. I 18 wiedergegebenen Nachrichten Dios' schließen lassen, die von einem Dammbau Hirams im 10. Jh. v. Chr. innerhalb der Inselstadt berichten. Allgemein zur Stadt schreibt Plinius V 17,76: „*Tyros, quondam insula praealto mari DCC passibus divisa, nunc vero Alexandri oppugnantis operibus continens; olim partu clara urbibus genitis Lepci, Utica, et illa Romani imperii aemula terrarumque orbis avida Carthagine, etiam Gadibus extra orbem conditis: nunc omnis eius nobilitas conchylio atque purpura constat. Circuitus XVIIII est, intra Palaetyro inclusa; oppidum ipsum XXII stadia obtinet.*" Neben der Stadtlage und ihrer Ausdehnung bezeugt Plinius auch noch für die römische Zeit die Bedeutung von Tyros für die Purpurproduktion, die den Phöniziern insgesamt schon in früherer Zeit ihren Namen eintrug. Zur Ausdehnung der Stadt in vorrömischer Zeit vgl. G. E. Markoe, Phönizier, 67: „Eine Analyse des Grundgesteins bei Tyros lässt vermuten, dass die vorrömische Stadt selbst nach Hirams Expansionsprojekten wahrscheinlich nicht mehr als 16 ha groß war […]." Markoe, Phönizier, 198-201, bietet zudem eine knappe Topographie der Stadt.

Großen kam es 332 v. Chr. zur Aufschüttung eines Dammes, der die Insel mit dem Festland verband; durch die Sandaufschwemmungen im Bereich des Dammes wurde Tyros in der Folgezeit dem Festland einverleibt und damit zu einer Halbinsel. Der Stadt auf dem Festland vorgelagert war eine akkadisch *ušû*[39] und bei Josephus ἡ πάλαι Τύρος[40] genannte Siedlung, die wohl auf dem Tell Rašīdīye anzusetzen ist[41]. Von hier aus wurde die Insel mit Wasser und Lebensmitteln versorgt; zu Belagerungszeiten hätte es demnach genügen müssen, die Verbindung dieser Siedlung mit der Insel zu durchbrechen, um die Stadt zu bezwingen; dass Tyros aber gerade bei Belagerungen lange ausharren konnte, macht deutlich, dass die Stadt über ein Versorgungssystem verfügte, das die wechselnden Angreifer nicht ganz einfach zerstören konnten.

Hervorragende Rahmenbedingungen für die Seefahrt und ausgedehnten Handel auf dem Meer, das Tyros für sich und seine Zwecke erschloss, bildeten zwei Hafenanlagen: der südliche Hafen, der auch als ägyptischer, und der nördliche, der auch als sidonischer Hafen bezeichnet wurde[42].

4.1.2 Von den Anfängen bis zur neubabylonischen Epoche

4.1.2.1 Tyros im 2. Jt. v. Chr.

Über das Alter der Stadt Tyros gehen die Meinungen auseinander. Herodot berichtet[43], dass die Priester des Melkart ihm auf seine Frage hin, wie alt der tyrische Melkart/Herakles-Tempel sei, geantwortet hätten, dieser Tempel sei mit der Stadt vor 2300 Jahren gegründet worden. Ginge man davon aus, dass Herodot die phönizische Stadt als etwa Dreißigjähriger um 450 v. Chr. besucht hätte, so ergäbe sich für die Gründung von Tyros ungefähr das Jahr 2750 v. Chr. Herodot merkt allerdings an der gleichen Stelle an, dass die zeitliche Ansetzung der Gründung von Tyros im 3. Jt. v. Chr. nicht mit der griechischen Meinung übereinstimme. Die griechische Sicht der Dinge gibt er allerdings nicht wieder; es lässt

---

39 Vgl. etwa die Erwähnung in den Inschriften Sanheribs (TUAT I, 388).

40 Josephus, Ant. Jud. IX 14,2.

41 So H. Weippert, Tyrus, 349, mit Verweis auf Chéhab, Chronique, 86, und K. Galling, Studien, 196; vgl. zu dieser Ansetzung bereits Strabon XVI 2,24f.

42 Zu den Bezeichnungen der beiden tyrischen Häfen vgl. Eißfeldt, Tyros, 1879f, und zu den phönizischen Hafenanlagen insgesamt vgl. Markoe, Phönizier, 68f, sowie S. M. Cecchini, Architecture, 392-394; der südliche, ägyptische Hafen von Tyros ist heute vom Meer zurückerobert worden (vgl. dazu die Luft- und Unterwasserforschungen von A. Poidebard, Reconnaissances, und Poidebard, Un grand port disparu. Tyr; eine Luftbildaufnahme der Stadt findet sich bei Markoe, Phönizier, 67).

43 Herodot II 44.

sich daher nur vermuten, dass die Griechen Tyros für eine wesentlich jüngere Gründung hielten als die von Herodot befragten tyrischen Priester.

Vielleicht setzte man die Gründung von Tyros eher im 2. Jt. v. Chr. an. Herodot berichtet jedenfalls zu Beginn seiner Historien[44] aus dieser Zeit – der zweiten Hälfte des 2. Jt. v. Chr. – vom Raub der Königstochter Io von Argos durch die Phönizier, woraufhin die Griechen, womöglich Kreter, nach Tyros kamen und im Gegenzug die Königstochter Europa und auf dem Rückweg auch noch die Königstochter Medea raubten. In Troja hörte man von diesen Vorgängen, Priamos' Sohn Alexandros – gemeint ist Paris – machte sich auf nach Griechenland, raubte dort Helena und brachte damit den Stein ins Rollen, der letztlich zum Untergang Trojas führte. Herodot folgt hier nach eigener Aussage persischen Quellen und weist darauf hin, dass die Perser in der Vernichtung Trojas durch die Griechen den Ursprung der Feindschaft zwischen Persern und Griechen sehen, insgesamt sei aber den Phöniziern die Schuld an dem Zwist wegen ihres anfänglichen Frauenraubes zuzuschreiben[45]; damit wird den Phöniziern nicht nur die Schuld für den Trojanischen Krieg, sondern auch für die Perserkriege aufgebürdet. Indem Herodot dieser Sicht der Dinge gleich zu Beginn seiner Historien breiten Raum gibt, wird das Bild der Phönizier für den weiteren Verlauf seiner Darstellung festgelegt.

In späterer Zeit überliefert Josephus Nachrichten über eine Gründung von Tyros 240 Jahre vor dem Jerusalemer Tempelbau[46]. Dass hier allerdings höchstens von einer Neugründung im 12. Jh. v. Chr. die Rede sein kann, zeigt eine Reihe von Texten aus der Umwelt von Tyros, in denen die Stadt bereits vor dem 12. Jh. v. Chr. erwähnt wird. Die ins 12. Jh. v. Chr. weisende Angabe des Josephus scheint allerdings zum chronologischen Grundwissen seiner Zeit zu gehören und wird sich mit der Meinung der Griechen, auf die Herodot anspielt, ohne sie genauer zu nennen, decken.

Archäologisch ist das Alter der Stadt bislang nur vage bestimmt[47]. Möglicherweise wird Tyros aber bereits in den älteren ägyptischen Ächtungstexten aus den ersten Jahrhunderten des 2. Jt. v. Chr. erwähnt.

---

44   Herodot I 1-5.

45   Vgl. Herodot I 1: „Persŝwn mŝn nun o∫ lÒgioi Fo…nikaj a„t…ouj fas῀ genŝsqai tÁj diaforÁj:"

46   Josephus, Ant. Jud. VIII 3,1; vgl. dazu auch Justinus XVIII 3, der davon berichtet, die Sidonier hätten Tyros ein Jahr vor dem Fall von Troja gegründet („[…] *Tyron urbem ante annum Troianae cladis condiderunt*").

47   Zum archäologischen Befund vgl. Bikai, Pottery of Tyre, 72-76, und den Überblick bei Markoe, Phönizier, 198f. Bikai fasst die Ergebnisse ihres *sounding* folgendermaßen zusammen: „The material found on bedrock makes it clear that the island must have been occupied at least by the middle of the third millenium B. C., and the large building of Strata XXII-XXI indicates that there was a permanent occupation during the Early Bronze Age." (Bikai, Pottery of Tyre, 72) Die Stadt wurde demnach bereits im frühen 3. Jt. v. Chr. erstmals besiedelt, dann aber gegen Ende des 3. Jt. v. Chr. wieder verlassen und erst ab der Mitte des 2. Jt. v. Chr. wieder dauerhaft bewohnt. Auf neuere Entwicklungen in der archäologischen Erschließung des Umlandes von Tyros weist Salles, Phénicie, 564f, hin.

Bei diesen Texten handelt es sich „um Gruppen von Inschriften verschiedener Herkunft, die auf tönerne Schalen und gefesselte Feinde darstellende Figuren geschrieben sind. Die Texte nennen zahlreiche Fürsten und Stammesanführer sowie ihre Städte. In einem Ächtungsritual wurden die Gefäße und Statuetten zeremoniell zerschmettert, um so gleichsam auf magische Weise die Macht jener namentlich bezeichneten potentiellen Feinde zu brechen. Die Texte stammen aus dem Ende des 19. und aus dem Beginn des 18. Jahrhunderts v. Chr. Die genannten Personen und Städte stellten primär keine Bedrohung von Ägyptens vorausgesetzter Überlegenheit dar; sie waren vielmehr eine Gefahr für den Handel, der über die *Via Maris* und durch die Jesreelebene nach Syrien verlief."[48] Auf einer dieser Statuetten aus der Zeit des Endes der 12. Dynastie ist zu lesen: „Le Prince de Ḏw3wj (appelé) [...] ḥr(?)w."[49] Die Lesung ist allerdings unsicher und daher nicht unumstritten[50], dennoch: „Si cette transcription est juste, on est autorisé à rapprocher Ḏw3wj de צֹר, צֹר, assyrien Ṣurru, égyptien du Nouvel Empire Ḏwr, Ḏr, le grand port phénicien de Tyr."[51]

Doch auch wenn die in diesen Texten genannte Ortschaft nicht mit Tyros identifiziert werden kann, wird Tyros spätestens in der Korrespondenz von Tell el-Amarna aus dem 14./13. Jh. v. Chr. als Teil des ägyptisch beeinflussten Kulturraums greifbar[52]. In den Texten wird ein gewisser Abimilki von Tyros genannt, der zur Zeit der Korrespondenz wohl König von Tyros war. Abimilki wendet sich in einer Notsituation, in der die Stadt von der Versorgung durch das Festland abgeschnitten ist, an den Pharao, versichert diesen seiner Treue und bittet um Abhilfe gegen einen gewissen Zimrida von Sidon, der die Stadt offensichtlich belagert[53]. Sieht man einmal von den Details ab, so ist vor allem von Interesse, dass bereits diese frühe Notlage das weitere Schicksal der Stadt vorabschattet: Es wird immer wieder zu Belagerungen der Inselfestung kommen, die als solche nicht eingenommen werden kann, die allerdings aufgrund des Abschneidens der Versorgung in die Knie gezwungen werden soll. Immer wieder versucht Tyros in solchen Notlagen, seinen Zugang zum Meer zu nutzen und damit seine Versorgung über den Seeweg sicherzustellen.

---

48   K. R. Veenhof, Geschichte, 91; vgl. dazu H. Schmökel, Geschichte, 217, und W. Helck, Beziehungen, 44-67.

49   G. Posener, Princes et pays, 82; vgl. ANET, 329 Anm. 8, und Helck, Beziehungen, 56.

50   Vgl. dazu vor allem die Anfragen von archäologischer Seite bei Bikai, Pottery of Tyre, 72f.

51   Posener, Princes et pays, 82; zur Diskussion vgl. auch A. Alt, Herren und Herrensitze, 66f; W. F. Albright, Land of Damascus, 30-36; R. Dussaud, Renseignements, 227-229; mit Blick auf die ägyptische 19. Dynastie im 13. Jh. v. Chr. vgl. auch M. Noth, Wege der Pharaonenheere, 219f.

52   Vgl. dazu ANET, 258, und die Ausgaben der Korrespondenz von J. A. Knudtzon, El-Amarna-Tafeln, 605-639, sowie von W. L. Moran, Amarna Letters, 232-242 (EA 146-155). Zur Amarna-Zeit im allgemeinen vgl. Helck, Beziehungen, 168-188; zum Reichtum und zur Blüte von Tyros in dieser Zeit vgl. Markoe, Phönizier, 16f, mit Bezug auf EA 89.

53   Vgl. dazu vor allem Knudtzon, El-Amarna-Tafeln, 1245, und Bikai, Pottery of Tyre, 73.

Von besonderem Interesse für diese Phase der Geschichte von Tyros ist ein Brief
Rib-Addis von Gubla/Byblos an den Pharao[54], in dem Rib-Addi schildert, dass es
in Tyros zum Königsmord gekommen sei und auch seine Schwester und deren
Töchter, die er von Byblos nach Tyros geschickt hatte, ums Leben gekommen
seien[55]. Nach J. A. Knudtzon gab es in Tyros wahrscheinlich eine proägyptische
Partei, die dem Pharao die Treue hielt: „Das Haupt der Getreuen war der Regent
von Tyrus. Er war aber nicht imstande, die Stadt zu halten, oder auch nur Rib-
Addi, der zur Hilfe herbeikam, den Einmarsch zu ermöglichen […], er ist
vielmehr den Aufständischen zum Opfer gefallen […], und mit ihm auch die
unter seinem Schutze befindlichen Verwandten des Rib-Addi."[56] Eine ähnliche
Szene schildert Jahrhunderte später Justinus, der von einem Sklavenaufstand in
Tyros berichtet, in dessen Verlauf sämtliche Bürger der Stadt umgebracht wurden[57]. Ist dieser Bericht der legendenhaft ausgeschmückte Nachklang der Ereignisse, von denen Rib-Addi dem Pharao schreibt? Derartige Nachrichten lassen
zwar kaum noch Rückschlüsse auf historische Ereignisse zu, sie zeigen aber, dass
die Stellung des Königshauses und des Fürsten nicht zu allen Zeiten unange-
fochten war und dass es offensichtlich auch in Tyros zu blutigen Umstürzen und
mit Gewalt einhergehenden Usurpationen kam.

Dass Tyros im 13. Jh. v. Chr. bereits einen gewissen Rang innerhalb der Städte der syropalästinischen Küstenebene hatte, zeigt sich – abgesehen von der Amarna-Korrespondenz
– auch in den mythischen Texten aus Ugarit[58]: Im Keret-Epos wird auf Tafel IV Z. 34-39
davon berichtet[59], dass Keret mit seiner Armee zum Heiligtum der aṯrt von Tyros kommt;
aṯrt wird zugleich als Göttin von Sidon charakterisiert, so dass man davon ausgehen kann,
dass es sich bei der Göttin aṯrt um Aschera oder Astarte handelt und somit an dieser Stelle
ein Tempel dieser Göttin in Tyros bezeugt wird, an dem Keret ein Gelübde ablegt. Auch
wenn die Texte aus Ugarit in ihrer jetzigen Form aus dem 13. Jh. v. Chr. stammen, stehen
hinter den Mythen uralte Traditionen, die im Detail nicht historisch ausgewertet werden
können, die aber doch eine gewisse Einschätzung der Bedeutung von Tyros im 2. Jt. v.
Chr. erlauben: Aufgrund der Korrespondenz zwischen Abimilki von Tyros mit dem
ägyptischen Hof und der Erwähnung eines tyrischen Heiligtums im ugaritischen Keret-
Epos sowie der möglichen Nennung von Tyros in den älteren ägyptischen Ächtungstexten
kann man davon ausgehen, dass Tyros nicht erst im 1. Jt. v. Chr. zu einer einflussreichen
Seehandelsmacht aufgestiegen ist, sondern bereits im 2. Jt. v. Chr. zu den politisch bedeu-

---

54 Byblos war in dieser Phase offensichtlich Ägyptens engster Verbündeter an der phönizischen
     Küste (vgl. dazu Röllig, Phönizier, 17).
55 Vgl. EA 89.
56 Knudtzon, El-Amarna-Tafeln, 1178; vgl. dazu auch H. J. Katzenstein, History, 30-33.
57 Justinus XVIII 3; vgl. dazu unten Teil 4.1.3.1.
58 Zu Ugarit vgl. Schmökel, Geschichte, 222-228.
59 TUAT III, 1228f.

tenden Städten der syropalästinischen Küstenebene gezählt werden muss[60]. Die Orientierung Phöniziens an der ägyptischen Kultur ist dabei nicht zu übersehen und zeigt sich auch an den materialen Hinterlassenschaften wie etwa dem Sarkophag des Achirom von Byblos, dessen Inschrift um 1000 v. Chr. anzusetzen ist, während der anthropoide, ägyptisierende Sarkophag einige Jahrhunderte älter zu sein scheint und in die Amarna-Zeit gehören könnte[61].

Den Niedergang dieser ägyptischen Dominanz im syropalästinischen Raum bezeugt für das 11. Jh. v. Chr. der ägyptische Reisebericht des Wenamun[62], der als Gesandter des ägyptischen Hofes nach Byblos reist, um dort das notwendige Holz für den Unterhalt des Amun-Tempels in Theben zu beschaffen. Nachdem Wenamun zunächst bestohlen wird, wird ihm auch in Byblos selber keine bessere Behandlung zuteil: Das früher als Tribut nach Ägypten gelieferte Holz soll nun mit entsprechenden Geschenken vergolten werden. Diese Respektlosigkeit der Byblier bezeugt die schwindende Macht Ägyptens in der Region, und auch wenn Tyros nur am Rande als Reisestation des Wenamun erwähnt wird, dürfte für alle phönizischen Städte gelten, was sich an Byblos beispielhaft zeigen lässt: Die phönizischen Städte haben sich im 11. Jh. v. Chr. von der ägyptischen Vorherrschaft in ihrer Region emanzipiert, die hethitische Bedrohung aus dem Norden ist mit

---

60   Nur am Rande sei neben den ägyptischen und ugaritischen Zeugnissen auf ein hethitisches Gebet hingewiesen, in dem neben anderen Regionen auch das ‚Land von Sidon' und das ‚Land von Tyros' genannt werden (ANET, 351-353); zudem erwähnt Bikai, Pottery of Tyre, 76 (Addendum), einen unpublizierten Text aus Ebla, in dem Tyros (*Za-a-ru^h*) in einer Stadtliste neben Byblos, Hamet und Jaffa genannt wird und damit „becomes the oldest known reference to Tyre." (Bikai, Pottery of Tyre, 76; der Text wurde Bikai zufolge von G. Pettinato und M. Dahood bearbeitet.) Wie auch immer der Wettstreit um die älteste Erwähnung von Tyros ausgehen mag – in jedem Fall ist die Existenz und damit auch die Bedeutung der Stadt für das 2. Jt. v. Chr. unzweifelhaft belegt.

61   Vgl. zu diesem Problem Lehmann, Dynastensarkophage, 1f.20-24.

62   TUAT III, 912-921. Über die historische Zuverlässigkeit des Berichtes, der in einem postramessidischen Hieratisch abgefasst ist, herrscht keine Einigkeit; doch trotz angebrachter Zweifel an den Detailschilderungen wird auch hier wieder die historische Konstellation, die der Bericht dokumentiert, nicht bestritten werden können: „Vor dem Hintergrund eines stetig fortschreitenden Einflußverlustes Ägyptens in der vorderasiatischen Welt wird der Held, der ägyptische Tempelbeamte Wenamun, zum Objekt ausländischer Potentaten degradiert, in der Folge beraubt, erniedrigt und verstoßen, und ‚erfährt' auf diese Weise im Verlauf seiner über zwei Jahre währenden Reise die Fragwürdigkeit seiner ägyptischen Existenz und Selbsteinschätzung." (G. Moers, TUAT III, 913) Monographisch ist der Reisebericht zuletzt von B. U. Schipper untersucht worden; der Kern des Textes liegt nach Schipper in einem mündlich überlieferten Stoff, „der von der gelungenen Reise eines Schreibers namens Wenamun an die syrische Küste erzählt, der im Auftrag des Herihor Bauholz für eine neue Barke des Gottes Amun besorgte" (Schipper, Erzählung, 329); die literarische Fassung der Geschichte gehöre jedoch ans Ende der 21. bzw. den Anfang der 20. Dynastie: „Sie spiegelt den religiösen und zugleich politischen Diskurs jener Zeit wieder, bei dem die theokratische Vorstellung des Gottes Amun-Re als wahrem König zugleich die Bezugsgröße für eine neue Außenorientierung Ägyptens darstellte." (Schipper, Erzählung, 332f)

dem Untergang des Hethiterreiches weggefallen und die mesopotamischen Verhältnisse lassen noch keine ausgedehnten Kriegszüge der Assyrer bis ans Mittelmeer zu, so dass ideale Voraussetzungen zur Ausbildung einer souveränen Identität der phönizischen Städte gegeben waren[63].

Im Kontext dieser neuen historischen Konstellation sind auch die Nachrichten von einer Gründung von Tyros im 12. Jh. v. Chr. zu interpretieren. Von einer
ersten Gründung der Stadt wird man im 12. Jh. v. Chr. aufgrund der vielfachen
Beziehungen zwischen Tyros und Ägypten im 2. Jt. v. Chr. nicht sprechen
können. Man kann aber davon ausgehen, dass es durch den Einflussverlust
Ägyptens in den phönizischen Gebieten zu einem enormen Bedeutungszuwachs
der phönizischen Städte kam, der auch in entfernteren Gegenden deutlich wahrgenommen wurde, so dass sich die Meinung ausbilden konnte, Tyros und andere
phönizische Städte seien in dieser Phase des Aufschwungs überhaupt erst gegründet worden.

4.1.2.2 Tyros unter Hiram I. im 10. Jh. v. Chr.

Während sich die Geschichte von Tyros im 2. Jt. v. Chr. nur punktuell rekonstruieren lässt und für längere Phasen keine Nachrichten zur Verfügung stehen,
erschließen im Blick auf das 1. Jt. v. Chr. zahlreiche Quellen die Geschichte der
phönizischen Handelsstadt. Für die erste Hälfte des 1. Jt. v. Chr. erlauben vor
allem die alttestamentlichen Überlieferungen und die Kriegsberichte der assyrischen Herrscher tiefere Einblicke in die tyrische Geschichte; daneben stehen mit
den historiographischen Werken des Josephus Quellen zur Verfügung, die einerseits die alttestamentliche Überlieferung wiedergeben, die andererseits diese Zusammenfassungen durch weiteres Material ergänzen und damit Rekonstruktionen
erlauben, die die hebräischen und akkadischen Texte allein nicht ermöglichen
würden. Die auf den ersten Blick günstige Quellenlage hängt vor allem mit den
wirtschaftlichen Beziehungen zwischen Israel und Tyros zusammen, die sowohl
die alttestamentlichen Geschichtsschreiber als auch den Historiker Josephus
veranlassten, über diesen politischen und wirtschaftlichen Partner Israels genauer
zu berichten.

Dennoch müssen aufgrund der problematischen Überlieferung der Quellen einige Einschränkungen gemacht werden. Sowohl die alttestamentlichen Texte als auch die Geschichtswerke des Josephus stellen keine Primärquellen dar; vielmehr beziehen sich beide
in späterer Zeit auf ältere Überlieferungen. Die deuteronomistische Geschichtsschreibung,

---

63 Zu Byblos vgl. Schmökel, Geschichte, 228-231; zur Lage Syrien-Palästinas im 2. Jt. v. Chr. vgl.
    Schmökel, Geschichte, 214, und zur Entstehung der Konsonantenschrift in diesem Kontext vgl.
    Schmökel, Geschichte, 238-241.

die nicht vor dem 7. Jh. v. Chr. einsetzt[64], greift wohl am ehesten auf annalistisches Material und ähnliche Überlieferungen aus älterer Zeit zurück[65]; Josephus dagegen bezieht sich auf die biblische Überlieferung, nennt dann aber noch weitere Quellen, zum einen Menander von Ephesus,

„Μένανδρος ὁ μεταφράσας ἀπὸ τῆς Φοινίκων διαλέκτου τὰ Τυρίων ἀρχεῖα εἰς τὴν Ἑλληνικὴν φωνὴν"[66],

der eine Geschichte von Tyros aus dem Phönizischen ins Griechische übersetzt haben soll[67], zum anderen einen nicht weiter bekannten Historiker Dios[68], der als genauer Kenner der phönizischen Geschichte und ebenfalls als Verfasser einer Geschichte der Phönizier vorgestellt wird:

„παραθήσομαι μάρτυρα Δῖον ἄνδρα περὶ τὴν Φοινικικὴν ἱστορίαν ἀκριβῆ γεγονέναι πεπιστευμένον. οὗτος τοίνυν ἐν ταῖς περὶ Φοινίκων ἱστορίαις γράφει τὸν τρόπον τοῦτον"[69].

Vor allem innerhalb der Zitate des Josephus, in denen Menander und Dios zu Wort kommen, wird eine Reihe von Nachrichten überliefert, die – ein gewisses Maß an Vertrauen in die Zuverlässigkeit des Josephus und seiner Gewährsmänner vorausgesetzt[70] – über das Alte Testament hinausgehende Einblicke in die tyrischen Verhältnisse ermöglichen. Josephus wird durch diese Zitate zum Vermittler und Kronzeugen für die phönizische Geschichte des 1. Jt. v. Chr. Angesichts der ausgesprochen problematischen Überlieferungslage muss die Unsicherheit der Rekonstruktion der tyrischen Geschichte jedoch stets im Blick bleiben[71].

---

64 Vgl. dazu T. Römer, Entstehungsphasen, 45-70, und Römer, History.

65 Vgl. E. Blum, Geschichtsüberlieferungen, 127-129.

66 Josephus, Ant. Jud. VIII 5,3.

67 Zu den einschlägigen Passagen bei Josephus vgl. S. Timm, Dynastie, 200-202.

68 Vgl. dazu Josephus, Ant. Jud. VIII 5,3; C. Ap. I 17f.

69 Josephus, C. Ap. I 17.

70 Vgl. dagegen Timm, Dynastie, 202: „Es soll jedoch nicht verhehlt werden, daß hier der Überlieferung Menanders und Dios' mit größter Skepsis gegenübergetreten wird."

71 Zur Problematik der Rekonstruktion der Geschichte der Phönizier aufgrund der gegebenen Quellen vgl. insbesondere Timm, Dynastie, 200-231, und jetzt vor allem Schipper, Erzählung, 148, der – abgesehen von den archäologischen Resultaten für die tyrische Bronze- und Eisenzeit – die Quellenlage äußerst kritisch beurteilt: „Alle anderen Quellen, einschließlich eines Großteils der Sekundärliteratur, scheiden bedauerlicherweise aus. Gerade in den einschlägigen historischen Werken über Tyrus in der frühen Eisenzeit [...] wird viel zu oft mit den literarischen Quellen argumentiert, ohne deren Problematik zu beachten." Nach Schipper bieten weder die alttestamentlichen Berichte noch die bei Josephus zitierten Historiker Dios und Menander historisch vertrauenswürdige Nachrichten. Es ist nicht zu bestreiten, dass diese Quellen in den bisherigen Darstellungen zur Geschichte Phöniziens teilweise sehr unkritisch gelesen wurden; würde man die wenigen überlieferten Nachrichten aber ganz beiseite lassen, müssten die Akten in Sachen Tyros weitgehend geschlossen werden, weil man kaum noch Material zur Rekonstruktion der Geschichte der Stadt in der Hand hätte. Daher sollte man Josephus und auch den Deuteronomisten zwar kritisch, aber nicht ablehnend gegenüberstehen und ihre Nachrichten

Aufgrund des Zitates von Menander bei Josephus[72] lässt sich als tyrischer König zur Zeit Davids und Salomos ein gewisser Hiram namhaft machen, der 53 Jahre alt wurde und von diesen 53 Jahren 34 regierte. Mit Hilfe einer Notiz bei Josephus lässt sich die Regierungszeit Hirams genauer bestimmen: „Die ganze Zeit von der Königsherrschaft Hirams bis zur Gründung Karthagos ergibt 155 Jahre, 8 Monate."[73] Setzt man die Gründung Karthagos mit der antiken Tradition im Jahr 814/13 v. Chr. an[74], so hätte Hiram die Regierung um das Jahr 969 v. Chr. übernommen. Josephus berichtet weiter, dass im 12. Jahr der Regierungszeit Hirams der Tempel in Jerusalem erbaut worden sei, so dass man für den Tempelbau auf das Jahr 958 v. Chr. käme und damit in der Regierungszeit Salomos läge. Sollte Hiram tatsächlich 34 Jahre lang regiert haben, ergäbe sich eine Regierungszeit von 969 bis 935 v. Chr. Wenn Hiram 935 v. Chr. 53 Jahre alt war, so wäre er 988 v. Chr. geboren und 969 v. Chr. mit ungefähr 19 Jahren König geworden.

Nach II Sam 5,11 und Josephus[75] haben bereits David und Hiram freundschaftliche Beziehungen miteinander unterhalten[76]; ob Hiram allerdings schon zur Zeit der Eroberung Jerusalems durch David König von Tyros war, wie die Berichte in II Sam 5,11 und bei Josephus suggerieren, ist fraglich[77]; es könnte aller-

---

entsprechend würdigen: Wäre es wirklich vorstellbar, dass Josephus bzw. Menander eine tyrische Königsliste ohne jeden historischen Anhalt zusammenphantasiert hätten? Ist es wirklich denkbar, dass die Deuteronomisten die Beziehungen zwischen Hiram und Salomo frei erfunden hätten? Ins Grundsätzliche gewendet: Natürlich kann alles immer noch einmal ganz anders gewesen sein; das gilt aber für jede Geschichtsschreibung. Einem Plädoyer für die Anerkenntnis der Fiktionalität und Subjektivität jeder historischen Rekonstruktion wird man sich ohne Vorbehalt anschließen können (vgl. dazu vor allem H. White, Klio, und Niemann, Oberflächen, 86-88). Das sollte aber nicht daran hindern, das Netz der ‚Megafiktion' ‚Geschichte' mit Hilfe der zur Verfügung stehenden Quellen und deren kritischer Rezeption weiterzuknüpfen (zur Problematik eines ‚freiwilligen Quellenverzichts' vgl. Uehlinger, Bildquellen, 30.38).

72 Josephus, C. Ap. I 17; Ant. Jud. VIII 5,3.

73 Josephus, C. Ap. I 18 (zitiert in der Übersetzung von D. Labow, Flavius Josephus, 121).

74 Zur Gründung Karthagos um 814/813 v. Chr. vgl. Moscati, Phöniker, 215-222, und die Diskussion bei P. Cintas, Manuel, 3-21. Auf neuere Einsichten von archäologischer Seite weist H. G. Niemeyer, Expansion, 263, hin: „La tradition classique date sa fondation de 814/813, mais, sur base des dernières investigations archéologiques, on placera celle-ci, non point au IXe s., mais au plus tard vers le milieu du VIIIe s." Archäologische Erkenntnisse können an dieser Stelle jedoch vernachlässigt werden, da sich die Angaben bei Josephus auf die antike Tradition und deren zeitliche Ansetzung der Gründung von Karthago beziehen.

75 Josephus, Ant. Jud. VII 3,2.

76 Vgl. dazu Briquel-Chatonnet, Relations, 28-39.

77 Vgl. Donner, Israel und Tyrus, 51, demzufolge II Sam 5,11 literarisch von I Kön 5,15-26.32 abhängt: „Es handelt sich um die Notiz eines deuteronomistischen oder nachdeuteronomistischen Redaktors, der die Beziehungen zwischen Tyrus und Israel auf Grund von 1. Reg. 5:15-26 in die Zeit Davids zurückdatierte." Donner geht daher davon aus, dass es erst unter Salomo zu Kontakten zwischen Israel und Tyros kam und David im Blick auf die phönizische Küste nach dem Grundsatz vorging: „nur nicht anfassen, nach Möglichkeit unberührt lassen, Samthandschuhe anziehen!" (Donner, Israel und Tyrus, 52) Als Fazit ergibt sich damit für

dings sein, dass Hirams Vater Abibalos[78] Kontakte mit dem Jerusalemer Hof unterhielt, Hiram als Kronprinz in diese Beziehungen hineinwuchs und mit Salomo weiterführte, so dass er in späterer Zeit als alleiniger Vertreter der Beziehungen zwischen Tyros und Jerusalem im 10. Jh. v. Chr. gesehen werden konnte. Dem biblischen Bericht zufolge hätte Hiram Boten zu David gesandt, die – mit Zedernholz ausgestattet und von Zimmerleuten und Steinmetzen begleitet – nach Jerusalem kamen, um sich am Bau des davidischen Königspalastes zu beteiligen. Sieht man einmal von Hiram als tyrischem Auftraggeber ab, so ist es nicht unwahrscheinlich, dass sich phönizische Spezialisten am Bau des Palastes beteiligten, denn was für den späteren Tempelbau möglich war, sollte für den Königspalast noch viel mehr denkbar sein[79].

Insbesondere von archäologischer Seite sind im Blick auf das 10. Jh. v. Chr. und das sogenannte ‚davidisch-salomonische Großreich' gewichtige Einwände ins Feld geführt worden. Die von den Archäologen Israel Finkelstein und Neil A. Silberman angestoßene Debatte soll daher an dieser Stelle in einem kurzen Exkurs aufgegriffen werden[80].

Finkelstein und Silberman weisen darauf hin, dass die archäologischen Forschungsergebnisse, die zur Rekonstruktion der Geschichte des 10. Jh. v. Chr. herangezogen werden können, nur zu einem geringen Teil in Jerusalem selber zu finden sind[81]. Durch spätere Bautätigkeiten, womöglich vor allem durch den Ausbau des Tempelbezirks unter Herodes dem Großen im 1. Jh. v. Chr.[82], sind die älteren Schichten auf dem Tempelberg womöglich weitgehend zerstört worden, so dass hier genauere Erkenntnisse über das Jerusalem des 10. Jh. v. Chr. nicht erwartet werden können[83]; ebensowenig werden die Ausgrabungen in der sogenannten Davidsstadt, einem schmalen, steilen Kamm südlich des Tempelberges, die Stadtgeschichte des 10. Jh. v. Chr. erhellen, denn außer wenigen Tonscherben lässt sich in den entsprechenden Schichten kein Hinweis auf eine ausgebaute Hauptstadt finden. Nach Finkelstein und Silberman zeigt sich vielmehr, dass Bauwerke und Befestigungsanlagen in

---

Donner: „David und die phönikische Küste? Ein friedliches, beziehungsloses Nebeneinander. Salomo und die phönikische Küste? Beziehungen, Handel und Abhängigkeit." (Donner, Israel und Tyrus, 52)

78 Genannt von Josephus, C. Ap. I 18.

79 Man könnte sich allerdings fragen, ob an Hirams Stelle nicht eher Hirams Vater Abibalos von Tyros seine Leute nach Jerusalem schickte; Hiram wäre zu dieser Zeit dann eher tyrischer Kronprinz als König gewesen (vgl. dazu auch Katzenstein, History, 96f).

80 Vgl. dazu vor allem die beiden Werke von I. Finkelstein und N. A. Silberman „Keine Posaunen vor Jericho. Die archäologische Wahrheit über die Bibel" und „David und Salomo. Archäologen entschlüsseln einen Mythos", die sich an ein breiteres Publikum richten, aber dennoch wissenschaftlich fundiert sind und die Standpunkte der beiden Autoren pointiert zusammenfassen. Der hier nun folgende Exkurs bezieht sich vor allem auf Finkelsteins und Silbermans Darstellung, ohne die archäologischen Daten, die von beiden angeführt werden, im einzelnen überprüfen und diskutieren zu können – das wird die fachwissenschaftliche Debatte innerhalb der archäologischen Disziplinen zu leisten haben.

81 Vgl. Finkelstein/Silberman, David und Salomo, 234-239.

82 Vgl. Finkelstein/Silberman, Posaunen, 145.

83 Vgl. Finkelstein/Silberman, Posaunen, 150.

Jerusalem zunächst in der mittleren Bronzezeit und dann erst wieder im 8./7. Jh. v. Chr. errichtet wurden: „Vom archäologischen Standpunkt aus war Jerusalem in den Jahrhunderten zwischen diesen beiden Bauphasen wahrscheinlich nur ein kleines, relativ armes, unbefestigtes Dorf im Bergland auf einer Fläche von ein bis zwei Hektar, dessen Bewohner auf dem Nordteil des Hügelkamms unweit der Gihon-Quelle siedelten."[84]

Man ist daher Finkelstein und Silberman zufolge gut beraten, den Blick weg von Jerusalem auf andere Ortschaften zu richten; hier scheinen nun insbesondere Hazor, Megiddo und Geser eine besondere Rolle zu spielen – die Notiz in I Kön 9,15, derzufolge diese Städte unter Salomo ausgebaut wurden, hat das Interesse der Archäologen seit langem auf sich gezogen[85].

In Megiddo wurde bereits in den 1920er Jahren ein Stadttor ausgegraben, das man der Zeit Salomos zuordnete und damit als Bestätigung der biblischen Berichte deutete. Der israelische Archäologe Yigael Yadin interpretierte Mitte des 20. Jh. die ganz ähnlichen Sechskammertore, die man in Geser und Hazor fand, als weitere Beispiele dieser salomonischen Bautätigkeit[86]. Genau an diesen Stadttoren, die man der Epoche Salomos zuschrieb, setzt nun die Kritik Finkelsteins und Silbermans ein. Beide verweisen auf eine neue Analyse der Grabungsergebnisse durch David Ussishkin, derzufolge das Stadttor von Megiddo später erbaut wurde als diejenigen von Hazor und Geser[87]; die Datierung des Ausbaus von Megiddo in das 10. Jh. v. Chr. beruhe auf einem von den biblischen Angaben herrührenden Zirkelschluss: Man habe I Kön 9,15 vor Augen gehabt, dazu den Ausbau von Megiddo archäologisch nachweisen können und aus beiden Daten geschlossen, dass sie miteinander zusammenhängen.

Nach Finkelstein und Silberman zeigt sich jedoch bei genauerem Hinsehen, dass etwa der Quadersteinpalast von Megiddo, der wie das Stadttor in das 10. Jh. v. Chr. datiert wurde, auffallende Ähnlichkeiten mit den omridischen Königspalästen von Jesreel und Samaria aufweist; hinzu komme, dass die Quadersteine des Palastes von Samaria und die des südlichen Palastes von Megiddo bestimmte Prägungen tragen, die als Steinmetzzeichen gedeutet werden können. Finkelstein und Silberman schließen daraus, dass beide Gebäude aus derselben Zeit stammen und dieselben Erbauer haben. Da Samaria mit einiger Sicherheit erst unter Omri zur Hauptstadt des Nordreiches Israel ausgebaut wurde, hätte man es somit auch beim Ausbau von Megiddo nicht mit einer salomonischen, sondern mit einer omridischen Baumaßnahme aus dem 9. Jh. v. Chr. zu tun[88].

Diese These wird durch die verfeinerten Datierungsmöglichkeiten der Radiokarbonmethode erhärtet, denn analysierte Getreidesamen und Olivenkerne aus Grabungsschichten, die traditionell in das 10. Jh. v. Chr. datiert wurden, lassen Finkelstein und

---

84 Finkelstein/Silberman, David und Salomo, 239.
85 Vgl. Finkelstein/Silberman, David und Salomo, 142-150.
86 Vgl. Finkelstein/Silberman, David und Salomo, 240-244, sowie Y. Yadin, Megiddo, 66-96, und Yadin, Hazor, 601.
87 Vgl. Finkelstein/Silberman, David und Salomo, 244-246, sowie D. Ussishkin, City Gate, 1-18, und Ussishkin, Notes, 71-91.
88 Vgl. Finkelstein/Silberman, Posaunen, 152-159.177-181, und Finkelstein/Silberman, David und Salomo, 245f.

Silberman zufolge erkennen, dass die entsprechenden Schichten einer späteren Zeit ange-hören[89].

Die gesamte Konstruktion eines ‚davidisch-salomonischen Großreiches‘ erscheint Finkelstein und Silberman vor diesem Hintergrund fraglich; sie entwerfen daher ein Bild des 10. Jh. v. Chr., das sich von den Darstellungen der Samuel- und Königsbücher weitge-hend unterscheidet. Ihrer Meinung nach zeigen die archäologischen Ausgrabungen vor allem, dass mit einer Blüte der Bautätigkeiten in Israel erst im 9. Jh. v. Chr. gerechnet werden kann[90], während im 10. Jh. v. Chr. vor allem kleinere Städte in einem mehr oder weniger losen Verband nebeneinander existierten: Das ‚davidisch-salomonische Großreich‘ beschränke sich daher wohl auf ein recht kleines Gebiet um Jerusalem herum und reiche in keinem Fall bis an die Grenzen Phöniziens im Norden oder bis nach Ezjon-Geber im Süden; weitläufige Beziehungen zu den führenden Kulturregionen habe es in dieser Zeit wohl kaum gegeben. Das Gebiet sei eher von bäuerlicher Lebensweise geprägt gewesen; nördlich von Jerusalem lasse sich eine relativ dichte, südlich von Jerusalem dagegen lediglich eine dünne Besiedlung nachweisen[91].

Fragt man Finkelstein und Silberman nach den Gründen für das Auseinanderfallen von literarischer Darstellung auf der einen und archäologisch fassbaren Daten auf der anderen Seite, so verweisen sie auf das 7. Jh. v. Chr., in dem sie den Schlüssel für die Inter-pretation der biblischen Erzählungen suchen: Das Davidbild und vor allem das ‚davidisch-salomonische Großreich‘ der alttestamentlichen Darstellung spiele in auffallender Weise dem König Josia in die Hände, für den die Texte aus Finkelsteins und Silbermans Sicht als Programmschrift entworfen wurden, um seine Reformen zu legitimieren und vor allem um die Wiederherstellung der vermeintlich alten Größe des Reiches zu propagieren, das nicht nur Juda im Süden, sondern auch Israel im Norden umfasst haben soll[92]. Die Verfasser der Texte hätten dabei auf Überlieferungen zurückgegriffen, die den Eindruck erwecken, es habe eine wirtschaftliche und kulturelle Blüte, wie sie historisch erst in der Omridenzeit nachweisbar sei, bereits in der davidisch-salomonischen Ära gegeben[93].

Folgt man Finkelstein und Silberman, liegt es daher nicht allzu fern, das ‚davidisch-salomonische Großreich‘ insgesamt in den Bereich der Fiktion zu verlegen und sowohl das Reich als auch die ersten Könige für historisch inexistent zu erklären. Die Inschrift von Tell-Dan aus dem 9. Jh. v. Chr., in der neben dem König von Israel möglicherweise auch ein König(?) des ‚Hauses David‘ genannt wird[94], zeigt jedoch, dass das ‚Haus David‘ im 9. Jh. v. Chr. offensichtlich eine Größe war, auf die die Legitimität eines Königsgeschlechtes

---

89   Vgl. Finkelstein/Silberman, David und Salomo, 246.

90   Vgl. zum omridischen Israel Finkelstein/Silberman, Posaunen, 188-215.

91   Vgl. Finkelstein/Silberman, Posaunen, 147-151.160f.176f.

92   Vgl. Finkelstein/Silberman, David und Salomo, 159-184.

93   Vgl. Finkelstein/Silberman, David und Salomo, 19-26.96-102, und Finkelstein/Silberman, Posaunen, 160-163.211-214. In ähnlicher Weise argumentiert auch E. A. Knauf, King Solomon's Copper Supply, 178f.

94   Vgl. dazu die Erstveröffentlichung von A. Biran/J. Naveh, Aramaic Stele Fragment, 81-98, und Biran/Naveh, Tel Dan Inscription, 1-18; einen Überblick über die sich anschließende Debatte gibt W. Dietrich, David, 79-87.

zurückgeführt werden konnte[95]; dieser epigraphische Beleg ist zudem relativ unverdächtig, weil die Inschrift auf die Aramäer unter Hasael von Damaskus zurückzuführen ist und damit einen Einblick von außen in die Verhältnisse in Israel und Juda eröffnet. Man kann daher wohl mit guten Gründen davon ausgehen, dass es einen König David gegeben hat, der bereits im 9. Jh. v. Chr. als Dynastiegründer des ‚Hauses David' galt. Die radikale Position, das davidische Königtum sei nichts weiter als eine spätere Fiktion, ist vor diesem Hintergrund nicht aufrechtzuerhalten[96].

Man hat damit also einen epigraphischen Ausgangspunkt für die Rekonstruktion der Geschichte des Königreiches Davids und Salomos gewonnen. Von diesem Ausgangspunkt her sollten die archäologischen und exegetischen Erkenntnisse miteinander verbunden werden, um ein möglichst sachgemäßes Bild des 10. Jh. v. Chr. zeichnen zu können. Folgt man Finkelsteins und Silbermans Interpretation der archäologischen Daten, so ergibt sich ohne Frage ein von den Samuel- und Königsbüchern abweichendes Bild für die Lage im 10. Jh. v. Chr. Dennoch gehen die Schlussfolgerungen der beiden Archäologen letztlich über das hinaus, was der archäologische Datenbestand an Deutungen zulässt. Finkelstein und Silberman scheinen *de facto* nichts anderes zu tun, als was andere vor ihnen jahrzehntelang auch getan haben – und was sie diesen vorhalten, nämlich den einen Quellentyp von den Inhalten des anderen Quellentyps her zu deuten. Wurden lange Zeit die archäologischen Funde von den biblischen Texten her interpretiert, entwerfen Finkelstein und Silberman nun eine Exegese der biblischen Texte von den archäologischen Funden her[97]. Auch wenn die Berichte der Samuel- und Königsbücher die historische Situation des 10. Jh. v. Chr. nicht sachgemäß beschreiben, sondern einen offensichtlich anderen zeitgeschichtlichen Hintergrund und vor allem ganz eigene theologische Intentionen haben, so stellt sich doch die Frage, ob sie nicht unterbestimmt werden, wenn man sie vor allem als Programmschrift Josias liest. Es sei hier beispielsweise auf diejenigen Texte verwiesen, die David in zweifelhaftem Lichte dastehen lassen – wo liegt der Sinn dieser Texte, wenn es in

---

95 Vgl. dazu jetzt aber auch die Gegenposition von G. Athas, Tel Dan, 217-226.295-298, der ביתדוד als ein Toponym mit Bezug auf Jerusalem deutet und die Inschrift insgesamt um 796 v. Chr. ansetzt. Trotz seiner Minimalinterpretation kommt Athas jedoch nicht umhin zuzugestehen: „The Tel Dan Inscription does not give us proof of an historical David, but it may be certainly be admitted as evidence." (Athas, Tel Dan, 309)

96 Vgl. Finkelstein/Silberman, David und Salomo, 229-233, und Finkelstein/Silberman, Posaunen, 146.

97 Zur Methodik vgl. zum einen R. Schmitt, Königszeit, 421-425, und zum anderen J. Schaper, Suche, 1-21.181-196. Schapers eingehende Auseinandersetzung mit der Problematik führt ihn zu dem epistemologischen Schluss, „daß weder den Texten noch den Artefakten prinzipielle Priorität eingeräumt werden kann." (Schaper, Suche, 187) Dem ist mit allem Nachdruck zuzustimmen, denn es handelt sich bei beiden Quellentypen – Texten *und* Artefakten – um kulturelle Hinterlassenschaften, deren Erschließung nur aufgrund einer sachgemäßen Interpretation gelingen kann. Dass dabei von Fall zu Fall die eine Quelle eher primären, die andere dagegen eher sekundären Charakter haben kann, liegt aufgrund der verschiedenen Qualitäten von Quellen auf der Hand. Diese verschiedenen Qualitäten müssen allerdings im jeweiligen Einzelfall geprüft und möglichst präzise bestimmt werden, um Fehleinschätzungen so weit als möglich zu vermeiden; generalisierende Bewertungen der Qualität von Quellentypen und daraus folgende allgemeine Hierarchisierungen müssen daher stets auf ihre Tragfähigkeit hin geprüft werden (vgl. dazu Schaper, Suche, 16f).

erster Linie um eine Analogie zwischen David und Josia gehen sollte, die Josia als den zweiten David, also einen großen König, propagierte? Hier scheinen in den Samuel- und Königsbüchern noch ganz andere Absichten als allein die Propaganda für ein josianisches Großreich im Hintergrund zu stehen. Als weiteres Beispiel sei der Bericht vom Tempelbau in I Kön 6f erwähnt, der deutlich die phönizische Prägung des Jerusalemer Heiligtums erkennen lässt. Welchen Sinn sollte ein solches Eingeständnis der kulturellen Beeinflussung des Jerusalemer Heiligtums durch die Phönizier gerade zur Zeit der Reformen Josias haben? Müsste man hier von den Verfassern der Texte, wenn sie vor allem Propaganda für Josia betreiben wollten, nicht eine andere theologische Konzeption erwarten? Liegt hier nicht vielleicht doch eine Passage vor, die es ermöglicht, hinter die Texte in ihrer über- lieferten Form zurückzufragen und ältere Quellen anzunehmen, in denen die handwerk- liche Unterstützung des Tempelbaus durch phönizische Fachleute verzeichnet war?

Dieser Annahme würden Finkelstein und Silberman wohl eher widersprechen; ihre Deutung des 10. Jh. v. Chr. zeichnet sich durch ein hohes Maß an Skepsis hinsichtlich der Verbreitung der Schriftkultur aus[98]. Doch muss man für die Annahme solcher Quellen notwendigerweise von einer weit verbreiteten Alphabetisierung ausgehen? Für derartige Aufzeichnungen hätte es keiner breiten Bildungsschicht bedurft; es genügten wohl speziell ausgebildete Schreiberkreise, die es durchaus im 10. und 9. Jh. v. Chr. gegeben haben kann[99].

Die literargeschichtliche Debatte um das Deuteronomistische Geschichtswerk hat je- doch in der Tat gezeigt, dass es sich bei dem vorliegenden literarischen Entwurf der David-Salomo-Geschichten durchweg um eine Sammlung von Texten handelt, die frühestens im späten 7. Jh. v. Chr. entstanden sind und in der Folge eine lange literarische Entwicklung bis in die nachexilische Zeit hinein durchlaufen haben[100]. Leonhard Rosts These einer Thronnachfolgegeschichte, die am Jerusalemer Hof bald nach den Ereignissen des 10. Jh. v. Chr. entstanden sei, wird heute kaum noch vertreten[101] – auch wenn Finkelstein und Silberman gelegentlich auf Rosts Arbeit Bezug nehmen[102], als ob sie den

---

98   Vgl. Finkelstein/Silberman, Posaunen, 254-258, und Finkelstein/Silberman, David und Salomo, 86.

99   Zur Debatte um die Anfänge der Schriftkultur im antiken Israel und Juda vgl. grundsätzlich Niemann, Kein Ende des Büchermachens, 127-134; Witte, Geschichtswerke, 55-60, bemerkt im Blick auf das 10./9. Jh. v. Chr. skeptisch: „[E]s fehlte sowohl an ausreichend Schreibkundigen als auch an einem entsprechenden Lesepublikum" (Witte, Geschichtswerke, 58). Wird man aber nicht trotz eines fehlenden Lesepublikums annehmen können, dass es schriftkundige Spezialisten gab, die Annalen und Chroniken anlegten (vgl. Niemann, Kein Ende des Büchermachens, 128), die sich nicht an ein größeres Publikum richteten, sondern für den internen Gebrauch bestimmt waren und auf die in späterer Zeit zurückgegriffen werden konnte? Und sprechen nicht Texte wie der Gezer-Kalender dafür, dass in einem gewissen Rahmen auch schon im 10. Jh. v. Chr. Schriftkultur im Rahmen von ‚Schülerübungen' (vgl. KAI II, 181, und HAE I, 31f) weitergegeben und damit also auch gepflegt wurde (vgl. Lemaire, Écoles, 10f.30-33.46-48)?

100   Vgl. dazu Römer, History, und Römer, Entstehungsphasen, 45-70.

101   Vgl. dazu jetzt aber die Arbeit von T. A. Rudnig, Davids Thron, 330-363, der aufgrund seiner Textanalysen zu dem Schluss kommt, dass innerhalb der David-Salomo-Überlieferung mit kur- zen zeitgenössischen Texten zu rechnen ist, die in prodynastischer Ausrichtung noch zu Salomos Regierungszeit zu einem Gründungsdokument der Dynastie verbunden wurden.

102   Finkelstein/Silberman, David und Salomo, 21.112.

gegenwärtigen Stand der Forschung repräsentiere. Die Deuteronomismusdebatte zeigt, dass die Samuel- und Königsbücher auch in den Kapiteln, die sich mit David und Salomo befassen, nicht allein auf Josia bezogen werden können und nicht nur die Situation des ausgehenden 7. Jh. v. Chr. im Blick haben. Es handelt sich vielmehr um eine Textsammlung, die die Katastrophe des Exils einordnen will und zu diesem Zweck einen Geschichtsentwurf vorlegt, der von Saul, David und Salomo bis zu Jojachin reicht. Eine solche Arbeit ist wohl kaum möglich, ohne dass auf überliefertes Material zurückgegriffen wird. Ob dieses Material nur mündlich weitergegeben wurde, ist dabei doch sehr fraglich, zumal die Verfasser der Texte selber auf schriftliche Quellen verweisen, die über ihre eigene Darstellung hinausführen[103]. Hier bleibt ohne Zweifel eine kritische Grundhaltung nötig, aber es ist nicht sinnvoll und methodisch auch nicht angemessen, den Texten *a priori* jegliche Zeugniskraft auch für die zurückliegenden Jahrhunderte der Monarchien von Israel und Juda abzusprechen[104]. Das wird letztlich auch für das 10. Jh. v. Chr. gelten[105], in dem es mit hoher Wahrscheinlichkeit nicht ganz so prachtvoll und glänzend zuging, wie die Texte vorgeben, in dem es aber doch einen König David und einen König Salomo in Jerusalem gegeben haben wird, auch wenn die Verhältnisse eher denen einer bäuerlichen Gesellschaft als denen eines Großreiches entsprachen[106]. Da, wo solche Könige residieren, müsste man im übrigen auch ohne die entsprechenden Texte mit einem Palast und einem Tempel rechnen – dass über diese Bauwerke nun aber sogar literarische Berichte vorliegen, sollte die grundsätzlichen Zweifel zerstreuen, oder, um mit Ernst Axel Knauf zu sprechen: „Aber auch in einer Tribal- oder Feudalgesellschaft könnte David ohne weiteres mehrere Kronen auf seinem Haupt vereinigt haben; man darf sich dieselben nur nicht zu prächtig vorstellen."[107]

Josephus berichtet[108], dass nach dem Tod Davids und der Regierungsübernahme durch Salomo Hiram die Freundschaft mit dem Jerusalemer König erneuerte, indem er dem neuen Regenten durch eine Gesandtschaft seine Glückwünsche überbringen ließ[109]. Beide Könige schlossen dann umfangreiche wirtschaftliche Abkommen: Zum einen lieferte Jerusalem offensichtlich Getreide gegen Zedern aus dem phönizischen Gebiet[110]; zum anderen wird von reichen Gold- und Silberlieferungen Hirams berichtet, die Salomo außer mit Getreide auch mit Öl und Wein vergütete, woran Hiram, wie Josephus berichtet, als Inselbewohner

---

103 Vgl. dazu etwa I Kön 11,41; 14,19.29 u. ö.
104 Vgl. dazu auch Sommer, Phönizier, 81f.
105 Vgl. Schmitt, Königszeit, 426.
106 Vgl. die Rekonstruktion Sommers, Europas Ahnen, 93-96.
107 Knauf, Zeitrechnung, 594; zu Salomo vgl. Knauf, King Solomon's Copper Supply, 167-186.
108 Josephus, Ant. Jud. VIII 2,6.
109 Zu den Beziehungen zwischen Hiram und Salomo vgl. ausführlich Briquel-Chatonnet, Relations, 40-58.
110 Vgl. dazu auch den biblischen Bericht in I Kön 5,15-32, auf den sich Josephus offenkundig hauptsächlich stützt.

Mangel litt[111]; zum dritten schickte Salomo Arbeiter in den Libanon, um dort Holz zu fällen, während tyrische Fachleute bei der Herstellung der Felsblöcke für die Fundamente des Tempels ihre Kompetenz einbrachten[112].

Die Beteiligung von phönizischen, vor allem wohl tyrischen Fachkräften am Tempelbau in Jerusalem lässt sich aufgrund des Tempelbauberichtes kaum bezweifeln[113]. Dass diese Beteiligung auch Auswirkungen auf die Architektur und Ausstattung hatte, lässt sich etwa daran erkennen, dass die beiden Säulen Jachin und Boas, die in der Vorhalle des Tempels standen, nach I Kön 7,13-22 von einem tyrischen Kupferschmied hergestellt wurden, der auch ansonsten an der Herstellung der Innenausstattung des Tempels beteiligt war[114]. Im Blick auf die beiden Säulen ist es besonders wichtig, dass Herodot in seinen Historien erwähnt[115], dass der tyrische Melkart-Tempel ebenfalls mit zwei Säulen bestückt war, die eine aus Gold, die andere aus Smaragd; die Entsprechung zwischen Melkart-Tempel und Jahwe-Tempel ist in diesem Detail unverkennbar. Hier zeigt sich an einem kleinen Ausschnitt, was sich aus den überlieferten Kontakten zwischen Jerusalem und Tyros insgesamt ablesen lässt: Auf der Grundlage des wirtschaftlichen Abkommens über wechselseitige Holz- und Getreidelieferungen

---

111 I Kön 5,24f; Josephus, Ant. Jud. VIII 5,3. Die genannten jährlichen 20'000 *kor* Weizen entsprechen ungefähr 4,2 Millionen Litern, die 20'000 *bat* Olivenöl entsprechen ungefähr 420'000 Litern (vgl. Markoe, Phönizier, 34).

112 Josephus, Ant. Jud. VIII 2,9. I Kön 5,32 erwähnt neben den Leuten Hirams auch noch die Gebaliter, so dass man wohl davon ausgehen kann, dass nicht nur tyrische, sondern auch andere phönizische Fachkräfte für den Tempelbau engagiert wurden.

113 Vgl. dazu Briquel-Chatonnet, Relations, 353-362. Anders dagegen urteilt Knauf, King Solomon's Copper Supply, 183f, der bestreitet, dass Salomo als Tempelbauherr gewirkt habe, und folgert: „Because the historic Solomon never built a temple, he did not need Phoenician craftsmen and expertise for that purpose, and as the temple of Jerusalem that Solomon took over had never been anything but an average Canaanite sanctuary in nature and, presumably, architecture, he did not need Phoenician design to make the temple of Jerusalem look as Canaanite as it appears in all extant descriptions." (Knauf, King Solomon's Copper Supply, 184) Die dann notwendige Annahme, dass spätere literarische Umdeutungen aus dem kanaanäischen Heiligtum einen salomonischen Tempel machten, der nur mit Hilfe phönizischer Expertise erbaut werden konnte, wirft allerdings zahlreiche Fragen nach den Trägergruppen und den Intentionen einer solchen Geschichtskonzeption auf, die bewusst und – wie es scheint – ohne Not die Phönizier am Tempelbau beteiligt sein lässt; die Hypothese, dass man es hier schlicht mit Nachrichten zu tun hat, die – bei aller späteren Ausgestaltung – im Kern, also der Information, dass es beim Jerusalemer Tempelbau zur Beteiligung phönizischer Fachleute kam, als zuverlässig eingestuft werden können, gesteht den Texten immerhin ein Mindestmaß an historischer Zeugniskraft zu und erscheint daher nicht weniger plausibel als andere Annahmen.

114 Vgl. Röllig, Phönizier, 22: „Die Herstellung von Bronzeguß, von vielfältigem und kompliziertem kultischem Gerät, war den Phöniziern offenbar vertraut. [...] Sind es zunächst nur die natürlichen Reichtümer, besonders Holz, die Phönizien attraktiv machten, so werden es jetzt die Produkte des Handwerks oder die Handwerker selbst, die weitergegeben werden."

115 Herodot II 44.

kommt es zu einem kulturellen Austausch[116]; es ist nicht viel Phantasie nötig, um sich vorzustellen, wie in diesem wechselseitigen Kontakt auch religiöse und theologische Impulse ihre Wirkung entfalten konnten. Dass die fremdreligiösen Einflüssen ablehnend gegenüberstehenden Deuteronomisten die Nachrichten über den phönizischen Einfluss auf den salomonischen Tempelbau überlieferten, könnte für deren historische Zuverlässigkeit sprechen.

Im Kontext des wirtschaftlichen Austausches kommt es nach I Kön 9,10-14 zu einer denkwürdigen Szene, von der auch in II Chr 8,2 und bei Josephus[117] berichtet wird: Demnach hätte Salomo Hiram 20 Städte im galiläischen Gebiet nahe der tyrischen Grenze übergeben, die Hiram besichtigte, allerdings keinen Gefallen daran fand. Josephus erläutert den angeblich phönizischen Namen des Gebietes Χαβωλών – hebräisch כבול – mit Hilfe der Übersetzung: ‚etwas, das nicht gefällt'. Das Gebiet scheint identisch zu sein mit dem Jos 19,27 genannten Ort Kabul, „der zum Stamm Asser gehört, dessen Gebiet aber an das des Stammes Sebulon stößt."[118]

II Chr 8,2 notiert in diesem Zusammenhang übrigens das Gegenteil: Hiram habe Salomo diese Städte übergeben und Salomo habe sie dann ausgebaut. Das dürfte aber eine absichtliche Umkehrung des tatsächlichen Verlaufs sein; die Verfasser der Chronikbücher, die – bis auf die kleine Spur in II Chr 2,13 – auch die gesamte Beteiligung der Phönizier am Tempelbau verschweigen und diesen zum alleinigen Werk Salomos machen, konnten offensichtlich nicht akzeptieren, dass ein Jerusalemer König Teile des von Jahwe erhaltenen Landes einem fremden König übergeben haben sollte. Die theologische Imprägnierung der Chronikbücher macht sie als Quelle für die Rekonstruktion der Geschichte der Phönizier nur sehr eingeschränkt brauchbar[119].

Was es mit den 120 Zentnern Gold auf sich hat, die am Ende des Berichtes in I Kön 9,14 erwähnt werden, bleibt unklar. Wollte Hiram von Salomo Gebiete im tyrisch-israelitischen Grenzland kaufen und war dann mit den Orten selber unzufrieden? Josephus berichtet an anderer Stelle[120], dass Salomo sich mit dem Gebiet für die Unterstützung durch Hiram beim Tempelbau bedanken wollte. Hiram

---

116 Briquel-Chatonnet vermutet die Gründe für die Verbindungen zwischen Israel/Juda und Tyros vor allem im ökonomischen Bereich: „De fait, l'aspect essentiel de ces relations entre Tyr et Israël, pour autant que nous puissions le saisir, était sans doute le commerce. Les deux pays avaient des ressources et des économies complémentaires et les échanges entre eux étaient mutuellement profitables. Et si on ne peut guère saisir les conséquences de ces relations du côté tyrien, il est clair qu'il y a correspondance entre les périodes de développement, de richesse et de prospérité en Israël, puis Israël et Juda, et les moments d'alliance avec Tyr." (Briquel-Chatonnet, Relations, 378)

117 Josephus, Ant. Jud. VIII 5,3.

118 Labow, Flavius Josephus, 111 Anm. 40; vgl. dazu auch unten Teil 5.1.1.

119 Vgl. dazu unten Teil 5.1.2.

120 Josephus, C. Ap. I 17.

konnte wohl mit der Region wenig anfangen und nahm das Geschenk daher nicht an.

Ebenfalls in den Bereich des Wirtschaftslebens führt eine Notiz in I Kön 9,26-28, die davon berichtet, dass Salomo und Hiram von Ezjon-Geber aus gemeinsame Schiffsexpeditionen nach Ophir unternommen hätten[121]; nach I Kön 10,22 wären die Schiffe in einem Drei-Jahres-Rhythmus nach Israel zurückgekommen und hätten neben Gold und Silber auch Elfenbein, Affen und Pfauen bzw. Paviane[122] geliefert. Wie auch immer hier die Dinge im einzelnen liegen mögen: Israel, das im Gegensatz zu den Phöniziern nie eine See- und Handelsmacht war, hätte den Berichten zufolge im 10. Jh. v. Chr. aufgrund der guten Beziehungen zu Tyros offensichtlich auch Erfahrungen im Bereich der Schiffahrt gesammelt[123].

Nach Josephus berichten Menander und Dios im Zusammenhang der kulturellen Beziehungen von einem Austausch besonderer Art[124]: Hiram und Salomo lieferten sich demnach rege Wettkämpfe im Rätselraten, bei denen hohe Geldsummen als Einsatz im Spiel waren. Zunächst hätte innerhalb dieser Rätselspiele Salomo die Führung übernommen; Hiram holte sich den Berichten zufolge jedoch einen gewissen Abdemunos zu Hilfe[125] und konnte ebenfalls Spielgewinne erzielen[126]. Die alttestamentlichen Texte sparen diese Episode vollkommen aus, berichten allerdings in I Kön 10 im Zusammenhang des Besuchs der Königin von Saba ebenfalls von der Rätselfreude Salomos, bei der man es offensichtlich mit einem Topos der Darstellung Salomos zu tun hat[127], über dessen historische

---

121 Vgl. dazu die ausführliche Darstellung bei Briquel-Chatonnet, Relations, 271-287, die grundsätzlich von der Historizität der Expeditionen ausgeht, allerdings einschränkend anmerkt: „Mais elles n'ont sans doute eu aucun caractère organisé ou régulier. Nous pensons même qu'il a dû s'agir d'une aventure unique, exceptionelle, ce qui expliquerait bien que les souverains postérieurs n'aient pas pu la renouveler." (Briquel-Chatonnet, Relations, 287)

122 Zur Bedeutung von תכיים vgl. HALAT, 1594f.

123 Vgl. dazu Schmökel, Geschichte, 295.

124 Josephus, Ant. Jud. VIII 5,3; C. Ap. I 17f.

125 Nach Labow, Flavius Josephus, 114f Anm. 62, scheint der Rätselgehilfe Abdemunos dem Historiker „Dios nicht weiter bekannt gewesen zu sein. Bei Menander wird er immerhin als παῖς νεώτερος näher qualifiziert".

126 Vgl. dazu Labow, Flavius Josephus, 114f Anm. 62, derzufolge der Vertrag zwischen Hiram und Salomo besagte, „dass derjenige, der die Rätsel nicht zu lösen vermag, eine Geldstrafe zu entrichten habe. Daraus muss man schlussfolgern, dass es eine zeitliche Begrenzung gab, nach deren Ablauf die Erfolge konstatiert und die Wettschulden eingelöst wurden [...]. Die Möglichkeit einer späteren zweiten Chance sowie des Einbeziehens einer dritten Person sieht jedenfalls der Vertrag in der bei Dios bezeugten Form nicht vor."

127 Zu Salomo als einem literarischen Topos, dessen Aufstieg sich von der assyrischen Epoche bis in die Perserzeit hinein verfolgen lässt, schreibt A. de Pury: „Entre le règne de Tiglat Pilezer III et celui d'Assurbanipal, nous assistons donc à la naissance d'un *topos* littéraire: celui de l'entrepreneur phénicien et de la reine arabe. L'histoire biblique du règne de Salomon en est profondément marquée: Hiram de Tyr et la Reine de Saba sont les deux auxiliaires, les deux

Authentizität zwar keine sicheren Angaben gemacht werden können, der das Bild Salomos als des weisen und klugen Königs *par excellence* aber bis auf den heutigen Tag prägt[128].

Auch wenn Hiram I. von Tyros vor allem im Kontext der Beziehungen zu Salomo greifbar wird[129], so finden sich doch bei Josephus einige Angaben, aufgrund derer eine Reihe innenpolitischer Aktivitäten dieses tyrischen Königs rekonstruiert werden kann. So berichten Menander und Dios nach Josephus[130] übereinstimmend von einer immensen Bautätigkeit Hirams. Dios berichtet, dass Hiram den östlichen Teil der Stadt, also die Seite der Insel, die zum Festland hin lag, ausgebaut und befestigt habe; zudem habe Hiram durch einen Damm die Inselstadt mit einer abgelegenen Insel, auf der ein Tempel des Zeus Olympios stand[131], verbunden. Nach Menander legte Hiram einen großen Platz an, schmückte den Tempel des Zeus mit einer goldenen Säule aus und ließ im Libanon Zedernholz für die Tempeldächer schlagen; außerdem habe er die alten Tempel niedergerissen und für Herakles und Astarte neue Tempel gebaut. Wenn die Angaben einigermaßen zuverlässig sind, dann lag ein Schwerpunkt der Regierungszeit Hirams auf der Religionspolitik: Der Tempel Baalschamems wurde mit der Stadt verbunden und die beiden Tempel Melkarts und Astartes

complices, les deux révélateurs de la réussite de Salomon! […] C'est un empire achéménide solidement installé – et au faîte de sa gloire – qui offre, me semble-t-il, la précondition nécessaire à la rédaction de 1 R 10 et de l'histoire du règne de Salomon sous sa forme actuelle." (de Pury, Salomon, 232f)

128 Vgl. Katzenstein, History, 98f, der im Blick auf diese Nachrichten von ‚Legenden' spricht; ähnlich Briquel-Chatonnet, Relations, 55-58. Timm macht die Angaben über den Rätselwettstreit zum Dreh- und Angelpunkt seiner Kritik an der Glaubwürdigkeit Menanders: „Während die ersten Aussagen den Anschein bester historischer Überlieferung erwecken, diskreditiert die Anspielung auf die Rätsel, die Salomo einem Tyrer aufgab, aber genau dieselbe Überlieferung." (Timm, Dynastie, 203) Warum eine solche Anspielung die gesamte Überlieferung unglaubwürdig machen sollte, ist allerdings nicht nachzuvollziehen; selbst wenn man die Rätselpassagen in den Bereich des Legendären einordnen möchte – was nicht zwingend nötig ist, denn warum sollte ein solcher Austausch an königlichen Spielereien nicht möglich gewesen sein? –, kann man nicht aus dem legendenhaften Charakter eines Topos ohne Umschweife auf die Unglaubwürdigkeit der Darstellung insgesamt schließen. Hier wie im Blick auf die gesamte antike Geschichtsschreibung ist ein gewisses Maß an kritischem Einverständnis mit den Quellen gefordert; legendenhafte Fortschreibungen und Ausschmückungen des vorhandenen Materials kontaminieren nicht sofort den gesamten Bericht eines antiken Geschichtsschreibers (der Hinweis auf Heinrich Schliemann und die Umstände der Entdeckung Trojas auf Grundlage der homerischen Epen sei in diesem Zusammenhang gestattet).

129 Vgl. dazu Knauf, King Solomon's Copper Supply, 180-186.

130 Josephus, C. Ap. I 17f; Ant. Jud. VIII 5,3.

131 Gemeint ist damit wohl der phönizische Gott Baalschamem, was schon Josephus, Ant. Jud. VIII 144-148, und eine von Euseb, Praep. ev. I 10,8, zitierte Stelle bei Philon von Byblos nahelegen; vgl. dazu ausführlich Eißfeldt, Ba'alšamēm und Jahwe, 1-31, und H. Niehr, Der höchste Gott, 24-29.72-75.99f.120-122.142f. Eine umfassende Studie, in der auch die Rezeptionsgeschichte der Gottheit entfaltet wird, liegt vom selben Autor vor (vgl. Niehr, Ba'alšamem).

wurden neu gebaut; die Umsetzung eines solchen Bauprogramms im Bereich der Tempelanlagen unter einem einzigen König kommt einer Reformation gleich. Leider fehlen alle Angaben über die inhaltlichen Gründe der Um- und Neubauten, es scheint aber, als habe Hiram mit seinem Vorgehen das Ziel verfolgt, das religiöse Leben der Stadt auf eine neue Grundlage zu stellen und die verehrten Götter mit den Um- und Neubauten für die Stadt günstig zu stimmen[132]; in jedem Fall gab es nach den Angaben Menanders und Dios' in der Zeit Hirams im 10. Jh. v. Chr. mindestens drei Tempel in Tyros, einen für den obersten Gott Baalschamem, einen für den Stadtgott Melkart und einen für die weibliche Gottheit Astarte, deren Heiligtum auch im ugaritischen Keret-Epos erwähnt wird[133]. Herodot berichtet zudem im 5. Jh. v. Chr. von einem zweiten Herakles/Melkart-Tempel, der den Beinamen ‚Herakles von Thasos' hatte[134]; die Zeit der Erbauung und die Bedeutung dieses zweiten Tempels für Melkart lässt sich nicht genau erschließen, es ist aber durchaus denkbar, dass neben dem Haupttempel für den Stadtgott noch weitere kleinere Sanktuarien gebaut und erhalten wurden.

Vielleicht spricht Herodot an dieser Stelle von dem zweiten Melkart-Tempel, der wohl in Alttyros/*ušū* auf dem Festland stand und der im Zusammenhang der Eroberung von Tyros durch Alexander den Großen im 4. Jh. v. Chr. belegt ist[135]. Curtius berichtet, dass dieser Tempel Alexander von den Tyrern als der Herakles/Melkart-Tempel angegeben wurde, in dem er sein Opfer darbringen sollte[136].

Neben diesen religionspolitischen Tätigkeiten berichtet Menander zudem von einem Feldzug Hirams gegen die Itykäer, die Einwohner der tyrischen Kolonie Utica in Afrika[137], die ihre Abgaben an die Mutterstadt nicht entrichten wollten; Hiram unterwarf die Itykäer und kehrte daraufhin wieder nach Tyros zurück[138]. Diese Passage bei Menander ist jedoch die einzige Anspielung auf eine kriegerische Auseinandersetzung Hirams von Tyros, so dass seine ganze Regierungszeit aufgrund der zur Verfügung stehenden Quellen in einem positiven Licht erscheint: Die Pflege freundschaftlicher Kontakte zu seinem südlichen Nachbarn Salomo, die damit zusammenhängenden wirtschaftlichen und kulturellen Kontakte zwischen Tyros und Israel, der Ausbau der Stadt und der religiösen Einrichtungen in Tyros selber und die Konsolidierung des tyrischen Herrschaftsgebietes scheinen im Zentrum der Regentschaft Hirams gestanden zu haben.

---

132 Zum König als Tempelerbauer vgl. Niehr, Stadtpanthea, 319-321.
133 Vgl. oben Teil 4.1.2.1.
134 Herodot II 44.
135 Zur Aufteilung von städtischem und ländlichem Heiligtum vgl. Niehr, Stadtpanthea, 319f.
136 Curtius IV 2,4; zu diesen Ereignissen vgl. unten Teil 4.1.3.2.
137 Anders Röllig, Phönizier, 26f, der an Kition denkt.
138 Josephus, C. Ap. I 18; Ant. Jud. VIII 5,3.

4.1.2.3 Tyros nach Hiram I. im 10. und 9. Jh. v. Chr.

Für das auf Hirams Regierungszeit folgende ausgehende 10. Jh. v. Chr. und das gesamte 9. Jh. v. Chr. findet sich bei Josephus eine Königsliste aus Menanders Geschichtswerk[139], die direkt an die Berichte von der Regierungszeit Hirams anschließt[140]:

„Die Zeit aber von diesem König [Hiram] bis zur Gründung Karthagos wird so berechnet:

Als Hiram gestorben war, übernahm (sein) Sohn Balbazeros die Königsherrschaft, der 43 Jahre lebte und 17 Jahre regierte.
Nach diesem regierte (sein) Sohn Abdastartos, der 39 Jahre lebte, für 9 Jahre.

Diesem trachteten die vier Söhne seiner Amme nach dem Leben und töteten ihn; der älteste (der Söhne), Methusastartos, (Sohn) des Leastartos, übernahm die Königsherrschaft, lebte 54 Jahre und regierte 12 Jahre.
Nach diesem regierte sein Bruder Astharymos, der 58 Jahre lebte, für 9 Jahre.
Dieser wurde von seinem Bruder Phelletos beseitigt, der die Königsherrschaft übernahm und 8 Monate herrschte, 50 Jahre (aber) lebte.

Diesen ermordete Ithobalos, der Priester der Astarte, der 48 Jahre lebte und 32 Jahre regierte.
Dessen Nachfolger war (sein) Sohn Balezoros, der 45 Jahre lebte und 6 Jahre regierte.
Dessen Nachfolger war (sein) Sohn Mettenos, der 32 Jahre lebte und 29 regierte.
Dessen Nachfolger war Pygmalion, der 58 Jahre lebte und 47 Jahre regierte. In seinem 7. Regierungsjahr floh seine Schwester und gründete in Libyen die Stadt Karthago.
Die ganze Zeit von der Königsherrschaft Hirams bis zur Gründung Karthagos ergibt 155 Jahre, 8 Monate."[141]

Aus diesen Angaben ergibt sich nun folgende Königsliste[142]:

(Abibalos,	
Hiram	regiert 34 Jahre,)
Balbazeros	regiert 17 Jahre,
Abdastartos	regiert 9 Jahre,
Methusastartos	regiert 12 Jahre,

---

139 Josephus, C. Ap. I 18. Zu dieser Liste vgl. die Studie von J. Dochhorn, Liste, 77-102; zur textkritischen und sprachlichen Einordnung der in der Liste genannten Namen vgl. die Untersuchung von Dochhorn, Personennamen, 68-117.

140 Die drei Absätze in den folgenden Königslisten markieren die drei verschiedenen dynastischen Stufen innerhalb der Herrschaftsfolge in Tyros.

141 Josephus, C. Ap. I 18 (zitiert in der Übersetzung von Labow, Flavius Josephus, 118-121).

142 Vgl. dazu Labow, Flavius Josephus, 104.

134 Der Tyroszyklus und die tyrische Kultur

Astharymos	regiert 9 Jahre,
Phelle(to)s[143]	regiert 8 Monate (!),
Ithobalos	regiert 32 Jahre,
Balezoros	regiert 6 Jahre,
Mettenos	regiert 29 Jahre,
Pygmalion[144]	regiert 47 Jahre, in seinem 7. Regierungsjahr wird Karthago gegründet.

Wenn nun das 7. Regierungsjahr Pygmalions das Jahr 814/813 v. Chr. war, dann ergibt sich für ihn eine Regierungszeit von ungefähr 820-774 v. Chr. Von daher lässt sich die folgende Liste der Regierungszeiten der tyrischen Könige zurückberechnen:

Abibalos (bis 970 v. Chr.)
Hiram (969-936 v. Chr.)
Balbazeros (935-919 v. Chr.)
Abdastartos (918-910 v. Chr.)

Methusastartos (909-898 v. Chr.)
Astharymos (897-889 v. Chr.)
Phelle(to)s (888 v. Chr.)

Ithobalos (887-856 v. Chr.)
Balezoros (855-850 v. Chr.)[145]
Mettenos (849-821 v. Chr.)
Pygmalion (820-774 v. Chr.)

Diese Daten sind natürlich nur Näherungswerte und innerhalb der Tabelle auf ganze Jahreszahlen gerundet. Die exakten Zahlenangaben dürfen nicht darüber hinwegtäuschen, dass man es hier mit einer unsicheren Datenbasis zu tun hat, was sich vor allem im Blick auf die Zahlenangaben zeigt, die in den einzelnen Editionen des Josephus-Textes voneinander abweichen[146]. Doch trotz dieser Bedenken

---

143 Zu Φέλλητος/*Φέλλης vgl. Dochhorn, Personennamen, 90f.
144 Zur Problematik der Namensform vgl. Dochhorn, Personennamen, 95-99.
145 Zu den Problemen der Regierungszeit Balezoros' aufgrund der Berichte Salmanassars III. (vgl. TUAT I, 365-367) vgl. unten Teil 4.1.2.4. Ist Balezoros mit dem von Salmanassar III. im Jahr 841 v. Chr. erwähnten Balimanzir identisch, so muss er erheblich länger regiert haben als in der Königsliste angegeben.
146 Vgl. dazu den ausgesprochen wertvollen textkritischen Apparat bei Labow, Flavius Josephus, 123f, und die weiterführenden Überlegungen von Dochhorn, Liste, 77-87. Aufgrund der unterschiedlichen Regierungsdaten könnte man vermuten, dass die Zahlenangaben innerhalb der menandrischen Königsliste mit der folgenden Angabe, von der Regierungsübernahme Hirams bis zur Gründung Karthagos seien 155 Jahre und 8 Monate verstrichen, nachträglich miteinander

liegt in der von Josephus zitierten Königsliste Menanders eine ganz außergewöhnliche Quelle vor, ohne die über die Herrschaftsverhältnisse in Tyros im 10. und 9. Jh. v. Chr. wohl überhaupt keine Angaben gemacht werden könnten[147].

Aus der Übersicht wird erkennbar, dass sich die Geschichte von Tyros im Zeitraum von 969 bis 774 v. Chr. in drei Phasen – zwei Dynastien und dazwischen die Usurpatoren-Gebrüder – unterteilen lässt.

Der erste bekannte König von Tyros im 1. Jt. v. Chr. ist der Vater Hirams, der König Abibalos/Abibaal, über den allerdings nichts weiter verlautet; innerhalb seiner Dynastie folgen ihm sein Sohn Hiram, dessen Sohn Balbazeros und wiederum dessen Sohn Abdastartos. Über die Berichte von Hiram hinaus ist von dieser Dynastie nichts weiter bekannt. Auffällig ist allerdings, dass der letzte Vertreter dieser Dynastie keinen Namen mit *b'l*-Element trägt wie sein Vater und sein Urgroßvater, sondern *'bd'štrt* (‚Knecht der Astarte‘) genannt wird[148]; aus dieser Beobachtung können allerdings keine weiterreichenden Schlüsse über die religiöse Orientierung des letzten Vertreters der Abibaal-Dynastie gezogen werden.

Mit der Ermordung des Abdastartos durch die Söhne seiner Amme kommt es etwa 910 v. Chr. zum Ende der Abibaal-Dynastie und der Thron wird nacheinander von dreien der vier Söhne der Amme des Abdastartos usurpiert. Die Motive für den Königsmord und die Regierungsübernahme der Söhne der Amme des Königs sind nicht weiter bekannt; da die Usurpatoren aus dem engeren Umfeld des Königshofes stammen, wird man wohl mit einer Hofintrige gegen den König der alten Dynastie rechnen müssen. Von den Söhnen der Amme regiert zunächst Methusastartos[149], der als Sohn des Leastartos[150] vorgestellt wird; da er

in Einklang gebracht wurden; eine solche Vermutung verliert aber ihre Basis, wenn man davon ausgeht, dass Josephus in seinem Bemühen um zuverlässige historische Angaben eine Differenz zwischen der Summe der einzelnen Regierungszeiten der Könige und der Gesamtangabe der 155 Jahre und 8 Monate sicherlich aufgefallen wäre.

147 Timm, Dynastie, 209-214, bespricht die Liste ausführlich und bringt die Motivation des Josephus, eine solche Liste zu überliefern, mit dem Bau des Tempels in Verbindung: „Auf dieses apologetische Ziel, den Bau des salomonischen Tempels nach außerbiblischen Autoren berechnen zu können, läuft bei Josephus die Überlieferung der tyrischen Königsliste hinaus. Für einen heutigen Leser unterstützt das die Glaubwürdigkeit der Liste nicht." (Timm, Dynastie, 214) Das mag für einzelne Details der Liste durchaus zutreffen. Dennoch stellt sich die Frage, wie man sich die Entstehung einer solchen Liste zu apologetischen Zwecken vorzustellen hat: Soll man etwa davon ausgehen, dass Josephus oder Menander die Namen und Daten der Königsliste frei erfunden hätten? Das wäre selbst im 1. Jh. n. Chr. kaum möglich gewesen, denn dass es in Tyros Dokumente und Chroniken gab, die eine Kontrolle ermöglicht hätten, kann man angesichts der Bedeutung von Tyros in der Antike mit einiger Wahrscheinlichkeit annehmen (skeptischer dagegen Dochhorn, Liste, 87-95).

148 Vgl. Dochhorn, Personennamen, 85.

149 Vgl. aber auch Dochhorn, Liste, 95-100, demzufolge Μεθου(σ)άσταρτος „nicht mehr der Usurpator, sondern der Nachfolger des Usurpators auf dem Königsthron" (Dochhorn, Liste, 99) war; dazu muss Dochhorn aber mit dem Ausfall des Namens des Usurpators rechnen und im

sich zwölf Jahre auf dem Thron halten kann und auch sein Bruder Astharymos, der 897 v. Chr. die Herrschaft übernimmt, neun Jahre regiert, scheint es keine größeren Widerstände gegen die Usurpation gegeben zu haben. Ob sich die Verhältnisse in Tyros in dieser Zeit stabilisiert haben und ob der Aufstieg der Stadt bereits in dieser Zeit seinen Anfang nahm, ist nicht bekannt. Innerhalb der Familie der Usurpatoren scheint es allerdings um 889/888 v. Chr. ernsthafte Machtkämpfe gegeben zu haben, die in dem Brudermord des Phelle(to)s an Astharymos ihren Höhepunkt erreichen. Phelle(to)s übernimmt 888 v. Chr. die Herrschaft, kann sich aber nur wenige Monate auf dem Thron halten und wird vom Priester der Astarte, einem gewissen Ithobalos/Ittobaal, umgebracht.

Ittobaal begründet mit seinem Regierungsantritt 887 v. Chr. eine neue Dynastie, die innerhalb der menandrischen Königsliste erst mit der Herrschaft Pygmalions 774 v. Chr. endet; damit ist allerdings nichts über das tatsächliche Ende der Ittobaal-Dynastie gesagt, denn es könnten auch nach Pygmalion noch weitere Söhne dieser dynastischen Linie als Könige von Tyros regiert haben. Aufgrund der fehlenden Nachrichten können darüber keine Aussagen mehr gemacht werden. In jedem Fall lässt sich der Königsliste entnehmen, dass diese Dynastie sich mindestens ein gutes Jahrhundert an der Macht halten konnte, was auf stabile Verhältnisse innerhalb der Stadt schließen lässt. Schon der Dynastie-gründer Ittobaal scheint von einer äußerst günstigen Ausgangslage profitiert zu haben, denn er kann sich den Angaben Menanders zufolge 32 Jahre als König behaupten. Dass Tyros unter seiner Herrschaft die Führungsrolle innerhalb der phönizischen Städte übernahm, hat sein Ansehen sicherlich gestärkt und zur Festigung seiner Regierung beigetragen. Es ist bemerkenswert, dass Ittobaal als Priester der Astarte den Namen 'tb'l ("Baal mit ihm") trägt[151]; doch weder aus dieser auffälligen Benennung des neuen Königs noch aus der ebenso erstaunlichen Tatsache, dass Ittobaal Priester der Göttin war, die in Sidon als Stadtgöttin verehrt wurde, können weitergehende Schlüsse gezogen werden. Es ist nicht besonders wahrscheinlich, dass Ittobaal als sidonischer Priester nach Tyros kam und dort nach einem Königsmord die Macht übernehmen und für eine so lange Zeit sichern konnte; wenn in I Kön 16,31 von einem אתבעל als מלך צידנים die Rede ist, dann handelt es sich dabei um den tyrischen König Ittobaal, wie Josephus bezeugt, der Ithobalos als ‚König der Tyrer und Sidonier'

Rahmen seiner These, Methusastartos sei der Sohn des ermordeten Abdastartos gewesen, zusätzlich noch die dann nicht übereinstimmenden Namen des Vaters (Abdastartos auf der einen, Leastartos auf der anderen Seite) miteinander in Einklang bringen (vgl. dazu die Vermutungen Dochhorns, Liste, 100).

150 Zur Problematik dieses Namens vgl. Dochhorn, Personennamen, 87-89, und Dochhorn, Liste, 100.

151 Zur Namensform vgl. Dochhorn, Personennamen, 92-94.

bezeichnet[152], wobei die Erstnennung von Tyros die Herkunft des Königs angibt. An I Kön 16,31 zeigt sich, dass Ittobaal das tyrische Einflussgebiet sehr schnell erweitern und ausbauen konnte und dass Tyros unter seiner Regentschaft die Vorherrschaft in Phönizien übernommen hat[153]; die Rede vom ‚König der Sidonier' repräsentiert in diesem Zusammenhang den auch über diese Stelle hinaus belegten Sprachgebrauch, nach dem ‚Sidonier' als Sammelbegriff für den im Hebräischen nicht bekannten Namen ‚Phönizier' verwendet wird[154].

I Kön 16,31 zeigt über die irreführende Notiz bezüglich des Herrschaftsgebietes hinaus allerdings, dass Ittobaal außenpolitisch an die Politik der Abibaal-Dynastie anschloss. Aus den Verbindungen zwischen Tyros und Jerusalem unter Hiram und Salomo werden im 9. Jh. v. Chr. enge Kontakte zwischen Tyros und dem Nordreich Israel, die sich in ganz besonderer Weise daran zeigen, dass Ittobaal seine Tochter Isebel dem israelitischen König Ahab zur Frau gibt.

Mit Blick auf I Kön 16,31 hat sich Stefan Timm gegen die tyrische Herkunft Isebels ausgesprochen: „Da diese Angabe innerhalb des deuteronomistischen Rahmens des Königsbuches erscheint, und derartige Angaben aus guten Quellen stammen müssen, ist hiermit Isebels Herkunftsort angegeben."[155] Ob die Deuteronomisten hier auf ‚gute Quellen' zurückgreifen konnten, und ob sie dies auch taten, sei dahingestellt; in jedem Fall dürften sie an dieser Stelle am allgemeinen Sprachgebrauch ihrer Zeit teilhaben, denn – wie Timm selber schreibt – bezeichnet das doppeldeutige (ם)צידני „sowohl den Einwohner der Stadt Sidon, als auch den Phönizier im allgemeinen."[156] Da zeitweilige Suprematien in Phönizien nicht auszuschließen sind[157] und von den Phöniziern als ‚Sidoniern' auch in anderen zeitgenössischen Dokumenten die Rede ist, kann man davon ausgehen, dass in den alttestamentlichen Texten ebenfalls derjenige, der in Phönizien die Oberherrschaft ausübte, von außen als ‚König der Sidonier' – מלך צידנים – bezeichnet wurde; der Stadtkönig von Sidon heißt dagegen מלך צידן (vgl. Jer 27,3). Wenn Timm also behauptet: „Nach 1 Kön 16,31 (und 2 Kön 9,34) war Isebel eine Tochter des sidonischen Königs Etbaal. Sie hatte mit

---

152 Vgl. Josephus, Ant. Jud. VIII 13,1; IX 6,6 („Τυρίων καὶ Σιδωνίων βασιλεύς"); vgl. dazu E. Lipiński, Fête, 41 Anm. 1, demzufolge „l'historien juif combine ici les données de Ménandre d'Éphèse avec celles de la Bible."

153 Vgl. dazu Eißfeldt, Tyros, 1885, der aus der Tatsache, dass Sidon in den assyrischen Aufzählungen der tributpflichtigen Städte immer hinter Tyros steht und in der zweiten Hälfte des 8. Jh. v. Chr. schließlich gar nicht mehr auftaucht, schließt: „Offenbar hat Sidon zunächst nur unter der Oberhoheit von T. gestanden und dabei seinen eigenen König noch behalten, später aber seine Selbständigkeit völlig an T. verloren, und wie Sidon, so scheint es auch den anderen phoinikischen Städten mit Ausnahme von Byblos und Arvad ergangen zu sein."

154 Dass die Bezeichnung ‚Sidonier' aber auch über den semitischen Sprachraum hinaus für die Phönizier insgesamt stehen konnte, belegt der Gebrauch bei Homer, vgl. dazu exemplarisch Ilias XXIII 743f und Odyssee IV 83f; zu Homer und den Phöniziern vgl. die Beiträge von J. Latacz, Phönizier bei Homer, 11-21, und Röllig, Phönizier, 20f, sowie ausführlich I. J. Winter, Homer's Phoenicians, 247-271 (zur Sache 247f).

155 Timm, Dynastie, 229.

156 Timm, Dynastie, 229.

157 Vgl. Timm, Dynastie, 230.

Tyrus nichts zu tun."[158], so ist ihm der Sprachgebrauch der alttestamentlichen Texte entgegenzuhalten, die zwischen dem ‚König der Sidonier' und dem ‚König von Sidon' differenzieren und damit jeweils etwas anderes meinen[159]. Isebel wird demnach durchaus eine tyrische Prinzessin gewesen sein[160].

In der prophetischen Tradition des 8. Jh. v. Chr. und erst recht in der deutero-nomistischen Geschichtsschreibung wird aus dieser Verbindung Ahabs mit einer Phönizierin ein religiöses und politisches Desaster gemacht, als das es aus späterer Sicht vielleicht auch erscheinen konnte. Im 9. Jh. v. Chr. war eine solche Festigung der Kontakte zu den Nachbarn angesichts der aufziehenden Macht der Neuassyrer ein politisch ausgesprochen kluger und sinnvoller Schritt. Das wurde damals wohl von beiden Seiten, Israel und Tyros, so gesehen – und der weitere Verlauf der Ereignisse zeigt deutlich, dass die assyrische Bedrohung für die syropalästinischen Kleinstaaten ein existenzgefährdendes Ausmaß annahm, dem das Nordreich Israel am Ende des 8. Jh. v. Chr. ganz zum Opfer fiel. Diesem Schicksal konnte Tyros nur durch hohe Tributleistungen an den assyrischen Königshof und wohl auch durch seine strategisch ausgesprochen günstige Lage entrinnen. Ittobaal wird diese Gefahren bereits deutlich vor Augen gehabt haben und es ist nicht auszuschließen, dass Tyros bereits unter seiner Regierung in ein gewisses Abhängigkeitsverhältnis zu Assyrien geriet.

Dass Ittobaal aber innen- und außenpolitische Schwierigkeiten im Rahmen seiner Möglichkeiten zu meistern verstand, dokumentiert ein Zitat Menanders bei Josephus[161], demzufolge Ittobaal eine einjährige Dürreperiode durch Gebete zu den Göttern, auf die heftige Gewitter folgten, überwand; zudem habe er die Städte Botrys in Phönizien und Auza in Libyen gegründet[162]. Die erste Nachricht erinnert an die Dürreperioden, die Israel während der Regierungszeit Ahabs heimsuchten[163]; die zweite Nachricht ist darüber hinaus ausgesprochen aufschlussreich: „Wenn Tyrus so schnell zur Neugründung ferner Kolonien schreiten konnte, so ist das ein Zeichen, daß die inneren Kämpfe nicht auflösend in die äußeren Verhältnisse des Staates eingegriffen hatten."[164] Ganz im Gegenteil zeigt sich an einem solchen Bericht, dass Tyros unter Ittobaal trotz der auf-keimenden Bedrohung durch die Assyrer in voller Blüte stand und durch die

---

158 Timm, Dynastie, 231.

159 Vgl. G. Bunnens, L'histoire, 227, und zu den unterschiedlichen Herrschaftsumschreibungen der phönizischen Könige auch Niehr, Stadtpanthea, 313.

160 Vgl. dazu auch Briquel-Chatonnet, Relations, 63-66, die Timms Deutung ebenfalls ablehnt; zu Isebel vgl. unten Teil 5.1.4.

161 Josephus, Ant. Jud. VIII 13,2.

162 Nach Timm, Dynastie, 227f, existierte das mit Botrys wohl identische Baṭruna südlich von Tripolis bereits in der Bronzezeit und konnte somit von Ittobaal allenfalls neu gegründet werden; zu Auza fehlen weitere Nachrichten.

163 Vgl. Timm, Dynastie, 227.

164 F. Jeremias, Tyrus, 21.

Neugründung von Kolonien in der phönizischen Nachbarschaft, aber auch an der nordafrikanischen Küste das Handelsnetz aufzubauen im Begriff war, auf dessen Grundlage sich der spätere Reichtum und Einfluss der Stadt entwickeln konnten.

Über die Nachkommen Ittobaals ist weniger bekannt, aber es scheint, als hätten sie „das ihnen von ihrem großen Ahnherrn überkommene Erbe gewahrt und gemehrt"[165]; dass sie dabei den assyrischen Großkönigen ihren Tribut leisten mussten, war nach Eißfeldt „eher eine ihre Selbständigkeit sichernde Abfindung als eine Einschränkung ihrer Unabhängigkeit."[166] Die legendäre Gründung Karthagos während der Regierungszeit Pygmalions im Jahre 814/813 v. Chr. könnte dafür sprechen, dass Tyros seine Kolonialisierungspolitik auch unter assyrischer Oberherrschaft relativ ungestört fortsetzen konnte und sich demnach nicht viel aus seiner faktischen Abhängigkeit machen musste; man könnte die Gründung so bedeutender Kolonien wie der von Karthago, der ‚neuen Stadt' (qrt ḥdšt), allerdings auch als Folge eines Drangs nach Freiheit in für die Assyrer unzugängliche Gebiete an fernen Ufern verstehen – wenn dem so wäre, hätte der Druck des mesopotamischen Großkönigs doch schwer auf der Stadt gelastet, so dass man sich als Konsequenz neue Lebensräume erschloss.

4.1.2.4 Tyros und das neuassyrische Reich vom 9. bis zum 7. Jh. v. Chr.

Die Regierungen der Nachfolger Ittobaals I. im 9. und 8. Jh. v. Chr. fallen in die erste Phase des Aufstiegs des neuassyrischen Reiches zur Großmacht im Vorderen Orient. Bereits Tiglatpileser I. (1117-1078 v. Chr.)[167] unternahm Feldzüge bis ans Mittelmeer und ließ sich von den phönizischen Küstenstädten Sidon, Byblos und Arwad Tribut zahlen[168]; das blieb aber im 11./10. Jh. v. Chr. eine einzelne Episode, da das neuassyrische Reich in dieser Phase aufgrund seiner inneren Verfassung noch zu schwach war, den Aufbau eines Großreiches voranzutreiben.

Eine Wende leiteten die Regierungen Adadneraris II. (912-891 v. Chr.) und Tukultininurtas II. (891-884 v. Chr.) mit einer straffen zentralistischen Staats-

---

165 Eißfeldt, Tyros, 1886.
166 Eißfeldt, Tyros, 1886.
167 Die Jahreszahlen unterliegen bis zur Regierungszeit Tiglatpilesers III. noch gewissen Schwankungen. Die hier und im folgenden angegebenen Regierungszeiten folgen der Aufstellung bei W. von Soden, Der Nahe Osten, 68f.
168 Vgl. TUAT I, 356f (die Bearbeitung der historischen Texte in akkadischer Sprache besorgte R. Borger, dessen Übersetzung im folgenden zitiert wird). Dass Tyros in dieser Tontafelinschrift Tiglatpilesers I. nicht genannt wird, „kann natürlich damit zusammenhängen, daß Tyros außerhalb der Reichweite des assyrischen Heeres lag, kann aber auch auf eine zeitweilige Zurückdrängung von Tyros infolge des Seevölkersturms und eine mögliche fremde Besetzung deuten." (Röllig, Phönizier, 18)

führung und einer neuen Expansionspolitik ein, in deren Verlauf die unterworfenen Gebiete nicht nur durch Tributzahlungen belastet, sondern teilweise als assyrische Provinzen mit entsprechenden Statthaltern dem Großreich angegliedert
wurden; damit legten die assyrischen Könige zu Beginn des 9. Jh. v. Chr. „den
Grundstein für das klassische assyrische Provinzialsystem, an dem die Herrscher
der folgenden Jahrhunderte schrittweise weitergebaut haben."[169] Unter
Assurnasirpal II. (884-859 v. Chr.), der um das assyrische Kerngebiet einen
„Kranz von Vasallenstaaten"[170] geschaffen hatte, kam es um 875 v. Chr. wieder
zu einem Feldzug nach Westen[171]:

„Damals zog ich zum Gebiet des Libanon, zum Großen Meere des Landes Amurru stieg
ich auf. Im Großen Meere reinigte ich meine Waffen. Opfer für die Götter führte ich
durch. Abgabe der Könige des Gebietes am Meere, der Tyrer, der Sidonier, der Byblier,
Machallatäer, Maizäer, Ka'izäer, Amoriter und (der Stadt) Arwad, welche inmitten des
Meeres (liegt), Silber, Gold, Zinn, Bronze, Gefäße aus Bronze, Kleidung aus buntem Stoff
und Leinen, eine große Äffin, eine kleine Äffin, Ebenholz, Buchsbaumholz, Zähne von
naḫirus, Geschöpfen des Meeres, empfing ich. Sie umfaßten meine Füße."[172]

Assurnasirpal II. berichtet in seinen Annalen zum einen von einer Reinigung der
Waffen an der Küste des Mittelmeeres[173]; die Opfer für die Götter sind sicherlich
als Dankopfer für die Hilfe der Götter bei der Unterwerfung der Feinde zu deuten, die mitsamt ihren Tributleistungen hier zum anderen aufgezählt werden; es
ist bemerkenswert, dass Tyros vor Sidon, Byblos und Arwad genannt wird, was
wohl auf die herausragende Position der Stadt hinweist. Darüber hinaus „ist die
Aufzählung der Tribute ein bedeutender Beweis für den bereits hochentwickelten
Handel der phönikischen Städte und für das Zusammenströmen der Produkte aus
allen Gegenden ringsum."[174] Während der Regierungszeit Assurnasirpals II.
scheint es zudem zum Einsatz tyrischer und sidonischer Fachleute beim Bau des
Palastes von Nimrud gekommen zu sein, wie eine aus Nimrud stammende Stele
vermuten lässt[175]: „Es handelt sich um den gleichen Fall wie beim Tempel

---

169 Donner, Geschichte, 324.
170 Donner, Geschichte, 325.
171 Zu diesem Feldzug vgl. Moscati, Phöniker, 43, und zu Assurnasirpals II. Westexpeditionen im
     allgemeinen vgl. R. Lamprichs, Westexpansion, 65-80.
172 TUAT I, 360.
173 Vgl. dazu Schmökel, Geschichte, 253, der diesen Vorgang als eine Entsühnung durch rituelle
     Waschung interpretiert.
174 Moscati, Phöniker, 44. Die Überbringung der Affen ist auf einem Relief aus dem Palast
     Assurnasirpals II. in Nimrud dargestellt (vgl. die Abbildung bei Markoe, Phönizier, 39).
175 ANET, 558-560. Genannt werden hier tyrische und sidonische Delegierte, die zum Festbankett
     anlässlich der Einweihung des neuen Palastes geladen waren (vgl. dazu D. J. Wiseman, Stela, 24-
     44).

Salomos, nämlich um Verwendung besonders qualifizierter Handwerker auf Grund – aller Wahrscheinlichkeit nach – friedlicher Abmachungen.“[176]

Assurnasirpals II. Sohn Salmanassar III. (859-824 v. Chr.) hatte sich im Westen mit den Aramäern und mit von ihnen angeführten antiassyrischen Koalitionen auseinanderzusetzen[177]; die Schlacht von Qarqar am Orontes im Jahr 853 v. Chr. brachte dabei keine Entscheidung[178].

Dass die Tyrer an derartigen antiassyrischen Koalitionen der Aramäerstaaten beteiligt waren, kann vermutet werden. Die Verbindungen zwischen den Aramäern und Tyros waren in dieser Zeit jedenfalls gut, wie eine Inschrift des Königs Birhadad/Barhadad von Damaskus auf einer Basaltstele bezeugt:

„Die Stele, die aufgestellt hat Bir[ha]dad, der Sohn des …, der König von Aram, für seinen Herrn Melqart, dem er ein Gelübde getan hat und der seine Stimme erhörte.“[179]

Die Stele, auf deren oberem Teil der tyrische Stadtgott Melkart zu sehen ist[180], stammt mitsamt der Inschrift aus dem 9. Jh. v. Chr. Wenn diesem Monument zufolge der König von Damaskus den tyrischen Stadtgott Melkart verehrt und Gelübde darbringt, dann muss Tyros mitsamt seiner Stadtgottheit im syrischen Raum zu dieser Zeit hoch geachtet gewesen sein[181] – und das könnte auch mit gemeinsamen politischen Aktivitäten gegen die Assyrer zusammenhängen.

Die phönizischen Städte Tyros, Sidon und Byblos blieben auch unter Salmanassar III. tributpflichtig, wie unter anderem auf dem sogenannten ‚Schwarzen Obelisken‘ Salmanassars III. dokumentiert ist[182]. Unter Salmanassar III. zahlte Tyros seinen Tribut der Darstellung auf dem Bronzetor von Balawat[183] zufolge,

---

176 Moscati, Phöniker, 45. Wiseman, Stela, 28, geht dagegen davon aus, dass die Arbeiter aus den unterworfenen Gebieten Assyriens zu ihrem Arbeitseinsatz gezwungen wurden; vgl. dazu auch Markoe, Phönizier, 38f.

177 Nach Lamprichs, Westexpansion, 81, unternahm Salmanassar III. allein 19 Kampagnen Richtung Westen.

178 Vgl. Schmökel, Geschichte, 254.

179 TUAT I, 625 (bearbeitet von W. C. Delsman).

180 Vgl. R. J. Clifford, Phoenician Religion, 59: „The stela accompanying the inscription depicts Melqart with the horned hat and battle axe of the storm god Ba'al […].“

181 Vgl. Niehr, Stadtpanthea, 309: „Die Melqart-Stele demonstriert generell den starken phönizischen Kultureinfluss auf Nordsyrien und im besonderen das Vordringen des Melqart-Kultes bis in die Gegend von Aleppo.“

182 Vgl. TUAT I, 362f.

183 Vgl. dazu Schmökel, Geschichte, 256: „Die mächtigste Urkunde seines Ruhmes aber hat Salmanassar in dem […] Bronzetor geschaffen, das in dreizehn Bändern mit Inschriften versehene Reliefs seiner Taten trägt und sich als einer der kostbarsten Schätze im Britischen Museum befindet.“

indem es die Tributleistungen mit Schiffen überbrachte[184], wobei man hier wohl an den Transport von Waren von der Inselfestung auf das Festland zu denken hat.

„Nach der Beischrift empfing Salmanassar ‚den Tribut der Schiffe der Tyrier und der Sidonier'. Links liegt die Festung (Tyrus? Sidon? Arwad?) auf felsigem Gelände unmittelbar im Meere, mit fünf Türmen, mit Zinnen gekrönt und mit zwei halbkreisförmig überwölbten Toren. Eine Frau mit hochgerafftem Kleide, in bloßem Kopf und lang herabhängendem Haar, und vor ihr ein Mann schreiten zum Ufer. Sie tragen in den Händen dieselben flachen Platten, die man auch auf den Ballen der Boote liegen sieht und die wahrscheinlich mit Goldbarren in Zungenform gefüllt sind (Goldzungen Jos. 7,21); diese Goldbarren stehen aufrecht, damit man sie besser erkennen kann […] Die Boote werden gerudert, das erste wird auch an Land gezogen; sie haben hohe Vorder- und Hintersteven, die in Tierköpfen endigen […] (Rechts an Land setzt sich der Zug der Tributbringenden in langer Reihe fort; sie tragen Kupferbarren, Kupferkessel und Goldzungen.) Die Kleidung der Männer besteht in der Zipfelmütze, in langem Hemd und Mantel, und in Schnabelschuhen."[185]

Auch wenn Hugo Gressmann in seiner Beschreibung des Bronzetores von Balawat nicht sicher zu sein scheint, ob es sich bei der dargestellten Festung um Tyros, Sidon oder Arwad handelt, ist es doch am wahrscheinlichsten, dass hier Tyros gemeint ist, was sich zum einen durch die Nennung von Tyros vor Sidon auf der Beischrift[186] und zum anderen durch die deutlich erkennbare Darstellung einer Inselfestung, von der die Tribute auf die Schiffe geladen werden, nahelegt[187]. Das Bronzetor von Balawat wäre damit eine bildliche Darstellung der in den verschiedenen Texten Salmanassars III. beschriebenen Tributleistungen von Tyros.

Weitergehenden Aufschluss für die Rekonstruktion der Geschichte von Tyros gibt die doppelte Dokumentation des Feldzugs Salmanassars III. nach Westen aus dem Jahr 841 v. Chr. Während in den königlichen Annalen zu lesen ist, dass Salmanassar

„Abgaben von den Tyrern, den Sidoniern und von Jehu, dem Sohne Omris"[188],

empfing, wird auf einer Marmorplatte berichtet:

„Abgabe von Ba'limanzir, dem Tyrer, und von Jehu, dem Sohne Omris, empfing ich."[189]

---

184   Vgl. ANET, 280f.
185   Gressmann, Altorientalische Bilder, 43; vgl. dazu Gressmann, Altorientalische Bilder, Tafel LVI Abb. 126.
186   ARAB I, 225.
187   Vgl. dazu auch Yon, L'archéologie, 120f.
188   TUAT I, 366.
189   TUAT I, 367.

Diese Angabe ist zum einen für die Chronologie des tyrischen Königshauses von Bedeutung, weil ihrzufolge die Regierungszeit Balezoros[190] weitaus länger anzusetzen wäre als in der menandrischen Königsliste angegeben[191]; zum anderen fällt auf, dass die Marmorplatte den in den Annalen genannten Tribut Sidons auslässt; das wird wohl kaum darauf zurückzuführen sein, dass Sidon seinen Tribut vielleicht doch nicht erstattete und sich demnach seinen Verpflichtungen entziehen konnte, sondern vielmehr damit zu tun haben, dass Sidon mehr und mehr als ein Teil des tyrischen Herrschaftsgebietes gesehen wurde und auf der Marmorplatte, die ja immerhin die Könige von Tyros und Israel namentlich nennt, kein sidonischer König neben Balezoros mehr angegeben werden konnte, weil Balezoros als König von Tyros *und* Sidon eingeordnet wurde.

Während aus der auf Salmanassars III. Herrschaft folgenden Regierungszeit Schamschiadads V. (824-810 v. Chr.) nichts weiter über Feldzüge nach Syrien und Phönizien bekannt ist, berichtet dessen Sohn Adadnerari III. (810-782 v. Chr.) auf einer Steintafel:

„Vom Euphrat (ausgehend) unterwarf ich das Hethiterland und das Land Amurru insgesamt, Tyrus, Sidon, Omri, Edom und Philistäa bis zum Großen Meere des Sonnenuntergangs meinen Füßen. Tribut und Abgabe legte ich ihnen auf."[192]

Die Machtmittel, die Adadneraris III. Mutter Semiramis während ihrer Vormundschaft zwischen 810 und 806 v. Chr. gesammelt hatte, gestatteten dem neuen König offensichtlich „einen eindrucksvollen und beutereichen Zug nach Syrien-Palästina, mit dem er, wie er ausdrücklich betont, die ‚Rebellen gegen seinen Vater' wieder zur gebotenen Unterwerfung zwingen wollte."[193]
  Die zitierten Inschriften der assyrischen Könige zeigen, dass die syropalästinische Landbrücke ab dem 9. Jh. v. Chr. ein stetiges Ziel der Expansion des assyrischen Großreiches war; die Könige von Tyros Balezoros (855-841? v. Chr.), Mettenos (840?-821 v. Chr.) und Pygmalion (820-774 v. Chr.) sowie deren Nachfolger standen demnach in gewisser Weise in einem Vasallitätsverhältnis zum assyrischen Großkönig, ohne jedoch formell in das assyrische Provinzialsystem eingegliedert zu werden. Die Assyrer hatten offensichtlich ein großes Interesse an den weitreichenden Handelsbeziehungen von Tyros, die sie nicht durch eine

---

190 Zur griechischen und phönizischen Form des Namens vgl. Dochhorn, Personennamen, 94.

191 Vgl. dazu Moscati, Phöniker, 46f, und Katzenstein, History, 118f, der aufgrund der assyrischen Quellen die Regierungszeit Balezoros' neu ansetzt: „In disagreement with most scholars, we ascribe to Balezor twenty-six years of rule (instead of six), reducing by twenty years the reign of Mettēn, the grandson of Ethbaal." (Katzenstein, History, 119) Wie auch immer die letztlich hypothetischen Kalkulationen im einzelnen aussehen mögen – es ist unbestreitbar, dass Balezoros mindestens bis 841 v. Chr. König von Tyros gewesen sein muss und die menandrische Königsliste daher an dieser Stelle zu korrigieren ist (vgl. dazu auch Dochhorn, Personennamen, 94).

192 TUAT I, 367f.

193 Schmökel, Geschichte, 259; vgl. dazu auch Lamprichs, Westexpansion, 104f.

Eingliederung der Stadt in das Großreich in Gefahr bringen wollten. Seine Unversehrtheit hatte Tyros jedoch – wie die anderen kleineren Königreiche auf der syropalästinischen Landbrücke ebenfalls – mit hohen Tributleistungen zu sichern und zu erhalten.

Das änderte sich zunächst auch nicht mit dem Regierungsantritt Tiglatpilesers III. (746-727 v. Chr.), der das neuassyrische Imperium auf den Höhepunkt seiner Macht führte[194]; um die Großprovinzen und vor allem ihre Statthalter nicht zu stark werden zu lassen, ordnete Tiglatpileser III. die Verwaltungseinheiten neu und richtete kleinere Bezirke ein, in denen der *bēl pāḫati*, der ‚Herr der Provinz‘, nur eingeschränkte Befugnisse hatte. Mit Hilfe einer so geordneten und funktionstüchtigen Provinzpolitik ging Tiglatpileser III. dann daran, das assyrische Reich zu erweitern; die assyrische Außenpolitik richtete er nun nicht mehr daraufhin aus, möglichst viele Staaten in die Vasallität zu bringen, sondern er versuchte mehr oder weniger, den Vorderen Orient restlos zu besetzen und die einzelnen Regionen zu assyrischen Provinzen zu machen[195].

Dass Tyros bis zum Ende des neuassyrischen Reiches nicht zum Teil einer assyrischen Provinz wurde, dürfte damit zusammenhängen, dass die Assyrer die Handelsmetropolen an der phönizischen Küste vorsichtig behandelten, „um ihre weitreichenden, das ganze Mittelmeer umspannenden Handelsbeziehungen auch weiterhin für das Hinterland und damit für Assyrien zu nutzen."[196] Die Stadt zahlte Tiglatpileser III. allerdings Tribut, wie aus den Annalen Tiglatpilesers III. hervorgeht[197], in denen ein gewisser Hiram von Tyros erwähnt wird, der Abgaben erstattete; außer Tyros wird hier nur noch der König von Byblos genannt. In einer Tontafelinschrift Tiglatpilesers[198] taucht neben Byblos auch noch Arwad als tributpflichtige phönizische Stadt auf; weiter findet sich in dieser Inschrift folgende Passage:

„Einen von meinen Generälen, den Generalobersten, schickte ich nach Tyrus. Von Metenna von Tyrus 150 Talente Gold [...]."[199]

---

194 Vgl. zum Regierungsantritt Tiglatpilesers III. Schmökel, Geschichte, 261; zu den Quellen vgl. Lamprichs, Westexpansion, 112-129.
195 Vgl. u. a. Donner, Geschichte, 328. Es sind drei Stadien der assyrischen Unterwerfungspolitik voneinander zu unterscheiden: Zunächst wurde ein Vasallitätsverhältnis hergestellt; dann wurde beim kleinsten Verdacht der Untreue ein proassyrischer Fürst eingesetzt; auf der letzten Stufe wurden zweifelhafte Vasallenstaaten mit militärischen Mitteln unterworfen, die politische Selbständigkeit liquidiert und eine assyrische Provinz eingerichtet.
196 Donner, Geschichte, 330.
197 Vgl. TUAT I, 370-373. Diese Tributzahlung fällt wohl in das dritte Regierungsjahr Tiglatpilesers III., fand also 743/742 v. Chr. statt (vgl. ARAB I, 272-276).
198 Vgl. TUAT I, 374f.
199 TUAT I, 375.

Auch wenn der Text am Ende abbricht, ist klar worum es geht: Tyros musste offensichtlich mit militärischer Gewalt dazu gebracht werden, seinen Tribut zu zahlen, der dann mit 150 Talenten Gold auch entsprechend hoch ausfällt[200]. Aus dem Text geht darüber hinaus hervor, dass außer dem in den Annalen genannten Hiram von Tyros zur Zeit Tiglatpilesers III. noch ein gewisser Metenna von Tyros regierte; auf einer Stele Tiglatpilesers III.[201] wird zudem ein gewisser Tubailu von Tyros als tributpflichtig genannt, dessen Name bereits aus der menandrischen Königsliste als tyrischer Königsname bekannt ist und mit dem dortigen Namen Ithobalos/Ittobaal identisch sein dürfte. Die menandrische Königsliste lässt sich damit für das 8. Jh. v. Chr. um Ittobaal II. von Tyros, Hiram II. von Tyros und Mettenos II. von Tyros ergänzen, ohne dass die Reihenfolge ihrer Herrschaft sich aus den assyrischen Texten genauer ermitteln ließe. In einer Inschrift Tiglatpilesers III. ist lediglich über Hiram II. noch etwas mehr in Erfahrung zu bringen[202]:

„Hiram von Tyrus, der mit Rachianu konspirierte [...], seine Festung Machalab nebst großen Städten eroberte ich, ich plünderte sie [...]. Er kam zu mir und küßte meine Füße. 20 Talente [...], [Gewänder] aus buntem Stoff und Leinen, Generäle, Sänger, Sängerinnen, [... *große* Pferde aus] Ägypten [...].“[203]

Trotz des Textzustandes ist klar, worum es geht: Hiram II. von Tyros plante offensichtlich mit Rezin, dem aus beispielsweise II Kön 16,6 bekannten König von Aram/Damaskus, ein in irgendeiner Weise illoyales Verhalten gegenüber dem assyrischen König, der daraufhin „Maḥālīb nördlich von Tyros"[204] und weitere Ortschaften eroberte und ausraubte. Hiram musste sich daraufhin dem König in aller Form unterwerfen und als Wiedergutmachung für sein Verhalten hohe Tributleistungen erbringen, wobei die bunten, wahrscheinlich purpurroten Gewänder typisch tyrische Produkte sein dürften. Dass Hiram auch Generäle überstellen und große Pferde abgeben musste, zeigt Tiglatpilesers III. Bestreben, Tyros' militärische Schlagkraft so weit wie möglich zu schwächen. Die genannten Sängerinnen und Sänger dürften zum tyrischen Kultpersonal gehört haben, für das sich Tiglatpileser III. offensichtlich auch interessierte und sich deshalb in

---

200 Nach Markoe, Phönizier, 42, war das „die höchste Goldsumme, die je von einem tribut-
     pflichtigen Staat an Assyrien entrichtet wurde."
201 Vgl. TUAT I, 378.
202 Vgl. zudem „die aus dieser Zeit stammenden Inschriften zweier Bronzeschalen aus Kition, in
     denen sich der dortige Statthalter als ‚Diener Hirams, Königs der Sidonier', bezeichnet [...]; denn
     dieser Hiram ist wahrscheinlich Hiram II. von T., der Zeitgenosse Tiglatpilesers" (Eißfeldt,
     Tyros, 1886; zu den Texten vgl. TUAT II, 599 [bearbeitet von H.-P. Müller]). Damit wäre auch
     für Zypern der Sprachgebrauch ‚König der Sidonier' für den in Tyros residierenden Herrscher
     belegt.
203 TUAT I, 377.
204 Borger, TUAT I, 377.

Teilen übergeben ließ. Es ist an dieser Inschrift, in der von der Eingliederung vieler Gebiete in das assyrische Provinzialsystem berichtet wird, deutlich abzulesen, dass man Tyros offensichtlich keiner Provinz zuschlagen wollte, um von der – wenn auch stark eingeschränkten – Autonomie und somit auch der nautischen Kompetenz der Handelsstadt profitieren zu können.

Die Nachfolger Tiglatpilesers III. – Salmanassar V. (727-722 v. Chr.), Sargon II. (722-705 v. Chr.) und Sanherib (705-681 v. Chr.) – führten dessen Werk fort und vereinigten durch ihre Eroberungszüge den gesamten Vorderen Orient unter ihrer Herrschaft[205], und Asarhaddon (681-669 v. Chr.) setzte mit der Eroberung Ägyptens dieser Entwicklung einen ruhmreichen Schlussstein[206]. Unter Assurbanipal (669-627 v. Chr.) kam es dann zwar zu einer großartigen Blüte der literarischen Bildung, wovon die in Ninive wiederentdeckte Bibliothek des Königs Zeugnis ablegt; aber der allmähliche Niedergang des assyrischen Großreiches setzte unter seiner Herrschaft ein und begann mit der durch Pharao Psammetich I. erkämpften Unabhängigkeit Ägyptens 655 v. Chr., dessen Eroberung eben noch den Hochpunkt assyrischer Machtentfaltung markiert hatte; hinzu kamen ein Bruderkrieg Assurbanipals mit dem Vizekönig von Babylon und die ständigen Kämpfe mit illoyalen Vasallen und Aufständischen an den Grenzen des Reiches: „Assurbanipal verzehrte die Kräfte des Reiches und sich selbst in unendlichen Defensivkämpfen nach allen Seiten."[207]

Doch damit ist bereits weit vorgegriffen. Für Tyros war gerade die Zeit nach Tiglatpileser III. ausgesprochen ereignisreich und eine Reihe von assyrischen Berichten legt davon Zeugnis ab. An erster Stelle steht für das Ende des 8. Jh. v. Chr. jedoch ein Zitat aus dem Geschichtswerk des Menander, das Josephus überliefert[208]: Demzufolge hätte ein gewisser Elulaios, der von den Tyrern Pyas genannt wurde, die Stadt 36 Jahre lang regiert. Elulaios habe zum einen die Kittäer wieder unterworfen[209], zum anderen seien unter seiner Herrschaft nach einem Kriegszug der Assyrer Sidon, Ake und Alttyros sowie andere Städte von Tyros abgefallen und hätten sich den Assyrern ergeben. Mit Hilfe anderer phönizischer Städte habe der assyrische König versucht, Tyros auf dem Meer zu besiegen[210];

---

205 Vgl. Lamprichs, Westexpansion, 130-155.
206 Vgl. Lamprichs, Westexpansion, 156-165.
207 Donner, Geschichte, 333.
208 Josephus, Ant. Jud. IX 14,2.
209 Diese hatten sich offensichtlich den Assyrern zugewandt, worauf eine Basaltstele aus Zypern, auf der Sargon II. zu sehen ist, schließen lässt (vgl. Gressmann, Altorientalische Bilder, 45 und Tafel LIX Abb. 135). Demnach war Kition dem tyrischen Kolonialsystem zeitweise verloren gegangen, was Elulaios wohl wieder rückgängig machen konnte; dass er damit die Assyrer, die Tyros auf dem Meer einfach nicht gewachsen und auf Vasallen wie die Kittäer angewiesen waren, bis aufs Blut reizte, liegt auf der Hand und lässt die Anstrengungen verstehen, die Sanherib unternahm, die Inselfestung zu unterwerfen.
210 Vgl. dazu Sommer, Phönizier, 159: „Im kleinräumigen System der Levante schließlich entschieden lokale Rivalitäten über die Bündnispolitik im Großen: Die von Tyros abhängigen, latent aber

die Tyrer hätten diesen Angriff jedoch abwehren können, woraufhin die Assyrer
der Inselstadt die Versorgungsleitungen abschnitten, so dass die Tyrer fünf Jahre
lang ihr Wasser aus Brunnen, die sie selbst gegraben hatten, entnehmen mussten.
Josephus bringt diesen Bericht mit der Regierungszeit Salmanassars V. in Verbindung; die assyrischen Quellen berichten allerdings von einem solchen Unternehmen Salmanassars V. nichts, der menandrische Bericht passt vielmehr hervor-
ragend zu dem, was aus der Regierungszeit Sanheribs bekannt ist. Josephus
versetzte den tyrischen König Elulaios, der mit dem assyrischen Luli von Tyros
identisch ist, offensichtlich fälschlicherweise in die Regierungszeit Salmanassars
V.[211]; da sich die Regierungszeit Elulaios' nach Menander auf 36 Jahre erstreckte,
könnte sie – selbst wenn er bereits unter Salmanassar V. regiert hätte – auch die
Feldzüge Sanheribs nach Phönizien umfasst haben. Sanherib berichtet:

„Auf meinem 3. Feldzug zog ich nach dem Hethiterland. Luli, den König von Sidon, warf
Furcht vor dem Schreckensglanz meiner Herrschaft nieder, er floh in die Ferne, mitten ins
Meer, und verschwand auf immer. Groß-Sidon, Klein-Sidon, Bit-Zitti, Zarpath,
Machalliba, Uschu, Achsib und Akko, seine mächtigen, ummauerten Städte, Proviant-
städte, seine Stützpunkte, warf die Ausstrahlung der Waffe Assurs, meines Herrn, nieder,
und sie unterwarfen sich meinen Füßen. Tuba'lu setzte ich auf den Königsthron über sie,
Tribut und Abgabe für meine Herrschaft legte ich ihm Jahr für Jahr ohne Unterlaß auf."[212]

Abgesehen von der Tatsache, dass Sanherib von einer Flucht Lulis[213]/Elulaios'
berichtet, von der Menander nichts schreibt, passt dieser Bericht zu dem Zitat bei

---

mit ihm rivalisierenden Städte des phönizischen Küstenstreifens zögerten nicht, sich den
Assyrern anzudienen, deren ‚Joch' sie bereitwillig akzeptierten, um sich der tyrischen Oberherrschaft zu entledigen."

211   Vgl. dazu die ausführliche Begründung von Jeremias, Tyrus, 29-31, der sich auch Eißfeldt, Tyros,
      1887, anzuschließen scheint; anders dagegen Sommer, Phönizier, 157-159. Aus der Regierungs-
      zeit Sargons II. zwischen Salmanassar V. und Sanherib ist nur eine kurze Notiz überliefert, der-
      zufolge der König Tyros unterworfen habe (ARAB II, 61).

212   TUAT I, 388; vgl. dazu auch die Parallelberichte Sanheribs TUAT I, 390f.

213   Dass dieser als ‚König von Sidon' bezeichnet wird, darf nicht dazu verleiten, ihn als König der
      Stadt Sidon zu verstehen; mit *Sidon* wird in der assyrischen Quelle das gesamte Gebiet des tyri-
      schen Königtums, das zu dieser Zeit offensichtlich eine gewisse Ausdehnung hatte, bezeichnet.
      Dass ‚König von Tyros' und ‚König von Sidon' dasselbe meinen können, wurde schon anhand
      der Bezeichnungen für Ittobaal I. und der Bronzeschalen aus Kition, die Hiram II. den ‚König
      der Sidonier' nennen, gezeigt. Dagegen wendet sich allerdings mit gewichtigen Argumenten
      Timm, Dynastie, 220-224, der vor allem die Möglichkeit einer Datierung der Bronzeschalen aus
      Kition in Frage stellt: „Angesichts solcher Schwierigkeiten dürfte es wohl richtiger erscheinen,
      für eine Darstellung der tyrischen Geschichte diesen Menandertext ganz zurückzustellen."
      (Timm, Dynastie, 224) Es wurde allerdings schon mehrfach darauf verwiesen, dass eine Rekon-
      struktion der Geschichte von Tyros, stellt man die Nachrichten Menanders ganz zurück, kaum
      mehr gelingen kann; vor diesem Hintergrund erscheint es daher durchaus angemessen, die ver-
      schiedenen Möglichkeiten der Deutung der Berichte Menanders gegeneinander abzuwägen, den
      hypothetischen Charakter dieser Möglichkeiten deutlich zu unterstreichen und dann den Versuch

Josephus: Sanherib unterwarf sich offensichtlich das gesamte Herrschaftsgebiet von Tyros, das von Sidon im Norden bis Akko im Süden reichte, und setzte über dieses Gebiet den König Tubalu ein, der in demselben Bericht einige Zeilen später als König von Sidon genannt wird. Das Herrschaftsgebiet von Tyros umfasste nach Sanheribs Feldzug nicht mehr als die Inselfestung selber; dass der assyrische König versucht hätte, diese Festung einzunehmen und sich dabei auch der nautischen Kompetenzen der unterworfenen phönizischen Städte zu bedienen, wie Menander berichtet, ist äußerst wahrscheinlich. Offensichtlich war der assyrische König aber erfolglos, denn von einem glorreichen Sieg über Tyros verlautet in Sanheribs ansonsten nicht gerade zurückhaltenden Berichten nichts: „Der Versuch einer gewaltsamen Bezwingung der Insel mißlingt; Sanherib that wohl, davon zu schweigen."[214] Der tyrische König Luli könnte sich während der Belagerung von Tyros per Schiff abgesetzt und in Sicherheit gebracht haben, was die Assyrer dann als endgültige Flucht deuteten[215].

Eine Abbildung dieser Fluchtszene des tyrischen Königs könnte sich auf einem Relief aus Ninive vom Palast des Sanherib finden[216]. Auf der rechten Seite ist hier zu sehen, wie ein Mann ein Kind in eines der Schiffe gibt: „This, then, is Luli placing his family on board the Phoenician fleet and this is the only certain representation of Tyre."[217]

Sanherib ließ Tyros nach seinem fehlgeschlagenen Versuch einer Eroberung der Stadt belagern; dem konnten die Tyrer Menanders Bericht zufolge zumindest soweit widerstehen, „dass die fünfjährige Belagerung zwar nicht mit der Eroberung von Tyrus geendet hat, wohl aber infolge eines Kompromisses, der nicht zu gunsten der Stadt ausgefallen ist."[218]

---

zu unternehmen, diese Deutungsmöglichkeiten mit – in diesem Fall – den assyrischen Überlieferungen in Verbindung zu bringen. Nimmt man hier etwa ARAB II, 142, hinzu, so ist von Luli, dem König von Sidon, die Rede, der von Tyros aus nach Jadnana geflohen sei: Wieso sollte ein Stadtkönig von Sidon ausgerechnet von Tyros aus fliehen? Liegt hier nicht vielmehr ein weiterer Hinweis darauf vor, dass der tyrische König zu dieser Zeit als ‚König von Sidon' bezeichnet werden konnte?

214 Jeremias, Tyrus, 33.

215 Ob die Notiz Sanheribs, Luli sei nach Jadnana, also Zypern, geflohen und habe dort Zuflucht gefunden (TUAT I, 390), eine historisch zuverlässige Nachricht ist, lässt sich wohl kaum mehr entscheiden; falls Elulaios die Kittäer, wie Menander berichtet, erst wieder unterwerfen musste, wird er dort wohl in einer Notlage so schnell keine freundliche Aufnahme gefunden haben.

216 Vgl. dazu R. D. Barnett, Ezekiel, 6f (Plate I/2), sowie die entsprechenden Anmerkungen von Yon, L'archéologie, 120f, und Markoe, Phönizier, 43.

217 Barnett, Ezekiel, 6.

218 Jeremias, Tyrus, 35, der zur Begründung dieser Deutung der Ereignisse assyrische Berichte zitiert, denenzufolge tyrische Kriegsgefangene in Assyrien als Schiffsbauer und Ziegelstreicher eingesetzt wurden (vgl. dazu auch ARAB II, 145.166). Eißfeldt, Tyros, 1887, geht von einer schließlich „friedlichen Übereinkunft zwischen Sanherib und T." aus, die wohl das Ende der Regierung des Luli/Elulaios bedeutete, „aber T. doch das Königtum und eine gewisse

Unter Sanheribs Nachfolger Asarhaddon ist für Tyros ein gewisser Baal bezeugt, der dort als König herrschte; ob er der direkte Nachfolger des Elulaios war, lässt sich nicht sagen, es gibt aber keine Quellen, die einen weiteren tyrischen König für diese Zeit belegen. Als sich der sidonische König Abdi-Milkutti um 677/676 v. Chr. gegen Assur erhob[219], wurde Sidon von Asarhaddon vollständig vernichtet, an einem anderen Ort eine Stadt mit Namen ‚Asarhaddonshafen' errichtet und aus dem gesamten sidonischen Gebiet eine assyrische Provinz gemacht, der ein Statthalter vorstand:

„Aus jenen ihm zugehörigen Städten übergab ich Baal, dem König von Tyrus, Ma'rubbu und Zarpath. Zum früheren Tribut, seiner jährlichen Gabe, fügte ich eine Abgabe für meine Herrschaft hinzu und legte ihm diese auf."[220]

Tyros war demnach zwar Assyrien gegenüber tributpflichtig, konnte aber aufgrund der Übergabe der Städte sein Herrschaftsgebiet wieder etwas vergrößern[221]. Von Asarhaddon wurde Baal zudem als Vertragspartner anerkannt, wie ein Vertrag zwischen Baal von Tyros und Asarhaddon belegt[222]: Baal wird darin erstens darauf verpflichtet, Briefe vom assyrischen König nur in Gegenwart seines Statthalters zu öffnen; zweitens gehört Handelsgut tyrischer Schiffe an der Mittelmeerküste einer assyrischen Provinz dem Vertrag zufolge den Assyrern, die Besatzung des Schiffes soll allerdings unversehrt bleiben; drittens werden Baal Häfen und Handelsrouten zugesichert, die er frei befahren kann.

Dem Vertrag ist ein bemerkenswertes Detail im Blick auf die politische Organisation von Tyros zu entnehmen[223]: Dem König, der dem assyrischen Statthalter unterstellt wird[224],

---

Selbständigkeit beließ." Nach Sommer, Phönizier, 159, werden „sich die Tyrer, auch wenn sie zeitweise Tribute zahlten und die Oberhoheit des assyrischen Königs wenigstens pro forma anerkannten, kaum als Untertanen des Imperiums begriffen haben."

219 Zur Datierung vgl. die entsprechenden Passagen der babylonischen Chronik (TUAT I, 402).

220 TUAT I, 396.

221 Eißfeldt, Tyros, 1888, vermutet, dass Baal Asarhaddon bei der Niederwerfung Sidons behilflich gewesen war und dafür die genannten Städte als Lohn erhielt.

222 Vgl. Borger, Inschriften, 107-109, und TUAT I, 158f (bearbeitet von Borger). Aus religionsgeschichtlicher Perspektive ist das Ende des Vertrages von besonderer Bedeutung, weil hier neben den assyrischen Göttern Teile des phönizischen Pantheons als Vertragswächter beschworen werden; neben drei Baal-Gottheiten sind auch die bekannten Götter Melkart, Ešmun und Astarte genannt (vgl. dazu Timm, Dynastie, 237-241, sowie C. Bonnet, Melqart, 40-42, und Niehr, Ba'alšamem, 43-45).

223 Der Text ist an dieser Stelle allerdings so stark beschädigt, dass sich keine Informationen über die Funktion des Rates entnehmen lassen (vgl. E. F. Weidner, Vertrag Asarhaddons, 31, und Borger, Inschriften, 108).

224 Vgl. die Interpretation Moscatis, Phöniker, 70: „Der Statthalter ist der einzige Ausdeuter der Befehle des assyrischen Königs und kontrolliert jegliche Tätigkeit des phönikischen Staates, besonders in der Außenpolitik."

stand offensichtlich ein ‚Rat der Alten des Landes' (*⁽ᵘ⁾par-šá-mu-te šá mâti-ka)* zur Seite, der in Abwesenheit des Königs die Regierungsgeschäfte übernehmen konnte[225]: „In Anbetracht der regen Betriebsamkeit der phönikischen Städte ist ohne weiteres zu vermuten, daß die Ältesten städtische Großkaufleute oder aber Herren aus den obersten Familien waren, in deren Händen der ganze Handel lag."[226] Man hat es hier offensichtlich mit einer Art Senatorenstand zu tun, der die königliche Macht einschränkte und wohl auch als Kontrollorgan fungierte[227]. Die Ausbildung machtpolitisch partizipativer Strukturen in großen Handelsstädten ist ein aus dem Spätmittelalter und der frühen Neuzeit bekanntes Phänomen, wie etwa die Organisation der Handelsstädte der norddeutschen Hanse zeigt[228].

Dass Asarhaddon einen solchen Vertrag abschließt, demzufolge sich der tyrische König zwar gewissermaßen dem Statthalter der assyrischen Provinz auf dem Festland unterstellt, nach dessen Wortlaut Tyros aber vor allem die Sicherheit seiner Schiffsbesatzungen gewährleistet wird und die Handelswege offen stehen, zeigt die Bedeutung von Tyros als einer Handelsmetropole, auf deren Funktionstüchtigkeit auch die Assyrer nicht verzichten wollten[229]. Zeitlich gehört der Vertrag in den Kontext der Vernichtung Sidons durch Asarhaddon um das Jahr 677/676 v. Chr. herum[230]. Die relativ ruhige und vertraglich nun auch ge-

---

225   Arrian II 15; vgl. dazu hinsichtlich Sidons Diodor XV 1,45 und mit Blick auf Byblos Ez 27,9; innerhalb des Alten Testaments finden sich weitere Spuren dieses Ältestenrates nach Mathys, Hausfrau, 39f, auch in Spr 31,23. Zum Alter des Rates, der vielleicht bis in die Amarna-Zeit zurückreicht vgl. EA 138 und EA 157 (dazu Katzenstein, History, 30f; Markoe, Phönizier, 87; Sommer, Europas Ahnen, 246-249; S. F. Bondì, Institutions, 293-295); zum Aufstieg kollektiver Institutionen in den phönizischen Städten vgl. insbesondere die Überlegungen von Sommer, Phönizier, 210-219.

226   Moscati, Phöniker, 69.

227   Vgl. dazu Bondì, Institutions, 293: „Dans une situation d'évidente limitation des pouvoirs royaux, les responsabilités politiques et administratives sont partagées, dans le cadre des cités phéniciennes, avec des magistratures civiles et militaires, sur lesquelles les sources directes et indirectes fournissent de nombreux, mais maigres, témoignages."

228   Vgl. dazu R. Hammel-Kiesow, Hanse, 68-71; die Hanse charakterisiert Hammel-Kiesow folgendermaßen: „Diese Organisation verfolgte erstens – das war die Grundlage ihres Entstehens – handelswirtschaftliche Ziele; zweitens aber bemühte man sich seitens der Städte seit dem ausgehenden 14. Jahrhundert vermehrt um gegenseitige Unterstützung gegen adlige Herrschaftsansprüche. Kennzeichnend für die Hanse [...] war die doppelte Dichotomie von handelswirtschaftlicher *und* politischer Organisation sowie von Kaufleuten *und* Städten." (Hammel-Kiesow, Hanse, 10)

229   Vgl. Weidner, Vertrag Asarhaddons, 32; nach Lamprichs, Westexpansion, 159f, wird der Handlungsspielraum Baals von Tyros durch den Vertrag eingeschränkt, der Vertrag diene „der Institutionalisierung einer bestehenden vertikalen Interaktionsbeziehung zwischen dem assyrischen Kernland und dem Bereich des Baal." (Lamprichs, Westexpansion, 160)

230   So Weidner, Vertrag Asarhaddons, 33. Diese zeitliche Ansetzung ist allerdings nicht ganz sicher, wie sich bei Eißfeldt, Tyros, 1888f, zeigt, der den Vertrag um das Jahr 671 v. Chr. ansetzt und damit in den Kontext der Unterwerfung des tyrischen Festlandgebietes durch die Assyrer aufgrund des illoyalen Verhaltens Baals interpretiert (vgl. zu dieser Sicht auch Markoe, Phönizier, 45f). Es ist aber doch recht unwahrscheinlich, dass Asarhaddon einen derart illoyalen König wie Baal von

sicherte Ausgangslage nutzte Baal von Tyros dazu, mit den von Asarhaddon bedrohten Ägyptern unter Pharao Taharka[231] in Kontakt zu treten und damit die assyrische Vorherrschaft in Phönizien zu gefährden. Asarhaddon musste darauf reagieren und zog um 671 v. Chr. nach Westen:

„Im Verlauf meines Feldzugs warf ich Schanzen auf gegen Baal, den König von Tyrus, der auf Taharka, den König von Kusch, seinen Freund vertraut, das Joch Assurs, meines Herrn abgeschüttelt und wiederholt Frechheiten geantwortet hatte. Brot und Wasser, ihren Lebensunterhalt, schnitt ich ab."[232]

Es wiederholt sich also die bekannte Szenerie: Tyros kann nicht eingenommen werden und wird daher von der Außenversorgung abgeschnitten. Asarhaddon hält sich hier nicht lange auf und eilt weiter nach Ägypten, um das Land zu unterwerfen und dem assyrischen Großreich einzugliedern[233]. Tyros hatte dieses Mal aber offensichtlich Probleme mit der Belagerung, jedenfalls bezeugt die Inschrift Asarhaddons auf der Sendjirli-Stele, dass Baal von Tyros vor Asarhaddon kniete und dessen Herrschaft anerkannte[234]: „Sein gesamter Landbesitz auf dem Festlande wurde ihm weggenommen und zur assyrischen Provinz erklärt; nur die Inselstadt Tyrus verblieb ihm."[235] Trotz der Territorialverluste von Tyros haben die Assyrer offensichtlich keinen militärischen Erfolg über die Inselfestung erringen können[236], denn Baal von Tyros wurde nicht abgesetzt, sondern blieb auch nach den Ereignissen weiterhin König von Tyros, was sicherlich nicht der Fall gewesen wäre, wenn die Assyrer die Stadt erobert hätten. Es zeigt sich hier erneut, welche Probleme die Assyrer damit hatten, die Inselfestung vom Festland aus einzunehmen; sie mussten sich daher immer wieder auf Kompromisse mit

---

Tyros noch als Vertragspartner anerkannte; der Vertragsabschluss gehört daher eher in die Phase der ungetrübten Beziehungen zwischen Tyros und Assyrien vor 671 v. Chr. (so auch D. Baramki, Phönizier, 42; Moscati, Phöniker, 55f; Katzenstein, History, 267; Niehr, Baʻalšamem, 43).

231 Vgl. zu Taharka M. Clauss, Ägypten, 429-432.

232 TUAT I, 398.

233 Vgl. Schmökel, Geschichte, 277, und E. Hornung, Grundzüge, 123f.

234 TUAT I, 398, und ARAB II, 224; vgl. die Abbildung der Siegesstele Asarhaddons bei Markoe, Phönizier, 45.

235 Weidner, Vertrag Asarhaddons, 33. Einer Prisma-Inschrift zufolge wurde Baal von Tyros neben anderen Königen, wie etwa Manasse von Juda, zur Beteiligung am Neubau des Palastes von Ninive verpflichtet (ARAB II, 265f), was sicherlich mit hohen Tributleistungen verbunden war und die Abhängigkeit der Stadt von den Assyrern dokumentiert.

236 Vgl. dazu auch ARAB II, 274, wo zwar von der Einnahme von Tyros die Rede ist, dann aber gesagt wird, dass Baal von Tyros seine Besitztümer auf dem Festland genommen werden. Während innerhalb des Kontextes mitgeteilt wird, dass Asarhaddon die feindlichen Könige mit dem Schwert umbrachte, wird genau das von Baal nicht berichtet; offensichtlich konnte Baal von Tyros die belagerte Inselfestung gegen Asarhaddons Angriffe halten, musste sich ihm dann zwar offiziell unterwerfen, kam jedoch mit dem Leben davon.

den Tyrern einlassen, die einmal mehr und einmal weniger zu ihren Gunsten ausgingen.

Dass Tyros sich seines – wenn auch kleinen – Spielraumes bewusst war, zeigt sich in der Folgezeit unter Assurbanipal, der 669 v. Chr. die assyrische Herrschaft übernahm. Zunächst wird in den Inschriften Assurbanipals von einer Tributzahlung von Tyros berichtet, die offensichtlich im Zusammenhang des 1. Feldzuges Assurbanipals nach Ägypten erfolgte[237]; zu einem militärischen Aufeinandertreffen scheint es in diesem Kontext nicht gekommen zu sein. Ein weiterer Bericht Assurbanipals legt dann allerdings Zeugnis von einer weniger glimpflich verlaufenen Konfrontation zwischen Baal und Assurbanipal ab:

„Auf meinem 3. Feldzug zog ich gegen Baal, den König von Tyrus, der inmitten des Meeres wohnte. Weil er mein königliches Wort nicht beachtet und die Rede meiner Lippen nicht gehört hatte, warf ich Schanzen gegen ihn auf. Damit seine Leute nicht entkämen, bewachte ich (die Stadt) streng, zu Wasser und zu Land besetzte ich seine Wege, seinen Zugang schnitt ich ab. Wasser und Verpflegung, ihren Lebensunterhalt, machte ich für ihren Mund knapp. Mit einer starken, unentrinnbaren Umzingelung schloß ich sie ein. Ihre Kehle engte ich ein und brachte ich in Bedrängnis. Ich unterwarf sie meinem Joche. Seine leibliche Tochter und die Töchter seiner Brüder brachte er vor mich, um Hofdienst zu leisten. Seinen Sohn, der nie das Meer überschritten hatte, brachte er mir, um mir Untertänigkeit zu bezeugen. Seine Tochter und die Töchter seiner Brüder nahm ich nebst einer umfangreichen Mitgift von ihm entgegen. Ich bekam Mitleid mit ihm, und seinen leiblichen Sohn gab ich ihm zurück. Die Schanzen, die ich gegen Baal, den König von Tyrus, aufgeworfen hatte, löste ich auf, zu Wasser und zu Land öffnete ich all seine Wege, die ich besetzt hatte. Schweren Tribut erhielt ich von ihm. Wohlbehalten kehrte ich nach Ninive, meiner Residenzstadt, zurück."[238]

Der Ablauf ist bereits bekannt: Tyros wird belagert, kann aber nicht eingenommen werden. Belagerer und Belagerte müssen sich daher auf einen Kompromiss einigen, bei dem beide das Gesicht und ihre Interessen wahren können. In diesem Fall haben die Assyrer wohl doch die Oberhand behalten, was damit zu tun haben dürfte, dass die Blockade der Stadt offensichtlich extrem wirksam war: Baal lieferte seine Töchter und Nichten dem Großkönig aus und war sogar bereit, den tyrischen Kronprinzen zu überstellen. Trotz dieser klaren Niederlage für Baal lässt sich doch auch die andere Seite nicht übersehen: Wieder gelingt es ihm, die

---

237 Vgl. M. Streck, Assurbanipal II, 138-141.
238 TUAT I, 400. In der Umschrift und Übersetzung von Jeremias, Tyrus, 38f, und ANET, 295f, wird der Sohn namentlich genannt, was nach Borger, TUAT I, 400 Anm. zu Z. 55, auf eine Variante zurückzuführen ist, die nicht alle Textzeugen bieten; zu den Einzelheiten vgl. Borger, Beiträge, 28, der den Namen in Umschrift mit ¹ia-ḫi-mil-ki wiedergibt; der Kronprinz hieß demnach ,Jachimilki'. Sollte dieser Sohn Baals nach dem Tod seines Vaters die Herrschaft in Tyros übernommen haben? Die Quellen schweigen sich darüber aus, so dass hier ein Fragezeichen stehen bleiben muss.

Stadt gegen die Assyrer zu halten und die Einnahme zu verhindern, wieder kann ihm das Königtum von den Assyrern nicht genommen werden und wieder werden letztlich alle See- und Landwege geöffnet, so dass der tyrische Handel erneut aufgenommen werden kann. Die Erwähnung des Mitleids Assurbanipals in diesem Zusammenhang ist zwar rührend, aber aus Mitleid hatte noch kein assyrischer König den Kronprinzen einer aufrührerischen Stadt verschont; hier muss Baal mit Verhandlungsgeschick und auch einem gewissen Verhandlungsspielraum das Schlimmste verhindert haben, so dass Assurbanipal den Sohn Baals wieder zurückschickte und nur die Frauen in seinen Harem übernahm[239]. Der schwere Tribut, den Tyros zu zahlen hatte, wird sicherlich den Ausgang der prekären Lage mitbestimmt haben; Tyros verfügte als scheinbar uneinnehmbare Inselfestung auf der einen und als reiche Handelsmetropole auf der anderen Seite offensichtlich über die natürlichen und die ökonomischen Voraussetzungen, um sich eine – wenn auch ausgesprochen eingeschränkte – Freiheit bewahren zu können; Assurbanipal brüstete sich natürlich dennoch damit, Tyros unterworfen und tributpflichtig gemacht zu haben[240]. In der zweiten Hälfte des 7. Jh. v. Chr. blieb es wohl zunächst bei dieser Balance zwischen Unterwerfung durch die Assyrer und Bewahrung eigener Freiheitsrechte; man kann aber davon ausgehen, dass Tyros bei den ersten Anzeichen der Schwächung des assyrischen Großreiches durch Skythen, Meder und Babylonier diese ungewollte Balance zugunsten der eigenen Freiheit und Selbständigkeit ins Wanken brachte[241].

4.1.2.5 Tyros und das neubabylonische Reich im 7. und 6. Jh. v. Chr.

Am Ende des 7. Jh. v. Chr. ergab sich für Tyros eine neue Situation. In Mesopotamien war man zunächst mit sich selbst beschäftigt; der Begründer der chaldäischen Dynastie in Babylon, Nabopolassar (626-605 v. Chr.), drängte das neuassyrische Reich immer weiter zurück; 612 v. Chr. eroberten Babylonier und Meder gemeinsam die assyrische Hauptstadt Ninive, und auch wenn sich bis 609 v. Chr. unter Assuruballit II. (612-609 v. Chr.) noch ein assyrischer Reststaat in Haran halten konnte, so war doch der Aufstieg des neubabylonischen Reiches nicht mehr aufzuhalten[242].

Nach dem Fall Ninives war die Oberherrschaft über die syropalästinische Landbrücke zunächst den Ägyptern zugefallen; spätestens nach der Schlacht von

---

239 Lamprichs, Westexpansion, 173f, geht davon aus, dass solche Überstellungen von den Assyrern dazu genutzt wurden, zukünftiges Potential für assyrische Marionettenregimes zu gewinnen; inwieweit „der Sohn des Baal vor einer Rückkehr nach Tyros von den Assyrern ausgebildet wurde, ist jedoch unklar." (Lamprichs, Westexpansion, 174)

240 Vgl. ARAB II, 340f.374.

241 Vgl. Eißfeldt, Tyros, 1889.

242 Vgl. dazu von Soden, Der Nahe Osten, 124, und J. A. Wilson, Ägypten, 503f.

Karkemisch im Jahr 605 v. Chr., bei der sich die Ägypter unter Necho II. und die Babylonier unter Nabopolassars Sohn Nebukadnezar II. (605-562 v. Chr.) gegenüberstanden und die Ägypter geschlagen wurden, übernahm das neubabylonische Reich die Macht in Syrien, so dass sich die phönizischen Städte erneut einem Großkönig gegenübersahen, der sein Recht im Westen seines Reiches bis zur Küste des Mittelmeeres durchzusetzen entschlossen war.

Ägypten blieb allerdings auch nach der Niederlage von Karkemisch an der syropalästinischen Landbrücke interessiert, wie vereinzelte Nachrichten über die Nachfolger Nechos II., die Pharaonen Psammetich II. (595-589 v. Chr.) und Apries (589-570 v. Chr.), zeigen. Psammetich II. scheint auf der syropalästinischen Landbrücke gewesen zu sein, ohne dass es zu kriegerischen Auseinandersetzungen kam[243]; Apries dagegen soll nach Angaben Herodots „ἐπί τε Σιδῶνα στρατὸν ἤλασε καὶ ἐναυμάχησε τῷ Τυρίῳ"[244]. Wann es allerdings zu einem solchen Phönizienfeldzug kam, ist nicht bekannt; Apries muss jedoch zu Beginn seiner Herrschaft um 589 v. Chr. nach Phönizien gezogen sein[245], da die Babylonier nach dem Fall Jerusalems 587/586 v. Chr. und der folgenden Belagerung von Tyros ab 585 v. Chr. keinen Raum mehr für einen ägyptischen Feldzug gelassen haben werden. Vielleicht lassen sich die beiden erwähnten Expeditionen der Ägypter mit einer biblischen Nachricht im Buch des Propheten Jeremia kombinieren: Nach Jer 27,3 hätten sich während der Herrschaft Zedekias, also nach 597 v. Chr., die Könige von Tyros und Sidon an einer antibabylonischen Koalition beteiligt, die wohl auf die Hilfe Ägyptens zählte[246]; in diesen Zusammenhang guter Beziehungen zwischen Ägypten und den syropalästinischen Kleinstaaten könnte die Reise Psammetichs II. nach Phönizien gehören, die wohl am ehesten diplomatischen Zwecken gedient hat und die Bindungen zwischen den syropalästinischen Kleinstaaten und Ägypten sichern sollte[247]. Die Nachteile zu enger Verbindungen mit Ägypten überwogen nach Einschätzung der phönizischen Städte allerdings die Vorteile und Tyros wie auch Sidon distanzierten sich spätestens während der Regierungszeit des Apries wieder von Ägypten, so dass es zu einem Feldzug gegen die beiden Städte kam, der zumindest gegen Tyros als Seeschlacht geführt wurde (ἐναυμάχησε!). Falls die Nachrichten bei Herodot historisch zuverlässig sind, lässt sich aus den Ereignissen ein hohes Selbstbewusstsein von Tyros und Sidon ablesen, das auch nicht ganz unbegründet gewesen sein kann, wenn man militärisch offensichtlich in der Lage war, gegen die Ägypter zu See zu kämpfen. Die Tyrer werden das Machtvakuum zwischen der

---

243   J. Yoyotte, Psammétique II, 140-144, geht davon aus, dass die Reise Psammetichs weder ein Feldzug noch eine Pilgerfahrt war, sondern dazu diente, nach den Erfolgen des Pharao in Afrika die Macht und Stärke Ägyptens auch den Kleinstaaten auf der syropalästinischen Landbrücke vor Augen zu führen.

244   Herodot II 161; vgl. dazu auch den Bericht Diodors I 68.

245   Vgl. Jeremias, Tyrus, 41, und Hornung, Grundzüge, 128f.

246   Vgl. zu dieser Stelle des Jeremiabuches A. Weiser, Jeremia, 237-240, demzufolge sich die Ereignisse im Jahr 594 v. Chr. abspielten, und vor allem unten Teil 5.2.2.

247   Vgl. dazu Donner, Geschichte, 409, der davon ausgeht, dass Psammetich II. ungefähr 592/591 v. Chr. an der phönizischen Küste erschien, „anscheinend ohne daß es ihm jemand verwehrte. Babylon war weit, und die babylonische Oberhoheit war in den unterworfenen Gebieten wohl nicht so stark wie es einst die assyrische gewesen war."

assyrischen und der babylonischen Oberhoheit genutzt haben, um die eigenen Kräfte wieder zu sammeln und zu stärken; den Ägyptern hat man dabei in jedem Fall keinen zu großen Einfluss auf phönizische Verhältnisse entstehen lassen wollen.

Die weiteren Ereignisse können nicht so detailliert rekonstruiert werden wie diejenigen der neuassyrischen Periode, denn die Babylonier führten „keine offiziellen Annalen und empfanden auch kein Bedürfnis danach, historische und politische Angelegenheiten in ihre zahlreichen und ausführlichen Bauinschriften aufzunehmen."[248] Man ist hier also wieder vermehrt auf die alttestamentlichen Texte und die griechischen Historiker angewiesen. Im Blick auf die tyrischen Verhältnisse berichtet vor allem Josephus etwas genauer von den Ereignissen.

Josephus überliefert zum einen aus der indischen und phönizischen Geschichte eines gewissen Philostratos die Nachricht, dass Nebukadnezar Tyros 13 Jahre lang belagert habe und dass Ittobaal zu dieser Zeit dort König gewesen sei[249]; zum anderen zitiert Josephus aus den phönizischen Urkunden eine tyrische Herrscherliste[250], die zu Beginn ebenfalls Ittobaal als König von Tyros nennt, während dessen Herrschaft Tyros 13 Jahre lang belagert worden sei. Auch wenn umfangreiche babylonische Nachrichten über diese Belagerung fehlen[251], steht für diesen Zeitpunkt der tyrischen Geschichte mit dem Tyroszyklus des Ezechielbuches eine Quelle zur Verfügung, aus der sich trotz der komplexen Entstehungsgeschichte des Textes doch eine Reihe von Details ermitteln lässt. Wie die Assyrer vor ihnen werden auch die Babylonier bei ihrer Belagerung die Versorgungswege der Stadt überwacht haben, so dass die Lage auf der Insel sehr ernst gewesen sein muss; dass die Stadt jedoch allem Anschein nach über mehr als ein Jahrzehnt hinweg einer Belagerung standhalten konnte, kann nicht allein mit ausreichenden Vorräten in der Stadt erklärt werden. Es muss offensichtlich Belagerungslücken gegeben haben, die die Versorgung der Stadt ermöglichten; solche Lücken könnten sich zum einen ganz konkret bei der Überwachung der Zugangswege zur Stadt ergeben haben, denn gerade die westliche Seite der Stadt und die beiden Häfen im Norden und im Süden konnte man wohl nicht ganz unter Kontrolle halten; solche Lücken könnten zum anderen aber auch übertragen die zeitliche Dauer der Belagerung betreffen, denn es ist nicht vorstellbar,

---

248 Veenhof, Geschichte, 279; vgl. dazu Schmökel, Geschichte, 314. Ein schmaler Abriss der Ereignisse findet sich in den von A. K. Grayson bearbeiteten babylonischen Chroniken (ABC, 87-111); von der Belagerung von Tyros ist hier allerdings nirgendwo die Rede (Chronicle 5, Reverse, Z. 11-13 [ABC, 102] bezeugt allerdings die Einnahme Jerusalems 597 v. Chr.).
249 Josephus, Ant. Jud. X 11,1; vgl. auch Josephus, C. Ap. I 20.
250 Josephus, C. Ap. I 21.
251 Mit einer Wirtschaftsurkunde aus dieser Zeit liegt zudem ein babylonisches Dokument vor, das die historische Zuverlässigkeit der Überlieferungen des Josephus stützt; es handelt sich dabei um eine Tontafel, die wohl als Quittung über Proviant für „den König und die Soldaten, die mit ihm nach dem Lande Tyrus" (Übersetzung: E. Unger, Nebukadnezar, 314) gezogen sind, interpretiert werden muss (vgl. zu dieser und vier weiteren Urkunden Unger, Nebukadnezar, 314-317).

dass Nebukadnezar seine Belagerung von Tyros 13 Jahre lang mit derselben Intensität aufrecht erhielt. Die fehlenden Berichte lassen hier weiten Raum für Spekulationen; den Ausgang des Unternehmens scheint in jedem Fall eine kleine Notiz im Ezechielbuch zu reflektieren, wo es heißt:

„Menschensohn, Nebukadnezar, der König von Babel, hat sein Heer große Arbeit tun lassen gegen Tyrus. Jeder Kopf ist kahlgeschabt und jede Schulter blankgescheuert, aber Lohn haben er und sein Heer nicht davongetragen für die Arbeit, in der er sich um sie gemüht hat."[252]

Nach Ez 29,17 erging dieses Wort an den Propheten zu Beginn des 27. Jahres, gezählt vom für die Exilierten maßgeblichen Regierungsantritt Jojachins 598/597 v. Chr. an; man kommt damit in das Jahr 572/571 v. Chr.[253] Sollte die Datierung des Prophetenwortes zutreffend sein, sollte das Prophetenwort zudem tatsächlich das Ende der Belagerung der Stadt im Blick haben und sollten die Angaben bei Josephus, Tyros sei 13 Jahre lang belagert worden, richtig sein, so hätte Nebukadnezar Tyros zwischen ca. 585/584 und 572/571 v. Chr. belagert. Das Ergebnis dieser Belagerung scheint dem der Belagerungen der Assyrer zu entsprechen: Tyros wird zwar empfindlich geschwächt und die genannten kahlen Köpfe und blanken Schultern werden wohl nicht nur die Belagerer, sondern auch die Belagerten davongetragen haben. Doch die Einnahme der Inselfestung gelingt offensichtlich auch dem babylonischen König nicht, so dass er einen Kompromiss aushandeln muss, demzufolge die Stadt wieder freien Zugang zu allen Wegen erlangt haben wird, dafür aber den Babyloniern gegenüber tributpflichtig wurde und sich auf eine gewisse Form der politischen Abhängigkeit von Babylonien einlassen musste[254]. Damit ist das „reale Ergebnis [...] trotz des Mißerfolgs Nebukadnezar's für den tyrischen Staat eine schwere Niederlage. Wir stehen vor einem großen Einschnitt in der geschichtlichen Entwickelung von Tyrus."[255]

---

252 Ez 29,18 (in der Übersetzung von Zimmerli, Ezechiel, 716).
253 Es werden nur ganze Jahre gezählt; vgl. zur Datierung E. Kutsch, Daten, 67f, und Zimmerli, Ezechiel, 718.
254 Jeremias, Tyrus, 45, meint: „Tyrus hat sich nicht ergeben, aber der Oberhoheit Babels gefügt. Nebukadnezar trug also den erhofften Lohn seiner Mühen nicht davon, aber er konnte ungehindert gegen Ägypten ziehen." Borger, TUAT I, 405f, verweist in diesem Zusammenhang auf eine Prismainschrift Nebukadnezars II., auf der der Hofstaat des Königs verzeichnet wird: „In den letzten erhaltenen Zeilen werden einige Könige aus dem Westen aufgezählt, nämlich die Könige von Tyrus, Gaza, Sidon, Arwad, Asdod und Mir [...]. Die Namen der fraglichen Herrscher sind nicht verzeichnet." Dass die genannten Städte zu den von Nebukadnezar unterworfenen Ortschaften gehören, ist recht wahrscheinlich; vgl. dazu auch ANET, 307f, und Unger, Nebukadnezar, 314.
255 Jeremias, Tyrus, 46. Dass die Niederlage von Tyros den Wiederaufstieg der Rivalin Sidon begünstigte und die tyrischen Kolonien ab dem 6. Jh. v. Chr. eine Selbständigkeit bekamen, die ihnen einen immensen Bedeutungsgewinn brachte, liegt auf der Hand; vgl. dazu W. B. Fleming,

Ob Ittobaal III. als König abgesetzt wurde, lässt sich nicht sicher sagen; die Regierungszeiten der folgenden tyrischen Herrscher sprechen aber dafür, dass nach dem Ende der Belagerung der Stadt durch die Babylonier Baal II. als König von Tyros eingesetzt wurde[256]. Von großer Bedeutung für das Verhältnis zwischen der Inselstadt und dem Großreich nach 572/571 v. Chr. ist die Erwähnung eines *šandabakku* mit Namen *Enlil-šāpik-zēri*, der neben Baal II. 564 v. Chr. als babylonischer Oberkommissar politische Verantwortung getragen haben muss[257]; man kann aufgrund des Vergleichs mit anderen Nachrichten davon ausgehen, dass ein *šandabakku* den „Beamteneid geschworen hatte, aber gewissermaßen ‚reichsunmittelbar‘ neben einem Fürsten oder auch allein als eine Art ‚Oberkommissar‘ im Namen seines Königs waltete. Als ‚Siegelbewahrer‘ wird er vermutlich in fremden Verwaltungen den Regierungsakten erst durch Beisetzung seines Siegels Geltung gegeben haben."[258] Es legt sich aufgrund dieser Überlegungen die Annahme nahe, dass Tyros „mindestens seit 570 fest in der Verwaltung des Nebukadnezar gewesen ist und babylonischer Handel sich dort entfaltet hat"[259]; doch wie fest Tyros in das babylonische Herrschaftssystem eingebunden war und auf welche Weise sich der babylonische Handel entfalten konnte, lässt sich aufgrund der Quellen nicht sagen. Dass Tyros aber bis zum Untergang des babylonischen Reiches offensichtlich keine Schwierigkeiten mehr machte, spricht dafür, dass man zu einem schiedlich-friedlichen Verhältnis fand, in dem Tyros mit Sicherheit die Rolle des Abhängigen zu spielen hatte[260]. Für ein derartiges Verhältnis von Tyros zum babylonischen Großkönig spricht auch die Tatsache, dass nach der Regierungszeit Baals II. in Tyros zeitweise keine Könige

---

Tyre, 46, demzufolge der tyrische Handel „was ruined by the long siege; Phoenician leadership passed for a time to Sidon. Palaetyrus remained in ruins until the time of Alexander. In Tyrian history a period of great depression follows the siege of Nebuchadrezzar."

256　Nach Eißfeldt, Tyros, 1890, hat Nebukadnezar mit Tyros „ein Übereinkommen getroffen, dahingehend, daß T. zwar Ittoba'al und wohl auch sein Haus fallen lassen mußte, aber das Königtum und damit eine gewisse Selbständigkeit behielt." Die Nachrichten in der von Josephus, C. Ap. I 21, überlieferten Herrscherliste, derzufolge die Tyrer später Könige aus Babylon zurückholten, könnten darauf hindeuten, dass das Haus Ittobaals II. nach Mesopotamien deportiert wurde, dort aber – wie ja auch die judäische Gola – nicht in Kerkern gehalten wurde, sondern unter bescheidenen Umständen zusammen leben und alte Traditionen pflegen konnte. Dass bereits zu Zeiten des babylonischen Reiches wieder Könige nach Tyros zurückkehren konnten, um die Herrschaft zu übernehmen, ist erstaunlich, fast unglaubwürdig, und wird allenfalls auf ‚besonders gute Führung‘, also eine extrem probabylonische Haltung zurückzuführen sein. Das bleibt aber im Bereich des Hypothetischen.

257　Vgl. dazu Unger, Nebukadnezar, 314; der *šandabakku* wird auf einer Urkunde, die als Schuldschein diente, als erster Zeuge genannt.

258　Unger, Nebukadnezar, 315.

259　Unger, Nebukadnezar, 317.

260　Vgl. dazu auch Müller, Phönizien, 193, der von einer ‚relativ unabhängigen Stellung‘ gegenüber den Babyloniern spricht; die „Niederlage von Tyros scheint nicht sehr nachhaltig gewesen zu sein." (Müller, Phönizien, 192)

mehr herrschten, sondern leitende Beamte, sogenannte Richter oder ‚Suffeten'[261], die Macht übernahmen und dabei sicherlich unter erhöhter babylonischer Kontrolle standen[262].

An dieser Stelle muss nun die von Josephus überlieferte Herrscherliste von Tyros für das 6. Jh. v. Chr. genauer ausgewertet werden[263]:

„Unter dem König Ithobalos belagerte Nebukadrezzar (die Stadt) Tyros 13 Jahre lang. Nach diesem (König) herrschte Baal 10 Jahre lang.

Nach diesem (König) wurden Richter eingesetzt, und Eknibal, der (Sohn) des Baslechos, richtete 2 Monate lang; Chelbes, der (Sohn) des Abdaios, 10 Monate lang, der Hohepriester Abbaros 3 Monate lang, Myttynos u. Gerastratos, der (Sohn) des Abdelimos, waren 6 Jahre Richter, während (ihrer Amtszeit) herrschte Balatoros 1 Jahr lang als König.

Als dieser (König) gestorben war, schickten sie hin und ließen Merbalos aus Babylon holen, und er regierte 4 Jahre lang. Als dieser gestorben war, schickten sie hin und ließen seinen Bruder Hiram holen, der 20 Jahre lang regierte. Während seiner Regierungszeit herrschte Kyros über die Perser."[264]

Josephus bezieht sich hier nach eigener Aussage auf „τὰς τῶν Φοινίκων ἀναγραφάς". Diese Quellen hat Josephus aber nicht selber studiert, wie sich an anderen Stellen zeigt, wo er explizit auf seine Gewährsmänner verweist; er wird sich also auch hier auf die griechischen Historiker beziehen, von denen er in gleicher Weise die anderen Informationen über Phönizien und Tyros übernommen hat. Wer nun hinter dieser Liste steht – Menander, Dios oder Philostratos – lässt sich nicht mehr sagen, es spricht allerdings einiges für Menander, der ja Josephus zufolge auch die Königsliste für das 10.-8. Jh. v. Chr. überliefert hat[265].

---

261 Vgl. Livius XXVIII 37,2; XXX 7,5; XXXIV 61,15, der ein solches Amt für die tyrische Kolonie Karthago bezeugt, was darauf schließen lässt, dass es den Tyrern nicht unbekannt gewesen sein kann – sei es, dass Karthago es von der Mutterstadt, sei es, dass Tyros es zeitweise von seiner Tochterstadt übernahm.

262 Vgl. zu diesem bemerkenswerten Herrschaftswechsel in Tyros die Vermutungen S. Zawadzkis, Nebuchadnezzar and Tyre, 276*-281*, der aufgrund neuerer Texte aus Uruk und Sippar damit rechnet, dass es zwischen 564 und 563 v. Chr. aufgrund einer tyrischen Rebellion zu einer zweiten Belagerung von Tyros kam: „The rule of the judges may be considered a punishment for the second rebellion occuring under the same dynasty." (Zawadzki, Nebuchadnezzar and Tyre, 279*) Ob die von Zawadzki herangezogenen Texte allein die Beweislast für seine These einer zweiten babylonischen Belagerung tragen können, wird die weitere Forschungsdebatte innerhalb der Assyriologie zeigen müssen; der Wechsel von Königen zu ‚Suffeten' in Tyros ließe sich vor dem Hintergrund eines solchen Ereignisses in jedem Fall besser verstehen.

263 Mit den Absätzen wird die Königsphase von der Richterzeit unterschieden.

264 Josephus, C. Ap. I 21 (in der Übersetzung von Labow, Flavius Josephus, 155f).

265 Vgl. Labow, Flavius Josephus, 154 Anm. 114.

Auch an dieser Stelle gibt Josephus nach dem Zitat noch eine Zusammen-fassung, die ein wichtiges Detail im Blick auf die Regierungszeit Ittobaals II. ent-hält:

„Folglich beträgt die gesamte Zahl 54 Jahre und dazu 3 Monate, denn im 7. Jahr der Königsherrschaft des Ithobalos fing Nebukadrezzar zwar an, Tyros zu belagern, im 14. Jahr Hirams aber übernahm Kyros der Perser die Macht."[266]

Die Angaben des Josephus können nicht kritisch geprüft werden, da jeder weitere Beleg für diese Zeit fehlt; die Namen und Regierungszeiten der Könige und Richter können daher nur übernommen oder ganz beiseite gelassen werden. Schenkt man Josephus Vertrauen und geht nicht davon aus, dass die gesamte Herrscherliste eine Fiktion ist, so ergibt sich für Tyros im 6. Jh. v. Chr. diese Abfolge von Regierenden:

König Ithobalos II.	regiert 7+13=20 Jahre, in seinem 7. Jahr beginnt die Belagerung von Tyros durch Nebukadnezar,
König Baal II.	regiert 10 Jahre,
Richter Eknibal[267]	regiert 2 Monate,
Richter Chelbes	regiert 10 Monate,
Richter Abbaros	regiert 3 Monate,
Richter Myttynos,	
Richter Gerastartos[268],	
König Balatoros	regieren 6 Jahre,
König Merbalos	regiert 4 Jahre,
König Hiram III.	regiert 20 Jahre, in seinem 14. Jahr übernimmt Kyros die Macht.

Die von Josephus als Summe genannten 54 Jahre und 3 Monate ergeben sich, wenn man von der Belagerung von Tyros aus für Ithobalos II. 13 Jahre rechnet und dann die kompletten Regierungsjahre der folgenden Herrscher einschließlich der 20 Jahre Hirams III. addiert[269].

---

266 Josephus, C. Ap. I 21 (in der Übersetzung von Labow, Flavius Josephus, 156f; zum Bezug des ‚7. Jahres der Königsherrschaft' auf Ithobalos vgl. die Begründung bei Labow, Flavius Josephus, 157 Anm. 125, mit Bezug auf Eißfeldt, Datum, 1-3).

267 Dochhorn, Personennamen, 102, nimmt aufgrund einer armenischen Version an, dass die Form Ἐκνίβαλος gräzisierend aus *Ἐδνίβαλος – 'dnb 'l – ‚(mein) Herr ist Baal' entstanden ist.

268 Vgl. zu dieser Namensform Dochhorn, Personennamen, 108.

269 So gegen andere auch Labow, Flavius Josephus, 157 Anm. 124.

Wenn nun das 14. Jahr des Hiram das Jahr 539/538 v. Chr. ist, in dem der Perser Kyros die babylonische Herrschaft übernimmt[270], wenn zudem das Ende der Herrschaft Ittobaals II. mit dem Ende der Belagerung von Tyros durch Nebukadnezar im Jahr 572 v. Chr. gleichzusetzen ist und wenn schließlich der Anfang der Belagerung der Stadt in das Jahr 585 v. Chr. fällt, so ergeben sich damit folgende Daten für die Herrscher in Tyros[271]:

Ithobalos II. (591-572 v. Chr.)
Baal II. (572-563 v. Chr.)

Eknibal (ca. 563 v. Chr.)
Chelbes (ca. 562 v. Chr.)
Abbaros (562/561 v. Chr.)
Myttynos (ab 561 v. Chr.)
Gerastartos (bis ca. 556 v. Chr.)

Balatoros (ca. 556 v. Chr.)
Merbalos (556-553 v. Chr.)
Hiram III. (553-534 v. Chr.)

Noch einmal: Diese Angaben und Daten sind nur scheinbar exakt[272]. Die Überlieferungssituation ist so problematisch, dass man nur von einer gewissen Wahrscheinlichkeit sprechen kann, die diese Angaben für sich haben; sichere Aussagen lassen sich hier nicht machen. Interessant ist allerdings die Unterscheidung zwischen einer Phase, in der Könige in Tyros regierten, und einer Richterzeit, die immerhin einige Jahre umfasst haben könnte. Das lässt – freilich bei aller Zurückhaltung – Rückschlüsse auf die Verhältnisse im Inneren der Stadt zu, die auf einen zunehmend stärkeren Einfluss der Babylonier hindeuten, was offensichtlich dazu führte, dass zeitweise keine Könige mehr, sondern lediglich leitende Beamte eingesetzt waren, die wohl – wie der Hohepriester Abbaros – aus

---

270   Diese Machtübernahme muss gemeint sein, denn erst mit der Eroberung des babylonischen Reiches beginnt der Aufstieg des persischen Königtums zu einem Weltreich.

271   Vgl. dazu auch die Daten bei Labow, Flavius Josephus, 131, die allerdings Hirams Regierungszeit von 553 bis 532 v. Chr. ansetzt und ihn damit 22 Jahre herrschen lässt.

272   Das zeigt sich schon daran, dass sich die 54 Jahre und 3 Monate gemessen an den exakten Jahreszahlen nicht mehr so klar ergeben wie bei der Addition der reinen Regierungsjahre, von der wohl auch Josephus ausgegangen ist. Vom Beginn der Belagerung von Tyros (585 v. Chr.) bis zum Ende der Herrschaft Hirams III. (534 v. Chr.) bleiben höchstens 52 Jahre, rein mathematisch (ohne das in solchen Kontexten übliche Mitzählen des ersten und des letzten Jahres als jeweils einer Einheit) nur 51 Jahre; hier müsste man noch etwas strecken und den Beginn der Belagerung auf 586 v. Chr. und das Ende der Regierungszeit Hirams III. auf 533 v. Chr. legen, um auf ungefähr 54 Jahre zu kommen – das hätte dann aber wohl weniger mit historischer Rekonstruktion und mehr mit Zahlenspielerei zu tun.

dem Umfeld des Tempels rekrutiert werden konnten[273]. Die Babylonier hatten offensichtlich großes Interesse daran, loyale Herrscher der Macht in Tyros zu sehen, was insbesondere an den beiden zuletzt genannten Königen Merbalos und Hiram III. deutlich wird, die eigens aus Babylon geholt werden müssen. Was taten sie dort? Gab es ein babylonisches Exil der tyrischen Aristokratie? Zog es die führenden Schichten aus anderen Gründen nach Mesopotamien? Die ganze Sache bleibt doch recht dunkel.

Das Ende der Liste reicht mit Hiram III. in die Zeit des persischen Großreiches hinein; der Wechsel von den Babyloniern zu den Persern scheint sich für die phönizischen Küstenstädte ohne größere Umwälzungen vollzogen zu haben. Womöglich konnte man auch in dieser Phase des Übergangs profitieren und die eigene Position sichern und festigen.

4.1.3 Von den Persern bis zur hellenistischen Zeit

4.1.3.1 Tyros unter persischer Herrschaft

Als Kyros II. (559-530 v. Chr.) im Jahr 539 v. Chr. nach Babylon zog, erwartete ihn keine Schlacht um die Hauptstadt des Großreiches; ihm standen die Tore vielmehr weit offen und eine starke propersische Partei, die sich in erster Linie aus den Anhängern des babylonischen Stadtgottes Marduk rekrutierte, unterstützte mit ihrer Propaganda die Machtübernahme des Perserkönigs. Im Gegensatz zum letzten babylonischen König Nabonid (556-539 v. Chr.), der sich mit seinem Rückzug aus Babylon und seiner Verehrung von Mond- und Sonnengott Sin und Schamasch unter der Marduk-Priesterschaft keine Freunde gemacht hatte, brachte Kyros II. dem Mardukkult – zumindest politisch motivierten – Respekt entgegen[274] und verschaffte sich damit großes Ansehen[275]; dass die Perser Religion und Kultur der unterworfenen Völker förderten, wird auch den phönizischen Stadtstaaten genützt haben.

---

273 Diese Lage erinnert an die Übernahme der eingeschränkten Macht durch den Hohenpriester im nachexilischen Juda.

274 Vgl. dazu Galling, Studien, 32-36. Nach Galling handelt es sich bei den ersten Maßnahmen Kyros' II. „um Restitutionen im eigentlichen Sinn des Wortes, und deshalb hat man hinter ihnen wesentlich *konservative* Erwägungen zu sehen." (Galling, Studien, 32)

275 Als erste Quelle steht hier der Kyros-Zylinder zur Verfügung, der von der Machtübernahme Kyros' II. in Babylon berichtet (TUAT I, 407-410, bearbeitet von Borger; vgl. Donner, Geschichte, 424). In der Nabonid-Chronik (ANET, 305-307) wird zudem deutlich, in welchem Maße der letzte babylonische König während seiner Regierungszeit an Ansehen verlor, was noch deutlicher ein Schmähgedicht aus Priesterkreisen (ANET, 312-315) belegt, an dessen Ende Kyros geradezu als Befreier von der Nabonid-Herrschaft gefeiert wird (in allen diesen Texten wird Nabonid allerdings nicht besonders gerecht beurteilt; zu Nabonid vgl. ausführlich Galling, Studien, 5-20).

Die Eroberungszüge der persischen Könige richteten sich schon vor der Machtübernahme in Babylon über Mesopotamien hinaus nach Westen[276]. Bereits unter Kyros II. kamen nach seinem Sieg über den Lyderkönig Kroisos um das Jahr 545 v. Chr. herum kleinasiatische Gebiete unter persische Herrschaft; unter Kyros' II. Nachfolger Kambyses II. (530-522 v. Chr.) wurde zudem Ägypten eingenommen: „Damit herrschten die Perser vom 1. Nilkatarakt bis Westkleinasien und bis zum Indus: eine Reichsausdehnung, wie sie die Alte Welt bis dahin nicht gesehen hatte."[277] Kambyses' Nachfolger Dareios I. (522-486 v. Chr.)[278] unterteilte das persische Großreich neu in 23 Satrapien[279]. Syrien-Palästina wurde dabei Teil der Satrapie *aṯūrā*, was für ,Assyrien' im Sinne von ,Syrien' steht[280]; reichsaramäisch hieß diese 5. Satrapie *'bar naháᵣā* – ,jenseits des Flusses', gemeint ist damit das Gebiet jenseits des Euphrats von Persien aus gesehen, so dass sich damit auch die hellenisierte Fassung des Namens, nämlich ,Transeuphratene', erklärt[281]. Als Sitz des Satrapen ist für das 4. Jh. v. Chr. Tripolis belegt, das wohl von Arwad, Tyros und Sidon gemeinsam gegründet wurde; da wahrscheinlich auch in Esr 4,9 von persischen Beamten in Tripolis die Rede ist[282], kann man davon ausgehen, dass Tripolis bereits vor dem 4. Jh. v. Chr. Residenzort des Satrapen war[283]. Neben der Neuordnung der Satrapien war ein weiteres Mittel der

---

276 Die Ereignisse können hier nur knapp zusammengefasst werden; zum Perserreich vgl. Wiesehöfer, Persien, 25-148, und vor allem die umfangreiche Darstellung von P. Briant, Histoire de l'Empire perse.

277 Donner, Geschichte, 429.

278 Von Dareios I. stammt ein für den Alten Orient ganz außerordentlich wichtiges Monument: „Das Felsbildwerk Darius' I. (Regierungszeit 522-486 v. Chr.) zu Behistun mit seinen Inschriften in altpersischer, elamischer und babylonischer Keilschrift ist die bedeutendste Urkunde Vorderasiens im Altertum, weil es die Entzifferung dieser Schriften ermöglicht und damit das eigentliche Tor zur Geschichte des Alten Orients außerhalb Ägyptens geöffnet hat. Zudem handelt es sich auch unabhängig davon um ein historisches Dokument ersten Ranges." (R. Borger/W. Hinz, TUAT I, 419); vgl. zu dieser Inschrift ausführlich Wiesehöfer, Persien, 33-43.

279 Zur Problematik der Abgrenzung einzelner Satrapien vgl. Wiesehöfer, Persien, 96f.

280 Seit Kyros II. war Syrien-Palästina Teil einer Großsatrapie *bābilī u eber nāri* gewesen, die die syropalästinische Landbrücke und Mesopotamien umfasste; die jetzige 5. Satrapie umfasste neben Syrien-Palästina auch noch Zypern.

281 Vgl. Galling, Studien, 46f.

282 תרפליא kann nach HALAT, 1716, auf Tripolis bezogen werden.

283 So Galling, Studien, 47f. Nach Galling, Studien, 205, „handelt es sich bei dem phönikischen Tripolis [...] um einen vom persischen Satrapen befohlenen Sammelplatz für die gemeinsam zu stellende Flotte, so daß sich dieser mit den Vertretern der drei Phönikerstaaten an *einer* Stelle beraten konnte und andrerseits die Selbständigkeit der Staaten untereinander respektierte." Der Name ,Tripolis' ist Galling zufolge die Gräzisierung des phönizisch-punischen *trpl*, es „umschreibt den frischen Zugriff. Der frische Zugriff des Tieres wäre sein Rauben, der frische Zugriff des Bauern das Abpflücken und die Bereitung des frisch Abgezupften (die jeweils neu bereitete Nahrung). Beim Ortsnamen ṭrpl ist an ein fruchtbares ,Neuland' bzw. eine Neugründung zu denken." (Galling, Studien, 191 Anm. 3) J. Elayi hält dagegen die Frage nach einer ,Hauptstadt' der Satrapie für grundsätzlich falsch gestellt und verweist auf die besondere Stellung

Vereinheitlichung unter Dareios I. die Einführung einer Reichsmünze, des ‚Dareikos‘[284], der das Nebeneinander von Warentausch und Geldhandel beenden sollte[285].

Noch unter Dareios I. begannen die langwierigen Kriege gegen die griechischen Poleis mit der Schlacht bei Marathon im Jahr 490 v. Chr. Der Nachfolger Dareios' I., Xerxes (486-465/464 v. Chr.), hatte sich während seiner gesamten Regierungszeit mit diesem Problem auseinanderzusetzen; Artaxerxes I. (465/464-425 v. Chr.) hielt das Reich trotz der Kämpfe gegen die Griechen und verschiedener Aufstandsbewegungen in Ägypten zusammen; unter Dareios II. (424-404 v. Chr.) ging 404 v. Chr. jedoch das ägyptische Gebiet dem Perserreich verloren; Artaxerxes II. (404-359/358 v. Chr.) hatte mit Aufständen und Kämpfen unter seinen Satrapen, vor allem in Kleinasien, zu kämpfen; erst unter Artaxerxes III. (359/358-338 v. Chr.) erlebte das Perserreich noch einmal eine Blüte, vor allem durch die Beruhigung der Satrapenaufstände und die Wiedereroberung Ägyptens. Gegen die unter Alexander dem Großen vereinten Griechen konnte der letzte Perserkönig Dareios III. (337-331 v. Chr.) am Ende nicht bestehen und unterlag dem Makedonenkönig nicht deshalb, „weil das persische Großreich schwach gewesen wäre, sondern weil Alexander zu stark war."[286]

Doch damit ist wieder weit vorgegriffen. Blickt man auf die Rolle der phönizischen Küstenstädte während der Perserzeit, so lässt sich eine besondere Behandlung der Phönizier erkennen: „Die Phöniker, auf deren Hilfe man bei allen Seekriegen angewiesen war, hat man als Verbündete angesehen. […] An den Phönikern war man entscheidend interessiert, was nicht ohne Einfluß auf den Residenzort des Satrapen von Syrien gewesen sein dürfte."[287] Tyros gehört zu den Gründerstädten dieses Residenzortes, was darauf schließen lässt, dass der Einfluss von Tyros in den Beratungen mit dem Satrapen nicht gering gewesen sein kann; aufgrund des direkten Zugangs zum Meer, der etablierten Handelsbeziehungen und vor allem aufgrund der nautischen Kenntnisse, die während der militärischen

---

der phönizischen Städte in der persischen Reichsorganisation: „En fait, le problème a été mal posé: la capitale de l'Abar-Nahara n'était pas nécessairement unique ni fixe, compte tenu de l'étendue de cette satrapie et des remaniements dont elle a fait l'objet." (Elayi, Domination, 83)

284 1 Dareikos entsprach 8,42 g Gold.

285 In diesem Zusammenhang ist eine Wirtschaftsurkunde aus der Zeit Dareios' I. von Interesse, die in Tyros gefunden wurde: „En effet, notre texte n'a pas été écrit à Tyr, mais à Babylone, et ne fait aucune allusion à Tyr. C'est un contrat de vente dont les témoins descendent de familles anciennes babyloniennes. […] La présence du texte trouvé à Tyr est pour le moins curieuse; mais on ne peut faire à ce sujet que des suppositions." (G. Wilhelm, Première tablette cunéiforme, 36) Wie auch immer der Text nach Tyros gekommen sein mag, er bezeugt in jedem Fall die wirtschaftlichen Aktivitäten der phönizischen Metropole in der Perserzeit.

286 Donner, Geschichte, 431.

287 Galling, Studien, 47.

Expeditionen gegen die Griechen besonders wichtig waren[288], hatte Tyros als Partner der Perser – gewissermaßen natürlicherweise – einiges Gewicht.

Unter Kyros II. könnte Esr 3,7 zufolge Tyros zusammen mit Sidon für den Wiederaufbau des Zweiten Tempels in Jerusalem Zedernholz geliefert haben; die Quellenlage für diese Lieferungen ist aber äußerst problematisch, so dass sich nicht sicher sagen lässt, ob man es hier mit einer historischen Information oder einer späteren Projektion zu tun hat[289].

Die biblischen Berichte für das 6.-4. Jh. v. Chr. sind als historische Quellen fast nicht auswertbar, weil insbesondere die Chronikbücher und das Esra-Nehemiabuch die Geschichte der Zeit, die sie darstellen, theologisch deuten. Bericht und Deutung gehen dabei derart ineinander über, dass sich nur mit Mühe und auch dann nur annähernd erkennen lässt, welche historischen Ereignisse hinter den überlieferten alttestamentlichen Texten stehen. Wie alle Texte können auch die Chronikbücher und das Esra-Nehemiabuch als Quellen gelesen werden; nur sind sie weniger Quellen für das 6.-4. Jh. v. Chr. und vielmehr Zeugnisse für die Theologiegeschichte des Judentums der frühhellenistischen Zeit[290].

Aus der Zeit Kambyses II. erfährt man etwas mehr über die Phönizier. Nach Herodot[291] plant Kambyses II. einen Feldzug gegen die Karthager, den er aber unterlassen muss, weil die Phönizier sich aufgrund ihrer Eidesleistungen Karthago gegenüber weigern, gegen ihre eigenen Kolonien Krieg zu führen. Es folgen dann bei Herodot zwei Informationen, die sehr gut weiterhelfen können, das Verhältnis zwischen Phöniziern und Persern genauer zu bestimmen:

„Καμβύσης γὰρ βίην οὐκ ἐδικαίου προσφέρειν Φοίνιξι, ὅτι σφέας τε αὐτοὺς ἐδεδώκεσαν Πέρσῃσι καὶ πᾶς ἐκ Φοινίκων ἤρτητο ὁ ναυτικὸς στρατός·"[292]

Gerade im Zusammenhang mit Karthago ist sicher, dass dies vor allem für Tyros gegolten haben wird: Die Phönizier haben sich den Persern freiwillig unterworfen und die persische Seemacht ruht auf ihren Schultern. Wenn die Unterworfenen offensichtlich in der Lage waren, die Feldzugspläne der Perser in dem Maße zu

---

288 Vgl. dazu Müller, Phönizien, 194: „Als die Oberherrschaft von den Babyloniern auf die Perser überging, sicherte ihre Überlegenheit zu Wasser den Phöniziern weiterhin ein hohes Maß von Unabhängigkeit."

289 Vgl. dazu Rudolph, Esra und Nehemia, 31: „Dagegen ist die Erwähnung der Sidonier neben und zwar vor den Tyriern kein sicheres Zeichen für gute geschichtliche Überlieferung; wir wissen zwar aus Herodot VIII 67, daß unter Xerxes der König von Sidon mehr galt als der von Tyrus, ob das aber auch schon zur Zeit des Cyrus so war [...], steht dahin; wegen 1 Chr 22,4 kann der Chr. auch die Verhältnisse seiner Zeit in die Vergangenheit zurückgetragen haben." Vgl. dazu auch unten Teil 5.1.5.

290 Vgl. zur Geschichtsschreibung der Chronikbücher Mathys, Chronikbücher, 46-50.59-83.

291 Herodot III 19.

292 Herodot III 19.

beeinflussen, dass manche Gebiete ohne die Phönizier gar nicht eingenommen werden konnten, dann liegt hier ein Verhältnis zwischen Persern und Phöniziern vor, das erklärt, warum Tyros während der Herrschaft der Perser kein einziges Mal belagert werden musste: Die Stadt genoss offensichtlich hohes Ansehen und wohl auch ein gewisses Maß an von den Persern gewährter Autonomie[293], man sah sich wohl letztlich nicht als Vasall, sondern als Partner. Dies zeigen auch die Verdienste, die sich die Phönizier in den Kämpfen der Perser gegen die Griechen erwarben und von denen Herodot an mehreren Stellen berichtet[294]. Die Phönizier kämpften demnach unter Dareios I. gegen die Ionier und Zyprer[295] und gegen Milet[296], nahmen einmal sogar den Sohn des Miltiades gefangen, den Dareios I. allerdings reich beschenkte, was die Phönizier wohl sehr verdross, die sich reiche Belohnung für diesen Kriegsgefangenen ausgerechnet hatten[297]. Unter Xerxes zeigten sich die Phönizier als geschickte Handwerker beim Bau eines Kanals beim Berg Athos[298]. In der Kriegsflotte des Xerxes ragen ein Tetramnestos, Sohn des Anysos aus Sidon, Matten, Sohn des Siromos aus Tyros, und Merbalos, Sohn des Agbalos aus Arwad, hervor[299]; diese Söhne repräsentieren die im Satrapensitz Tripolis versammelten phönizischen Städte; ob es sich dabei um Prinzen handelt, ist nicht klar, lässt sich aber aus dem Zusammenhang bei Herodot erschließen, denn es werden fast nur königliche Krieger erwähnt. Insgesamt hat Sidon offensichtlich Tyros den Rang abgelaufen, denn hier wie an anderen Stellen steht Sidon vor Tyros und der König von Sidon sitzt im Kriegsrat an erster Stelle neben Xerxes, danach folgt allerdings sogleich der König von Tyros[300].

Das Bild der Phönizier, das die Griechen von den Perserkriegen an hatten, wird gut verständlich, wenn man bedenkt, dass die Phönizier den Persern eine ganze Reihe von Erfolgen gegen die Griechen überhaupt erst ermöglichten und an allen wichtigen Seeschlachten gegen die Griechen maßgeblich beteiligt waren[301].

Dass Handel und Unternehmungslust der Tyrer unter der persischen Herrschaft nicht erlahmten, sondern sich immer neue Gebiete erschlossen, belegt eine kleine Notiz bei

---

293 Zur persischen Präsenz und zum persischen Einfluss in den phönizischen Städten insgesamt vgl. Elayi, Domination, 77-85.
294 Vgl. u. a. aber auch Diodor XI 3 und Diodor XI 17-19.
295 Herodot V 109f.
296 Herodot VI 6; VI 14.
297 Herodot VI 41.
298 Herodot VII 23.
299 Herodot VII 98. Herodot VII 128 berichtet zudem, dass Xerxes bei schwierigen Erkundungsfahrten immer auf einem sidonischen Schiff fuhr, was einmal mehr die nautische Kompetenz der Phönizier unterstreicht.
300 Herodot VIII 67.
301 Vgl. hier exemplarisch Herodot VII 89; VII 96. Dass die Phönizier aber nicht immer durch Mut und Ehrlichkeit glänzten, zeigt sich bei Herodot VIII 90.

Herodot[302], der im Verlauf seiner Ägyptenreise im 5. Jh. v. Chr. nach Memphis kommt und um den dortigen Tempel des Hephaistos herum lauter Phönizier aus Tyros wohnen sieht; der ganze Platz habe ‚Tyrierviertel' geheißen. Ganz ähnlich wird in Neh 13,16 von den Tyrern berichtet, dass sie in Jerusalem am Sabbat mit Fischen und anderen Waren handelten; derartige tyrische Handelsniederlassungen in Juda sind nach Antonius H. J. Gunneweg „keine historische Unmöglichkeit."[303] Das Bild der Phönizier als der fahrenden und offensichtlich auch niedergelassenen Händler scheint sich aufgrund derartiger Aktivitäten in das kulturelle Gedächtnis der achämenidisch-hellenistischen Zeit eingebrannt zu haben – so weit, dass man das Verschwinden der Händlerschaft als Wunsch für das Ende der Zeiten bis in die eschatologischen Texte der nachexilischen Prophetie hinein verfolgen kann (Sach 14,21[304]). Die Phönizier waren demnach nicht nur gern gesehene Händler, sondern zuweilen offensichtlich vor allem die Konkurrenten und Fremden, die die angestammten Sitten und Gebräuche nicht einhielten und sich daher nicht in allen Kreisen Freunde machten.

Am Ende des 5. Jh. v. Chr. kam es in Tyros zu einem Herrschaftswechsel und einem Abfall der Stadt von den Persern, als Euagoras von Salamis aus – wohl mit Unterstützung aus Athen und Ägypten – Tyros einnahm, wobei nicht ganz klar ist, wie stark sich die Tyrer dieser Einnahme widersetzten[305]. Dass man Tyros nicht einfach so unterwerfen konnte, hatten ja schon ganze Weltreiche erfahren müssen, so dass es recht unwahrscheinlich ist, dass Euagoras ohne tyrische Unterstützung erfolgreich war[306]. Die Perser waren zu dieser Zeit zu beschäftigt, um unmittelbar eingreifen zu können; nach 386 v. Chr. drängten sie Euagoras allerdings zurück und Tyros wurde wieder zu einem persischen Verbündeten. Artaxerxes II. war in seiner Regierungszeit mit allerlei Aufständen in Ägypten und unter den Satrapen beschäftigt; es ist daher nicht unwahrscheinlich, dass man auch unter den Phöniziern gelegentlich mit dem Gedanken eines Abfalls von den Persern spielte und sich an entsprechenden Unternehmungen – in welcher Form auch immer – beteiligte[307].

Unter Artaxerxes III. kam es dann tatsächlich zu einem großen Aufstand der phönizischen Städte, der von Sidon, das sich von den hochfahrenden persischen

---

302 Herodot II 112; vgl. dazu Markoe, Phönizier, 50.

303 A. H. J. Gunneweg, Nehemia, 170 (vgl. dazu unten Teil 5.1.5).

304 Vgl. dazu unten Teil 5.2.7.

305 Vgl. Fleming, Tyre, 52: „He took Tyre by assault, according to Isocrates, which probably means that Tyre voluntarily surrendered."

306 Vgl. zu diesen Ereignissen Diodor XV 2 und Isokrates IV 161; IX 61-64.

307 Vgl. Fleming, Tyre, 53, mit Bezug auf Diodor XV 41f. Falls die Nachrichten von einem Feldzug des Pharao Tachos (363-360 v. Chr.) nach Palästina und Phönizien vertrauenswürdig sein sollten (vgl. Müller, Phönizien, 197, und Hornung, Grundzüge, 132), ließe sich verstehen, vor welchem machtpolitischen Hintergrund die Phönizier die persische Hoheit abschütteln wollten; doch die ägyptischen Machtdemonstrationen in Phönizien waren jeweils nur von kurzer Dauer – ähnliche Vorgänge sind ja auch aus früheren Zeiten bekannt, wie etwa die Ereignisse um das Jahr 590 v. Chr. zeigen (vgl. dazu Hornung, Grundzüge, 128f).

Spitzenbeamten in Tripolis beleidigt fühlte, angezettelt und von Ägypten unter
dem Pharao Nektanebos II. (359-342 v. Chr.) „mit viel Energie und viertausend
griechischen Söldnern"[308] unterstützt wurde[309]. Ausgangspunkt des Aufstandes,
der sich wahrscheinlich um 347/346 v. Chr. ereignete[310], war das Sidon, Tyros
und Arwad gemeinsame diplomatische Zentrum Tripolis, der Sitz des Satrapen;
der königliche Park[311] wurde abgeholzt, die Fourage für die Pferde wurde verbrannt und die hochmütigen persischen Beamten wurden gefangengesetzt: „Nur
wenn man sich den Ausbruch der Feindseligkeiten als einen überraschenden
Schlag in Tripolis vorstellt, wird es verständlich, daß der Satrap Belesys die Flucht
ergreift und nach Norden ausweicht!"[312] Als auch die Nachbarsatrapen der Lage
in der 5. Satrapie nicht Herr werden können, rückt Artaxerxes III. selber an.
Tyros hat sich in dieser Situation wohl durch rechtzeitige Unterwerfung unter die
Perser gerettet, Sidon wird dagegen von seinem eigenen König Tennes verraten
und verlassen, woraufhin die Bewohner sich – nach heldenhaftem Widerstand
gegen die Perser – in ihren Häusern verschließen und ihre Stadt von innen heraus
selber niederbrennen[313]. Tyros wird von diesem Untergang Sidons in hohem
Maße profitiert und wieder die Rolle der ersten phönizischen Stadt eingenommen
haben[314].

---

308 Veenhof, Geschichte, 304.
309 Vgl. Galling, Studien, 206: „Kriegsziele werden nicht genannt; aber es wird sich wenigstens in
     den Augen des Pharao die Situation so dargestellt haben, daß ein souveränes Ägypten die
     Interessensphäre bis nach Nordsyrien verschiebt und daß dann der Euphrat die Grenze der
     Perserherrschaft bildet." Doch soweit kam es nicht: Nachdem Artaxerxes III. in Phönizien die
     persische Ordnung wieder hergestellt hatte, zog er gegen Ägypten und konnte es unterwerfen;
     Nektanebos II. musste nach Nubien fliehen (vgl. dazu Veenhof, Geschichte, 304, und Clauss,
     Ägypten, 450).
310 Zu dieser Datierung vgl. jetzt Briant, Histoire de l'Empire perse, 702, der sich gegen einen
     längeren Verlauf des Aufstandes ausspricht: „Bref, il ne semble pas que la révolte ait duré de 351
     à 346, contrairement à ce que l'on affirme parfois."
311 Dieser königliche Park von Tripolis lag wohl „in den östlich davon sich befindenden Hängen des
     Libanon." (Galling, Studien, 208)
312 Galling, Studien, 208.
313 Diodor XVI 41-45. Eine ausführliche Darstellung der Ereignisse bieten Galling, Studien, 204-
     209, und Briant, Histoire de l'Empire perse, 701-704.
314 Vgl. Fleming, Tyre, 53, und Jidejian, Tyre, 66. Lemaire weist allerdings auf die problematische
     Quellenlage hinsichtlich der Geschichte von Tyros in der zweiten Hälfte des 4. Jh. v. Chr. hin:
     „[N]ous n'avions pratiquement aucun témoignage sur le royaume de Tyr avant Alexandre, de 350
     à 332 av. J.-C., et seulement quelques rares références des historiens grecs sur la période suivante,
     de 332 à 300 av. J.-C." (Lemaire, Royaume, 131) Mit Verweis auf die Nennung eines tyrischen
     Königs mit Namen Azemilkos bei Arrian II 15.24 und unter Berücksichtigung numismatischer
     und epigraphischer Indizien entwirft Lemaire, Royaume, 131-150, dennoch ein Bild der ent-
     sprechenden Jahrzehnte; auch Lemaire ist der Ansicht, dass Tyros aus der Niederlage Sidons
     Nutzen ziehen konnte: „L'un des résultats majeurs de l'écrasement de cette révolte fut
     l'affaiblissement durable de Sidon et Tyr en profita pour prendre la première place parmi les cités
     phéniciennes. Il est assez vraisemblable que c'est lors de la soumission de Tyr au Roi des rois

Ein besonderes Ereignis der tyrischen Geschichte beschreibt Justinus[315]. Durch die Kriege gegen die Perser sei Tyros so geschwächt gewesen, dass sich die Sklaven in der Stadt erhoben und alle Bürger der Stadt umgebracht hätten. Ein gewisser Straton und sein Sohn seien allerdings aus Mitleid ihres Sklaven verschont geblieben. Als man nun auf die Suche nach einem neuen König ging, kam man überein, denjenigen zu krönen, der am Morgen als erster das Sonnenlicht sehen würde. Am Morgen blickten nun alle nach Osten und erwarteten die ersten Strahlen. Stratons Sklave dagegen blickte zur Stadt hin, sah als erster auf den Dächern der Stadt das sich reflektierende Licht der Sonne und erwies sich damit als der Klügste; als man ihn befragte, wie er auf die Idee gekommen sei, das erste Licht im Westen erblicken zu können, gestand er, dass ihn sein Herr, den er am Leben gelassen habe, dazu angewiesen habe. Daraufhin sei Straton von den Sklaven zum König gemacht worden.

Diese Geschichte könnte in den Kontext des Aufstandes der phönizischen Städte gegen die Perser unter Artaxerxes III. gehören; sie trägt jedoch so stark legendenhafte Züge, dass man an ihrer historischen Zuverlässigkeit zweifeln muss[316].

Die Bedeutung von Tyros in der Perserzeit lässt sich anhand der geographischen Ausdehnung des Stadtgebietes zeigen. Angaben dazu finden sich in einer Ortsliste, die Skylax von Karyanda zugeschrieben wird, den Dareios II. verschiedene Gebiete vor allem im Osten erforschen ließ[317]; es handelt sich bei dieser Zuschreibung allerdings um eine pseudepigraphe Verfasserangabe, denn die Ortsliste stammt wohl aus der Zeit um 350 v. Chr.[318] Der Liste zufolge ist Tyros „im Besitze der Küste von Sarepta (ṣarafand) im Norden bis zum Karmel im Süden, außerdem eines Hafenortes am Südwestfuß des Karmel und der im alten Philisterland liegenden Stadt Askalon, wobei jedenfalls nördlich vom Karmel sich das tyrische Gebiet über den Küstenstreifen hinaus tief ins Hinterland hinein erstreckt haben muß"[319]. Mit dem ‚Hafenort am Südwestfuß des Karmel' – erkennbar ist innerhalb des verderbten Textes nur noch der Resttext ‚ποταμός

---

perse qu"Azzimilk/Azemilkos accéda à la royauté; il est possible que le roi précédent ait été écarté pour avoir participé à la révolte, mais il ne s'agit là que d'une conjecture. Ce qui est clair c'est que, d'après les monnaies, 'Azzimilk/Azemilkos a dû commencer à regner en 347/6 av. J.-C. et, d'après les sceaux, que son royaume semble s'être étendu le long de la côte méditerranéenne depuis le Mont Carmel, au Sud, jusqu'au Nahr Zahrâni, au Nord." (Lemaire, Royaume, 145f)

315 Vgl. Justinus XVIII 3.
316 Vgl. dazu auch Jidejian, Tyre, 61: „This is the only record of the event and it does not fit into the historical picture which we know existed at Tyre during the Persian period." Fleming, Tyre, 49, meint zu dem Bericht: „If taken seriously at all, it must be referred to some one of the sieges earlier than the Persian time." Das ist aber kaum möglich, da die Quellenlage für die vorpersische Zeit relativ gut ist und aus der assyrischen oder babylonischen Epoche kein auch nur annähernd vergleichbares Ereignis bekannt ist.
317 Herodot IV 44.
318 Vgl. dazu Eißfeldt, Tyros, 1893, und Müller, Phönizien, 197f. Eine Rekonstruktion der Syrien und Phönizien betreffenden Stellen des Textes bietet Galling, Studien, 204.
319 Eißfeldt, Tyros, 1893; vgl. Galling, Studien, 195-199.

Τυρίων' – identifiziert Kurt Galling eine von Strabon genannte Κροκοδείλων πόλις am von Plinius erwähnten Krokodilsfluss[320]. Wie auch immer die geographischen Details zu bestimmen sind – es fällt auf, welche Ausmaße das tyrische Stadt-, fast möchte man sagen: Staatsgebiet in der Perserzeit angenommen hat. Wie und wann es zu diesem Umfang gekommen ist, wird nirgendwo explizit ausgeführt; da es sich bei den Erweiterungen des Stadtgebietes aber mit großer Wahrscheinlichkeit „um den Lohn für Dienste handelt, die T. den Persern erwiesen hatte, und diese während ihrer Kämpfe gegen die Griechen ganz besonders auf die Flottenhilfe der phoinikischen Städte angewiesen waren [...], ist es möglich, daß die Gebietserweiterungen in die erste Hälfte des 5. Jhdts. v. Chr. zurückgehen."[321]

Was die politische Organisation von Tyros in der Perserzeit angeht, ist man auf sekundäre Angaben angewiesen, wie sie sich etwa bei Diodor finden, der zum einen auf Tripolis als Sitz eines phönizischen Rates hinweist[322], in dem Sidon, Tyros und Arwad ihre Angelegenheiten mit den Persern regelten, der zum anderen im Zusammenhang des Aufstandes der Phönizier von „Satrapen und Strategen" im tripolitanischen Quartier der Sidonier spricht[323]. Dass man mit den Persern außerhalb der alten phönizischen Küstenstädte verkehrte, spricht für die politische Autonomie von Sidon, Tyros und Arwad, denen immerhin das alte Königtum belassen wurde[324]; es ist daher auch nicht wahrscheinlich, dass in diesen Städten noch weitere persische Spitzenbeamte residierten und den König innerhalb der Städte kontrollierten[325].

Eine mit der Einführung des ‚Dareikos' als der persischen Währung einhergehende Entwicklung verdient an dieser Stelle noch Beachtung: Die Münzprägung der Tyrer beginnt in der Mitte des 5. Jh. v. Chr.[326] Auf den Vorderseiten der Münzen sind Motive aus dem Umfeld des Meeres, Delphine und Wellen, aber auch die Purpurschnecke zu sehen; auf der Rückseite sieht man eine Eule mit einem Krummstab und einem Wedel; auf späteren Münzen treten Abbildungen des Stadtgottes Melkart hervor[327]. Tyros markiert mit diesen

---

320 Strabon XVI 2,27; Plinius V 17. Zum ganzen Sachverhalt vgl. Galling, Studien, 197f.

321 Eißfeldt, Tyros, 1893.

322 Vgl. Jidejian, Tyre, 65: „The council at Tripolis can be considered the first ‚parliament' held in Phoenicia."

323 Diodor XVI 41.

324 Vgl. noch einmal Herodot VII 98, der hier die Noblen der tripolitanischen Königsfamilien zu nennen scheint, und noch deutlicher Herodot VIII 67, wo der König von Sidon und der König von Tyros ausdrücklich auf den Ehrenplätzen neben Xerxes genannt werden.

325 So etwa Eißfeldt, Tyros, 1893; später wird auch Alexander dem Großen der Zutritt mit der Begründung verwehrt, man wolle keinen Perser und keinen Griechen in der Stadt haben (vgl. Arrian II 16).

326 Nach A. Destrooper-Georgiades, Numismatique, 149, ist nicht deutlich rekonstruierbar, welche der phönizischen Städte im 5. Jh. v. Chr. als erste Münzen prägte; zur Münzprägung in Tyros vgl. Destrooper-Georgiades, Numismatique, 154f.

327 Vgl. Moscati, Phöniker, 149f mit Abb. XXVII, und ausführlich Baramki, Phönizier, 100-114, sowie Markoe, Phönizier, 98-102. Im Blick auf das Eulenmotiv stehen sich die Deutung A.

Prägungen seine Eigenständigkeit und stellt sich in eine Reihe mit anderen souveränen Staatswesen, die ebenfalls eigene Zahlungsmittel herstellten: „Durch die Kombination der Bilder der Athener Eule mit den königlichen Insignien des ägyptischen Horusfalken wollten die Tyrer ihren eigenen Münztyp schaffen, der neben dem athenischen bestehen und vielleicht sogar damit rivalisieren konnte."[328]

4.1.3.2 Alexander der Große und die Eroberung von Tyros

Der Untergang des Perserreiches im Verlauf des Vordringens der Griechen nach Kleinasien und weiter nach Osten wurde bereits kurz angesprochen. Der Verlauf der Ereignisse kann hier nicht im Detail dargestellt werden, es genügt an dieser Stelle der Hinweis auf die Schlacht bei Issos 333 v. Chr., bei der sich Dareios III. und Alexander der Große gegenüberstanden und aus der die Griechen als Sieger hervorgingen. Die Perser zogen sich hinter den Euphrat zurück und Alexander stand damit die syropalästinische Landbrücke und der Weg nach Ägypten offen[329]. War es anfangs nicht ganz klar, ob die Griechen den Persern nachjagen würden, um sogleich in das Zentrum des Großreiches vorzudringen, stellte sich bald heraus, dass Alexander eine andere Strategie verfolgte: Er hatte es sich offensichtlich zum Ziel gesetzt, die persischen Satrapien des Westens einschließlich Ägyptens zu unterwerfen, um von dieser Basis aus ohne Gefahr im Rücken in das persische Kerngebiet vordringen zu können. Daher war der Weg des griechischen Heeres vorgezeichnet: Er führte im Winter 333/332 v. Chr. direkt in die phönizische Küstenebene.

Von Norden nach Süden ergaben sich Arwad, Byblos und Sidon den Griechen unter Alexander ohne Widerstand und profitierten teilweise auch von diesem Verhalten; so setzte Alexander in Sidon die alte Verfassung wieder in Kraft und einen König aus dem alten Königsgeschlecht ein – der Übergang der Herrschaft von den verhassten Persern auf die Griechen war für Sidon in jedem Fall ein willkommener Wechsel.

Anders lagen die Dinge in Tyros[330]. Hier hatte man vom Fall Sidons nach dem missglückten Aufstand profitiert und stand den Persern weniger ablehnend gegenüber; weite Teile der tyrischen Flotte beherrschten noch immer an der Seite der Perser das Mittelmeer, so dass man sich ausrechnen konnte, dass Alexander

---

Kindlers, Mint of Tyre, 318-324.79*, der den ägyptisierenden Aspekt des Motivs hervorhebt, und die Interpretation Baramkis, Phönizier, 104, der von einer Nachahmung athenischer Münzen ausgeht, gegenüber.

328 Markoe, Phönizier, 101.

329 Zur Alexanderforschung und ihren Quellen vgl. die einführenden Bemerkungen von Mathys, Chronikbücher, 41 Anm. 1.

330 Die folgende Darstellung legt den Bericht Arrians II 15-24 zugrunde. Belegstellen darüber hinausgehender oder abweichender Nachrichten und Berichte anderer antiker Historiker sind eigens gekennzeichnet.

dieser Partnerschaft ein Ende machen musste, wenn er die persische Macht im Westen brechen wollte. Als sich Alexander mit seinem Heer Richtung Tyros aufmachte, kam ihm eine hochrangige Delegation[331] aus der Stadt entgegen, die erklärte, man werde Alexanders Anweisungen befolgen; dieser äußerte nun den Wunsch, in der Stadt im ältesten Tempel des Herakles[332] ein Opfer darzubringen. Damit waren die Tyrer in einer Zwangslage: Lehnten sie den Wunsch Alexanders ab, drohte unmittelbare Gefahr durch die Griechen; gaben sie dem Wunsch statt, würde das unter Umständen später ernste Konsequenzen haben, wenn die Perser vielleicht doch wieder Fuß in Phönizien fassen würden[333]. Man antwortete Alexander daher, er könne in dem – ohnehin älteren[334] – Tempel des Melkart in Alttyros opfern[335], auf die Insel dürfe allerdings kein Perser und kein Grieche seinen Fuß setzen. Damit war die Sache klar: Alexander brach die Verhandlungen ab, nicht ohne der Delegation unmissverständlich zu drohen – die Arroganz der tyrischen Aristokratie aufgrund der Insellage der Stadt muss die Griechen außerordentlich gereizt haben, wohl auch deshalb, weil sie nicht unbegründet war: Man war sich auf Seiten der Griechen darüber im Klaren, dass die Einnahme der Stadt kein einfaches Unterfangen sein würde, zumal man über keine eigene Flotte verfügte, mit der man Tyros vom Meer her angreifen konnte. Dennoch blieb den Griechen keine andere Wahl, denn die strategische Position von Tyros im Machtgefüge der immernoch auf dem Mittelmeer aktiven Perser war zu bedeutend, als dass man die Stadt einfach am Rande liegen lassen und weiter Richtung Ägypten ziehen konnte[336].

---

331 Nach Arrian II 15 gehörte dieser Delegation auch der Kronprinz an; der tyrische König Azemilkos – noch in persischen Diensten – befand sich mit seiner Flotte auf dem Meer (vgl. dazu Lemaire, Royaume, 146f).

332 Gemeint ist der phönizische Gott Melkart, der tyrische Stadtgott, den die Griechen mit Herakles identifizieren; zu den verschiedenen Herakles-Kulten vgl. die ausführliche Erklärung bei Arrian II 16.

333 Vgl. Diodor XVII 40,3, demzufolge die Tyrer für ihre Loyalität von Dareios III. große Geschenke erwarteten, weil sie Alexander durch die Belagerung von Tyros aufhielten und damit den Persern Zeit verschafften, sich gegen die Griechen zu rüsten.

334 Justinus XI 10,11: „Cum legati rectius id eum Tyro Vetere et antiquiore templo facturum dicerent, deprecantes eius introitum, ita exarsit, ut urbem excidium minaretur; [...].“ Falls Alttyros bei Alexanders Ankunft mehr oder weniger in Trümmern lag – was man aus der Nachricht schließen kann, Alexander habe sich in Alttyros an Material bedient, um den Damm nach Tyros zu bauen (Diodor XVII 40,3) –, war die Provokation Alexanders durch die Tyrer überdeutlich: Er sollte in einem vielleicht halb zerfallenen Tempel opfern, während ihm der Zugang zum Stadttempel verwehrt wird.

335 Curtius IV 2,4.

336 Anders urteilt C. B. Welles, Hellenistische Welt, 415, der Tyros weniger Bedeutung beimisst und Alexanders Vorgehen folgendermaßen erklärt: „Daß er Tyros für einen gefährlichen Gegner gehalten habe oder dringend auf Beute angewiesen gewesen sei, ist schwer vorstellbar. Nur unbezähmbarer Stolz und das Bedürfnis, immer wieder Unmögliches zu tun, können ihn bewogen haben, auf seiner Forderung zu bestehen und, da sie nicht erfüllt wurde, die Belagerung

Auf beiden Seiten bereitete man sich nun auf die Belagerung von Tyros vor. Alexander begnügte sich allerdings nicht allein mit der Belagerung, sondern er traf ebenso Vorbereitungen für die Einnahme der Stadt; er wird wohl erfahren haben, wieviel Zeit die Belagerung von Tyros in früheren Epochen gekostet hatte, ohne dass es zu einer Kapitulation gekommen wäre. So musste er also einen Angriff planen, der sich aufgrund der Lage der Stadt nicht einfach bewerkstelligen ließ. Im Verlauf der folgenden Ereignisse lassen sich im wesentlichen zwei Phasen unterscheiden: Zum einen die Phase des Dammbaus, mit dem Alexander versuchte, die Insel mit dem Festland zu verbinden und damit sicheren Boden unter den Füßen zu gewinnen; zum anderen die Phase des Seekampfes, den Alexander durch das Zusammenziehen einer Flotte, an der sich auch die anderen phönizischen Städte beteiligten, vorbereitete und damit die Stadt letztlich einnehmen konnte[337].

Die erste Phase fällt in die ersten Monate des Jahres 332 v. Chr. Alexander lagerte sich mit seinem Heer auf der Tyros gegenüberliegenden Seite des Festlandes. Mit Zedern aus dem Libanon und dem Material der verlassenen Gebäude von Alttyros begannen die Griechen mit Hilfe der Frondienste der anderen phönizischen Städte den Bau eines Dammes[338], der zu Beginn im seichten Wasser an der Uferlinie relativ schnell voranging; als man in tiefere Wasser vordrang, zögerten die Tyrer nicht länger und beschossen die Arbeiter, so dass Alexander den Dammbau gegen die tyrischen Angriffe abschirmen musste und zu diesem Zweck zwei Türme errichten ließ, die mit Schutzdecken überhangen wurden[339]. Die Tyrer reagierten darauf mit einem umgebauten Frachtschiff, das mit Hilfe günstigen Windes und ausgestattet mit allerlei brennbarem Material als regelrechtes Feuerschiff in die Bauarbeiten hineinmanövriert wurde, so dass viele Arbeiter in den Flammen ums Leben kamen, die Baugeräte der Griechen weitgehend zerstört wurden und Teile des Dammes ebenso wieder vernichtet werden konnten[340].

---

von Tyros in Angriff zu nehmen, die nicht weniger als sieben Monate dauern sollte." Das Ende der Belagerung resümiert Welles, Hellenistische Welt, 416, lakonisch: „Die Eroberung hatte sich als reichlich kostspielig erwiesen – und war doch wohl nicht sehr viel wert."

337   Vgl. dazu unten Teil 4.2.2.

338   Diodor XVII 40,3.

339   Die Tyrer müssen den Ernst der Lage erkannt haben, denn Diodor XVII 41,1f zufolge evakuierten sie Frauen und Kinder nach Karthago.

340   Bei Diodor XVII 41,5f scheint aus dieser tyrischen Ingenieursleistung ein poseidonisches Seemonster geworden zu sein, das auf beiden Seiten der Belagerung große Beunruhigung hervorgerufen haben soll. In diesen Zusammenhang gehört wohl auch der Bericht vom Traum eines Tyrers, demzufolge Apollo plane, die belagerte Stadt zu verlassen, woraufhin die Tyrer die Statue der Gottheit mit goldenen Ketten fesselten (Diodor XVII 41,7f); nach der Einnahme der Stadt habe Alexander diese Ketten wieder gelöst und die Gottheit ‚Apollo Philalexander' genannt (Diodor XVII 46,6). Von den Träumen Alexanders im Zusammenhang der Belagerung von Tyros berichtet Plutarch XXIV 5-9.

Ob Alexander nach diesem Desaster den Abbruch der Belagerung der Stadt erwogen hat[341], lässt sich nicht mehr entscheiden; es ist aber sehr unwahrscheinlich, wenn man sich zum einen seinen unbedingten Eroberungswillen im allgemeinen und zum anderen die strategische Notwendigkeit gerade dieser Eroberung vor Augen hält.

Nach diesen Ereignissen trat der Kampf um Tyros in seine zweite Phase. Der Dammbau wurde weiter vorangetrieben, wobei vor allem die Erweiterung der Breite des Dammes mehr Erfolg bringen sollte; Alexander bemühte sich nun aber vor allem um das, was ihm bislang fehlte, nämlich eine funktionstüchtige Flotte, um Tyros vom Meer her anzugreifen[342]. Tatsächlich gelang es Alexander, nicht nur die Phönizierstädte Arwad, Byblos und Sidon, sondern auch Rhodos und Zypern dazu zu bringen, Schiffe zu stellen, zu denen noch einige lykische, kilikische und makedonische Schiffe gekommen sein mögen[343].

Um das Hinterland der phönizischen Küste zu sichern, zog Alexander in dieser Phase der Vorbereitungen, die im Hafen von Sidon getroffen wurden, in Richtung Antilibanon und unterwarf die dortigen Araber[344]. Das Unternehmen verlief offensichtlich ohne größere Komplikationen, denn bereits nach zehn Tagen soll Alexander wieder nach Sidon zurückgekommen sein[345].

---

341 Diodor XVII 42,5f berichtet von starken Winden (vgl. dazu A. Stewart, Alexander's Mole, 97-99), die den Bau des Dammes empfindlich behindert hätten und Alexander angeblich an seinem Vorhaben zweifeln ließen. Eine ähnliche Situation habe sich später noch einmal ergeben, als der tyrische Widerstand übergroß erschien; doch auch in dieser Lage habe Alexander sich gegen den schmachvollen Abzug und für die erfolgreiche Beendigung der Belagerung entschieden (Diodor XVII 45,7; Curtius IV 4,1).

342 Vgl. dazu A. Abramenko, Seeschlachten, 167, demzufolge es in der Forschung unumstritten ist, „daß es erst die Ausschaltung der tyrischen Seemacht ermöglichte, die Inselfestung einzunehmen." Bei der in den einschlägigen Quellen quantitativ viel umfangreicheren Schilderung des Dammbaues, der letztlich gar nicht entscheidend zum Fall der Stadt beitrug, macht sich nach Abramenko, Seeschlachten, 167, „die bekannte Mangelhaftigkeit der Quellen bemerkbar, da gerade die Flottenkämpfe gegenüber dem spektakulären Dammbau sogar besonders in den Hintergrund treten."

343 Zu den Details der griechischen und phönizischen Schiffstypen der Zeit vgl. L. Casson, Ships, 77-96, und die Beschreibung eines phönizischen Kriegsschiffes bei Niemeyer, Phönikien, 289: „Im Unterschied zu den Handelsschiffen waren die Kriegsschiffe schlank und leicht konstruiert, da sie schnell und wendig sein mussten. Um eine große Zahl Ruderer und Krieger unterzubringen, waren sie siebenmal so lang wie breit. Das Heck war hoch aufgebogen, der Bug spitz ausgezogen und mit einem bronzenen Rammsporn bewehrt. Mit ihm wurden die Flanken gegnerischer Schiffe gerammt. Insgesamt 50 Ruderer verliehen dem Schiff eine große Manövrierfähigkeit. Über den Ruderern zog sich vom Bug zum Heck eine schmale Brückenkonstruktion, die mit Schilden bewehrt war und Platz für Schiffssoldaten bot. Mithilfe eines kleinen Rahsegels wurden größere Entfernungen überwunden."

344 Curtius IV 2,23-3,1.

345 Arrian II 20,4f.

Nachdem die Flotte Alexanders und seiner Aliierten bereit war, segelte man von Sidon aus gen Süden und wollte die Tyrer in einer offenen Seeschlacht besiegen. Die Tyrer erkannten allerdings die Übermacht der herannahenden Flotte, von der sie ohne Zweifel überrascht wurden. Dass die Zyprer und sogar die phönizischen Nachbarstädte mit den Griechen gemeinsame Sache machen würden, hatte man in Tyros nicht erwartet[346]. Die Tyrer reagierten allerdings schnell und schlossen den sidonischen Hafen im Norden und den ägyptischen Hafen im Süden, indem sie beide mit den eigenen Schiffen so blockierten, dass keine feindlichen Schiffe eindringen konnten.

Daraufhin belagerte Alexander die Stadt von allen Seiten und versuchte von den Schiffen aus, sie anzugreifen und die Mauern zu brechen. Dabei wurde er zum einen durch die auf den Stadtmauern kämpfenden Tyrer zurückgeschlagen; zum anderen musste er die Ankertaue der Schiffe durch Ankerketten ersetzen, weil tyrische Taucher unter Wasser die Ankerung der Schiffe immer wieder durchschnitten; zum dritten behinderten große Steinblöcke die Anfahrt an die Stadtmauern außerhalb der Hafenanlagen und man musste diese Hindernisse erst beseitigen, bevor man in die Nähe der Mauern kam.

In diesem Zusammenhang scheinen die Tyrer die Wut der Griechen durch die Hinrichtung Gefangener auf den tyrischen Stadtmauern noch angeheizt zu haben: Die Gefangenen wurden vor den Augen der Flotte massakriert und dann ins Meer geworfen[347]. Vom Damm aus kam es nun wohl auch zu vermehrten Angriffen der Griechen, die die Tyrer mit großem Erfindungsreichtum abwehrten; Diodor berichtet von einem Gemisch aus Bronze, Eisen und Sand, das die Tyrer über starkem Feuer erhitzten und als brodelnde Masse auf die herannahenden griechischen Angreifer gossen[348]. Doch trotz solcher Erfolge verschlechterte sich die Lage für die Tyrer zunehmend, denn aus Karthago kam die Nachricht, dass man keine Hilfe entsenden könne, so dass Tyros auf sich allein gestellt war[349].

Die Tyrer schirmten nun den sidonischen Hafen hinter Segeltuch ab und machten Marineeinheiten zum Angriff auf die zyprischen Schiffe bereit, die von Norden her den sidonischen Hafen blockierten. Die Schlacht eröffneten die Tyrer zur

---

346 Die Konkurrenzsituation zwischen den phönizischen Städten führte offensichtlich dazu, dass man sich vom Untergang von Tyros Vorteile für die eigene Stadt versprach; von diesem Effekt hatte Tyros auch schon profitiert. Nun sahen vor allem die Sidonier ihre Zeit gekommen, die Alexanders Projekt nicht scheitern lassen wollten; ohne die phönizische Hilfe vor allem zur See wäre die Einnahme von Tyros für die Griechen wohl noch ein gutes Stück schwieriger geworden.

347 Arrian II 24,3f. Curtius IV 2,15 berichtet Ähnliches von Gesandten, die Friedensverhandlungen mit den Tyrern aufnehmen sollten, aber von diesen umgebracht wurden.

348 Diodor XVII 44,1-3.

349 Nach Diodor XVII 40,3 erwartete man Hilfe aus Karthago; Curtius IV 3,19 berichtet von einer Botschaft aus Karthago, derzufolge die Karthager wegen eigener bedrohlicher Kriege nicht helfen konnten.

Mittagszeit, in der man mit weniger Aufmerksamkeit der Belagerer rechnete; der Überraschungseffekt blieb zunächst nicht aus und die Tyrer konnten einige feindliche Schiffe versenken. Alexander segelte allerdings schneller als erwartet von Süden her heran und die tyrischen Einheiten wurden dessen trotz der Warnungen ihrer Landsleute auf den Stadtmauern im allgemeinen Getümmel zu spät gewahr, so dass nur wenige tyrische Schiffe den Hafen sicher erreichten; viele Besatzungsmitglieder konnten sich allein aufgrund ihrer Schwimmkünste retten. Vor dem ägyptischen Hafen kam es unterdessen offensichtlich zu einer weiteren tyrischen Offensive, bei der die Tyrer allerdings durch die Übermacht der makedonischen Flottenverbände vernichtend geschlagen wurden[350]. Nach dieser Niederlage war klar, dass Tyros fest eingeschlossen war, die massiv geschwächte Flotte die Inselfestung nicht mehr wirkungsvoll verteidigen konnte[351] und der Fall der Stadt nur noch eine Frage der Zeit war.

Curtius berichtet, dass man in der bedrohlichen Lage, in der sich die Stadt befand, auch in Erwägung zog, Kinder zu opfern – ein Brauch, den man lange Jahre nicht mehr gepflegt habe. Nur aufgrund des Einspruches der Ältesten sei es zu diesem Sakrileg, so Curtius, nicht gekommen[352].

Von Norden und Osten, also dem Damm her, waren die Stadtmauern zu fest gebaut, als dass man sie einfach hätte durchbrechen können. Von Süden her hatte

---

350 Vgl. zu dieser entscheidenden Seeschlacht die Beobachtungen von Abramenko, Seeschlachten, 167-177, der die Berichte Arrians und Curtius' vergleicht und zu dem Ergebnis kommt, „daß die Berichte von Curtius und Arrian keineswegs auf dieselbe Seeschlacht zu beziehen sind. Vielmehr wurde die tyrische Flotte in zwei parallelen Treffen geschlagen, von denen das bei Curtius geschilderte noch verlustreicher war." (Abramenko, Seeschlachten, 178) Der überraschende Ausfall der Tyrer aus dem nördlichen Hafen „war also kein isoliertes, schon vom Ansatz her verfehltes Unternehmen von Einzelkämpfern, wie es Arrians Bericht erscheinen läßt, sondern Teil einer vielversprechenden kombinierten Offensive. Der bescheidene Ausfall im Norden sollte nur die Diversion der feindlichen Streitkräfte herbeiführen, damit man vor dem ägyptischen Hafen tatsächlich mit geballten Kräften zuschlagen konnte." (Abramenko, Seeschlachten, 175) Dass dieser Plan misslang, lag an Alexanders Entscheidung, große Teile der Einheiten vor dem sidonischen Hafen während der dortigen Schlacht bereits nach Süden zu beordern, so dass sich die Tyrer vor dem ägyptischen Hafen einer größeren Flotte als erwartet gegenüber sahen.

351 Vgl. Abramenko, Seeschlachten, 177: „Von nun an genügten weit weniger makedonische Kriegsschiffe, um die tyrischen Häfen wirkungsvoll zu blockieren. Der Rest der Flotte stand für die Aufgaben des Sturmangriffs zur Verfügung, ohne daß die Tyrier zur See noch hätten eingreifen können."

352 Curtius IV 3,23. Zum Problem des Kinderopfers bei den Phöniziern (und Puniern) vgl. die Darstellung der Quellen und die Diskussion bei Gras/Rouillard/Teixidor, Phoenicians and Death, 150-173; zu möglichen Kinderopfern im antiken Israel vgl. M. Bauks, Kinderopfer, 233-251, die „von der grundsätzlichen Existenz von Kinderopfern im Israel des 7.-6. Jh." (Bauks, Kinderopfer, 248) ausgeht, aber im Blick auf den religionsgeschichtlichen Hintergrund anmerkt: „Sichere Auskünfte über die Ursprünge der Praxis des Kinderopfers sind jedoch bislang nicht möglich." (Bauks, Kinderopfer, 249)

Alexander mehr Erfolg, denn er konnte immerhin eine Bresche in die Mauern schlagen, wurde zunächst aber von den tyrischen Verteidigern zurückgedrängt. Drei Tage später kam es dann zu einem überwältigenden Sturmangriff von allen Seiten; Alexander selber stieß wieder von Süden her gegen die Stadtmauern und konnte dieses Mal eine größere Bresche in das Mauerwerk schlagen, so dass nun die ersten Angreifer auf das Stadtgebiet vordrangen. Unterdessen stießen feindliche Schiffe in den sidonischen und den ägyptischen Hafen vor und besetzten von dort aus tyrisches Stadtgebiet. Damit war im Sommer des Jahres 332 v. Chr. das Schicksal von Tyros nach einer siebenmonatigen Belagerung durch Alexander und seine Aliierten besiegelt. Die kämpfenden Tyrer verschanzten sich im Agenorion, dem Heiligtum des Stadtgründers, und wurden dort von den Griechen niedergemacht. 2000 tyrische Krieger sollen zudem von Alexander an der Küste entlang gekreuzigt worden sein[353]. Der König Azemilkos, seine Beamten und Gesandte aus Karthago fanden Zuflucht im Tempel des Melkart, wo Alexander sie begnadigte[354]. Die übrigen Einwohner – Arrian spricht von etwa 30000, Diodor geht von 13000 aus[355] – wurden in die Sklaverei verkauft[356]. Während in den Kämpfen etwa 8000 Tyrer fielen, kamen lediglich um die 800 Griechen ums Leben[357].

Die Siegesfeier rund um den Tempel des Melkart, in dem Alexander nun opfern konnte, wurde eine Militärparade großen Ausmaßes, bei der sich das Heer in voller Rüstung und die Flotte in großem Schmuck zeigte. Griechische Wettkämpfe wurden in der Stadt abgehalten; den Rammbock, mit dem die südlichen Mauern aufgebrochen wurden, stellte Alexander im Herakles- bzw. Melkart-Tempel auf; das tyrische Herakles-Schiff, das Alexander in der Schlacht erbeuten konnte, wurde erneut der Gottheit geweiht und mit einer Inschrift versehen.

---

353 Diodor XVII 46,3f; Curtius IV 4,17f.

354 Zum Schicksal des Königs vgl. Lemaire, Royaume, 147: „Le fait qu'il soit dit explicitement qu'Alexandre épargna 'Azzimilk/Azemilkos, sans nommer un autre roi, laisse entendre que celuici, absent lors du refus du Tyriens aux exigences d'Alexandre, a pu être laissé sur le trône de Tyr, quitte à le doubler d'un gouverneur militaire (Philotas) et, peut-être, d'un contrôleur des taxes de la Phénicie (Koiranos de Bérée)." Diese Einschätzung Lemaires erscheint allerdings zweifelhaft, denn es ist nur schwer vorstellbar, dass Alexander das politische Oberhaupt des widerständigen Tyros noch als König weiterregieren ließ. Lemaire hält dies jedoch offenkundig für denkbar und meint weiter, Azemilkos sei erst 309/308 v. Chr., möglicherweise eines natürlichen Todes, gestorben: „Ainsi, d'abord sous l'empire perse, puis sous l'empire macédonien, le règne d'Azzimilk/Azemilkos parait avoir été l'un des plus longs de l'histoire du royaume de Tyr." (Lemaire, Royaume, 149) Eine fast 40 Jahre während Regierungszeit eines tyrischen Königs in der wohl lebhaftesten Phase der Stadtgeschichte wäre in der Tat ein bemerkenswertes historisches Phänomen!

355 Diodor XVII 46,4.

356 Curtius IV 4,15f berichtet allerdings davon, dass viele Tyrer sich auf sidonische Schiffe retten konnten und von den Sidoniern vor den Griechen in Sicherheit gebracht wurden.

357 Arrian II 24,4.

Nach Diodor setzte Alexander einen gewissen Ballonymos als König in Tyros ein. Curtius und Justin zufolge dürfte es sich dabei allerdings um den Sidonier Abdalymos handeln, der ein verarmter Angehöriger der königlichen Familie von Sidon war und dort auf Hephaistions Wunsch als König eingesetzt wurde[358].

Man kann davon ausgehen, dass Tyros nach diesen Ereignissen nicht zerstört am Boden blieb, sondern sehr schnell wieder aufgebaut wurde; besiedelt wurde die Stadt von aus Karthago zurückkehrenden einheimischen Tyrern, wohl aber auch von makedonischen Kolonisten, die die Stadt als Flottenbasis Alexanders ausbauten[359]. Wie Sidon wurde anscheinend auch Tyros das Königtum belassen, auch wenn diese Könige ohne Abstriche Alexander untertänig waren[360]. Alexander selber kam im Frühjahr 331 v. Chr. auf dem Rückweg von Ägypten noch einmal nach Tyros, opferte dem Herakles/Melkart und führte Wettkämpfe durch[361]; danach schweigen die Quellen und Alexander scheint die Stadt nicht wieder besucht zu haben.

4.1.3.3 Das hellenistische Tyros unter Ptolemäern und Seleukiden

Nach dem Tode Alexanders des Großen zerfiel das eroberte Großreich schnell in seine Bestandteile und es kam zwischen den Herrschern der einzelnen Regionen zu teilweise erbitterten Kriegen. Die syropalästinische Landbrücke wurde dabei mehrfach zum Schauplatz militärischer Auseinandersetzungen, denn sie lag genau zwischen den Diadochenreichen der Ptolemäer in Ägypten und der Seleukiden, die zunächst von Syrien bis an die Grenzen Indiens herrschten; die Oberherrschaft über das ehemalige phönizische Kernland wechselte in dieser Zeit mehrfach.

Unmittelbar nach 323 v. Chr. fiel Phönizien an Laomedon, Alexanders Freund aus Kindertagen[362]. Tyros wurde 322 v. Chr. für kurze Zeit von Attalos,

---

358 Vgl. dazu die Berichte bei Diodor XVII 46, der als Vorgänger einen tyrischen König Straton nennt; bei diesem handelt es sich allerdings um den sidonischen König, was darauf schließen lässt, dass der ganze Bericht Diodors von der Königseinsetzung durch Alexanders Freund Hephaistion offensichtlich nach Sidon gehört; dort ereignet sich das Erzählte auch nach Curtius IV 1,15-26 und Justinus XI 10. Die Nachricht Diodors beruht nach Eißfeldt, Tyros, 1895, „offenbar auf einer Verwechslung von T. mit Sidon" (vgl. Lemaire, Royaume, 136).

359 Vgl. Fleming, Tyre, 64, und Eißfeldt, Tyros, 1895.

360 Vgl. dazu – mit großer Vorsicht – Justinus XVIII 3, der das von Alexander belassene Königtum allerdings mit seiner Geschichte vom Sklavenaufstand verbindet und offensichtlich einiges durcheinander bringt; für spätere Zeiten vgl. dann Diodor XIX 58,1, der für 315 v. Chr. von den „βασιλεῖς τῶν Φοινίκων" berichtet.

361 Arrian III 6,1f.

362 Diodor XVIII 43.

einem der Kommandeure Alexanders, beherrscht[363]. 320 v. Chr. besetzte Ptolemaios (geb. um 360, gest. 283 v. Chr.) das Gebiet, das dann jedoch nach und nach von Antigonos (geb. um 384, gest. 301 v. Chr.), einem der Generäle Alexanders, erobert wurde.

Nach Diodor musste Antigonos bei der Eroberung Phöniziens das seit Alexanders Dammbau mit dem Festland verbundene Tyros 15 Monate lang belagern und sich trotz der Verbindung zwischen Festland und Halbinsel zunächst einmal eine Flotte bauen lassen, um die Stadt auch von der Meeresseite aus von der Außenwelt abschneiden zu können[364]. Diese Nachricht zeigt, dass die Stadt sich relativ schnell von der Eroberung Alexanders erholt hatte und weniger als 20 Jahre nach dieser Niederlage schon wieder fähig war, einer längeren Belagerung zu widerstehen. Am Ende soll sich die Stadt Antigonos unterworfen haben, der daraufhin in Tyros einen Wachposten stationierte, um die Vorgänge innerhalb der Stadt besser kontrollieren zu können[365].

Antigonos und sein Sohn Demetrios (geb. um 337, gest. 283 v. Chr.) blieben – abgesehen von den Jahren 312 und 302 v. Chr., in denen Ptolemaios die Herrschaft wieder errang[366] – bis zum Jahr 301 v. Chr. die Oberherren in Phönizien. Nach der Schlacht von Ipsos 301 v. Chr., bei der sich Antigonos und Demetrios auf der einen und Seleukos (geb. um 358, gest. 281 v. Chr.) mit weiteren Verbündeten auf der anderen Seite gegenüberstanden und in deren Verlauf Antigonos fiel, wurde Phönizien Seleukos zugesprochen. Demetrios war zwar entkommen „und konnte sich weiterhin auf Inseln und Küstenstädte stützen"[367], 286 v. Chr. wurde er allerdings von Seleukos gefangengenommen und starb 283 v. Chr. als Gefangener. In diesen Wirren war Tyros bereits um 290 v. Chr. wieder in die Hände der Ptolemäer gefallen, die sich nun für fast ein Jahrhundert an der Macht halten konnten.

275 v. Chr. nimmt Tyros die hellenistische Staatsverfassung an und es kommen „die charakteristischen Merkmale einer griechischen Polis zum Vorschein: die Volksversammlung, der gewählte Rat der Stadt und gewählte Organe der Vollzugsgewalt."[368] Tyros konnte sich unter der Oberherrschaft der Ptolemäer wohl recht frei entfalten, denn „allgemein scheinen die Ptolemäer die von ihnen beherrschten Städte großzügig und ohne

363 Diodor XVIII 37.
364 Diodor XIX 58.
365 Diodor XIX 61,5.
366 Diodor XIX 86; XX 113.
367 D. Lotze, Geschichte, 99.
368 Welles, Hellenistische Welt, 475. Diese Staatsverfassung wird für Tyros von Josephus, Ant. Jud. XIV 12,4f, bezeugt, der aus der römischen Zeit Briefe des Marcus Antonius zitiert, die an den Magistrat, den Senat und das Volk der Tyrer adressiert sind und sich damit offensichtlich an die drei politisch relevanten Gruppierungen richten.

vorgefaßte Herrschaftsideen behandelt zu haben."³⁶⁹ Insgesamt – und das gilt auch für die Seleukiden – „hielten die hellenistischen Könige die Souveränität der Städte für vereinbar mit ihrer Unterstellung unter die königliche Oberhoheit. Das übliche Verfahren war die offizielle Anerkennung der königlichen Herrschaft durch die Stadt, die häufig oder möglicherweise immer mit der Errichtung eines lokalen Königskultes einherging. Verbunden waren damit das Recht des Königs, von der Stadt Treue und Unterstützung zu verlangen, und seine Pflicht, sie zu beschützen und zu fördern. Von Rechts wegen galt der König als Erlöser *(sotér)* und Wohltäter *(euergétes)* der Vasallenstädte, die in Notzeiten an ihn appellieren durften."³⁷⁰ Dass in Tyros seit 275 v. Chr. auch eine neue Ära begann, zeigen Inschriften aus Umm el-'Awāmīd und Ma'ṣūb, in denen nach dieser Ära datiert wird³⁷¹.

Die Herrschaft der Ptolemäer über Syrien und Phönizien wurde von den Seleukiden in den folgenden fünf Syrischen Kriegen immer wieder bedroht. Doch erst im 5. Syrischen Krieg gelang es dem Seleukiden Antiochos III. (223-187 v. Chr.), die syropalästinische Landbrücke zu erobern: In der Schlacht bei Paneion wurde der ptolemäische General Skopas um 200 v. Chr. geschlagen und der Herrschaftswechsel in Syrien und Phönizien mit Ptolemaios V. (204-180 v. Chr.) vertraglich geregelt³⁷². Damit kam Tyros wieder unter die Herrschaft der Seleukiden.

In die Zeit der Syrischen Kriege fallen auch die Punischen Kriege zwischen Karthago und Rom. Nach dem verlorenen 2. Punischen Krieg (218-201 v. Chr.) musste Hannibal aus Karthago fliehen und rettete sich in die Mutterstadt Karthagos nach Tyros. Von dort aus versuchte er, Antiochos III. zu einem Kampf gegen Rom zu bewegen, an dem auch die Tyrer teilnahmen. Dabei kam es 192 und 190 v. Chr. zu erheblichen Verlusten³⁷³.

Besonders gewogen war Tyros der Seleukide Antiochos IV. (175-163 v. Chr.)³⁷⁴, der die Stadt 175 v. Chr. anlässlich der dort nun alle fünf Jahre stattfindenden Spiele hellenistischer Prägung besuchte³⁷⁵. Antiochos IV. verlieh Tyros zudem das Recht zur seleukidischen Münzprägung³⁷⁶ und exportierte die hellenistische

---

369 Welles, Hellenistische Welt, 469.

370 Welles, Hellenistische Welt, 474.

371 KAI I-II, Nr. 18-19.

372 Vgl. Welles, Hellenistische Welt, 484. Als antike Quelle für die langjährigen Auseinandersetzungen steht Polybios V 40.61.68ff.79; XVI 18f.39 (vgl. Josephus, Ant. Jud. XII 3,3) zur Verfügung.

373 Livius XXXIII 48f; XXXV 48; XXXVII 23ff.

374 Zu Antiochos IV. und seiner Regierungszeit vgl. die Darstellung bei Welles, Hellenistische Welt, 495-500.

375 II Makk 4,18.44ff.

376 Diese Verbundenheit zwischen Tyros und dem Seleukiden Antiochos IV. Epiphanes zeigte sich auch nach dessen Tod noch darin, dass die Tyrer sich I Makk 5,15 zufolge an der Verfolgung der Juden, die als Feinde der Seleukiden galten, beteiligten. Es ist daher kein Wunder, „daß die Makkabäer zur Vergeltung des ihren Volksgenossen zugefügten Unrechts ihrerseits den

Kultur und deren *way of live*, um sein Reich im Geiste des Hellenismus zu vereinheitlichen[377].

Anlässlich eines zweiten Besuches in Tyros wurde dem Bericht in II Makk 4,43-50 zufolge Antiochos IV. 172 v. Chr. von Gesandten des jüdischen Sanhedrin als Richter über den Jerusalemer Hohenpriester Menelaos angerufen, der sich nach II Makk 4,32 an den Jerusalemer Tempelgeräten bereichert haben sollte. Menelaos ließ sich jedoch erfolgreich vor Antiochos IV. vertreten, wurde daraufhin freigesprochen und die Delegation des Sanhedrin kurzerhand zum Tode verurteilt. Die Tyrer – bestürzt über die Ungerechtigkeit des seleukidischen Königs – verschafften den Toten ein ehrenvolles Begräbnis: „The independence of the city is shown by this brave deed and by the fact that the king did not dare resent it."[378]

Nach 152 v. Chr. kam es zwischen den Seleukiden Demetrios II. (reg. 146-140 v. Chr. und 129-126 v. Chr.) und Alexander Balas (reg. 150-147 v. Chr.) zu Thronstreitigkeiten, die das Reich schwächten und den Ptolemäern wieder mehr Einfluss in Phönizien verschafften[379]. In diesem Zusammenhang konnte Tyros seine Selbständigkeit ausbauen, erhielt wohl um 150 v. Chr. das Recht der Asylie[380] und – trotz einer Fehleinschätzung des Ausgangs der Thronstreitigkeiten – wieder ein autonomes Münzrecht; auf den tyrischen Münzen musste also fortan nicht mehr der seleukidische König abgebildet sein[381].

In den folgenden Jahrzehnten des fortschreitenden Zerfalls der seleukidischen Macht konnte Tyros von den zugestandenen Freiheiten profitieren und seine Selbständigkeit weiter ausbauen. Auch wenn Syrien 83 v. Chr. unter die Herrschaft der Armenier geriet und 69 v. Chr. wieder ein Seleukide als Oberherr herrschte, konnte man an der phönizischen Küste relativ frei seinen Geschäften und Interessen nachgehen.

Die von den Ptolemäern neugegründete Küstenstadt Alexandria in Ägypten wie auch die nordsyrischen Neugründungen der Seleukiden, Laodikeia und Seleukeia[382], schränkten die phönizischen Handelsaktivitäten sicherlich ein und stellten damit auch für Tyros eine bedeutende Konkurrenz dar. Dennoch hatte Alexander mit seinem Feldzug in den fernen Osten neue Handelsgebiete erschlossen, mit denen Tyros immer mehr Kontakt pflegte.

---

phoinikischen Städten hart zugesetzt und ihnen Gebietsteile entrissen haben" (Eißfeldt, Tyros, 1897).

377 Vgl. Jidejian, Tyre, 82.

378 Fleming, Tyre, 68.

379 Vgl. Welles, Hellenistische Welt, 501.

380 Vgl. Eißfeldt, Tyros, 1897.

381 Vgl. dazu Jidejian, Tyre, 82, die von Münzen aus Tyros und Sidon berichtet, auf denen sich jeweils die eine als die Mutter der anderen Stadt zu erkennen gibt: „Rivalry between the two sister cities has now been transferred to legends on coinage."

382 Dazu Welles, Hellenistische Welt, 522f.

Seine Bedeutung als Handelsmacht des Mittelmeeres büßte es in diesem Zusammenhang allerdings ein[383].

Nach der römischen Eroberung der syropalästinischen Landbrücke durch Pompeius im Jahr 64 v. Chr. behielt Tyros weiterhin eine relative Unabhängigkeit, doch beginnt hier die römische Zeit des ehemals phönizischen Kernlandes; die Geschichte der phönizischen Städte wird damit am Ende der hellenistischen Epoche zu einem Teil der Geschichte des *Imperium Romanum*.

Dass die alten Bräuche weiter gepflegt und vor allem die phönizischen Götter weiter verehrt wurden, zeigen die phönizischen Inschriften aus hellenistischer Zeit[384]. Besonders bemerkenswert ist eine Weihinschrift auf einem Astarte-Thron, die wohl aus dem 2. Jh. v. Chr. stammt[385]:

לרבתי לעשתרת אש בנ הקדש

אש לי אנך עבדאבסת בן בדבעל

Für meine Herrin Astarte, die inmitten des Heiligtums, der [weihte][386] ich, *'bd'bst*, Sohn des *bdb'l*.[387]

Die Inschrift weiht den Thron der Göttin Astarte, doch auf der Lehne des Thrones könnten Baal und Melkart dargestellt sein; man hätte damit im 2. Jh. v. Chr. das klassische tyrische Pantheon in seiner Dreigestalt Baal – Astarte – Melkart beisammen[388].

Politische Selbständigkeit und Souveränität auf der einen und fremde Oberherrschaft auf der anderen Seite schlossen sich nicht aus und das bekannte Nebeneinander von Autonomie und Abhängigkeit, mit dem die Tyrer seit Jahrhunderten umzugehen gelernt hatten, erleichterte den ehemals phönizischen Städten wohl auch den Übergang zur römischen Oberherrschaft.

---

383 Vgl. Eißfeldt, Tyros, 1897f.

384 Vgl. KAI I, Nr. 17-19; TUAT II, 595-598 (bearbeitet von C. Butterweck).

385 KAI I, Nr. 17; TSS III, Nr. 30.

386 Hier ist wohl יקדש‎ קדשת zu ergänzen (vgl. KAI II, 26).

387 Vgl. aber auch die für die zweite Zeile abweichende Übersetzung von Teixidor, Bulletin, 315: „A ma maîtresse Astarté, qui réside entre la gent des Saints, ce qui est (mon don) à moi, Abd'ubast fils de Bodba'l". Problematisch ist, worauf sich אש לי אנך bezieht; von dieser Beziehung hängt dann die Übersetzung der zweiten Zeile ab.

388 Vgl. Butterweck, TUAT II, 595 Anm. 1b; vgl. dazu Niehr, Der höchste Gott, 74, und J. C. L. Gibson, TSS III, 116: „[…] the figures are doubtless of Baal (Baalshamem) and Melcarth, who form with Astarte the Tyrian triad of chief deities […]".

4.2 Ez 26 und die Eroberung von Tyros

Der Durchgang durch die Geschichte von Tyros zeigt, dass es einen Untergang der Stadt im eigentlichen Sinne nicht gegeben hat. Weder Ägypter noch Assyrer, Babylonier, Perser oder Griechen haben die Stadt so zerstört, dass sie nicht wenige Jahre später wieder aufblühen konnte. Der Tyroszyklus stellt nun eine besondere Quelle für die Kämpfe um Tyros dar – insbesondere im Blick auf die Belagerung der Stadt durch Nebukadnezar, der in Ez 26 namentlich genannt wird, sowie im Blick auf die Einnahme von Tyros durch Alexander den Großen, der zwar nicht erwähnt wird, dessen Eroberungsstrategie sich jedoch anhand der Darstellung in Ez 26,7-14 erkennen lässt.

4.2.1 Die Belagerung von Tyros durch Nebukadnezar in Ez 26

Der literarhistorischen Analyse zufolge bilden Ez 26,7*-8a.13-14* eine erste Fortschreibung des Grundwortes in v2-5a.6b. Das Untergangsorakel wird durch diese Fortschreibung in einen historischen Kontext gebracht und mit der Belagerung der Stadt durch Nebukadnezar verbunden. In den babylonischen Chroniken wird die Belagerung von Tyros durch Nebukadnezar nicht erwähnt; der Bericht des Tyroszyklus ist also das einzige Dokument, das einen – wenn auch minimalen – Einblick in die Ereignisse erlaubt. Nebukadnezar scheint sich demnach mit seinem Heer gegen Tyros gewandt und dabei die tyrischen Dépendancen auf dem Festland in seine Gewalt gebracht zu haben. Dass er jedoch weiter nicht kam, ist der Notiz in Ez 29,17-21 zu entnehmen[389].

Es soll an dieser Stelle – vor dem Hintergrund der Rekonstruktion der Geschichte von Tyros – noch einmal deutlich hervorgehoben werden, dass die in v8b-12 dargestellten Ereignisse zum einen aufgrund der Nachricht in Ez 29,18 und zum anderen aufgrund der militärischen Details unmöglich mit einer Eroberung der Stadt durch Nebukadnezar in Verbindung gebracht werden können. Man wird im Blick auf die Babylonier am ehesten noch von einer Belagerung sprechen können, und die bei Josephus genannten 13 Jahre Belagerungszeit weisen in eine ähnliche Richtung wie die Notiz in Ez 29,18: Wenn Nebukadnezar Tyros so lange belagern musste, kann man darauf schließen, dass er große Schwierigkeiten hatte, die Stadt von der Außenversorgung abzuriegeln, und dass es ihm offensichtlich nicht möglich war, die Inselfestung einzunehmen. Es ist nicht ganz unwahrscheinlich, dass er nach der langen Belagerungszeit seine Eroberungspläne änderte, Verhandlungen mit den Tyrern aufnahm, das in seinem Interesse Bestmögliche herauszuholen versuchte – und dann nicht weiter von

---

389   Zu den Details vgl. oben Teil 4.1.2.5.

dem missglückten Eroberungszug sprach, was auch die fehlenden babylonischen Nachrichten über die Belagerung von Tyros erklären würde.

Die Fortschreibung in Ez 26,7*-8a.13-14* stammt aus dem ezechielischen Kreis, der womöglich ein Wort des Propheten Ezechiel überlieferte, das den vom Propheten angesagten Untergang von Tyros mit Nebukadnezar in Verbindung brachte. Als dieser Untergang der Stadt ausblieb, musste das prophetische Wort mit den tatsächlichen Ereignissen in Einklang gebracht werden. Die erste Stufe dieses Prozesses spiegelt sich in Ez 29,17-21: Der Notiz zufolge brachen die Babylonier die Belagerung von Tyros schließlich unverrichteter Dinge ab. Die zweite Stufe wurde erst später literarisch umgesetzt, nämlich zu dem Zeitpunkt, als die alte Prophetie aus dem 6. Jh. v. Chr. in einem neuen Licht gelesen werden konnte; dies war nach der Einnahme von Tyros durch Alexander den Großen der Fall.

4.2.2 Die Einnahme von Tyros durch Alexander den Großen in Ez 26

Ez 26,5b.8b-12.14aγ bilden der literarhistorischen Analyse zufolge eine spätere Fortschreibung des Grundwortes v2-5a.6b. Von besonderem Interesse sind hier vor allem die militärischen Details der Einnahme, die sich mit den dargestellten Ereignissen der Belagerung und Eroberung von Tyros durch Alexander den Großen in Einklang bringen lassen, so dass man davon ausgehen muss, dass in v5b.8b-12.14aγ eine an Alexanders Eroberung orientierte Redaktion den alten Text der Ezechielschule aktualisierte und damit – aufgrund der Entwicklungen des 4. Jh. v. Chr. – den Ereignissen anpasste.

V8b-9 geben dabei einen Einblick in die militärischen Maßnahmen, die zur Einnahme der Stadt führten. An erster Stelle steht hier דיק[390] in v8b, der Begriff für einen Belagerungswall, dessen Funktion mit dem folgenden סללה genauer beschrieben wird: Der Wall dient offensichtlich als Basis für eine Sturmrampe[391], die mit einer צנה, einem schützenden Schilddach[392], gesichert werden muss. Es liegt auf der Hand, dass mit diesen Begriffen die erste Phase der Belagerung von Tyros durch Alexander den Großen beschrieben wird[393]: Der Bau des Dammes, das Abschirmen der Dammbauarbeiten gegen die Pfeile der tyrischen Schützen, der Versuch, die Stadtmauern mit Rammböcken zu durchbrechen – davon berichten auch die antiken Historiker, deren Zeugnis durch den Bericht des Tyroszyklus

---

390 Vgl. dazu HALAT, 212; es könnte sich um ein akkadisches Lehnwort handeln, das von akk. *dajjiqu* abzuleiten wäre (vgl. AHW I, 151). Außer bei Ezechiel (Ez 4,2; 17,17; 21,17; 26,8) taucht der Begriff nur noch in II Kön 25,1 und Jer 52,4 auf.

391 Vgl. HALAT, 715.

392 Vgl. HALAT, 971.

393 Vgl. dazu ausführlich Teil 4.1.3.2.

gestützt wird[394]. Mit v9 geht die Darstellung bereits zur zweiten Phase über, in deren Verlauf Alexander die Stadt vom Meer aus einnehmen kann; Ez 26,9 lässt von den Seekämpfen allerdings nichts erkennen: Mit קבל[395] – wohl ebenfalls einer Belagerungsmaschine – und mit חרבות – an dieser Stelle sind Brecheisen gemeint – werden die Mauern und Türme der Stadt aufgebrochen und erstürmt[396].

V10-12 beschreiben die Eroberung der Stadt, nachdem Alexander durch eine Bresche eindringen konnte: Reiter und Streitwagen überrollen die Stadt, die Bewohner von Tyros werden mit dem Schwert umgebracht, Tyros wird geplündert und die Schuttreste werden ins Meer geworfen. Besonders interessant ist an dieser Stelle v11bβ, wo deutlich tyrisches Lokalkolorit greifbar wird: ומצבות עזך לארץ תרד – es kann kein Zweifel daran bestehen, dass mit den ‚Säulen deiner Macht' die in der antiken Literatur bezeugten Säulen des Melkart-Tempels gemeint sind[397], die nach v11bβ von Alexander niedergerissen wurden.

Es ist allerdings fraglich, ob es im Zusammenhang der Eroberung von Tyros durch Alexander den Großen wirklich zum Einsturz der Säulen des Melkart-Tempels gekommen ist; denn dass ausgerechnet Alexander, der Herakles verehrte, sich mit seinem Heer an einem Tempel Melkarts vergangen haben sollte, ist eigentlich nicht gut vorstellbar – zumal er ja nach der Eroberung der Stadt eine Siegesfeier zu Ehren des Herakles durchgeführt haben soll. Die Verfasser von Ez 26,8b-12 scheinen hier im Kontext einer durch andere antike Quellen gedeckten, recht realistischen Darstellung der Eroberung von Tyros durch Alexander den Großen einen Seitenhieb gegen den tyrischen Melkart-Kult eingebaut zu haben, der mit den anderen Nachrichten, die von der Eroberung der Stadt erhalten sind, nicht in Einklang zu bringen ist. Hier liegt eine antityrische Polemik vor, die sich mit den auch in Ez 28 greifbaren Invektiven gegen den Melkart-Kult deckt[398] und offensichtlich eine Eigenart des Tyroszyklus darstellt. Damit sind hier neben den Nachrichten über die Einnahme von Tyros durch Alexander den Großen auch indirekte Zeugnisse über die Verfasser des Tyroszyklus[399] greifbar, die offensichtlich mit dem vorliegenden Textstück im Detail und dem Tyroszyklus im ganzen eine umfassende Abrechnung mit Tyros – seiner Wirtschaft, seiner Politik und

---

394 Nach Zimmerli, Ezechiel, 617, ist „der Gedanke an den das Festland mit der Insel verbindenden Damm Alexanders d. Gr. […] hier ganz fernzuhalten." Dies fällt allerdings aufgrund der deutlichen Parallelen zwischen den antiken Nachrichten über die Belagerung von Tyros und den Einzelheiten des Berichtes innerhalb des Tyroszyklus außerordentlich schwer.

395 Vgl. HALAT, 993.

396 Zu den Belagerungsmaschinen Alexanders und ihren Spuren in anderen alttestamentlichen Texten vgl. Mathys, Chronikbücher, 89-98.

397 Vgl. Herodot II 44.

398 Vgl. dazu ausführlich Teil 4.5.

399 Hier und im folgenden ist mehrfach von den ‚Verfassern des Tyroszyklus' die Rede; dahinter steht die im Rahmen der literarischen Analyse gewonnene Einsicht in den mehrstufigen Entstehungsprozess des Tyroszyklus, die dazu nötigt, von einem Verfasserkreis auszugehen, der über einen längeren Zeitraum hinweg an den Texten arbeitete (vgl. dazu unten Teil 6.3).

seinem Kult – beabsichtigten. Die Einnahme der Stadt durch Alexander den Großen bot dabei einen Anlass, Fakten und Fiktion, historische Ereignisse und erhoffte Szenarien, die Einnahme der Stadt und die Niederlage des Melkart-Kultes miteinander zu verbinden und so eine die verschiedenen Bereiche der tyrischen Kultur treffende Untergangsdichtung zu ergänzen und fortzuschreiben.

4.3 Ez 27 und die tyrische Innen-, Außen- und Sicherheitspolitik

Vor einer ausführlichen Analyse der tyrischen Handelsbeziehungen, deren Reichweite sich mit Hilfe der Handelsliste in Ez 27 ermitteln lässt, sollen an dieser Stelle die Angaben und Informationen über politische, wirtschaftliche und militärische Beziehungen ausgewertet werden, die sich in der Klage über den Untergang von Tyros finden. Das prägende Bild des Textes, zumal in v4-9, ist das des Schiffes, mit dem Tyros gleichgesetzt wird; überträgt man die einzelnen Elemente der Schiffsmetapher auf die Realebene, eröffnen v4-9 einen Einblick in die Beziehungen von Tyros zu seinen unmittelbaren Nachbarn und Partnern im Mittelmeerraum. Diese Beziehungen sind insgesamt in drei Teile unterteilt; zunächst werden in v4-7 die Materialien genannt, mit denen das Schiff Tyros erbaut wurde, dann zählt der Text in v8f die verschiedenen Gruppen der Schiffsmannschaft auf und zuletzt – das Bild des Schiffes wird hier verlassen – werden in v10f militärische Verbindungen und phönizische Söldner aufgeführt, die offensichtlich die Sicherheit der Stadt garantieren sollen.

4.3.1 Die Bauteile des Schiffes Tyros in Ez 27,4-7

Im Gegensatz zu der Handelsliste in Ez 27,12-25a, die die Handelspartner von Tyros und deren spezifische Ware nennt, liegt in v4-7 eine Aufzählung von Produkten vor, mit denen das Schiff Tyros konstruiert wurde. Es handelt sich dabei um hochwertige Materialien, deren Herkunft die außerordentliche Qualität garantiert. Es lassen sich zwei Gruppen unterscheiden, zum einen die vier verschiedenen Holzarten, aus denen die Schiffsplanken, der Mastbaum, die Ruder und das Deck gefertigt werden, zum anderen die beiden Textilarten, die als Segel und Schiffsdecke Verwendung finden.

Hans Georg Niemeyer beschreibt die phönizischen Handelsschiffe folgendermaßen: „Handelsschiffe brauchten große Ladekapazitäten und mussten stabil gebaut sein. Es waren rundbauchige, offene Frachtschiffe mit hochgezogenem Bug und Heck und einem großen Quersegel. Bei Flaute konnte notfalls gerudert werden. Sie waren höherem Seegang gewachsen und konnten etwa 250 t Fracht aufnehmen. Die Handelsschifffahrt bewegte sich bevorzugt tagsüber entlang der im Mittelmeer weithin sichtbaren Landmarken."[400] Bei der Interpretation von Ez 27 wird man das Bild eines solchen Handelsschiffes im Blick behalten müssen; die in v4-7 genannten Einzelteile geben dabei einen vertieften Einblick in die Bauweise und Schiffskonstruktion.

Beim in v5a genannten ברוש – akk. *burāšu* – handelt es sich um den phönizischen Wacholder *Juniperus phoenicea*, der auch in I Kön 5,22.24; 6,15.34; 9,11; II Kön 19,23; Jes 14,8; 37,24; 41,19; 55,13; 60,13; Ez 31,8; Hos 14,9; Sach 11,2; Ps 104,17; II Chr 2,7; 3,5 genannt wird[401]; mit שניר wird das Südende des Antilibanon bzw. der gesamte Antilibanon bezeichnet[402]; לוח meint in Ex 27,8; 38,7 ein bzw. mehrere Bretter zum Altarbau, in Ez 27,5 wird man "an die Planken der Schiffswand denken."[403]

ארז מלבנון in v5b bezeichnet die Libanon-Zeder, die innerhalb des Alten Testaments an zahlreichen Stellen genannt wird[404]; es handelt sich dabei eigentlich um "die langstämmige Tanne (*Abies cilicia*), die im Hoch-W. des Libanon beheimatet ein begehrtes Holz darstellte [...]. Die Übersetzung von '*ērez* mit ‚Zeder' kann man nur unter dem Vorbehalt gelten lassen, daß man '*ērez* nicht generell mit *Cedrus Libani* gleichsetzt."[405] תרן steht in Jes 30,17 für eine Stange, die als Signal sichtbar ist; wie in Jes 33,23 wird damit auch in Ez 27,5 der Schiffsmast bezeichnet.

Mit אלון in v6a wird zunächst jeder hohe und stattliche Baum benannt; „es ist möglich, aber nicht sicher, daß dabei an eine der beiden heute in Pal. vorkommenden Eichenarten gedacht ist (*Quercus pseudo-conifera* und *Quercus aegylops* [die Ziegenbarteiche]). Bei den '*allōnīm*-Bäumen des ostjordanischen Basan (Sach. 112) ist – vom heutigen Bestand aus gesehen – wohl sicher an Eichen zu denken."[406] Neben Ez 27,6 und Sach 11,2 ist von Basan-Eichen auch in Jes 2,13 die Rede; man kann daher davon ausgehen, dass man es mit einer ähnlich geprägten Redewendung wie bei den ‚Zedern des Libanon' zu tun hat. Das massive Holz dieser Eichenart wird für die Herstellung von משש verwendet; der Begriff kommt nur in Ez 27,6 und Ez 27,29 vor, ist wohl als Nominalbildung zur Wurzel שש mit der Bedeutung ‚streichen, rudern' zu verstehen und bezeichnet die Ruder des

---

400 Niemeyer, Phönikien, 289; vgl. dazu P. Bartoloni, Navires et navigation, 282-289, der hinsichtlich der Besatzung phönizischer Handelsschiffe bemerkt: „L'équipage, mis à part le commandant et le timonier, était composé de peu de membres, dont la tâche se limitait à s'occuper des manœuvres du navire." (Bartoloni, Navires et navigation, 286)

401 Vgl. Galling, Wald, 357, und Briquel-Chatonnet, Relations, 253f sowie HALAT, 148, und AHW I, 139.

402 Vgl. HALAT, 1249f. Rüger, Tyrusorakel, 28, nimmt an, „daß der Senir hier wegen des synthetischen parallelismus membrorum eingesetzt wird."

403 Zimmerli, Ezechiel, 639.

404 Vgl. HALAT, 83.

405 Galling, Wald, 357.

406 Galling, Wald, 357.

Schiffes; die Dualform מִשּׁוֹטָיִךְ bezieht sich wohl nicht auf die Anzahl der Ruder des Schiffes, sondern auf die beiden Schiffsseiten, die jeweils mit Rudern versehen sind.

In v6b ist בְּרוֹשִׁים(ב) zu lesen[407], womit die Zypresse gemeint ist[408], die in diesem Fall nicht vom Libanon, sondern מֵאִיֵּי כִתִּים geliefert wird; die ‚Gestade der Kittäer' bezeichnen Κίτιον, also einen Teil von oder die ganze Insel Zypern[409], was insofern überraschend ist, als man v6b zufolge Zypressenholz, das man vom Libanon beziehen konnte, auf dem Seeweg importiert hätte. Das zyprische Zypressenholz wurde für die Konstruktion von קֶרֶשׁ des Schiffes verwendet; die Bedeutung von קֶרֶשׁ ist nicht gesichert; zunächst wird damit ein Brett, ein Balken oder eine Bohle bezeichnet[410]. Da man jedoch bei der Beschreibung einer Schiffskonstruktion neben der Erwähnung von Planken, Mastbaum und Rudern auch die Nennung des Decks erwarten kann, wird dieser aus Holzbrettern und Bohlen gezimmerte Teil des Schiffes mit קֶרֶשׁ in Ez 27,6 gemeint sein[411].

Mit שֵׁשׁ in v7a wird glänzend weißes Leinen aus Ägypten bezeichnet, das offensichtlich mit Buntgewirktem durchsetzt war, worauf רִקְמָה(ב) schließen lässt, das innerhalb des Kapitels noch in v16 und v21 genannt wird[412]. Verwendung finden diese Textilien als מִפְרָשׂ, einer Nominalbildung zur Wurzel פרשׂ; das – wörtlich übersetzt – ‚Ausgespannte' ist im Kontext der Schiffskonstruktion als Segel zu interpretieren[413]. Das folgende נֵס – in der Grundbedeutung ist eine Signalstange, ein Feldzeichen oder eine Standarte gemeint[414] – bezeichnet hier wohl die Flagge, unter der das Schiff fährt und die aus ebenso kostbarem, buntdurchsetztem Leinen gefertigt wurde wie auch das Segel[415].

In v7b werden weitere Textilien genannt, zum einen wie im folgenden v24 die blau-violette Purpurwolle תְּכֵלֶת[416], zum anderen wie im folgenden v16 die rotgefärbte Purpurwolle אַרְגָּמָן[417]. Die Herkunft dieser Purpurtextilien ist noch bemerkenswerter als die Zypressenimporte nach v6b: Wie die כִתִּים in v6b hat

---

407   Vgl. dazu die textkritischen Anmerkungen in Teil 2.2.3.

408   Vgl. Galling, Wald, 357, und Zimmerli, Ezechiel, 640, sowie HALAT, 1546.

409   Vgl. dazu Rüger, Tyrusorakel, 36f, und Zimmerli, Ezechiel, 640: „Die Kittäer [...] sind ursprünglich die Einwohner der Stadt Kition [...], in der vielleicht Larnaka auf Cypern zu finden ist. Der Name wurde dann auf die südlichen Gebiete Cyperns, die unter phön. Einfluß standen, ausgeweitet".

410   Vgl. HALAT, 1072.

411   Vgl. Rüger, Tyrusorakel, 28f, und Zimmerli, Ezechiel, 639f.

412   Vgl. dazu auch die Bemerkungen in den Teilen 4.4.2.6 und 4.4.2.13.

413   Vgl. HALAT, 585.

414   Vgl. HALAT, 662f.

415   Vgl. dazu aber Zimmerli, Ezechiel, 641, der fragt, ob mit נֵס nicht einfach noch einmal das Segel bezeichnet sein könnte, denn von „besonderen Wimpeln lassen die Darstellungen phön. (und äg.) Schiffe nichts erkennen".

416   Vgl. dazu ausführlicher Teil 4.4.2.13.

417   Vgl. dazu ausführlicher Teil 4.4.2.6.

auch אלישה in v7b mit Zypern zu tun[418] und wieder werden Materialien geliefert, die die Phönizier eigentlich nicht zu importieren brauchen – im Blick auf den Purpur unterhalten die Tyrer ja selber eine eigene Industrie, für die sie in der gesamten Mittelmeerwelt bekannt sind[419].

Es stellt sich hier die Frage, ob das Fehlen von Zypern in der folgenden Handelsliste in v12-25a und die merkwürdigen Importwaren aus Zypern in v6f nicht miteinander zusammenhängen: Könnte es sein, dass Zypressen und Purpurtextilien ursprünglich von Tyros nach Zypern geliefert wurden, der Handelsweg aus nicht mehr nachvollziehbaren Gründen oder vielleicht auch irrtümlich umgekehrt wurde und diese Handelsbeziehung dann in dem Klagelied zu stehen kam, in dem ja – abgesehen vom ägyptischen Leinen – nicht von entfernten Handelspartnern, sondern von der unmittelbaren tyrischen Umgebung die Rede ist? Es wäre dann nicht weiter erstaunlich, dass Zypern in v12-25a nicht noch einmal aufgeführt wird[420].

Benötigt werden die Purpurstoffe im Kontext der Schiffskonstruktion als מכסה, wovon auch bei der Arche Noahs in Gen 8,13 und dem Wüstenzelt in Ex 26,14; 35,11; 36,19; 40,19 u. a. die Rede ist[421]. Gemeint ist an allen Stellen eine Decke oder Hülle, mit der die Arche oder auch das Wüstenzelt offensichtlich verkleidet waren; so wird es sich auch in Ez 27,7b um die Innenverkleidung des Schiffes Tyros mit blauem und rotem Purpur handeln[422].

Was soll das ganze? Welche Funktion hat die Schiffsmetaphorik? Und was lässt sich der Passage über die tyrische Position an der phönizischen Mittelmeerküste entnehmen? Die Funktion der Ausführungen ist annäherungsweise folgendermaßen zu beschreiben: Die Schönheit von Tyros, von der zu Beginn des Kapitels die Rede ist, wird in v4-7 durchbuchstabiert und bis in die Details hinein nachgezeichnet[423]. Dass man beim Entwurf dieses Bildes der Schönheit der Stadt auf die Schiffsmetapher zurückgriff, erklärt sich aus der Lage und der Funktion von Tyros: Bei einer Handelsmetropole auf einer der Küste vorgelagerten Insel drängt sich diese Metapher geradezu auf. Die einzelnen Elemente der Metapher –

---

418 Vgl. HALAT, 55, und vor allem Rüger, Tyrusorakel, 38, mit Bezug auf die Amarna-Korrespondenz (EA 33-40): „Zypern hieß nämlich um die Mitte des 2. Jahrtausends v. Chr. akkadisch Alašia, ägyptisch i-r-s." Nach Rüger könnte Elischa/Alaschia „das zunächst von Achäern, sodann von Griechen bewohnte Gebiet um Enkomi [sein], dem in ,Gestade der Kittäer' die von Phönikern besiedelte Landschaft um Kition-Larnaka gegenüberstünde." (Rüger, Tyrusorakel, 39)

419 Vgl. Rüger, Tyrusorakel, 29f: „Aber daß Tyrus, als Purpurstadt schlechthin Purpur eingeführt hätte, wie v7b sagt, ist kaum vorstellbar." Für Zimmerli, Ezechiel, 641, bleibt der Bericht von tyrischen Purpurimporten „die auffälligste Aussage dieses ganzen Zusammenhanges".

420 Zur Handelsliste und dem tyrischen Handelssystem vgl. unten Teil 4.4.3.

421 Vgl. HALAT, 550.

422 Zimmerli, Ezechiel, 641, vermutet, dass es sich bei dem mit מכסה bezeichneten Teil der Schiffskonstruktion um die „Abschirmung der Kajüten (Sonnensegel)" handelt.

423 Vgl. dazu die Ausführungen von Gillmayr-Bucher, Klagelied, 78-92.

die zitierten Lieferungen von Schiffsbaumaterialien aus dem Antilibanon und Libanon, aus Basan, Zypern und Ägypten – lassen sich recht klar auf Tyros als Stadt übertragen: Offensichtlich vermittelt der Text einen Einblick in die Palette von Produkten, die beim Aus- und Weiterbau von Tyros im Lauf der Jahrhunderte eine besondere Bedeutung hatten; er nennt zudem die Handelspartner, die bei diesem Ausbau an erster Stelle standen. Sieht man einmal von dem relativ weit entfernten Ägypten ab, mit dem die Phönizier allerdings bereits im 2. Jt. v. Chr. enge Kontakte pflegten, gehören die übrigen Regionen in die unmittelbare tyrische Umgebung: Die tyrischen Dépendancen auf dem Festland und das durch diese Dépendancen gefestigte Hinterland der Inselstadt eröffneten die Möglichkeit von schnellen Importen aus Basan, dem Libanon und dem Antilibanon; die souveräne Beherrschung der Schiffahrtskunst erlaubte in gleicher Weise einen unmittelbaren Zugriff auf Produkte von der der phönizischen Küste gegenüberliegenden Insel Zypern – dass die nautischen Kompetenzen der Phönizier auch einen unproblematischen Seehandel mit Ägypten ermöglichten, darf man aufgrund der jahrhundertelangen Kontakte zwischen beiden Regionen wohl annehmen[424]. Die Produkte – sieht man zunächst einmal vom ägyptischen Leinen und den Purpurimporten aus Elischa ab – decken vor allem den Bedarf an Holz aller Art, das wohl für den Ausbau der Gebäude benötigt wurde; man wird nicht ganz fehlgehen, wenn man hier in erster Linie an die Innenausstattung von Tempeln und Palastbauten denkt, der Reichtum der Stadt wird allerdings auch in Privathäusern ein luxuriöses Intérieur ermöglicht haben. Jenseits der Schiffsmetapher für Tyros als ganzes wird man allerdings auch für den Ausbau der tyrischen Flotte enorm viel hochwertiges Holz benötigt haben, so dass das Bild, das in v4-7 gezeichnet wird, auch einen Einblick in die Konstruktion eines phönizischen Schiffes geben könnte[425]. Dass die Purpurmetropole neben Holz für den Stadtausbau und die Schiffahrt auch Stoffe brauchte, liegt auf der Hand, denn die Purpurschnecke, aus der die kostbare Farbe gewonnen wurde, wird nicht als solche exportiert; vielmehr werden in der Stadt selber Stoffe eingefärbt und dann als Purpurtextilien ausgeliefert, so dass man gerade weißes Leinen in großem Umfang importieren musste[426].

V4-7 beschreiben die Schönheit von Tyros demnach nicht als ein emergentes Phänomen, das plötzlich auftrat und die Stadt nach allen Seiten leuchten ließ; die Schönheit der Stadt ist v4-7 zufolge vielmehr das Ergebnis eines engen Beziehungsnetzes, das Tyros mit seinen Nachbarregionen geknüpft hatte, um aus seiner Lage und seinen Vorzügen das Beste zu machen: Schiffahrt und Purpurproduktion. Beides zusammengenommen führte zu dermaßen großem Reichtum,

---

424 Vgl. Rüger, Tyrusorakel, 47.
425 Vgl. dazu die Ausführungen bei Rüger, Tyrusorakel, 30-32.
426 Zum Vorgang des Färbens in der Antike vgl. W. Zwickel, Färben, 41-44, und Sommer, Phönizier, 95f.

dass der Ausbau der Inselstadt zu einem Luxusstandort an der Küste des Mittelmeeres nicht mehr als eine selbstverständliche Folge war.

4.3.2 Die Mannschaft des Schiffes Tyros in Ez 27,8f

Die Metapher von Tyros als einem Schiff wird in Ez 27,8f noch weitergeführt, allerdings nicht im Blick auf die Baumaterialien und deren Herkunftsregionen, sondern hinsichtlich der Mannschaft, die das Schiff Tyros zum Fahren bringt und am Laufen hält. Die Besatzung des Schiffes besteht offensichtlich ohne Ausnahme aus Phöniziern; mit Sidon, Arwad, Tyros und Byblos werden die wichtigsten Städte der phönizischen Küste genannt.

In v8a werden die Bewohner von Sidon und Arwad als שׁטׁים für Tyros bezeichnet. Abgeleitet von der Wurzel שׁוט und wohl verwandt mit akk. šâṭu I für ‚ziehen, schleppen'[427] taucht das Partizip Plural שׁטׁים nur an dieser Stelle und in Ez 27,26 auf[428]; die Grundbedeutung ‚umherstreifen, schweifen' ist mit Blick auf den Schiffs- und Meereskontext durch die Bedeutungsnuance ‚rudern' zu erweitern. Dass mit שׁוט der hohe Kraftaufwand der Ruderarbeit herausgestellt wird, zeigt sich an der Bedeutung von šâṭu I, der akkadischen Entsprechung für שׁוט: Sidonier und Arwaditer hatten offensichtlich Schwerstarbeit zu verrichten.

Ganz anders die Weisen von Tyros, die in v8b genannt werden[429]; sie übernehmen auf dem Schiff die Funktion der חבׁלים* – ein Begriff, der nur in Ez 27,8.27-29; Jon 1,6 und konjiziert wohl noch in Spr 23,34 verwendet wird[430]. Gemeint sind damit die Schiffsleute; die Wendung רב החבׁל in Jon 1,6 bezeichnet den Obersten der Schiffsleute, also den Kapitän; das in seiner Bedeutung unsichere חבׁל in Spr 23,34 gibt die Septuaginta mit ὥσπερ κυβερνήτης wieder und rückt damit die Bedeutung von חבׁל weg vom einfachen Schiffer und Matrosen hin zum für die Navigation zuständigen Steuermann. In dieser Weise wird der Begriff wohl auch in Ez 27,8 gebraucht, wo er mit den Weisen von Tyros in Verbindung steht.

---

427 Vgl. AHW III, 1205.

428 Vgl. HALAT, 1336.

429 Wie im Rahmen der Textkritik bereits vermerkt, möchte Rüger, Tyrusorakel, 41f, an dieser Stelle statt צור die Form צמר lesen und verweist dafür auf Elliger, Zeugnis, 71f, der für Sach 9,2 ebenfalls eine Verschreibung annimmt; doch hier wie dort sprechen alle Regeln der Textkritik gegen eine Änderung, denn es gibt in der Textüberlieferung keinen Anhalt für eine Lesart צמר und die vorliegende Textform ist vollkommen klar – Rügers offenkundige Schwierigkeiten, das konjizierte Zemer zu verorten, sprechen zudem gegen seine Änderung, denn zusammen mit Sidon, Arwad und Byblos gehört Tyros in die Reihe der phönizischen Städte und kann daher an dieser Stelle gar nicht fehlen.

430 Vgl. HALAT, 275.

In v9a folgen dann noch die זקני גבל וחכמיה, die auf dem Schiff die Rolle der מחזיקי בדקך übernehmen. Auf die Ältesten und ihre Bedeutung in den phönizischen Stadtstaaten wurde schon im Zusammenhang des Vertrages zwischen Baal von Tyros und Asarhaddon genauer eingegangen[431]; es handelt sich um eine Senatsschicht, die dem König wohl beratend zur Seite stehen konnte; in diesem Sinne gehören die Ältesten gleichermaßen zu den Weisen. Ihrer Funktion nach sind sie als Schiffszimmerleute für plötzlich auftretende Schäden zuständig: בדק – verwandt mit akk. *batqu(m)* I für ‚schadhaft‘ oder ‚Riss‘[432] – bezeichnet wohl einen Riss oder ein Leck am Schiff[433], das die Ältesten und Weisen von Byblos wieder ‚fest machten‘ (חזק hi.).

Im wesentlichen besteht die Besatzung des Schiffes Tyros Ez 27,8f zufolge aus sidonischen und arwaditischen Ruderern, tyrischen Schiffsleuten und byblischen Handwerkern. Mit diesen Zuschreibungen wird eine bestimmte Hierarchie zum Ausdruck gebracht, an deren Spitze die tyrischen Schiffsleute und Steuermänner stehen, die für die Navigation und weise Führung des Schiffes Verantwortung tragen. Es folgen ihnen dem Rang nach offensichtlich die byblischen Handwerker, die aufgrund ihrer Fähigkeiten lecke Stellen in der Schiffswand ausbessern und damit im Krisen- und Notfall einen möglichen Untergang des Schiffes verhindern können. Weiter unten in der Hierarchie stehen die Sidonier und Arwaditer, deren einzige Aufgabe in der Ruderarbeit besteht, mit der sie das Schiff in Bewegung halten, ohne auf Kurs und Richtung Einfluss nehmen zu können. Während im Blick auf Tyros und Byblos von ‚Weisen‘ und ‚Ältesten‘ gesprochen wird, werden in bezug auf Sidon und Arwad nur die ‚Bewohner‘ genannt, was die Unterordnung von Sidon und Arwad unter Tyros und Byblos auch auf der begrifflichen Ebene unterstreicht[434].

Dass sich diese Hierarchie der phönizischen Küstenstädte innerhalb eines prophetischen Textes findet, der sich in polemischer Absicht gegen Tyros richtet, macht die historische Auswertung der hier greifbaren Informationen fast unmöglich, denn es ist klar, dass im Kontext eines polemischen Klageliedes gegen Tyros genau diese Stadt an der Spitze einer innerphönizischen Hierarchie stehen muss und dass diese Stellung daher nicht einfach als historisches Faktum gedeutet werden darf. Folgte man Ez 27,8f vorbehaltlos, hätten die anderen drei phönizischen Städte dieser Spitzenstellung zugearbeitet, wobei die Abstufung zwischen

---

431 Vgl. dazu Teil 4.1.2.4.
432 Vgl. AHW I, 115.
433 Vgl. HALAT, 106f.
434 Zimmerli, Ezechiel, 642, bezieht den ‚Adel‘ auf Sidon, Arwad und Byblos in gleicher Weise: „Der Adel dieser Städte tut einfachste Dienste auf dem Prachtschiff Tyrus. Das Rudern und die Sorge um die rechte Abdichtung des Schiffes obliegt ihnen." Die Positionen der genannten Gruppen aus Sidon, Arwad und Byblos – Bewohner hier, Älteste und Weise dort – sprechen gegen eine solche Einebnung der Unterschiede zwischen den aufgeführten phönizischen Städten.

Byblos auf der einen und Sidon und Arwad auf der anderen Seite doch auffällig bleibt.

Hätte man einen tyrischen Text vor sich, könnte man davon ausgehen, dass mit dieser Unterordnung zum Ausdruck gebracht werden sollte, dass Sidonier und Arwaditer die niedrigsten Zuarbeiter von Tyros waren, während Byblos und Tyros aufgrund ihrer Weisheit eine größere gemeinsame Basis hatten – und gegen den Strich gelesen hätte man damit eigentlich ein Zeugnis der Gleichrangigkeit und Rivalität von Tyros, Sidon und Arwad vor Augen, gegen das der Text sich polemisch ausrichten würde. Eine solche Deutung des Textes ist aber ausgesprochen unsicher, weil in Ez 27,8f eben gerade kein tyrisches Dokument vorliegt, das sich polemisch gegen die phönizischen Nachbarstädte wendet. Könnte das prophetische Klagelied aus Israel aber nicht doch auch innertyrische Vorstellungen von der Bedeutung der eigenen Stadt aufgenommen und in eigener polemischer Absicht wiedergegeben und weiterentwickelt haben?

Der Überblick über die Geschichte von Tyros hat gezeigt, wer über Jahrhunderte hinweg die eigentliche Rivalin von Tyros war – es war Sidon, die Nachbarstadt im Norden. Dass Sidon zusammen mit Arwad in Ez 27,8f auf die Ruderbank des Schiffes Tyros verbannt wird, ist daher eine aus tyrischer Perspektive nur allzu gut verständliche Polemik gegen die ewige Konkurrentin; dass zusammen mit Sidon auch Arwad genannt wird, erklärt sich durch die Tatsache, dass Arwad genau wie Tyros auf einer dem Festland vorgelagerten Insel lag[435], damit eine strategisch ähnlich günstige Position wie Tyros hatte und somit als Konkurrentin wahrgenommen werden konnte. Die Gegenüberstellung von Tyros auf der einen und Sidon und Arwad auf der anderen Seite weist in die persische Zeit, in der solche Abgrenzungen unter den phönizischen Städten vonnöten waren, da die Perser allen drei Städten den gleichen Rang einräumten und ihre Angelegenheiten mit den Städten außerhalb der jeweiligen Stadtgebiete in Tripolis regelten[436].

Anders lagen die Dinge in Byblos, das als älteste der phönizischen Städte gelten kann – Besiedlungsspuren reichen bis in das 5. Jt. v. Chr. zurück[437]. In der Bronzezeit bestanden enge Kontakte zwischen Byblos und Ägypten, das große

---

435 Vgl. zu Arwad Markoe, Phönizier, 207f.

436 Vgl. dazu Teil 4.1.3.1. Falls die Passage v8f in die persische Zeit und zugleich – wie in den literarhistorischen Überlegungen angenommen (vgl. Teil 3.2.2.2) – in den Bereich der Ezechielschule gehören sollte, muss man mit einer zeitlich über die babylonische Zeit hinausreichenden Tätigkeit dieses Verfasserzirkels rechnen; das ist nicht unwahrscheinlich, wenn man in Rechnung stellt, dass die Trias ‚Tyros – Sidon – Arwad' auch schon vor der Perserzeit eine bedeutende Rolle spielte (vgl. Zimmerli, Ezechiel, 642, der auf eine neubabylonische Hofliste verweist, in der neben den Königen von Tyros und Sidon auch der König von Arwad genannt wird), die Perser die gleichrangige Bedeutung der drei Städte dann in ihren politischen Entscheidungen berücksichtigten (vgl. etwa Herodot VII 98) – und die Ezechielschule in der Zeit des Übergangs von der babylonischen Herrschaft zur persischen Neuordnung der Verhältnisse wirkte und somit die sich weiter etablierende Gleichstellung der Trias in ihrem Text reflektieren konnte.

437 Vgl. H. Weippert, Byblos, 53.

Mengen an Holz vom Libanon bezog. Ein wesentlicher Wirtschaftsfaktor war für Byblos neben dem Holzhandel das Metallhandwerk, in dem sich auch Einflüsse aus Mesopotamien nachweisen lassen[438]. Die Bedeutung von Byblos im Bereich des Handwerkes lässt auch Ez 27,8f durchscheinen: Die Ältesten und Weisen von Byblos können sich offensichtlich recht unbefangen auf dem Schiff Tyros bewegen. Die Byblier sind dem Text zufolge Tyros zwar in ähnlicher Weise untergeordnet wie die Sidonier und Arwaditer, ihre handwerklichen Kenntnisse und Fähigkeiten machen die Ältesten und Weisen jedoch zu unersetzlichen Helfern auf dem Schiff Tyros. Zudem unterscheidet ihre Spezialisierung im Handwerk die Byblier von den Sidoniern und Arwaditern, so dass Byblos zu Tyros nicht in demselben Konkurrenzverhältnis steht wie Sidon und Arwad und somit in der Hierarchie auf dem Schiff Tyros über Sidon und Arwad stehen kann.

Eine Auslegung von Ez 27,8f vor dem Hintergrund der Geschichte von Tyros muss zum einen die polemische Grundtendenz des prophetischen Klageliedes gegen Tyros in Rechnung stellen, darf jedoch zum anderen nicht den Versuch unterlassen, trotz der tendenziösen Ausrichtung des Textes ein Minimum historischer Daten zu erheben, die sich – zumindest in Teilen – mit anderweitig greifbaren Informationen korrelieren lassen. Im Blick auf Sidon und Arwad lässt sich deren fiktive Position auf den Ruderbänken des Schiffes Tyros mit ihrer tatsächlichen Gleichrangigkeit mit Tyros in der Perserzeit verbinden. Byblos dagegen scheint eine eigene Stellung zwischen Abhängigkeit und souveräner Kunstfertigkeit im Verhältnis zu seinen Nachbarstädten einzunehmen – nicht zuletzt in der Bezeugung dieser Sonderstellung von Byblos liegt der Mehrwert und historische Gewinn der Informationen aus Ez 27,8f.

4.3.3 Militärische Allianzen und phönizische Söldner in Ez 27,10f

In Ez 27,10f wird das Bild des Schiffes verlassen und die Festungsanlagen von Tyros mitsamt einer eher militärischen Terminologie treten in den Vordergrund; literarhistorisch stellt v10f daher mit großer Wahrscheinlichkeit einen späteren Zusatz zu dem prophetischen Klagelied dar.

In v10a wird zunächst die Trias ‚Paras – Lud – Put‘ genannt, die das tyrische Heer verstärkt haben soll. Es kann kein Zweifel daran bestehen, dass mit פרס an dieser Stelle – wie an vielen anderen alttestamentlichen Stellen auch[439] – die

---

438 Vgl. H. Weippert, Byblos, 53.

439 Vgl. neben Ez 38,5 auch Est 1,3.14.18f; 10,2; Dan 5,28; 6,9.13.16; 8,20; 10,1.13.20; 11,2; Esr 1,1f.8; 3,7; 4,3.5.7.24; 6,14; 7,1; 9,9; II Chr 36,20.22f. Nach Rüger, Tyrusorakel, 42, läge dann in Ez 27,10 „die älteste Erwähnung dieses Volkes im Alten Testament vor"; das gilt aber nur dann, wenn man Ez 27,10f im 6. Jh. v. Chr. ansetzt. Rüger, Tyrusorakel, 43, geht vor dem Hintergrund dieser zeitlichen Ansetzung des Textes und der sich daraus ergebenden Schwierigkeit im Blick auf die Perser von einem komplizierten Missverständnis bei der Übertragung eines ägyptischen Namens

Perser gemeint sind; dass von den Persern ansonsten nur in eindeutig nachexilischen Texten wie dem Ester-, Esra- und Danielbuch sowie der Chronik die Rede ist, zeigt deutlich, dass auch Ez 27,10f in die nachexilische Zeit gehört.

לוד in v10a wirft dagegen größere Schwierigkeiten auf, denn es ist nicht klar, ob es sich bei ‚Lydien' um die kleinasiatische Region handelt, wie Gen 10,22; I Chr 1,17 nahelegen, oder ob es hier eher um eine afrikanische Gegend nahe bei Ägypten geht, was sich Gen 10,13; I Chr 1,11 entnehmen ließe[440]; offensichtlich wurde derselbe hebräische Begriff für beide Regionen gebraucht. Da Persien von Nordafrika wie auch von Kleinasien gleich weit entfernt ist, lässt sich eine Entscheidung über die Verortung von Lud aufgrund des Kontextes nur unter Vorbehalt treffen; dennoch ist es nicht unwahrscheinlich, dass in Ez 27,10a mit לוד die kleinasiatischen Lyder gemeint sind, denn an der Identifikation des folgenden פוט mit dem nordafrikanischen Libyen[441] zeigt sich, dass die Trias in v10a ein Dreieck um Tyros herum nachzeichnet, das gewissermaßen den tyrischen Sicherheitsschirm darstellt: Wenn in v10 davon die Rede ist, dass Perser, Kleinasiaten und Nordafrikaner das tyrische Heer verstärkten, so ist damit wohl weniger gemeint, dass es in Tyros persische, kleinasiatische und nordafrikanische Söldner gab; es ist hier vielmehr ein Hinweis darauf gegeben, auf welche Verbündeten sich Tyros stützte, wenn seine Sicherheit von außen bedroht wurde. Die Wendung היו בחילך אנשי מלחמתך ist also nicht konkret auf einen akuten Kriegsfall in Tyros zu beziehen, sondern im Kontext einer Art Sicherheitsallianz zu interpretieren; mit der in v10b folgenden Wendung wird der militärisch geprägte Einschub v10f mit dem Thema des Klageliedes, das die Schönheit von Tyros besingt, verknüpft – הדר in v10b und יפי in v3f sind offensichtlich aufeinander abgestimmt.

Im Rahmen der tyrischen Geschichte lässt sich dieser Sicherheitsschirm am besten in der Perserzeit verorten. Auf die Verbindungen zwischen Persern und Phöniziern im 5./4. Jh. v. Chr. muss hier nicht noch einmal ausführlich eingegangen werden; Herodot hat dieser Allianz gleich zu Beginn seiner Historien ein Denkmal gesetzt, und es ist deutlich, dass die Perser ohne die phönizische Unterstützung nicht in der Lage gewesen wären, eine Flotte auf dem Mittelmeer zu

---

für Oberägypten aus und nimmt daher an, mit Paras sei in v10 eigentlich Oberägypten gemeint. Angesichts einer möglichen späteren Entstehung der Passage und der eindeutigen weiteren alttestamentlichen Belege für Persien kann sein Vorschlag allerdings nicht überzeugen (vgl. gegen Rüger auch Zimmerli, Ezechiel, 644).

440 Vgl. dazu die Position Rügers, Tyrusorakel, 43, der feststellt, „daß die Ludim bei J unter den Nachkommen Ägyptens und Jer 46,9, vgl. Ez 30,5, als Hilfstruppen der Ägypter erscheinen. Aber für P ist Lud ebenso wie Elam, Assur, Arphachsad und Aram ein Sohn Sems, und darunter kann man kaum etwas anderes als die kleinasiatischen Lyder verstehen." Rüger, Tyrusorakel, 45, geht aufgrund seiner Ansetzung von פרס in Ägypten dann jedoch davon aus, dass in Ez 27,10 die lydischen Söldnertruppen in Ägypten gemeint sind; das ist zwar möglich, aber nicht nötig.

441 Vgl. HALAT, 867, sowie vor allem Rüger, Tyrusorakel, 45-47, und Zimmerli, Ezechiel, 643.

unterhalten[442] – dass diese Dienstleistungen die Perser zu Sicherheitsgarantien verpflichteten, kann man annehmen, und es verwundert daher nicht, dass die Perser in v10 als eine tyrische Schutzmacht genannt werden. Ebenso gut nachweisbar sind Beziehungen der Phönizier nach Nordafrika; die bereits erwähnte Gründung Karthagos durch tyrische Auswanderer im 9. Jh. v. Chr. ist nur ein Beispiel neben anderen für die Kontakte mit der nordafrikanischen Region[443]. Dass es sich hierbei nicht allein um Handelsbeziehungen, sondern teilweise wohl auch um militärische Allianzen handelte, zeigt die Erwähnung der Erwartung einer Hilfseinheit aus Karthago, von der im Kontext der Belagerung von Tyros durch Alexander den Großen berichtet wird[444]; auch wenn in dieser konkreten Situation am Ende der Perserzeit die Nordafrikaner keine Hilfe entsenden konnten, stimmen die antiken Nachrichten mit den Informationen aus v10a überein, denenzufolge es in Nordafrika Verbündete gab, deren militärische Hilfe von den Tyrern angefordert werden konnte. Über strategische Beziehungen zwischen Tyros und Kleinasien liegen keine über v10a hinausgehenden Nachrichten vor, so dass man hier auf vage Vermutungen angewiesen ist; dennoch kann man feststellen, dass zum einen die Phönizier rege Handelskontakte in den ägäischen Mittelmeerraum unterhielten und somit wohl auch mit den Bewohnern Kleinasiens bekannt waren und dass zum anderen Lydien nach dem Sieg des Kyros über den Lyderkönig Kroisos bei der Eroberung von Sardes 546 v. Chr. zu einem Teil des persischen Großreiches wurde[445]; verbindet man diese Daten mit dem Wissen um die phönizische Unterstützung der Perser auf dem Mittelmeer, so erklärt sich die Erwähnung der Lyder in v10a neben Persern und nordafrikanischen Libyern recht zwanglos: Phönizische Flottenverbände sicherten unter persischem Oberkommando die Westgrenzen des Perserreiches in der Ägäis – im Gegenzug hätte man in Tyros im Krisenfall auf die kleinasiatischen Verbündeten gezählt. Als der Krisenfall eintrat, waren die Kleinasiaten allerdings schon in der Hand Alexanders des Großen, so dass man mit ihrer Hilfe nicht mehr rechnen konnte. In der Blütezeit des Perserreiches, in die v10f wohl gehört, war das allerdings noch nicht vorauszusehen, so dass die Textpassage des Tyroszyklus vor dem skizzierten Hintergrund – Paras, Lud und Put als Schutztrias für Tyros – gedeutet werden muss.

Dem Hintergrund von v11 nähert man sich am ehesten von v11b her, wo sich erneut eine Verknüpfung mit der Schönheitsthematik des Klageliedes erkennen lässt; insbesondere die Schlussworte von v4 und v11 – כללו יפיך – entsprechen sich wörtlich. Die Rundschilde an den Mauern machen aber deutlich, dass v11 die militärischen Vorstellungen aus v10 fortschreibt. Wer steht nun

---

442 Herodot I 1 *et passim*; vgl. dazu Teil 4.1.3.1.
443 Vgl. dazu Markoe, Phönizier, 184f.
444 Vgl. Arrian II 24,3f, und Curtius IV 2,15 (ausführlich dazu Teil 4.1.3.2).
445 Vgl. Rüger, Tyrusorakel, 44.

allerdings auf den Mauern und Türmen von Tyros? Nach v11a sind es die בני ארוד sowie die גמדים. Die Beziehungen von Tyros zu Arwad, das ja bereits in dem vorangehenden Teil des Klageliedes neben Sidon genannt wird, werden sich auch zur Zeit der Abfassung der Fortschreibung v10f nicht wesentlich geändert haben; gemeinsam mit Sidon bildeten Tyros und Arwad die Städtetrias, mit der die Perser in Tripolis enge politische Verbindungen unterhielten. Dass in Tyros trotz der Konkurrenz zwischen den drei Städten arwaditische Söldner beschäftigt wurden, ist daher grundsätzlich nicht unmöglich; nach dem Tennes-Aufstand und der Vernichtung Sidons durch die Perser in der Mitte des 4. Jh. v. Chr. übernahm Tyros zudem die Führungsrolle unter den phönizischen Städten und es könnte sein, dass in diesem Zusammenhang Krieger aus Arwad militärische Aufgaben in Tyros zu übernehmen hatten. Sollten die גמדים mit den Bewohnern von Kāmid el-Lōz – akk. kumidi[446] – zu identifizieren sein[447], überrascht ihre militärische Präsenz auf den Mauern von Tyros kaum; Kumidi stand zwar eigentlich mit Sidon in Verbindung, erlebte seine große Blüte aber ohnehin eher in der Bronzezeit; in der Eisenzeit hatte die Siedlung dann einen dörflichen Charakter: „Anders als in der Bronzezeit fehlen fast alle Anzeichen für kulturelle Fernverbindungen nach Ägypten, Palästina, Zypern und Syrien."[448] Die Erwähnung der Bewohner von Kumidi in v11a könnte daher ein weiterer Beleg dafür sein, dass v10f nach dem Tennes-Aufstand abgefasst wurde, als neben den Arwaditern nicht mehr die Sidonier, sondern nur noch die Kumiditer genannt werden konnten. Bei ihnen dürfte es sich um Söldner im engeren Sinne gehandelt haben: Um nach der Vernichtung von Sidon nun am Wohlstand der nächsten phönizischen Großstadt, nämlich Tyros, teilhaben zu können, hätten die Kumiditer dem Text zufolge ihre Militärdienste gegen Bezahlung zur Verfügung gestellt. Wie die der Arwaditer zeichnete sich auch die Beziehung der Kumiditer zu Tyros nicht durch eine große innere Verbundenheit aus; dennoch ermöglichte das phönizische Handelszentrum den umliegenden Regionen, einen gewissen ökonomischen Standard zu halten, und war somit ein Soldgeber, der sich der Loyalität der phönizischen Söldner trotz aller gegenseitigen Vorbehalte sicher sein konnte.

V10f eröffnet dieser Einordnung zufolge einen Einblick in die militärischen und sicherheitspolitischen Verhältnisse von Tyros in der Mitte des 4. Jh. v. Chr. Nur wenige Jahrzehnte vor der aufreibenden Belagerung der Stadt durch Alexander den Großen hätte sich Tyros demnach zum einen auf ein Sicherheitsdreieck aus Persern, Libyern/Nordafrikanern und Lydern/Kleinasiaten stützen können, zum anderen in seinen eigenen Mauern Kontingente phönizischer Söldner zur Unterstützung seiner Verteidigungskräfte gehalten. Der Tyroszyklus

---

446 Vgl. dazu P. Maiberger, Inschriften, 11-21.

447 Vgl. dazu Gesenius[18], 221, und Répertoire Géographique XII/2, 167.

448 R. Hachmann, Kāmid el-Lōz, 37; einen Überblick über die Grabungsergebnisse auf dem Tell Kāmid el-Lōz gibt H. Weippert, Kumidi, 1-38.

gibt sich damit nicht nur in seinen älteren Textteilen, sondern auch in seinen späteren Fortschreibungen als eine wichtige Quelle für die Geschichte der Stadt zu erkennen, deren Kenntnis sich auf dieser Grundlage weiter vertiefen lässt.

4.4 Ez 27 und die tyrische Wirtschaft

Es hat sich bereits in den vorangehenden Abschnitten gezeigt, dass die Rekonstruktion der Geschichte von Tyros auf zahlreichen Quellen unterschiedlicher Qualität und verschiedener Herkunft fußt. Neben kleineren Indizien und Hinweisen, die späteren Fortschreibungen des Tyroszyklus – wie etwa Ez 27,10f – zu entnehmen sind, liegt im Mittelteil des Kapitels 27 ein besonders wichtiges Dokument vor. In v12-25a wird ein weitausgreifendes Netz von Beziehungen erkennbar, das die wirtschaftliche Bedeutung der phönizischen Küstenstadt Tyros in einmaliger Art und Weise veranschaulicht. Es gibt keine andere Quelle, die einen derart detaillierten Einblick in die ökonomischen Verhältnisse dieser Zeit erlaubt. Die Auswertung der ezechielischen Handelsliste bildet damit einen Eckstein der Rekonstruktion der Wirtschaftsgeschichte Phöniziens. Rüger hat sich in seiner Studie „Das Tyrusorakel Ez 27" eingehend mit der Handelsliste auseinandergesetzt; seiner Meinung nach liegt der Liste „eine Importstatistik nach Warengruppen zugrunde, in der wohl die für den jeweiligen Ort oder das jeweilige Land typischen Produkte, nicht aber deren Menge oder Preis angegeben werden."[449] Während Rüger die Liste versweise durchgeht und kommentiert, geht die folgende Auswertung in drei Schritten vor: Zunächst werden die in der Liste genannten Landschaften und Orte möglichst präzise zugeordnet, daraufhin werden die Handelsgüter genauer bestimmt und abschließend wird auf dieser Grundlage das tyrische Handelssystem beschrieben[450].

4.4.1 Landschaften und Orte in Ez 27,12-25a

4.4.1.1 תרשיש

Innerhalb der Handelsliste wird als erster Handelspartner von Tyros eine Ort- oder Landschaft mit Namen Tarschisch genannt. Dieses Tarschisch findet sich nicht allein im Ezechielbuch, sondern auch in anderen Texten des Alten Testaments, allen voran in der Völkerliste Gen 10, wo in v4 Tarschisch als einer der Söhne Jawans bezeichnet wird; darüber hinaus findet sich der Name in Jes

---

449 Rüger, Tyrusorakel, 60.

450 Dass diese Auswertung vor allem auf der unveröffentlichten Dissertation Rügers von 1961 beruht, soll hier ausdrücklich hervorgehoben werden.

23,6.10; 66,19; Jer 10,9; Ez 27,12; 38,13; Jon 1,3; 4,2; Ps 72,10; I Chr 1,7; II Chr 9,21; 20,36f. Nach Jes 66,19 ist Tarschisch eine ausgesprochen weit entfernte Ortschaft, Ps 72,10; Jon 1,3; 4,2 weisen darauf hin, dass man Tarschisch mit dem Schiff erreichen kann; das lässt darauf schließen, dass man es wohl am ehesten im westlichen Mittelmeerraum zu suchen hat. Für eine Verortung von Tarschisch im Westen des Mittelmeerraumes spricht auch die Bezeichnung תרשיש אניות für hochseetaugliche Schiffe in I Kön 10,22; 22,49; Jes 2,16; 23,1.14; 60,9; Ez 27,25; Ps 48,8, mit denen weit entfernte Gebiete auf dem Seeweg erreicht werden können[451].

Diese Informationen über das alttestamentliche תרשיש decken sich mit einer in der klassischen Tradition mehrfach belegten Ortslage namens Ταρτησσός, die wohl in Südwestspanien im Mündungsgebiet des Guadalquivir zu suchen ist[452]. Dass Tarschisch in Ez 27,12 in der Septuagintafassung mit Karthago assoziiert wird, zeigt deutlich, dass die Übersetzer zwar kein genaues Wissen über die Ortslage hatten, sie aber mit einer phönizischen Tochterstadt in Verbindung bringen konnten. Man kann daher wohl davon ausgehen, dass man es bei Tarschisch/Tartessos mit einer phönizisch-punischen Handelsniederlassung im äußersten Westen zu tun hat[453].

Dass Verbindungen mit derart extremen Ortslagen gern herausgestrichen wurden, um die eigene Bedeutung hervorzuheben, zeigt zum einen Ps 72,10, wo mit der Erwähnung von Tarschisch der weltumspannende Machtanspruch des innerhalb des Psalms besungenen Königs unterstrichen werden soll; zum anderen ist etwas Ähnliches in einer Inschrift Asarhaddons erkennbar, in der es heißt:

„Alle Könige, die mitten im Meere wohnen, von Kypros und Jawan bis nach Tarsis, unterwarfen sich meinen Füssen. Ihren schweren Tribut nahm ich in Empfang."[454]

Die Bedeutung der Wendung *a-di māt Tar-si-si* ist zwar nicht ganz unumstritten[455], doch ist mit einiger Wahrscheinlichkeit davon auszugehen, dass man es hier mit einem assyrischen Beleg für das alttestamentliche Tarschisch und das klassische Tartessos zu tun hat, denn die Reihe der genannten Landschaften – Zypern,

---

451 Zu diesen Schiffen vgl. auch Sommer, Europas Ahnen, 104-106.

452 Vgl. dazu Herodot I 163; IV 152.192; weitere Belege bei Rüger, Tyrusorakel, 64f. Zu der Ansetzung in Spanien und zum Problem insgesamt vgl. Galling, Weg der Phöniker, 1-18, und vor allem Lipiński, Itineraria, 225-265, der den Sachverhalt umfassend beleuchtet.

453 Zur phönizischen Expansion in den westlichen Mittelmeerraum vgl. Sommer, Phönizier, 134-138.

454 Zitiert nach Borger, Inschriften, 86.

455 Vgl. ANET, 290, dort vor allem Anm. 3, und S. Parpola, Toponyms, 349.

Griechenland, Tarsis – schreitet von Ost nach West voran und weist damit wie die anderen Belege auch an die äußersten Grenzen des Mittelmeerraumes[456].

4.4.1.2 יָוָן

Jawan ist nicht allein in Ez 27,13 belegt, sondern findet sich auch in Gen 10,2.4; Jes 66,19; Sach 9,13; I Chr 1,5.7; Dan 8,21; 10,20; 11,2. In der assyrischen Tradition ist – etwa in dem oben zitierten Text Asarhaddons – von *māt Ia-man* die Rede[457]. Sowohl Jawan als auch Jaman sind mit dem griechischen Ionien verwandt: „Die Ionier an der Westküste Kleinasiens waren der erste griechische Stamm, mit dem Assyrer und Babylonier, Israeliten und Perser in Berührung kamen. Daß ihr Name schließlich die Bezeichnung für alle Griechen abgab, ist nicht weiter erstaunlich."[458]

4.4.1.3 תֻּבַל

Tubal ist außer in Ez 27,13 auch in Gen 10,2; Jes 66,19; Ez 32,26; 38,2f; 39,1; I Chr 1,5 belegt. Der Name scheint mit dem akkadischen *tabal* identisch zu sein[459], das in assyrischen Königsinschriften vorkommt und dort zum einen einen Stämmeverband bezeichnet, zum anderen „als Synonym für Bît-Burutaš, das Gebiet, das später Kataonien hieß"[460], verwendet werden kann[461]. Im Osten wird Tubal von Meliddu begrenzt, im Süden vom Land Que, das sich in einer Inschrift Salmanassars in Verbindung mit Tubal findet, wo davon die Rede ist, dass der Großkönig nach Que und Tubal zieht[462]; mit Que wird nach Rüger die Landschaft am Golf von Alexandrette bezeichnet[463]. Nachdem Tubal mit den Assyrern

---

456 So auch Rüger, Tyrusorakel, 65, und Galling, Weg der Phöniker, 7. Als historischen Hintergrund der Inschrift Asarhaddons vermuten Rüger wie auch Galling den gegenseitigen Versuch von Assyrern und Bewohnern des Mittelmeerraumes, den Handlungs- und Handelsspielraum im Mittelmeer möglichst groß und möglichst offen zu halten.

457 Zu den lautlichen Varianten *Ia-wan/Ia-man* vgl. von Soden, Grundriss, 25f, und A. Ungnad, Grammatik, 20. Zu Belegen für Ionien in assyrischen Texten vgl. Parpola, Toponyms, 186f, für Belege aus dem syrischen Raum vgl. Répertoire Géographique XII/2, 339f, und zu suso-elamitischen Belegen vgl. Répertoire Géographique XI, 109f.

458 Rüger, Tyrusorakel, 66. Zum phönizischen Handel mit der Ägäis im allgemeinen vgl. Sommer, Phönizier, 117-122.

459 Zu den Belegen vgl. Répertoire Géographique VIII, 300 („Tabal in Cappadocia"), und Répertoire Géographique XI, 272 („En Cappadoce"), sowie Parpola, Toponyms, 341-343.

460 Rüger, Tyrusorakel, 68.

461 Vgl. dazu Rüger, Tyrusorakel, 68-70.

462 ARAB I, 682.

463 Rüger, Tyrusorakel, 68.

bis in das 8. Jh. v. Chr. hinein enge Verbindungen pflegte, kam es am Ende des 8. Jh. v. Chr. zu einem Abfall von den Assyrern, was einen Feldzug der Assyrer und die Deportation der Oberschicht Tubals zur Folge hatte: „Tabal wurde 713 v. Chr. assyrische Provinz mit einem assyrischen Statthalter und assyrischen Kolonisten."[464]

4.4.1.4 משך

Meschech ist außer in Ez 27,13 auch in Gen 10,2; Ez 32,26; 38,2f; 39,1; Ps 120,5; I Chr 1,5.17 belegt. Die hebräische Form kann mit dem akkadischen *musku/mušku* identifiziert werden, das bereits unter Tiglatpileser I. erwähnt wird[465]; die Moscher saßen offensichtlich im Quellgebiet des Tigris und wurden dort von Tiglatpileser I. besiegt[466]. In den Annalen Sargons II. tritt ein gewisser Mita von Musku hervor, der wiederholt für Unruhen sorgt[467]; im Jahr 717 v. Chr. war Mita „immerhin so einflussreich, dass er Fürst Pisiri von Karkemisch zu einer – allerdings erfolglosen – Revolte gegen Assyrien überreden konnte. Für die folgenden Jahre bis 710/709 berichten die assyrischen Annalen immer wieder von Verschwörungen von Herrschern der späthethitischen Kleinstaaten gegen ihren Oberherrn Sargon, Rebellionen, bei denen die besondere Rolle des Mita überdeutlich wird."[468] Nachdem Sargon um 710/709 v. Chr. Festungen um das Land Musku herum anlegen ließ, konnte Mita schließlich unterworfen und tributpflichtig gemacht werden[469]: „In seinen Annalen berichtet der Assyrerkönig davon, Mita habe ihm einen Boten gesandt und Unterwerfung und Tribut angeboten. Stolz vermeldet Sargon, der Muschkäer habe sich zuvor niemals einem Herrscher Assyriens beugen müssen."[470] Meschech scheint – wie Tubal auch – „im Verlauf des Kimmeriersturms nach Norden abgedrängt worden zu sein, wo Herodot an der Südküste des Schwarzen Meeres Moscher findet (III 94; VII 78)."[471]

Die engen Verbindungen zwischen Jawan, Tubal und Meschech spiegeln sich nicht nur in den hebräischen Texten, die diese Trias nennen (Gen 10,2; I Chr 1,5; Ez 27,13), sondern auch in den Inschriften Sargons II., in denen die drei Gebiete

---

464 Rüger, Tyrusorakel, 69, mit Bezug auf ARAB II, 24f.55.
465 Vgl. Parpola, Toponyms, 252f, und Répertoire Géographique V, 199: „Die klassischen Moschoi, nordöstl. anatol. Stämme, die später mit den Phrygern assoziiert wurden"; spätere Belege in Répertoire Géographique VIII, 231.
466 ARAB I, 221.
467 Vgl. ARAB II, 8.16.18.
468 Wiesehöfer, Kleinasien, 260.
469 Vgl. Rüger, Tyrusorakel, 71, mit Bezug auf ARAB II, 42f.
470 Wiesehöfer, Kleinasien, 260f.
471 Rüger, Tyrusorakel, 71.

mehrfach gemeinsam genannt werden[472], so dass man von einer stehenden Wendung ausgehen kann, die auf die Gemeinsamkeiten dieser Regionen zurückzuführen ist.

4.4.1.5 תוגרמה

Von Togarma ist außer in Ez 27,14 noch in Gen 10,3; Ez 38,6; I Chr 1,6 die Rede. Der hebräische Name könnte mit dem hethitischen *tagarama* und dem akkadischen *til-garimmu* identisch sein[473]. Vor allem in hethitischen Texten ist das Land Tagarama mehrfach erwähnt[474], so etwa im Vertrag Suppiluliumas (1380-1346 v. Chr.) mit Mattiwaza von Mitanni, darüber hinaus in den Annalen Mursilis II. (1345-1315 v. Chr.), zudem in einer Götterliste, die sich im Gebet Muwatallis (1315-1290 v. Chr.) findet wie auch in einem Erlass Hattusilis III. (1282-1250 v. Chr.)[475]. In assyrischer Zeit findet sich *til-garimmu* nur noch als Stadtname in den Annalen Sargons II. und Sanheribs. Aufschluss über die genaue Lage gibt ein Hinweis aus dieser Zeit, wo von *til-garimmu* gesagt wird[476]:

ša pa-ad/pa-aṭ māt Ta-ba-li

Diese Wendung bereitet wegen des *pāṭu(m)* Probleme, da mit diesem Begriff im Akkadischen sowohl die Grenze als auch ein Gebiet bezeichnet werden kann[477]. Es ist daher nicht klar, ob *til-garimmu* nun an der Grenze von Tubal liegt oder ob es sich innerhalb des Landes Tubal befindet. Letztlich lässt sich das nicht eindeutig entscheiden; „auf jeden Fall dürfte Til-Garimmu östlich von oder im Osten von Tabal zu suchen sein. Für die Stadt Til-Garimmu hat sich die Gleichung mit gürün durchgesetzt"[478], die in das nordöstliche anatolische Bergland führt[479].

---

472 Vgl. ARAB II, 80.92.99.118.

473 Zu altassyrischen Belegen von *tegarama* vgl. Répertoire Géographique IV, 117, demzufolge man „T. auf einer Nebenroute (*Buruddum, Tegarama, Mama, Kaniš) lokalisieren" kann.

474 Vgl. Répertoire Géographique VI, 383f.

475 Vgl. Rüger, Tyrusorakel, 71f.

476 ARAB II, 349; vgl. dazu Parpola, Toponyms, 353, der ebenfalls Belege nennt, denen zufolge *til-garimmu* an der Grenze Tubals liegt.

477 Vgl. AHW II, 851f.

478 Rüger, Tyrusorakel, 73; vgl. dagegen jetzt Lipiński, Products and Brokers, 218 Anm. 20: „The expression *Bêt Twgrmh* [...] implies that *Twgrmh* was originally a personal name [...] the name *Twgrmh* should be read *Twgdmh*, ‚Tugdamme', name of the Cimmerian chief *c.* 660-626 B.C." Damit würde sich die Suche nach einer genau zu lokalisierenden Ortschaft erübrigen.

479 Vgl. Veenhof, Brief, 42, der einen Text ediert, in dem Togarma *(tekarama)* und Kanisch nebeneinander vorkommen; im Blick auf die Lage von Togarma meint Veenhof: „De stad [...] is

4.4.1.6 רדן

Im Rahmen der Textkritik wurde bereits genauer ausgeführt, dass רדן in Ez 27,15 durch Verschreibung von ר zu ד zustande kam[480]. Es ist daher an dieser Stelle mit großer Wahrscheinlichkeit רדן zu lesen ist, das auch in Gen 10,4; I Chr 1,7 genannt wird. Gemeint sind mit den בני רדן die Bewohner der Insel Rhodos, der östlichsten Insel der Ägäis, mit der die Phönizier offensichtlich in ständigem Austausch standen, wie die großen Mengen rhodischer Keramik bei Ausgrabungen in Syrien und Palästina zeigen. Während Kontakte zwischen Phönizien und Rhodos wohl schon im 2. Jt. v. Chr. bestanden, kam es im 1. Jt. v. Chr. noch zu einer Intensivierung der Beziehungen: „From 725 B.C. onwards, Phoenician workshops on Rhodes export small faience flasks to the Aegean and to the westernmost parts of the Greek world. Contacts with Phoenicia in the 8th-7th centuries B.C. are witnessed not only by these workshops producing faience flasks, which where distributed over the whole Mediterranean area, but also by votive objects found in temple warehouses and graves, especially at Ialysos and Lindos."[481] In diesem Zusammenhang sind wohl auch die in Ez 27,15 genannten Produkte aus Rhodos zu sehen.

4.4.1.7 אדם

In Ez 27,16 muss erneut mit einer Verschreibung gerechnet werden, wie bereits in der Textkritik dargelegt wurde[482]; es ist also an Stelle von ארם die Form אדם zu lesen, was sich vor allem durch die Tatsache nahelegt, dass von Aram-Damaskus in v18 die Rede ist und eine doppelte Nennung innerhalb der Handelsliste wenig wahrscheinlich ist.

Die Belege für אדם sind innerhalb des Alten Testaments breit gestreut; nach Gen 25,30; 32,4; 36 gehen die Edomiter auf Isaaks Sohn Esau zurück und sind somit – nach Dtn 23,8 – ein Brudervolk Israels[483].

Das Kerngebiet der Edomiter liegt südlich von Juda und reicht bis zur Küste des Golfes von Aqaba mit den alten Hafenstädten Ezjon-Geber und Elat[484]; in nachexilischer Zeit breiteten sich die Edomiter unter dem Druck nachdrängender

---

nog niet gelocaliseerd. In het algemeen denkt men aan het gebied ten (noord)westen van Malatya en het daarbij aansluitende dal van de Tohma Su, nader bepaald bij de stad Gürün […]. De stad zou aan de zogenaamde noordelijke route van de Eufraat naar Kaniš hebben gelegen".

480 Vgl. oben Teil 2.2.3.
481 Lipiński, Itineraria, 146; vgl. dazu auch Rüger, Tyrusorakel, 75.
482 Vgl. oben Teil 2.2.3.
483 Vgl. die umfassende Studie von M. Weippert, Edom.
484 Vgl. dazu Noth, Welt, 68f.

arabischer Stämme nach Norden und Westen hin aus und wurden „so zum unmittelbaren südlichen Nachbarn Judäas"[485].

4.4.1.8 יהודה וארץ ישראל

Die Wendung ‚Juda und das Land Israel' in Ez 27,17 ist nicht ganz einfach zu deuten, da sich die Frage stellt, ob mit ‚Land Israel' lediglich ‚Juda' näher bestimmt werden soll oder ob hier von zwei verschiedenen Gebieten bzw. Handelspartnern von Tyros ausgegangen werden muss.

Während Rost der Ansicht ist, dass mit der doppelten Nennung in v17 zum einen das Territorium des alten Nordreiches und zum anderen der Staat Juda gemeint sind[486], stellt sich für Zimmerli zumindest die Frage, ob hier nicht im Anschluss an Ez 25,3 eine Doppelbezeichnung Restisraels vorliege[487]. Rüger weist in diesem Zusammenhang darauf hin, dass ארץ ישראל im Alten Testament in territorialem Sinn verwendet wird[488], so dass in Ez 27,17 ארץ ישראל nicht als einfache Explikation des vorangehenden יהודה gelesen werden kann: „Wenn aber ארץ ישראל an allen Stellen des Alten Testament ein je nach der historischen Situation anders bestimmtes Territorium bezeichnet, wird das auch für Ez 27,17 anzunehmen sein. Daraus ergibt sich dann ferner, daß auch יהודה in diesem Zusammenhang territoriale Bedeutung haben muß, weil יהודה als politischer, ארץ ישראל als territorialer Begriff inkommensurable Größen wären."[489]

Innerhalb der Handelsliste legt sich diese Deutung von ‚Juda und das Land Israel' als zwei unterschiedener Handelspartner von Tyros vor allem dadurch nahe, dass auch in v13.21-23 verschiedene Handelspartner nebeneinanderstehen, dass allerdings an keiner Stelle ein Handelspartner durch eine Apposition oder eine folgende Erläuterung näher bestimmt wird. Wollte man v17 in dieser Weise deuten, müsste man erklären, wie es zu einer solchen Unstimmigkeit in der Liste gekommen sein sollte. Es ist daher wohl eher davon auszugehen, dass v16f eine Süd-Nord-Linie beschreibt, die vom Gebiet Edoms über Juda und Israel bis zum nicht genannten Zielpunkt Tyros reicht.

Tyros steht also v17 zufolge auch in Kontakt mit seinen direkten südlichen Nachbarn, zum einen mit dem Gebiet Judas, zum anderen mit dem Gebiet Israels. Damit ist noch nichts über die staatlichen Gebilde auf diesen Gebieten ausgesagt; man wird wohl kaum darauf schließen können, dass die Handelsliste

---

485 Rüger, Tyrusorakel, 76.

486 Vgl. L. Rost, Israel, 78.

487 Vgl. Zimmerli, Israel, 82.

488 So in I Sam 13,19; II Kön 5,2.4; 6,23; I Chr 22,2; II Chr 2,16; 30,25; 34,7.

489 Rüger, Tyrusorakel, 79; es bleibt allerdings die Frage, warum – ganz im Sinne der Kommensurabilität, die Rüger als Argument anführt – innerhalb desselben Verses nicht auch von ארץ יהודה die Rede ist.

aus der Zeit vor dem Untergang der politischen Größe Israel stammt. Die tyrische Handelsliste spiegelt vielmehr die zur Zeit ihrer Entstehung verbreiteten Gebietsbezeichnungen für die Regionen südlich des phönizischen Kernlandes wider; diese Bezeichnungen werden nicht gleich nach dem Untergang eines Staatswesens in Vergessenheit geraten sein, sondern auch nach dem Ende der politischen Autonomie eines Staates noch als geographische Termini in Gebrauch geblieben sein. Für weiterreichende Datierungen im Blick auf die Entstehung der Handelsliste ist die Textbasis in Ez 27,17 allerdings zu schmal und damit zu wenig tragfähig.

4.4.1.9 מנית

Minnit wird neben Ez 27,17 im Alten Testament nur noch in Ri 11,33 erwähnt. Hier geht es um die Kämpfe Jephtas mit den Ammonitern. Albrecht Alt schreibt zu den Ortsverhältnissen, die an dieser Stelle vorausgesetzt werden: „Von den hier genannten Grenzpunkten der Kämpfe liegt Aroer [...] ganz im Süden am Arnon, Minnith [...] und Abel-Keramim [...] weit im Norden gegen die ammonitischen Berge hin; die ganze dazwischen gelegene Hochebene, von der mindestens ein Teil früher zu Hesbon gehört haben wird, ist also anscheinend als Schauplatz der Kämpfe gedacht. Aber es bleibt unklar, wie vorher und nachher die Gebietsgrenzen verliefen."[490] Ein Hinweis Eusebs hilft, die Ortslage Minnits etwas näher zu bestimmen; demnach hätte Minnit vier römische Meilen entfernt an der Straße nach Philadelphia gelegen[491], es wäre also am ehesten mit *chirbet umm el-ḥanāfīsch* zu identifizieren[492]. Man hätte es demnach mit einer Ortslage im Ostjordanland zu tun, doch bleibt an dieser Stelle der Handelsliste die Frage, ob Minnit als Handelspartner von Tyros genannt wird oder ob nicht vielmehr der aus Juda und Israel gelieferte Weizen als Minnit-Weizen und damit als Qualitätsprodukt gekennzeichnet werden soll, was die Verbindung בחטי מנית nahelegt[493].

4.4.1.10 דמשק

Damaskus wird im Alten Testament häufig genannt. In Ez 27,18 „wird das Gebiet des einstigen Aramäerstaates Damaskus gemeint sein."[494] Damaskus wird

---

490   Alt, Erwägungen, 159 Anm. 3.
491   Vgl. Euseb, Onom. 132,1f.
492   So Alt, Erwägungen, 159 Anm. 3, und mit Bezug auf Alt auch Rüger, Tyrusorakel, 80.
493   Vgl. Zimmerli, Ezechiel, 654.
494   Zimmerli, Ezechiel, 655.

bereits im 2. Jt. v. Chr. erwähnt[495], kann sich innerhalb der aramäischen Stadt-staaten eine Führungsrolle sichern und gilt auf der syropalästinischen Landbrücke im 10.-8. Jh. v. Chr. als einflussreiche Metropole, die am Ende jedoch den Assyrern nicht standhalten kann, Tiglatpileser III. im Kampf unterliegt und 732 v. Chr. zu einer assyrischen Provinzhauptstadt wird[496]. Dass es zwischen der führen-den Stadt der Aramäer und den phönizischen Küstenstädten zahlreiche Be-ziehungen gab, liegt aufgrund der geographischen Nähe und der strategisch be-deutenden Lage der Ortschaften auf der Hand; Ez 27,18 bezeugt Damaskus darüber hinaus als wichtige Handelspartnerin von Tyros.

4.4.1.11 חלבון

Der Weinort Helbon ist innerhalb des Alten Testaments nur in Ez 27,18 belegt; die Ortschaft dient in der Verbindung ביין חלבון als Qualitätskennzeichnung des Weines – ähnlich wie Minnit im Minnit-Weizen aus v17. Auch wenn der Ort im Alten Testament nur einmal genannt wird, lässt „er sich mit Sicherheit lokalisie-ren, weil außeralttestamentliche Zeugnisse in seltener Fülle vorliegen."[497] Bereits in Inschriften Nebukadnezars wird der Helbon-Wein als herausragendes Produkt erwähnt; nach Strabon ließen die persischen Könige ihren Wein aus Helbon kommen[498]. In 1QGenAp 22,10 heißt es zu Gen 14,15, dass Helbon nördlich von Damaskus liege[499]; daher ist es möglich, Helbon „mit dem 18 km nördlich von Damaskus gelegenen ḥelbūn gleichzusetzen, das den alten Namen auf das beste bewahrt hat. Daß in der Umgebung von ḥelbūn noch heute Wein angebaut wird, kann diese Gleichsetzung nur bestätigen."[500]

4.4.1.12 צחר

Die Ortschaft bzw. Region Zahar lässt sich nicht genau lokalisieren. Will man den masoretischen Text beibehalten, so kommen nur das 2500 km von Damaskus

---

495 Zu akk. *dimašqu vgl. für den syrischen Raum im 2. Jt. v. Chr. Répertoire Géographique XII/2, 64.

496 Galling, Damaskus, 54f.

497 Rüger, Tyrusorakel, 80f. Rüger bezieht sich zum einen auf die neubabylonischen Belege bei S. Langdon, Königsinschriften, Nr. 9 I 22f; Nr. 19A IV 50f, und zum anderen auf die klassischen Zeugnisse bei Athenaios I 28; Plutarch, Moralia 342; Alkiphron III 37; Pollux VI 16.

498 Strabon XV 735.

499 Vgl. dazu N. Avigad/Y. Yadin, Genesis Apocryphon, 36f, und K. Beyer, Texte, 165-186 (zur Stelle: 183).

500 Rüger, Tyrusorakel, 81.

entfernte jemenitische *ṣuḥār*[501] oder das Plateau *eṣ-ṣaḥra* nordwestlich von Damaskus in Frage[502]. Auch wenn sich für diese Gegend in der Nähe von Damaskus keine Schafzucht nachweisen lässt, ist doch anzunehmen, dass die Zahar-Wolle aus der näheren Umgebung kam und nicht über mehrere tausend Kilometer hinweg importiert wurde – zumal in der Antike „Wolle nach Damaskus bringen soviel wie Eulen nach Athen tragen"[503] hieß.

4.4.1.13 אוזל

Uzal findet sich neben Ez 27,19 auch in Gen 10,27; I Chr 1,21. In der arabischen Tradition ist Uzal der vorislamische Name von *ṣan'ā*, der Hauptstadt des Jemens[504]; die Handelsliste führt damit an dieser Stelle aus der näheren Umgebung des phönizischen Kernlandes mehrere tausend Kilometer in den südarabischen Bereich. Die große Entfernung lässt Zweifel an der Verortung von Uzal im Jemen aufkommen[505]; Rüger weist jedoch darauf hin, dass „*ṣan'ā* bei den Beduinen des Meschriq bis auf den heutigen Tag den Namen Uzal trägt" und damit „die Gleichung Uzal-ṣan'ā trotz allem einige Wahrscheinlichkeit für sich"[506] hat.

4.4.1.14 דדן

Dedan in Ez 27,20 ist Rüger zufolge mit dem Ruinenfeld *el-cherēbe* in der Oase *el-'oela* zu identifizieren; die Ortslage ist schon in akkadischen Texten als *dadanu* belegt[507] und führt erneut in den Bereich Südwestarabiens: „Die Angaben des Alten Testaments, wonach Dedan ein Bruder von Saba war Gn 10,7(P) = 1Ch 1,9; Gn 25,3(J) = 1Ch 1,32, vgl. Ez 27,20; 38,13, enge Beziehungen zu Bus Jer 25,23, Qedar Jes 21,16f; Ez 27,20f. und Tema Jes 21,14; Jer 25,23 hatte und süd-

---

501 So Driver, Ezekiel, 156f.

502 So Rüger, Tyrusorakel, 82; Zimmerli, Ezechiel, 655, schließt sich Rügers Vorschlag an.

503 Rüger, Tyrusorakel, 82.

504 Vgl. HALAT, 20.

505 Vgl. dazu etwa M. Elat, Iron Export, 323-330, der für eine Verortung von Uzal in Anatolien plädiert.

506 Rüger, Tyrusorakel, 84.

507 Vgl. HALAT, 206, und Répertoire Géographique VIII, 115. Rüger, Tyrusorakel, 86f, verweist u. a. auf die Haran-Inschriften des babylonischen Königs Nabonid (555-539 v. Chr.), in denen Dedan (akk. *da-da-nu*) ebenso genannt wird wie in der Nabonid-Kyros-Chronik.

lich von Teman lag Jer 49,8; Ez 25,13, stimmen mit dieser Lokalisierung aufs beste überein."[508]

4.4.1.15 ערב

In Jer 25,24 werden כל מלכי ערב näher bestimmt durch den Zusatz הַשֹּׁכְנִים בַּמִּדְבָּר; man kann daraus schließen, dass mit ערב – ähnlich wie in I Kön 10,15 – Nomaden der syrisch-arabischen Wüste bezeichnet werden[509]. Die innerhalb der Handelsliste in Ez 27,19f genannten Orte Uzal und Dedan im südarabischen Raum legen daher den Schluss nahe, dass ערב „in Ez 27,21 ebenso wie Jes 21,13; Jer 25,24; 1R 10,15 = 2Ch 9,14 die Nomaden der syrisch-arabischen Wüste meint."[510] Rüger weist jedoch zu Recht darauf hin, dass in der späteren Literatur des Alten Testaments, vor allem bei Nehemia in Neh 2,19; 4,1; 6,1, die Araber die südlichen Nachbarn der Provinz Juda sind und damit nicht mehr im äußersten Süden Arabiens verortet werden; gemeint sind wohl „in erster Linie Edomiter, darüber hinaus aber auch Gruppen von Nomaden, die in Südpalästina eingedrungen und dort seßhaft geworden waren."[511] Dazu passen die Angaben des Chronisten in II Chr 17,11; 21,16; 22,1; 26,7, demzufolge die Araber mit den Philistern zusammengesehen und in Gerar verortet werden können.

4.4.1.16 קדר

Das in Ez 27,21 genannte Qedar gehört nach Gen 25,13; I Chr 1,29 zum Stämmeverband Ismaels[512]; der Nomadenstamm der syrisch-arabischen Wüste, der im Gebiet zwischen Ägypten und Dedan/Edom zu verorten ist[513], „erscheint im Alten Testament [...] mit allen Attributen nomadischen Lebens [...]. Als solcher stellt Qedar eine ständige potentielle Bedrohung des im Kulturland lebenden Israeliten dar"[514]. In den Inschriften der neuassyrischen Könige erscheint Qedar seit Asarhaddon regelmäßig in unterschiedlichen Namensformen

508 Rüger, Tyrusorakel, 86.
509 Vgl. dazu HALAT, 831. Mit *arabi* wird im Akkadischen Arabien insgesamt bezeichnet (vgl. Répertoire Géographique VIII, 26).
510 Rüger, Tyrusorakel, 92; zum Handel der Phönizier mit Arabien vgl. M. A. Corral, Oracles, 96-98.
511 Rüger, Tyrusorakel, 92.
512 Vgl. dazu vor allem Knauf, Ismael, 66.96-108.
513 Vgl. HALAT, 1002.
514 Rüger, Tyrusorakel, 92.

(*qadri, qadari, qidri, qidir*)[515]; die assyrischen Könige führten offensichtlich wiederholt Krieg gegen die Könige von Qedar, die über große Kamel- und Eselherden sowie Mengen an Kleinvieh verfügten. Rüger verweist neben den assyrischen auf aramäische und altsüdarabische Inschriften[516] und vermutet die genauere Lage von Qedar im Gebiet (nord)östlich von Petra, worauf seiner Meinung nach das Nebeneinander von Petra und Qedarin in Jes 42,11 deutlich hinweist[517].

4.4.1.17 שבא

In Ez 27,22 wird als weiterer Handelspartner von Tyros Saba genannt, das im Alten Testament häufig belegt ist[518]. Es handelt sich dabei um ein „Reich u. Volk in Südarabien, das vermutlich auch in Nordarabien Handelskolonien hatte"[519]; die Hauptstadt des Reiches der Sabäer war *mārib*[520]. Einen höheren Bekanntheitsgrad als andere geographische Angaben des Alten Testaments hat Saba vor allem aufgrund der Erzählung des Besuchs der Königin von Saba am Hofe Salomos in I Kön 10; im Zentrum der legendenhaften Erzählung stehen vor allem der Reichtum und die Weisheit der fremdländischen Königin[521]. Von diesem Reichtum berichten auch die neuassyrischen Inschriften, in denen von Saba die Rede ist – angefangen bei Texten aus der Zeit Tiglatpilesers III.[522], die „zugleich die oberen Fixpunkte für die sabäische Chronologie"[523] bilden. Unter Sanherib wurden offensichtlich Schätze des sabäischen Königs Karibi'ilu beim Bau des *akītu*-Tempels verwendet[524]; man kann daher davon ausgehen, dass die biblischen Nachrichten über den Reichtum der Sabäer – wie etwa in Ps 72,15 – durchaus

---

515 Vgl. Parpola, Toponyms, 285f, und Répertoire Géographique VIII, 255. In einer suso-elamitischen Quelle findet sich Qedar neben ^{kur}*a-ri-b[i]*, was auf Arabien und damit auch auf die Lage von Qedar im arabischen Raum deuten könnte, auch wenn das unsicher ist (vgl. Répertoire Géographique XI, 19.225).

516 Vgl. zu den aramäischen Belegen I. Rabinowitz, Aramaic Inscriptions, 1-9, und zu den altsüdarabischen Texten CIS IV, 493.495.

517 Rüger, Tyrusorakel, 95; in das nabatäische Gebiet führt auch ein Hinweis Lipińskis, Itineraria, 32 Anm. 105, demzufolge dort im 5. Jh. v. Chr. ein gewisser Geschem als König von Qedar bezeugt ist.

518 Vgl. Gen 10,7.28; Gen 25,3; I Kön 10; Jes 60,6; Jer 6,20; Ps 72,15; Hi 6,19 u. ö.

519 HALAT, 1285; vgl. dazu auch Lipiński, Itineraria, 227f.

520 Vgl. Rüger, Tyrusorakel, 96.

521 Vgl. dazu die Auslegung von Noth, Könige, 223-238, und jetzt vor allem die Position von de Pury, Salomon, 213-238, der I Kön 10 in seiner vorliegenden Form als ein literarisches Produkt aus der Perserzeit interpretiert.

522 Vgl. ANET, 283-286, und Parpola, Toponyms, 297.

523 Rüger, Tyrusorakel, 97.

524 Vgl. Rüger, Tyrusorakel, 97.

vertrauenswürdig sind. Der Handel von Tyros mit diesem reichen Königtum in Arabien wird für die Phönizier wohl nicht von Nachteil gewesen sein.

4.4.1.18 רעמה

Neben Saba steht in Ez 27,22 ein Ort namens Rama, der außer an dieser Stelle noch in Gen 10,7; I Chr 1,9 belegt ist. Dem ע in der hebräischen Namensform רעמה dürfte in anderweitig belegten Formen des Namens ein semitisches ġ entsprechen; man kann daher hebr. רעמה mit dem in einer minäischen Inschrift belegten *rgmtm* identifizieren[525], das dann in der Gegend von *naġrān* zu suchen ist[526] und womöglich mit der Ruine *uchdūd* identisch ist, die südlich von *naġrān* liegt[527]. Die tyrische Handelsliste nennt demnach mit Rama einen weiteren Handelspartner im südwestlichen Arabien.

4.4.1.19 חרן

Ob das in Ez 27,23 belegte חרן in Südarabien zu suchen ist[528] oder mit dem mesopotamischen *ḥarrān* am linken Ufer des *belīch*, etwa 40 km südöstlich von Urfa, zu identifizieren ist[529], ist umstritten und kann wohl auch nicht eindeutig entschieden werden. Geht man vom mesopotamischen Haran aus, bewegt man sich innerhalb der Handelsliste aus dem arabischen Raum nun weit in den Norden, wofür auch die Nennung von Assur und Medien in v23 spricht; nimmt man dagegen an, es handle sich um ein arabisches Haran, so bleibt man in Arabien, wofür die erneute Erwähnung von Saba in v23 ins Feld geführt werden kann. Da der arabische Raum in der Handelsliste in v19-22 breit belegt ist, Mesopotamien dagegen bisher nicht erwähnt wurde, v23 allerdings spätestens mit der unstrittigen Nennung von Assur in das Gebiet an Euphrat und Tigris führt, ist zumindest zu erwägen, ob das im Alten Testament ansonsten ausnahmslos das mesopotamische Haran

525 Vgl. Rüger, Tyrusorakel, 98, und dazu den altassyrischen Beleg *ragama*, womit „eine sonst unbekannte Reisestation" (Répertoire Géographique IV, 93) bezeichnet wird.
526 Vgl. HALAT, 1183.
527 Vgl. dazu Rüger, Tyrusorakel, 100, mit weiteren inschriftlichen Belegen.
528 So Fohrer, Ezechiel, 156-159, und HALAT, 341.
529 So Rüger, Tyrusorakel, 103; vgl. dazu die altbabylonischen Belege im Répertoire Géographique III, 92, die mittelassyrischen Belege im Répertoire Géographique V, 120, die neuassyrischen Belege bei Parpola, Toponyms, 152f, und die neubabylonischen Belege im Répertoire Géographique VIII, 153.

bezeichnende חרן[530] nicht auch in Ez 27,23 die mesopotamische Ortslage meint[531].

4.4.1.20 כנה

Befindet man sich mit v23 in Mesopotamien, so ergibt sich nun die Frage, wo Kanne liegt. Auch hier gibt es Unsicherheiten, ob der Ortsname nach Südarabien führt oder eher in das mesopotamische Gebiet weist. Im *Periplus Maris Erythraei*[532] und bei Plinius[533] wird eine Ortschaft Κανή bzw. *Cane* erwähnt; dieser Ort „war im Altertum neben Aden der einzige gute Hafen an der Südküste und lag, wie man mit Hilfe einer auf dem hiṣn ǧhurāb entdeckten altsüdarabischen Inschrift feststellen konnte, an der Stelle des heutigen bīr ʿalī."[534] Aus dieser Inschrift ergibt sich, dass der altsüdarabische Name der Ortschaft *qanaʿ* war, so dass für Rüger die Identifikation dieses *qanaʿ* mit hebr. כנה unwahrscheinlich ist; Rüger schlägt dagegen vor, כנה mit einer in spätassyrischen Urkunden erwähnten Stadt *kannuʿ* zu identifizieren, die sich zwar nicht eindeutig lokalisieren lasse, aber doch wohl im mesopotamischen Aramäergebiet zu suchen sei[535]. Trotz der seit Rügers Studie neuen Belege bleiben Unsicherheiten, denn es fällt schwer, die im *Periplus* und bei Plinius genannte südarabische Ortschaft zugunsten der assyrischen Alternative in Mesopotamien auszuschließen – zumal die Lautverschiebungen zwischen *q* und *k*, die Rüger als Argument ins Feld führt, nicht so eindeutig darauf schließen lassen, dass die Identifikation von *qanaʿ* mit כנה unmöglich ist. Sollte Kanne doch nach Südarabien gehören? Immerhin wird in v23 ja noch einmal שבא als Handelspartnerin von Tyros genannt, so dass der Vers nicht allein nach Mesopotamien führt, wie es bei Rüger den Anschein hat, der in Übersetzung und Textkritik diese zweite Nennung von Saba übergeht[536]. Es könnte daher gut sein, dass sich v23 zwischen dem arabischen und dem mesopotamischen Gebiet hin und her bewegt; diese relative Unordnung könnte im Verlauf der Überlieferung der Handelsliste aufgekommen sein, sie könnte aber auch mit den in v24 genannten Textil-

---

530 Vgl. Gen 11,31f; 12,4f; 27,43; 28,10; 29,4; II Kön 19,12; Jes 37,12.

531 So auch Zimmerli, Ezechiel, 656f. Diese Vermutung postuliert allerdings eine geographische Kohärenz der Handelsliste, die auch an anderen Stellen nicht immer gegeben ist, so dass sich die Lage von Haran in Ez 27,23 letztlich nicht sicher bestimmen lässt.

532 Vgl. die entsprechenden Textstellen bei H. Frisk, Périple (§§ 27.29.32f.36.57).

533 Plinius VI 23.

534 Rüger, Tyrusorakel, 103, mit Bezug auf CIS IV, 728.

535 Rüger, Tyrusorakel, 104f; vgl. dazu Parpola, Toponyms, 194f, und den Beleg im Répertoire Géographique VIII, 193, demzufolge *kannū* „is to be sought in the Trans-Tigridian region east of Assur".

536 Vgl. dazu Rüger, Tyrusorakel, 2.15. Rüger kann sich auf die Auslassung von Saba in der Septuaginta stützen.

produkten zusammenhängen, die vielleicht in beiden Regionen des Vorderen Orients produziert oder gehandelt wurden.

4.4.1.21 עדן

Neben Haran und Kanne, deren Lokalisierung unsicher bleibt, bereitet auch der dritte Ort in v23 Schwierigkeiten, denn es bieten sich wieder Lokalisierungen in Südarabien und Mesopotamien an. Das akkadische *bīt adini* bezeichnet eine „Landschaft zu beiden Seiten d. mittleren Euphrat"[537], die auch in II Kön 19,12; Jes 37,12 in der Wendung בני עדן bezeugt ist[538]. Nach Rüger handelt es sich bei diesem mesopotamischen Eden „um das Zentrum des Aramäerstaates Bīt adini, Til Barsib, tell aḥmar [...], der 857/56 v. Chr. von Salmanassar III. erobert und als Provinz Kār-Šulmān-ašārid dem assyrischen Reich einverleibt wurde."[539] Auf der anderen Seite steht erneut ein Beleg bei Plinius, der auf ein Athene verweist[540], das mit einem altsüdarabischen Aden in Verbindung gebracht werden kann, dessen inschriftliche Erwähnung Rüger zitiert[541]; gegen die Gleichsetzung von Aden/Athene mit hebr. עדן ist nach Rüger grundsätzlich nichts einzuwenden: „Nur wird man in Anbetracht der Tatsache, daß Ḥaran und Kanne mit einiger Wahrscheinlichkeit nördlich des Euphrat liegen, auch für Eden mit dieser Möglichkeit rechnen müssen."[542] Hier dreht sich die Argumentation jedoch im Kreis, denn gerade die Verortung von Kanne am Euphrat ist nicht so sicher, dass man daraus folgend die These einer Verortung von Eden in dieser Region aufstellen kann. Doch die inneralttestamentlichen Parallelen und die Bezeugung von *bīt adini* in der Keilschriftliteratur sprechen für Rügers These, so dass hier letztlich weniger Probleme bleiben als beim vorangehenden Kanne.

4.4.1.22 אשור

Während die Dreierreihe Haran – Kanne – Eden in Ez 27,23 große Probleme aufwirft, lässt sich das im Alten Testament häufig belegte Assur sehr leicht verorten: Es kann an dieser Stelle „weder für das assyrische Weltreich, noch für die

---

537 HALAT, 749, mit Bezug auf Parpola, Toponyms, 75f.
538 Vgl. dazu auch das in Am 1,5 belegte בית עדן, dessen Verortung jedoch umstritten bleibt.
539 Rüger, Tyrusorakel, 105.
540 Plinius VI 28.
541 Vgl. Rüger, Tyrusorakel, 105, mit Bezug auf CIS IV, 550.
542 Rüger, Tyrusorakel, 105.

neubabylonische oder persische Provinz Assyrien stehen, sondern allein die Stadt
Assur"[543] bezeichnen.

4.4.1.23 מדי

Folgt man in v23b den Targumen und liest an Stelle des unverständlichen כלמד
die Verbindung כל־מדי[544], so führt die tyrische Handelsliste am Ende von v23 in
das nordöstlich von Assyrien gelegene medische Bergland, das keilschriftlich als
pers. *māda* bzw. akk. *mādāja* belegt ist[545]. Nach Gen 10,2 ist Medien ein Sohn
Jafets; bezeichnet wird mit מדי zum einen das Volk der Meder, zum anderen das
Land Medien[546]. Die Meder sind am Untergang des neuassyrischen Reiches beteiligt gewesen, werden später oft mit den Persern in einem Atemzug genannt und
gehen im persischen Reich auf[547]. Dass die Meder – genauer: alle Meder bzw.
ganz Medien – am Ende der Handelsliste genannt werden, könnte weniger mit
ihrer Textilproduktion zu tun haben und vielmehr darauf verweisen, dass die
tyrischen Handelsbeziehungen bis in das entlegene medische Bergland reichten.
Innerhalb von v23, der ja ohnehin weite geographische Bereiche umspannt,
überrascht die Erwähnung der Meder daher kaum: Von Südarabien über
Mesopotamien bis in das medische Gebiet hinein erstreckt sich nach v23 das
phönizische Handelsnetz und umfasst damit weite Teile des Alten Vorderen
Orients[548].

4.4.2 Handelsgüter in Ez 27,12-25a

4.4.2.1 Silber, Eisen, Zinn und Blei aus Tarschisch

Dass das in Ez 27,12 genannte Tarschisch im westlichen Mittelmeerraum anzusetzen ist, legt sich – neben den oben genannten Gründen – auch aufgrund der

---

543 Rüger, Tyrusorakel, 106; die Stadt ist bereits in altbabylonischen, altassyrischen und syrischen
     Texten aus dem 3. und 2. Jt. v. Chr. belegt, vgl. Répertoire Géographique I, 20, und Répertoire
     Géographique III, 25f., sowie Répertoire Géographique IV, 14-20, und Répertoire
     Géographique XII/2, 42f; zu den neuassyrischen Belegen vgl. Parpola, Toponyms, 41-54.

544 Vgl. dazu oben Teil 2.2.3.

545 Vgl. Répertoire Géographique VIII, 214f, und Parpola, Toponyms, 230f. In den suso-elamiti-
     schen Texten ist *mada* besonders häufig belegt, vgl. dazu Répertoire Géographique XI, 160-162.

546 Zur Unterscheidung zwischen einem ,okzidentalen' und einem ,orientalen' Medien vgl.
     Répertoire Géographique XI, 162.

547 Vgl. Briant, Histoire de l'Empire perse, 35-38.

548 Vgl. Zimmerli, Ezechiel, 657: „Die Erwähnung von ,Assur und ganz Medien' dagegen [...]
     dürfte ihre Entstehung einer jüngeren Tendenz zur Vervollständigung der Liste verdanken. Sie
     vermag allerdings das Fragmentarische der Liste nicht voll zu beheben."

Produkte nahe, die in der ezechielischen Handelsliste mit der Ortslage in Verbindung gebracht werden. Es handelt sich dabei um כסף ברזל בדיל ועופרת, also um Silber, Eisen, Zinn und Blei. Der Erzreichtum Spaniens wird in der Antike bereits von Plinius bezeugt:

„*Metallis plumbi ferri aeris argenti auri tota ferme Hispania scatet.*"[549]

Silber wird im Alten Testament nicht nur in Ez 27,12, sondern auch innerhalb einer Götzenpolemik in Jer 10,9 mit Tarschisch in Verbindung gebracht. כסף, akk. *kaspu*, ist im Alten Orient – zumindest in geringen Mengen – seit der 2. Hälfte des 5. Jt. v. Chr. belegt[550]; wegen der fehlenden Silbervorkommen im Mutterland[551] waren die Phönizier, wie viele andere Völker des Alten Orients auch[552], auf entsprechende Importe angewiesen. ברזל, akk. *parzillu*, taucht – wie alle in Ez 27,12 genannten Metalle – in einer wohl nach dem Wert geordneten Reihe in Num 31,22 auf. Eisen „erscheint seit der altass. Zeit (Ende 3. Jt.) in Texten, zunächst wohl als Meteoreisen [...]. Die Funde sind für die ältere Zeit sporadisch [...] und werden erst vom Ende der SB-Zeit an häufiger"[553]. בדיל, Zinn, „wurde wohl hauptsächlich zur Herstellung von Bronze verwendet, die dem Kupfer an Härte überlegen ist"[554]; man kann vermuten, dass die Vorkommen von Kupfer- und Zinnerz bei Byblos die Erfindung von Bronze befördert haben[555]; in jedem Fall gehört Zinn zu den Metallen, die die Phönizier zwar im Mutterland fördern konnten, die sie aber offensichtlich dennoch auch aus weit entfernten Gegenden importierten[556]. עופרת ist ebenso wie Silber im Alten Orient bereits sehr früh belegt; dennoch sind Gegenstände aus Blei bis in die römische Zeit hinein eine Seltenheit, „vielleicht, weil man Blei vor allem für die Silbergewinnung benötigte"[557]; ein Zwischenhandelsplatz für Blei könnte Zypern gewesen sein, denn Blei findet sich bereits – allerdings aus ägyptischer Perspektive – im 2. Jt. v. Chr. „in den Geschenksendungen von Zypern, so dass wir annehmen dürfen, dass diese Insel mindestens der Umschlagplatz für Blei gewesen ist."[558] Mit Hilfe ägyptischer Darstellungen lässt sich auch veranschaulichen, wie Blei in dieser Zeit

549 Plinius III 3,30; vgl. zu weiteren Belegen Rüger, Tyrusorakel, 66.
550 Vgl. dazu M. Weippert, Metall, 219, und für das 2. Jt. v. Chr. H.-G. Buchholz, Ugarit, 265-276.
551 Vgl. Corral, Oracles, 100.
552 Vgl. dazu Helck, Beziehungen, 382: „Silber ist bekanntlich in Ägypten ursprünglich viel kostbarer als Gold gewesen, da es nicht im Lande gefunden wurde."
553 M. Weippert, Metall, 219; vgl. dazu auch Corral, Oracles, 101-104, und Buchholz, Ugarit, 283-293.
554 M. Weippert, Metall, 219.
555 Vgl. M. Weippert, Metall, 219.
556 Vgl. dazu für das 2. Jt. v. Chr. Buchholz, Ugarit, 230-247.
557 M. Weippert, Metall, 219.
558 Helck, Beziehungen, 390; ähnliches gilt nach Helck, Beziehungen, 390, auch für Zinn.

importiert wurde: „einmal in Barrengestalt, die nach der Abbildung im Schatzhaus von Medinet Habu reine Ziegelform gewesen ist, und dann als ‚Klumpen', wobei es sich wohl um unbearbeitete Erzklumpen gehandelt haben dürfte."[559]

Auch wenn innerhalb des Alten Testaments – wie etwa in Dtn 8,9 – Metallvorkommen bezeugt sind, wird die natürliche Ausbeute auf der syropalästinischen Landbrücke eher gering gewesen sein: „In Wirklichkeit sind die pal. Erzvorkommen bescheiden, und Kanaanäer wie Israeliten waren auf Metall-Importe angewiesen"[560].

4.4.2.2 Ionische Sklaven

In Ez 27,13 werden Sklaven und Bronzegeräte mit Jawan, Tubal und Meschech in Verbindung gebracht. Da v13a und v13b parallel strukturiert sind, legt es sich nahe, נפש אדם als ionische ‚Handelsware', כלי נחשת dagegen als Produkte aus Tubal und Meschech zu interpretieren.

Eine Schlüsselstelle für den phönizischen Menschenhandel mit den Ioniern ist Joel 4,4-8[561]: In v4 werden Tyros und Sidon neben den Gebieten der Philister angesprochen; im Schuldaufweis heißt es in v6:

ובני יהודה ובני ירושלם מכרתם לבני היונים למען הרחיקם מעל גבולם

Hier lässt sich einige Klarheit gewinnen über den konkreten Handelsvorgang, der sich allein aus der ezechielischen Handelsliste nicht rekonstruieren lässt: Nach Joel 4,6 treten die Phönizier offensichtlich als Verkäufer und die Ionier als Käufer der Sklaven auf; nach Ez 27,13 dagegen erscheinen die Tyrer als diejenigen, die Sklaven ankaufen und dafür aus ihrem Warensortiment andere Produkte abgeben. Nimmt man beide Stellen zusammen, so ergibt sich das Bild von Tyros, das mit der Handelsliste in Ez 27,12-25a entworfen werden soll: Tyros ist *der* Handelsplatz, an dem es zu einem umfassenden Güteraustausch kommt; die Tyrer treten innerhalb dieses Handels einmal als Käufer und ein anderes Mal als Verkäufer auf. Die Gewinne ergeben sich dabei durch die Unterschiede zwischen Ankaufs- und Verkaufspreis der Handelswaren.

Dass Menschenhandel eine von vielen Seiten geübte Praxis war, zeigt sich übrigens im Fortgang von Joel 4,4-8, wo in v8 den Phöniziern und Philistern genau das Schicksal angesagt wird, das sie den Söhnen Judas und Jerusalems zugefügt haben: Ihre Söhne werden demnach von den Judäern an die Sabäer

---

559 Helck, Beziehungen, 390.

560 M. Weippert, Bergbau, 42.

561 Vgl. dazu Am 1,9f mit den entsprechenden Ausführungen in Teil 5.2.4 sowie Joel 4,4 mit den Anmerkungen in Teil 5.2.5.

verkauft, die sie ihrerseits weiterverkaufen werden. Schuldknechtschaft, Deportationen, Sklaverei und Menschenhandel gehen hier Hand in Hand; militärische Eroberungen und daraus resultierende Handelsgewinne, selbst mit Menschen als Ware, gehören offensichtlich zusammen und bilden einen Teil der ökonomischen Wirklichkeit[562], die allerdings erst auf der Grundlage militärischer Erfolge entsteht.

4.4.2.3 Bronzegeräte aus Tubal und Meschech

Aus Tubal und Meschech stammen wohl die in Ez 27,13 genannten כלי נחשת. Eine künstliche Kupfer-Zinn-Legierung ergibt das Edelmetall Bronze; es handelt sich bei den Geräten aus Bronze demnach um kunstfertige Produkte, deren Grundmetall eigens hergestellt werden muss.

Bronze wurde im Alten Orient sowohl für Großprodukte – wie etwa die beiden Säulen des Jerusalemer Tempels[563] oder die Beschläge des Palasttores von Balawat[564] – als auch für Kleingeräte verwendet. Mit כלי in v13 sind wohl kaum tonnenschwere Großbronzen, sondern aller Wahrscheinlichkeit nach bronzene Gebrauchsgegenstände gemeint, die allgemein im Umlauf waren; in der Regel können mit כלי Gefäße aller Art, wie etwa Schalen, Becher und Kannen, anderes Geschirr und Haushaltsgeräte sowie Werkzeuge, aber auch Waffen bezeichnet werden[565]. Tubal und Meschech sind in diesem Zusammenhang als die Stätten der Bronzeherstellung und wohl auch der entsprechenden Verarbeitung zu sehen[566], denn von den Tyrern wird offensichtlich bereits mit fertigen Produkten gehandelt, die aus den genannten Orten kommen[567].

4.4.2.4 Pferde und Maultiere aus Togarma

Die nach Ez 27,14 aus Togarma angekauften Wagen- und Reitpferde sowie die Maultiere lassen sich nach Rüger mit den großen Pferden in Einklang bringen, die

---

562 Zum Sklavenhandel vgl. Corral, Oracles, 125-128.

563 Vgl. I Kön 7.

564 Vgl. M. Weippert, Metall, 223.

565 Vgl. HALAT, 456, und M. Weippert, Metall, 223f.

566 Vgl. Wiesehöfer, Kleinasien, 264: „Die ergrabenen Überreste des midaszeitlichen Gordion bezeugen zudem zumindest im Palastbereich eine vielfältige Kunsthandwerkstradition: Töpfer, Bronze- und Eisenschmiede, Möbelschreiner und Textilhandwerker verfertigten, durch einheimische Traditionen bestimmt und durch fremde Einflüsse angeregt, hochwertige Waren, die durch ihre ornamentalen Muster als ‚typisch phrygisch' ausgewiesen sind."

567 Vgl. für das 2. Jt. v. Chr. dazu Helck, Beziehungen, 387: „Bronzegefässe sind dann in den Amarnabriefen ein wichtiger Bestandteil der Sendungen sowohl nach als auch von Ägypten".

Mugallu von Tabal dem assyrischen König Assurbanipal als Tribut entrichten musste[568]; die genannten Pferde und Maultiere passen Rüger zufolge zudem zu den Angaben bei Herodot, der Esel im armenischen Gebiet erwähnt[569]. Togarma steht demnach für einen Viehhandelsort, mit dem die Phönizier Handelsbeziehungen unterhielten[570].

4.4.2.5 Elfenbein und Ebenholz von Rhodos

Die großen Mengen rhodischer Keramik, die bei Ausgrabungen in Syrien und Palästina gefunden wurden, bezeugen die ökonomischen Beziehungen zwischen Phönizien und Rhodos[571], die bereits in das 2. Jt. v. Chr. zurückreichen[572]. Es ist jedoch zu vermuten, dass die Rohmaterialien Elfenbein und Ebenholz nicht auf Rhodos gewonnen werden konnten, sondern aus Indien und Nubien[573] importiert werden mussten und auf Rhodos dann kunstvoll verarbeitet und als fertige Produkte ausgeliefert wurden[574]. Rhodos könnte daher vielleicht als der Ort des kunstverarbeitenden Gewerbes zu sehen sein und hätte sich so – wie Meschech und Tubal – vor allem in der Weiterverarbeitung von bereits importiertem Rohmaterial einen Namen gemacht; das bleibt allerdings ausgesprochen unsicher[575]. Mit Hans-Günter Buchholz lässt sich jedenfalls vermuten, „daß dem Werkstoff

---

568 Vgl. Rüger, Tyrusorakel, 74, unter Berufung auf ARAB II, 297.325.352.

569 Vgl. Rüger, Tyrusorakel, 74, unter Berufung auf Herodot I 194 und Xenophon IV 5,34. In den Norden bis in das Hethiterreich weisen auch Angaben über Pferdeimporte Ägyptens im 2. Jt. v. Chr. (vgl. dazu Helck, Beziehungen, 373); diese Herkunftsgebiete für Pferde werden sich auch im 1. Jt. v. Chr. nicht geändert haben.

570 Zur Bedeutung der Pferde im Alten Orient vgl. Corral, Oracles, 118-125.

571 Vgl. Rüger, Tyrusorakel, 75.

572 Zur Rolle des rhodischen Keramikhandels im 2. Jt. v. Chr. vgl. Buchholz, Ugarit, 75: „Rhodos erweist sich somit archäologisch fast immer als Durchlaufstation, viel seltener als Ausgangs- oder Endpunkt der Ausbreitung einer keramischen Spezies."

573 Vgl. HALAT, 227; während Elfenbein im 1. Jt. v. Chr. zu einer Importware wurde, konnte man im 2. Jt. v. Chr. noch auf den heimischen syrischen Elefanten *Elephas maximus asurus* zurückgreifen, vgl. dazu Buchholz, Ugarit, 358f.

574 Vgl. Fohrer, Ezechiel, 158.

575 Vgl. dazu Corral, Oracles, 130, der vermutet, dass das Elfenbein in Phönizien verarbeitet wurde: „worked ivory was one of the products that brought the most prestige to Tyre's commerce." Im Blick auf einige Elfenbein-Schmuckdöschen aus dem 2. Jt. v. Chr. bezweifelt Buchholz, Ugarit, 371, dass Elfenbein im Ägäisraum kunstvoll verarbeitet wurde: „Nicht eins der im ägäischen Raum entdeckten Stücke trägt Anzeichen lokaler Fertigung, sie sind ausnahmslos importiert." Zur Elfenbeinverarbeitung vgl. Briquel-Chatonnet, Relations, 262-264, und Sommer, Phönizier, 90-94; zur phönizischen Elfenbeinkunst vgl. Cecchini, L'art. Ivoirerie, 516-524.

Elfenbein kulturhistorisch im östlichen Mittelmeerraum und der Ägäis ein noch höherer Stellenwert zukommt, als ihm ohnehin schon eingeräumt wurde."[576]

4.4.2.6 Edelsteine und Textilien aus Edom

Ez 27,16 nennt in einer Reihe neben Edelsteinen auch Stoffprodukte, die im Zentrum des Handels zwischen Tyros und Edom gestanden haben sollen. Die Vielfalt legt die Annahme nahe, „daß Edom für einige der genannten Produkte nur als Zwischenhändler tätig war."[577]

Gleich zu Anfang steht נפך, was im Alten Testament außer an dieser Stelle noch Ex 28,18; 39,11; Ez 28,13 belegt ist und wohl eine Art Feuerstein bezeichnet[578]. ארגמן wird zwar in ungewöhnlicher Weise ohne Kopula angeschlossen, bildet mit dem vorangehenden נפך aber keine Genetivverbindung[579], sondern muss als eigenständiges Produkt verstanden werden; das hebräische Wort hängt mit akk. *argamannu*[580] für Purpur zusammen und bezeichnet im Alten Testament die mit rotem Purpur gefärbte Wolle[581]; dass die Tyrer ein solches Produkt aus Edom eingekauft haben sollten, wäre allerdings ausgesprochen überraschend, da Phönizien ja selber ein Zentrum der Purpurproduktion in der Antike war. Es ist daher anzunehmen, dass die Edomiter vor allem für das textile Grundmaterial als Handelspartner hervortraten, was auch die beiden nächsten Produkte vermuten lassen, die ebenfalls in den Bereich der Textilproduktion gehören: רקמה bezeichnet Buntgewirktes, also farbige Textilien, בוץ steht dagegen für Byssos, also ein „feines u. kostbares weisses Gewebe"[582], das vor allem in späten Texten des Alten Testaments belegt ist[583]. Nach diesen Textilien folgt ein nur schwer bestimmbares Produkt, das aber doch wieder in den Bereich der Schmuckstücke (und Edelsteine?) zu gehören scheint: ראמת, möglicherweise verwandt mit ug. *rimt* und arab.

---

576 Buchholz, Ugarit, 385. Buchholz fährt an dieser Stelle im Blick auf das 2. Jt. v. Chr. fort: „Jedenfalls erweist sich im östlichen Mittelmeer die nordsyrische Küste (Ugarit), einschließlich der vorgelagerten kyprischen Häfen, als eine der bedeutendsten Umschlagzonen für den Rohstoff ‚Elfenbein' zur Herstellung von Luxusgütern" – was der tyrischen Handelsliste zufolge auch für den Handel zwischen Rhodos und Tyros im 1. Jt. v. Chr. gilt.

577 Rüger, Tyrusorakel, 77.

578 Vgl. HALAT, 670, wo Türkis, Malachit oder Granat vorgeschlagen werden; zur Bestimmung als Feuerstein vgl. unten Teil 6.2.2.

579 So Rüger, Tyrusorakel, 76, der diese Wendung mit ‚dunkelroter Granat' oder ‚Karfunkel' übersetzen möchte.

580 Vgl. AHW I, 67.

581 Vgl. HALAT, 82.

582 Vgl. HALAT, 111.

583 Vgl. I Chr 4,21; 15,27; II Chr 2,13; 3,14; 5,12; Est 1,6; 8,15.

ra 'mat[584], könnte einen Korallenschmuck bezeichnen; akk. *erimmatu* könnte für ein Halsband, eine Kette oder einen Ring stehen und damit in die Richtung eines Schmuckstückes weisen, das aus Fundstücken des Küstengebietes gefertigt wurde[585], wobei sich auch hier wieder die Frage stellen würde, wie gerade die Edomiter zu Schmuckstücken kommen, deren Produktions- und Handelsort man eher an der Küste vermuten würde. An letzter Stelle wird mit כדכד erneut ein Edelstein genannt; in Jes 54,12 übersetzt die Septuaginta das hebräische כדכד mit ἴασπις; da *kadkad* in den Bereich der Farbe rot weist[586], legt es sich jedoch nahe, den genannten Edelstein mit dem Rubin zu identifizieren, zumal die Septuaginta keine einheitliche Übersetzung bietet und כדכד in Ez 27,16 mit χορχορ übersetzt bzw. transkribiert[587].

4.4.2.7 Weizen, Gebäck, Honig, Öl und Mastix aus Juda und Israel

Die mit Juda und Israel in Verbindung gebrachten Handelsprodukte werden auch außerhalb der ezechielischen Handelsliste genannt: Weizen, Honig und Öl gehören nach Dtn 8,8; Jer 41,8 u. ö. zu den Produkten Palästinas; lediglich das in Ez 27,17 genannte פנג wirft als *hapaxlegomenon* einige Probleme auf, kann allerdings mit akk. *pannigu* in Verbindung gebracht werden, das eine Gebäcksorte bzw. eine Mehlart bezeichnet; die mögliche Verwandtschaft mit akk. *panagû* für eine Kupferart legt sich aufgrund der übrigen genannten Produkte in v17 nicht nahe[588]. חטי מנית am Anfang der Reihe ist als ein Qualitätsweizen zu deuten[589], der aus dem ostjordanischen Gebiet der Ammoniter importiert wurde; dasselbe gilt für das am Ende der Produktreihe genannte צרי, das Mastixharz, das nach Gen 37,25; Jer 8,22; 46,11 aus Gilead stammt; beides weist darauf hin, „daß diese Waren lediglich im Zwischenhandel weitervertrieben wurden."[590] דבש als

---

584 Vgl. dazu die Hinweise in DUL, 724. Zum Arabischen vgl. darüber hinaus Wellhausen, Reste, 163: „Die Muschel ra'ma (hebr. ראמות) zieht die Neigung auf ihre Trägerin.", der offensichtlich auch an eine Schmuckvariante denkt.

585 Vgl. Rüger, Tyrusorakel, 77, und AHW I, 241, das hinter dem Wort einen eiförmigen Gegenstand aus Stein, Metall oder Holz vermutet; vgl. dazu das Zitat aus einer hethitischen Ritualbeschreibung bei V. Haas, Berggötter, 173: „Ich drehe Fäden aus weißer, roter und gelber Wolle und flechte sie zu einem einzigen zusammen. Dann füge ich ein erimmatu, einen Ring aus Eisen und aus Blei zusammen und binde dies den Schafböcken um ihre Nacken und Hörner." (Quelle: KUB IX 32/31 Rs. III 14ff). Die Materialien, aus denen ein *erimmatu* gefertigt wird, stehen demnach nicht fest und bedürfen jeweils der Präzisierung.

586 Vgl. HALAT, 439.

587 Das könnte allerdings auf eine Verwechslung von ר und ד zurückgehen, die dann zu dieser griechischen ‚Übersetzung' führte, wo statt des δ ein ρ zu lesen ist.

588 Vgl. AHW II, 818.

589 Vgl. dazu Zimmerli, Ezechiel, 654.

590 Rüger, Tyrusorakel, 80.

Handelsprodukt taucht neben Ez 27,17 auch in Gen 43,11 auf und gehört nach II Kön 18,32; Jer 41,8; Ez 16,13.19 zu den Landesprodukten; mit דבש wird zum einen der Bienenhonig, zum anderen aber auch ein zu einem dicken Sirup gekochter Trauben- und Dattelhonig bezeichnet[591]. שמן ist im Alten Testament vor allem im sakralen Bereich häufig belegt[592]; es bezeichnet das Öl der Olive und ist damit ein Gebrauchsartikel des täglichen Lebens.

Es ist ganz offenkundig, dass Juda und Israel – sieht man einmal vom Mastix ab – für die Tyrer zu den Lieferanten von Lebensmitteln und nicht in erster Linie von Luxusprodukten gehörten: Ohne Weizen und Öl hätte eine Stadt wie Tyros, die aufgrund ihrer exponierten Lage weitgehend auf Nahrungsimporte angewiesen war, nicht überleben können[593]. Es lässt sich daher annehmen, dass die genannten Produkte von Tyros nicht in erster Linie weitergehandelt wurden – wie etwa die vorangehenden Luxusprodukte aus anderen Regionen –, sondern für den Eigenbedarf verwendet wurden[594].

4.4.2.8 Wein, Wolle und Weinfässer aus Damaskus

Mit Ez 27,18f führt die Handelsliste nach Damaskus und Uzal. Beide Orte liegen Tausende von Kilometern voneinander entfernt, dennoch sind die Verse innerhalb der Handelsliste sehr eng miteinander verwoben: Die übliche Schlusswendung בעזבוניך נתנו fehlt am Ende von v18 und steht erst am Ende von v19a, bevor in v19b weitere Produkte kommen.

---

591 Vgl. HALAT, 204.

592 Zu den Erwähnungen von Öl in der Amarna-Korrespondenz vgl. Helck, Beziehungen, 398-402.

593 Zu möglichen Getreidelieferungen aus Ägypten in der Amarna-Zeit vgl. Helck, Beziehungen, 371: „Obwohl es nicht ausdrücklich überliefert ist, halte ich es für möglich, dass damals ägyptisches Getreide nach Syrien exportiert werden musste, um die Politik zu unterstützen, so wie dann später Merneptah das zusammenbrechende Hethiterreich durch Getreidesendungen versorgte." Für das 1. Jt. v. Chr. lassen sich womöglich ähnliche Lieferungen annehmen, es ist jedoch erstaunlich, dass die gesamte tyrische Handelsliste keine Einblicke in die ökonomischen Beziehungen zwischen Tyros und Ägypten gibt. Hat es solche Beziehungen nicht gegeben oder wurden sie bewusst nicht überliefert?

594 Dass Israel die Versorgung der Tyrer mit überlebenswichtigen Produkten sicherstellte, geht aus den Berichten über die entsprechenden Lieferungen von Salomo an Hiram von Tyros hervor. Da die entsprechenden Textpassagen der Königsbücher allerdings erst weitaus später entstanden sind, könnten sich in diesen erzählenden Texten dieselben Erfahrungen des Exports nach Phönizien spiegeln, die die ezechielische Handelsliste voraussetzt. Man könnte aus der breiten Bezeugung der ökonomischen Beziehungen aber auch den einfachen Schluss ziehen, dass diese Beziehungen die Jahrhunderte überdauert haben und während der gesamten israelitisch-judäischen Königszeit, die ja mit der phönizischen Blütezeit in der 1. Hälfte des 1. Jt. v. Chr. zusammenfällt, dauerhaften Bestand hatten (vgl. dazu die umfassende Darstellung von Briquel-Chatonnet, Relations, 230-250).

Die problematische Textüberlieferung könnte ein Wissen um Damaskus als Handelsbasis arabischer Produkte bewahrt haben[595]. Nach Rüger muss man damit rechnen, „daß asiatische und afrikanische Spezereien [...] nach Südarabien importiert und von dort über die Weihrauchstraße nach Norden gebracht worden sind"[596]; für die Phönizier war Damaskus der Handelsort, von dem her diese speziellen Waren importiert werden konnten.

Diese weitgehandelten Spezialprodukte müssen allerdings von den Waren aus dem damaszenischen Umland unterschieden werden: Helbon und Zahar liegen vermutlich in der Nähe von Damaskus; daher dürften wohl auch der entsprechende Wein und die entsprechende Wolle zu den aramäischen Handelsprodukten gehören[597]. Sollte zu Beginn von v19a tatsächlich von Weinfässern (ודן יין) die Rede sein, so stehen diese am ehesten noch mit den aramäischen Produkten in Verbindung – der Helbon-Wein muss ja auch irgendwie aufbewahrt werden!

4.4.2.9 Eisenprodukte, Zimt und Rohr aus Uzal

Erst v19b nennt Eisen, Zimt und Rohr als die Produkte, die aus Uzal zu stammen scheinen. ברזל עשות beschreibt wohl bereits gefertigte Eisenprodukte, die aus Südarabien nach Phönizien importiert wurden. קדה meint in Ex 30,24 und Ez 27,19 – womöglich als Fremdwort gebraucht – die Zimtblüte[598]. קנה bezeichnet das Schilfrohr, nach Jes 43,24; Jer 6,20 aber auch das Gewürzrohr, was vermuten lässt, dass in Ez 27,19b eine bestimmte Gewürzart gemeint sein könnte; קנה dürfte mit akk. qanû zusammenhängen, was in Babylonien und Assyrien ein Bestandteil des Räucheropfers ist[599], aber auch häufig als Droge Verwendung findet[600]. Es sind also sehr spezielle Produkte, die man aus dem südarabischen Raum importiert und die nicht unbedingt aus Südarabien stammen müssen, sondern dort womöglich nur zwischengehandelt wurden; ihre eigentliche Herkunft aus asiatischen und afrikanischen Gebieten kann allerdings nur vermutet werden.

---

595 Vgl. oben Teil 2.2.3.
596 Rüger, Tyrusorakel, 84.
597 Bereits im 2. Jt. v. Chr. sind Weinexporte aus Syrien in ägyptischen Quellen belegt: „Dass der Weinbau in Palästina und Syrien in Ansehen stand, ergibt sich nicht nur aus den [...] Ablieferungen aus diesen Gegenden, sondern auch daraus, dass Syrer gern als Winzer eingesetzt wurden." (Helck, Beziehungen, 396)
598 Vgl. HALAT, 997.
599 Vgl. Rüger, Tyrusorakel, 84.
600 Vgl. AHW II, 898.

4.4.2.10 Wolle aus Dedan

Nach Ez 27,20 werden aus Dedan בגדי־חפש לרכבה nach Tyros importiert. בגד bezeichnet eigentlich ein Kleid oder Gewand, das aber auch als Decke verwendet werden kann[601]. לרכבה gibt die Verwendung der Gewänder in Ez 27,20 an – es handelt sich offensichtlich um Reitdecken. Das *hapaxlegomenon* חפש kann mit akk. *ḫibšu* in Verbindung gebracht werden, das eine harte Wolle bezeichnet[602]. Mit Dedan werden demnach feste, nicht leicht reißbare Satteldecken gehandelt, deren Produktion wohl am ehesten direkt vor Ort erfolgt; genauere Informationen lassen sich darüber nicht gewinnen.

4.4.2.11 Widder und Böcke aus Arabien und Qedar

Mit Arabern und Qedaritern aus der syrisch-arabischen Wüste unterhielt Tyros nach Ez 27,21 Viehhandel. Wie an dieser Stelle findet der Viehreichtum der Gegend auch in einem Fremdvölkerspruch in Jer 49,28-33 Erwähnung[603]. Gehandelt werden nach Ez 27,21 כרים, אילים und עתודים. Mit כר wird der junge Widder bezeichnet, der auch als Schlachtvieh diente[604]; איל bezeichnet ebenfalls den Widder, kann aber im metaphorischen Gebrauch auch einen Gewalthaber oder Anführer meinen; der Unterschied zwischen כר und איל ist daher im Alter und damit in der Bedeutung der Widder zu suchen: כר meint das junge Tier, während mit אילים das Leittier angesprochen wird; dazu passt, dass akk. *ālu* einen Zuchtwidder bezeichnen kann[605]. Mit עתודים werden Ziegen- und Schafböcke benannt, die als Schlachtvieh, als Handelsware, aber auch als Opfertiere verwendet wurden[606].

4.4.2.12 Balsamöl, Edelsteine und Gold aus Saba und Rama

Die südarabischen Handelspartner von Tyros, Saba und Rama, stehen nach Ez 27,22 vor allem für die Luxusprodukte בשם, אבן יקרה und זהב, die auch im Kontext des Besuches der Königin von Saba in I Kön 10,2.10; II Chr 9,1.9 erwähnt werden und damit als für die südarabischen Regionen typische Waren angesehen werden können. בשם entspricht in altsüdarabischen Inschriften *bšm*, womit zwar

601 Vgl. Num 4,6-9.11-13; I Sam 19,13; I Kön 1,1.
602 Vgl. AHW I, 344.
603 Vgl. zu dieser Stelle ausführlich Huwyler, Jeremia, 246-256.
604 Vgl. Dtn 32,14; I Sam 15,9; II Kön 3,4; Jes 16,1; 34,6; Jer 51,40; Ez 39,18; Am 6,4.
605 Vgl. AHW I, 39. Akk. *kerru* I für ‚Widder' wird AHW I, 468, nicht näher erläutert.
606 Vgl. HALAT, 854.

nicht der Balsamstrauch selber, wohl aber eine sabäische Gottheit wie auch ein nach dieser Gottheit bezeichneter Monat benannt werden[607]; בשׁם bezeichnet im Alten Testament den Balsamstrauch sowie das leicht gerinnende Balsamöl[608]. Wie die klassische Tradition Balsam im Zusammenhang mit Saba erwähnt[609], so spiegelt sich auch schon in der Handelsliste das Wissen um die Produktions- und Handelsorte von Balsam im südarabischen Raum[610]. Der genannte אבן יקרה entspricht dem akk. *abnu aqartu* zur Bezeichnung eines kostbaren Steines[611], wobei offen bleibt, „ob damit edle Steine oder (Halb)edelsteine im engeren Sinne gemeint sind."[612] Akk. *(w)aqru(m)* I in den Bedeutungen ‚selten', ‚wertvoll' und ‚kostbar'[613] weist in die Richtung des Edelsteins, zumal Strabon von Smaragd und Beryll in Südarabien berichtet[614]. זהב ist für den südarabischen Raum häufig bezeugt[615]; das sabäische *ḏhb* bezeichnet jedoch nicht allein das Edelmetall Gold, sondern kann auch ein Aroma meinen[616]; nach Rüger darf das jedoch nicht zu der Annahme führen, es sei damit auch im Alten Testament ein Aroma benannt[617], denn זהב bezeichnet im Hebräischen nach allem, was bekannt ist, das Edelmetall Gold[618], das ebenso wie die antiken Israeliten offensichtlich auch die Phönizier mit den südarabischen Königreichen handelten[619].

4.4.2.13 Textilien aus Haran, Kanne, Eden, Saba, Assur und Medien

Aus den Regionen Haran, Kanne, Eden, Saba, Assur und Medien stammen nach Ez 27,23f ausschließlich textile Produkte. Die Reihe der Herkunftsorte ist sehr heterogen, was sich nicht nur an den drei Orten Haran, Kanne und Eden zeigt,

---

607 Vgl. Rüger, Tyrusorakel, 101.
608 Vgl. HALAT, 156.
609 Vgl. Strabon XVI 4,19.
610 Zur Bedeutung des Balsams in hellenistischer Zeit vgl. Mathys, Chronikbücher, 130-134.
611 Vgl. AHW I, 6.
612 Rüger, Tyrusorakel, 101.
613 Vgl. AHW III, 1460f.
614 Vgl. Strabon XVI 4,20.
615 Vgl. Rüger, Tyrusorakel, 101, der auf sabäische Texte hinweist, in denen von Votivgaben aus Gold berichtet wird, und Corral, Oracles, 99.
616 Vgl. G. Ryckmans, De l'or, 372-376.
617 Vgl. Rüger, Tyrusorakel, 102, der allerdings auf Jes 60,6 und Mt 2,11 verweist, wo man eine entsprechende Verwendung in Reihen von Aromata in Betracht ziehen könnte.
618 Vgl. HALAT, 254.
619 Während das Edelmetall Gold mangels eigener Vorkommen nach Phönizien importiert werden musste, ist Syrien bereits im 2. Jt. v. Chr. mit dem Goldschmiedehandwerk vertraut; das zeigt sich an dem Import goldener bzw. vergoldeter „Gegenstände, die aus Syrien nach Ägypten kommen." (Helck, Beziehungen, 379)

sondern vor allem an der Reihe Saba – Assur – Medien greifbar wird, die von
Arabien über Mesopotamien bis in das gebirgige Hochland im Nordosten Meso-
potamiens reicht. Dahinter könnten textliche Probleme stehen, wie die Versionen
vermuten lassen – in der Septuaginta etwa wird Saba nicht übersetzt; es könnte
aber auch sein, dass am Ende der Handelsliste der Radius der Handelsbeziehungen abgesteckt werden soll. Mit Hilfe der in v24 genannten Textilprodukte
werden die weit auseinanderliegenden Regionen in jedem Fall zusammenge-
gebunden.

An erster Stelle steht als *hapaxlegomenon* מכללים, womit Prachtgewänder unbe-
stimmter Art bezeichnet werden[620]; die zugrundeliegende Wurzel כלל lässt sich
am ehesten mit ‚vollenden' übersetzen, wobei zu beachten ist, dass akk. *kullulu* II
auch ‚verhüllen' bedeuten kann[621] und damit näher in den Bereich von Kleidungs-
stücken führt. Als nächstes Handelsprodukt werden in v24 גלומי תכלת genannt;
*גלום ist ebenfalls *hapaxlegomenon* und bezeichnet am ehesten einen Mantel oder
Überwurf, was sich von der in II Kön 2,8 belegten Wurzel גלם für
‚zusammenwickeln' her erschließen lässt[622]; תכלת könnte ein Lehnwort aus dem
Phönizischen sein, „da der mit diesem Wort bezeichnete Farbstoff im Bereich
dieser Sprache gewonnen und mit dem Produkt das Wort in die Länder des
Vorderen Orients gewandert sein dürfte"[623]; im Gegensatz zum roten Purpur
(ארגמן) wird mit תכלת der bläulich-violette Purpur bezeichnet. גלומי תכלת ורקמה
dürfte daher für bläulich-violette Mäntel stehen. Mit dem folgenden רקמה werden
wie in Ez 27,16 bunte Textilien im allgemeinen bezeichnet. Die am Ende von
v24a genannten גנזי ברמים sind als zweifarbige Textilien aufzufassen: *גנז ist als
hapaxlegomenon wieder schwer einzuordnen und kann wohl neben einem Teppich
auch eine Decke oder ein Leichentuch bezeichnen[624]; ברמים ist ebenfalls
hapaxlegomenon; da akk. *barāmu* I ‚bunt sein, mehrfarbig sein'[625] heißt, kann man für
die hebräische Wendung mindestens auf die Zweifarbigkeit des gehandelten
Gewebes schließen[626]. In v24b werden zuletzt חבלים חבשים וארזים genannt; mit חבל
II wird ein Strick oder ein Seil bezeichnet[627], die beiden Adjektive präzisieren
noch weiter: Das Pt. pass. q. von חבש bezeichnet Gedrehtes oder Gewundenes[628],
was darauf schließen lässt, dass die Wendung gedrehte Seile oder Stricke nennt,

---

620 Vgl. HALAT, 549.
621 Vgl. AHW I, 503.
622 Vgl. HALAT, 186.
623 HALAT, 1595f. Zur Bedeutung des Purpurs vgl. Corral, Oracles, 131-134.
624 Vgl. HALAT, 191.
625 Vgl. AHW I, 105.
626 Vgl. HALAT, 154f.
627 Vgl. HALAT, 274f.
628 Vgl. HALAT, 277f.

die zudem אָרִים, also sehr fest sind; אָרִים ist *hapaxlegomenon*, dürfte aber mit arab. *'araza* zusammenhängen, das ‚in sich zusammenziehen, fest sein' bedeutet[629].

Dass Textilien aller Art in Mesopotamien zu allen Zeiten eine bedeutende Rolle gespielt haben[630], liegt auf der Hand. Gleiches gilt allerdings auch für die anderen Kulturen des Alten Orients; man sollte die in v23 genannten Regionen, mit denen Tyros der Handelsliste zufolge im Textilhandel stand, daher nicht *a priori* ausschließen oder aus dem Text tilgen, wenn sie nicht in Mesopotamien angesiedelt werden können, denn am Ende der Liste wird an ‚Allerweltsprodukten' wie den genannten Textilien die Reichweite der tyrischen Handelsbeziehungen vor Augen geführt[631].

4.4.3 Das tyrische Handelssystem

Aus den genannten Orten und Produkten lässt sich ansatzweise das tyrische Handelssystem rekonstruieren, das den Reichtum und die Weltläufigkeit der Stadt im 1. Jt. v. Chr. begründete.

Eine eindrückliche Darstellung des Handels im 2. Jt. v. Chr. gibt Wolfgang Helck in seiner Studie zu den Beziehungen zwischen Ägypten und Vorderasien im 3. und 2. Jt. v. Chr. Im Blick auf die Amarna-Zeit schreibt er: „Von ägyptischer Seite aus ist ‚weltanschaulich' ein Handel zunächst nicht möglich, da der König theoretisch der Besitzer aller Dinge ist, die ihm die lokal zuständigen Götter ‚zuweisen' als ‚ihrem geliebten Sohn'. In der Praxis schickt der König seine Beamten mit staatlich organisierten Expeditionen aus, um diese Dinge abzuholen, wobei die notwendige Bezahlung als Opfer an den zuständigen Ortsgott erklärt wird [...]. Um diese Art staatlich gelenkten und organisierten Handel dürfte es sich auch bei den Expeditionen handeln, die in den Amarnabriefen als Karawanen (girru bzw. ḫarrānu) erscheinen [...]. Diese Karawanen werden von den Stadtfürsten weitergeleitet, natürlich nicht ohne Gegenleistung. [...] Auch die Stadtfürsten selbst stellen Karawanen für den ägyptischen König zusammen, die nicht nur Tributabgaben bringen, sondern möglicherweise sind es Handelskarawanen [...]. Neben diesen offiziellen Karawanen finden sich in den Amarnabriefen aber auch Hinweise auf private Kaufleute, die allerdings dabei auch als offizielle Boten benutzt werden. [...] Andererseits schliessen sich Geschäftsleute den offiziellen Karawanen an.‟[632] Die von Helck beschriebenen Verhältnisse aus dem 2. Jt. v. Chr. beziehen sich auf die Kontakte zwischen dem ägyptischen Mittleren Reich und den syropalästinischen Stadtstaaten, die zu dieser Zeit unter ägyptischer Oberherrschaft standen, und können aufgrund der zeitlichen Distanz und der gewichtigen Unterschiede zwischen dem ägyptischen Großreich und den phönizischen Küstenstädten

---

629 Vgl. HALAT, 83.
630 Vgl. dazu Rüger, Tyrusorakel, 107; zum Handel mit Purpurstoffen und anderen Kleidern vgl. für die Amarna-Zeit Helck, Beziehungen, 414-416.
631 Vgl. zu phönizischen Stoffen und dem Purpur insbesondere Mathys, Hausfrau, 33-39.
632 Helck, Beziehungen, 428f.

nicht auf die phönizischen Handelsaktivitäten aus dem 1. Jt. v. Chr. übertragen werden; dennoch gehören die Umstände, unter denen im 2. Jt. v. Chr. der Handel zwischen Syrien und Palästina und Ägypten betrieben wurde, zur Vorgeschichte dessen, was man für das 1. Jt. v. Chr. als ‚phönizisches Handelssystem‘ bezeichnen könnte.

Dass die herausgehobene Position von Tyros, sowohl mit seinen beiden Hafen-anlagen im Norden und Süden der Stadt als auch mit seiner Lage am Handelsweg von Ägypten und Südarabien nach Kleinasien und Mesopotamien, die Stadt geradezu als Handelszentrum prädestinierte, liegt auf der Hand. Dass die Bewohner von Tyros diese günstige Ausgangsposition für sich zu nutzen wussten, lassen zahlreiche Texte und Darstellungen erkennen, die für Tyros – wie für die Phönizier insgesamt – ausgedehnte Handelsaktivitäten bezeugen. Ez 27 gehört zu diesen historischen Dokumenten, denn mit der Handelsliste, die in das Klagelied über den Untergang der Stadt eingewoben ist, wird das Netz der Handelspartner und die Produktpalette dieses ökonomischen Engagements vor Augen geführt. Wie lässt sich dieses Netz nun aber näher beschreiben? Lassen sich Strukturen erkennen, die es ermöglichen, die wirtschaftlichen Beziehungen von Tyros zu seinen Handelspartnern genauer zu erfassen?

Georg Fohrer hat aufgrund der Beobachtung, dass Ägypten in der vorliegenden Liste nicht genannt wird, die These vertreten, dass „der Redaktor dieses Abschnitts eine Liste ägyptischer Handelsbeziehungen verwendet und durch Einfügung von 11 auf Tyrus bezo-gen hat."[633] Die Liste zerfalle in zwei Teile; der erste Teil in v9b.12-21 gebe eine West-Ost-Reihe wieder, die von Tarschisch über das östliche Mittelmeer und das Gebiet des Schwarzen Meeres nach Syrien, Palästina und Arabien reiche: „Auf diese Weise ergibt sich ein großer Halbkreis, in dessen Mittelpunkt Ägypten liegt."[634] Der zweite Teil in v22-24 nenne die Stationen der alten Weihrauchstraße, „die längs der Südküste Arabiens nach Westen führte, bei Aden nach Norden schwenkte und an der Küste des Roten Meers entlanglief. […] Die Straße teilte sich dann in einen westlichen Zweig, der nach Ägypten, und einen östlichen, der über Syrien nach Mesopotamien führte. Daher werden Assur und Medien in 23b-24 als – von Ägypten aus gesehen – Handelspartner am anderen Ende der Weihrauchstraße zuletzt genannt."[635] Im Blick auf die zeitliche Ansetzung der Liste ist Fohrer der Meinung, dass sie frühestens in der zweiten Hälfte des 6. Jh. v. Chr. entstanden sein kann, als Ägypten sich zu einer Seemacht auf dem Mittelmeer entwickelte. Fohrers Ausgangsbeobachtung – das Fehlen Ägyptens in der vorliegenden Liste – stellt tatsächlich ein gewichtiges Problem dar; seine Lösung, von einer ägyptischen Handelsliste auszugehen, bringt allerdings neue Schwierigkeiten mit sich, denn es stellt sich natürlich die Frage, wer aus welchen Gründen eine ägyptische Liste in einen hebräischen Text über eine phönizi-

---

633 Fohrer, Ezechiel, 158.
634 Fohrer, Ezechiel, 158.
635 Fohrer, Ezechiel, 158f.

sche Küstenstadt eingebaut haben sollte[636]. Im Blick auf den von Fohrer angenommenen zweiten Teil der Liste in v23b-24 ergibt sich zudem die Frage, ob die Verortung von Haran, Kanne und Eden an der Weihrauchstraße nicht doch zugunsten einer Ansetzung der Orte in Nordmesopotamien aufgegeben werden sollte; im Kontext der zeitlichen Ansetzung der Liste erscheint der Verweis auf den Ausbau der ägyptischen Seemacht auf dem Mittelmeer problematisch: Die phönizische Präsenz auf dem Mittelmeer ist für alle Phasen des 1. Jt. v. Chr. gut bezeugt – sollte man da wirklich annehmen, dass hinter der Liste in Ez 27 ein ägyptisches Handelsnetz steht, wo doch zahlreiche Texte den phönizischen Handel auf dem Mittelmeer über Jahrhunderte hinweg bezeugen und die Handelsliste innerhalb des Tyroszyklus eindeutig mit Tyros verknüpft ist? Das Problem der Auslassung Ägyptens in der vorliegenden Liste erfordert offensichtlich eine andere Erklärung als die von Fohrer gegebene[637].

Einige Bemerkungen zur Handelsliste in Ez 27 finden sich bei J. Simons, der in seiner Studie zu topographischen und geographischen Texten des Alten Testaments im Blick auf Ez 27,12-25 von mehreren geographisch geordneten Gruppen ausgeht: V12-15 nennen nach Simons eine kleinasiatische Gruppe, v16f führen seiner Meinung nach in die palästinische Region, v18 bildet eine syrische Gruppe – repräsentiert durch Damaskus –, v19ff stehen für eine arabische Gruppe und v23f haben eine mesopotamische Gruppe im Blick[638]. Dieser Einteilung hat jedoch bereits Rüger widersprochen: Die Einteilung nach geographischen Gruppen sei bei Simons zu schematisch vorgenommen worden: „So ist z. B. Damaskus, da Ḥelbon und Ṣaḥar nur zur Näherbestimmung von Wein bzw. Wolle dienen, keine Gruppe für sich"[639].

In der Tat hat sich Rüger in seiner Studie zu Ez 27 mit dem tyrischen Handelssystem in viel differenzierterer Weise befasst. Unter der Überschrift „Die Importstatistik nach Warengruppen – ein System von Handelsstraßen"[640] rekonstruiert Rüger auf der Grundlage der Liste Handelsstraßen, die die Verfasser der Liste nach seiner Meinung im Blick hatten, als sie das Ortsnetz skizzierten: Rüger setzt ein mit dem südarabischen ‚Tieflandweg', einer bedeutenden Karawanenstraße, an der auch Rama lag und die über die Hauptstädte der drei altsüdarabischen Reiche Marib, Qataban und Hadramaut führte; daneben ist nach Rüger ein südarabischer ‚Hochlandweg' greifbar, an dem Uzal gelegen haben könnte – beide Wege „und beider Fortsetzung nach Norden [...] gehören sämtlich zum Netz der ‚Weihrauchstraße', auf der die in Südarabien produzierten oder über die Häfen bīr ʿalī und ʿaden aus Asien und Ostafrika nach Südarabien importierten Aromata in die Länder des Vorderen Orients gebracht wurden"[641]. Haran, Kanne und Eden sind

---

636 Nur am Rande sei vermerkt, dass man auch Spuren sprachlicher Art erwarten dürfte, wenn hinter dem hebräischen Text ein womöglich ägyptisches Originaldokument stehen würde; Indizien dieser Art fehlen in dem Text aber ganz.

637 Zur Kritik an Fohrers Orientierung der Handelsliste an Ägypten vgl. auch Rüger, Tyrusorakel, 122, nach dessen Einschätzung Fohrer „nicht berücksichtigt, daß nicht nur Ägypten sondern auch Babylonien in Ez 27,12-24 nicht vorkommt und daß nur eine Erklärung, die das Nichtvorkommen beider Namen in Betracht zieht, befriedigen kann."

638 Vgl. J. Simons, Geographical and Topographical Texts, 456f.

639 Rüger, Tyrusorakel, 109.

640 Rüger, Tyrusorakel, 108.

641 Rüger, Tyrusorakel, 111.

Rügers Deutung zufolge „in der Reihenfolge genannt, in der sie auf einer Straße zu erreichen waren, die von tell ḥalaf aus in westlicher Richtung über eski ḥarrān – arslan tasch – tell aḥmar nach dscheräblus führte. An einer Fortsetzung dieser Straße nach Nordwesten lag Tegarama/Thogarma (gürün) Ez 27,14"[642] – nach Rüger folgen die in Ez 27,23 genannten Orte dem von Assur nach Til Barsib und Karkemisch führenden ḥarrān šarri, dem ‚Königsweg'. Rüger nimmt weiter an, dass auch Togarma an einer wichtigen Straße lag, und vermutet, dass es sich hierbei um die persische Königsstraße handelt, die zwischen 522 und 510 v. Chr. von Darius angelegt wurde und von Westen nach Osten verlief, „zweifellos durch Jawan/Ionien und Thogarma/Armenien, wahrscheinlich aber auch durch Thubal und Meschech, die dem Kappadokien der Satrapienlisten entsprechen werden"[643]. Auch für Edom, Juda, Land Israels und Damaskus geht Rüger davon aus, dass es sich bei den genannten Orten um Stationen *einer* von Süden nach Norden führenden Straße handelt, erwägt allerdings auch die Möglichkeit zweier Straßen, Juda-Israel auf der einen und Edom-Damaskus auf der anderen Seite[644]. Rüger fasst seine Ergebnisse im Blick auf die Geographie der Handelsliste folgendermaßen zusammen: „Die Reihenfolge der Orte und Länder innerhalb der Importstatistik nach Warengruppen beruht also mit größter Wahrscheinlichkeit auf einem System von vier (oder fünf) Handelsstraßen: 1) Ez 27,(12)13-14(15) der persischen Königsstraße, 2) Ez 27,16-18 der großen Straße längs der Hauptwasserscheide des westjordanischen Gebirges und ihrer Fortsetzung nach Damaskus und Nordsyrien, (2a) Ez 27,17 der großen Straße längs der Hauptwasserscheide des westjordanischen Gebirges und (2b) Ez 27,16.18 der דרך המלך. 3) Ez 27,19-22 der ‚Weihrauchstraße' und 4) Ez 27,23 der ḥarrān šarri."[645] Im Blick auf die Datierung der Handelsliste geht Rüger davon aus, dass die Liste aus jüdischen Kaufmannskreisen stammt, und folgert auf dieser Grundlage, „daß die Importstatistik nach Warengruppen nicht gut vor dem Exil abgefaßt worden sein kann. Sie setzt nämlich außer dem Binnenhandel auch Fernhandel voraus, und mit Fernhandel haben sich die Juden, zunächst in der Diaspora, später auch in Palästina, nach allgemeinem Urteil erst in nachexilischer Zeit befaßt."[646] Das Fehlen von Ägypten und Babylonien in der Handelsliste führt Rüger auf ägyptische und babylonische Aufstände zu Beginn des 5. Jh. v. Chr. zurück und nimmt daher an, dass die Liste in den Jahren um 490 v. Chr. herum abgefasst wurde. Rügers Auswertung der Handelsliste beeindruckt vor allem durch die Rekonstruktion der Handelsstraßen, auf die sich die Liste seiner Meinung nach bezieht. Im Blick auf die Verfasserkreise, die Rüger annimmt, bleiben aber doch erhebliche Zweifel, denn während für Tyros ein umfassender Handel auch außerhalb der Liste dokumentiert ist, sind in gleicher Weise umfassende Aktivitäten aus dem nachexilischen Juda nicht bekannt. Insbesondere die in der Liste genannten Kontakte nach Tarschisch muss Rüger ganz ausblenden, wenn er ihren Ursprung in jüdischen Kreisen vermutet – für die meeres- und schiffahrtskundigen Tyrer war ein solcher Handel mit dem äußersten Westen kein Problem. Zudem werden in der Handelsliste Juda und das Land Israel als Handelspartner genannt – wie soll man sich eine solche Passage erklären, wenn die Verfasser selber aus diesen Landstrichen kamen? Ist es wahrscheinlich, dass jüdische

---

642 Rüger, Tyrusorakel, 113f.
643 Rüger, Tyrusorakel, 115, mit Verweis auf Galling, Von Naboned zu Darius, 16.
644 Vgl. Rüger, Tyrusorakel, 115f.
645 Rüger, Tyrusorakel, 116f.
646 Rüger, Tyrusorakel, 118.

Händler von Phönizien aus Handelslisten der einzelnen Küstenstädte anfertigten? Man muss Rüger wohl entgegenhalten, dass die Vernetzung der Handelsliste mit der phönizischen Handelsmetropole Tyros innerhalb des Tyroszyklus doch zunächst einmal nahelegt, davon auszugehen, dass man es mit einer *tyrischen* Handelsliste zu tun hat, die von den Bearbeitern des Tyroszyklus in das Ezechielbuch aufgenommen wurde.

Dass es sich bei der vorliegenden Liste um „die nüchterne Aufzeichnung aus einem großen Kaufmannshaus oder einer staatlichen Stelle"[647] handelt, vermutet Zimmerli in seinem Kommentar zum Ezechielbuch. Das Fehlen Ägyptens und anderer Orte innerhalb der seiner Meinung nach später in das Kapitel eingeschobenen Liste erklärt er mit der Nennung Ägyptens und anderer Handelspartner von Tyros – vor allem Zyperns – im ersten Teil des Kapitels: „Das ist kaum nur Zufall, sondern verrät die Abstimmung des Einschubs auf den Grundtext. Schon genannte Namen werden nicht wieder genannt."[648] Gegen Rügers Annahme eines hinter der Liste stehenden Netzes von Handelsstraßen führt Zimmerli die fehlende Ordnung ins Feld, die man seiner Meinung nach bei einer entsprechenden Absicht des Textes erwarten sollte; im Anschluss an Simons möchte Zimmerli daher „besser von geographischen (Handels)bereichen reden, die aufgezählt werden. In 12-15 der Bereich, der in der Völkertafel von P Gn 10, mit der sich die Liste zu Beginn auffallend stark berührt, unter dem Namen Japhet zusammengefaßt ist, in 16-18 (19?) der syrisch-palästinensische Raum mit seinen wichtigsten Handelspartnern und (19?) 20-22 Arabien. […] Und schließlich in 23f. der Bereich des Zweistromlandes."[649] Aufgrund der Nennung von יהודה neben dem davon abzusetzenden ארץ ישראל in v17 geht Zimmerli davon aus, dass die Liste nach 722 v. Chr., aber vor dem Untergang Judas entstanden sein muss: „Die Liste könnte den Tradentenkreisen des Ezechielbuches durch tyrische Exulanten als Dokument der Zeit vor 587 zugekommen sein."[650] Auch wenn Zimmerlis Kritik an Rügers Rekonstruktion der Handelsstraßen zu wenig differenziert ausfällt und sein Alternativvorschlag, im Anschluss an Simons von geographischen Räumen auszugehen, die komplizierten geographischen Angaben nur sehr pauschal zusammenfasst und daher nicht plausibler ist als Rügers Vorschlag, ist seine Erklärung für das Fehlen Ägyptens und Zyperns in der Liste überzeugend; man hat im Blick auf das Kapitel 27 des Ezechielbuches offensichtlich mit wechselseitigen Abhängigkeiten der einzelnen Teile des Textes zu rechnen, und es ist sehr gut denkbar, dass die Redaktoren, die die tyrische Handelsliste in das Klagelied über den Untergang der phönizischen Küstenstadt einfügten, diese Liste ihrerseits für den Kontext des Kapitels änderten.

Von einem Zusammenhang der einzelnen Teile des Kapitels 27 geht auch Mario Liverani aus, der die poetische Beschreibung des Handels in v1-11 von der in Prosa gehaltenen Liste in v12-24 unterscheidet; während in v1-11 das Material und das Personal für das Funktionieren des Handels im Inneren der Stadt genannt werde, stehen nach Liverani in v12-24 die externen Handelspartner von Tyros im Zentrum. Im Blick auf v1-11 unterscheidet Liverani drei Kreise um die Stadt herum: Zunächst einen engsten Kreis, in den die anderen phönizischen Küstenstädte Sidon, Arwad und Byblos gehören, dann einen weiteren Kreis, der das Libanon-Gebirge, Zypern und Ägypten umfasst, und drittens einen

---

647 Zimmerli, Ezechiel, 659.
648 Zimmerli, Ezechiel, 659.
649 Zimmerli, Ezechiel, 660.
650 Zimmerli, Ezechiel, 661.

sehr weiten Kreis, dem Put, Lud und Paras zuzuordnen sind[651]. Im Blick auf die Handels-liste unterscheidet Liverani vier Kreise, die er nach den Produkten zu ordnen versucht: In einem ersten engen Kreis mit Juda, Israel und Damaskus stehen seiner Meinung nach landwirtschaftliche Erzeugnisse im Zentrum, in einem zweiten, weiteren Kreis mit Togarma, Arab, Qedar und nochmals Damaskus werden Vieh und tierische Produkte genannt, in einem dritten Kreis mit Jawan, Tubal, Meschech, Dedan II, Edom, Eden, Haran und Assur werden handwerkliche Produkte aufgezählt und in einem vierten, sehr weiten Kreis mit Tarschisch, Saba, Rama, Dedan I und Edom geht es um Metalle und exotische Waren[652]. Nach Liverani erscheint der Landhandel innerhalb der Liste bei weitem wichtiger als der Seehandel; die Aufzählung gehöre daher nicht in die spätere Phase der phönizischen Expansion in den Mittelmeerraum hinein, vielmehr gewinne man den Eindruck, „that the Tyrian trade found its space in the interstice between Egypt and Babylonia, the two contending empires in the period ca. 610-590"[653]. Liverani weist am Ende seiner Untersuchung mit Nachdruck darauf hin, dass das in der Liste vorliegende Handelsnetzwerk die historische Lage um 600 v. Chr. wiedergibt und daher nicht als Quelle für alle Phasen der tyrischen Geschichte gelesen werden kann; zudem liege hinter dem innerhalb des Ezechielbuches überlieferten Text eine prophetische Wiederaufnahme, so dass gelte: „Behind ideology lies a great deal of reality, but it would be inappropriate to forget ideology and use the text at face value, as if it was an ‚administrative' list."[654] Auch wenn man an Liveranis Zuordnung der einzelnen ‚Handelskreise', die sich um Tyros ziehen lassen, Fragen richten kann – etwa die nach der unterschiedlichen Reihenfolge der Orte innerhalb der Liste und innerhalb der konzentrischen Kreise, oder die nach der Iden-tifikation einzelner Orte wie Dedan I und Dedan II –, verliert seine Schlussüberlegung dadurch nicht an Gewicht, denn es ist in der Tat von außerordentlicher Bedeutung, dass die Handelsliste innerhalb des Ezechielbuches in einen mit bestimmten Absichten ver-fassten Text eingebaut wurde und daher nicht unbedacht als ein phönizisches Dokument gedeutet werden kann. Vor voreiligen Schlüssen in dieser Richtung hatte bereits Zimmerli gewarnt[655] und Liverani unterstreicht diese Bedenken noch einmal deutlich.

Fernab von solchen Bedenken geht Michael Sommer im Rahmen seiner Analyse der Handelsliste aufgrund der genauen Schilderung davon aus, „daß dem Verfasser, der im babylonischen Exil arbeitete, ein Originaltext aus Tyros am ehesten aus dem 7. (vgl. die merkwürdige Wendung ‚Juda und *das Land* Israel', 27,17), möglicherweise 8. Jh., vorlag."[656] Obwohl er sich über den komplizierten Entstehungsprozess von Ez 27 im Klaren zu sein und die Unterschiede zwischen der Handelsliste und der Qina zu kennen scheint, ent-wickelt Sommer im folgenden auf der Grundlage von Ez 27,4-25 ein Modell des Handels-netzes; er geht dabei von einer fünfteiligen Zentrum-Peripherie-Struktur aus[657]: In einem erweiterten Zentrum mit Sidon, Arwad und Byblos gehe es um Handel und Schiffahrt; die ‚innere Semi-Peripherie' (Edom, Ägypten, Haran, Assur, Eden, Kanne, Dedan) sei der

651 Vgl. M. Liverani, Trade Network, 66f.
652 Vgl. Liverani, Trade Network, 68.73.
653 Liverani, Trade Network, 71.
654 Liverani, Trade Network, 79.
655 Vgl. Zimmerli, Ezechiel, 661: „Jede Vermutung bleibt hier aber sehr unbestimmt."
656 Sommer, Europas Ahnen, 126f. Anm. 243.
657 Vgl. dazu Sommer, Europas Ahnen, 128.

Handelsbereich für Fertigerzeugnisse; die ‚äußere Semi-Peripherie' mit Juda, Israel und Damaskus stehe für den Handel mit landwirtschaftlichen Produkten; die ‚innere Peripherie' (Togarma, Arabien, Kedar) liefere Tierprodukte; die ‚äußere Peripherie' (Senir, Libanon, Edom, Damaskus, Baschan, Kittim, Rhodos, Paras, Lud, Put, Saba, Rama, Assur, Tarschisch) sei Lieferant von Rohstoffen und Sklaven. Für die Verteilung von Zentrum und Peripherie gelte, „daß mit zunehmender geographischer Entfernung vom Zentrum, der Levante, die Produktionsprozesse ein immer geringeres Komplexitätsniveau erforderten."[658] Für die Abweichungen hat Sommer ebenfalls Erklärungen: „Ausnahmen sind die wenig entwickelten Bergregionen Syrien-Palästinas, die geographisch zentral lagen, aber ökonomisch bloße Rohstofflieferanten (äußere Peripherie) blieben, sowie Mesopotamien und Ägypten, die als alte Zivilisationszentren, obwohl für Tyros geographisch eher randständig, funktional einen zentrumsnahen Platz einnahmen (innere Semi-Peripherie)."[659] Seine Erkenntnisse über den tyrischen Handel fasst Sommer dann folgendermaßen zusammen: „Ez 28 (sic!) enthüllt das ganze Ausmaß und die Komplexität eines Handelssystems, das von Spanien im Westen bis Mesopotamien im Osten reichte und dessen Zentrum allein die phönikische Hafenstadt Tyros war."[660] Die tyrischen Eliten hätten die direkten Konkurrenten unter den phönizischen Städten gezielt in den eigenen Handel zu integrieren und damit als ‚lästige Mitbewerber' auszuschalten versucht: „Sie wollten das Monopol im mediterranen Fernhandel, und der Schlüssel dazu war die direkte Kontrolle möglichst vieler Konkurrenten. Eine politisch beherrschende Stellung in der Region war also ein wesentliches arcanum tyrischer Handelsmacht."[661] Inwieweit es sich bei diesen politischen Zielen von Tyros um arcana handelte, sei einmal dahingestellt. Problematischer erscheint Sommers Kategorisierung der Handelspartner und Handelswaren nach Zentrum und Peripherien: In den genannten Kategorien stehen Regionen wie Togarma ganz im Norden und Arabien ganz im Süden, Ägypten im Südwesten und Mesopotamien im Osten nebeneinander; außerdem gehören nach Sommer Dedan in Arabien, Assur in Mesopotamien und Ägypten in die ‚innere Semi-Peripherie', während er den Libanon, Edom und Damaskus neben Tarschisch und Assur, das noch einmal genannt wird, zur ‚äußeren Peripherie' zählt; bestimmte Regionen wie Helbon, Zahar und Uzal tauchen in Sommers Übersicht nicht einmal mehr auf[662]; und vor allem werden die verschiedenen Teile von Ez 27 ohne weitere Diskussion nebeneinander gestellt und als gleichrangige Dokumente für den tyrischen Handel gedeutet. Nach den zitierten Bedenken Zimmerlis und Liveranis[663]

---

658 Sommer, Europas Ahnen, 128.

659 Sommer, Europas Ahnen, 128f.

660 Sommer, Europas Ahnen, 129.

661 Sommer, Europas Ahnen, 129.

662 Wenn Sommer die Erwähnung ägyptischen Leinens in Ez 27,7 als Beleg für Handel mit Ägypten wertet und in sein Modell einordnet, hätte er konsequenterweise auch den Helbon-Wein und die Zahar-Wolle in v18 als Belege für den Handel mit Helbon und Zahar deuten müssen; entsprechend gilt dies für das in v19 genannte Uzal. Warum zudem in der Übersetzung, die Sommer als Zitat kennzeichnet, ohne ihre Herkunft zu nennen, Minnit aus v17 nicht einmal wiedergegeben wird, und in seiner Übersicht – neben den genannten Orten – auch Tubal, Meschech und Jawan aus v13 fehlen, bleibt unklar.

663 Die beiden erwähnten Arbeiten hat Sommer seinem Literaturverzeichnis zufolge nicht zu Rate gezogen.

ist eine solche Interpretation des Textes nicht haltbar, da der Kommunikationsrahmen, innerhalb dessen die Handelsliste steht, zu wenig beachtet wird und somit auf der Grundlage des gesamten Kapitels 27 ein Bild vom tyrischen Handel rekonstruiert wird, das die Verfasser des Ezechielbuches ihren Lesern zwar nahebringen wollten, das aber aufgrund des literarkritischen Befundes differenzierter zu betrachten ist; die literarische Eigenständigkeit von v12-25a muss bei der Rekonstruktion des tyrischen Handelssystems viel konsequenter beachtet werden, als dies von Sommer getan wird.

Die Forschungsübersicht vermittelt einen knappen Einblick in die bisherigen Arbeiten zum tyrischen Handelssystem. Die genannten Schwierigkeiten und nach wie vor offenen Probleme werfen die Frage auf, ob Ez 27,12-25a überhaupt mehr als eine Annäherung an das phönizische Handelswesen zulässt. Der folgende Versuch einer Rekonstruktion des tyrischen Handelssystems geht von den wesentlichen Überlegungen aus, die sich aus der dargestellten Forschungsgeschichte ergeben haben:

1. Zwischen der Handelsliste in v12-25a und der Qina in Ez 27* verläuft eine Linie, die auf einen literarkritisch auszuwertenden Einschnitt innerhalb des Textes hinweist. Die Liste v12-25a scheint den Verfassern des Tyroszyklus bereits vorgelegen zu haben. Die Nennung von ‚Juda und dem Land Israel‘ in v17 lässt darauf schließen, dass die Liste nicht von jüdischen, sondern von tyrischen Händlern verfasst wurde, die offensichtlich mit den südlichen Nachbarn in Kontakt standen. Dass ‚Juda‘ neben dem ‚Land Israel‘ steht, könnte auf einen Entstehungszeitraum zwischen dem Untergang des Nordreiches 722 v. Chr. und dem Untergang Judas 587 v. Chr. hindeuten. Die Ausweitung des tyrischen Handelssystems, die sich in der Liste widerspiegelt, ist am ehesten in der Zeit zwischen dem Untergang des assyrischen Großreiches und dem Erstarken der babylonischen Macht denkbar und läge damit in den letzten Jahrzehnten des 7. Jh. v. Chr.

2. Die Kommunikationsabsicht innerhalb des Ezechielbuches könnte zu späteren Eingriffen in die Liste geführt haben. In diesem Zusammenhang fällt die Auslassung von Ägypten, Zypern und auch Babylonien besonders auf[664]; das könnte mit einer gezielten Streichung zusammenhängen, die sich aufgrund der Vernetzung der Handelsliste mit dem Klagelied, in dem Ägypten und Zypern erwähnt werden, ergeben hat. Man hätte damit zu rechnen, dass Ägypten und Zypern, wie es andere Quellen nahelegen, ganz klar zu den tyrischen Handelspartnern gehörten.

3. Dem Wesen nach ist die Handelsliste als eine Importwarenstatistik zu deuten; das tyrische Handelssystem wird hier also nur von der Import-, nicht aber von der Exportseite her fassbar[665]. Die Handelsliste zählt die eingeführten Produkte auf und lässt die tyrischen Gegenleistungen beiseite. Wie der tyrische Handel also genau ablief und welche einzelnen

---

664 Zur Bedeutung insbesondere Zyperns für den tyrischen Handel vgl. Röllig, Phönizier, 26-28.

665 Vgl. dazu Röllig, Phönizier, 26: „Handel mit Gewändern, mit Metallgefäßen, mit Elfenbein und Möbeln, dies alles setzt die Einfuhr von Rohstoffen voraus, und die Geschichte der phönikischen Kolonisation wird deshalb nicht so sehr als ein Suchen nach neuen Absatzmärkten, als vielmehr ein Suchen nach Rohstoffquellen zu verstehen sein."

Schritte zu An- und Verkauf gehörten, lässt sich dem Text trotz aller Bemühungen nicht entnehmen.

4. Die Reihenfolge der Handelspartner in v12-25a kann bei der Rekonstruktion der Handelsbeziehungen ebensowenig vernachlässigt werden wie die genannten Importwaren; beide Aspekte müssen miteinander in Verbindung gebracht werden. Insbesondere der Fertigungsstatus der Produkte und der Zusammenhang dieses Status mit der Entfernung der Herkunftsgebiete könnte genaueren Aufschluss darüber geben, ob man die Handelsliste eher als einen Spiegel der Handelswege, über die Tyros mit seinen Partnern verkehrte, oder eher als eine Übersicht der Handelsregionen, mit denen Tyros in Kontakt stand, zu deuten hat.

5. Neben der Frage nach der Absicht einer Handelsliste innerhalb des Tyroszyklus des Ezechielbuches muss auch das Problem erörtert werden, wo eine Handelsliste wie die vorliegende ihren eigentlichen *„Sitz im Leben'* hatte und welchen Zwecken sie diente.

Versucht man sich einen Überblick über die geographischen und merkantilen Angaben in Ez 27,12-25a zu verschaffen, ergibt sich aufgrund der vorgelegten Analyse folgende Übersicht:

Handelspartner	*Handelsware*	*Himmelsrichtung**
Tarschisch	Metalle	Westen
Jawan	Sklaven	Nord-Westen
Tubal	Bronzegeräte	Nord-Osten
Meschech	Bronzegeräte	Nord-Osten
Togarma	Pferde/Maultiere	Nord-Osten
Rhodos	Elfenbein/Ebenholz	Nord-Westen
Edom	Edelsteine/Textilrohmaterial	Süden
Juda	Weizen/Honig/Öl/Mastixharz	Süden
Israel	Weizen/Honig/Öl/Mastixharz	Süden
Minnit**	Weizen	Süden
Damaskus	Wein/Wolle	Osten
Helbon**	Wein	Osten
Zahar**	Wolle	Osten
Uzal	Eisenprodukte/Zimt/Rohr	Süden
Dedan	Reitdecken	Süden
Arab	Vieh	Süden
Qedar	Vieh	Süden
Saba	Balsam/Edelsteine/Gold	Süden

Rama	Balsam/Edelsteine/Gold	Süden
Haran	Textilprodukte	Nord-Osten
Kanne	Textilprodukte	Nord-Osten?
Eden	Textilprodukte	Nord-Osten?
Saba	Textilprodukte	Süden
Assur	Textilprodukte	Nord-Osten
Medien	Textilprodukte	Nord-Osten

* Orientierungspunkt ist Tyros.
** Minnit, Helbon und Zahar bezeichnen innerhalb der Liste wohl keine Handelspartner von Tyros, sondern dienen als Markennamen für die genannten Produkte.

Die Übersicht lässt einige Grundtendenzen in der Anlage der Handelsliste erkennen; ein konsequentes Anordnungsprinzip lässt sich jedoch weder aufgrund der gehandelten Waren noch aufgrund der Handelsregionen ermitteln. Genau dieser Sachverhalt deutet jedoch darauf hin, dass es sich bei der vorliegenden Liste um ein authentisches tyrisches Wirtschaftsdokument handeln könnte[666], das nicht den Anforderungen an einen literarischen Text genügt, sondern den konkreten Bedürfnissen derjenigen entspricht, die im Handel tätig sind. Die Suche nach klaren Anordnungsprinzipien innerhalb der vorliegenden Liste könnte daher schlichtweg am „Sitz im Leben' des Dokumentes vorbeigehen. Versucht man zu beschreiben, was sich deutlich erkennen lässt, so muss an erster Stelle die geographische Bewegung stehen, die den Grundaufbau der Liste prägt: Die Liste beschreibt der Tendenz nach eine West-Ost-Süd-Bewegung von Spanien über die Ägäis und Syrien-Palästina hinweg bis in den Süden der arabischen Halbinsel hinein.

Innerhalb dieser Linie sticht jedoch an erster Stelle die Insel Rhodos hervor, die nach den nordöstlichen Regionen Jawan, Tubal und Meschech genannt wird, so dass die Handelsliste sich geographisch in den Westen zurückbewegt; in einer starren West-Ost-Reihe müsste Rhodos seinen Platz zwischen Tarschisch und Jawan oder zwischen Jawan und Tubal haben. Versucht man diese Unregelmäßigkeit innerhalb der geographischen Abfolge zu erklären, hilft ein Blick auf die Handelswaren weiter: Während die von Tarschisch und Jawan sowie Tubal, Meschech und Togarma gehandelten Metalle, Sklaven, Bronzegeräte, Pferde und Maultiere eher dem Alltagsbedarf an Material und Arbeitskräften zuzuordnen sind, hat man es beim Elfenbein und Ebenholz von Rhodos mit Luxusprodukten zu tun. Genau solche Luxusprodukte, nämlich Edelsteine, gehören zur tyrischen

---

666 Zur phönizischen Herkunft des Textes vgl. Elat, Phoenician Overland Trade, 24, der meint: „This prophecy originated from a Phoenician poem that glorified Tyre during her golden age from the beginning of the 10th until the second half of the 8th century B. C. E." Deutlicher hinsichtlich des ‚poem' wird Knauf, der zutreffend von „Tyrian trade statistics from the late seventh or early sixth century B. C." (Knauf, King Solomon's Copper Supply, 169) spricht.

Importware aus Edom, das innerhalb der Liste direkt nach Rhodos genannt wird. Rhodos durchbricht damit zwar geographisch die West-Ost-Tendenz der Handelsliste, bildet mit seiner Produktpalette jedoch eine Brücke zu der ersten der folgenden Regionen Syrien-Palästinas. Die Handelsliste ist demnach nicht streng geographisch geordnet, sondern unterliegt neben der geographischen Grundtendenz noch anderen Anordnungsprinzipien.

Eine ähnliche Beobachtung lässt sich im Blick auf das östlich von Tyros gelegene Damaskus anstellen, das innerhalb der Liste erst nach Edom, Juda und Israel genannt wird: Auch hier bewegt sich die Liste gewissermaßen in den Norden zurück, bevor sie sich der südlichen arabischen Halbinsel zuwendet; auch hier scheint eine Verbindung zwischen den Juda und Israel auf der einen und den Damaskus auf der anderen Seite zugeschriebenen Produkten den Anlass für die Position von Damaskus innerhalb der Liste gegeben zu haben. Weizen, Honig, Öl und Wein bilden offensichtlich eine Produkteinheit, die in den Bereich der Lebensmittelversorgung gehört; dass mit dem Minnit-Weizen, dem Helbon-Wein und zudem der Zahar-Wolle aus Juda, Israel und Damaskus jeweils Markenprodukte geliefert werden, bindet die Regionen, die offensichtlich unmittelbar für die Grundversorgung der phönizischen Inselstadt zuständig waren, eng zusammen.

Die folgenden Ortsnamen und Produkte gehören alle in den Bereich der arabischen Halbinsel, auch wenn hier nicht in einer klaren Nord-Süd-Linie vorangeschritten wird. Denn während Uzal als jemenitische Hauptstadt ganz in Südarabien liegt, hat man es bei Dedan, Arab und Qedar mit eher nördlichen arabischen Regionen zu tun.

Einen Einschnitt innerhalb der geographischen Abfolge bildet v23, in dem allein sechs Handelsregionen genannt werden, die tendenziell in den Nordosten, also nach Mesopotamien führen[667]. Ganz klar gilt dies für Haran, Assur und Medien, ganz klar *nicht* für Saba, das zuvor schon genannt wird und in den Süden gehört; Zweifel bleiben – wie oben ausgeführt – im Blick auf Kanne und Eden. Die große Gemeinsamkeit der Regionen, die in v23 genannt werden, ist ihre Produktpalette: Es geht durchweg um Textilien, und zwar um gefertigte Waren wie Gewänder, Teppiche und Seile. Literarisch ist v23 in der vorliegenden Fassung nicht von der übrigen Liste zu trennen, es könnte sich bei diesem Vers jedoch um die Ergänzung einer vorliegenden Liste handeln, die damit um die Handelspartner für Textilwaren erweitert wurde; auf eine derartige Entwicklung – zunächst die Liste mit der tendenziellen West-Ost-Süd-Bewegung, später dann die Anfügung der Textilhandelspartner in v23 – weist auch die doppelte Erwähnung von Saba als Handelspartner hin.

---

667 Zum phönizischen Handel mit Mesopotamien vgl. Elat, Phoenician Overland Trade, 21-35.

Es ist innerhalb der Forschungsgeschichte mehrfach auf das Fehlen Ägyptens und Zyperns innerhalb der Liste hingewiesen worden[668]; diese beiden wichtigen Handelspartner von Tyros hätten in einer solchen Aufstellung nicht ungenannt bleiben dürfen – man hat daher die phönizische Herkunft der Liste in Abrede gestellt und ihre Ursprünge in Ägypten gesucht[669]. Dass Ägypten und Zypern innerhalb der Handelsliste nicht genannt werden, fällt zwar tatsächlich auf[670]; dieses Fehlen wird allerdings erst dann zu einem Problem, wenn man an die Liste mit einem Anspruch auf Vollständigkeit herantritt, den das Dokument selber gar nicht erhebt. Hinter der tyrischen Importwarenstatistik stehen keine literarisch ambitionierten Verfasserkreise, sondern die für den Import zuständigen tyrischen Händler, die offensichtlich Pläne verfassten, aus welchen Gegenden welche Produkte importiert werden. Der innerhalb des Ezechielbuches überlieferte Plan folgt dabei zunächst einer geographischen Linie von Ost nach West und dann nach Süd, innerhalb dieses Planes wurden aber auch bestimmte Regionen zusammengestellt, wenn aus ihnen derselbe Produkttyp importiert wurde; das gilt insbesondere für v23, der womöglich eine eigene kleine Liste war und aus nicht mehr rekonstruierbaren Gründen an die große Handelsliste angehängt wurde. Es könnte durchaus sein, dass für diese Anfügung erst die Verfasser des Tyroszyklus verantwortlich waren, die offensichtlich über phönizische Wirtschaftsdokumente verfügten und diese ihren Zwecken dienstbar machten. Es ist daher außerordentlich wichtig, zwischen der Absicht derartiger Handelslisten als solcher und der Absicht einer Handelsliste innerhalb eines prophetischen Gerichtsorakels bzw. einer Totenklage zu unterscheiden. Die Differenz zwischen dem *„Sitz im Leben"* und dem *„Sitz in der Literatur"* spielt an dieser Stelle eine besondere Rolle.

Der *„Sitz in der Literatur"*, also innerhalb des ezechielischen Tyroszyklus, lässt sich recht einfach beschreiben: Mit der Darstellung der weltweiten Handelsbeziehungen der überreichen Handelsmetropole Tyros wird die Dramatik des Untergangs dieses Zentrums erheblich gesteigert.

Der *„Sitz im Leben"* einer solchen Handelsliste ist dagegen schwieriger zu rekonstruieren. Dass es sich mit großer Wahrscheinlichkeit um ein Dokument aus tyrischen Händlerkreisen handelt, zeigt sich allerdings zum einen an der Orientierung der West-Ost-Süd-Linie an Tyros, das gewissermaßen als Zentrum

---

668 Vgl. Bondì, Commerce, 272f.
669 So Fohrer, Ezechiel, 158.
670 Vgl. dazu allerdings die Erwähnung von Ägypten und Zypern in Ez 27,6f. Die dort genannten Importe von Zypressen und Purpur aus Zypern sind in jeder Weise auffällig; die Verfasser des Tyroszyklus haben Zypern vielleicht wegen der vorangehenden Nennung von Kition und Alaschia innerhalb des Klageliedes nicht noch einmal in der Handelsliste anführen wollen (vgl. dazu auch Teil 4.3.1); ähnliches könnte für Ägypten gelten. Man bleibt hier allerdings auf vage Vermutungen angewiesen.

des Handelsradius' interpretiert werden kann[671], zum anderen am Inhalt der Liste, dem man den ursprünglichen Zweck einer solchen Aufstellung von Daten entnehmen kann: Die Zuordnung von Handelswaren und entsprechenden Ortslagen in der Form konkreter Aufzeichnungen, wie sie in der Liste vorliegen, diente als Merkhilfe und als eine Art ‚Zettelkasten' zugleich. Diese Aufzeichnungen waren offensichtlich erweiterbar und konnten den jeweiligen Bedürfnissen entsprechend verändert werden; wie in einer modernen Kartei hat man wohl verschiedene Orte und Produkte nachtragen oder auch herausstreichen können. Aufgrund dieser Offenheit der Handelsliste kam es zu einer Anordnung, die nicht allein geographischen Kriterien folgte, sondern sich auch an den Produkten orientierte. Die zeitliche Einordnung einer solchen Handelsliste wirft große Schwierigkeiten auf. Die Nennung von Juda neben dem ‚Land Israel' könnte – wie bereits mehrfach erwähnt – auf das 7./6. Jh. v. Chr. deuten.

Diese Datierung ließe sich durch das Fehlen von Ägypten und Babylonien innerhalb der Handelsliste noch weiter präzisieren, wenn man davon ausgeht, dass dieses Fehlen seinen Grund in der mangelnden Bedeutung der beiden Regionen zur Zeit der Abfassung der Liste hatte; man käme damit in die Zeit kurz vor bzw. kurz nach dem Untergang des assyrischen Großreiches um 612 v. Chr., in der Ägypten und vor allem Babylonien erst allmählich zu den bestimmenden politischen Größen aufsteigen konnten. Es ist allerdings fraglich, ob die politische Rolle, die bestimmte Regionen im 1. Jt. v. Chr. spielten, maßgeblichen Einfluss auf ihre wirtschaftliche Bedeutung als Handelspartner von Tyros hatte. Importe aus Ägypten sind zu allen Zeiten denkbar und durchführbar; Rohstoff- und Warenhandel hängt nicht von der politischen Stellung eines Gebietes ab, wie sich innerhalb der Liste deutlich zeigt, wo ausgesprochen bedeutende Ortschaften wie Uzal und Haran neben nahezu unbekannten Ortslagen wie Togarma stehen. Zudem fehlen nicht nur die großen Regionen Ägypten und Babylonien, sondern auch Zypern, das für Tyros nachweislich zu allen Zeiten ein bedeutender Handelspartner war[672]. Die Handelsliste kann daher aufgrund der nicht genannten Regionen Ägypten, Babylonien und Zypern nicht genauer datiert werden.

Ob der in der Handelsliste vorliegende Ausschnitt der tyrischen Handelsbeziehungen eher die wirtschaftliche Lage des 7./6. Jh. v. Chr. wiedergibt oder doch in eine spätere Zeit gehört, wie die – nicht ganz sichere – Nennung von Medien in v23 nahelegen könnte, ist wohl nicht abschließend zu klären. Aufgrund der Geschichte von Tyros kann man wohl davon ausgehen, dass bis in die Jahre der Belagerung durch Nebukadnezar hinein der Handelsradius der Stadt einen Höhe-

671 Vgl. dazu Gillmayr-Bucher, Klagelied, 85: „Die Wiederholung des stets gleichen Vorgangs lässt die genannten Händler und ihre Waren in den Vordergrund treten, und Tyrus wird dabei zum Mittelpunkt des Welthandels. Immer ist Tyrus die Drehscheibe dieses Handels oder, so vermitteln die Bilder, der Ort, an den diese Güter gebracht werden, und die dadurch den Reichtum wie die Schönheit von Tyrus ständig mehren."
672 Vgl. dazu Sommer, Phönizier, 115f.

punkt erreicht hatte[673], so dass die Liste durchaus in die Zeit zwischen 612 v. Chr. und 571 v. Chr. gehören könnte. Der Durchgang durch die tyrische Geschichte hat jedoch gezeigt, dass auch nach der Belagerung durch die Babylonier, ja selbst nach der Eroberung durch Alexander den Großen die strategische und wirtschaftliche Bedeutung von Tyros nicht grundsätzlich verlorenging; weit ausgreifende Handelsaktivitäten bestimmten auch in späterer Zeit noch das tyrische Wirtschaftssystem. Ob eine Handelsliste aus persischer und vor allem aus hellenistischer Zeit nicht noch ganz andere Länder und Regionen aufzählen würde, insbesondere aus dem Mittelmeerraum, der in persischer Zeit mehr oder weniger unter phönizischer Kontrolle war, ist hier als Argument gegen eine allzu späte zeitliche Ansetzung der Handelsliste zu erwägen. Die zugegebenermaßen voraussetzungsreiche Annahme, dass die vorliegende Handelsliste aus tyrischen Händlerkreisen ihren Weg in einen theologischen Text über, ja sogar gegen Tyros und seine Handelsaktivitäten gefunden hat, spricht eher für eine ältere tyrische Handelsliste, die innerhalb eines gewissen zeitlichen Rahmens unter nicht weiter erhellbaren Umständen den Verfassern des Tyroszyklus in die Hände kam. Diese Verfasser verwendeten ihre Quelle dann in einem neuen Kontext und begründeten mit ihr das Klagelied gegen Tyros, das die Handelsliste einrahmt und in erster Linie die Dramatik des in Ez 26 angekündigten Untergangs der phönizischen Handelsmetropole unterstreicht.

4.5 Ez 28 und die tyrische Religion

Ez 28 eröffnet einen Einblick in die Vorstellungen, die sich die Verfasser des ezechielischen Tyroszyklus vom tyrischen Königtum machten. Im ersten Teil des Textes steht dabei der Vorwurf im Zentrum, der tyrische Herrscher halte sich für einen Gott, im zweiten Teil des Textes wird der Untergang dieses ‚göttlichen‘ Königs in mythischer Bildsprache besungen. Beide Teile sollen im folgenden genauer analysiert werden.

4.5.1 Der Fürst von Tyros in Ez 28,1-10

In Ez 28,2 wird eine Selbstprädikation des tyrischen Fürsten zitiert, die im Rahmen des Tyroszyklus in einen neuen Kontext gestellt wird und damit eine eigene Funktion innerhalb der Begründung der angesagten Vernichtung des tyrischen Fürsten erhält. Sieht man zunächst einmal von diesem Kontext ab und stellt in Rechnung, dass die Verfasser des Tyroszyklus in Ez 26 und Ez 27 auf die tyrische Geschichte und Wirtschaft anspielen, so kann man im Blick auf Ez 28

---

673 Vgl. dazu Bondì, Commerce, 268.275.

vermuten, dass auch hier bestimmte phönizische Vorstellungen verarbeitet werden[674]. Daher könnte das Zitat aus dem Mund des tyrischen Fürsten einigen Aufschluss über die Konzeption des tyrischen Königtums geben:

אל אני מושב אלהים ישבתי בלב ימים

Dieses Zitat wird in v9 noch einmal in kürzerer Form, allerdings mit der Gottesbezeichnung אלהים an Stelle von אל aufgegriffen:

אלהים אני

Was für eine Konzeption des Königtums steht hinter diesen Aussagen? Die Verfasser des Tyroszyklus sehen hinter dieser Selbstprädikation ein Sakrileg, das die Vernichtung des tyrischen Fürsten rechtfertigt – die Anmaßung, sich selbst als Gott zu sehen, führt ihrer Meinung nach zwangsläufig in das Verderben. Es ist hier allerdings zu fragen, ob mit diesem Maßstab, den die Verfasserkreise von außen an die tyrische Königskonzeption herantragen, die tyrische Königsideologie angemessen beschrieben werden kann. Es ist durchaus denkbar, dass innerhalb der tyrischen Religion die Göttlichkeit des Königs als ganz selbstverständliche Gegebenheit aufgefasst wurde; diese Selbstverständlichkeit konnte womöglich erst in den Augen derjenigen zu einem Problem und dann auch zu einem Vorwurf werden, die von einer anderen Zuordnung von Gott und König ausgehen. Es ist kaum zu bestreiten, dass die Phönizier und damit auch die Bewohner von Tyros an den allgemeinen kulturellen und religiösen Vorstellungen ihrer Zeit teilhatten; zu diesen Vorstellungen gehörte neben anderem auch die Verehrung des Königs als eines Mittlers zwischen der göttlichen und der menschlichen Sphäre[675]. Diese Mittlerposition setzt voraus, dass es zu engen Berührungen zwischen dem König und der Götterwelt kommen konnte.

Ein Beispiel für solche Kontakte zwischen königlicher und göttlicher Sphäre bietet das Epos von Danil und Aqhat aus der ugaritischen Mythologie[676], in dem Götter- und Menschenwelt sehr dicht aneinander gerückt werden und beide Sphären nicht nur über

674 Diese Vermutung teilt auch Niehr, Stadtpanthea, 315f, „da in Ez 28,1-10 das Gottkönigtum des Königs von Tyros die Zielscheibe der prophetischen Kritik darstellt. Auch wenn hiermit keine Primärquelle aus Tyros vorliegt, so dürfte der Status der Könige von Tyros doch zutreffend charakterisiert sein."
675 Vgl. aus der Perspektive der assyrischen Königsideologie S. M. Maul, König, 65-77, und im Blick auf Phönizien Niehr, Stadtpanthea, 316: „Somit hat der phönizische König die Stellung eines Mittlers zwischen Göttern und Menschen sowie eines Repräsentanten der Götter."
676 Vgl. die Einleitung und Übersetzung in TUAT III, 1254-1305 (bearbeitet von M. Dietrich/O. Loretz).

Träume, sondern auch in der Form direkter Begegnungen miteinander agieren[677]. Ist es nur ein Zufall, dass in Ez 28,3 der tyrische Fürst gerade mit Daniel und dessen Weisheit verglichen wird? Liegt dahinter nicht vielleicht die Dani(e)l-Tradition, in deren Zentrum eine mit großer Weisheit verbundene Königsgestalt aus der episch tradierten Ur- und Frühzeit stand? Ähnliche Prozesse sind ja für das über mehrere Jahrhunderte weiterentwickelte Salomobild anzunehmen, in dem die Weisheit eine ebenso bedeutende Rolle spielt wie in Ez 28,3 im Blick auf den genannten Daniel. Bewahrt Ez 28,3 eine alte, den ugaritischen und den phönizischen Kulturzeitraum umfassende Erinnerung an einen weisen König, mit dem der tyrische Fürst nun verglichen wird, um seine Größe und außerordentliche Bedeutung noch massiver hervortreten zu lassen[678]?

Vor allem in rituellen Kontexten kam es wohl zu einer Verehrung des Königs, die diesen in den Bereich der göttlichen Sphäre erheben konnte.

Einen Vorschlag zur Bestimmung des Verhältnisses zwischen Gott und König, vor allem im Blick auf rituelle Kontexte, hat ausgehend von Ez 28,1-19 Julian Morgenstern unterbreitet: „In all these passages the king of Tyre is represented as regarding himself as a god, impliedly because, having once played the role of the god in the ritual enactment of the cult drama at the annual festival or festivals of the god, he had identified himself with the god; or stated perhaps more correctly, the god had identified himself with the king, had made himself manifest, visible to human gaze, in the body and person of the king, and that too in such manner that the acquired divine quality within the person of the king now transcended the original human quality to such degree, and this too not merely during the brief seven or eight days festival period but permanently, that he was henceforth a divine rather than a human being, a god rather than a man; he was now Epiphanes, the god manifest in his person."[679] Morgensterns sehr farbige Darstellung lässt sich vielleicht nicht in allen Details belegen, in jedem Fall kaum mit Hilfe der sehr vagen Spuren, die sich in Ez 28,1-19 finden lassen; dennoch konstruiert er vor dem Hintergrund der Ergebnisse der *myth-and-ritual-school* im Blick auf die tyrische Königsideologie einen Verstehenskontext, der die Selbstprädikationen aus Ez 28,2.9 einzuordnen hilft.

In welchem Verhältnis steht der tyrische König nun jedoch zu seinem Gott? Zwischen einer Repräsentation einer Gottheit durch den König im kultischen Kontext und einer über den Kult hinausgehenden Identifikation des Königs mit einem Gott sollte man möglichst genau unterscheiden. Die Nominalsätze אל אני in v2 bzw. אלהים אני in v9 geben in dieser Frage allerdings keinen weiteren Aufschluss, so dass man auf Vermutungen angewiesen bleibt. Es könnte jedoch sein, dass die Verfasser des Tyroszyklus eine lediglich im kultischen Kontext vollzo-

---

677 Zu den möglichen Deutungen der sozialen Stellung Danils vgl. Dietrich/Loretz, TUAT III, 1255.

678 Vgl. dazu Loretz, Sturz, 458, demzufolge die „Einflechtung des in Ugarit zuerst belegbaren ‚weisen Danel' […] für die Zählebigkeit kanaanäischer Traditionen in der nachexilischen Theologie" zeugt.

679 J. Morgenstern, King-God, 152f.

gene Identifikation des Königs mit seinem Gott innerhalb ihres polemischen Textes gegen den tyrischen König generalisierten, um damit dem Vorwurf der anmaßenden Selbstüberschätzung des Königs das nötige Gewicht zu verleihen.

Hinsichtlich der kultischen Funktionen des phönizischen Königtums könnte ein Blick über Tyros hinaus nach Sidon weiterhelfen[680]. Hier ist mit der Inschrift des Tabnit aus dem 6. Jh. v. Chr. ein Text überliefert, der bezeugt, dass die Könige von Sidon sich als ,Priester der Astarte' verstanden[681]. Falls die Nähe zwischen tyrischem König und seiner Gottheit in einem priesterlichen Verhältnis begründet lag, ergibt sich natürlich die Frage, wie es in Ez 28,2.9 zu den Selbstprädikationen des tyrischen Königs als eines Gottes kam. Liegen hier lediglich polemische Übertreibungen der Verfasser des Tyroszyklus vor oder gehört zum priesterlichen Amt des phönizischen Königs seine zeitweilige Identifikation mit der Gottheit in bestimmten kultischen Kontexten?

Es stellt sich allerdings die Frage, mit welchem Gott der tyrische König am ehesten in ein Identifikations- oder Repräsentationsverhältnis getreten sein könnte[682]. Geht man von den Göttern des tyrischen Pantheons aus, lässt sich die Frage mit einiger Sicherheit beantworten, denn dass der König sich mit der weiblichen Gottheit Astarte identifiziert hat, wird man wohl nicht annehmen können; dasselbe gilt mit großer Wahrscheinlichkeit auch für Baal, der als Baalschamem der irdischen Sphäre um einiges weiter entrückt gedacht werden muss[683] als der eigentliche Hauptgott des tyrischen Pantheons, Melkart, dessen Verehrung im Zentrum des tyrischen Kultes stand[684] und mit dem der tyrische König daher besonders verbunden war[685].

---

680   Vgl. dazu Niehr, Stadtpanthea, 321-323.
681   Vgl. KAI I-II, Nr. 13.
682   Vgl. dazu Morgenstern, King-God, 153f.
683   Vgl. dazu auch Niehr, Ba'alšamem, 45, der im Blick auf die Hierarchie der Götter von Tyros meint, „daß nicht der transregionale Wettergott Ba'alšamem, sondern Melqart und Astarte die höchsten Gottheiten von Tyros darstellen."
684   Vgl. dazu die im Teil 4.1 erwähnten Tempelbauten für Melkart unter Hiram im 10. Jh. v. Chr., die Birhadad-Stele aus dem 9. Jh. v. Chr., die weiteren Inschriften und Münzen aus späterer Zeit sowie die breite Bezeugung des tyrischen Melkart/Herakles-Kultes in der klassischen antiken Literatur. Zu einem zentralen Ritus im Melkart-Kult vgl. die Ausführungen im folgenden Teil 4.5.2.
685   Zur weiteren Begründung vgl. zunächst Morgenstern, King-God, 154: „These considerations seem to identify this Tyrian king with Melcarth rather than with Baal Shamem, for Tyrian tradition represented Melcarth as the all-wise god, and especially as the discoverer or inventor of navigation, the recognized source of Tyre's commercial affluence." Morgensterns folgender Hypothese eines Transformationsprozesses von Melkart hin zu Baalschamem im Verlauf des kultischen Jahreszyklus und der seiner Meinung nach damit zusammenhängenden notwendigen Identifikation des tyrischen Königs mit beiden Göttern „in two distinct and complementary phases of existence, the old god, Baal Shamem, who died, [...] and the rejuvenated, youthful god, Melcarth, who rose" (Morgenstern, King-God, 154), fehlt eine tragfähige Basis in den Quellentexten.

mlk-qrt – wörtlich übersetzt: ‚König der Stadt'[686] – ist eigentlich mehr eine Funktionsbezeichnung als der Name einer Gottheit und man hat angenommen, dass hinter dieser Funktionsbezeichnung die chthonische Verankerung Melkarts, gewissermaßen seine Bodenhaftung und damit auch seine Verbindungen zur Unterwelt stehen[687]. Nach Sergio Ribichini hat man es bei Melkart mit einer phönizischen Gottheit des 1. Jt. v. Chr. zu tun, deren früheste inschriftliche Bezeugung auf der Birhadad-Stele in das 9. Jh. v. Chr. gehört[688]; das Verhältnis zwischen Melkart und dem tyrischen König beschreibt Ribichini folgendermaßen: „Clearly this was a deity who expressed a sort of mythicized hypostasis of the ideal of the Phoenician sovereign, interpreted originally as the founder and master of the city of Tyre, and then increasingly as the protecting divinity and inventor of the fundamental interests of society, from purple dye to westerly navigation."[689]

Nimmt man die beiden Teile Ez 28,1-10 und Ez 28,11-19 zusammen, dann ergibt sich aus den Indizien im Blick auf das königliche Selbstverständnis aus v2.9 zum einen und den mythischen Bildern der Urzeit in v11-19 zum anderen eine gewissermaßen mythisierte Darstellung des tyrischen Königtums oder – in Ribichinis Worten – die Beschreibung einer ‚mythicized hypostasis of the ideal of the Phoenician sovereign'. Falls diese Deutung zutrifft, würden sich Gerichtswort und Leichenlied in Ez 28 nicht auf einen konkreten tyrischen Herrscher beziehen; die Verfasser des Tyroszyklus griffen vielmehr die Wurzeln der phönizischen Metropole an, indem sie ein Bild des tyrischen Königtums zeichneten, das sich in den Bereich des Göttlichen erhoben hätte und daher um so tiefer stürzen sollte. Wie innerhalb dieser Darstellung der tyrische Fürst und der Stadtgott Melkart miteinander verbunden und nahezu übereinander geblendet werden, lässt sich anhand von v1-10 nur erahnen; weiteren Aufschluss über die enge Verbindung zwischen König und Gott geben die mythischen Bilder, die innerhalb des Leichenliedes in v11-19 verarbeitet werden.

4.5.2 Mythologeme und Ritualelemente in Ez 28,11-19

Im Rahmen der literarischen Analyse wurde die komplizierte Entstehungsgeschichte des Leichenliedes in Ez 28,11-19 nachgezeichnet. Dabei ließ sich eine

---

686 Zu Name und Genealogie des tyrischen Stadtgottes vgl. Bonnet, Melqart, 19f.
687 Vgl. dazu Clifford, Phoenician Religion, 57. M. Hutter, Grundzüge, 131, verweist über die Unterweltsbezüge hinaus auf solare Aspekte im Wesen Melkarts: „Die solaren Aspekte, die Melqart zeigt, müssen nicht unbedingt als Gegensatz gesehen werden, da auch in Ugarit oder Mesopotamien durchaus Traditionen bekannt sind, die unverkennbar den Sonnengott mit der Unterwelt in Verbindung bringen, wenn er in der Nacht durch die Unterwelt zu seinem Aufgangspunkt im Osten zurückkehrt."
688 Vgl. dazu oben Teil 4.1.2.4.
689 Ribichini, Beliefs, 128.

vorezechielische Überlieferung ermitteln, die von den Verfassern des Tyroszyklus aufgegriffen und in mehreren Etappen in die Form des vorliegenden Leichenliedes gebracht wurde.

Geht man nun von der Qina aus, die die Verfasserkreise in ihrer überarbeiteten Fassung an das Ende des Tyroszyklus stellten, so eröffnen sich mittelbar zentrale Einblicke in das Wesen des tyrischen Königtums, auf das sich der Text in seiner vorliegenden Fassung bezieht.

In v12 wird der König mit einem Siegel verglichen und ihm werden Weisheit und Schönheit attestiert; nach v13 befand sich der König in Eden, dem Garten Gottes, wo er am Tag seiner Erschaffung kostbar umfasst wurde[690]; v14 zufolge war der König dem Cheruben auf dem Gottesberg beigesellt und wandelte dort inmitten feuriger Steine. Infolge des Unrechts, das am tyrischen König gefunden wird, kommt es nach v16 zum einen zur Verbannung des Königs vom Gottesberg und zu seiner Vertreibung aus der Mitte der feurigen Steine, zum anderen nach v18 zu einer Verbrennung durch Feuer, das ‚inmitten' des Königs (מתוכך) entsteht und ihn zu Staub werden lässt.

Es liegt auf der Hand, dass hier verschiedene Mythologeme miteinander verbunden und auf diese Weise in einen neuen Zusammenhang gebracht wurden. An erster Stelle steht das in v12 genannte Siegel – ein חותם scheint „gleichsam Symbol der Königs- und Beamtenwürde gewesen zu sein."[691] In diesem Sinne kann das Siegel zum Bild für den König werden, wie Jer 22,24 und Hag 2,24 zeigen, wo das Bild des Siegels im Zusammenhang der Verwerfung Jojachins und der Erwählung Serubbabels verwendet wird. Der Gebrauch in Ez 28,12 überrascht daher nicht; hier wird dem tyrischen König mit dem Bild des Siegels die volle Königswürde zugeschrieben. Dass diese Königswürde über eine allgemeine Wertschätzung hinausreicht und eine besondere Nähe des tyrischen Königs zu Jahwe zum Ausdruck bringt, zeigt sich in den folgenden Bildern, die den tyrischen König mit Traditionen verbinden, die in die israelitische Vorstellungswelt hineinführen: Der tyrische König ist weise und schön in einem umfassenden Sinne; in äußerster Steigerung wird der König mit Eigenschaften versehen, die mit den Königen aus der Anfangszeit Israels verbunden sind: Wohlgestaltete Schönheit mit David und große Weisheit mit Salomo. Mit diesen Hinweisen auf die später idealisierten Könige der frühen Königszeit Israels steht der König von Tyros nahezu auf einer Ebene mit den Gesalbten Jahwes.

Ganz deutlich wird die Verbindung des tyrischen Königs mit dem Gott Israels in v13 greifbar; dem Text zufolge hält sich der tyrische König in Eden, dem Garten Gottes, auf. Von Eden ist in der alttestamentlichen Literatur nicht nur an dieser Stelle und dem *locus classicus* Gen 2f, sondern auch in Gen 4,16; Jes

---

690   Die Aufzählung der kostbaren Steine in v13aγ entspricht derjenigen in Ex 28,17-20/39,10-13; auf diese sowie die Verbindungen zwischen Ez 28 und Ex 28/39 wird unten in Teil 6.2.2 genauer eingegangen.

691   B. Otzen, Art. חותם, 284; vgl. dazu auch R. R. Wilson, Death, 215.

51,3; Ez 31,9.16.18; 36,35; Joel 2,3 die Rede. Mit Westermann kann man wohl davon ausgehen, „daß sich in den vielen Erzählungen von Eden nicht eine Erzählung, sondern ein Kreis von Erzählungen spiegelt."[692] Die Verbindung zwischen Ez 28 und Gen 2f liegt darin, dass zum einen in beiden Texten von Eden im Zusammenhang der Schöpfung die Rede ist – der entscheidende Begriff lautet in Ez 28,13.15 ברא, während in Gen 2,7f.19 der *terminus technicus* יצר verwendet wird –, dass zum anderen die topographische Angabe ‚Eden‘ mit der Vertreibung verknüpft wird und dass zum dritten der Cherub innerhalb des Erzählzusammenhangs eine entscheidende Rolle spielt[693]. Nach Westermann handelt es sich daher in beiden Fällen um eine Urzeiterzählung[694].

Der Cherub taucht in Gen 3,24 als eine Art Wächter vor dem Gottesgarten Eden auf: „Mythische Wächter, die den Zugang zu einem den Menschen verwehrten Ort bewachen, Wächter an der Pforte zur Unterwelt und Wächter vor einem Heiligtum sind über die ganze Erde verbreitet."[695] Etymologisch lässt sich der hebräische Begriff כרוב mit der akkadischen Wurzel *karābu(m)* in Verbindung bringen, die mit ‚beten‘, ‚weihen‘, ‚segnen‘ oder ‚grüßen‘ übersetzt werden kann[696]; der Darstellung nach handelt es sich bei Cheruben um Mischwesen, deren genaue Erscheinungsform durchaus wechseln kann. Ähnliches gilt für die Funktionen der Cheruben; nach Ez 10,15.20 tragen Cheruben etwa den Thron Gottes. Man kann daher davon ausgehen, dass die Verfasserkreise des Ezechielbuches verschiedene Cherubentraditionen kannten und in ihrer Arbeit aufgriffen[697].

Sieht man einmal von den religionsgeschichtlichen Problemen ab, die mit den Cheruben verbunden sind, drängt sich im Blick auf Ez 28,11-19 eine überaus bemerkenswerte Parallelisierung auf: Der tyrische König erscheint als ein gewissermaßen autochthoner Bewohner des Gartens und nimmt damit einen Platz ein, den Gen 2f zufolge die ersten Menschen Adam und Eva ebenfalls innehaben. Dennoch gibt es einen entscheidenden Unterschied zwischen den beiden Überlieferungen: Während Adam und Eva zwar aus dem Gottesgarten vertrieben werden, bedeutet diese Vertreibung doch nicht ihren sofortigen Tod; im Blick auf den tyrischen König wird dagegen die auf die Vertreibung aus dem Gottesgarten folgende Verbrennung beschrieben. Aufgrund dieser gewichtigen Differenz bliebe das Verhältnis zwischen Gen 2f und Ez 28,11-19 unterbestimmt, wenn man den ezechielischen Text lediglich als eine poetische Exegese des Erzähl-

---

692 Westermann, Genesis 1-11, 285.
693 Vgl. dazu unten Teil 6.2.1.
694 Vgl. Westermann, Genesis 1-11, 285; im Blick auf den Namen Eden meint Westermann: „Der gleiche Name steht im Zusammenhang des gleichen Geschehens."
695 Westermann, Genesis 1-11, 373.
696 Vgl. AHW I, 445f, und D. N. Freedman/P. O'Connor, Art. כרוב, 323-326.
697 Vgl. dazu die ausführliche Analyse von O. Keel, Jahwe-Visionen, 125-273.

zusammenhangs aus Gen 2f interpretieren wollte oder Gen 2f für eine narrative Ausgestaltung der ezechielischen Qina hielte[698].

Was hat es nun in Ez 28,14.16.18 mit dem Gottesberg, den feurigen Steinen und der Verbrennung des tyrischen Königs auf sich?

Im Kontext des Ezechielbuches liegt es zunächst einmal nahe, den Gottesberg mit dem Zion in Jerusalem in Verbindung zu bringen; blickt man jedoch über diesen engeren Kontext hinaus, fällt unmittelbar der Gottesberg der kanaanäischen Tradition ins Auge, der Zaphon hoch im Norden[699].

Bereits in den Texten von Ugarit wird der Zaphon als Sitz Baals genannt, doch auch andere Götter haben hier ihre Wohnstatt. Es ist daher davon auszugehen, „daß der Berg im 13. Jh. als Versammlungsstätte der Götter angesehen wurde, eine Konzeption, die sich Jes 14,13 wiederfindet."[700] In phönizischer Zeit wird im Vertrag zwischen Baal von Tyros und Asarhaddon eine Gottheit mit Namen *b'l ṣpn* genannt, die in der hellenistischen Periode zum ‚Zeus Kasios‘ wird, der wie der Baal Zaphon als Gewittergott verehrt werden kann: „Der Kult des Ba'al vom Ṣaphon muß für die Bewohner der syr. Küste von großer Bedeutung gewesen sein, da er die Jahrhunderte überstand."[701] Diese Bedeutung lässt sich auch an den Spuren erkennen, die die Tradition vom Gottesberg Zaphon in der alttestamentlichen Literatur hinterlassen hat. Im Ezechielbuch wird innerhalb der einleitenden Thronwagenvision beispielsweise in Ez 1,4 der צפון als Ausgangspunkt des großen Sturmes genannt, in dem der Thronwagen Jahwes erscheint; wie in Ps 48,3 scheint auch hier der Zaphon zur Wohnstätte Jahwes geworden zu sein: „Der Sturm, in dem der Thronwagen JHWHs erscheint, läßt an die mythische Szenerie denken, die mit dem Berg Ṣaphon verbunden ist."[702] Den Verfassern des Ezechielbuches und damit auch den Verfassern des Tyroszyklus scheint die kanaanäische Tradition vom Götterberg hoch im Norden vertraut gewesen zu sein, so dass nicht auszuschließen ist, dass sie wie in Ez 1,4 auch in Ez 28,14.16 auf diese Tradition anspielen.

Doch ganz gleich, ob die Verfasser des Tyroszyklus mit הר קדש אלהים den *ǧebel el-aqra'* oder doch eher den Jerusalemer Zionsberg meinen sollten – die topographischen Angaben in v11-19 lassen sich nur schwer miteinander in Einklang bringen, denn zum einen befindet sich der tyrische König im Gottesgarten, zum anderen wandelt er neben dem Cheruben auf dem heiligen Berg Gottes inmitten von Feuersteinen: Liegt der Garten Gottes nun auf dem Gottesberg? Topo-

---

698 Zum Verhältnis zwischen Gen 2f und Ez 28,11-19 siehe unten Teil 6.2.1.

699 P. N. Hunt, Mount Saphon, 103-115, gibt einen Überblick über Texte und Topographie des Gottesberges Zaphon. Bonnet, Melqart, 45, identifiziert das genannte Gebirge mit Tyros selber: „La montagne sainte sur laquelle il évolue doit sans doute symboliser Tyr, son domaine, son royaume." Ob dann allerdings vom ‚heiligen Berg Gottes‘ die Rede sein würde, bleibt fraglich; hier scheinen Anspielungen auf ein traditionell als Gottesberg angesehenes Gebirge doch näher zu liegen.

700 Lipiński, Art. צפן, 1096.

701 Lipiński, Art. צפן, 1098.

702 Lipiński, Art. צפן, 1099.

graphisch kann man das wohl ausschließen, mythologisch dagegen nicht, denn
ganz offensichtlich werden hier verschiedene Mythologeme aufeinander bezogen
und auf diese Weise ein Raum für den tyrischen König geschaffen, der die Vorzüge der vornehmsten Ortslagen – seien sie auch noch so verschieden – miteinander verbindet[703].

Ganz dunkel bleiben die אבני־אש, deren Bedeutung und Funktion sich innerhalb des Textes nicht erschließt. Handelt es sich bei diesen Steinen des Feuers um
Edelsteine, die erst durch große Hitze in ihre Form als Schmucksteine gebracht
wurden? Oder sind es die Steine eines Palastes auf dem Gottesberg, den man sich
als aus feurigen Steinen erbaut vorstellte? Hängt die Vorstellung möglicherweise
mit den Blitzen des Gewittergottes Baal zusammen, die wie schwere Steine vom
Himmel fallen? Oder geht es um nicht näher bekannte Lichtgestalten und
Feuerwesen, in deren Mitte der tyrische König wandelt? An Vorschlägen zur
Deutung der Steine – die genannten Interpretationen bilden nur einen Ausschnitt
dessen, was gemutmaßt wurde – mangelt es nicht[704]; da einigermaßen schlüssige
Analogien oder Vorstellungen fehlen, mit deren Hilfe die Stelle aufgehellt werden
könnte, legt es sich am ehesten nahe, nach einer Deutung im Kontext von v11-19
selber zu suchen. Vom Feuer ist nämlich nicht nur im Zusammenhang der Steine
des Feuers die Rede, sondern auch im Blick auf das Ende des tyrischen Königs,
aus dem selber heraus Feuer von Jahwe hervorgebracht wird, das ihn
vollkommen verbrennt und zu Staub und Asche zerfallen lässt. Zunächst einmal
erscheint diese Beschreibung des Endes des Königs von Tyros wie andere
Vorstellungen aus dem Repertoire der Untergangsprozesse auch; die Vernichtung
von Städten durch Brandkatastrophen ist keine Seltenheit in entsprechenden
Schilderungen. Das Besondere an Ez 28,18 ist jedoch, dass es sich offensichtlich
nicht um die Beschreibung der Vernichtung einer Stadt handelt, sondern um die
Verbrennung eines Menschen, nämlich des tyrischen Königs.

---

703 Nach Loretz, Sturz, 457, wurde der Aufenthalt des Königs auf dem Gottesberg erst nachträglich
mit dem Mythos von der Menschenschöpfung und der Vertreibung aus dem Paradies verbunden: „Die Annahme, daß Ezechiel auf die atl. Paradiesvorstellung zurückgegriffen habe, beruht
somit auf einer vorkritischen Behandlung der Frage des Zueinanders von Poesie und Prosa in Ez
28,1-19." Im Blick auf das letztere Problem ist Loretz sicher recht zu geben, denn die Verfasser
des Tyroszyklus und die Verfasser von Gen 2f schöpfen wohl beide aus einer mündlich tradierten Urzeiterzählung, die sie in jeweils eigener Weise in ihren Texten verarbeiteten (vgl. dazu unten Teil 6.2.1); Loretz' These, die Gottesbergvorstellung in Ez 28,11-19 sei erst spät mit den
Motiven der Urzeiterzählung verbunden worden, setzt dagegen ein Lied auf den tyrischen König
voraus, in dem wesentliche Elemente wie der Garten Gottes, der Cherub und die mit diesem
verbundene Verbannung des Königs aus dem Garten fehlen würden; es bleibt fraglich, ob eine
derart um wesentliche Elemente reduzierte Vorform des Liedes tatsächlich denkbar ist.
704 Vgl. dazu Zimmerli, Ezechiel, 685f.

Von der Selbstverbrennung eines punischen Königs berichtet Herodot[705]: Danach habe der König Amilkas von Karthago während eines Kampfes seines Heeres mit den Griechen nicht an der Spitze seiner Männer gestanden, sondern sei im Lager geblieben, um dort für einen glücklichen Ausgang des Kampfes Opfer darzubringen. Als er sah, dass seine Leute die Flucht ergriffen, stürzte er sich selber in das Opferfeuer und verbrannte. Auch wenn die Szene nicht ganz deutlich ist, so legt sich doch die Vermutung nahe, dass der König seinen Tod als Opfer verstand, mit dem er die verzweifelte Hoffnung auf eine aufgrund seines Selbstopfers vielleicht doch noch eintretende Wende der Kampfereignisse verband[706].

Ez 28,18 scheint auf kultische Praktiken der Phönizier anzuspielen, die sich nicht mehr lückenlos rekonstruieren lassen. Eine Reihe von Indizien weist jedoch darauf hin, dass man es hier mit einem Vorgang zu tun hat, den die Verfasser des ezechielischen Tyroszyklus vom tyrischen Gott Melkart auf den tyrischen König übertrugen, indem sie beide miteinander identifizierten. In der Bildsprache eines zentralen Rituals der tyrischen Religion wird somit der Untergang des tyrischen Königs und – möglicherweise in Personalunion mit diesem – des tyrischen Gottes Melkart beschrieben[707]. Bei diesem Ritual ging es um einen Erweckungsvorgang, der sich wohl um das Frühjahrsäquinoktium herum abspielte: „Das Ganze geschah in einem Verbrennungsritus, in dem sich der tote Gott als Feuer manifestierte."[708]

Die entscheidende Referenzstelle für einen möglichen Auferweckungsritus findet sich in einem Zitat des Menander bei Josephus[709], demzufolge Hiram von Tyros im 10. Jh. v. Chr. eine Kultreform durchführte, in deren Verlauf die alten Heiligtümer niedergerissen und für Herakles (Melkart) und Astarte neue Tempel errichtet wurden. Menander berichtet Josephus zufolge daraufhin von Hiram:

„[...] πρῶτόν τε τοῦ Ἡρακλέους ἔγερσιν ἐποιήσατο ἐν τῷ Περιτίῳ μηνί [...]"

Es ist nicht ganz klar, was in diesem Zusammenhang mit ἔγερσις gemeint ist. Entweder geht man davon aus, dass hier noch von der Errichtung des neuen Heiligtums die Rede ist, oder man nimmt an, dass Hiram als erster ein Erweckungsritual vollzogen habe, in dessen Zentrum die Auferweckung oder Auferstehung des Gottes Melkart gestanden hätte[710].

---

705 Herodot VII 167.

706 Zur Deutung der Episode vgl. auch Morgenstern, King-God, 169-171.

707 Vgl. dazu Bonnet, Melqart, 45: „Par sa filiation fonctionelle avec Melqart, son ancêtre et son archétype, le roi de Tyr considère sans doute qu'il appartient à la sphère du divin."

708 Niehr, Religionen, 124f. Niehr weist im Blick auf Tod und Auferstehung auf mögliche Verbindungen zum Adoniskult hin: „Allerdings stellt sich angesichts der späten Bezeugung dieser Überlieferung die Frage, ob hier nicht ein ursprünglicher phönizischer Ritus von fremden Schriftstellern mißverstanden wurde." (Niehr, Religionen, 125)

709 Josephus, Ant. Jud. VIII 5,3; C. Ap. I 119. Zur Deutung vgl. Bonnet, Melqart, 33-40.

710 Zur ἔγερσις des Melqart vgl. Bonnet, Melqart, 104-112, und Lipiński, Dieux, 238-243.

Spuren eines solchen Rituals finden sich im 2. Jh. n. Chr. in den syrischen Rekognitionen des Pseudo-Clemens, denen zufolge Herakles von Tyros mit Feuer verbrannt worden sei[711], sowie in einer in den *Deipnosophistae* des Athenaios überlieferten Legende, „wonach Herakles, als er auf der Reise nach Libyen von Typhon getötet wurde, von Iolaos durch den Geruch von (verbrannten) Wachteln wieder ins Leben gerufen wurde. Auch M[elqart]. könnte demnach zu den sterbenden und auferstehenden Vegetationsgöttern gehört haben."[712]

Weitere Hinweise finden sich möglicherweise auf einer sidonischen Vase[713], die aus dem 4. Jh. v. Chr. stammen könnte, worauf die Inschrift unter einer der dargestellten

---

711 Vgl. Pseudo-Clemens X 24,2, in der lateinischen Übersetzung: „[...] *Herculis apud Tyrum, ubi igni cremalus est* [...]" und in der griechischen Version: „Ἡρακλῆς πυριάλωτος γενόμενος διὰ κακίαν ὑπὸ τῶν ἀθέων ἐκθειάζεται". Mit Verweis auf Lukian, De Dea Syria 49, geht bereits Dussaud, Melqart, 207f, von einem Verbrennungsvorgang aus: „Il faut comprendre qu'on procède à un véritable sacrifice du dieu dans l'intention de le ranimer par la vertu du feu comme dans la fête du bûcher à Hiérapolis (Menbidj), en l'honneur de Hadad, c'est-à-dire de Ba'al." Ganz ähnlich deutet auch Hutter, Grundzüge, 131f, die Quellen: „Eventuell kann man aus weiteren verstreuten Hinweisen schließen, daß Melqart den Tod durch Feuer gefunden hat, wobei dies alljährlich im Kult durch Verbrennung einer Puppe dargestellt wurde. Darauf könnte weiters auch hindeuten, daß in seinem Tempel kein Götterbild stand, sondern ein immerwährendes Feuer auf dem Altar brannte. Die Kraft der Flamme und der damit verbundene Brand zeigen, daß Melqart durch den syrischen Gott Reschef synkretistisch angereichert wurde. Reschef, wörtlich ‚Brand, Flamme', ist bereits in Ugarit ein Gott, der Brand und Seuchen bringen kann, wozu noch Beziehungen zur Unterwelt festzustellen sind. Die Berührungen mit Melqart werden – abgesehen von dem indirekten Zeugnis des Mythos – auch durch den Doppelnamen Reschef-Melqart deutlich. Ausgehend vom Mythologem des Verbrennens wird der Bogen zu Reschef gespannt, der seinerseits wieder mit Nergal und auch mit Adonis Berührungspunkte hat, deren chthonische Fruchtbarkeitskomponente in Melqarts Bild einfließt. Somit kann sein Wesen wohl so umschrieben werden: Der solare Gott, der nach dem Zeugnis seines Namens auch der Unterwelt angehört, findet selbst den Tod im Feuer und wird erweckt, weshalb er selbst zum Spender der Fruchtbarkeit und des Segens wird." Derart weitreichende Deutungen der Quellen sind nicht unwidersprochen geblieben, was angesichts der wenigen Indizien auch nicht überraschen kann. Gegen Dussaud hat bereits R. du Mesnil du Buisson, Études, 62f, eingewandt: „Aucun texte cependant ne permet de penser que le ‚Réveil' de Melqart s'obtenait par un embrasement comme le pensait R. Dussaud qui faisait un rapprochement avec le rituel hiéropolitain décrit par Lucien." Gegen eine Deutung des Menander-Zitates bei Josephus im Sinne einer rituellen Auferstehung Melkarts hat auch Müller, Geschichte, 25, Position bezogen, wohingegen Bonnet, Melqart, 108f, das Ritual vor dem Hintergrund entsprechender Auferstehungsvorstellungen aus der phönizischen Umwelt deutet: „C'est sans doute dans ce cadre mental qu'il faut inclure le rite de l'*egersis* de Melqart, le roi mythique qui assure la prospérité, le contrôle du cycle humain et végétal. Célébrée au printemps, cette résurrection de Melqart concorde en effet avec le renouveau de la nature. [...] C'est en tant que *leader* de la communauté tyrienne que Melqart, son roi mythique, fait l'expérience de la mort et de la résurrection, non pas pour assurer une quelconque sotériologie individuelle, mais au contraire pour garantir la prospérité dans ce monde."

712 Röllig, Melqart, 298, mit Bezug auf Athenaios IX 392, der als Gewährsmann Eudoxos von Knidos nennt.

713 Die Vase ist nach Bonnet, Melqart, 78 mit Anm. 230, in den Berliner Museen nicht mehr auffindbar; eine partielle Darstellung findet sich bei Gressmann, Altorientalische Bilder, Tafel

Szenen hinweist: „Beneath is the inscription in Phoenician בעל כר ‚Lord of the pasturage' – a divine title which needs little justification among the pastoral Canaanites. The form of the lettering of this inscription would suggest a date in the 4th century B. C."[714] Corinne Bonnet gibt eine Beschreibung und Deutung der dargestellten Szenen: „La première scène montre la crémation d'un personnage sur un bûcher, au sommet d'un podium. [...] La deuxième scène présente un tombeau flanqué de deux figures masculines et surplombé du disque solaire ailé. [...] La troisième face nous révèle la suite du rituel. Le même jour, peut-être, on pleure le dieu mort. [...] La dernière scène représente vraisemblablement la résurrection, l'*egersis* du dieu qui apparaît sur une base à l'interieur de son temple schématiquement rendu."[715] Nach Bonnet handelt es sich hier um eine Darstellung des tyrischen Rituals: „Malgré la maladresse de son iconographie, le vase de Sidon nous apporte donc un témoignage fondamental sur le déroulement de la fête de Melqart, sur la succession des rites, sur les personnages qui y prennent part et sur les moyens qui y sont mis en œuvre."[716]

Hier bleiben jedoch zahlreiche Fragen offen: Die Details der Darstellung lassen sich nicht klar zuordnen, die Reihenfolge der Szenen ist nicht eindeutig bestimmbar und die unbekannte Gottheit b'lkr gibt keinen weiteren Aufschluss über den Kontext[717]. Doch auch wenn man die Darstellungen auf der sidonischen Vase nicht mit einem tyrischen Erweckungsritual des Gottes Melkart in Verbindung bringen möchte, liegt mit der Vase ein Objekt vor, das – tendenziell und soweit erkennbar – einen phönizischen Kult bezeugt, der mit Feuer und Verbrennung einherging.

Nur am Rande sei hier zudem an die mythischen Vorstellungen erinnert, die die Griechen mit dem in Heliopolis verehrten Vogel Phönix verbanden, „der nach einer bestimmten Zeit wieder erschien, sich selbst verbrannte und aus der Asche neu erstand. Diese Vorstellung ist altägypt. nicht zu belegen."[718] Die Assoziation ‚Phönix – Melqart' mag zunächst abwegig erscheinen, doch sie ist auch in der klassischen Tradition bei Nonnos von Panopolis belegt[719]: „Cette image du phénix, symbole solaire par excellence,

---

CCVII Abb. 514; vollständige Photographien und eine genaue Beschreibung bietet Barnett, Ezekiel, 9f mit Plate IV.

714   Vgl. Barnett, Ezekiel, 10.

715   Bonnet, Melqart, 78f.

716   Bonnet, Melqart, 80, mit Bezug auf Lipiński, Fête, 43-48; so auch Barnett, Ezekiel, 10.

717   Zu den bislang vorgeschlagenen Deutungen vgl. Lipiński, Dieux, 239f; es sei darüber hinaus darauf hingewiesen, dass akk. *kāru(m)* für ‚Kai', ‚Wall' oder ‚Handelsamt' (vgl. AHW I, 451f) steht; sollte eine etymologische Verwandtschaft zwischen akk. *kāru(m)* und phön. *kr* bestehen, könnte man auf eine (See-)Handelsgottheit schließen, die für die phönizische Kultur gut denkbar ist und im Kontext der umfassenden Handelsaktivitäten der Phönizier geradezu gebraucht wird; sollte die sidonische Vase darüber hinaus mit einem tyrischen Ritual in Verbindung stehen, wäre diese Handelsgottheit wohl am ehesten als eine Hypostase des tyrischen Stadtgottes Melkart zu deuten.

718   Helck, Phönix, 386f.

719   Nonnos von Panopolis, Dionysiaca XL 298-577. Nach der Deutung Nonnos' von Panopolis, Dionysiaca XL 392-398, lässt Herakles im Feuer sein Alter hinter sich und erreicht durch das Feuer neue Jugend. Nonnos verfasste seine Dichtung allerdings im 5. Jh. n. Chr., so dass der Text aufgrund des großen zeitlichen Abstands nur unter Vorbehalt für die Rekonstruktion genuin phönizischer Vorstellungen herangezogen werden kann.

ressuscitant sous l'effet du feu, pourrait être une allusion à un bûcher où Héraclès lui-même subirait une sort identique, de mort et de résurrection."[720] Wie auch immer es im einzelnen um die Verbindungen der verschiedenen Vorstellungen stehen mag: Dass derartige mythische Vorstellungen vom Tod und Wiedererstehen des Gottes Herakles/Melkart ihren Niederschlag in Kult und Ritual der Tyrer gefunden haben, kann zumindest mit einer Reihe von Gründen vermutet werden.

Die Quellenbasis für die Rekonstruktion eines Erweckungsrituals ist zwar recht schmal; dennoch könnte Ez 28,18 von einem solchen Ritual her besser zu verstehen sein. Bemerkenswert wäre dabei in jedem Fall, dass an dieser Stelle in einer Form gegen den tyrischen König polemisiert wird, die primär in den Bereich der mythischen Darstellungen von Tod und Wiedererweckung des Gottes Melkart verweist. Dass der tyrische König in der Bildsprache des Melkart-Mythos angegriffen werden konnte, würde hier deutlich dafür sprechen, dass tyrischer König und tyrischer Stadtgott eine Einheit bildeten, wie sie auch in Ez 28,2.9 vorausgesetzt wird[721]. Diese Einheit ermöglichte den Verfassern des Tyroszyklus dann eine Polemik gegen den tyrischen König, die als Abrechnung mit den kultischen Ritualen der Melkart-Verehrung und als Abgesang auf Melkart selber gelesen werden kann.

Das Wandeln des tyrischen Königs inmitten der Steine des Feuers lässt sich nicht zweifelsfrei innerhalb eines solchen Rituals verorten. Es könnte sich dabei aber um eine Anspielung auf einen konkreten Repräsentationsprozess innerhalb des Rituals handeln, bei dem der König den sterbenden und verbrennenden Gott Melkart verkörpern musste. Vielleicht vollzog sich dieser Teil des Rituals in einem Feuerkreis, der durch Steine abgegrenzt war[722]. Einen Hinweis könnten hier Münzfunde aus Tyros geben, die zwar keine Feuersteine, aber doch die Existenz von Mazzeben in kultischen Kontexten bezeugen: „Eine Reihe von Münzen stellt ein Paar auf einem niedrigen Sockel stehende Masseben dar zusammen mit einem Ölbaum und einem brennenden Altar […]. Unterhalb der Masseben scheint nach einigen Bildern eine Quelle zu entspringen. Die Masseben werden ἀμβρόσιε παί/έτρε ‚göttliche Steine' genannt."[723]

---

720 Bonnet, Melqart, 73f. Angesichts der späten Quellen muss man sich mit Bonnet, Melqart, 67, fragen, „dans quelle mesure ces données n'ont pas été contaminées par la figure grecque d'Héraclès, brûlé sur le Mont Œta"; aufgrund der sehr breit gestreuten Indizien denkt Bonnet jedoch, „avec une certaine vraisemblance, à une tradition autonome" (Bonnet, Melqart, 67).

721 Vgl. Lipiński, Fête, 51, und Bonnet, Melqart, 112f.

722 Vgl. die Deutung Bonnets, Melqart, 45f: „La mention, dans ce lieu, de pierres précieuses n'évoquerait-elle pas les stèles d'or et d'émeraude du sanctuaire tyrien de Melqart? Aussi intéressante pourrait être la mention de charbons ardents sur lesquels le roi va et vient: serait-ce une allusion au rite du bûcher de Melqart?"

723 Gese, Religionen Altsyriens, 196; vgl. dazu auch G. F. Hill, Catalogue, cxli (mit Plate XXXIII, 14-15), und Bonnet, Melqart, 87.100-104, sowie P. Naster, AMBROSIAI PETRAI, 361-370, wo sich ebenfalls Photographien der Münzen aus dem 3. Jh. n. Chr. finden (Naster, AMBROSIAI

Es handelt sich hier natürlich nur um ein schwaches Indiz, doch das brennende Feuer auf dem Altar und die aufgerichteten Kultsteine könnten ein anschauliches Beispiel für das geben, was die Verfasser des Tyroszyklus mit den ‚Feuersteinen' im Blick hatten. Der inmitten dieser Steine wandelnde König wäre dann als kultisch handelnde Person zu deuten und würde damit – im Gegensatz zu Ez 28,1-10, wo der tyrische Fürst als Gott erscheint – in Ez 28,11-19 als Priester greifbar. Doch es sei noch einmal ausdrücklich angemerkt: Die Quellenlage lässt weitergehende Deutungen nicht zu; man ist in diesem Bereich auf Kombinationen und Konstruktionen angewiesen, die über den Status von Hypothesen nicht hinauskommen.

Die Verfasser des Tyroszyklus haben bereits in Ez 26 und Ez 27 gezeigt, mit welcher Souveränität sie überkommene Nachrichten und Traditionen in komplexen Transformationsprozessen für ihre eigenen Absichten verarbeiteten, indem sie Elemente der tyrischen Geschichte und Wirtschaft herausgegriffen und polemisierend oder ironisch gebrochen haben, um damit den Untergang der Stadt zu begründen und zu besingen. Ein solcher Vorgang könnte auch hinter Ez 28 stehen, wo verschiedene Elemente phönizischer Provenienz wie möglicherweise der Gottesberg oder eben das Verbrennungsritual aufgegriffen werden, um sie dann in den neuen Kontext des Tyroszyklus – in diesem Fall: eines literarisch stilisierten Leichenliedes – einzubauen. Die Pointe liegt dabei in der Auslassung des entscheidenden Elementes des Rituals, nämlich der Wiedererweckung des verbrannten Gottes, denn vom tyrischen König wird berichtet, er zerfalle zu Staub und werde künftig nicht mehr sein. Das Leichenlied in Ez 28,11-19 verarbeitet also möglicherweise ein zentrales Ritual des religiösen Lebens von Tyros, verkehrt dabei allerdings die Intention des Rituals – die gefeierte Vorstellung von der Wiedererweckung und dem damit erneuerten Leben des Gottes Melkart und des mit ihm verbundenen Königs – in ihr Gegenteil und übersteigert so das Klagelied auf den König von Tyros in eindrücklicher Weise.

Diese Übersteigerung prägt letztlich den gesamten Textzusammenhang Ez 28, denn der Text sprengt alle bekannten Vorstellungsmuster, wenn tyrische Königsideologie und Auferstehungsrituale mit israelitischen Urzeiterzählungen verbunden werden. Das Ziel der Verfasser des Tyroszyklus lag wohl darin, einen kulturübergreifenden Begründungszusammenhang für den Untergang der phönizischen Metropole zu entwerfen, der sich aufgrund seiner aus beiden Kulturen stammenden Motive sowohl jüdischen wie auch phönizischen Rezipienten erschließen konnte. Ein solch doppelter Adressatenbezug ist vor allem dann ein wahrscheinlicher Hintergrund für die Verarbeitung verschiedener Motivzusammenhänge, wenn man sich die phönizische Präsenz in Jerusalem und Juda in nachexilischer Zeit vergegenwärtigt. Den bis in den Tempelbereich hinein präsenten phönizischen Händlern wird mit dem nahezu stereotypen Be-

---

PETRAI, 367 Abb. 6-8). Auch hier nötigt der große zeitliche Abstand zur persisch-hellenistischen Epoche zur Zurückhaltung bei der Auswertung.

gründungselement ,wegen deines Handels', das sich über den gesamten Tyroszyklus hinweg verstreut findet, die Ursache für den endgültigen Untergang von
Tyros vor Augen geführt.

5 Tyros im Alten Testament

Die Bedeutung von Tyros für die kulturellen Kontakte zwischen Israel und Phönizien lässt sich am Tyroszyklus des Ezechielbuches exemplarisch zeigen. Doch auch außerhalb des Ezechielbuches wird die phönizische Küstenstadt erwähnt; das Verständnis für die Besonderheiten des ezechielischen Tyroszyklus vertieft sich daher noch, wenn man die anderen Texte, in denen Tyros eine besondere Rolle zukommt, neben den Tyroszyklus stellt und vor diesem Hintergrund seine Eigenheiten beschreibt.

5.1 Tyros in der erzählenden Literatur

5.1.1 Tyros in Jos 19,29

Während Tyros im Pentateuch kein einziges Mal erwähnt wird, findet sich ein erster Beleg innerhalb der erzählenden Literatur im zweiten Teil des Josuabuches in Jos 19,29[1]. Im ersten Teil in Jos 1-12 wird die sogenannte ‚Landnahme' der israelitischen Stämme dargestellt[2]; im zweiten Teil in Jos 13ff steht die Landverteilung im Mittelpunkt[3]. Nach der Darstellung der Landverteilung an Juda und die Josephstämme Ephraim und Manasse in Jos 15-17 wird in Jos 18f von der Verteilung an die übrigen Stämme berichtet. Die Mitteilungen über diese Verteilung orientieren sich an den Grenzen der jeweiligen Gebiete, so dass Albrecht Alt im Blick auf die in Frage stehenden Kapitel und ihre Vorformen von

---

1   Zur Einordnung des Josuabuches in die übergreifenden literarischen Zusammenhänge vgl. U. Becker, Kontextvernetzungen, 139-161. Im Zusammenhang der Frage nach der Bedeutung von Tyros innerhalb des Alten Testaments ist entscheidend (und weitgehend unumstritten), dass die Texte der Bücher Josua, Samuel und Könige keine zeitgenössischen Berichte sind, sondern in sehr viel späterer Zeit entstanden und somit als historische Quellen nur unter Vorbehalt ausgewertet werden können (vgl. dazu Römer, History, 45-18; zur These eines Deuteronomistischen Geschichtswerks vgl. grundlegend Noth, Überlieferungsgeschichtliche Studien, und zum Stand der Debatte Römer, L'histoire deutéronomiste, 234-250).

2   Zur aktuellen Debatte vgl. V. Fritz, Entstehung Israels, 104-121.

3   Zur literarischen Genese des Buches vgl. Noth, Josua, 9: „Literarkritisch sicher nachweisbar ist die Tatsache, daß das Buch Josua ein Rahmenwerk ist, das sich durch seine Sprache und Vorstellungswelt als deuteronomistisch ausweist. Die beiden umfänglichen und geschlossenen deuteronomistischen Abschnitte 1,1-18 und 21,43-22,6 + 23,1-16 schließen die Landnahmeerzählung des Buches Josua ein."

einem ‚System der Stammesgrenzen' gesprochen hat[4], das auf ein Dokument aus der Frühzeit vor der Staatenbildung zurückgehen könnte: „Seine Grundform bestand in einer einfachen Aufzählung von Grenzfixpunkten mit stichwortartigen Überschriften zu den einzelnen Grenzfixpunktreihen, die bei jedem Stamme die Grenzen nach den vier Himmelsrichtungen festlegten"[5].

In Jos 19,24-31 werden diesem System entsprechend die Grenzen des Stammes Ascher benannt; es handelt sich jedoch an dieser Stelle weniger um eine Aufzählung der Grenzfixpunkte, „vielmehr stellen die Namen ohne die geographischen Angaben eine Aufzählung von Orten des Stammes dar, deren Zahl in einer Summe zusammengefaßt wird."[6] Neben anderen Orten werden in v28f die ‚große Stadt Sidon' (צידן רבה) und die ‚Festung Tyros' (עיר מבצר־צר) genannt, allerdings nicht als Städte innerhalb des Gebietes von Ascher, sondern als Grenzpunkte, bis zu denen hin das Stammesgebiet gereicht haben soll. Nach Martin Noth stellen diese beiden Städte in v28f jedoch „einen späteren Nachtrag auf Grund von 2 S 24,6f. dar, wie aus 29bα hervorgeht, wonach erst am Schluß die hier beschriebene Grenze auf das Mittelmeer stößt."[7] Und selbst wenn die in Jos 19,24-31 genannten Ortslagen nicht alle lokalisierbar sind[8], so ist doch auch ohne genaue geographische Kenntnisse deutlich, dass ein derart immenses Gebiet, dessen Außengrenzen erst auf den Höhen von Tyros und Sidon lägen, für den Stamm Ascher schlichtweg nicht denkbar ist – schon allein deswegen, weil die

---

4   Vgl. Alt, System der Stammesgrenzen, 193: „Unter den mancherlei Stoffen, die der Redaktor des Buches Josua in der zweiten Hälfte dieses Werkes verarbeitet hat, um dem Leser ein Bild von dem Territorialbesitz der Stämme Israels nach ihrer Landnahme in Palästina zu geben, sind ihm zweifellos die Beschreibungen der Stammesgrenzen weitaus am wichtigsten gewesen."

5   So Noth, Josua, 13f, im Anschluss an Alt, demzufolge es sich hier um eine Urkunde handelt, „der ein Platz unter den guten Quellen der israelitischen Geschichte neben Ri. 1 gebührt, wenngleich wir ihre Erhaltung anscheinend erst einem späteren Schriftsteller verdanken." (Alt, System der Stammesgrenzen, 202) Grundsätzlich schließt sich dieser Position auch Fritz, Josua, 7, an, wenngleich er die zeitliche Ansetzung der Quellen modifiziert: „Zur Festlegung der Stammesgebiete hat der deuteronomistische Historiker Grenzfixpunktreihen und Ortslisten benutzt, deren Herkunft im einzelnen nicht zu erhellen ist, deren Abfassung aber in der königlichen Verwaltung vermutet werden kann. Dieses Listenmaterial kann nur schriftlich vorgelegen haben"; selbst bei bis in die Königszeit zurückreichendem Quellenmaterial wird man bei der Auswertung der Texte immer zu fragen haben, ob hier nicht spätere Grenzpunkte in eine frühere Zeit zurückprojiziert werden – zumal sich die alten Dokumente aus den vorliegenden literarischen Zusammenhängen kaum oder gar nicht herausarbeiten lassen.

6   Fritz, Josua, 194.

7   Noth, Josua, 119; so bereits Alt, Ortsliste, 69 Anm. 3: „Als eine sekundäre Zutat betrachte ich vor allem die maßlose Erweiterung des Gebietes nach Norden"; vgl. dazu in der Nachfolge Alts und Noths auch Fritz, Josua, 194, der im Blick auf die Erwähnung von Sidon in v28 von einer ‚Glosse' spricht und die Nennung von Tyros in v29 als ‚späteren Zusatz' einstuft. Ein ähnlicher Nachtrag findet sich übrigens in v35, wo die Erweiterung aus v29 in entstellter Form zu greifen ist (vgl. dazu Alt, Ortsliste, 72 Anm. 2).

8   Vgl. Fritz, Josua, 195.

phönizischen Städte ihr Hinterland in der Regel selber beherrschten und sich dieses Recht nur von den Großreichen streitig machen lassen mussten[9].

Der Einbau von Sidon und Tyros in den Zusammenhang von Jos 19,24-31 ist daher mit großer Wahrscheinlichkeit das Ergebnis einer späteren Bearbeitung des Textes. Ob es jedoch sinnvoll ist, in diesem Zusammenhang von ‚Glossen‘ oder ‚Zusätzen‘ zu sprechen, bleibt angesichts der negativen Konnotationen dieser Begriffe fraglich. Es ist doch nicht zu übersehen, dass diese Erweiterung aus einer späteren Zeit[10], in der der genaue Grenzverlauf des Stammes Ascher – lange nach dem Untergang des Nordreiches Israel – ohnehin niemandem mehr geläufig war, der Landnahme und ihrem Abschluss, der Verteilung des Gebietes unter den Stämmen Israels, einen ganz eigenen Glanz verleiht, der dadurch entsteht, dass das Gebiet Aschers – und damit auch Israels – bis an die Metropolen Tyros und Sidon heranreichte. Wenn Tyros zudem als עיר מבצר־צר bezeichnet und damit die Stärke der Stadt herausgestellt wird, so soll hier über die reine Ausdehnung des Gebietes hinaus gezeigt werden, an *welche* Grenzen Israel im Norden stieß – nicht an die Grenzen irgendeiner unwichtigen Landregion, sondern an diejenigen von Festungen und großen Städten, an deren Bedeutung in gewisser Weise nun auch die Nachbarn Anteil haben. Dass es zwischen Israels Norden und Phöniziens Süden einen umkämpften Einflussbereich gab, lässt sich angesichts der Erwähnung von Kabul in Jos 19,27 zum einen und in I Kön 9,10-14 zum anderen nicht bezweifeln; dass dieses Gebiet jedoch von Israel bzw. dem Stamm Ascher bis vor die Tore von Tyros und Sidon beherrscht wurde, lässt sich kaum nachweisen und entspricht wohl eher dem Wunschdenken späterer Bearbeiter des Josuabuches als den historischen Gegebenheiten[11]. Es zeigt sich allerdings an dieser Fortschreibung des Josuatextes *en miniature*, was sich bei der Untersuchung des Tyroszyklus des Ezechielbuches in größeren Dimensionen

---

9   Vgl. Fritz, Könige, 101: „Grundsätzlich benötigte jede der phönizischen Hafenstädte an der Küste ein Hinterland zur Versorgung der Bewohner mit den notwendigen Nahrungsmitteln."

10 Wenn Fritz zu Recht davon ausgeht, dass die Auflistungen in Jos 19 spätestens bis in die zweite Hälfte des 8. Jh. v. Chr. entstanden sein müssen, „da nach 700 die meisten der genannten Siedlungen zerstört und verlassen waren" (Fritz, Entstehung Israels, 36), so wäre das zugleich der *terminus a quo* für die Fortschreibung der Liste; mit dem 7. Jh. v. Chr. käme man dabei schon sehr dicht an die Blütezeit der phönizischen Küstenstädte zwischen der assyrischen und der babylonischen Oberherrschaft heran, die auch den Anlass für die Grundworte in Ez 26-28 gegeben haben dürfte. Es ist allerdings auch nicht auszuschließen, dass das Josuabuch erst in nachexilischer Zeit bearbeitet und fortgeschrieben wurde; zur zeitlichen Ansetzung des Josuabuches vgl. Römer, History, 81-90, und zu den Landverteilungsberichten in Jos 13-24 vgl. J. van Seters, Search, 331-337; die Erwähnung von Tyros und Sidon würde in diesem Fall wohl am ehesten den erneuten Aufstieg der phönizischen Städte unter den Persern widerspiegeln (vgl. dazu Lipiński, Territory, 166).

11 Vgl. dazu Lemaire, Asher, 152: „L'archéologie semble tout à fait confirmer le contrôle phénicien sur tout le territoire d'Asher à partir du milieu du Xe siècle puisque les fouilles [...] y ont manifesté une civilisation matérielle phénicienne avec la découverte de plusieurs inscriptions phéniciennes mais d'aucune inscription paléo-hébraïque."

erkennen lässt: Der Eindruck, den die Phönizier auf die Israeliten machten, muss enorm gewesen sein, es ließe sich sonst kaum erklären, wie man auf die Idee kommen konnte, eine alte Grenz- und Ortsliste so zu erweitern, wie es in Jos 19,24-31 offensichtlich geschehen ist. Die Nennung von Tyros und Sidon als den nördlichen Grenzpunkten der Stämme Israels krönt in gewisser Weise die Landverteilung – allein die Erwähnung der beiden Städte setzte offensichtlich so zahlreiche Assoziationen von Reichtum, Macht und Schönheit frei, dass die Bearbeiter des Josuabuches diese gezielt herbeizuführen versuchten, um die eigene Vergangenheit im Lichte der bedeutenden Nachbarn noch etwas heller strahlen zu lassen.

5.1.2 Tyros in den Samuel-, Königs- und Chronikbüchern

Nach der knappen Notiz innerhalb des Josuabuches spielt Tyros zum einen am Ende der sogenannten Aufstiegsgeschichte Davids eine wichtige Rolle, zum anderen sind die Berichte über die Kontakte zwischen Hiram von Tyros und König Salomo über den gesamten Erzählzusammenhang von Salomo verstreut. Die Berichte der Samuel- und Königsbücher sind in ihrer vorliegenden Gestalt sicherlich erst in exilisch-nachexilischer Zeit entstanden; dass allerdings sogar die Chronikbücher den Samuel- und Königsbüchern parallel laufende Erzählungen von den Kontakten zwischen Israel und Phönizien im 10. Jh. v. Chr. überliefern, spricht dafür, dass sich hier Erinnerungen an die frühe Königszeit bewahrt haben, die weder von den deuteronomistischen[12] noch den chronistischen Trägerkreisen[13] übergangen werden konnten[14].

Am Ende der Aufstiegsgeschichte Davids wird in II Sam 5,1-5.6-10 zum einen von einem Bund Davids mit den Ältesten Israels in Hebron berichtet, wodurch David *de facto* zum König ganz Israels wird, zum anderen wird die Einnahme Jerusalems vermeldet, das David in der Folgezeit zur Hauptstadt seines Reiches ausbaut[15]. In II Sam 5,11f wird dieser Aufstieg Davids mit einem Bericht abgeschlossen, der zunächst etwas befremdlich wirkt: Hiram von Tyros habe eine Gesandtschaft zu David kommen lassen, die ihn mit Zedernholz, Zimmerleuten und Steinmetzen versorgte, so dass er sich ein Haus – gemeint ist der Palast der Davididen zu Jerusalem – bauen konnte. Entscheidender als diese Information ist die theologische Deutung der Sachverhalte in v12, derzufolge David nun

---

12 Vgl. dazu die Übersicht bei J. Nentel, Trägerschaft, 1-11.262-310, und die Ausführungen von Römer, History, 45-49.165-183.

13 Vgl. dazu Mathys, Chronikbücher, 46-50.

14 Zur historischen Bewertung und Einordnung dieser Nachrichten vgl. oben Teil 4.1.2.2. Im folgenden wird es weniger um den Quellenwert der Texte für das 10. Jh. v. Chr. gehen; vielmehr soll versucht werden, das in den Texten übermittelte Bild von Tyros genauer nachzuzeichnen.

15 Vgl. H. J. Stoebe, Samuelis, 153-174.

erkannte, dass er von Jahwe als König bestätigt und sein Königtum erhöht worden sei[16]. Woran erkannte David dies? An der Salbung durch die Ältesten in Hebron? Durch die Eroberung von Jerusalem? Oder durch die tyrische Gesandtschaft? Die Alternativen schließen sich nicht aus, aber die Anordnung der einzelnen Ereignisse ist wohl nicht ohne Bedeutung, so dass man davon ausgehen kann, dass erst die Anerkennung des davidischen Königtums durch eine ausländische Macht die Aufstiegsgeschichte vollgültig abschließt; hier wird deutlich, „daß David nunmehr die Augen des Auslands auf sich lenkt. Er findet Beachtung und Anerkennung. Die ersten Schritte zum bedeutsamen Staat sind getan."[17] Während die Berichte von der tyrischen Gesandtschaft nach Jerusalem in II Sam 5,11 den Schlusspunkt der Aufstiegsgeschichte Davids bilden, wird dieselbe Szene in I Chr 14,1 in einem anderen Kontext verankert; vom Bund Davids mit den Ältesten Israels in Hebron und der Eroberung Jerusalems wird bereits in I Chr 11,1-9 erzählt, I Chr 13 berichtet dann von der Überführung der Bundeslade von Kirjat-Jearim in das Haus Obed-Edoms; erst danach folgt in I Chr 14,1 der Bericht von Hirams Boten, die mit Zedernholz und Fachleuten für Holz- und Steinarbeiten nach Jerusalem kamen, um David ein Haus zu bauen. I Chr 14,2 nimmt die theologische Deutung aus II Sam 5,12 auf, stellt allerdings eine Kausalbeziehung zwischen Davids Erkenntnis der Bestätigung seines Königtums durch Jahwe und der Erhöhung des Königtums her: „In Chronicles the syntax of the statement has been slightly changed, by the omission of the copulative *waw*. [...] This seemingly minor change opens up the possibility of a more specific expression of the theological message. It is a leading theme of the Chronicler's historical view that the exaltation of the kingdom, in political and material terms, is a sign of God's election. From the exaltation of his kingdom David learned of the enduring favour of God, ‚that he had established him king'."[18] Es folgen dann in I Chr 14,3-6 die Angaben über Davids Frauen, die auch in II Sam 5,13-16 an die Notiz zu Hirams Gesandtschaft anschlossen[19]. Die Chronisten haben den Erzählzusammenhang aus den Samuelbüchern so aufgelöst, dass die Gesandtschaft aus Tyros nicht mehr den Höhe- und Schlusspunkt der Aufstiegsgeschichte Davids bildet. Im Gegensatz zu den Verfasserkreisen der Samuelbücher haben die Chronisten offensichtlich kein Interesse mehr an einer besonderen Hervorhebung dieser diplomatischen Anerkennung des davidischen Reiches durch das phönizische Tyros; das könnte entweder an der verblassten

---

16 Vgl. dazu bereits die theologische Deutung in v10, die die Eroberung Jerusalems abschließt, so dass v11 nun zwischen zwei theologischen Deutungen in v10 und v12 zu stehen kommt.

17 H. W. Hertzberg, Samuelbücher, 221; vgl. auch F. Stolz, Samuel, 208f.

18 S. Japhet, Chronicles, 286.

19 Zu I Chr 14 vgl. Rudolph, Chronikbücher, 115: „Abgesehen von dem zusammenfassenden Schlußvers 17 hat sich der Chr. mit der Wiedergabe der Vorlage begnügt." Dass das allerdings für die Details nicht ganz richtig ist, zeigt sich an der Modifikation in I Chr 14,2 gegenüber II Sam 5,12.

Bedeutung von Tyros zur Zeit der Abfassung der Chronikbücher liegen und dann in die Zeit des Hellenismus führen, es könnte aber auch damit zusammenhängen, dass die Chronisten die Verbindungen zwischen Israel und Phönizien, die die Samuel- und Königsbücher für die frühe Königszeit bezeugen, möglichst weit zurückdrängen wollten, um die Beeinflussung des jungen Staates Israel durch aus ihrer Sicht Fremde und Fremdes nicht zu sehr in den Vordergrund treten zu lassen. Die deuteronomistischen Verfasserkreise der Samuelbücher lassen dieses Problem nicht erkennen; sie setzen eine Phase phönizischer Blüte voraus, der man in Israel offensichtlich nicht mit Neid, sondern mit Anerkennung begegnete. Durch die Verbindung der eigenen Geschichte der frühen Königszeit mit der politischen, ökonomischen und kulturellen Metropole Tyros haben das zur Zeit der Abfassung der deuteronomistischen Texte längst vergangene Großreich Davids und auch seine Erben einen gewissen Anteil am Glanz Phöniziens.

Diese Tendenzen lassen sich im weiteren Verlauf der Darstellung der frühen Königszeit verfolgen. Innerhalb der Salomoberichte in I Kön 1-11 wird in I Kön 5,15-32 von den Kontakten zwischen Hiram von Tyros und Salomo erzählt[20]. I Kön 5,15 zufolge wird der Kontakt von Hiram hergestellt, der Salomo zu seiner Inthronisation beglückwünscht; Salomo bedankt sich daraufhin freundlich, kommt dann allerdings nach einigen Vorbemerkungen über seine Baupläne zur Sache, nämlich der Anforderung von Zedernholz; man einigt sich auf einen Handel, der sich knapp zusammenfassen lässt: Holz vom Libanon gegen Weizen und Öl aus Israel. Hier treffen Partner aufeinander, die ihre jeweiligen Interessen miteinander ausgleichen – wobei dieser Interessenausgleich doch auch eine gewisse Problematik mit sich bringt: Während Salomo den tyrischen Handelspartner mit Lebensmitteln versorgt, liefert Hiram Baumaterialien für das kultische Zentrum der Hauptstadt Israels, an dessen Konstruktion sich die Phönizier offensichtlich nicht nur mit Baumaterial beteiligen: Nach v31f arbeiten nicht allein Hirams Bauleute an dem Projekt mit, sondern es gibt sogar noch Unterstützung aus Byblos[21], so dass der Tempel letztlich ein israelitisch-phönizisches Gemeinschaftsprojekt zu sein scheint, was in I Kön 7,13-51 noch

---

20   Literarhistorisch betrachtet gehören v15-26 nach Würthwein, Könige, 51-57, in den Bereich des deuteronomistischen Nomisten, v27-32 bilden dagegen nachdeuteronomistische Nachträge; Fritz, Könige, 63, bemerkt dagegen im Blick auf v26: „Die Wortwahl entspricht der Nomenklatur des deuteronomistischen Historikers, der Warenverkehr wird damit zu einem Friedensvertrag stilisiert." Die literarkritischen Details können hier allerdings nicht weiter entfaltet werden; entscheidend ist vielmehr, dass man sich mit v15-26 innerhalb des Deuteronomistischen Geschichtswerks bewegt, während v27-32 wohl als Nachträge zu deuten sind (vgl. dazu bereits Noth, Könige, 87-89).

21   Vgl. Noth, Könige, 94: „Die Erwähnung der ‚Gibliter' [...] ist in jedem Falle merkwürdig." Dass man in Byblos allerdings besondere Kunstfertigkeiten beherrschte, zeigt sich deutlich in Ez 27,9, wo die Ältesten von Byblos innerhalb der Schiffsmetaphorik als Schiffszimmerleute dargestellt werden; vor diesem Hintergrund überrascht die Erwähnung der Gebaliter im Kontext des Tempelbaus in I Kön 5,32 wenig.

viel deutlicher zu Tage tritt, wo die gesamte kultisch relevante Innenausstattung des Tempels dem tyrischen Kunsthandwerker Hiram zugeschrieben wird, dessen israelitische Abstammung die Verfasser der Passage noch notdürftig nach-schieben, um die Sache nicht allzu anstößig zu machen[22]. I Kön 5,15-32 und I Kön 7,13-51 werden in II Chr 2 ineinander geschoben, gekürzt und neu akzentuiert: „Der Chr. will durchweg die Initiative Salomos betonen und bringt deshalb den Glückwunsch Churams zum Regierungsantritt des Königs (1 Rg 5,15) erst bei dessen Antwort auf Salomos Anfrage unter (10).“[23] Als Zusatz-leistungen Salomos werden neben Weizen und Öl nun auch noch Gerste und Wein vereinbart; dafür liefert Hiram nach II Chr 2,7f nicht nur Zedern und Zypressen, sondern auch Algummimholz. Zudem fordert Salomo selber einen Kunsthandwerker an, den Hiram nach II Chr 2,12 ankündigt und der auch in II Chr 4,11 im Kontext der Herstellung der Tempelgeräte noch einmal genannt wird, jedoch eher unvermittelt und beiläufig, denn nach II Chr 3,1 ist Salomo der Bauherr des Tempels und seiner Ausstattung, was in II Chr 5,1 noch einmal deutlich unterstrichen wird[24]; hier wird erneut ein Versuch der Chronisten greif-bar, die phönizische Prägung des Jerusalemer Tempels möglichst klein zu reden und die Beeinflussung durch Fremde als letztlich unbedeutend darzustellen.

Die Darstellung einer weiteren Episode der Beziehungen zwischen Salomo und Hiram von Tyros findet sich in den bereits genauer behandelten Berichten über die Gebietsabtretungen im Grenzbereich zwischen Israel und Phönizien, von denen in I Kön 9,10-14, wonach Salomo die zwanzig Städte an Hiram

---

22   Noth, Könige, 148, zählt den tyrischen Erzgießer Hiram „zu den literarisch jüngsten Elementen des Abschnitts." Fritz, Könige, 80, sieht in Hiram eine fiktive Gestalt: „Der Verfasser war jeden-falls der Überzeugung, daß die umfangreichen Bronzearbeiten nur unter sachkundiger Beteili-gung tyrischer Handwerker zu leisten waren." Lässt man einmal die Frage nach der Historizität des Kunsthandwerkers Hiram beiseite, so fällt in I Kön 7,13-51 vor allem auf, „wie ungehemmt von der altorientalisch-kanaanäischen Herrschafts- und Fruchtbarkeitssymbolik berichtet wird, wie sie in der Ornamentik vor allem der bronzenen Großobjekte in Erscheinung trat." (Noth, Könige, 167) Ohne dies nun im einzelnen entfalten zu können: Die Beobachtung Noths weist deutlich darauf hin, dass die Berichte von der phönizischen Beteiligung am Tempelbau und der Herstellung seiner Ausstattung nicht jeder historischen Grundlage entbehren können; vor allem die Vorstellung tyrischer Kunsthandwerker beim Tempelbau hätte man in späterer Zeit sicher nicht ohne Not in die Geschichte des kultischen Zentrums von Jerusalem hineingedichtet. Der Kunsthandwerker Hiram könnte durchaus eine fiktive Figur sein, womöglich eine Komposit-gestalt, in der die verschiedenen Handwerkergruppen, die am Tempelbau und der kultischen Ausstattung beteiligt waren, zusammengefasst wurden; hinter dieser literarischen Fiktion steht aber sicher eine historische Erinnerung, die sich in Hiram verdichtet.

23   Rudolph, Chronikbücher, 199; zu den Details der Abweichungen vgl. Japhet, Chronicles, 537.

24   Mit der Erwähnung von Tyrern und Sidoniern in I Chr 22,4, die bereits unter David Zedernholz nach Jerusalem geliefert haben sollen, wird eine für die Chronisten theologisch außerordentlich wichtige Verbindung zu David als dem Initiator des Tempelbaus geschaffen.

abtritt[25], und in II Chr 8,2, wonach Hiram Salomo die Städte übergeben haben soll, die Rede ist[26]. Die beiden widersprüchlichen Darstellungen in den Königs- und Chronikberichten lassen letztlich nur einen historischen Rückschluss zu: Es gab offensichtlich Grauzonen in den Grenzgebieten, über deren Zugehörigkeit verschiedene Meinungen im Umlauf waren – in denselben Bereich führte ja bereits Jos 19,29 mit der Erwähnung des Landes Kabul[27]. Während es für die Deuteronomisten noch möglich war, von einer Gebietsabtretung Salomos zugunsten Hirams zu berichten, haben die Chronisten die Sache schlichtweg auf den Kopf gestellt, weil ihnen diese Angelegenheit zu anstößig war; bei allen Konzessionen an die phönizischen Einflüsse, die sie in ihrer Darstellung der frühen Königszeit zu machen bereit waren, ging das nun doch entschieden zu weit – das Gebiet des Landes, das Israel von Jahwe überantwortet worden war, konnte kein König durch Abtretungen oder Geschenke an Phönizier verkleinert haben. Hier wird Tyros zum einen – von den Deuteronomisten – als Partner Israels verstanden, dem man auch sehr weitreichende Geschenke aus den Randgebieten des Nordens zu machen bereit war, wenn dadurch der Bau des zentralen Heiligtums in Jerusalem gesichert werden konnte; zum anderen wird Tyros – von den Chronisten – als ein Partner dargestellt, der Israel durchgängig untergeordnet ist und bleibt und der daher durchaus Geschenke machen kann, aber sicherlich keine Gebiete Israels in Besitz nimmt.

Während in den bislang dargestellten Episoden der Kontakte zwischen Hiram und Salomo der Name ‚Tyros‘ mehrfach fällt, finden sich in I Kön 9,26-28; 10,11f und II Chr 8,17f; 9,10.21 noch Nachrichten über Schiffsexpeditionen Salomos und Hirams, wo allerdings von Tyros dem Namen nach nicht die Rede ist[28]; der Sache nach geht es aber ganz klar noch immer um die Kontakte

---

25 Man darf allerdings nicht übersehen, dass Hiram das Geschenk Salomos gar nicht annimmt, weil ihm die Städte nicht gefallen haben (vgl. I Kön 9,12f).

26 Im Anschluss an Noth, Könige, 209-212, und Würthwein, Könige, 106-108, lässt sich als histori- scher Kern der Berichte die Abtretung einer Reihe galiläischer Städte durch Salomo an einen ausländischen König zur Finanzierung eigener Bauvorhaben ausmachen (vgl. dazu auch Fritz, Könige, 101; zu Versuchen, den Bericht der Chronik auf alte Traditionen zurückzuführen (vgl. Rudolph, Chronikbücher, 219), oder zu Ansätzen, die Berichte aus dem Chronik- und dem Königsbuch miteinander zu verbinden (vgl. Japhet, Chronicles, 621), vgl. Noth, Könige, 212, und auch Würthwein, Könige, 108 Anm. 5 (vgl. dazu oben Teil 4.1.2.2).

27 Vgl. Fritz, Könige, 102: „Noch kann die Grenze zwischen dem salomonischen Staatsgebiet und dem phönizischen Einflußbereich am Westrand Galiläas nicht näher bestimmt werden, aber in der Auseinandersetzung mit den phönizischen Ansprüchen auf das Hinterland der Küstenstädte kann es durchaus zu Grenzverschiebungen gekommen sein, so daß für Randzonen mit dem Wechsel staatlicher Zugehörigkeit gerechnet werden kann. Den Tausch von Land gegen Bau- materialien belegt das Stück nicht, eher ist mit einer nachträglichen Erklärung für eine in der frü- hen Königszeit erfolgte Veränderung des Grenzverlaufs zu rechnen."

28 Zur literarischen Form und Herkunft von I Kön 9f vgl. Noth, Könige, 208: „In 9,10-10,29 ist zum Ruhme Salomos allerlei Material aus verschiedenen Quellen ziemlich bunt aneinanderge- reiht worden." Zu den entsprechenden chronistischen Berichten vgl. Japhet, Chronicles, 629f,

zwischen Israel und Tyros in der frühen Königszeit. Auch wenn Tyros nicht namentlich genannt wird, sind diese kleinen, etwas verstreuten Notizen zu den Schiffsexpeditionen von besonderer Bedeutung für das Bild der Phönizier, das die deuteronomistischen und die chronistischen Texte zeichnen, denn hier wird ein entscheidender Topos des Phönizischen mehr oder weniger beiläufig eingespielt, der nicht fehlen darf, nämlich das Schiffahrtswesen, für das die Phönizier berühmt und berüchtigt waren[29]. Ganz gleich, ob Salomo und Hiram tatsächlich entsprechende Unternehmungen geplant und durchgeführt haben oder nicht – entscheidend ist im Zusammenhang der Frage nach dem Bild von Tyros, das die Texte zeichnen, dass hier das *image* gewissermaßen vervollständigt wird: Tyros ist eine Macht auf dem Meer – Ez 26 hat das Bild bis in die Details ausgeführt, die Deuteronomisten und die Chronisten haben es zumindest nicht ganz auslassen können.

Wenn man die verschiedenen Darstellungen der Beziehungen zwischen David, Salomo und Hiram im Blick auf das *image* von Tyros nebeneinander stellt, ergibt sich ein recht deutliches Bild, was sich in vielen Punkten mit dem Tyros-zyklus des Ezechielbuches berührt. Tyros erscheint durchweg als politische, wirtschaftliche und kulturelle Metropole: Die Stadt verschafft in Form der Gesandtschaft Hirams dem gerade inthronisierten König David seine erste internationale Anerkennung, Hiram schließt mit Salomo ein für beide Seiten bedeutendes Handelsabkommen ab, Tyros liefert Kenntnisse im handwerklichen und künstlerischen Bereich und geht mit Israel bis an die Grenzen dessen, was für die Verfasser der deuteronomistischen und chronistischen Texte denkbar schien, nämlich die Schiffahrt von Ezjon-Geber aus. Während jedoch die deuteronomistischen Texte die Episoden recht breit und ohne grundsätzliche Bedenken darstellen, spürt man den Chronisten das Bemühen ab, die phönizischen Spuren der eigenen Geschichte möglichst gut zu verwischen und letztlich nur das zuzulassen, was sich gar nicht bestreiten lässt. Hinter diesen Differenzen stehen maßgeblich die unterschiedlichen theologischen Intentionen der Geschichtsentwürfe der Deuteronomisten und der Chronisten, die den verschiedenen historischen Situationen geschuldet sind, aus denen heraus die jeweiligen Texte verstanden werden müssen. Während die deuteronomistischen Texte ein Bild von Tyros entwerfen, das am ehesten aus der Perserzeit heraus zu verstehen sein wird, in der unter der persischen Oberherrschaft die verschiedenen Satrapien und politisch-religiösen Einheiten in einem mehr oder weniger friedlichen Miteinander existierten, das den wirtschaftlichen und kulturellen Austausch und damit auch

---

und Rudolph, Chronikbücher, 221, demzufolge – im Blick auf die Beziehungen zwischen I Kön 9,26-28 und II Chr 8,17f – der Chronist den Text so verändert, „daß letztlich Salomo als der spiritus rector erscheint."

29 Diesen Topos schreibt Würthwein, Könige, 117f, dann noch fort, wenn er das Unternehmen kommentiert: „Die handelstüchtigen Phönizier, auf deren ‚Know-how' Salomo angewiesen war, werden gewiß darauf bedacht gewesen sein, daß sie nicht zu kurz kamen."

die Verständigung förderte[30], scheint hinter der chronistischen Abwehr des Fremden – neben der alles prägenden kultischen Reinheitstheologie – eine zeitgeschichtliche Lage durchzuscheinen, die am ehesten in die Zeit des zerfallenen Großreiches Alexanders des Großen und die auf der syropalästinischen Landbrücke ausgebrochenen Diadochenkämpfe zwischen Ptolemäern und Seleukiden zu gehören scheint, in deren Verlauf die Gemeinde des Zweiten Tempels das Problem der Beeinflussung der eigenen Identität durch das Fremde, in diesem Fall die hellenistische Kultur, deutlich zu spüren bekam und dieses Problem dann auch in ihren Geschichtsentwürfen rückprojizierend reflektiert. Ob in dieser Zeit darüber hinaus antiphönizische Stimmungen ihren Teil zur chronistischen Modifikation der Darstellung von Tyros beigetragen haben, lässt sich nicht mehr mit Sicherheit sagen, ist aber aufgrund der eher kritisch gesehenen phönizischen Präsenz in Juda, wie sie etwa indirekt Sach 14,21 bezeugt, nicht unwahrscheinlich.

5.1.3 Tyros in II Sam 24,7

In der vorliegenden Fassung der Samuelbücher findet sich II Sam 24 am Ende der Berichte, die das Königtum Davids zum Thema haben, und bildet hier, am Übergang der Herrschaft Davids zu der Salomos, den *hieros logos* des Jerusalemer Heiligtums[31], das – der Erzählung zufolge – seinen Ort in der Hauptstadt in erster Linie der Entscheidung Davids, die Tenne des Arauna zu erwerben, verdankt. Dass II Sam 21-24 literargeschichtlich einen späteren Zusatz bilden und damit den Zusammenhang zwischen II Sam 9-20 und I Kön 1f unterbrechen, darf dabei natürlich nicht übersehen werden[32]; doch die Redaktoren der vorliegenden Buchform haben diesen Einschub von II Sam 21-24 für sinnvoll erachtet und damit – neben anderem – den Bau des Tempels, der in den ersten Kapiteln des Königsbuches Salomo zugeschrieben wird, der Sache nach mit David verknüpft und so

---

30 Vgl. dazu V. Jigoulov, Phoenician City-states, 91: „Reading the DtrH materials as a reflection of the Achaemenid period also supports the conclusion that Jerusalem's association with Tyre at that time was a close one."

31 Vgl. dazu Hertzberg, Samuelbücher, 339, und zu den zahlreichen Details der Erzählung Mathys, Anmerkungen zu 2Sam 24.

32 Entweder deutet man II Sam 21-24 als einen Nachtrag, der eine Thronfolgegeschichte Davids von II Sam 9 bis I Kön 1f unterbrechen würde (vgl. dazu Rost, Thronnachfolge Davids, 191-243), oder man erkennt in II Sam 9-20 einen eigenen Darstellungskomplex, der von einem bewusst arrangierten Zyklus in c21-24 abgeschlossen wird (vgl. dazu Stoebe, Samuelis, 28-38). Diese redaktions- und kompositionsgeschichtlichen Probleme können hier vernachlässigt werden, da beide Erklärungsmodelle davon ausgehen, dass c21-24 späte literarische Produkte sind und damit sicher erst in nachexilischer Zeit verfasst wurden (vgl. dazu Mathys, Anmerkungen zu 2Sam 24, der im Blick auf die Erzählung für eine zeitliche Ansetzung in der Perserzeit plädiert) – und das ist für die Frage nach der Bedeutung von Tyros im Alten Testament entscheidend.

eine ideelle Beziehung zwischen David und dem Tempel hergestellt, die ihnen offensichtlich wichtig war.

In der vorliegenden Erzählung von der Volkszählung Davids, die nach II Sam 24,1 zunächst auf Jahwes Initiative zurückgeht, dann aber von Joab und später auch von David als problematisches Vergehen interpretiert wird, das zuletzt auch mit einer Strafe Jahwes geahndet wird, findet sich eine Passage in v4-9, in der ganz konkret von der Zählung Joabs berichtet wird. In diesem Zusammenhang werden bei der Aufzählung der Gebiete, die Joab durchschreitet, in v6 Sidon und in v7 Tyros, die befestigte Stadt (מבצר־צר), erwähnt. Insbesondere die Rede von der מבצר־צר schließt direkt an Jos 19,29 an, und auch wenn die Texte nicht in direkter Verbindung stehen sollten, so ist doch die Absicht hinter der Erwähnung von Sidon und Tyros in II Sam 24 und Jos 19 gleich: Von Dan aus geht es bei der Zählung – wie auch bei der Ausdehnung des Gebietes des Stammes Ascher in Jos 19 – noch weiter gen Norden, bis nach Sidon und Tyros sowie zu den Städten der Hiwiter und Kanaanäer, mit denen die syrischen und phönizischen Stadtkönigtümer gemeint sein werden[33]. Es handelt sich bei der vorliegenden Beschreibung der Route der Zählkommission unter Joab um Grenzpunktbeschreibungen, wie sie auch in Jos 19 vorliegen[34] – demnach hätte das davidische Großreich ein Gebiet umfasst, das von Sidon aus, das man allerdings als außerhalb des Reiches liegenden Grenzpunkt ansehen muss, bis in den Süden nach Beerscheba reichte[35]. Dass das unmöglich die historischen Sachverhalte des 10. Jh. v. Chr. beschreiben kann, zeigen bereits die erwähnten Berichte über Grenzverschiebungen in der Gegend von Kabul, das südlich von Tyros liegt, denn auf dieser Höhe müsste demnach die nordwestliche Grenze des davidischen Reiches gelegen haben, die dann von hier aus in den Nordosten bis nach Dan verlief, wo – in etwa auf der Höhe von Tyros, aber eben deutlich weiter im Osten – der nördlichste Punkt des Staatsgebietes Davids zu verorten wäre. Die Festlandregionen um Tyros und Sidon herum waren im 10. Jh. v. Chr. sicher in phönizischer Hand[36].

Es geht also auch den Verfassern von II Sam 24 darum, die große Zahl von kriegsfähigen Männern über ein möglichst großes Gebiet zu streuen und die

---

33 Vgl. Stoebe, Samuelis, 521f.

34 Das Prinzip wird hier aber wohl nur nachgeahmt und geht kaum auf alte Dokumente zurück: „Hier werden Fixpunkte aneinandergereiht, die nicht den Eindruck einer listenmäßigen Grenzbeschreibung machen und deren zeitlicher Ansatz unsicher bleiben muß." (Stoebe, Samuelis, 520) Dass die Passage in der Chronik fehlt, sollte nicht vorschnell zu Schlüssen hinsichtlich der zeitlichen Ansetzung von II Sam 24 verleiten; der Bericht in I Chr 21 ist an den Details der Zählung durch Joab schlichtweg nicht interessiert, vgl. dazu Japhet, Chronicles, 377, derzufolge in I Chr 21 „the census itself is actually outside the scope of the story. For the chronicler, having noted that a census was taken, the decisive factors are its results, and its theological ramifications."

35 Vgl. Stolz, Samuel, 302, der die Route der Zählkommission genau rekonstruiert.

36 Vgl. Fritz, Könige, 101.

Grenzen des davidischen Reiches über alle Maßen zu überdehnen[37]. Nach Süden
bestehen hier keine besonderen Möglichkeiten, das Gebiet zu erweitern, im
Norden kann man sich dagegen gut den syrischen und phönizischen König-
tümern annähern, so dass in der vorliegenden Gestalt des Berichtes der Eindruck
entsteht, Davids Heeresmacht stehe mehr oder weniger vor den Toren Sidons
und Tyros' – hier wie in Jos 19 ist Übertreibung ohne Maß das leitende Prinzip.
Umgekehrt gelesen scheint hier allerdings einmal mehr die militärische Bedeutung
und Macht von Tyros durch, bis an dessen Grenzen die Verfasser Israels waffen-
fähige Männer zählen lassen, um im Spiegel dieses großen Nachbarn die eigene
Stärke zu demonstrieren. Das *image* von Tyros wird damit zu einer Folie, vor
deren Hintergrund man ein Bild von sich selber entwirft, das in einer Zeit, in der
das Berichtete längst vergangen war, die eigene Identität sichern sollte.

5.1.4 Isebel von Tyros

Auch wenn damit der Rahmen der Belege für Tyros innerhalb des Alten Testaments gesprengt wird, weil von Tyros in den entsprechenden Texten kein einziges
Mal die Rede ist, muss hier noch knapp auf das Bild von Tyros eingegangen werden, das sich aufgrund der Eheschließung Ahabs mit der tyrischen Prinzessin
Isebel ergibt. Denn wenn Isebel tatsächlich eine Tyrerin gewesen ist[38], so könnte
ihre Darstellung durch die Deuteronomisten ein weiterer Mosaikstein für die
Rekonstruktion des Bildes von Tyros im Alten Testament sein.

Eine großartige Skizze Isebels hat Gunkel im Jahre 1912 entworfen: „Tochter Ethbaals
(Ithobaals), Königs von Tyrus, Gemahlin des israelitischen Königs Ahab, Mutter der
Könige Ahasja und Joram von Israel und der judäischen Königin Athalja. Ihre Ehe mit
Ahab sollte den Bund beider Völker besiegeln. Ihr zu Liebe erbaute König Ahab dem Baal
von Tyrus in der Residenz einen Tempel (I Kön 16,31f), gegen den Elias [...] so bitter
kämpfte. Die Königin mit ihrem Gefolge von Baalspropheten (I Kön 18,19) war die Seele
des Baaldienstes in Israel [...] und die eigentliche Gegnerin des Elia (I Kön 19,2). Im
Schimpfe spricht Jehu von ihren ‚Hurereien und Zaubereien' (II Kön 9,22), womit das
Treiben in dem fremden Gottesdienst bezeichnet werden soll. Auch die absolutistischen
Gelüste des Königs und seinen Justizmord an Naboth hat man der ausländischen Königin,
ihrer despotischen Staatsanschauung und ihrer tyrischen Tücke zugeschrieben (I Kön
21,5ff). Trotz des Hasses, den sie unter den Jahve-Begeisterten erregte, klingt durch die
Erzählungen eine ungewollte Anerkennung ihrer hoheitsvollen, selbstbewußten Haltung

---

37 Vgl. dazu Finkelstein/Silberman, David und Salomo, 100-102.180-183.

38 Vgl. dazu u. a. HALAT, 38, die Artikel von A. Jepsen, Isebel, 779f, und W. Thiel, Isebel, 246,
    sowie die Kommentare von Noth, Könige, 354f, und Würthwein, Könige, 202. Die Gegen-
    position einer Herkunft Isebels aus Sidon vertritt vor allem Timm, Dynastie, 224-231; ihm hat
    sich neben anderen auch Donner, Geschichte, 297f, angeschlossen; zur Diskussion des Problems
    vgl. oben Teil 4.1.2.3.

durch; dem Elias hat sie nach der griechischen Rezension von I Kön 19,2 sagen lassen:
‚Bist du Elias, so bin ich I.!‘, zwei gewaltige Gegner, einander ebenbürtig. Als echte Königin erwartete sie den Tod; geschmückt und geschminkt trat sie dem Mörder Jehu entgegen
an das Fenster der Burg und begrüßte ihn mit trotzigem Hohne. Grausig war ihr Tod; sie
ward von ihren eigenen Kämmerern herabgestürzt und von den Rossen im Burghof zerstampft, ihr Leib von den Hunden gefressen (II Kön 9,30-35). Der gräßliche Jehu soll sich
dafür auf ein Wort des Elias über sie berufen haben (II Kön 9,36f), das wir denn auch I
21,23 lesen. Würden wir von I. aus unparteiischeren Quellen wissen, so würden wir gewiß
der stolzen Königin, die freilich von Israel und Jahve nichts wußte, unsere Achtung nicht
versagen."[39]
    Wie Gunkels Ausführungen zu entnehmen ist, wird Isebel an mehreren Stellen in I
Kön 16; 18f; 21; II Kön 9 genannt, wobei erstens die von Isebel maßgeblich betriebene
Einführung der Verehrung Baals und die damit zusammenhängende Auseinandersetzung
mit Elia, zweitens die Ermordung und darauf folgende Enteignung Nabots durch ihre
Intrige und drittens die Ermordung Isebels durch Jehu die drei erzählerischen Höhepunkte
der Isebelberichte bilden.

Das Bild, das die deuteronomistischen Texte von Isebel entwerfen, ist ausgesprochen ambivalent, denn wenn die Phönizierin auch aufgrund ihrer vehementen Durchsetzung ‚kanaanäischer‘ Vorstellungen sowohl im religiösen als auch im
besitzrechtlichen Bereich ausgesprochen negativ beurteilt wird, so blenden die
Deuteronomisten ihre königliche Würde und Hoheit dennoch nicht vollkommen
aus; das ist an der Schilderung ihrer Haltung Jehu gegenüber deutlich zu erkennen. Gerade von diesem letzten königlichen Auftritt Isebels und ihrem anschließenden schändlichen Tod her stellt sich jedoch die Frage, ob die Darstellung dieser Frau etwas zur Rekonstruktion des *image* von Tyros beitragen
kann; die Deuteronomisten scheinen mit ihr eine völlig singuläre Einzelgestalt
darzustellen, die nicht von ihrer phönizischen oder tyrischen Herkunft her bewertet wird, sondern die aufgrund ihrer herausragenden Persönlichkeit Anstoß
erregt. Es ist ganz ohne Zweifel ihre phönizische Herkunft, die sie in Konflikt mit
den alten Traditionen Israels kommen lässt; doch dass innerhalb der Erzählungen
nach I Kön 16 an keiner Stelle mehr von ihrer Herkunft die Rede ist, zeigt deutlich, dass man Isebel als grandiose Einzelgestalt beurteilte; sie ist Prinzessin und
Phönizierin, wird zur Königin und Israelitin, bleibt dabei ihr Leben lang eine
Verehrerin Baals – und all das verdichtet sich in den deuteronomistischen Be-

---

39 Gunkel, Isebel, 703f – vor allem nach den etwas trockenen Eingangszeilen, die *comme il faut* im
    Stil eines Lexikonartikels gehalten sind, spürt man Gunkel seine Bewunderung für die tyrische
    Prinzessin und Königin Israels ab, der er sich schreibend nähert. Die Darstellungen Isebels von
    Jepsen, Isebel, 779f, und Thiel, Isebel, 246, setzen kaum andere Akzente als Gunkel; es ist allerdings zu beachten, dass Thiel in seinem Beitrag stärker als Gunkel und Jepsen zwischen den einzelnen Überlieferungsbestandteilen differenziert und älteres Material von jüngeren Berichten und
    Wertungen zu unterscheiden versucht. Eine eingehende Analyse der einschlägigen Texte mitsamt
    einer Aufarbeitung der Forschungsgeschichte sowie rezeptionsgeschichtlichen Ausblicken hat
    jetzt D. Pruin, Geschichten und Geschichte, vorgelegt.

richten nahezu symbolhaft in ihrer Person, mit der sie ihren Gegnern gegenüber-tritt. Die von Gunkel zitierte Antwort Isebels an Elia, die nur in der griechischen Version von I Kön 19,2 überliefert ist, könnte direkt aus einem klassischen Drama stammen; neben vielem anderen ist diese Frau vor allem eines – nämlich sie selber, Isebel[40].

Über das Bild von Tyros im Kreis der Deuteronomisten und damit über das *image* der Stadt im 6./5. Jh. v. Chr. lässt sich damit wenig gewinnen; die kritisch-ablehnende Haltung Isebel gegenüber gilt in erster Linie ihr selber, nicht ihrer Herkunft. Was die Deuteronomisten von den Beziehungen zwischen Israel und Tyros hielten, zeigt sich daher nach wie vor am deutlichsten in den Berichten über die Kontakte zwischen David, Salomo und Hiram – hier wird das deutero-nomistische Bild der Stadt entworfen. Aber letztlich entspricht dieses durchaus positive Bild von Tyros, das die Deuteronomisten in der exilisch-nachexilischen Zeit zeichneten, durchaus den Beziehungen zwischen Israel und Tyros im 9. Jh. v. Chr., die die Deuteronomisten aufgrund der sich in dieser Zeit ausbreitenden fremden Einflüsse ablehnten, die aber faktisch *in ihrer Zeit* nicht negativ bewertet worden sein können – die Ehe zwischen dem israelitischen König und der tyrischen Prinzessin spricht vielmehr für eine Fortsetzung oder auch Wiederauf-nahme der guten Beziehungen, die schon David, Salomo und Hiram miteinander pflegten. In dieser Erkenntnis liegt der eigentliche historische Wert der Isebel-berichte für die Geschichte Israels im 9. Jh. v. Chr.[41]. Man muss offenbar genau unterscheiden zwischen der deuteronomistischen Bewertung Isebels auf der einen und den Beziehungen zwischen Israel und Phönizien im 9. Jh. v. Chr. auf der anderen Seite. An Isebel haben sich sicherlich schon früh die Geister geschie-den[42]; aber die Grundlage, auf der es überhaupt erst dazu kommen konnte, dass man sich mit ihr auseinandersetzen musste, bilden die guten Beziehungen, die man im Israel der Omridenzeit zu seinen nördlichen Nachbarn pflegte.

---

40 I Kön 19,2 lautet in der Fassung der Septuaginta: „[…] εἰ σὺ εἶ Ηλιου καὶ ἐγὼ Ιεζαβελ […].“

41 Vgl. dazu Donner, Geschichte, 297: „Es scheint, als habe schon Omri damit begonnen, freund-liche Beziehungen zu den Handelsstädten der phönikischen Küste herzustellen, vermutlich aus ökonomischen und handelspolitischen Gründen, wegen der Absatzmärkte für den Agrarüber-schuß und der Beteiligung am mediterranen Fernhandel. Diese Befreundungspolitik mit den Phönikern erlebte dann unter Ahab ihre Blütezeit.“

42 Thiel, Isebel, 246, vermutet die Anfänge des negativen Isebelbildes bereits in der Zeit der Dynastie Jehus, in der man die Ermordung der Königin durch Jehu mit der Darstellung einer äußerst fremdartigen und befremdenden Despotin zu rechtfertigen versuchte.

5.1.5 Die Tyrer in Esr 3,7 und Neh 13,16

Auch im Esra-Nehemiabuch, also einer Textsammlung, die die nachexilische Zeit zum Gegenstand hat[43], wird von Tyros berichtet; namentlich wird hier aber nicht צֹר genannt, sondern es kommen die צֹרִים, die Einwohner der phönizischen Metropole, in den Blick. Genau genommen finden sich nur zwei kurze Verweise auf die Tyrer, die jedoch einen wichtigen Einblick in das *image* geben, das die Tyrer und ihre Heimatstadt Tyros in der sich konstituierenden Gemeinde des Zweiten Tempels im 5. und 4. Jh. v. Chr. hatten[44].

Die erste Erwähnung der צֹרִים findet sich in Esr 3,7. Esr 3 gehört zum ersten Teil des Esrabuches, der Esr 1-6 umfasst und die Berichte vom Wiederaufbau des Tempels am Ende des 6. Jh. v. Chr. zum Gegenstand hat[45]. Nach Esr 3,7 hätte man den Sidoniern und Tyrern וּמַאֲכָל וּמִשְׁתֶּה וָשָׁמֶן – Speise, Trank und Öl – gegeben, damit sie Zedernholz vom Libanon auf dem Seeweg nach Jaffa brächten. Die zu Beginn des Verses genannten Steinmetze und Zimmermänner sowie die Notiz, dass dies alles dem Erlass des Perserkönigs Kyros entspreche, rahmen die Informationen über die Phönizier und sollen wohl den Eindruck erwecken, dass zum einen auch die Handwerker – dem salomonischen Tempelbau entsprechend[46] – phönizischer Herkunft gewesen seien, und dass zum anderen der Perserkönig sich in seinen Erlassen mit den Details der Materiallieferungen für den Jerusalemer Tempelneubau befasst hätte[47]. Die Verfasser des Textes stellen so „den engsten Bezug zwischen dem ersten und dem zweiten Tempel her; an die Stelle des Königs von Tyrus in den Tagen Salomos tritt jetzt der Perserkönig Cyrus"[48]. Der kurze Hinweis auf die Lieferungen der Phönizier und die Gegenleistungen der Judäer lehnt sich neben seiner Nähe zu den deuteronomistischen Berichten über den ersten Tempelbau sehr eng an die entsprechenden Darstellungen der Chronik an[49]; diese Nähe reicht bis hin zu der Voran-

---

43   Zu den literarhistorischen Problemen des Esra-Nehemiabuches, insbesondere hinsichtlich der Quellen und der Redaktionsgeschichte, vgl. die Ausführungen von R. G. Kratz, Komposition, 53-92, und Witte, Schriften, 489-499; zur historischen Auswertung des Esra-Nehemiabuches vgl. zudem Donner, Geschichte, 449-465.

44   In die gleiche Phase gehören wohl auch einige der prophetischen Belege für Tyros; vgl. dazu die Teile 5.2.4 bis 5.2.7.

45   Zugrunde liegt Esr 1-6* wohl eine Tempelbauchronik in Esr 4,8-6,18, „die sekundär um die hebräischen Teile in Esr 1,1-11; 3,1-4,7 und 6,19-22 erweitert wurde" (Witte, Schriften, 495).

46   Vgl. I Kön 5,20.32.

47   In dieselbe Richtung geht eine Notiz in III Esr 4,48; vgl. dazu aber Rudolph, Esra und Nehemia, 31: „Die Erlaubnis des Cyrus bezieht sich auf den Tempelbau im allgemeinen, nicht speziell auf die Herbeischaffung des Zedernholzes, wovon die Edikte 1,2ff. und 6,3ff. nichts enthalten (3 Esr 4,48 ist nur aus unserer Stelle herausgesponnen […])." Zur Politik der Perser in den unterworfenen Gebieten, insbesondere hinsichtlich des Kultes, vgl. S. Grätz, Edikt, 263-266.

48   Galling, Chronik, 193.

49   Vgl. dazu I Chr 22,2-4; II Chr 2; zu den Details vgl. Gunneweg, Esra, 75.

stellung der Sidonier vor die Tyrer, in der sich Esr 3,7 und I Chr 22,4 entsprechen. Dass Sidon in anderen Texten aus der nachexilischen Zeit immer *nach* Tyros genannt wird oder sogar ganz ausfällt[50], lässt an der historischen Zuverlässigkeit der Information in Esr 3,7 zumindest Zweifel aufkommen[51]. Offensichtlich kam es den Verfassern an dieser Stelle nicht so sehr auf die Phönizier an; vielmehr bestand ihre Absicht darin, den Tempelbau des 6. Jh. v. Chr. möglichst eng an den Tempel Salomos heranzurücken; in diesem Kontext waren die Phönizier ein unbedingt nötiges Detail, das man nicht übergehen konnte und wollte. Das weist zum einen darauf hin, dass eine phönizische Beteiligung am Tempelbau des 6. Jh. v. Chr. zumindest denkbar war und Sidon und Tyros – trotz der vehementen Reinheitstheologie, die die Verfasser des Esra-Nehemiabuches entwickeln[52] – als Helfer für die Rekonstruktion nicht völlig ausgeschlossen waren; daraus folgt zum anderen, dass die Phönizier als Rohstofflieferanten auch in nachexilischer Zeit für Juda wichtige Handelspartner gewesen zu sein scheinen. Ob und in welchem Umfang das jedoch die Materialien für den Bau des Zweiten Tempels betraf, lässt sich aufgrund der kurzen Notiz in Esr 3,7 nicht mehr bestimmen.

An zweiter Stelle werden die צרים in Neh 13,16 genannt. Neh 13 gehört in den Kontext der sogenannten ‚Denkschrift Nehemias‘, gewissermaßen eines Rechenschaftsberichtes, den Nehemia über seine Tätigkeit in Jerusalem im letzten Drittel des 5. Jh. v. Chr. ablegt[53]. Auch in Neh 13,16 spielen die Tyrer eine Rolle im Zusammenhang des Tempels, doch nicht als Lieferanten von Baumaterialien, sondern als Händler für Fische und Waren aller Art[54]. Die Tyrer haben damit nach Ansicht Nehemias einen entscheidenden Anteil an der Entheiligung des Sabbats und werden aus diesem Grund am Sabbat aus der Stadt ausgeschlossen – wobei sich dieser Ausschluss offenbar nicht ganz problemlos bewerkstelligen lässt

50 Vgl. die Teile 5.2.4 bis 5.2.7.
51 Vgl. Rudolph, Esra und Nehemia, 31.
52 Vgl. Esr 9f; Neh 10; 13.
53 Vgl. dazu Witte, Schriften, 494-497; im Blick auf die formgeschichtlichen Probleme der Nehemia-Denkschrift vgl. den klassischen Aufsatz von G. von Rad, Die Nehemia-Denkschrift, der den Text mit ägyptischen Beamteninschriften vergleicht. Eine differenzierte literargeschichtliche Analyse der Denkschrift führt J. L. Wright, Rebuilding Identity, durch; er unterscheidet innerhalb des Nehemiabuches insgesamt sieben literarische Schichten voneinander, wobei er Neh 13,16 einem ‚Fifth Stratum‘ zuordnet, das er folgendermaßen charakterisiert: „Paragraphs in which Nehemiah (presumably as governor) diverts his attention from the wall and institutes ‚extramural‘ reforms before the twenty-fifth of Elul; characterized by the use of זכרה-prayers. At this stage, the building-report has become an account of Judah's Restoration." (Wright, Rebuilding Identity, 340)
54 Vgl. dazu die ganz ähnlichen Vorwürfe gegen die ‚Kanaanäer‘ in Sach 14,21 (vgl. Teil 5.2.7); zum ökonomischen Einfluss der Phönizier im nachexilischen Juda meint Müller, Phönizien, 200: „Vermutlich macht sich die Unterwanderung die immer noch vorwiegend landwirtschaftliche Erwerbsweise der Juden zunutze; die fortgeschritteneren Phönizier füllen hier eine Lücke des Wirtschaftslebens."

und Nehemia nach v21 den Händlern explizit Gewalt androhen muss, bis sie letztlich das Feld räumen, so dass der Sabbat handelsfrei begangen werden kann[55]. Gerade diese letzte Szene zeigt deutlich das *image*, das die Tyrer offensichtlich haben. Ganz gleich, ob der Vers zur eigentlichen Denkschrift Nehemias gehört oder erst einer späteren Erweiterung zuzuschreiben ist[56]: Man hat hier ein Zeugnis aus dem 5./4. Jh. v. Chr. vor Augen, das die wenig wohlwollende Wahrnehmung der Tyrer in der Perserzeit dokumentiert[57]. Der hier geschilderte tyrische Handel kommt nicht ganz so glanzvoll daher wie das tyrische Handelsschiff in Ez 27. Während im Tyroszyklus ein farbiges Panorama der tyrischen Handelsbeziehungen entworfen wird, befindet man sich mit Neh 13,16 in den Details des grauen Krämeralltags, der wohl das Leben vieler Tyrer in der Perserzeit prägte und sie in ferne Lande führte[58] – ob immer aus freien Stücken oder doch auch aus der ökonomischen Not und Notwendigkeit heraus, lässt Neh 13,16 nicht deutlich erkennen, doch das vehemente Beharren der Tyrer auf ihrem Handel auch noch vor dem Stadttor[59] spricht entweder für ihren Starrsinn oder aber ihre massive Abhängigkeit von den Handelsgewinnen[60].

---

55 Zu dieser ‚Marktordnung' Nehemias vgl. Donner, Geschichte, 460.

56 Vgl. dazu die literarhistorische Analyse von Neh 13,15-22 bei Wright, Rebuilding Identity, 221-242.

57 Vgl. dazu auch Jigoulov, Phoenician City-states, 80: „The negative attitude toward Tyrians and the complete absence of Sidonians in the Nehemiah passage reveal a theological and ideological stance of the author of Nehemiah that was unique among the writers from the Persian or Hellenistic periods."

58 Vgl. dazu Galling, Chronik, 253: „Im 3. Jh. v. Chr. gab es an verschiedenen Orten, wie Sichem und Maresa, Sidonierkolonien; so wird es auch – kaum vor 200 v. Chr. – in Jerusalem eine Tyrerkolonie gegeben haben." Ob mit einer regelrechten Kolonie bereits im 5. Jh. v. Chr. gerechnet werden kann, lässt sich letztlich nicht mehr klären; wenn Neh 13,16 jedoch davon berichtet, dass die Tyrer am Sabbat der Stadt verwiesen werden, wird man nicht annehmen können, dass dieselben Tyrer inmitten der Stadt ansässig waren. Zu tyrischen Handelsniederlassungen außerhalb Jerusalems im 5. Jh. v. Chr. vgl. Herodot II 112, wo davon die Rede ist, dass Tyrer um den Tempelbezirk von Memphis herum *wohnen* (περιοικέουσι), was doch eine andere Form tyrischer Präsenz anzuzeigen scheint als die in Neh 13,16 vorausgesetzte (vgl. oben Teil 4.1.3.1).

59 Dass die Händler nach Nehemias Eingreifen am Sabbat außerhalb der Stadt bleiben mussten und sich damit nicht mehr im sicheren Schutz der neu errichteten Stadtmauer Jerusalems aufhalten konnten, lässt zumindest ihre soziale Stellung erahnen – besonders stolze und einflussreiche Händler waren die Tyrer aus Neh 13,16 wohl nicht.

60 Vgl. J. Becker, Esra/Nehemia, 118: „Durch Übernachten in der Nähe der Mauer versuchen die Händler Käufer aus der Stadt herauszulocken."

5.2 Tyros in den Prophetenbüchern

5.2.1 Tyros in Jes 23

Die prophetischen Texte, in denen von Tyros die Rede ist, stehen dem ezechielischen Tyroszyklus der Form und dem Inhalt nach näher als die Erzählungen von den Beziehungen zwischen Israel und Tyros unter David, Salomo und Hiram. Diese formale und inhaltliche Nähe wird besonders deutlich greifbar in dem die Fremdvölkerorakel des Jesajabuches abschließenden Kapitel Jes 23[61], das mit der Überschrift צר משא eröffnet wird und damit den Eindruck erweckt, man habe es hier mit einem Text zu tun, in dem Tyros im Zentrum steht. Eine genauere Analyse zeigt jedoch, dass dies nicht der Fall ist, sondern dass vor Tyros zunächst einmal Sidon in den Blick genommen wird und in v11 dann noch von כנען die Rede ist, so dass man Jes 23 sicherlich nicht als ein Tyrosorakel bezeichnen kann, sondern angemessener von einem Phönizienwort sprechen muss.

Versucht man den Text in seine einzelnen Bestandteile zu gliedern, so fällt zunächst einmal der Kehrvers in v1bα und v14 auf, der einen in sich geschlossenen Textzusammenhang v1bα-14 umfasst; inhaltlich werden in diesen Kehrversen אניות תרשיש, die phönizischen Handelsschiffe, dazu aufgefordert, ihre zerstörte Festung zu beweinen[62], so dass von diesen Rahmenversen her bereits deutlich wird, dass Jes 23 nicht als Weissagung verstanden werden will, sondern ein bereits eingetroffenes Ereignis reflektiert; es handelt sich somit nicht um ein Orakel, sondern um einen Aufruf zur Klage[63]. Innerhalb des Textkorpus v1bα-14 unterbrechen v5 und v13 den poetischen Textablauf; Sinn und Absicht dieser Unterbrechungen lassen sich nur schwer ermitteln, aber v5 scheint eine überleitende und v13 eine erklärende Funktion zu haben. Betrachtet man nun v1bα und v14 als den Text rahmende Klageaufrufe, bleibt für die innere Begründung dieser Aufrufe ein Binnentext v1bβ-12, der sich seinerseits in die Abschnitte v1bβ-4, v6-9 und v10-12 untergliedern lässt. Die an v1b-14 anschließende Passage v15-18, eingeleitet durch das auffällige והיה ביום ההוא, ist an den vorangehenden Klageaufruf genau so angehängt, wie v1a dem ganzen Kapitel als Überschrift voransteht.

Diese Textgliederung erlaubt zugleich einen Einblick in die literarhistorischen Prozesse, die hinter dem Text stehen[64]: Während der Kerntext v1bα-14* die

---

61 Zur Komposition der jesajanischen Sammlung von Fremdvölkersprüchen, auf die hier nicht weiter eingegangen werden kann, vgl. die neueren Studien von U. Berges, Jesaja, 139-198, und U. Becker, Jesaja, 271-280.

62 Das unklare מביא in v1b ist wohl zu ändern; entweder liest man ביתם oder ändert nach v14 zu מעזכם (vgl. dazu Wildberger, Jesaja 13-27, 855).

63 Vgl. Wildberger, Jesaja 13-27, 861, und Höffken, Jesaja, 173.

64 Über die literarhistorischen Probleme gehen die Meinungen weit auseinander. Rudolph, Jesaja 23, 166-174, möchte Jes 23 als eine Einheit verstehen, innerhalb derer er allerdings mit einigen Versumstellungen rechnen muss; der Text sei insgesamt als Weissagung zu deuten und daher

älteste Textstufe widerzuspiegeln scheint, liegen in den ergänzenden Unterbrechungen in v5 und v13[65], dem fortschreibenden Anhang in v15-18 sowie der
vorangestellen Überschrift Spuren eines Redaktionsprozesses vor, die darauf
hinweisen, dass es den späteren Bearbeitern des Textes darum ging, die Bedeutung von Tyros in besonderer Weise herauszustellen, denn sowohl die Überschrift als auch der Anhang in v15-18 schreiben Tyros eine zentrale Funktion
innerhalb des Textes zu, was in abgestufter Weise auch für v5 gilt, der zwischen
dem ersten Abschnitt v1-4 und dem zweiten Abschnitt v6-9 eine Verbindung
herstellt; lediglich die Bezüge auf die Chaldäer und auf Assur in v13 setzen noch

zeitlich im ausgehenden 8. Jh. v. Chr. anzusetzen. Wildberger hält den Text ebenfalls für eine literarische Einheit – allerdings mit Einschränkungen: „Tatsächlich besteht kein Grund, die Einheitlichkeit von 1-14 (abgesehen von V. 5 und 13) in Frage zu stellen." (Wildberger, Jesaja 13-27,
860); er liest den Text jedoch nicht als Weissagung, sondern als einen Klageaufruf aus spätassyri-
scher Zeit (Wildberger, Jesaja 13-27, 865), der durch die späteren Ergänzungen in v15-18 zu einer Unheilsweissagung umfunktioniert wurde (Wildberger, Jesaja 13-27, 879). Fohrer gliedert Jes
23,1-14 dagegen in drei Abschnitte, die sich auf Sidon, Tyros und letztlich ganz Phönizien beziehen und aus der Situation des 4. Jh. v. Chr. heraus zu verstehen sind: „Die Klage über Sidon bezieht sich am ehesten auf die Zerstörung durch den Perserkönig Artaxerxes III. Ochus (343 v.
Chr.), die über Tyrus auf die Zerstörung durch Alexander den Großen (332 v. Chr.). Der Dichter
hat bald darauf unter das Ganze seinen Schlußstrich gezogen." (Fohrer, Jesaja, 258); die Anhänge
in v15-18 deutet Fohrer vor dem Hintergrund des Wiederaufstiegs von Tyros im 3. Jh. v. Chr.:
„Dieser setzte ein, nachdem Ptolemäus II. der Stadt im Jahr 274 v. Chr. die Verwaltungsauto-
nomie verliehen hatte." (Fohrer, Jesaja, 260) Kaiser interpretiert Jes 23 ganz ähnlich, auch wenn
er davon ausgeht, dass Jes 23,1-14 „ursprünglich allein Sidons Fall im Auge hatte, aber später
unter dem Eindruck einer über Tyros hereingebrochenen Katastrophe uminterpretiert worden
ist. Sie kann allein mit der Eroberung der Inselfeste durch Alexander den Großen im Sommer
des Jahres 332 v. Chr. identifiziert werden" (Kaiser, Jesaja, 132; vgl. dazu auch Höffken, Jesaja,
173f); die nachträgliche Ergänzung v15-18 deutet Kaiser ebenfalls aus der Situation nach 274 v.
Chr.: „Der Glossator hat den Neuaufstieg von Tyros mit der Herrschaft eines anderen als des
Erobererkönigs in Verbindung gesetzt und dabei entweder seinem Wissen um die Wiederver-
leihung der Autonomie durch Ptolemaios II. verschlüsselten Ausdruck gegeben oder eine andere,
uns unbekannte Begünstigung von Tyros im Auge gehabt, sofern er nicht einfach spekulierte."
(Kaiser, Jesaja, 140) T. Fischer/U. Rüterswörden, Aufruf zur Volksklage, 36-49, setzen Jes 23
wie Fohrer und Kaiser in nachexilischer Zeit an und unterscheiden eine Urvorlage, einen ‚Aufruf
zur Klage in Kanaan' aus der Alexanderzeit, von einem sekundären Glossar, das teilweise innerhalb der Urvorlage, teilweise in den Anhängen zu finden sei: „Die Urvorlage betont weniger die
Zerstörungen im ‚Küstenlande' als vielmehr die besonderen Kriegs*folgen*: den Verlust des nach
Westen ausgerichteten Seehandels und die Aufforderung sowohl an ‚Kanaan' als auch an ‚Tarsis',
d. h. Phönizier und Punier, sich mit der politisch gründlich veränderten Lage auf die mühselige
Landarbeit umzustellen." (Fischer/Rüterswörden, Aufruf zur Volksklage, 48); in dem sekundären Glossar aus dem 3./2. Jh. v. Chr. sei vor allem „die apologetische Funktion im Sinne des
Jerusalemer Tempelpersonals und seiner materiellen Belange" (Fischer/Rüterswörden, Aufruf
zur Volksklage, 49) bemerkenswert. Einen Überblick über die Forschungsgeschichte zu Jes 23
gibt R. R. Lessing, Interpreting Discontinuity, 66-98; vgl. dazu jedoch die Rezension von
Höffken, der das am ‚*rhetorical criticism*' orientierte Vorgehen dieser Arbeit und die damit verbundenen Probleme zusammenfasst.
65 Wildberger, Jesaja 13-27, 860f, spricht im Blick auf v5 und v13 von Glossen.

einmal andere Akzente und sind wohl als ein Versuch zu verstehen, die Lektüre des Textes durch erklärende Lesehilfen zu erleichtern.

Worum geht es nun in dem älteren Phönizienwort in v1bα-14*? Im ersten Abschnitt v1bβ-4 stehen sidonische Händler im Mittelpunkt, die bei ihrer Rückkehr aus Zypern (מבוא מארץ כתים, v1bβ) vom Untergang ihrer Heimatstadt Sidon erfahren. Die Anklänge an Ägypten in v3 werden von der späteren Fortschreibung in v5 aufgenommen, so dass Ägypten gewissermaßen die literarische Brücke zum zweiten Abschnitt v6-9 bildet, der in v6b mit dem aus den Kehrversen bereits bekannten Imperativ הילילו eröffnet wird. Hier steht nun Tyros im Zentrum, das in v8 ausdrücklich genannt wird; der Untergang von Tyros wird innerhalb dieser Passage im Plan Jahwes verankert, der mit seiner Vernichtung den Hochmut (גאון, v9) der Stadt zu Fall bringt. Nach dieser theologischen Reflexion setzt v10 noch einmal neu ein, indem Tarschisch nun dazu aufgerufen wird, sein Land zu bebauen, da die Werften und damit die Handelsaktivitäten dahin sind; dieser dritte Abschnitt v10-12 ist geprägt durch v11, in dem die Vernichtungsabsicht Jahwes gegen כנען, gemeint ist in diesem Kontext sicher Phönizien, wiedergegeben wird: Sidon soll daher seinen Jubel abbrechen, denn selbst auf Zypern wird keine Ruhe mehr zu finden sein. Das Nebeneinander von Tarschisch, Sidon und Kanaan scheint darauf hinzudeuten, dass in dem Abschnitt v10-12 Phönizien insgesamt im Blick ist. Man hätte es demnach in v1bα-14* mit einem Aufruf zur Klage über Phönizien zu tun, dem eine große und womöglich relativ umfassende Vernichtungswelle vorausging. Das ist in dieser Weise erst aus der Situation des 4. Jh. v. Chr. zu verstehen, in dem unter persischer Oberherrschaft zunächst Sidon nach dem missglückten Aufstand vernichtet[66] und dann unter Alexander dem Großen auch Tyros zum ersten Mal in seiner Geschichte eingenommen und teilweise zerstört wurde[67]. Zwischen beiden Ereignissen liegt zwar der Wechsel von den Persern zu den Griechen, die Verfasser des Phönizienwortes in Jes 23 verschmelzen in ihrem Text jedoch die verschiedenen Etappen des Geschickes der beiden phönizischen Städte zu einem einheitlichen Klageaufruf über die Ereignisse[68]; es besteht daher auch kein Grund, den Text zwanghaft auf Sidon oder Tyros hin umzubiegen, womöglich noch mit Eingriffen in den überlieferten Textbestand[69] – die redaktionelle Überschrift von Jes 23 hat hier zu Missverständnissen geführt, die ein Blick auf den Inhalt des Kapitels jedoch schnell aufklären kann. In Richtung Tyros lenkt allerdings nicht nur v1a

---

66 Vgl. oben Teil 4.1.3.1.

67 Vgl. oben Teil 4.1.3.2.

68 Im Blick auf diese historischen Verschmelzungs- und Transformationsprozesse erweist sich Jes 23 gewissermaßen als der kleinere Bruder des umfangreichen ezechielischen Tyroszyklus, in dem allerdings nicht nur historische Ereignisse miteinander verschmolzen werden, sondern auch zahlreiche Details aus dem ökonomischen und kultischen Leben der phönizischen Metropole rezipiert, transformiert und so in den Text eingearbeitet werden.

69 Vgl. zur Kritik daran auch Fohrer, Jesaja, 257f.

den Blick, sondern auch die Fortschreibungen in v15-18 rücken Tyros und seine über den Untergang hinausgehende Zukunft in den Mittelpunkt.

Was für ein Bild wird hier von Tyros entworfen? Der vorgelegten Analyse zufolge müssen vor allem v6-9 und v15-18 genauer betrachtet werden, auch wenn innerhalb dieses umfassenden Phönizienwortes nicht ganz klar zwischen Sidon und Tyros unterschieden werden kann, weil die Textabschnitte miteinander verwoben sind, wie der Schlussteil v10-12 zeigt. Innerhalb des Klageaufrufes werden in v6-9 bekannte Vorstellungen aus dem Repertoire der Beschreibungen für Phönizien wiedergegeben, die im nachexilischen Juda offensichtlich umliefen. In v6f wird auf die tyrischen Kolonisationen angespielt, die bis nach Tarschisch, also den äußersten Westen des Mittelmeeres führten. V8 thematisiert die aus Ez 27 bekannten Handelsaktivitäten der phönizischen Metropole; hier wird mit der Form סחריה sogar dieselbe Terminologie wie in Ez 27 verwendet, was insofern auffällig ist, als die Wurzel סחר in der alttestamentlichen Literatur sonst nur sehr selten gebraucht wird. Nach Jes 23,8 seien die tyrischen Händler zudem wie Fürsten gewesen, die in aller Welt geehrt wurden. Von dieser Anerkennung der Tyrer her ist wohl auch das überraschende Partizip המעטירה zu verstehen, mit dem in v8a Tyros als eine ‚Krönende‘ beschrieben wird; es könnte sich dabei an dieser Stelle um ein Bild handeln, das der Darstellung des tyrischen Handels eine spektakuläre Gloriole aufsetzen sollte; vielleicht wird hier aber doch eher der schon in der Antike wichtige Zusammenhang zwischen wirtschaftlicher und politischer Macht reflektiert, demzufolge die Tyrer nicht nur Handel getrieben, sondern auch Einfluss auf politische Entwicklungen genommen hätten, beispielsweise auf die Einsetzung von Fürsten und hohen Beamten in den Regionen, mit denen sie ökonomische Beziehungen unterhielten[70]; das Partizip המעטירה allein kann weiterreichende Folgerungen allerdings nicht stützen. Dass Jahwe nach v9 dem weltlichen Ruhm, der Ehre und allem Stolz ein Ende macht, ist ein theologischer Allgemeinplatz[71], der an dieser Stelle auf das Ende der Stadt Tyros bezogen wird; die Anklänge an den Vorwurf der Überheblichkeit aus Ez 28 sind nicht zu überhören; mit den entsprechenden Anklagepunkten – Stolz, Hochmut, Überheblichkeit – wurde offensichtlich an verschiedenen Stellen das Gerichtshandeln Jahwes begründet.

Dieses Ende ist allerdings nicht von langer Dauer, denn während im Ezechielbuch Erinnerungen an eine auf den Untergang von Tyros folgende Geschichte nur schwach in Ez 29,17ff durchschimmern, liegen die Dinge in Jes 23

---

70   Vgl. dazu Wildberger, Jesaja 13-27, 876; anders und ungleich konkreter dagegen der Erklärungsversuch von Fischer/Rüterswörden, Aufruf zur Volksklage, 44: „Da Alexander zunächst einen schweren Goldkranz, das Geschenk der Stadt an ihn, annimmt, wäre diese Stelle im ironischen Sinne zu verstehen."

71   Vgl. Jes 5,15; 10,12; 13,11; Jer 13,9; Sach 10,11; Hi 40,11-13.

um einiges klarer: Bereits nach siebzig Jahren, also nach einem Menschenalter[72], kommt es zu einer Wende: Mit dem alten prophetischen Bild der Hurerei[73] wird das wiedererstehende Tyros beschrieben. In einem derben Spottlied wird die Hure Tyros in v16 dazu aufgefordert, auf sich aufmerksam zu machen, um dem Vergessen zu entgehen[74]. Nach v17 wird sich Jahwe nach Ablauf der siebzig Jahre um Tyros kümmern (פקד[75]), die Stadt wird mit allen Reichen der Erde Unzucht treiben, ihr Hurenlohn wird jedoch Jahwe geweiht und nicht gespeichert, sondern direkt denjenigen zugute kommen, die vor dem Herrn wohnen: Sie werden satt werden und sich erlesen kleiden. Die Entschlüsselung dieser Ankündigung fällt nicht schwer: Offensichtlich profitiert die Jerusalemer Tempelgemeinde direkt von den erneuten ökonomischen Aktivitäten der phönizischen Metropole, die im 3. Jh. v. Chr. ihre Selbständigkeit weitgehend wiedererlangt hatte[76]; das Handelstreiben von Tyros wird zwar im Bild der Hurerei beschrieben, das führt nach v18 allerdings nicht dazu, dass man im Umfeld des Jerusalemer Tempels mögliche eigene Gewinne aus diesem Treiben abzulehnen bereit wäre[77]. Die moralische Zwielichtigkeit, die dem phönizischen Handel unterstellt wird und an der die nachexilischen Tempelangehörigen v18 zufolge Anteil haben, wird mit dem Mantel des Pragmatismus zugedeckt, der die nachexilische Tempelgemeinde zu einer zweifelhaften Nutznießerin der tyrischen Handelsmacht werden lässt[78].

Will man hinter dem Text keine vollkommen naive Verfassergruppe vermuten, die diesen außerordentlich problematischen Zusammenhang ignorant beiseite schieben würde[79], muss man wohl annehmen, dass hinter dieser späten

---

72 Zu dieser Zahl vgl. Ps 90,10, die entsprechende Zahlenangabe in Jer 25,12; 29,10 und dazu die weiterführenden Bemerkungen von Wildberger, Jesaja 13-27, 881.

73 Vgl. Hos 1-3; Nah 3,4; Ez 16; 23.

74 Vgl. die Ausführungen von Höffken, Jesaja, 175: „Mit gewisser Süffisanz wird das Danach mit einem Auftritt einer antiken Hure verglichen, zu deren Berufsbild ein hoher Anteil von Musik gehörte. Wir tun damit einen Einblick in populäre, profane Sangeskultur. Hier gehts (sic!) um die Ermunterung einer Dame, die offenbar aus dem Geschäft war, sich wieder ins Kundengedächtnis zu bringen."

75 Zum Gebrauch der Wurzel פקד an dieser Stelle vgl. Wildberger, Jesaja 13-27, 880.

76 Vgl. Kaiser, Jesaja, 139, und oben Teil 4.1.3.3.

77 Vgl. Höffken, Untersuchungen, 317: „Daß sich dieser Text von anderen Erwartungen hinsichtlich des Umgangs mit dem phönizischen Reichtum absetzt, ist deutlich."

78 Vgl. Fohrer, Jesaja, 263: „Welch ein Gegensatz zwischen der alten Prophetie, der Gottes Gebote für alle Menschen gelten, oder dem Zweiten Jesaja, der über die Bekehrung der Völker zu Gott nachsinnt, und dieser perversen Frömmigkeit, die Tyrus sündigen läßt, damit sie vom Sündenlohn leben kann." Weniger scharf formuliert Höffken, Jesaja, 175: „Daß schon die alttestamentliche Vorform von ,Kirche' einen ,großen Magen' hat, kündigt sich hier an ..."

79 Vgl. allerdings Wildbergers Deutung, der v17f den frühnachexilischen Priesterkreisen zuschreibt: „Zur Entschuldigung dafür, daß sie den ,Dirnenlohn' von Tyrus ganz gern auf ihre Mühlen geleitet sähen, mag dienen, daß sie in der armseligen Zeit nach dem Exil, aus welcher der Zusatz stammen wird, gewiß oft eher am Hungertuch nagen mußten, jedenfalls sich satt essen zu können keineswegs eine Selbstverständlichkeit war." (Wildberger, Jesaja 13-27, 883) Diese Interpre-

Fortschreibung, deren offenes Eingeständnis der Abhängigkeit des Jerusalemer Tempels von phönizischen Handelsgewinnen einzigartig ist, eine deutliche Kritik an der Tempelwirtschaft steht, die sich selbst vom tyrischen Hurenlohn noch ihren Vorteil erhofft[80]; der Rückgriff auf die alten prophetischen Bilder der Hurerei und die Position dieser Verse innerhalb des Jesajabuches direkt vor den apokalyptischen Bildern in Jes 24-27 führen zu der Vermutung, dass hinter Jes 23,15-18 apokalyptisch gestimmte, prophetische Kreise stehen, die hier eine grundsätzliche Kritik am nachexilischen Priestertum und seinem Tempelkult formulieren[81]. Dass diese Kritik an der nachexilischen Tempelwirtschaft mit Tyros verwoben wird, spiegelt eine in bestimmten Kreisen immer mehr ins Negative gehende Bewertung der Phönizier, die zeitlich wohl im 3. Jh. v. Chr. anzusetzen und mindestens ebenso deutlich in Sach 14,21 zu greifen ist, wo der Hoffnung auf einen Tempel Ausdruck verliehen wird, in dem es keine Kanaanäer, also keine Phönizier, mehr geben wird[82]; auch von Sach 14,21 her werden diese Phönizien äußerst kritisch gegenüberstehenden Kreise am ehesten mit proto-apokalyptisch-prophetischen Gruppen identifiziert werden können, so dass sich ein ausgesprochen erhellender Einblick in die Wahrnehmung der Phönizier in den verschiedenen sozialen Kreisen des nachexilischen Judentums gewinnen lässt: Während die tragenden gesellschaftlichen Schichten, denen auch die Pflege des Tempels und die Organisation der Tempelwirtschaft oblag, die Phönizier zumindest solange zu dulden bereit waren, wie sie den Gewinn am Tempel und damit die Lebensqualität der im Umfeld des Tempels Wohnenden zu steigern fähig waren, formierte sich in oppositionellen Kreisen ein grundsätzlicher Widerstand gegen diese Vernetzung von Tempelwirtschaft und Fremdeinfluss.

Der Aufruf zur Klage in Jes 23,1-14* spiegelt offensichtlich eine Stufe des Umgangs mit Phönizien, auf der zur Klage über den Untergang von Sidon und

---

tation lässt sich allerdings nur dann nachvollziehen, wenn man die Verse mit Wildberger in der frühnachexilischen Zeit im 6./5. Jh. v. Chr. ansetzt; im 3. Jh. v. Chr. dürfte die wirtschaftliche Lage um einiges entspannter gewesen sein; zudem ist in v18 nicht nur vom Essen die Rede, sondern auch von der erlesenen Kleidung, die man sich durch die phönizischen Gewinne erhofft – in Zeiten des Hungers doch sicherlich eine *cura posterior*.

80   Vgl. Wildberger, Jesaja 13-27, 884: „Man mag lächeln darüber, daß der Verfasser dabei sich selbst und seine priesterlichen Genossen keineswegs vergessen hat." Darüber könnte man tatsächlich lächeln, wenn die Herkunft der Verse aus priesterlichen Kreisen als gesichert gelten könnte; die Bilder für die Art des tyrischen Gewinns sind jedoch um einiges zu drastisch, als dass man sie nicht als mehr oder weniger deutliche Kritik an genau diesen Vorgängen im Tempelbereich lesen müsste; man sollte v15-18 daher wohl eher in Kreisen verorten, die dem Zweiten Tempel und vor allem seinen tragenden Schichten eher zurückhaltend gegenüberstanden.

81   Vgl. dazu R. Albertz, Religionsgeschichte, 633-676, der im Zusammenhang seiner Ausführungen zur spätprophetischen und apokalyptischen Widerstandstheologie explizit auf Jes 24-27 eingeht. Sollte die Stellung von Jes 23,15-18 direkt vor den apokalyptischen Bildern in Jes 24-27 wirklich ein Zufall sein? Hinter diesem Arrangement der Textbereiche scheinen doch wohl dieselben apokalyptisch geprägten Trägergruppen zu stehen.

82   Vgl. dazu unten Teil 5.2.7.

Tyros aufgerufen wird; dieser Aufruf – wie auch die Totenklagen des ezechielischen Tyroszyklus – kann nicht allein als Spottlied gelesen werden, weil dafür zu
viel Hochachtung und Mitleid aus den Texten herausschimmert; dagegen gibt die
Fortschreibung in Jes 23,15-18 zwei verschiedene Wahrnehmungen der Phönizier
zu erkennen: zum einen die der Tempelgemeinde, die kein Problem mit der
Kooperation zu haben scheint, zum anderen die der Verfasserkreise der Fortschreibung, die genau diese Nachlässigkeit der Tempelkreise problematisieren
und mit ihrer Fortschreibung die Vernetzungen zwischen Hurenlohn und Eigen-
versorgung aufzeigen.

5.2.2 Tyros und Sidon im Jeremiabuch

Tyros kann innerhalb des Jeremiabuches nicht als einzelne Stadt betrachtet werden, denn Tyros und Sidon bilden in den entsprechenden jeremianischen Texten
ein Begriffspaar und repräsentieren als solches die phönizischen Stadtstaaten
insgesamt. Den ersten Beleg für Tyros und Sidon findet man in Jer 25,22, also in
dem Kapitel, das man als Eckstein des Jeremiabuches bezeichnen kann, weil hier
zum einen Linien aus Jer 1-24 zusammengefasst und gebündelt, zum anderen
Themen aus den folgenden Kapiteln des Buches angedeutet und vorbereitet werden[83].

Während die Ankündigung der Verwüstung durch Babel, der siebzigjährigen
Knechtschaft Judas und der darauf folgenden Vergeltung an Babel in Jer 25,1-14
die vorangegangenen Worte und das bisherige Wirken Jeremias zusammenfasst,
setzt mit dem emphatischen כי und der folgenden Botenspruchformel in v15 ein
neuer Abschnitt ein[84], in dem der Prophet dazu aufgefordert wird, allen Völkern
einen Becher voll Wein zu geben und sie daraus trinken zu lassen, um sie auf
diese Weise betrunken und betört zu machen. V17 zufolge führt der Prophet
diesen Auftrag aus, woraufhin in v18-26 eine Liste derjenigen Königreiche und
Ortschaften folgt, die aus dem Becher des Propheten trinken. Mit v27 wird direkt
an v15f angeknüpft, ganz so, als ob die Ausführungsbeschreibung in v17 nicht
existierte: Jahwe setzt seinen Auftrag fort – erneut eingeleitet mit der Botenformel
in v27 – und weist Jeremia dazu an, den Völkern, so sie sich weigern, aus dem
Becher zu trinken, mitzuteilen, dass sie trinken müssen, denn wenn Jahwe schon
Unheil über seine Stadt bringen werde, dann würden die Völker sicherlich nicht
ungestraft bleiben[85].

---

83 Zur buchkompositionellen Funktion von Jer 25 vgl. G. Wanke, Jeremia, 231, und G. Fischer,
    Jeremia 1-25, 731-734.
84 Vgl. Fischer, Jeremia 1-25, 746.
85 Die folgende Passage Jer 25,30-38 kann an dieser Stelle als spätere Ergänzung und Fort-
    schreibung des vorangehenden Textes vernachlässigt werden.

Die merkwürdige Spannung zwischen v17, der Beschreibung der Ausführung des Auftrags aus v15f, und v27-29, der Fortsetzung des Auftrags Jahwes aus v15f, lässt vermuten, dass sich der Abschnitt v15-29 aus mehreren Teilen zusammensetzt, die erst in einem späteren Redaktionsprozess in die vorliegende Fassung gebracht wurden[86]. Zu unterscheiden ist allem Anschein nach zwischen einem Auftrag Jahwes an den Propheten mitsamt der Deutung in v15f.27-29 und einer Völkerliste in v18-26; beide Teile werden durch v17 miteinander verbunden, der in der 1. Sg. die in v15 vorangehenden und in v27f folgenden Anreden in der 2. Sg. unterbricht[87]. Der Einschub von v17-26 dürfte mit der Verknüpfungsabsicht der Redaktoren des hebräischen Jeremiabuches zusammenhängen, die mit der Völkerliste im Kontext eines Völkerdrohwortes eine Verbindung zwischen Jer 25 und den Fremdvölkerorakeln in Jer 46-51 herstellen wollten[88]. Man müsste demnach in Jer 25,15-29 zwischen einem wahrscheinlich älteren Völkerdrohwort und einer späteren Ergänzung in v17-26 unterscheiden, durch die in nachexilischer Zeit die Rede von כל־הגוים in v15 mit der Aufzählung der Völker präzisiert und erläutert wurde[89].

Wie geht diese Völkerliste nun vor? Eine klare Anordnung lässt sich nicht erkennen[90], markant sind aber in jedem Fall die Rahmendaten, in denen zum einen in v18 Jerusalem und die Städte Judas genannt werden und zum anderen in v26b

---

86 Dass die Passage bearbeitet wurde, wird kaum bestritten, über die Details herrscht allerdings keine Einigkeit. Während Duhm, Jeremia, 203-206, Teile der Liste in v18-26 sowie v27-29 für Nachträge hält und ganz ähnlich Rudolph, Jeremia, 166f, sowie Wanke, Jeremia, 230-233, v15-17 zusammennehmen und v27-29 als Erweiterung interpretieren, vertritt Weiser, Jeremia, 223f, ein anderes Modell, wenn er in v27-29 die eigentliche Fortsetzung von v15f erkennt und daher v17-26 als nachträglichen Einschub deutet. Fischer scheint die Zusammengehörigkeit von v17 mit v27-29 wahren zu wollen und möchte daher v17 „als *Beginn* der Ausführung, oder als ihre vorwegnehmende Schilderung verstanden" wissen und fasst daher zusammen: „In jedem Fall handelt es sich um eine komplexe Darbietung, die mehrere Aspekte, nicht ohne Spannungen, bündelt." (Fischer, Jeremia 1-25, 748) Konkreter wird Huwyler, Jeremia, 358-361, der die Argumente aufzählt, die dafür sprechen, v17-26 als sekundäre Einfügung zu deuten, diese Interpretation allerdings ablehnt; vielmehr sei die Begründung in v27-29 eine sekundäre Erweiterung mit dem Ziel, „einen zu einer bestimmten Zeit offenbar empfundenen Mangel zu beheben." (Huwyler, Jeremia, 360) Huwyler vermerkt jedoch auch die bleibenden Probleme dieser Deutung: „Daß die Szene der Becherverweigerung schlecht an den Ausführungsbericht mit der Völkerliste anschließt, bleibt unbestritten." (Huwyler, Jeremia, 360)
87 Das mit dem Suffix der 1. Sg. versehene אלי in v15 spricht nicht dagegen, denn eine Entsprechung dafür fehlt in der Septuaginta, in einem Targummanuskript und in der syrischen Übersetzung; אלי ist also textkritisch nicht gesichert und womöglich erst nach dem Einschub von v17-26 als Textglättung in den masoretischen Text eingefügt worden.
88 Vgl. Weiser, Jeremia, 223.
89 Mit derartigen Völkerlisten lässt sich natürlich Ez 27,12-25a vergleichen, es sei aber auch auf die Völkertafeln in Gen 10; I Chr 1 verwiesen; alle diese Texte stammen aus der nachexilischen Zeit, so dass man wohl auch Jer 25,17-26 aus diesem zeitgeschichtlichen Zusammenhang heraus verstehen muss.
90 Vgl. zu den verschiedenen Fassungen der Liste Huwyler, Jeremia, 352-358.

– mit Hilfe des Atbaschprinzips chiffriert[91] – der König von Babel als zuletzt aus dem Becher Trinkender auftaucht. In v19 wird Ägypten, in v20 werden Uz und die Philister, in v21 Edom, Moab und Ammon, in v22 Tyros, Sidon und die Könige an den Überseeküsten, in v23f die arabischen Regionen und in v25 Simri, Elam und Medien aufgezählt; v26a nennt noch die Könige des Nordens und dann zusammenfassend nicht weniger als alle Königreiche der Erde; dass der babylonische König in v26b den Schlusspunkt setzt, lässt das Ziel der Liste erkennen, das sich in der vorliegenden Form von v15-29 mit der Absicht des Völkerdrohwortes verbindet: Alle trinken aus dem Becher, ganz am Ende auch der Größte, und – um mit dem Bild des Schwertes aus v16.27.29 zu sprechen – derjenige, der das Schwert in alle Welt brachte, wird am Ende durch das Schwert umkommen. Dass in diesem Text Babel und Medien zugleich genannt werden, lässt auf eine Entstehung der Liste in der frühen Perserzeit schließen, in der beide Mächte den Verfassern noch und schon deutlich vor Augen standen. In diesem zeitgeschichtlichen Kontext ist auch die Erwähnung von Tyros und Sidon in v22 zu verorten, wobei die Formulierung ואת כל־מלכי־צר ואת כל־מלכי צידון neben מלכי האי zeigt[92], dass die Phönizier in dieser Zeit vor allem als Kolonisatoren gesehen werden[93]; die wichtigen Gründungen der phönizischen Tochterstädte im westlichen Mittelmeerraum liegen zwar schon einige Jahrhunderte zurück, doch tragen die Beziehungen zwischen den phönizischen Städten und den überseeischen Regionen noch immer reiche ökonomische Früchte. Dass Tyros hier wie an den anderen Stellen im Jeremiabuch immer vor Sidon genannt wird, weist auf seine starke Position im innerphönizischen Konkurrenzkampf hin – zumindest der im Jeremiabuch dokumentierten Außenwirkung zufolge scheint Tyros gegenüber dem erst an zweiter Stelle genannten Sidon als Zentrum Phöniziens wahrgenommen worden zu sein.

Auch wenn Tyros und Sidon innerhalb der Völkerliste in Jer 25 nicht im Zentrum stehen und als nur zwei von vielen anderen Herrschaftsgebieten genannt werden, zeigt sich an dieser Stelle dennoch, dass die Phönizier zum einen auch in den Trägerkreisen der jeremianischen Literatur nicht übergangen wurden, sondern – neben Reichen wie Ägypten, Babylonien und Medien – als offensichtlich bedeutende Nachbarn Judas genannt werden, und dass Phönizien zum anderen in besonderer Weise mit den überseeischen Regionen und damit mit seiner Kolonisationspolitik verbunden wurde. Sollte die zeitliche Ansetzung der Völker-

---

91   Vgl. Fischer, Jeremia 1-25, 753 Anm. 12; שׁשׁ entspricht innerhalb des hebräischen Alphabetes achsensymmetrisch בבל.

92   Weiser, Jeremia, 225, und Rudolph, Jeremia, 165f, möchten die Phönizier in v22 nicht als ursprünglich ansehen, sondern interpretieren ihre Einfügung an dieser Stelle in engem Zusammenhang mit Jer 47,4. Selbst wenn dem so sein sollte, lässt sich die Einfügung an dieser Stelle als Zeitzeugnis des Interpolators, der dann wohl mit den Verfassern von Jer 47 in Verbindung stand, deuten.

93   Vgl. Fischer, Jeremia 1-25, 750f.

liste in der frühen Perserzeit zutreffend sein, läge mit Jer 25,22 daher ein Zeugnis für ein Tyrosbild vor, das insbesondere die Kolonisationstätigkeit und die damit zusammenhängende vielseitige Kontaktpflege über das Meer hinweg hervorheben würde.

Dass Jer 25 nicht nur die vorangehende Botschaft des Prophetenbuches bündelt, sondern auch auf die folgenden Kapitel vorausblickt, wurde bereits erwähnt. Besonders augenfällig ist das hinsichtlich der Verbindung von Jer 25,22 mit der Erwähnung von Tyros und Sidon in Jer 47, einem Prophetenwort innerhalb der Fremdvölkersprüche des Jeremiabuches. Der Überschrift in v1 zufolge richtet sich der Text gegen die Philister, denen in v2 im Bild eines aufsteigenden Baches der Untergang von Norden her angesagt wird; v3 beschwört das Bild einer herandröhnenden Landstreitmacht herauf, wie es aus Ez 26 bekannt ist und auch in Nah 3 Parallelen hat[94]; nach v4 werden die Philister vernichtet, so dass Tyros und Sidon keinen Helfer mehr haben werden, in v5-7 werden namentlich Gaza und Askalon genannt, gegen die Jahwe sein Schwert gerichtet hat[95].

Diese Art der Unheilsansage gegen ein Nachbarvolk ist nichts Ungewöhnliches und steht innerhalb der jeremianischen Fremdvölkersprüche den Motiven nach in enger Verbindung mit dem Ägyptenspruch in Jer 46[96]. Die Überschrift des hebräischen Textes von Jer 47 macht allerdings eine Angabe, die genauere Beachtung verdient: Das Wort Jeremias gegen die Philister sei ergangen, bevor der Pharao Gaza schlug; die entsprechende Passage בטרם יכה פרעה את־עזה fehlt allerdings in der Septuaginta. Dies ist zudem nicht der einzige Unterschied zwischen der masoretischen Fassung des Kapitels und der Septuagintaversion, denn auch in v4 haben die Übersetzer offensichtlich einen anderen hebräischen Text vor Augen gehabt: In Jer 29,4 (Septuaginta) kündigt Jahwe Tyros und Sidon die Vernichtung an ([…] καὶ ἀφανιῶ τὴν Τύρον καὶ τὴν Σιδῶνα […]), während Jer 47,4 (masoretischer Text) davon nichts wiedergibt[97], sondern den Eindruck erweckt, zwischen Philistern und Phöniziern habe es ein Bündnis gegeben, dem durch die Vernichtung der Philisterstädte die Grundlage entzogen worden ist[98]. Hier liegt ein entscheidender Bedeutungsunterschied zwischen den beiden Textversionen vor, der in die Problematik der Textgeschichte und der verschiedenen Gestalten des Jeremiabuches hineinführt[99]; auch wenn dies hier nicht weiter entfaltet werden kann, zeigt sich doch an Jer 47 *en miniature*, dass die Septuagintafassung des Jeremiatextes keine Übersetzung des in der masoretischen Überliefe-

---

94 Vgl. Fischer, Jeremia 26-52, 494.

95 Zur genaueren Analyse der Struktur des Wortes vgl. Wanke, Jeremia, 400.

96 Vgl. Fischer, Jeremia 26-52, 492.

97 Nach Duhm, Jeremia, 343f, hat man es hier mit einem stark verderbten Text zu tun: „Der Tag kommt ‚auszurotten der Stadt Tyrus und Zidon jeden helfenden Entronnenen' – das ist blanker Unsinn, denn ein Entronnener ist eben entronnen, dazu ist er kein Helfer."

98 Vgl. Weiser, Jeremia, 390, und Rudolph, Jeremia, 277, sowie Fischer, Jeremia 26-52, 495.

99 Vgl. K. Schmid, Buchgestalten des Jeremiabuches, 12-43.

rung vorliegenden hebräischen Textes ist, sondern auf einer vormasoretischen Textstufe beruht, so dass die von der Septuaginta bezeugte Textform nicht als sekundär beiseite geschoben werden kann, sondern offensichtlich eine ältere Stufe des Jeremiabuches bewahrt hat und daher ein Textzeuge ersten Ranges ist[100].

In seiner eingehenden Analyse von Jer 47 hat Beat Huwyler zu Recht auf die verschiedenen Interpretationsweisen aufmerksam gemacht, die hinter der masoretischen Textform und der Septuagintatradition stehen[101]. Während das in der Septuagintafassung bewahrte Gedicht über den Feind aus dem Norden innerhalb der Verkündigung Jeremias im letzten Jahrzehnt des 6. Jh. v. Chr. und damit im Kontext der Bedrohung durch die Babylonier interpretiert werden könne, deute die in der masoretischen Textform durch den Ägyptenzusatz in v1b erweiterte „Überschrift des Philister-Gedichts je nach Interpretation auf eine Korrektur, eine Neuakzentuierung oder eine Neuinterpretation des ursprünglichen Textes hin"[102], deren zeitlicher Hintergrund sich jedoch nicht mehr genau ermitteln lasse[103]. Die hinter dieser Neuakzentuierung stehende Bearbeitung habe auch in v4a ihre Spuren hinterlassen, denn die Septuaginta biete „innerhalb des Philister-Gedichts einen eigentlichen, wenngleich in das Philister-Gedicht eingebundenen Phönizien-Spruch, während der MT lediglich den Verlust der philistäischen Verbündeten von Tyrus und Sidon thematisiert. Während die Vernichtung in der LXX auch den phönizischen Städten gilt, hat der MT nur die Philisterstädte im Blick."[104]

Im Zusammenhang mit Jer 25,22 ist zudem noch eine weitere Textverschiebung bemerkenswert: Im masoretischen Text ist in v4b von den Philistern und der Insel Kaftor die Rede; in der Septuagintafassung werden beide nicht genannt, vielmehr wird die an Tyros und Sidon gerichtete Vernichtungsansage fortgeführt gegen ‚die Übrigen der Inseln' (τοὺς καταλοίπους τῶν νήσων). Dass hier in der vormasoretischen Fassung des hebräischen Textes von אִיִּם zu lesen war, kann nicht mehr sicher nachgewiesen werden, lässt sich aber doch von Jer 25,22 her mit guten Gründen vermuten[105].

Dass mit der Überarbeitung in jedem Fall erhebliche Spannungen innerhalb der masoretischen Textfassung entstehen, zeigt der Vergleich von v1b mit v2, wo von einem Angriff aus dem Norden die Rede ist, dem nun in v1b der Pharao aus

---

100 Vgl. aber auch Fischer, Jer 25 und die Fremdvölkersprüche, 474-499, der für die Priorität des masoretischen Textes gegenüber der Septuagintaversion plädiert.

101 Vgl. Huwyler, Jeremia, 134.

102 Huwyler, Jeremia, 147.

103 Zu den verschiedenen Möglichkeiten der historischen Einordnung vgl. Huwyler, Jeremia, 143-145.

104 Huwyler, Jeremia, 148.

105 Vgl. dazu Huwyler, Jeremia, 149.

dem südlichen Ägypten entgegensteht[106]; in gleicher Weise wird in v4 von einem
Vernichtungszug aus dem Süden her gedacht, wenn Tyros und Sidon als Flucht-
punkte der Entronnenen in Richtung Norden genannt werden[107].

Wie ist nun mit dieser ausgesprochen komplizierten Geschichte des Textes
von Jer 47 umzugehen, insbesondere im Blick auf das Bild von Tyros, das hier
entworfen wird? Anhand der beiden Versionen des Textes und unter der Voraus-
setzung, dass die Septuaginta die ältere Textform widerspiegelt, lässt sich an Jer
47 ein Prozess der Zurückdrängung von Tyros und Sidon beobachten, die in der
älteren Textform noch eigens bedroht, in der jüngeren Fassung dagegen lediglich
als Ziele der fliehenden Philister dargestellt werden. Hinter dieser Zurückdrängung im Kontext von Jer 47 muss nicht unbedingt eine Marginalisierung in
negativer Absicht stehen; es ist durchaus zu bedenken, ob diejenigen, die Tyros,
Sidon und die Gestade hier verdrängen wollten, nicht die Absicht hatten, die
phönizischen Nachbarstädte aus dem Kontext der Vernichtungsansagen gegen
die Völker herauszunehmen – dahinter könnte eine sich zum Positiven wandelnde Haltung gegenüber den Phöniziern stehen, die die vormasoretische Textfassung der Septuagintaversion noch nicht kennt. Sollte diese ältere Fassung tatsächlich innerhalb der Botschaft Jeremias zu verorten sein oder doch zumindest
in die exilisch-frühnachexilische Zeit gehören, so hätte man hier ein Dokument
für die Einreihung der Phönizier in den Zusammenhang der übrigen Nachbarvölker Judas, das sich mit der masoretischen Fassung von Jer 25,22 decken
würde; die überarbeitete Fassung von Jer 47 würde dagegen die Exklusivität von
Tyros und Sidon herausstellen, wenn die beiden Städte eben gerade nicht in
einem Bedrohungskontext genannt werden[108].

Auch wenn die Absichten, die hinter den Verschiebungen zwischen der
masoretischen Fassung und der Septuagintaversion des Kapitels stehen, nicht
mehr genau erhellt werden können, zeigt sich hier wie an Jer 25,22 auch, dass
Phönizien in den verschiedenen Phasen der Geschichte Judas eine entscheidende
Größe war, an der sich die Meinungen teilten und die man sehr unterschiedlich
wahrnahm, die allerdings nicht einfach außen vor gelassen werden konnte:
Warum haben die Bearbeiter von Jer 47 die Erwähnung von Tyros und Sidon
denn überhaupt beibehalten? Der Text, der sich in der masoretischen Fassung ja
ohnehin nur gegen die Philister richtet, hätte letztlich wenig an Bedrohungs-

---

106 Vgl. Fischer, Jeremia 26-52, 493.

107 Vgl. Wanke, Jeremia, 401.

108 Man muss diese mögliche Deutung aufgrund der komplizierten Textverhältnisse allerdings als
hypothetisch einstufen. Es bleibt in jedem Fall eine deutliche Differenz innerhalb der masoretischen Überlieferung zwischen Jer 25,22 (Bedrohung von Tyros) und Jer 47,4 (Zurückdrängung
von Tyros aus dem Bedrohungskontext), die sich nur schwer erklären lässt. Hinter der masoretischen Textfassung scheint offensichtlich keine einheitliche Konzeption des Umgangs mit den
Phöniziern zu stehen.

substanz gegen die Philister verloren, wenn Tyros und Sidon ganz herausgefallen wären[109]; das aber war offensichtlich nicht möglich.

Eine Erklärung für diese Unmöglichkeit könnte in der politischen Bedeutung der Phönizier liegen, die den Verfassern von Jer 47 durchaus bekannt war und die ihre Spuren in einem dritten Text des Jeremiabuches hinterlassen hat, in dem Tyros und Sidon genannt werden. Innerhalb der erzählenden Passagen des Jeremiabuches werden die Könige von Tyros und Sidon in Jer 27,3 neben den Königen von Edom, Moab und Ammon an der Seite Zedekias von Juda genannt. Diese Erwähnung findet sich im Kontext einer Zeichenhandlung des Propheten Jeremia, der von Jahwe dazu beauftragt wird, sich Fesseln und Joche auf den Nacken zu legen, diese durch Boten an die genannten Könige zu schicken[110] und ihnen dabei ausrichten zu lassen, dass Jahwe Nebukadnezar als seinen Knecht betrachte, dem er diese Länder alle in die Hand gegeben habe und dem man sich daher unterwerfen solle, wenn man am Leben bleiben wolle; wer dagegen Widerstand zu leisten versuche, komme durch Schwert, Hunger und Pest um (v6-8)[111].

Von besonderer Bedeutung für den konkreten Hintergrund dieser Szene ist die Tatsache, dass Jeremia seine Botschaft nicht selber an die benachbarten Königshöfe bringen muss, sondern sie deren Botschaftern mitgeben soll, die sich nach v3 gerade in Jerusalem bei König Zedekia befinden. Es fällt aufgrund dieser Nachricht nicht schwer, sich ein Bild von den Vorgängen zu machen: Der Anlass für Jeremias Intervention auf Jahwes Auftrag hin war wohl eine konspirative Zusammenkunft der Botschafter der syropalästinischen Kleinfürsten, die offensichtlich ein Widerstandsbündnis gegen den babylonischen Großkönig zu schmieden versuchten[112]; ob Zedekia hier bereits federführend mitwirkte oder bei dieser Gelegenheit erst in das Bündnis eingegliedert werden sollte, lässt sich aufgrund der Quellenlage nicht mehr klären, die Warnungen Jeremias zeigen jedoch, dass Zedekia dem Plan eines gemeinsamen Aufstandes zuneigte[113].

Das von Tyros gezeichnete Bild liegt hier klar auf der Hand: Tyros ist neben Sidon und Jerusalem eingebunden in eine Schicksalsgemeinschaft, die durch eine

109 Vgl. Rudolph, Jeremia, 276: „Warum Phönizien kein eigenes Orakel bekommt, sondern nur nebenbei erwähnt wird (4a), können wir nicht sagen, weil wir die politische Situation im einzelnen nicht kennen."

110 Vgl. Fischer, Jeremia 26-52, 51f.

111 Zu den literargeschichtlichen Problemen des Kapitels vgl. die Analyse Wankes, Jeremia, 247f, der zumindest v2f.12b für den Grundbestand der Erzählung hält. Demzufolge wäre v3 Teil der ältesten Stufe des Textes, die nicht allzu weit entfernt von den Ereignissen entstanden wäre und daher historisch zuverlässige Informationen enthielte.

112 Ob im Zusammenhang dieser antibabylonischen Aufstandspläne Ägypten in irgendeiner Weise als Motor im Spiel war, lässt sich nicht mehr rekonstruieren, ist aber nicht unwahrscheinlich; vgl. dazu Rudolph, Jeremia, 173f, und oben Teil 4.1.2.5.

113 Es ist nicht ganz klar, inwieweit Jer 27 historisch ausgewertet werden kann, es spricht aber einiges dafür, dass die Verfasser des Textes auf zuverlässige Informationen über die Jerusalemer Vorgänge im 7./6. Jh. v. Chr. zurückgreifen konnten.

gemeinsame Bedrohung von außen zusammengeschlossen wird; Jer 27,3 zufolge sind die beiden phönizischen Metropolen neben Edom, Moab und Ammon potentielle Bündnispartner Jerusalems – und das liegt ganz auf der Linie der deuteronomistischen Darstellungen der Beziehungen zwischen Jerusalem und Tyros im 10. Jh. v. Chr. Hinter beiden Texten und vor allem hinter beiden Tyrosbildern könnten demnach deuteronomistische Trägergruppen stehen[114], was sich nicht zuletzt durch die deuteronomistische Prägung von Jer 27 nahelegt. Es ist hier allerdings nicht zu übersehen, dass die Beziehungen zwischen Tyros und Jerusalem im Gegensatz zu denen aus der frühen Königszeit deutlich gewertet werden, denn die Intervention Jeremias ist letztlich eine Warnung vor einem Bündnis zwischen den syropalästinischen Fürsten, wobei der Grund für die Warnung in erster Linie nicht die Bündnispartner sind, sondern der Bündniszweck, sich gegen Nebukadnezar aufzulehnen, was nach Jeremia keinesfalls Erfolg haben kann, sondern in die Katastrophe führen wird. Diese Katastrophe ist in der Folgezeit in unterschiedlicher Weise über die potentiellen Bündnispartner hereingebrochen; Jerusalem trifft es zwar 587/586 v. Chr. schwerer als Tyros, dennoch hat auch die phönizische Küstenstadt eine langanhaltende Belagerung durch die Babylonier zu überstehen, die zwar nicht zum Untergang führte, aber dennoch ihre Spuren in der politischen Organisation hinterlassen hat[115].

Nimmt man nun die verschiedenen Tyrosbilder des Jeremiabuches zusammen, ergibt sich ein vielschichtiges, aber letztlich doch nicht vollkommen uneinheitliches Bild: Jeremia und die ersten Trägergruppen der Jeremiaüberlieferung verhielten sich den Phöniziern gegenüber offensichtlich eher reserviert, respektierten sie allerdings wegen ihrer politischen Bedeutung und kommen daher in den einschlägigen Texten wie Jer 29,4 (Septuaginta), Jer 25,22 (masoretischer Text) und Jer 27,3 nicht an ihnen vorüber, wobei als historische Quelle für die Zeit Jeremias am ehesten noch Jer 27,3 ausgewertet werden kann; in den späteren Trägergruppen des vormasoretischen hebräischen Jeremiabuches verwandelt sich diese reservierte Haltung entweder in ein größeres Wohlwollen, falls man die Zurückdrängung von Tyros und Sidon in Jer 47,4 in diesem Sinne deuten kann, oder aber in reine Gleichgültigkeit den nördlichen Nachbarn gegenüber, die daher in Jer 47,4 nur noch am Rande erwähnt werden.

---

114 Zum Profil der Deuteronomisten und ihrer Arbeitsweise vgl. die Ausführungen von Römer, History, 45-49.165-183.
115 Vgl. dazu Teil 4.1.2.5.

5.2.3 Tyros in Hos 9,13

Dass innerhalb des Hoseabuches mit Hos 9,10 ein Neueinsatz erfolgt, hat sich in der neueren Forschung als *opinio communis* durchgesetzt[116]. Die prophetischen Texte richten sich von hier an nicht mehr an eine außenstehende Hörerschaft, sondern beziehen sich selbstreflexiv auf die prophetische Gruppe[117], die Hoseas Botschaft bewahrte und verschriftlichte. Eine erste Einheit innerhalb dieser Reflexionen bildet der Abschnitt Hos 9,10-17, in dem sich Gottesrede und hoseanische Gebetsrufe abwechseln[118]. Mit Hans Walter Wolff kann man hier von der „Skizze eines Auditionsberichtes"[119] sprechen, die innerhalb des hoseanischen Kreises angefertigt wurde; sie zeichnet sich vor allem dadurch aus, dass sämtliche Rahmenformeln fehlen und die gedanklichen sowie stilistischen Übergänge außerordentlich abrupt erfolgen, was darauf hindeutet, dass hier „das Ringen eines Zwiegesprächs zwischen dem Propheten und seinem Gott"[120] dokumentiert ist.

Der Text lässt sich in die beiden Passagen v10-14 und v15-17 zerlegen, die in v14 und v17 jeweils durch einen Zwischenruf des Propheten, der die Jahwerede unterbricht, abgeschlossen werden. Inhaltlich setzt der Text in v10a mit der Frühzeit Israels ein: Israel wird mit Trauben in der Wüste und Feigen verglichen. Dieses Idyll des Anfangs wird in v10b in einem scharfen Gegensatz mit dem Abfall Israels zum Baal-Peor kontrastiert – die entsprechende Szene aus der Wüstenwanderungszeit wird in Num 25 eindrucksvoll geschildert. Mit einem ähnlichen Gegensatz fährt der Text in v11f fort: Ephraim[121] ist wie ein Vogelschwarm, doch verfliegt dessen כבוד, so dass es keine Nachkommenschaft mehr geben wird.

Im Zusammenhang dieser Gegensatzkonstruktionen ist auch v13 zu deuten. Dass man es hier jedoch mit einem ausgesprochen schwierigen Text zu tun hat, zeigt die Auslegungsgeschichte des Verses, die mit der Septuagintaversion beginnt und sich bis in die neuesten Kommentare hinein fortsetzt; zumeist hat man den masoretischen Text mit Konjekturen abgeändert, um so einen vermeintlich

---

116 Vgl. H. W. Wolff, Hosea, 208, und J. Jeremias, Hosea, 120.
117 Vgl. Wolff, Hosea, 208f.211. Dagegen wendet sich Rudolph, „weil man für diese Schlußfolgerung allzuviel zwischen den Zeilen lesen muß." (Rudolph, Hosea, 187) Dass man ‚zwischen den Zeilen lesen muss', weil der Text selber zu seiner Ursprungssituation keine Angaben macht, ist ohne Zweifel richtig; ob es allerdings ‚allzuviel' an Interpretation ist, sei dahingestellt; ganz ohne solche Annahmen und Arbeitshypothesen wird man bei der Auslegung der prophetischen Literatur aber wohl nicht auskommen können.
118 Zur Einheitlichkeit der Passage vgl. Rudolph, Hosea, 183f, und Jeremias, Hosea, 120f.
119 Vgl. Wolff, Hosea, 210.
120 Wolff, Hosea, 218.
121 Zum Nebeneinander von Israel und Ephraim innerhalb des Textes vgl. Wolff, Hosea, 212.

besseren Sinn zu erhalten[122]. Derartige Versuche verlagern die Probleme jedoch nur auf eine andere Ebene, denn die Vorschläge haben keinen Anhalt an der Überlieferung des Textes und sind daher mindestens ebenso problematisch wie der masoretische Text selber. Man ist daher darauf angewiesen, die vorliegende Textfassung zu deuten, was angesichts des Kontextes nicht unmöglich ist[123]. Zunächst einmal ist der Text von v10 an durch eine ausgefallene Bildsprache geprägt, in der insbesondere die Fruchtbarkeit bzw. ihr Gegenteil eine besondere Rolle spielen; zu diesem inhaltlichen Aspekt gehört die formale Beobachtung, dass der Text in einer ausgesprochen dichten poetischen Sprache gehalten ist, die durch stilistisch knappe Formulierungen inhaltlich weitschweifende Assoziationen freizusetzen imstande ist. Es ist vor allem zu bedenken, dass Hosea und seine Anhänger im Nordreich auftraten, in dem man vielseitige Kontakte zu den Phöniziern und insbesondere zu der nächsten phönizischen Stadt Tyros unterhielt, so dass deren Erwähnung innerhalb des vorliegenden Zusammenhanges nicht überraschen kann.

Der hebräische Text von v13 lautet:

אפרים כאשר־ראיתי לצור שתולה בנוה
ואפרים להוציא אל־הרג בניו

Aus den genannten Gründen ergibt sich nun ein recht eindeutiger Sinn dieses Verses, der Ephraim zu dem auf Auen gepflanzten Tyros in Beziehung setzt. Die Insellage von Tyros scheint den Auen, auf denen die Stadt gepflanzt sein soll, zu widersprechen; die prosperierende Wirtschaft der Stadt spricht allerdings dafür, die Auen in ganz ähnlicher Weise als ein Bild zu verstehen, wie die Trauben und Feigen aus v10 als Bilder zu deuten sind.

Eine dicht am Text entlanggehende Übersetzung könnte demnach lauten:

---

122 Vgl. zu diesen Versuchen exemplarisch die Anmerkungen von Rudolph, Hosea, 182f, und Wolff, Hosea, 208. Nahe am masoretischen Text bleiben Rudolph, Hosea, 180-182, und Jeremias, Hosea, 119, die lediglich צור nicht mit ‚Tyros‘, sondern aufgrund des arabischen ṣawr mit ‚Palme‘ übersetzen möchten; das wäre allerdings ein *hapaxlegomenon* – sollte man dafür nicht eher תמר o. ä. erwarten? Rudolph, Wolff und Jeremias stehen mit ihren Änderungsvorschlägen für weite Teile der Hoseaforschung, so dass man schon fast die *Beibehaltung* des masoretischen Textes begründen muss; das wäre allerdings eine methodisch unzulässige Umkehrung der Beweislast bei textkritischen Problemen – genau genommen liegt ein solches Problem ja gar nicht vor! Mit Keil, Propheten, 89f, kann man auf einen Ausleger des 19. Jh. verweisen, der im Blick auf den Text von Hos 9,13 alle mehr oder weniger willkürlichen Änderungen ablehnt, tatsächlich ‚Tyros‘ übersetzt und daher folgende Deutung des Verses vorlegt: „Der Herr hatte sich Ephraim zu einem in der Aue d. h. in einem für Wachstum und Gedeihen ersprießlichen Boden gepflanzten Tyrus ersehen, hatte ihm die Blüte und Herrlichkeit des reichen und mächtigen Tyrus zugedacht, wird es aber nun wegen seines Abfalles von ihm der Verwüstung preisgeben, seine Söhne d. i. sein Volk dem Tode durch Feinde weihen." (Keil, Propheten, 89)

123 Dagegen spricht sich Rudolph aus, der mit Blick auf Tyros meint: „Aber damit kommt man nicht weiter." (Rudolph, Hosea, 182)

„Ephraim – wie ich es ausersehen zu (einem) Tyros, gepflanzt in der Aue;
aber Ephraim – seine Söhne auszuliefern dem Schlächter!"

Das Verständnis des Textes hängt in hohem Maße an der Deutung von רָאִיתִי. In
der Bedeutung ‚ausersehen' wird die Wurzel רָאה bereits in v10 verwendet, wo es
um das Erblicken der Väter geht[124]; ein weiterer Beleg für diese Bedeutung von
רָאה findet sich in Gen 22,8 – an dieser Stelle wie in Hos 9,13 mit לְ konstruiert.

Es lässt sich aufgrund dieser Sachlage also annehmen, dass Hos 9,13 in einem
Gegensatzwort die phönizische Nachbarstadt Tyros in der Form eines
Vergleiches heranzieht, um darzustellen, wie Ephraim von Anfang an eigentlich
gedacht war – nämlich wie Tyros an Auen gepflanzt. Der Text ist verkürzt,
skizzenhaft, poetisch, aber er lässt dennoch die Einst-Jetzt-Struktur der vorangehenden Verse erkennen; die beiden Vershälften setzen lautliche Mittel ein –
לְצוֹר in v13a geht zusammen mit לְהוֹצִיא in v13b, בָּנָה in v13a läuft parallel zu בָּנָיו
in v13b –, aber können dennoch das Ende Ephraims, das hier angesagt wird,
nicht übertönen: Einst und Jetzt, ausersehene Vergangenheit und tatsächliche
Gegenwart stehen sich gegenüber wie das Ideal und die Ernüchterung[125]. Der
Prophet Hosea kann auf das dreifache Einst-Jetzt-Schema in v10.11f.13 nur noch
bittend verstummen und in v14 die Unfruchtbarkeit, die in schroffem Gegensatz
zu den Trauben, den Feigen und den Auen steht, als Gabe Jahwes erflehen[126]. Die
Jahwerede in v15f setzt noch einmal nach, veranschaulicht in v16 das Ende
Ephraims mit dem Bild der verdorrten Wurzel – ein erneuter Kontrast zu den
Bildern der Fruchtbarkeit aus v10a.13a – und gipfelt in der Tötung der Nachkommenschaft Ephraims, worauf v17 zufolge Hosea in die Pläne Jahwes ein-
stimmt und die Verstoßung seines Volkes fordert.

Dass hier ein dunkler Tiefpunkt erreicht wird, ist unschwer zu erkennen. Der
genaue zeitgeschichtliche Hintergrund lässt sich aufgrund des abbreviatorischen
Stils nicht mehr ermitteln[127], was allerdings auch nicht nötig ist, um den Text in
die Unheilsprophetie Hoseas einordnen zu können, die in der zweiten Hälfte des
8. Jh. v. Chr. vor dem Hintergrund der aufsteigenden assyrischen Großmacht
Israel seine Untreue Jahwe gegenüber und seine Verehrung der fremden
Baalsgottheiten vorhält.

---

124 Vgl. Jeremias, Hosea, 123; gegen eine solche Deutung von רָאה votiert Rudolph, Hosea, 185,
    dessen Argumente und Beispiele aus dem modernen Sprachgebrauch angesichts der eindeutigen
    Parallele in Gen 22,8 aber nicht überzeugen können.

125 Vgl. Rudolph, Hosea, 186.

126 Zu Hoseas Konflikt zwischen Jahwetreue und Mitleid mit seinem Volk vgl. Wolff, Hosea, 216.

127 Wolff meint im Blick auf Hos 9,10-11, „daß zu einem Zeitpunkt nach 733 die Feindschaft der
    offiziellen Kreise und der breiten Schichten ein solches Maß annahm, daß der Prophet zunächst
    nicht mehr in der Öffentlichkeit auftrat. [...] So spricht er nun im internen Kreise der den vor-
    staatlichen Überlieferungen und den Traditionen der älteren Nordreichspropheten zugewandten
    Oppositionsgemeinschaft" (Wolff, Hosea, 211).

Dass in einem solchen Kontext gerade eine Stadt wie Tyros, in der Baal kein grauenvoller Götze, sondern ein verehrungswürdiger Gott war, genannt wird, überrascht auf den ersten Blick und darf auch nicht außer Acht gelassen werden; dennoch war die Prosperität der Stadt ein offensichtlich so starkes und assoziationsreiches Bild, dass man es in diesen von Vergleichen und Bildern geprägten Text einbaute, um zu zeigen, wie Israel eigentlich gemeint war und mit welchen Schönheiten und Größen es der Idee Jahwes nach mithalten sollte. Doch die ausersehene Herrlichkeit ist in den Baalsheiligtümern verspielt worden, die Söhne des Nordreiches werden vom Schlächter umgebracht.

Die Erwähnung von Tyros hat hier – wie etwa auch in den Jeremiatexten – lediglich eine untergeordnete Funktion; die mit seiner Nennung freigesetzten Assoziationen von fruchtbarem Reichtum sollen vor allem zeigen, was Israel entgangen ist. Dennoch zeigt der Text, auf die Bedeutung und das *image* von Tyros hin befragt, welchen Stellenwert die benachbarte Metropole selbst in den prophetischen Kreisen des 8. Jh. v. Chr. hatte: Sie gibt den Hintergrund für die kurzen Skizzen des Ideals ab, an dem Israel gescheitert ist, obwohl Jahwe es genau dafür ausersehen hatte.

5.2.4 Tyros in Am 1,9f

Im Gegensatz zu Hos 9,13 ist die Erwähnung von Tyros in Am 1,9f textgeschichtlich gesichert[128]. Dennoch ergeben sich auch an dieser Stelle Probleme, allerdings liegen die Schwierigkeiten, die mit der Komposition der ersten beiden Kapitel des Amosbuches zu tun haben, auf einer anderen Ebene. Nach einer einleitenden Überschrift in Am 1,1f setzt dieses Prophetenbuch nämlich in ganz ungewöhnlicher Weise mit einer Reihe von Völkersprüchen ein, die sich gegen Damaskus (Am 1,3-5), gegen Gaza bzw. die Philister (v6-8), gegen Tyros (v9f), gegen Edom (v11f), gegen Ammon (v13-15) und gegen Moab (Am 2,1-3) richten und deutlich auf die beiden Worte gegen Juda (Am 2,4f) und gegen Israel (Am 2,6-16) zulaufen, die in gewisser Weise den Höhepunkt der Sammlung bilden[129]. Die einzelnen Sprüche setzen sich aus folgenden Elementen zusammen: der

---

128 Zur Septuagintaversion, die in Am 1,6.9 für שלמה ‚Salomo' bietet, vgl. Rudolph, Joel – Amos, 126.

129 Zu diesem analogielosen Einstieg in das Amosbuch vgl. die Analyse von Jeremias, Völkersprüche, 172-182, der zu dem Schluss kommt, dass die Völkersprüche am Anfang des Buches stehen, weil die Tradenten der prophetischen Botschaft damit die Schuld Israels im Vergleich zur Schuld der Völker als übergroß herausstellen wollten; damit werde – der Abfolge der Visionen des Amosbuches entsprechend – ein Wandel im Amt des Propheten greifbar: „vom fürbittenden Mittler zwischen Gott und Volk zum Werkzeug des strafenden Gottes" (Jeremias, Völkersprüche, 182).

Botenspruchformel, der Einführung mit einem Zahlenspruch[130], dem Schuldaufweis und der Strafankündigung. Es liegt hier also eine auf den ersten Blick einheitliche Komposition aus acht Strophen vor – „der strenge Aufbau läßt aber jede
Formabweichung bedeutsam erscheinen."[131] Eine genaue Analyse zeigt nun, dass
sich die Völkersprüche gegen Tyros, Edom und Juda von den anderen Worten
abheben, da in ihnen zum einen die Schlussformel יהוה אמר fehlt, zum anderen der
Schuldaufweis erweitert ist und zum dritten die Strafankündigung nur in einer
Kurzform vorliegt: „Wegen der drei gemeinsamen Formabweichungen, die in
genau gleicher Weise jeweils eine Tonverlagerung von der Strafansage auf den
Schuldaufweis mit sich bringen, ist eine Zusammengehörigkeit der drei Strophen
[…] unleugbar."[132]

Diese Unterschiede treten durch weitere sprachliche und inhaltliche
Beobachtungen noch genauer zu Tage und nötigen daher zu einer literargeschichtlichen Differenzierung innerhalb des vorliegenden Textes, die eine ältere
Schicht von Drohworten gegen Damaskus, die Philister, Ammon, Moab und
Israel in Am 1,3-8; 2,1-3.6-16[133] von einer jüngeren Ergänzung durch die Tyros-,
Edom- und Judaworte in Am 1,9-12; 2,4f abhebt. Diese jüngere Bearbeitung lässt
aufgrund ihrer Tendenz zum Ausbau des Schuldaufweises ihre Nähe zur deuteronomistischen Theologie erkennen, denn die erweiterten Schuldaufweise „verkür-
zen die Gerichtsankündigung und verlängern die Begründung, verlagern also den
Ton von der Strafe auf die Schuld. Das entspricht einem Predigtstil, der die Hörer
mahnen will. Auch damit wird die Intention des deuteronomistischen Geschichtswerkes aufgegriffen."[134]

Die literargeschichtliche Argumentation kann an dieser Stelle nicht weiter
ausgeführt werden[135]; wichtig sind im Zusammenhang der Frage nach der

---

130 Zu den gestaffelten Zahlensprüchen vgl. Wolff, Joel und Amos, 166-168; zur Funktion der
Zahlensprüche innerhalb der Abfolge der fünf älteren Völkersprüche vgl. Gese, Komposition,
93f.
131 W. H. Schmidt, Redaktion, 174.
132 Schmidt, Redaktion, 175.
133 Gese, Komposition, 93f, erkennt innerhalb dieser älteren Schicht ein Fünfer-Schema, das er als
Steigerungssystem deutet, „dessen höchste und letzte Stufe, Höhepunkt und Ziel des Ganzen,
für sich allein stehen mußte." (Gese, Komposition, 94)
134 Schmidt, Redaktion, 178; an deuteronomistische Kreise denkt auch Wolff, Joel und Amos, 194.
135 Für weitere Details kann hier auf die Beiträge von Schmidt, Redaktion, 174-178, und Gese,
Komposition, 86-95, verwiesen werden; die Position von Schmidt und Gese vertritt neben
Wolff, Joel und Amos, 170f, auch Müller, Phönizien, 189-191, der sich am intensivsten mit dem
zeitgeschichtlichen Hintergrund der Bearbeitung auseinandersetzt. Über diese Deutung noch
hinausgehend rechnet Jeremias mit einem doppelten Wachstumsprozess: „Somit hätte Amos in
mündlicher Verkündigung die Grausamkeiten der Aramäer und Ammoniter mit der Schuld
Israels verglichen, während die Tradenten diese Botschaft für judäische Leser zu einer künstlerischen Fünfer-Struktur ausgebaut hätten, bevor die Endgestalt des Textes durch Zufügung der
Tyros-, der Edom- und der Judastrophe herbeigeführt worden wäre." (Jeremias, Völkersprüche,
178; vgl. Jeremias, Amos, 9-13) Die These der literargeschichtlichen Einheitlichkeit der Völker-

Bedeutung von Tyros innerhalb des Amosbuches die Folgerungen, die sich aus diesen Einsichten ergeben. Das Tyroswort wie auch das Edomwort hängen beide auf je ihre Weise von dem vorangehenden Wort gegen die Philister ab, in dem bereits in Am 1,6 die Auslieferung von Gefangenen in Verbindung mit Edom gebracht wird. Der damit angesprochene Menschenhandel wird im Tyroswort in v9f aufgegriffen, an Edom wird in v11f ein eigenes Drohwort gerichtet. Es scheint daher, dass die kürzeren Tyros- und Edomworte in Anklang an das vorangehende Philisterwort an dieser Stelle in die älteren Völkersprüche eingeschoben wurden, um die alte prophetische Überlieferung in einer späteren Zeit zu aktualisieren[136].

Das Tyros- und das Edomwort hängen ihrerseits aufgrund der in beiden Worten angedeuteten Bruderthematik zusammen[137], die im Tyroswort mit der Rede von einer ברית אחים, einem ‚Bruderbund‘[138], eine ganz eigene Akzentuierung erfährt. Der Vorwurf des vergessenen ‚Bruderbundes‘ in v9 spielt mit großer Wahrscheinlichkeit auf die guten Verbindungen zwischen Tyros und Juda/Israel

---

sprüche des Amosbuches hat dagegen Rudolph, Joel – Amos, 119f, in Auseinandersetzung mit den Vertretern einer literarkritischen Unterscheidung innerhalb des Textes zu begründen versucht und dabei vor allem auf die Freiheit des Propheten verwiesen, von festen Strukturen abzuweichen und damit vorgegebene Rahmen zu sprengen: „Wir stehen hier vor der grundsätzlichen Frage, ob ein Prophet, der bei einer bestimmten Gelegenheit das, was er sagen will, nach einem bestimmten Schema ordnet, verpflichtet ist, keinen Schritt vom Schema abzuweichen, oder ob er sich bei aller Bindung an eine allgemeine Rahmenordnung im einzelnen Freiheiten erlauben kann, m. a. W.: Überschreitet die formgeschichtliche Betrachtung nicht ihre Kompetenz, wenn sie einen Propheten in eine Zwangsjacke steckt?" (Rudolph, Joel – Amos, 119) Da jedoch im Blick auf Am 1,9-12; 2,4f nicht nur formgeschichtliche, sondern auch inhaltliche und literarische Gründe für eine literargeschichtliche Differenzierung sprechen und weil darüber hinaus Rudolphs Position von der sehr konkreten Vorstellung eines mündlichen Prophetenvortrags geprägt ist, so dass damit der Blick für den literarischen Charakter der vorliegenden Eröffnung der Amosbuches verstellt wird, wird man Rudolphs Einspruch wohl zurückweisen können.

136 Vgl. Schmidt, Redaktion, 191f, und Jeremias, Amos, 17. Dagegen deutet Briquel-Chatonnet, Relations, 132-140, das Orakel in Am 1,9f im historischen Kontext des 8. Jh. v. Chr.: „Il date de la fin du ministère du prophète, après la mort de Jéroboam II, quand l'Assyrie a repris ses conquêtes vers l'Occident, que Tyr s'est soumise et apporte peut-être son aide à la puissance dominante, qu'Édom profite de la situation pour reprendre Eylath." (Briquel-Chatonnet, Relations, 135)

137 Vgl. Gese, Komposition, 89; zur paarweisen Anordnung der Strophen innerhalb der Völkerworte des Amosbuches vgl. Jeremias, Völkersprüche, 175-178.

138 Vgl. Wolff, Joel und Amos, 193: „Der hier verwendete Terminus ‚Bruderbund‘ ist im Alten Testament einmalig und auch in der Umwelt Israels bisher nicht belegt. Jedoch ist im Zusammenhang mit politischen Vertragsabschlüssen stereotyp von Bruderschaft die Rede [...]." Dass hier auf die Beziehungen zwischen Hiram und Salomo angespielt wird, legt vor allem I Kön 9,13 nahe, wo Hiram seinen politischen Partner Salomo mit ‚mein Bruder‘ anspricht; sollten hinter Am 1,9f tatsächlich deuteronomistische Kreise stehen, würde sich die Rede vom ‚Bruderbund‘ aus dem deuteronomistischen Sprachgebrauch heraus deuten lassen.

an, wie sie in den deuteronomistischen Texten dokumentiert sind[139]; der vorangehende Vorwurf des Menschenhandels lässt sich mit der Angabe in Ez 27,13
verbinden, derzufolge die Tyrer mit den Ioniern Menschenhandel betrieben[140].
Nach Am 1,9 profitieren allerdings nicht die Ionier, sondern die Edomiter von
diesem Handel; das ist aber zum einen aufgrund des Kontextes, in dem Edom im
selben Zusammenhang in v6 bereits genannt wird, und zum anderen wegen des
theologischen Hintergrundes von v9f nicht erstaunlich, denn wenn v9f tatsächlich
in Verbindung mit deuteronomistischen Vorstellungen stehen sollte, so liegt es
auf der Hand, dass im Gegensatz zur tyrischen Handelsliste in Ez 27,12-25a, die
den weltweiten Radius der phönizischen Beziehungen im Blick hat, sich das
Interesse hier auf den syropalästinischen Raum beschränkt und daher vor allem
der Menschenhandel mit den Nachbarn und ‚Brüdern‘ Israels hervorgehoben
wird, der aus Sicht der deuteronomistischen Kreise, die die Schuld von Tyros und
Edom in Am 1,9.11 nachdrücklich unterstreichen, als in jeder Weise verwerflich
eingestuft werden muss[141].

Welches Bild von Tyros wird nun von den späteren Bearbeitern der älteren
Amosprophetie entworfen? Bereits aufgrund der Auslieferung von Gefangenen
und des damit zusammenhängenden Menschenhandels wird Tyros außerordentlich kritisch beurteilt; dieser Vorwurf trifft nach v6 aber nicht nur Tyros, sondern
auch Gaza. Der spezifische Unterschied zu Gaza liegt jedoch in der Tatsache,
dass Tyros der alten Verbindungen und des ‚Bruderbundes‘ nicht mehr gedacht
und sich damit der Untreue schuldig gemacht hat. Es ist offensichtlich in v9 nicht
der Handel mit Menschen im allgemeinen, der hier kritisiert wird – das ist wohl
eher im Blick auf Gaza in v6 der Fall –, sondern es ist die für die Verfasser von
v9f unfassbare Illoyalität der Tyrer, die das schlechte *image* der Stadt geradezu
heraufbeschwört. Die Bearbeiter der Eingangskapitel des Amosbuches entwerfen
damit das Bild einer Handelsstadt, die keinen höheren Wert als den Gewinn
kennt und die sich im Zweifelsfall gegen altbewährte Beziehungen entscheidet,
wenn dadurch die eigenen Aktivitäten am Laufen gehalten werden können. Es ist
daher ein durch und durch negatives Bild, das hier im 6./5. Jh. v. Chr. von Tyros
entworfen wird.

Am 1,9f ist aber zugleich ein Zeugnis dafür, dass die Verbindungen zwischen
Israel/Juda und Tyros im Grundsatz als ‚brüderlich‘ beurteilt wurden, so dass sich
von daher die eher wohlwollenden Darstellungen der phönizischen Metropole in
den Samuel- und Königsbüchern erklären lassen. Man kann vielleicht sogar noch
einen Schritt weiter gehen: Falls die Verfasser von Am 1,9f tatsächlich zum Kreis

---

139 Vgl. Rudolph, Joel – Amos, 133f, der nicht nur an die Beziehungen zwischen Hiram und David
     bzw. Salomo erinnert, sondern zudem vermutet, dass das Bündnis zwischen Israel und Tyros
     unter Jerobeam II. eine Erneuerung erfuhr.
140 Zu der zweiten wichtigen Parallelstelle Joel 4,4-8 vgl. oben Teil 4.4.2.2 und den folgenden Teil
     5.2.5.
141 Vgl. Wolff, Joel und Amos, 193f.

der Deuteronomisten gehören sollten, ließe sich auf der Grundlage beider Textbereiche gewissermaßen komplementär das Bild rekonstruieren, das man in dieser
Gruppe von Tyros hatte: Eigentlich handelt es sich demnach bei Tyros um einen
Nachbarn, dessen Bedeutung und Reichtum trotz aller Vorbehalte gegenüber
dem dortigen Baalskult keinen Anlass zu grundsätzlicher Ablehnung gibt; doch
das Verhalten der Tyrer angesichts der Katastrophe Judas, die durch
Nebukadnezar, dem sich Tyros trotz großer Schwierigkeiten letztlich nicht
unterwerfen musste, herbeigeführt wurde, dieses Verhalten zeigt das wahre Gesicht der nördlichen Nachbarn[142] – es ist weniger das Gesicht Hirams, des
Verbündeten Salomos, sondern vielmehr die Fratze Isebels, deren Prinzipienlosigkeit und Traditionsvergessenheit die Deuteronomisten in den grellsten Farben ausmalen. Diesen Mangel an Grundsätzen und an Bewusstsein für geschichtliche Verpflichtungen werfen die Bearbeiter der Amosprophetie den Tyrern in
Am 1,9f mit dem Hinweis auf den vergessenen ‚Bruderbund' vor. Die spätere
Eroberung von Tyros durch Alexander den Großen hat in der Trägergruppe des
ezechielischen Tyroszyklus zu neuen Modifikationen des Tyrosbildes geführt, und
auch die Trägergruppe der Jeremiaüberlieferung setzt andere Akzente, als es die
Verfasser von Am 1,9f tun. Dieses Zeugnis einer großen Enttäuschung ist aufgrund seines spezifischen Profils ein wichtiger Baustein für die Rekonstruktion
des Bildes von Tyros im Alten Testament.

5.2.5 Tyros in Joel 4,4

Der zeitliche Abstand zwischen der Entstehung von Am 1,9f und Joel 4,4-8 ist
wohl nicht allzu groß, und auch die kompositionelle Anordnung innerhalb des
Dodekapropheton lässt die Nähe zwischen beiden Texten deutlich werden, denn
zwischen beiden Passagen liegen nur die Schlussverse des Joel- und die Anfangsverse des Amosbuches[143]. Formgeschichtlich führen die beiden Passagen in
durchaus ähnliche Zusammenhänge, doch sind die Akzente in den beiden
Büchern unterschiedlich gesetzt: Während das Amosbuch mit einer Reihe von

---

142   Vgl. Müller, Phönizien, 190: „Wir haben damit zu rechnen, daß die Nachbarn Judas die Nieder
       lagen Jerusalems durch Nebukadnezar ausnutzten, um die Konkursmasse des judäischen Staates
       an sich zu bringen." Nach Müller, Phönizien, 193, liegt in der relativ unabhängigen Stellung von
       Tyros nach der Belagerung durch Nebukadnezar der machtpolitische Hintergrund von Am 1,9f.
143   Zur Vernetzung von Am 1,9f und Joel 4,4-8 innerhalb des Dodekapropheton vgl. M. Roth,
       Israel und die Völker, 75-77, der von dieser Verbindung her auch die Nennung von Tyros an
       erster Stelle in Joel 4,4 erklärt; das dürfte allerdings nicht allein damit zu tun haben, sondern auch
       mit der Bedeutung von Tyros aus Sicht der Verfasser von Joel 4,4-8 zusammenhängen – selbst
       wenn Sidon im 4. Jh. v. Chr. wichtiger als Tyros gewesen sein sollte, was nach dem Tennes-Auf
       stand ja nicht mehr der Fall war, könnte die Wahrnehmung von Tyros in Juda eine andere ge
       wesen sein als etwa bei den Persern oder den Griechen. Die auffällig häufige Voranstellung von
       Tyros vor Sidon innerhalb der prophetischen Literatur lässt dies zumindest vermuten.

klassischen Fremdvölkersprüchen eröffnet wird, die sich an namentlich genannte Völker oder Städte richten, bleibt Joel 4 insgesamt sehr vage, wenn in v2 die Versammlung aller Völker (כל־הגוים) ohne weitere Konkretion angekündigt wird und v9ff hier ebenfalls keine weiterführenden Informationen bringen[144].

Lediglich die Passage v4-8 fällt heraus, wenn Tyros, Sidon und die Philister direkt von Jahwe angesprochen werden[145]; wie innerhalb des Jeremiabuches steht Tyros also auch in Joel 4,4 nicht allein, sondern repräsentiert zusammen mit Sidon die Phönizier als die nordwestlichen Nachbarn Judas, die hier explizit neben den Philistern als den südwestlichen Nachbarn genannt werden. Den Phöniziern und Philistern wird in v4 zunächst einmal Vergeltung angekündigt, bevor ihnen in v5 der Transfer von Silber, Gold und anderen Kostbarkeiten aus dem Jerusalemer Tempel in die eigenen Tempel bzw. Paläste und in v6 der Verkauf der Söhne Judas und Jerusalems an die Ionier vorgeworfen wird; v7 kündigt die Rückkehr dieser Verkauften an, durch die Jahwe nun seinerseits die Söhne *und Töchter* der Phönizier und der Philister nach Saba verkaufen lassen wird.

Es ist weithin anerkannt, dass der Abschnitt Joel 4,4-8 eine spätere Ergänzung darstellt, durch die die allgemein gehaltenen Völkeraussagen von v1-3.9ff mit der Erwähnung der Phönizier und der Philister konkretisiert werden[146]. Für eine solche literarhistorische Differenzierung innerhalb des Kapitels spricht zum einen diese Konkretion, die c4 ansonsten eher fremd ist, zum anderen die prosaische Struktur der Verse, die aus dem poetischen Kontext herausfallen, und zum dritten die eigene Sprach- und Vorstellungswelt, insbesondere der Gedanke der Vergeltung, der in v4-8 entfaltet wird, im restlichen Kapitel dagegen keine Rolle spielt[147]. Wenn v4-8 als späterer Zusatz zu c4 zu deuten sein sollten, so läge mit diesem Einschub der *terminus ad quem* für die Entstehung von c4* und – falls c4 mit den anderen Kapiteln literarisch zusammenhängen sollte – womöglich für die des Joelbuches insgesamt vor[148]. Je nachdem, wie man v4-8 nun beurteilt –

---

144 Immerhin werden in Joel 4,19 noch Ägypten und Edom mit Namen genannt.

145 Man kann daraus allerdings nicht schließen, dass mit כל־הגוים in v2 lediglich diese Völker gemeint seien, da die Vorstellung eines Völkergerichtes, wie sie in v12 entwickelt wird, den Rahmen der älteren, konkret adressierten Fremdvölkerworte sprengt und offensichtlich die gesamte Völkerwelt in den Blick nimmt; damit führt der Text in eschatologische Vorstellungen hinein, die der späteren Apokalyptik den Weg bahnen; vgl. dazu M. Beck, Tag YHWHs, 192f, der Joel 4 aufgrund dieser protoapokalyptischen Züge von Joel 1f abrückt.

146 Zu den Argumenten im Detail vgl. Wolff, Joel und Amos, 89f, sowie Rudolph, Joel – Amos, 80f, der zwar die Sonderstellung der Verse als eines ‚störenden Einschubs‘ herausarbeitet, dann aber doch einen vorexilischen Propheten Joel für ihren Verfasser hält; zuletzt haben Beck, Tag YHWHs, 150, und J. Wöhrle, Sammlungen des Zwölfprophetenbuches, 419, mit guten Gründen für die literarische Eigenständigkeit der Passage plädiert.

147 Vgl. Roth, Israel und die Völker, 77.

148 Dass Joel 1-4* eine literarische Einheit bilden, wie sie etwa von M. Treves, Date of Joel, 149-156, vorausgesetzt wird, kann allerdings nicht ohne weiteres angenommen werden, so dass sich vor-

entweder als prophetische Ansage dessen, was Phönizier und Philister erwartet, oder aber als *vaticinium ex eventu*, das auf deren Untergang zurückblickt –, wird man zu einer unterschiedlichen zeitlichen Einordnung des Textes gelangen. Die innerhalb der Verse beschriebene Situation lässt sich historisch jedoch am ehesten in der zweiten Hälfte des 4. Jh. v. Chr. verorten: Das hier vorausgesetzte Miteinander von Phöniziern und Philistern, das sich aus anderen Quellen nur schwer belegen lässt[149], muss spätestens mit der persischen Zerstörung von Sidon nach dem Tennes-Aufstand ein Ende gefunden haben; der ebenfalls angesagte Untergang von Tyros und den Philistern kann dagegen erst mit dem Alexanderzug in Verbindung gebracht werden. Ob v4-8 nun eine prophetische Voraussage dieser Vernichtungen darstellt oder jene aus dem Rückblick in c4 einträgt – der historische Kontext der Passage führt in die letzten Jahrzehnte des Perserreiches und die aufkommende hellenistische Epoche[150].

---

schnelle Rückschlüsse von Joel 4,4-8 auf die Datierung des Buches insgesamt (so etwa bei Wolff, Joel und Amos, 94) nicht empfehlen; vgl. dazu Beck, Tag YHWHs, 140-201, insbesondere 193, der von einer Joelgrundschrift in Joel 1f* ausgeht, die seiner Meinung nach durch c4* fortgeschrieben wird.

149 Zu den wichtigsten außeralttestamentlichen Quellen vgl. Wolff, Joel und Amos, 93f, sowie vor allem Galling, Studien, 201, und Müller, Phönizien, 197, die auf die im Periplus des Pseudo-Skylax bezeugten Verbindungen zwischen Phöniziern und Philistern in dieser Zeit verweisen. Dass die Phönizier diese Verbindung dominierten, zeigt neben der Küstenbeschreibung des Pseudo-Skylax auch die Anordnung ,Tyros – Sidon – Philistergaue' in Joel 4,4: „Freilich wird man nicht annehmen dürfen, daß den Tyrern das ganze Territorium des Philisterstaates zufiel (obschon Skylax keine Veranlassung hatte, dies positiv oder negativ zu besprechen); denn die phönikische Kolonisation ging im wesentlichen vom Handel und Seeverkehr aus und war primär an den Hafenstädten interessiert." (Galling, Studien, 201) Joel 4,4-8 dokumentiert über diesen Seehandel hinaus ein gewisses Interesse der Phönizier an Aktivitäten im Binnenland; während Ez 27,12-25a hierbei vorrangig auf Handel schließen lässt, bezeugt Ez 26,2 mit Joel 4,6 auch weniger friedliche, eher räuberische Vorkommnisse unter phönizischer Verantwortung.

150 Beck etwa bezieht – im Anschluss an Treves, Date of Joel, 154-156 – Joel 4,4-8 auf „die Deportation von Juden als Sklaven nach der Eroberung Jerusalems 302" (Beck, Tag YHWHs, 194; ähnlich zuvor Beck, Tag YHWHs, 150f). Dass es solche Deportationen am Ende des 4. Jh. v. Chr. gab, ist zwar nicht über jeden Zweifel erhaben, da die Historizität der entsprechenden Angaben bei Josephus nicht geklärt ist (vgl. Josephus, Ant. Jud. XII 1; XII 2, 3), kann aber auch nicht ganz ausgeschlossen werden; hinter den Versklavungen würden hier allerdings die hellenistischen Diadochenfürsten selber und nicht die Nachbarn Judas stehen. Joel 4,4-8 setzt dagegen eine Zusammenarbeit von Tyros, Sidon und Philistern voraus, die zum einen wohl in der Perserzeit bis zum Tennes-Aufstand angenommen werden kann, zum anderen noch weiter zurücklenkt bis in das 6. Jh. v. Chr., als sich die nördlichen und südlichen Nachbarn Judas an der babylonischen Vernichtung von Jerusalem bereicherten; das ist in entsprechender Weise auch in Ez 26,2 vorausgesetzt – der Vorwurf der Tempelplünderung aus Joel 4,5 lässt sich aus diesem Kontext heraus am besten verstehen. Innerhalb von Joel 4,4-8 muss daher zwischen Ereignissen aus dem 4. Jh. v. Chr. wie der Vernichtung von Sidon sowie der Eroberung von Tyros und philistäischer Städte und Vorkommnissen aus dem 6. Jh. v. Chr. wie der phönizischen und philistäischen Plünderung des Jerusalemer Tempels nach der babylonischen Eroberung unterschieden werden.

Wie kam es nun zu dieser Fortschreibung und was für ein Bild der Phönizier und Philister steckt hinter Joel 4,4-8? Der Ausgangspunkt dieses Vergeltungswortes gegen die beiden Nachbarn ist in deren Verhalten gegenüber Juda und Jerusalem zu suchen – zum einen hinsichtlich der Plünderung des Tempels, zum anderen im Blick auf den Menschenhandel. V6 zeigt neben ähnlichen Passagen wie Ez 27,13 und Am 1,6.9, dass der Verkauf von Menschen nichts Besonderes war, sondern im Zusammenhang kriegerischer Eroberungen offensichtlich allgemein praktiziert wurde. Innerhalb von Joel 4,4-8 ist vor dem Hintergrund des Vergeltungsgedankens nun die gegensätzliche geographische Tendenz des Menschenhandels genau zu beachten: Während die Bewohner von Juda und Jerusalem den Griechen im Norden verkauft werden, wird den Phöniziern und Philistern der Verkauf nach Saba in den Süden der arabischen Halbinsel hinein angekündigt[151]. Hier wird ganz offensichtlich mit einem literarischen Kunstgriff der Verschleppung in den Norden die Verschleppung in den Süden entgegengesetzt, so dass sich nicht mehr genau ermitteln lässt, ob hier Menschenhandelswege beschrieben werden oder eine literarische Fiktion entwickelt wird. Zumindest die Nachricht über den judäischen Verkauf von Philistern und Phöniziern nach Saba muss kritisch betrachtet werden, zumal der Text diesen Verkauf nicht als ein historisches Faktum einordnet, sondern als eine Vergeltungsaktion Jahwes in der Zukunft erwartet. Anlass der Vergeltung ist dabei kein Ereignis aus dem 4. Jh. v. Chr., in das der Text ansonsten hineinspricht, sondern mit großer Wahrscheinlichkeit der Untergang Jerusalems im 6. Jh. v. Chr., von dem Phönizier und Philister offensichtlich profitierten[152].

Das *image* der Philister und Phönizier und damit auch das von Tyros, das in der Anrede Jahwes in Joel 4,4 immerhin an erster Stelle genannt wird, lässt sich daher im Anschluss an Am 1,9f leicht rekonstruieren: Wie wenige Jahrzehnte früher innerhalb der deuteronomistischen Bearbeiterkreise des Amosbuches, deren Position sich nur wenige Verse später innerhalb des Dodekapropheton nachlesen lässt, entwerfen auch die Trägergruppen der Joelprophetie ein negatives Bild von Tyros; doch wird der Stadt hier nicht nur der Menschenhandel mit den Bewohnern von Juda und Jerusalem angelastet, sondern insbesondere auch die Beraubung des Jerusalemer Tempels vorgehalten. Ganz gleich, ob die geraubten Tempelgüter in die Paläste oder die Tempel der Phönizier und Philister überführt wurden – להיכליכם in Joel 4,5 lässt beide Deutungen zu[153]: Mit diesem Raub

---

151   Vgl. Roth, Israel und die Völker, 77.

152   Dieser Bereicherung folgten in nachexilischer Zeit wohl weitere Akte wirtschaftlicher Ausbeutung: „Darüber hinaus haben die Philister im Bunde mit den Phöniziern regelrechte Übergriffe auf Juda unternommen." (Müller, Phönizien, 193); vgl. dazu auch die Überlegungen von Höffken, Untersuchungen, 96-98, der als konkreten Kontext von Joel 4,4-8 „eine zunehmende Durchdringung auch des palästinischen Hinterlandes durch phönizische Handelsniederlassungen" (Höffken, Untersuchungen, 97) vermutet.

153   Vgl. Wolff, Joel und Amos, 94.

haben die Nachbarn Judas v4-8 zufolge ein Tabu gebrochen und sich zu Handlangern der Babylonier gemacht, unter denen sie selber zu leiden hatten. Ohne dass es ausgesprochen wird, steht auch hinter den Vorwürfen in v4-8 die Vorstellung einer gewissen Zusammengehörigkeit, die man offensichtlich in Juda hatte und an der sich die Nachbarn mit ihren Plünderungen und Menschenhandelsaktivitäten vergingen. Anders als die Verfasser von Am 1,9f, die Tyros brennende Paläste androhen, erhofft man Joel 4,4-8 zufolge eine Vergeltung nach dem Talionsprinzip: Menschenhandel gegen Menschenhandel, Nord gegen Süd – hier wird den Phöniziern und Philistern durch Jahwes Hilfe mit gleicher Münze heimgezahlt, was sie den Eroberten des 6. Jh. v. Chr. angetan haben. Es ist allerdings auffällig, dass von dem Silber und Gold Jahwes und den anderen Tempelschätzen innerhalb der Vergeltungssystematik nicht mehr die Rede ist: Wollte man die profanierten Tempelgeräte nicht wieder zurückhaben, so dass man sie hier außen vor ließ? Oder hatte man in den Trägerkreisen der Joelprophetie schlichtweg kein Interesse an der gegenwärtigen Innenausstattung des Tempels? Oder war der Raub von Tempelgut, dessen man sich gewissermaßen auch selber hätte schuldig machen müssen, ein so großes Sakrileg, dass man es den anderen zwar vorwerfen konnte, selber aber in dieser Hinsicht unschuldig bleiben wollte? Die Motive für diese Auslassung lassen sich wohl nicht mehr rekonstruieren, doch könnte es durchaus sein, dass hinsichtlich der Schwere des Verbrechens der Raub des Tempelgutes in den Augen der Verfasser der Passage weit über den Menschenhandel hinausging, so dass man sich mit seinen Hoffnungen auf die Vergeltung des Menschenhandels beschränkte[154].

Das Bild von Tyros wird in den nachexilischen prophetischen Kreisen offensichtlich in verschiedenen literarischen und auch historischen Zusammenhängen ausgesprochen negativ gezeichnet; doch diese pessimistische Haltung scheint das Resultat einer Enttäuschung zu sein, wie sich nicht nur an Am 1,9f, sondern auch an Joel 4,4-8 ablesen lässt, wo die Beteiligung der Phönizier und Philister an der Tempelplünderung in Jerusalem als erster Vorwurf genannt wird und dadurch ganz besonders hervorsticht.

Dass dieses Vergehen aus dem 6. Jh. v. Chr. in einem Text aus dem 4. Jh. v. Chr. aufgegriffen wird, spricht dafür, v4-8 erst nach dem Untergang von Tyros und Gaza anzusetzen. Die Verfasser der Passage sahen in dem sukzessiven Untergang von Sidon unter den Persern und von Tyros und Gaza unter Alexander dem Großen wohl die Vergeltung Jahwes am Werk, der den nördlichen und südlichen Nachbarn nun das heimzahlte, was sie sich unter den Babyloniern zwei Jahrhunderte zuvor herausgenommen hatten. Ob dahinter Rachegelüste stecken, lässt sich nicht mit Sicherheit sagen; deutlich erkennbar ist

---

154 Dabei darf jedoch ein entscheidendes Detail nicht übersehen werden: „Nur darin geht die Strafe noch über die Schuld hinaus, daß außer Söhnen (6a) auch Töchter (8a) verhandelt werden." (Wolff, Joel und Amos, 95)

allerdings das Bedürfnis nach einem Ausgleich für erlittenes Unrecht. Innerhalb des vorliegenden Kontextes von Joel 4 werden die negativen Töne noch verstärkt durch Passagen wie v17, wo dem geheiligten Jerusalem verheißen wird, dass keine Fremden (זרים) mehr durch die Stadt hindurchziehen werden – das Verschwinden der feindlich auftretenden Fremden wurde hier offensichtlich zu einer Hoffnung, die sich gegen die Philister, die Phönizier und vor allem die Tyrer richtete, denn nach Neh 11,16 brachten die Tyrer in nachexilischer Zeit zwar nicht unbedingt Kampf und Krieg, aber aufgrund ihrer sittenwidrigen Handelsaktivitäten dennoch Unruhe nach Jerusalem, deren Ende man nach Sach 14,21 ersehnte.

5.2.6 Tyros in Sach 9,2f

Die letzte namentliche Erwähnung von Tyros innerhalb der Prophetenbücher findet sich in Sach 9,1-8. Dieser Abschnitt stellt zugleich die Eröffnung des zweiten Teiles des Sacharjabuches dar, der aufgrund seiner Unterschiede zu Sach 1-8 einem anonymen Propheten Deuterosacharja zugeschrieben wird[155]. Das Nebeneinander von Phöniziern und Philistern, das sich bereits im Kontext von Am 1,9f und Joel 4,4-8 beobachten ließ, wird in Sach 9,1-8 erneut aufgegriffen[156] und in einen Zusammenhang gebracht, in dem neben Sidon und Tyros sowie den Philisterstädten auch die syrischen Metropolen Hadrach, Damaskus und Hamat eine Rolle spielen[157].

Die Exposition des Abschnittes liegt in v1f vor, wo nach der Überschrift משא in v1a der דבר־יהוה im Lande Hadrach verortet wird. Das ‚Wort Jahwes‘ erscheint hier als eine Hypostase Jahwes, die sich in einer bestimmten Region aufhält. Dass dieses Wort v1a zufolge in Damaskus seinen Ruheplatz (מנחתו) findet, zeigt deutlich, wie sehr das Wort hier als personale Größe verstanden wird[158]. V1b ist nur schwer zu deuten, es geht aber offensichtlich darum, dass sich das Auge des Menschen im allgemeinen und der Stämme Israels im besonderen auf Jahwe richtet. V2a führt die Aufzählung der syrischen Gebiete fort und nennt als drittes Grenzgebiet Israels die Stadt Hamat. Tyros und Sidon folgen dann in v2b[159], wobei die Fortsetzung כי חכמה מאד wegen der singularischen Verbform חכמה nicht

---

155 Zur Begründung dieser These und zur weiteren Forschungsgeschichte vgl. die einleitenden Bemerkungen von Rudolph, Sacharja, 159-166, und H. Graf Reventlow, Sacharja, 86-89.
156 Vgl. Elliger, Zeugnis, 96-100.
157 Zu diesen Städten vgl. M. Delcor, Allusions, 110-113, und Rudolph, Sacharja, 170f. Nach Elliger, Zeugnis, 93, stehen die Städtenamen nach der Umwandlung in assyrische Provinzen für bestimmte Gebiete, an deren Benennung sich der Verfasser von Sach 9,1f orientiere.
158 Zu den theologischen Implikationen von v1a vgl. Graf Reventlow, Sacharja, 91.
159 Es gibt keinen Grund, צר an dieser Stelle zu streichen und dann womöglich noch צמר zu konjizieren (so Elliger, Zeugnis, 72); Tyros und Sidon stehen hier wie an vielen anderen Stellen innerhalb der prophetischen Literatur nebeneinander.

auf beide Städte bezogen werden kann, sondern in diesem Fall allein die Weisheit und Geschicklichkeit Sidons hervorhebt; die folgende Beschreibung des Unterganges von Tyros könnte die Ursache dafür sein, dass man die Weisheit und Geschicklichkeit nur Sidon zuschreiben wollte, da der Untergang die Ungeschicklichkeit von Tyros zu deutlich vor Augen führte. Mit v3f folgt der Abschnitt, der sich explizit mit Tyros befasst. Hier werden zunächst die Stärken der Stadt, ihre Festungsanlagen und Reichtümer, hervorgehoben, dann aber das Missgeschick geschildert, das Tyros von Jahwe her zu erleiden hat: Die Stadt wird ihres Besitzes beraubt, ihre Kriegsmacht wird durch das Meer geschlagen und am Ende wird sie durch verzehrendes Feuer verbrannt. In v5-7 wendet sich der Text den Philistern zu. Zunächst schildern v5-6a die helle Aufregung der Philisterstädte über den Untergang von Tyros, bevor in v6b-7aβ Jahwe selber das Wort ergreift und den Philistern ankündigt, ihren Stolz auszurotten sowie das Blut und die Greuel zwischen ihren Zähnen wegzureißen[160]; in einem Kommentar in v7aγ-b wird gefolgert, dass der Philister als Rest für Gott übrig bleibt (ונשאר גם־הוא לאלהינו) und dass er wie ein Vertrauter bzw. eine Sippe (אלוף I bzw. אלף III) in Juda und dass Ekron wie ein Jebusiter sein werde[161]. In v8 liegt schließlich noch einmal eine Rede vor, in der Jahwe verheißt, er werde über sein Haus wachen, so dass kein Gewalttäter mehr vorbeiziehe.

Ganz offensichtlich läuft der Text auf diese Heilszusage in v8 zu, so dass man darin möglicherweise den Schlüssel für das theologische Verständnis des gesamten Textes zu suchen hat: Die מנחה des דבר־יהוה in den syrischen Städten, der Untergang von Tyros trotz seiner Festungen und seines Reichtums und die angekündigte Eingliederung der Philister in Juda sind als indirekte Heilsworte zu lesen, die durch eine direkte Heilsansage in v8 abgeschlossen und dann durch die messianische Weissagung in v9f fortgeführt werden.

Rätselhafter als der theologische Rahmen ist jedoch das in Sach 9,1-8 entworfene geographische Panorama, das der Tendenz nach von Norden nach Süden verläuft, dabei aber die syrischen Städte nur kurz streift, an Sidon und seiner Weisheit zügig vorbeigeht und erst Tyros und den Philistern große Aufmerksamkeit widmet. Auch wenn man die Eigenart des prophetischen Textes im Blick behalten muss[162], kommt man nicht umhin, nach seinem zeitgeschichtlichen

---

160 Zur Erklärung vgl. Graf Reventlow, Sacharja, 93: „Die Philister [...] sollen den Speisevorschriften der Tora unterworfen werden."

161 Zu אלוף I – ‚Vertrauter' vgl. die Bemerkungen in HALAT, 52f, wo freilich vorgeschlagen wird, die Form von אלף III abzuleiten; HALAT, 58, zufolge hätte man es dann mit der Bedeutung ‚Sippe' oder ‚Gau' zu tun. Die bemerkenswerte Aussageabsicht lässt sich trotz der Unsicherheiten hinsichtlich der genauen Bedeutung von אלף erkennen: Dem Text zufolge sollen die Philister offensichtlich „als Proselyten der jüdischen Gemeinde angeschlossen werden." (Rudolph, Sacharja, 174)

162 Vgl. P. Hanson, Zechariah 9, 37-59, und Graf Reventlow, Sacharja, 90.

Hintergrund zu fragen. Es ist vielfach gesehen worden[163], dass die Abfolge der
Regionen ‚Syrien – Phönizien – Philistäa' und die Ausführlichkeit in der
Darstellung des Unterganges von Tyros, der innerhalb des Textes gewissermaßen
ein retardierendes Element bildet, in der Grundrichtung dem Eroberungszug
Alexanders des Großen entspricht, der von Norden kommend Syrien überrollte,
vor Tyros allerdings sieben und vor Gaza immerhin noch zwei Monate lagern
musste[164], bis er die Städte einnehmen konnte.

Dass der Alexanderzug jedoch lediglich den zeitgeschichtlichen Hintergrund
darstellt, an dem sich die prophetischen Kreise orientierten, zeigt sich zunächst an
den Details, die von den historisch ermittelbaren Ereignissen abweichen[165]; die
Unterschiede zwischen dem Alexanderzug und Sach 9,1-8 sind aber noch viel
grundsätzlicher, wenn man sich vor Augen hält, dass in diesem prophetischen
Text gerade nicht von einem weltlichen Kriegsherrn die Rede ist, der von Nord
nach Süd alle Lande erobert – solche Bedrücker werden nach v8 ja gerade nicht
mehr hindurchziehen –, sondern dass hier allein die Einflusssphäre Jahwes von
Syrien über Phönizien bis hin zu den Philistern abgeschritten wird und die prophetischen Kreise Alexander gewissermaßen durch Jahwe und sein Wirken
ersetzen[166]. Das ist eine theologische Deutung der Geschichte, deren Ausgangspunkt sicher im Alexanderzug des Jahres 332 v. Chr. zu suchen ist, unter dessen
Eindruck man in dieser Zeit in ganz Syrien und Palästina stand, so dass auch die
Entstehung von Sach 9,1-8 im Kontext dieser Ereignisse anzusetzen ist. Es ist
aber ganz offensichtlich, dass der Text keine historische Darstellung des
Alexanderzuges sein möchte, sondern vor dem Hintergrund dieses weltgeschicht-
lich bedeutenden Ereignisses eine prophetische Stellungnahme zum Verhältnis
zwischen Juda und seinen Nachbarn abgibt. Diese Nachbarn sind der prophetischen Geschichtsdeutung zufolge in den Einflussbereich Jahwes geraten – Syrien
scheint von der Präsenz des ‚Wortes Jahwes' bestimmt zu sein, Tyros wird wegen
seines Widerstandes vernichtet und die Philister werden, nachdem ihnen das Blut
und alle anderen unreinen Greuel zwischen den Zähnen herausgerissen wurden,
direkt zu einem Teil Judas, so wie zu Davids Zeiten die Jebusiter in das ‚Großreich' eingegliedert wurden. Gerade an dieser Rückblende in das 10. Jh. v. Chr.

---

163 Vgl. die Beiträge von Elliger, Zeugnis, 79-115, und Delcor, Allusions, 116-124, sowie Mathys,
   Chronikbücher, 52-54, die Sach 9,1-8 mit dem Eroberungszug Alexanders des Großen verbinden und vor dem Hintergrund der Ereignisse des Jahres 332 v. Chr. erklären.

164 Zu Gaza vgl. Delcor, Allusions, 118f.

165 Vgl. vor allem hinsichtlich der Abfolge der einzelnen Städte die Ausführungen von Rudolph,
   Sacharja, 171, der allerdings jede Beziehung des Textes zu den Ereignissen des 4. Jh. v. Chr. bestreitet.

166 Daraus wird man keine besondere Hochschätzung Alexanders ablesen können, denn er bleibt
   gänzlich unerwähnt; anders als Nebukadnezar im Jeremiabuch oder Kyros bei Deuterojesaja
   wird Alexander von den deuterosacharjanischen Kreisen nicht als Knecht oder Gesalbter Jahwes
   und somit als dessen Werkzeug dargestellt; Jahwe tritt vielmehr direkt an Alexanders Stelle – und
   damit ist sein Machtanspruch gegenüber dem Griechen deutlich formuliert.

zeigt sich sehr deutlich, dass der Verweis auf Alexander den Großen nicht ausreicht, um den Hintergrund von Sach 9,1-8 zu erfassen, denn hier fließen noch ganz andere Erinnerungen ein, die sehr weit in die vorexilische Zeit und die Anfänge des Königtums zurückreichen[167] und damit das weitgespannte Gesichtsfeld der Verfasser erkennen lassen, die in ihren Texten nicht Geschichtsschreibung, sondern Theologie betreiben.

Das in Sach 9,1-8 entworfene Bild von Tyros muss im Kontext dieser theologisch gedeuteten Geschichte interpretiert werden. Die Anklänge von v3f an die Darstellung des Unterganges von Tyros in Ez 26-28 sind schon früh erkannt worden[168], doch steht dahinter offensichtlich mehr eine gewisse Topik als literarische Abhängigkeit[169]. Es lässt sich daher aus der Schilderung des Untergangs und der vorangehenden Begründung nicht allzuviel über das spezifische *image* von Tyros bei Deuterosacharja sagen, denn dass Tyros eine Festung war, in der Silber und Gold angehäuft wurden, war allgemein bekannt; die Vernichtung der Stadt angesichts des Reichtums und des übersteigerten Sicherheitsgefühls wird auch innerhalb des ezechielischen Tyroszyklus erwartet und das in Ez 26-28 immer wieder herausgestrichene Handelstreiben von Tyros klingt in der Form von Silber und Gold in Sach 9,3 implizit an. Das in Sach 9,1-8 entworfene Bild von Tyros ergibt sich daher nicht aus dem Tyrosabschnitt in v3f selber, sondern muss aus dem Kontext rekonstruiert werden. Der allerdings spricht für sich: Während in Syrien das ‚Wort Jahwes' als dessen Repräsentation eine Bleibe findet und die Philister sogar zu einem Teil Judas werden, wird im Blick auf Tyros nur von dessen Untergang gesprochen, der das Erschrecken der Philisterstädte begründet[170]. Die Philister werden gewissermaßen ihrem Heil zugeführt, Tyros dagegen bleibt vernichtet liegen – der Text lässt mit keiner Silbe eine Hoffnungsperspektive für die Stadt erkennen. Die deuterosacharjanischen Prophetenkreise sahen Tyros offensichtlich im Vergleich zu den syrischen und philistäischen Stadtstaaten ausgesprochen hoffnungslos seinem Ende entgegengehen. Hier ist nichts von der Achtung zu erkennen, die den ezechielischen Tyroszyklus mit seinen filigranen Schilderungen des tyrischen Lebens prägt – Sach 9,1-8 lässt

---

167 Dass diese Erinnerungen auch die Topographie des Textes beeinflusst haben, lässt sich nicht ausschließen; vgl. dazu K. Seybold, Hoffnungen, 102: „Offenbar sind die topographischen Angaben, vor allem 9,1ff., am davidisch-salomonischen Grossreich orientiert, wobei der Hinweis auf die Jebusiter (9,7) bestätigend hinzutritt." Eine archaisierende Tendenz des Textes lässt nach Delcor, Allusions, 124, auch die Erwähnung von Hadrach in v1a erkennen, dessen Selbständigkeit wahrscheinlich bereits im 8. Jh. v. Chr. ein Ende fand; wie der Vergleich mit den Jebusitern in v7 erzeugt auch die Nennung von Hadrach in v1 innerhalb des Textes eine Zeitlosigkeit, die dem Text über das Alexanderjahr 332 v. Chr. hinaus seine Tradierung innerhalb der deuterosacharjanischen Prophetie sicherte.

168 Vgl. B. Stade, Deuterozacharja, 47f.

169 Vgl. I. Willi-Plein, Prophetie, 68-70.

170 Zu möglichen Differenzierungen zwischen den Bewertungen einzelner Städte vgl. die Überlegungen von Elliger, Zeugnis, 84.102.

Tyros ohne großen Respekt in Trümmern am Rande stehen. Im Gegensatz zu den Syrern und den Philistern ist Tyros eine *persona non grata*. Dass man zu einer solchen Darstellung von Tyros kam, lässt darauf schließen, dass man mit Tyros ausgesprochen schlechte Erfahrungen gemacht haben muss. Diese schlechten Erfahrungen könnten mit dem tyrischen Menschenhandel zusammenhängen, der in Am 1,9f und Joel 4,4-8 bezeugt wird, könnten aber auch auf Vorgänge innerhalb Judas und Jerusalems bezogen werden – ein Hinweis darauf findet sich am Ende des Sacharjabuches in Sach 14,21.

5.2.7 כנעני in Sach 14,21[171]

Kapitel 14 des Sacharjabuches „ist ein apokalyptisch eingefärbtes ‚Wort-Gemälde‘ des ‚Propheten‘ (Propheten-, nicht Gotteswort!) über das Endzeitgeschehen in und um Jerusalem. Siebenmal wird der Ausdruck ‚an jenem Tag‘ eingeflochten und zwölfmal das Wort ‚Tag‘ gebraucht. Das Grundthema ist also der ‚eschatologische Tag Jahwes‘."[172] Man steht mit diesem nachexilischen Text aus dem 3. Jh. v. Chr.[173] inmitten eines eschatologischen Panoramas, an dessen Ende nach grausamen Völkerkampfszenen die hoffnungsvollen Bilder der Völkerwallfahrt nach Jerusalem stehen, die mit einem Blick ins Detail abgeschlossen werden: Eingeleitet mit dem stereotypen ביום ההוא wird in v20f angekündigt, dass zum einen auf den Schellen des Pferdes seine Heiligung markiert sein wird, dass zum anderen sämtliche Kochtöpfe in Jerusalem und Juda geheiligt sein werden und dass zum dritten kein כנעני mehr im Hause des Herrn sein wird. Das eigentliche Thema der beiden Verse ist demnach die umfassende Heiligung für Jahwe, die selbst die Töpfe umfasst. V21b verweist vor diesem Hintergrund des Geheiligten auf einen Ausgeschlossenen, der nicht mehr in der Sphäre des Heiligen, also im Jerusalemer Tempel zu finden sein wird.

---

171 Es sei ausdrücklich darauf verwiesen, dass in Sach 14 von ‚Tyros‘ an keiner Stelle die Rede ist. Der Text veranschaulicht jedoch, wie es zu dem negativen Bild gekommen sein muss, das die nachexilischen Prophetentexte von den Phöniziern im allgemeinen und von Tyros im besonderen entwerfen. Aus diesem Grund soll die entscheidende Passage Sach 14,20f hier kurz analysiert werden.

172 A. Deissler, Propheten, 310f.

173 Eine ausführliche Analyse von Sach 14 hat Beck, Tag YHWHs, 202-255, vorgelegt; er kommt zu dem Schluss: „Der ‚Tag YHWHs‘-Text Sach 14 hat sich als komplexes Produkt des 3. Jh. v. Chr. erwiesen, an dem mehrere Hände beteiligt waren, eine Gesamtsicht der Zukunftserwartung zu entwickeln." (Beck, Tag YHWHs, 254) Graf Reventlow, Sacharja, 129, möchte Sach 14 dagegen noch in der ersten Hälfte des 5. Jh. v. Chr. ansetzen; da Sach 14 jedoch Sach 12f fortschreibend korrigiert, Sach 12-14 aber insgesamt Sach 9-11 voraussetzen und Sach 9,1-8 frühestens um 332 v. Chr. entstanden sein kann, ist 332 v. Chr. auch *terminus a quo* für das Kapitel Sach 14, das doch wohl mindestens einige Jahrzehnte später, also im 3. Jh. v. Chr., verfasst worden ist.

Es stellt sich nun die Frage, was ein כנעני eigentlich ist und was er im Tempelbereich machte, denn über beides gibt Sach 14,21 keine genauere Auskunft. Der כנעני ist zunächst einmal ein ‚Kanaanäer'[174]; vor dem Hintergrund von Hi 40,30 und Spr 31,24 kann mit dem Begriff allerdings auch ein Händler bezeichnet werden[175], wobei Jes 23,8 mit besonderer Deutlichkeit zeigt, dass כנעני auch ein Tyrer und damit ein Phönizier sein kann[176]; dass die Tyrer in nachexilischer Zeit im Umfeld des Tempels als Händler auftraten, bezeugt vor allem Neh 13,16[177]. Es spricht daher alles dafür, auch in Sach 14,21 das Gentilizium כנעני mit ‚Händler' zu übersetzen, dabei aber insbesondere die phönizischen Kaufleute im Blick zu haben[178], die sich vom Verkauf ihrer Waren im Bereich des Tempels satte Gewinne erhofften – die Vergleiche mit den Krämern und Devotionalienhändlern, die sich bis heute um die großen Kathedralen der Metropolen herum finden, drängen sich förmlich auf und gehen wohl auch nicht ganz in die Irre[179]. Diese fahrenden Händler werden von den prophetischen Kreisen, die hinter Sach 14,21 stehen, als eine wahre Plage eingeschätzt, die solche Ausmaße angenommen haben muss, dass man es nicht für ganz unwichtig hielt, eigens auf ihr endgültiges Verschwinden hinzuweisen und damit den großen eschatologischen Entwurf von Sach 14 abzuschließen[180]. Man wird die Schlussverse dieses Kapitels sicher nicht als Höhepunkt und Klimax deuten können, dafür machen sie zu sehr den Eindruck einer nachträglichen Ergänzung[181] und den ‚Kanaanäern' würde damit wohl auch etwas zu viel der Ehre zuteil. Doch gerade eine derartige Ergänzung zeigt das Bedürfnis, genau das nachzutragen, was man offensichtlich innerhalb einer hoffnungsvollen Zukunftserwartung vermisste – die ausgesprochen rätselhafte Heiligung der Pferde, die umfassende Heiligung der Kochtöpfe für den Opferdienst[182] und den Ausschluss der ‚Kanaanäer' aus dem Tempelbereich. Sach 14

---

174   Vgl. HALAT, 462, und M. Weippert, Kanaan, 352-355.

175   Vgl. auch die entsprechenden Indizien in Hos 12,8; Ez 16,29; 17,4.

176   Vgl. Mathys, Hausfrau, 30.

177   Anders Beck, Tag YHWHs, 236, der die entsprechenden Nachrichten in Sach 14,21 für „eine völlig singuläre Notiz" hält.

178   Anders Elliger, Propheten, 186, der hinter dem ‚Kanaanäer' bestimmte, zwischen Jerusalem und dem Garizim schwankende Teilgruppen der Samaritaner sowie gewisse Philistergruppen vermutet; eine solche Deutung ist aufgrund der anderen Belege für כנעני innerhalb des Alten Testaments aber eher unwahrscheinlich (vgl. Willi-Plein, Prophetie, 91).

179   Vgl. Rudolph, Sacharja, 239.

180   Vgl. Mathys, Hausfrau, 24: „Hass auf die wirtschaftlich bestimmenden Phönizier erscheint im letzten Vers des Sacharjabuches in Gestalt einer religiösen Zukunftshoffnung".

181   So etwa Elliger, Propheten, 178; anders dagegen Beck, Tag YHWHs, 254, der v20f zur Grundschicht des Kapitels zählt. Ganz gleich jedoch, wie man die Verse literargeschichtlich einordnet – thematisch sind sie ganz offenkundig eine Ergänzung der Völkerkampf- und Völkerwallfahrtsszenarien der vorangehenden Passagen.

182   Vgl. zur Deutung dieser beiden Zukunftserwartungen Deissler, Propheten, 313: „Aber für den damaligen Leser und Hörer war aus diesen anscheinend bizarren Bildern eine erstaunliche Bot-

zeichnet hier offensichtlich das Bild einer geheiligten Welt, an deren Spitze Jahwe als König thront, zu dem die Völker wallfahren – in diesem Hoffnungsbild der erwarteten Heilszeit haben die Phönizier keinen Platz mehr.

Sach 14,20f gibt damit einen Einblick in das *image* der Phönizier, vor dessen Hintergrund sich die zunehmend negative Beurteilung der Tyrer in Am 1,9f; Joel 4,4-8; Sach 9,1-8 besser einordnen lässt. Es sind offensichtlich nicht nur die Aktivitäten der Tyrer außerhalb Jerusalems und Judas, wie etwa ihr Menschenhandel, die ihnen einen schlechten Ruf eintragen, sondern es sind auch Verhaltensweisen in Juda selber, vor allem im Bereich des Jerusalemer Tempels, die zu ihrer Ablehnung durch bestimmte Kreise führen. Die prophetischen Texte haben diese unterschiedlich begründete Ablehnung bewahrt und gewähren damit Einblicke in das Bild der Phönizier, das man sich im nachexilischen Juda von seinen nördlichen Nachbarn machte.

5.3 Tyros im Psalter

Nachdem Tyros in der erzählenden und der prophetischen Literatur recht häufig auftaucht, ist es auf den ersten Blick nicht besonders erstaunlich, dass auch im dritten Teil des Kanons der Hebräischen Bibel auf die phönizische Metropole Bezug genommen wird. Dass sich die einzigen Erwähnungen von Tyros hier allerdings ausgerechnet innerhalb des Psalters finden, überrascht dann doch. Bezüge in den weltläufigen weisheitlichen Texten hätte man sicherlich erwarten können – und es ist ja auch nicht auszuschließen, dass einige dieser Texte von phönizischen Vorstellungen geprägt und beeinflusst sind[183] –, dass aber in der Gebetssammlung Israels die phönizische Metropole Tyros, deren fortschreitend negatives *image* die nachexilischen Prophetentexte bezeugen, genannt wird, weist

---

schaft zu vernehmen: a) Im endzeitlichen Jerusalem wird es nicht nur die von den Propheten zumeist negativ beurteilten Pferde geben (vgl. auch Sach 10,5), sondern sie werden (als Zugpferde?) im Dienst des Heiligtums Schellen tragen mit der gleichen Inschrift, welche den Kopfbund des Hohenpriesters schmückt, (vgl. Ex 28,36). b) Alle ,Kochtöpfe in Jerusalem und Juda' werden von den Pilgerscharen für den Gebrauch bei den Liturgien zugelassen werden, so daß aller Kauf- und Verkaufsbetrieb im Tempelbezirk überflüssig wird." Sollte diese Deutung zutreffen, erklärt sich die dritte Erwartung, das Verschwinden der Händler aus dem Tempelbereich, von selbst (vgl. dazu Willi-Plein, Prophetie, 91, und Graf Reventlow, Sacharja, 128); nach Beck, Tag YHWHs, 236, wird man die Händler „deshalb nicht mehr brauchen, weil bedingt durch die Fülle der Opfer die Grenze zwischen Heilig und Profan offensichtlich nicht mehr existiert."

183 Vgl. zu phönizischen Spuren innerhalb der Weisheitsliteratur die Ausführungen zu Spr 31 von Mathys, Hausfrau, 23-42. Mathys zufolge werden in Spr 31,10-31 die Phönizier zum Vorbild gemacht: „Ein (jhwhfürchtiges und offenherziges) Israel, das sich die Phönizier zum wirtschaftspolitischen Vorbild nimmt, prosperiert: So lautet eine untergründige Botschaft von Prov 31,10-31." (Mathys, Hausfrau, 42)

auf die Ambivalenz der Wahrnehmung von Tyros im antiken Israel hin, die sich im übrigen auch innerhalb des Psalters spiegelt.

5.3.1 Tyros in Ps 45,13

Die erste Erwähnung von Tyros findet sich in Ps 45,13. Nach der Überschrift in v1 setzt sich Ps 45 aus zwei literarhistorisch voneinander zu unterscheidenden Teilen in v2-10.17f und v11-16 zusammen; beide Teile scheinen aus vorexilischer Zeit zu stammen[184]. Erst durch die Zusammensetzung der beiden Abschnitte und die Einfügung des so entstandenen Textes in die erste Korachpsalmenreihe Ps 42-49 ergibt sich das besondere theologische Profil des Psalms, das mit seinen protomessianischen Tendenzen innerhalb der Korachpsalmensammlung einen eigenen Akzent setzt[185].

Inhaltlich handelt es sich bei Ps 45 um einen Königspsalm[186], in dessen Zentrum das Lob des Sängers steht, der die außerordentlichen Vorzüge des Königs preist, dem im Rahmen der Hochzeitsfeierlichkeiten seine Braut, die zukünftige Königin, zugeführt wird. Die Passage v11-16 besingt den Weg der Prinzessin in den Palast ihres zukünftigen Gatten. Wichtig ist dabei die Unterscheidung zwischen der doppelten Verwendung von בת innerhalb des Textes: Während in v11 mit בת die Prinzessin und Braut aufgefordert wird, ihr Vaterhaus zu verlassen und sich ganz ihrem zukünftigen Ehemann zuzuwenden, muss die בת־צר in v13 von dieser Braut unterschieden werden, denn während in v11 und dann auch wieder in v14 die Braut im Vokativ angesprochen wird, wird in v13 in der 3. Sg. von der בת־צר berichtet, dass sie sich במנחה nähert; mit מנחה ist hier keine Opfergabe, sondern ein Geschenk gemeint[187], das der königlichen Braut von der Tyrerin übermittelt wird[188]. Es ist dabei fraglich, ob mit בת־צר lediglich eine tyrische Prinzessin angesprochen wird oder ob – ganz im Sinne ähnlicher mit בת konstruierter Verbindungen[189] – nicht die Bewohnerschaft von Tyros insgesamt im Blick ist. Geht man jedoch von einem konkreten Vorgang im Rahmen einer Hochzeitsfeier aus, legt es sich nahe, die genannte tyrische Prinzessin als Botschafterin ihrer Heimatstadt zu verstehen, die anlässlich einer

---

184   Zur Begründung dieser literargeschichtlichen Rekonstruktion vgl. M. Saur, Königspsalmen, 117-126.

185   Zu den theologischen Intentionen des Psalms und zu seiner Position innerhalb der Königspsalmen vgl. Saur, Königspsalmen, 127-131.304-308.

186   Nach Seybold, Psalmen, 185, ist Ps 45 „ein Gelegenheitsgedicht anläßlich einer Königshochzeit und insofern ein Königspsalm."

187   Vgl. HALAT, 568f.

188   Vgl. E. Zenger, Psalm 1-50, 283.

189   Vgl. HALAT, 159.

Hochzeit in Israel oder Juda[190] der Braut Geschenke überbringt; dass die Prinzessin aus Tyros dabei als Botschafterin auftritt, erklärt sich mit der Gleichrangigkeit der beiden Frauen, die die Annäherung zwischen der Schenkenden und der Beschenkten erleichtert haben wird[191].

Wie auch immer die Dinge hier im einzelnen liegen mögen – die Grundtendenz des Psalms im Blick auf die Frage nach dem Bild von Tyros ist deutlich erkennbar: Der Text setzt offensichtlich freundschaftliche Verbindungen zwischen Israel bzw. Juda und Tyros voraus, die dazu führten, dass man gemeinsame Hochzeitsfeste feierte und sich dabei auch mit Geschenken bedachte. Vor allem vor dem Hintergrund der deuteronomistischen Berichte über die Beziehungen zwischen Jerusalem und Tyros im 10. Jh. v. Chr., aber auch im Zusammenhang der Ehe zwischen Ahab von Israel und Isebel von Tyros sind Szenen wie die in v11-16 geschilderte sehr gut in die Beziehungen zwischen Israel, Juda und Phönizien einzuordnen: Tyros ist die Nachbarstadt im Norden, zu der man nicht allein politische und ökonomische Kontakte, sondern auch persönliche Freundschaften pflegt, die weit über den bloßen Handel hinausgehen – die kritische Tendenz der nachexilischen prophetischen Anspielungen auf Tyros fehlt in dieser Darstellung völlig. Man könnte die unterschiedliche Wahrnehmung mit der Entstehungssituation der verschiedenen Texte erklären: Ps 45* mit einem positiven Tyrosbild käme dann aus der vorexilischen Zeit, die einschlägigen Prophetentexte mit ihrer Kritik an Tyros gehörten wohl eher in die nachexilische Zeit. Doch das würde zu kurz greifen, denn zum einen sind auch die deuteronomistischen Berichte über das gute Verhältnis zwischen Jerusalem und Tyros im 10. Jh. v. Chr. literarische Produkte aus der exilisch-nachexilischen Zeit, zum anderen ist Ps 45 in seiner vorliegenden Fassung Teil einer nachexilischen Psalmensammlung, in die dieser Psalm ein protomessianisches Profil einträgt, das sich weit von den konkreten Bezügen auf eine vorexilische Hochzeitsfeier am Königshof entfernt hat. Dennoch haben die nachexilischen Psalmisten offensichtlich keinen Grund

---

190 An welchem der beiden Königshöfe die vorexilische Passage v11-16 zuerst gesungen wurde, lässt sich aufgrund des vorliegenden Textes nicht mehr rekonstruieren; geht man mit M. D. Goulder, Psalms, 16-22.228f, und Seybold, Psalmen, 6, davon aus, dass die Korachpsalmen ihren eigentlichen Sitz am Nordreichsheiligtum von Dan hatten und erst sekundär nach Jerusalem überliefert wurden, wäre eine ursprüngliche Verortung von v11-16 im Nordreich denkbar – die Nähe des Nordreichs zu der unmittelbar benachbarten phönizischen Küstenstadt Tyros ermöglichte in jedem Fall ohne große Umstände die Anreise einer tyrischen Prinzessin zu den Hochzeitsfeierlichkeiten in der Hauptstadt; tyrische Hochzeitsgäste sind aber auch in Juda und Jerusalem denkbar, so dass die Frage nach der Herkunft des Textstücks offen bleiben muss – wie auch die Frage nach der Herkunft der Korachpsalmen insgesamt (vgl. dazu Wanke, Zionstheologie, 31f.108f).

191 Anders Goulder, Psalms, 133: „It does not seem very likely that the Tyrians would have sent an embassy led by their princess" – warum eigentlich nicht? Aufgrund der weitgehend fehlenden Informationen über Hochzeitsrituale an syrisch-palästinischen Königshöfen im 1. Jt. v. Chr. bleibt hier allerdings weiter Raum für Spekulationen, die man vor dem Hintergrund der knappen Angaben des Textes auf ein Mindestmaß beschränken sollte.

gesehen, den Bezug auf Tyros in v13 aus dem Text herauszunehmen, so dass die phönizische Metropole hier gewissermaßen als eine vorexilische Antiquität[192] innerhalb eines sich neu konzipierenden theologischen Systems mit protomessianischen Tendenzen stehen bleibt. Vielleicht geht es zu weit, wenn man die Übernahme und Weitergabe dieser vorexilischen Hinterlassenschaft im Sinne einer positiven Wahrnehmung von Tyros interpretiert; sicher wird man aber sagen können, dass das *image* der Stadt in den Kreisen der nachexilischen Psalmisten nicht so schlecht gewesen sein kann, dass man es für nötig gehalten hätte, Tyros an dieser Stelle zu streichen. So spiegelt sich in dem Korach- und Königspsalm Ps 45 eine durchgehende Linie der tendenziell positiven Tyrosrezeption, die von der vorexilischen bis in die nachexilische Zeit reicht, in der sich protomessianisch eingestellte Kreise mit der Redaktion des Psalters im Geiste eines erhofften neuen Königtums beschäftigten[193].

5.3.2 Tyros in Ps 87,4

Gunther Wanke charakterisiert Ps 87 folgendermaßen: „Psalm 87 kann wohl als das reinste Zionslied des Psalters und damit des Alten Testamentes bezeichnet werden."[194] Und nach Erich Zenger bietet Ps 87 eine „*nachexilische Neufassung der vorexilischen Zionstheologie.* [...] Mit der erstaunlichen Offenheit, in der er die Beziehung der Völker zu Israel sieht, könnte er einerseits positive Erfahrungen der persischen Epoche aufgreifen, andererseits könnte er als eschatologisch-utopischer Entwurf verstanden werden, der sich den Erschütterungen entgegenstemmt, die durch den Zusammenbruch des Perserreichs oder auch erst des Alexanderreichs ausgelöst wurden. So kommt für den Psalm als *Entstehungszeit* die Epoche zwischen 500 und 300 v. Chr. in Frage."[195]

Man kann also davon ausgehen, dass mit Ps 87 gegen Ende der zweiten Korachpsalmenreihe Ps 84f.87f ein nachexilisches Zionslied vorliegt, das einen bemerkenswerten Rundblick auf die Völker entwickelt, in deren Zentrum der Zion steht; dabei geht es in diesem Text „nicht mehr um die Rettung ,Zions' bzw. der ,Zionskinder' vor den Völkern, sondern um die Rettung der Völker durch Zion."[196]

---

192   Vgl. dazu Seybold, Psalmen, 186, der im Blick auf den gesamten Psalm schreibt: „Es muß sich also um ein altes, sozusagen vergilbtes Erbstück handeln, das offenbar seiner althebräischen Herkunft wegen aufbewahrt wurde [...]."

193   Vgl. zu den Details dieser theologischen Standortbestimmung der Psalmisten Saur, Königspsalmen, 277-279.333-336.

194   Wanke, Zionstheologie, 22.

195   Zenger, Psalmen 51-100, 555f (Hervorhebungen im Original).

196   Zenger, Psalmen 51-100, 551.

Die Anfangsverse in Ps 87,1f besingen Jahwes Liebe zum Zion, auf dem als der Stadt Gottes nach v3f Ehrwürdiges zu vernehmen ist, nämlich dass Rahab, also Ägypten[197], und Babel ihn kennen und dass Philistäa, Tyros und Kusch, also Äthiopien, auf dem Zion geboren seien (זה ילד־שם); diese Spitzenaussage bekräftigt v5 in der Variation איש ואיש ילד־בה, derzufolge jeder einzelne auf dem Zion geboren worden sein soll. V6 greift auf die Formulierung aus v4 zurück, wenn Jahwes Zählen und Aufschreiben der Völker mit den Worten זה ילד־שם präzisiert wird; Gesang und Tanz schließen den außergewöhnlichen Psalm in v7 ab.

Auch wenn bei diesem Text aufgrund des merkwürdig knappen Stils[198] und der zugleich theologisch weitreichenden Aussagen viele Fragen offen bleiben müssen, lässt sich bei aller Vorsicht doch erkennen, dass der Psalm ein ausgesprochen positives Verhältnis zwischen Israel und den Völkern besingt: „Die korachitische Psalmenkomposition Ps 84-85.87 träumt davon, daß die Völker am Zion von JHWH verwandelt und zu ,Mit-Bürgern' und guten Nachbarn Israels werden."[199]

Eine derart universalistische Weltsicht ist erst vor dem Hintergrund der nachexilischen theologischen Neuansätze denkbar[200]; das an dieser Stelle entwickelte *image* von Tyros, das hier neben den *images* anderer ,Fremdvölker' steht, muss aus der geschichtlichen Situation der Perserzeit bzw. des Hellenismus heraus verstanden werden. Tyros steht hier neben den Großreichen Ägypten und Babylonien, aber auch neben den Philistern und Kuschiten, die ausnahmslos in eine enge Verbindung mit dem Zion gebracht werden. Sicherlich repräsentieren die genannten Länder und Städte als *partes pro toto* die den Zion umgebende Welt, denn das Panorama deckt alle Himmelsrichtungen ab, von den Tyrern und Babyloniern im Norden und Osten bis hin zu den Philistern, Ägyptern und Kuschiten im Westen und Süden[201]. Dass Tyros als Repräsentantin des Nordens genannt wird, liegt wohl zum einen an der unmittelbaren Nähe dieser phönizischen Nachbarstadt, erklärt sich zum anderen aber auch nur, wenn Tyros – zumindest aus Sicht der Psalmisten – seine Nachbarstadt Sidon an Bedeutung überragte. Die stetige Vorordnung von Tyros vor Sidon innerhalb der prophetischen Texte aus der nachexilischen Zeit hat in Ps 87 ihre Entsprechung darin, dass Sidon hier gar nicht mehr genannt und Tyros – seinem *image* als phönizischem Zentrum entsprechend – als alleinige Repräsentantin der Phönizier aufgeführt wird. Auch hier ist man nun versucht, die historische Konstellation, die sich hinter dieser Überordnung von Tyros verbirgt, mit der Situation nach dem

---

197 Vgl. Jes 30,7.
198 Zu den Problemen des Textes vgl. Seybold, Psalmen, 341.
199 Zenger, Psalmen 51-100, 562.
200 Vgl. dazu nur die entsprechenden Texte von der Völkerwallfahrt zum Zion in Jes 2,2-4; Mi 4,1-5; Sach 14,16.
201 Vgl. Zenger, Psalmen 51-100, 557.

Tennes-Aufstand in Sidon in Verbindung zu bringen; der Text wäre dann am ehesten zwischen dieser sidonischen Erhebung und dem Alexanderzug zu verorten. Doch die Offenheit des Psalms mahnt zu großer Vorsicht und Zurückhaltung – poetische Texte sind keine Geschichtsschreibung und reflektieren historische Ereignisse immer nur sehr fragmentarisch.

Ps 87 lässt der vorgelegten Deutung zufolge wie auch Ps 45 eine positive Sicht auf Tyros erkennen. Man kann daraus wohl schließen, dass die phönizische Metropole in der Trägergruppe der Korachpsalmen ein gutes *image* hatte und man ihr gegenüber eher wohlwollend eingestellt war. Zu den zahlreichen Vernetzungen zwischen den beiden Korachpsalmenreihen tritt demnach dieses Ps 45 und Ps 87 verbindende Element noch hinzu[202]. Sollte Ps 87 tatsächlich erst in persisch-hellenistischer Zeit entstanden sein, läge in den Korachpsalmen ein deutliches Gegengewicht zu den ausgesprochen negativen Bildern von Tyros vor, die man zur selben Zeit in den prophetischen Kreisen entworfen hat. Es ist daher zu vermuten, dass sich letztlich keine einheitliche Entwicklung des Tyrosbildes rekonstruieren lässt, sondern dass es zur selben Zeit im antiken Israel sehr unterschiedliche Wahrnehmungen der phönizischen Nachbarstadt gab. Die verschiedenen *images* von Tyros können daher nicht aufgrund einer zeitgeschichtlich differenzierenden Einordnung erklärt werden; man muss für das Verständnis der voneinander abweichenden Wahrnehmungen der Stadt vielmehr eine unterschiedliche soziale Herkunft der einzelnen Texte annehmen – korachitische Tempelsänger hatten wohl ein anderes Weltbild als die Prophetenzirkel, auf die die einschlägigen prophetischen Texte zurückgehen.

5.3.3 Tyros in Ps 83,8

Im Blick auf das *image* von Tyros gilt innerhalb des Psalters: *et audiatur altera pars*, denn der Asafpsalm Ps 83 setzt bei der Bewertung der phönizischen Metropole in v8 einen anderen Akzent als die Korachpsalmen Ps 45 und Ps 87.

Ps 83 ist ein Klagepsalm des Volkes, der sich deutlich in zwei Teile gliedern lässt. Im ersten Abschnitt v1-9 wird Gott aufgerufen, sich angesichts einer bedrohlichen Zusammenrottung der Feinde Israels nicht zurückzuziehen; in v7-9 werden als Feinde Israels insgesamt 10 Völker(schaften) genannt, die sich nach dem Schema 9+1 unterteilen lassen, innerhalb dessen sich das in v9 genannte Assur als Großmacht von den vorangehenden kleineren Reichen deutlich abhebt. Abgeschlossen wird dieser erste Teil des Psalms mit dem textgliedernden סלה am Ende von v9. Im zweiten Abschnitt v10-19 wird unter Rückgriff auf geschichtliche Erinnerungen aus der Richterzeit Gott in der Bildsprache des ländlichen

---

202 Vgl. zu den Details Zenger, Psalmen 51-100, 560-562.

Lebens²⁰³ aufgefordert, die Feinde seines Volkes zu vernichten, so dass sie am
Ende in Schande untergehen mögen. Lediglich v17b.18a.19 scheinen die Umkehr
der Gegner des Gottesvolkes und die daraus folgende Anerkenntnis des Namens
Jahwes in den Blick zu nehmen, so dass man aus diesem besonderen theologischen Akzent am Ende des ‚Rachepsalms‘ auf eine spätere Überarbeitung eines
älteren Textes schließen könnte, die in nachexilischer Zeit im Kontext der Zusammenstellung der Asafpsalmensammlung erfolgt sein dürfte²⁰⁴ – auch im Blick
auf Ps 83 hätte man demnach mit einem mehrere Jahrhunderte umfassenden
Überlieferungsprozess des Textes zu rechnen.

Eine wichtige Konstante innerhalb dieses längeren Prozesses, den der Psalm
durchlaufen haben könnte, bildet die Reihe der Feinde Israels in v7-9. Neben
Edom und den Ismaeliten, neben Moab und den Hagaritern²⁰⁵, neben Gebal²⁰⁶,
Ammon und Amalek werden in v8b auch Philistäa und mit ihm die Bewohner
von Tyros (פלשת עם־ישבי צור) genannt, bevor die Neunerreihe in v9 durch Assur
abgeschlossen wird²⁰⁷. Über das Ziel dieses Bündnisses gibt v5 unmissverständ-
lichen Aufschluss: Das Volk Gottes soll vernichtet und seines Namens nicht
mehr gedacht werden. Es geht also um die endgültige Auslöschung der eigenen
Existenz, die die Psalmbeter bedroht und daher zu Gott schreien lässt. Dass die
Bewohner von Tyros an dieser Koalition der Vernichter des Gottesvolkes beteiligt sind, kann im Blick auf das Bild von Tyros innerhalb dieses Psalms nicht
missverstanden werden: Tyros steht hier in einer Reihe mit den südlichen Nachbarn Israels und vor allem neben der alles vernichtenden Großmacht Assur und
wird daher als feindliche Bedrohung wahrgenommen, der man einen schmachvollen und vernichtenden Untergang wünscht.

Wie schon bei den Korachpsalmen ist es auch an dieser Stelle zweifelhaft, ob
der Psalm einer bestimmten historischen Situation zugeordnet werden kann oder

203 Vgl. in v11 den Ackerdünger, in v14 das ‚Distelrad‘ und das Stroh vor dem Wind, in v15 das
     Wald und Berge versengende Feuer und in v16 das Unwetter und den Sturm, was allerdings
     schon auf den Vorstellungsbereich einer Jahwetheophanie anzuspielen scheint: „So kann 16 zur
     Metapher des göttlichen Sturmes übergehen, der die Epiphanie begleitend alle feindlichen
     Gegenmächte wegbläst." (Seybold, Psalmen, 329)
204 Vgl. Seybold, Psalmen, 328, und Zenger, Psalmen 51-100, 496.
205 Zur geographischen Einordnung vgl. Knauf, Ismael, 11: „Moabiter und Hagariter gehören in das
     Ostjordanland, während die ‚Ismaeliter‘ wie die Idumäer, das ‚Edom‘ des Psalmisten, im Süden
     zelten." Zu Hagar vgl. zudem die Details bei Knauf, Ismael, 49-55.
206 Dass hier mit נבל das phönizische Byblos gemeint ist, ist aufgrund der anderen Orte, die in den
     Süden verweisen, eher unwahrscheinlich; vgl. dazu neben Knauf, Ismael, 10f, und Zwickel,
     Gebal, 399, die entsprechende Angabe von Seybold, Psalmen, 328: „Gebal – wohl nicht das
     phönizische Byblos, sondern die Landschaft um Petra (‚Gebalene‘, vgl. 1QGenAp 21,11.29)."
     Dass neben Tyros auch Byblos genannt wird, ist andererseits innerhalb einer solchen Sammlung
     von Feindnamen nicht unmöglich.
207 Zum ägyptischen Hintergrund der Neunerreihe und der Verwendung des Schemas 9+1 in Ps 83
     vgl. Zenger, Psalmen 51-100, 499-501.

ob hier nicht die allgemein als bedrohlich empfundene eigene politische Lage von den Psalmisten in der Form eines Gebetes verarbeitet wird. Dass in v9 Assur genannt wird, könnte in das 7. Jh. v. Chr. verweisen[208]; es ist aber auch nicht unmöglich, dass der Text die genannten Völkerschaften zu einer Bedrohungskulisse zusammensetzt, die es so niemals gegeben hat und die sich damit – als poetisches Artefakt – jeder historischen Auswertung entzieht[209]. Dass den Verfassern des Textes ein solches Verfahren nicht ganz fremd war, zeigt ihr Rückgriff auf die Richterzeit in v10-12, wo in ganz ähnlicher Weise verschiedene Überlieferungen wie die Schlacht Deboras aus Ri 4f und die Kämpfe gegen die Midianiter aus Ri 6-8 nebeneinandergestellt werden[210], die lediglich dadurch zusammengehalten werden, dass alle genannten Feinde die Wohnstätte Gottes an sich reißen wollen – so wie die gegenwärtigen Feinde der Psalmbeter das Volk Gottes zu vernichten bestrebt sind[211].

Ob Ps 83 also in die Zeit der assyrischen Eroberungen in Syrien-Palästina gehört oder eine andere Bedrohung Judas im Hintergrund steht, lässt sich aufgrund der Offenheit des Textes nicht mehr entscheiden. Bemerkenswert ist jedoch die Verbindung, die der Text zwischen der Großmacht und den Nachbarn des Gottesvolkes sieht; man war sich offensichtlich darüber im Klaren, dass bei einer potentiellen Vernichtung des eigenen Staatswesens durch eine Großmacht, seien es nun die Assyrer, die Babylonier oder auch andere, die kleinen Nachbarstaaten sofort zur Stelle sein würden, um von einer solchen Vernichtung zu profitieren und sich durch Plünderungen zu bereichern. Das Hauptaugenmerk in v7-9 liegt ganz offenkundig auf den eigenen Nachbarn, für die die Großmacht der Deutung der Psalmisten zufolge zu einem Instrument wurde, um das zu realisieren, was man allein nicht umsetzen konnte, nämlich die endgültige Vernichtung des Gottesvolkes.

---

208 Seybold, Psalmen, 329, denkt aufgrund der im Text vorausgesetzten Schwächeperiode des Gottesvolkes an die Exilszeit: „Es zeichnet sich eine politische Konstellation ab, da die halbkreisartig formierten Gruppen das im Zentrum bestehende Machtvakuum zum frontalen Vorgehen ausnützen, wobei sie durch Staatsgrenzen offenbar nicht aufgehalten werden."

209 Vgl. Zenger, Psalmen 51-100, 497, demzufolge ‚Assur‘ hier „emblematisch die gott- bzw. israelfeindliche Weltmacht schlechthin" repräsentiert, so dass aus seiner Nennung keine Schlüsse auf die Entstehungszeit des Textes gezogen werden können. Zenger datiert den Text in die spätvorexilische oder exilische Zeit, fügt dann aber hinzu: „Seine *Endgestalt* erhielt der Psalm erst in nachexilischer Zeit, *im Kontext der Formation der Asafsammlung*." (Zenger, Psalmen 51-100, 497; Hervorhebungen im Original.)

210 Vgl. Seybold, Psalmen, 329.

211 Vgl. Zenger, Psalmen 51-100, 499: „Schon allein von der poetisch-symbolischen Konfiguration des Abschnitts her ist angezeigt, daß es hier um die katastrophische Seite der Geschichte Israels überhaupt geht. Die genannten Völker- und Stammesnamen stehen emblematisch für die von Israel in seiner Geschichte als feindlich erlebte *und* befürchtete Völkerwelt, in deren Mitte es lebt." (Hervorhebung im Original.)

Das ist nun genau die Konstellation, die auch die prophetischen Texte aus
der nachexilischen Zeit reflektieren, wenn sie den Edomitern, den Philistern und
auch den Tyrern ein derart habgieriges und rachsüchtiges Verhalten vorwerfen,
das die alten Beziehungen zwischen Israel, Juda und seinen Nachbarn vollkommen außer Acht lässt und nur auf den eigenen Vorteil des Augenblicks bedacht ist[212]. Eine auffällige Parallele zu den prophetischen Texten ist in diesem
Zusammenhang darüber hinaus die deutliche Verbindung zwischen Philistern und
Tyros, die der Psalm vorauszusetzen und durch die sprachliche Verknüpfung
beider durch עם in v8 noch zu unterstreichen scheint. Diese für das Gottesvolk
offensichtlich unheilvollen philistäisch-phönizischen Beziehungen spiegeln sich
nicht nur in Jer 47; Am 1,6-10; Joel 4,4-8; Sach 9,1-8, sondern haben ihre Spuren
auch innerhalb des Psalters hinterlassen.

Das hinter Ps 83 stehende *image* von Tyros hebt sich damit deutlich von den
Bildern aus Ps 45 und Ps 87 ab. Eine universale Perspektive hat auch der
Asafpsalm Ps 83[213], doch zielt seine Hoffnung nicht auf die Eingliederung aller
Welt in die Bewohnerschaft des Zion ab, sondern erwartet die schmachvolle
Vernichtung der Feinde des Gottesvolkes. Erst das Ende des Psalms lässt einen
Hoffnungsschimmer aufblitzen, der die Erkenntnis des Namens Jahwes durch die
Feinde als eine Möglichkeit erwägt – ob das jedoch ihre Rettung zur Folge haben
würde, lässt der Psalm offen.

5.4 Der Tyroszyklus und das Bild von Tyros im Alten Testament

Die voranstehenden Ausführungen haben gezeigt, dass sich aus den alttestamentlichen Texten kein einheitliches Bild von Tyros rekonstruieren lässt, sondern dass
die phönizische Metropole ganz offensichtlich verschiedene *images* hatte, die nicht
allein in chronologischer Hinsicht, sondern auch der sozialen Herkunft nach zu
unterscheiden sind. Aus der vorexilischen Zeit sind als Zeugnisse für das alttestamentliche Tyrosbild wohl nur Hos 9,13 und womöglich noch die Grundformen der Psalmen Ps 45 und Ps 87 anzuführen. Dagegen verdichten sich die
Belege für Tyros in der nachexilischen Zeit in signifikanter Weise: Von den deuteronomistischen Texten der Samuel- und Königsbücher aus der (exilisch-)früh-
nachexilischen Zeit über Passagen aus dem Esra-Nehemiabuch sowie der
Chronik aus der Perserzeit und den Anfängen des Hellenismus bis hin zu sehr

---

212 Aufgrund dieser und anderer Parallelen kommt Gunkel, Psalmen, 365, hinsichtlich der Datierung
von Ps 83 zu dem Schluss: „Demnach werden wir den Psalm in der uns fast gänzlich unbekannten Zeit von Esra bis auf Alexander d. Gr. einsetzen."
213 Zur Funktion der universalen Dimensionen von Ps 83 innerhalb der Asafpsalmensammlung vgl.
Zenger, Psalmen 51-100, 503f.

späten prophetischen Texten wie Jes 23,15-18 finden sich wichtige Hinweise auf Tyros und die Tyrer.

In den mutmaßlich vorexilischen Texten lässt sich am ehesten noch eine einheitliche Wahrnehmung und Einschätzung von Tyros erkennen, auch wenn deutlich ist, dass die Stadt hier an keiner Stelle zum Gegenstand einer intensiven Auseinandersetzung gemacht wird; sowohl in Hos 9,13 als auch in den auf vorexilische Grundformen zurückgehenden späteren Korachpsalmen Ps 45 und Ps 87 wird Tyros mehr am Rande und *en passant* erwähnt, wenn es als Vergleichspunkt wie in Hos 9,13 oder als wichtiger ‚Hochzeitsgast‘ wie in Ps 45* genannt wird.

Innerhalb der nachexilischen Texte, die Tyros zum Gegenstand haben, lassen sich mehrere *images* voneinander unterscheiden, deren plakative Charakterisierung als ‚positiv‘ oder ‚negativ‘ natürlich an der komplexen literarischen und theologischen Struktur der Texte scheitert. Will man – vor dem Hintergrund dieses vielstimmigen Befundes – eine Strukturierung nicht von vornherein für unmöglich erklären, wird man an einigen Verallgemeinerungen nicht vorbeikommen. Die voranstehende Diskussion der einschlägigen Textstellen zeigt, dass man am ehesten zwischen Texten, die ein neutrales Tyrosbild entwerfen, solchen, die eher eine wohlwollende Haltung der Stadt gegenüber an den Tag legen, und solchen, die eine ausgesprochen kritische Tyrosdarstellung bieten, unterscheiden muss. Einen ausgeglichenen, eher neutralen Bezug auf Tyros nehmen die listenartigen Aufzählungen, innerhalb derer Tyros als Fixpunkt einer geographischen Orientierung genannt wird; sowohl Jos 19,29 als auch II Sam 24,7 sind dabei gewisse Elemente der Bewunderung und des Respekts der großen und mächtigen Nachbarstadt gegenüber nicht abzusprechen, dennoch lassen die kurzen Notizen keine weiterreichenden Folgerungen hinsichtlich ihres Tyrosbildes zu. Beide Notizen finden sich jedoch im Kontext der deuteronomistischen Literatur, die in den Berichten über die Beziehungen zwischen David, Salomo und Hiram von Tyros einen positiven Höhepunkt der Darstellung von Tyros erreicht[214], das hier als ökonomischer und kultureller Partner Israels vorgestellt wird. Die entsprechenden Paralleltexte aus den Chronikbüchern, aber auch die kurze Erwähnung der Tyrer in Esr 3,7 scheinen dieses wohlwollende Tyrosbild zu teilen, auch wenn bereits die Absicht zu erkennen ist, die Bedeutung von Tyros im Kontext des Tempelbaus auf ein Mindestmaß zurückzudrängen, so dass hier ein Übergang in der Beurteilung von Tyros zu greifen ist. Das gilt in ganz ähnlicher Weise für die Texte des Jeremiabuches, die bis in die Details der Textgeschichte hinein die ambivalente Bewertung der phönizischen Metropole widerspiegeln: Während in Jer 27,3 Tyros neben anderen zusammen mit Jerusalem als Teil einer

---

214 Vgl. dazu Jigoulov, der das positive Tyrosbild mit dem *image* von Sidon in Beziehung setzt: „Also in stark contrast to Tyre, Sidon is alluded to with a sharply negative connotation in connection with hostile foreign cults" (Jigoulov, Phoenician City-states, 88).

antibabylonischen Schicksalsgemeinschaft dargestellt wird und somit das Bild einer Zusammengehörigkeit der gesamten Region entsteht, zeigt die Einreihung von Tyros in die Vernichtungsansagen gegen die Völker in der masoretischen Fassung von Jer 25 und in der griechischen Fassung von Jer 47, dass die Tradenten der Jeremiaprophetie offensichtlich mit ihrer Haltung Tyros gegenüber rangen und keine klare Position vertraten. Nicht ganz so undeutlich und schwer zu fassen, aber letztlich doch auch recht offen ist das Tyrosbild, das hinter Jes 23 steht: Auf den anfänglichen Klageaufruf, der sich wohl an ganz Phönizien richtet, folgen in Jes 23,15-18 Ermunterung, Verunglimpfung und Beschimpfung von Tyros zugleich, wenn der ‚hurenden‘ Stadt eine erneute Blüte angekündigt wird, von der allerdings vor allem die Jerusalemer Tempelumgebung profitieren soll. Hinter diesen knappen Worten scheint eine feinsinnige Umkehrung derjenigen Verhältnisse zu stehen, gegen die sich zum einen Am 1,9f und Joel 4,4-8 mit ihren Vorwürfen richten, Tyros habe alte Bündnisse gebrochen und sich am Menschenhandel bereichert, gegen die sich zum anderen aber auch Neh 13,16 und – ohne Tyros beim Namen zu nennen – Sach 14,21 mit ihren Anspielungen auf tyrische bzw. phönizische Handelsaktivitäten in Jerusalem wenden. Die außerordentliche Bedrängung des nachexilischen Juda durch die Phönizier, die sich wohl vor allem in Form der tyrischen Händler präsentierten, hat ihre Spuren zudem in Ps 83 und Sach 9,1-8 hinterlassen, wo in unterschiedlichen Kontexten Tyros deutlich aus dem Bereich des ‚Heils‘ herausgenommen wird.

Der kurze Abriss zeigt, dass die Phalanx der antityrischen Texte das eher positiv gestimmte Tyrosbild der deuteronomistischen Literatur übertönt – zumal auch die Deuteronomisten ihr Tyrosbild weit in die Vergangenheit der Anfänge des Königtums zurückverlagern und damit ganz im Sinne von Am 1,9f eine alte, mit Bündnissen und Verträgen untermauerte Beziehung zwischen Israel und Phönizien als ein Ideal entwerfen, vor dessen Hintergrund die von den Propheten beklagten illoyalen Verhaltensweisen der phönizischen Nachbarn nur noch schärfer hervortreten. Dass die Phönizier von der Schwäche des nachexilischen Juda profitierten, hat in den literarischen Zeugnissen aus dieser Zeit zahlreiche Spuren hinterlassen, und es ist Hans-Peter Müller in jedem Fall zuzustimmen, wenn er schreibt: „Die Einengung Judas durch seine Nachbarn, für die die phönizische Unterwanderung Palästinas nur ein Beispiel ist, hat auf seine exilisch-nachexilische Geschichte nachhaltiger gewirkt als die Beeinträchtigung durch die Großmächte."[215]

Bemerkenswert ist hinsichtlich der Herkunft des kritischen Tyrosbildes dessen tiefe Verankerung in der prophetischen Literatur. Wie kam es dazu, dass die prophetischen Kreise keine erzählerische oder hymnische Überformung des phönizischen Nachbarn vornahmen? Offensichtlich war die prophetische Theologie aufgrund ihrer gegenwartsanalytischen Grundhaltung am ehesten in der

---

215 Müller, Phönizien, 201.

Lage, den politischen Beziehungen, die Tyros Jer 27 zufolge teilweise ja sogar zum vermeintlichen Nutzen Jerusalems unterhielt, mehrheitlich aber mit anderen Nachbarn Judas wie Edomitern und Philistern zum Schaden Jerusalems pflegte, entgegenzutreten. Während die Deuteronomisten und Chronisten aus ihren Geschichtsentwürfen heraus die Gegenwart deuteten, setzten die prophetischen Kreise in der Gegenwart an. Die Konsequenz jedweder Kritik, ganz gleich, ob sie sich auf gebrochene Bündnisse, Menschenhandel oder aggressives Handelsverhalten im nachexilischen Jerusalem bezieht, besteht in der Ansage des Untergangs von Tyros oder – letztlich wegen der subtilen Umkehrung der Verhältnisse weitaus perfider als ein ordinäres Untergangsszenario – in der Vorstellung tyrischer Handelsaktivitäten zugunsten des Jerusalemer Tempels, wie von Jes 23,15-18 erwartet.

Der Tyroszyklus des Ezechielbuches kann vor diesem Hintergrund wie ein Kompendium der exilisch-nachexilischen prophetischen Tyroskritik gelesen werden[216]: Die in Ez 26,2 geschilderte Schadenfreude über den Untergang Jerusalems, der in Ez 27,13 erhobene Vorwurf des Menschenhandels, die Begründung des Untergangs von Tyros aufgrund des Reichtums und des übergroßen Handels in Ez 28,4f – all das sind Elemente des Tyrosbildes, die nicht nur in Ez 26-28, sondern auch in anderen prophetischen Texten auftauchen, die sich kritisch mit der phönizischen Metropole auseinandersetzen[217]. Darüber hinaus ist der Tyroszyklus des Ezechielbuches mit Texten wie Jes 23; Jer 47; Am 1,9f durch seinen Kontext verbunden, denn alle diese Texte finden sich im Zusammenhang von Fremdvölkerspruchsammlungen, die zum einen durch Untergangsorakel geprägt sind, zum anderen aber vielfach auch klagende Elemente haben, wie besonders deutlich an dem Aufruf zur Klage in Jes 23,1-14 und an den Qinot in Ez 27 und Ez 28,11-19 gesehen werden kann.

Trotz dieser Parallelen und thematischen Verbindungen hebt sich der ezechielische Tyroszyklus schon allein wegen seines Umfangs von den anderen prophetischen Dokumenten ab, die sich mit Tyros auseinandersetzen. Es handelt sich bei Ez 26-28 zudem um eine mehrfach überarbeitete und redaktionell erweiterte Textfolge[218], die inhaltlich weit über das hinausgeht, was sich an anderen Stellen über das *image* von Tyros in Erfahrung bringen lässt.

Einen ersten Einblick in das Bild, das die Verfasser des Tyroszyklus von Tyros hatten, bieten die literarischen Materialien, auf die sie bei der Komposition ihres Textes zurückgriffen, zum einen die Handelsliste in Ez 27,12-25a, zum anderen die Qina in Ez 28,11-19*. Aus kulturhistorischer Perspektive ermöglichen beide Texte die Rekonstruktion wichtiger Aspekte der tyrischen Wirt-

---

216 Vgl. dagegen mit Blick auf Ez 26-28 Premstaller, Fremdvölkersprüche, 122: „Zu den Tyrus-sprüchen in anderen Prophetenbüchern weisen diese Texte kaum Berührungspunkte auf."

217 Vgl. dazu auch Höffken, Untersuchungen, 316-318.

218 Vgl. dazu die Übersicht in Teil 3.2.2.5.

schafts- und Religionsgeschichte[219]; im Blick auf das Bild von Tyros, das hier vermittelt werden soll, liegt die Funktion der Rezeption dieser Informationen am
ehesten darin, den Horizont der Bedeutung der Stadt möglichst breit auszu-
spannen – waagerecht in alle geographischen Richtungen rund um Tyros herum,
senkrecht in der theologisch motivierten Identifikation von tyrischem König und
Gott. Schon allein mit dieser Rezeption tyrischen Materials setzen die Verfasser
des Tyroszyklus der phönizischen Metropole ein literarisches Denkmal; die
Handelsliste in Ez 27 wie auch die Qina in Ez 28 haben letztlich jedoch vor allem
einen illustrierenden Zweck – sie unterstreichen beide die Tiefe und Tragik des
angekündigten Untergangs der Stadt.

Innerhalb der Grundworte des Tyroszyklus stehen im Zentrum der An-
klagen, die den Untergang der Stadt begründen, der Hochmut und die Selbstüberschätzung der Tyrer, die auf ihre Schönheit, ihre Kunstfertigkeit und ihren
Reichtum unbändig stolz sind – und aufgrund dieser Hybris in die Tiefen der
Unterwelt hinabstürzen werden. Schon die entsprechenden Darstellungen der
Klagen über dieses Schicksal in Ez 27,28-32 lassen etwas von dem Mitgefühl
aufblitzen, das zudem durch die Kompositionsstruktur des Tyroszyklus mit der
doppelten Abfolge von Untergangsorakel und Klagelied hindurchscheint; in
einem weiteren Schritt, einer späteren Fortschreibung in Ez 27,33-36, wird das
Klagegeschrei noch intensiver – und der Text liest sich nun fast wie eine Kon-
dolenzadresse der Verfasser des Tyroszyklus an die phönizische Nachbarstadt[220].
Mit dieser nicht einfach nur geheuchelten, sondern wohl bis zu einem gewissen
Grad mitempfundenen Trauer über den Untergang der einstigen Verbündeten
erweisen sich die Verfasser des Tyroszyklus aus dem nachexilischen Juda des in
Am 1,9 genannten ‚Bruderbundes‘ würdiger als die Tyrer, die nach dem Untergang Jerusalems nur auf ihren Profit spekulierten und Ez 26,2 zufolge die offen-
stehenden Tore der Hauptstadt des Nachbarn gierig feierten[221].

Die sehr späte Alexanderredaktion aus hellenistischer Zeit setzt in Ez 26,5.7-
14* lediglich einen letzten Akzent innerhalb dieser literarischen Komposition und
verankert das bereits in der Perserzeit angekündigte Ende der tyrischen Herrlichkeit in der konkreten historischen Konstellation des Jahres 332 v. Chr. Das hinter
dem Tyroszyklus stehende *image* der Stadt wird durch diese Fortschreibung nicht
maßgeblich neu geprägt, sondern eher noch unterstrichen.

Wie nun lässt sich dieses *image* beschreiben? Aufgrund der tyrischen Habgier
und des tyrischen Handelswahns lässt der Tyroszyklus ein Bild von Tyros ent-

---

219 Vgl. dazu oben die Teile 4.4 und 4.5.
220 Vgl. die ganz ähnliche Deutung Zimmerlis, Ezechiel, 648.
221 Vgl. auch hier den Kommentar Zimmerlis, Ezechiel, 623: „Tyrus aber blieb der kaufmännische
     Rechner auch vor diesem Handeln Gottes. Es konstatierte in diesem Gericht Gottes das Ver-
     schwinden eines politischen Schwerpunktes, zu dem es einst selber seine Gesandten hatte
     schicken müssen (Jer 27), und das Herz des rechnenden Kaufmannes freute sich darüber. Es be-
     rechnete kühl, daß es nun für sich buchen könne, was dort abgebucht worden war."

stehen, das auf dem überaus fruchtbaren Boden einer Hassliebe erwächst, in der sich Bewunderung und Verachtung, Anerkennung und Neid, eigene Minderwertigkeitsgefühle und zugleich doch auch Überlegenheitsphantasien brennglasartig verdichten und auf diese Weise eine emotionale Mischung ergeben, die in der Form des Tyroszyklus ihr literarisches Ventil findet. Wer hier vom Ende her denkt, wird den innerhalb des Tyroszyklus mehrfach angesagten Untergang der Stadt für das Wesentliche halten. Doch was für eine Inszenierung der Klage, was für eine Lust an der Schilderung des Erschreckens der Völker, was für eine Faszination der tyrischen Handelsmacht und Seefahrtskunst, der Weisheit und Schönheit der Stadt geht der Schilderung des Untergangs voraus! Hier wird ohne jeden Zweifel ein überwältigendes Bild von Tyros entworfen, um auf diese Weise das Ende der Stadt so düster wie nur möglich erscheinen zu lassen. Was Jahwe in Ez 28,9 dem tyrischen Fürsten nach einer fulminanten Anklage entgegenschleudert, fasst das *image* von Tyros im Kern zusammen und bringt das Tyrosbild der nachexilischen prophetischen Kreise auf den Punkt: Im Angesicht der Vernichtung wird man der Hinfälligkeit all dessen gewahr werden, wessen man sich in Tyros rühmt, *sub specie mortis* wird die ganze Flüchtigkeit des tyrischen Wesens offenbar – es ist ein Hauch, ein Nichts, bald in den Tiefen der Vorzeit und Unterwelt, zwischen den Trümmern des Vergangenen!

Hier wird letztlich nicht *ein* Bild oder *image* von Tyros gezeichnet, sondern eine ganze Bilderwelt – im Anschluss an Ez 26 könnte man sagen: eine Bilderflut – entworfen, deren Vielschichtigkeit sich erst im wiederholten Nachsprechen der Sprachbilder erschließt, die die Verfasser des Tyroszyklus geprägt haben.

6 Das theologische Profil des Tyroszyklus

6.1 Einführung

Das Ziel der Exegese besteht darin, Texte einem sach- und zeitgemäßen Verständnis zuzuführen. Im Blick auf die alttestamentliche Literatur hat es sich als sachgemäß erwiesen, die historische und kritische Analyse eines Textes an den Anfang aller weiteren Überlegungen und Folgerungen zu stellen, um nicht Gefahr zu laufen, vorschnelle Urteile zu fällen, die der Bedeutung eines Textes in seiner konkreten Entstehungszeit nicht gerecht würden. Die folgende Bestimmung des spezifischen theologischen Profils des ezechielischen Tyroszyklus orientiert sich an diesen grundlegenden methodischen Einsichten der alttestamentlichen Wissenschaft und versteht in diesem Sinne unter ‚Theologie' zunächst nicht die Darstellung eines normativen Systems, das aus dem Text gewonnen und im Verlauf eines hermeneutischen Prozesses in die Gegenwart übertragen werden könnte, sondern bezeichnet mit ‚Theologie' den rekonstruierten religiösen Geltungs- und Deutungsanspruch des Textes in seiner Zeit.

Dass eine solche Bestimmung der theologischen Struktur des ezechielischen Tyroszyklus erst an dieser Stelle sinnvoll ist, ergibt sich aus den vorangehenden Ausführungen, die aus verschiedenen Perspektiven die Problematik des Textes in den Blick genommen haben. Schon auf der Ebene der Überlieferung des Ezechieltextes hat sich gezeigt, dass von dem *einen* Text des Ezechielbuches nicht die Rede sein kann, sondern dass es zur Zeit des Zweiten Tempels bereits mehrere Texttypen gab, deren wichtigste Repräsentanten sich in der Form des masoretischen hebräischen Textes und des griechischen Textes der Septuaginta erhalten haben. Auch wenn man sich auf einen dieser Texttypen konzentriert, wird man dennoch die Vielgestaltigkeit des Textes nicht leugnen können, denn die literarische Analyse des Tyroszyklus in synchroner und diachroner Perspektive hat deutlich gezeigt, dass man es bei Ez 26-28 mit einem kunstvoll gestalteten Stück alttestamentlicher Literatur zu tun hat, hinter dem jedoch wie hinter den meisten alttestamentlichen Texten eine verzweigte literarhistorische Entwicklung steht, die sich den mehrfachen Bemühungen der Verfasser verdankt, ältere prophetische Überlieferungen neuen Situationen anzupassen und sie damit für die jeweilige Gegenwart zu aktualisieren. Aus diesem Grund wurde aus einem an Tyros adressierten Untergangsorakel des Propheten Ezechiel aus dem 6. Jh. v. Chr. unter den Händen der Trägergruppen der ezechielischen Prophetie ein literarisches Monument, das nicht allein für die Geschichte Judas zur Zeit des Zweiten Tempels, sondern auch für die Rekonstruktion der phönizischen Kultur von außerordentlicher Bedeutung ist, da sich auf der Grundlage von Ez 26-28 historische Daten erheben lassen, die einzigartige Einblicke in die Kultur der phönizischen Metropole Tyros erlauben. Der ezechielische Tyroszyklus ist damit eine Quelle für die Rekonstruktion der tyrischen Kulturgeschichte – und das aufgrund seiner literarischen Entwicklung nicht allein für einen bestimmten, einzelnen Zeitpunkt, sondern für eine mehrere Jahrhunderte übergreifende Epoche. Mythologische Vorstellungen sowie ökonomische Angaben aus ältester und älterer Zeit verbinden sich hier mit Einblicken in die Geschichte Phöniziens des 6.-4. Jh. v. Chr.

Dass der ezechielische Tyroszyklus in dieser Hinsicht zunächst kein Einzelfall ist, haben die Ausführungen zu den Tyrostexten des Alten Testaments gezeigt, die mehrheitlich in die exilisch-nachexilische Zeit gehören, verschiedene *images* von Tyros erkennen lassen, sich wechselseitig ergänzen und zusammen mit Ez 26-28 ein vielschichtiges Bild der phönizischen Metropole entwerfen. Vor allem in dreierlei Hinsicht hebt sich der ezechielische Tyroszyklus dennoch von den anderen Tyrostexten des Alten Testaments deutlich ab: zum einen durch seinen Umfang von drei Kapiteln, zum anderen – daraus folgend – durch seine umfangreiche Rezeption der tyrischen Kultur und zum dritten durch seine sich aus den beiden vorangehenden Aspekten ergebende eigentümliche Stimmung, die zwischen subtiler Achtung und Verachtung der phönizischen Metropole Tyros changiert.

Vor diesem bis an diese Stelle ausführlich dargestellten Hintergrund von Ez 26-28 soll nun das theologische Profil des Tyroszyklus beschrieben werden, das sich zum einen im Kontext der theologischen Struktur des Ezechielbuches, zum anderen aber auch im Zusammenhang der alttestamentlichen Literatur insgesamt bestimmen lässt. Gerade hinsichtlich des letzten Punktes müssen allerdings zunächst noch zwei Vorarbeiten geleistet werden, die das Verhältnis zwischen dem Tyroszyklus des Ezechielbuches und anderen alttestamentlichen Texten erhellen sollen. Es geht dabei zum einen um die Paradieserzählung in Gen 2f und zum anderen um den mit Edelsteinen geschmückten Brustschild des Hohenpriesters in Ex 28/39. Beide Texte berühren sich so deutlich mit Ez 28,11-19, dass eine Bestimmung der Beziehungen zwischen diesen Texten schon erste Pfade einer Einordnung des Tyroszyklus in die alttestamentliche Literatur- und Theologiegeschichte aufweisen könnte.

6.2 Inneralttestamentliche Verbindungen

6.2.1 Ez 28,11-19 und Gen 2f

Die folgenden Bemerkungen zum Verhältnis zwischen dem nichtpriesterschriftlichen Schöpfungsbericht in Gen 2,4b-3,24[1] und der Klage über den Untergang des tyrischen Königs in Ez 28,11-19 nehmen nicht allein die Parallelen, sondern auch die zahlreichen Unterschiede zwischen den beiden Texten in den Blick. Das Problem möglicher literarischer Abhängigkeiten zwischen Gen 2f und Ez 28,11-19 ist dabei sehr genau zu erörtern; sollten literarische Beziehungen zwischen beiden Texten bestehen, müsste in jedem Fall im Blick auf Ez 28,11-19 zwischen der vorezechielischen Qina in Ez 28,12bγ-13aβ.13b-15.16b.17b.18b und der vorliegenden Fassung des Klageliedes unterschieden werden; zudem müsste die Möglichkeit in Betracht gezogen werden, dass es erst auf der Ebene der redaktionellen Überarbeitung beider Texte zu literarischen Beeinflussungen kam[2]. Die Alternative zur These einer literarischen Abhängigkeit zwischen Gen 2f und Ez 28,11-19 läge in dem Versuch, die Entsprechungen zwischen Gen 2f und Ez 28,11-19 mit der Annahme einer gemeinsamen Vorlage oder Tradition zu erklären, auf die sich beide Texte beziehen würden[3].

Die Suche nach den traditionsgeschichtlichen Hintergründen der Texte in mythischen Überlieferungen aus der Umwelt Israels scheint letztlich zu keinem tragfähigen Fazit zu führen; vielmehr fördert sie ein bemerkenswertes Defizit zu Tage, da eine plausible außeralttestamentliche Parallele, innerhalb derer nicht nur einzelne Motive, sondern ein zusammenhängender Motivkomplex den Vorstellungen in Gen 2f und Ez 28,11-19 entspräche, bislang nicht bekannt geworden ist[4]. Das kann sich allerdings durch neuere

---

1   Im folgenden ist vereinfachend von Gen 2f die Rede. Zur einleitungswissenschaftlichen Debatte um den sogenannten ‚jahwistischen‘ oder ‚nichtpriesterschriftlichen‘ Schöpfungsbericht und zu weiterführender Literatur vgl. J. C. Gertz, Tora, 253-261, sowie die neueren monographischen Untersuchungen von Witte, Urgeschichte, und A. Schüle, Prolog; speziell mit der Paradieserzählung und ihrem überlieferungsgeschichtlichen Ursprung befasst sich H. Pfeiffer, Baum I-II, 487-500.2-16.

2   Vgl. dazu Witte, Urgeschichte, 242.

3   Vgl. dazu Zimmerli, Ezechiel, 681f: „Es kann wohl kaum übersehen werden, daß dieser Bericht traditionsgeschichtlich mit Gn 2, der jahwistischen Paradiesgeschichte, zusammenhängt und die dort zugrunde liegende Tradition in selbständiger Fassung erkennen läßt."

4   Vgl. dazu van Seters, Creation, 333: „Many attempts have been made at reconstructing the primitive form of the myth, or myths, that lie behind the present literary account. But these efforts have been frustrated by the fact that until now no very close parallel has been found for the story of Gen 2-3 as a whole, even though many suggestions have been offered about the various details of the story."

Textfunde jederzeit ändern; dennoch ist man bis dahin auf die beiden alttestamentlichen Überlieferungen verwiesen[5].

Die entscheidende Gemeinsamkeit zwischen Gen 2f und Ez 28,11-19 und mithin der Grund für die gemeinsame Betrachtung beider Texte an dieser Stelle liegt in der *Verbindung* der Schöpfungsthematik mit einer Garten-Eden-Szene[6], die sich in dieser Form sonst nirgendwo innerhalb der alttestamentlichen Überlieferungen finden lässt. Es ist allerdings zu beachten, dass diese thematische Gemeinsamkeit zwischen beiden Texten sprachlich sehr unterschiedlich ausgestaltet wird. Während das Schöpfungshandeln Jahwes in Gen 2,7f.19 mit der Wurzel יצר beschrieben wird, verwenden die Verfasser von Ez 28,13b.15 – beide Verse gehören zu der vorezechielischen Qina – mit ברא den eigentlichen *terminus technicus* des göttlichen Schöpfungshandelns, der sich auch im priesterschriftlichen Schöpfungsbericht in Gen 1,1-2,4a findet. Ganz ähnlich lassen sich auch bei der Vorstellung des Gartens Eden Unterschiede in den sprachlichen Details ausmachen: So ist der Ort des Geschehens nach Gen 2,8.15; 3,23f der גן־עדן, wohingegen in Ez 28,13* für diesen Garten die erweiterte Formulierung בעדן גן־אלהים gebraucht wird, die den Garten als Gottesgarten ausweist, der zudem nach v14.16b in Beziehung zu einem הר (קדש) אלהים stehen muss, wovon in Gen 2f keine Rede ist.

Neben der Schöpfungs- und Gartenthematik sind Gen 2f und Ez 28,11-19 durch die Nennung der bzw. des Cheruben miteinander verbunden. Doch unterscheiden sich die beiden Passagen nach Anzahl und Funktion der bzw. des Cheruben deutlich: Während in Gen 3,24 die Cheruben im Plural genannt werden und neben dem flammenden Schwert als Wächter des Gartens nach der Vertreibung des ersten Menschenpaares eingesetzt werden, wird in Ez 28,14a.16b – erneut in Passagen der vorezechielischen Qina – von *einem* Cheruben berichtet, der dem Bewohner des Gottesgartens nach v14a beigesellt war, nach v16b allerdings bei der Vertreibung des Bewohners eine im Vergleich zu Gen 3,24 ungleich aktivere Rolle spielte; dass zudem nach Ez 28,16b vom Berg Gottes herab und nicht wie nach Gen 3,23f aus dem Garten heraus vertrieben wird, ist eine weitere auffällige Differenz zwischen beiden Überlieferungen.

Über die genannten Entsprechungen hinaus liegt hinter Gen 2f und Ez 28,11-19 ein gemeinsames Grundmuster, das sich vereinfachend als eine Abfolge

---

5   Zu möglichen außeralttestamentlichen Parallelen, um die es an dieser Stelle nicht gehen soll, sei aus der Fülle der Literatur nur exemplarisch auf die neueren Beiträge von van Seters, Creation, 333-342, der auf einen neubabylonischen Text aufmerksam macht, sowie von Müller, Parallelen, 167-178, der sich hauptsächlich mit der Edelsteinreihe in Ez 28,13 befasst (vgl. dazu unten Teil 6.2.2), verwiesen. Zusammenfassungen der älteren Diskussion finden sich u. a. bei O. H. Steck, Paradieserzählung, 58-65, sowie innerhalb der Kommentierung Westermanns, Genesis 1-11, 245-380; zur neueren Debatte vgl. H. Seebass, Genesis I, 96-142, und Pfeiffer, Baum II, 2-16.

6   Zur altorientalischen ‚Hortikultur' und deren Beziehungen zu Gen 2f vgl. die weitergehenden Ausführungen von U. Neumann-Gorsolke, Herrschen, 324-337.

von Verfehlung und Bestrafung beschreiben lässt. So wie das erste Menschenpaar aufgrund der Missachtung des göttlichen Gebotes aus dem Garten ausgewiesen wird, so verliert auch der in Ez 28,11-19 Betrauerte seinen Sitz im Gottesgarten aufgrund einer Verfehlung. Auch hier sind jedoch die Differenzen zwischen beiden Fassungen nahezu größer als die Gemeinsamkeit des Grundmusters, denn während in Gen 3 die Verfehlung des ersten Menschenpaares genau benannt wird und vom Mann auf seine Frau und von dieser letztlich auf die Schlange zurückgeführt wird, bleibt in Ez 28,11-19* die Schuld des Bewohners des Gottesgartens in einem merkwürdigen Dunkel; in Ez 28,15 wird zwar davon berichtet, dass עולתה an dem Edlen im Gottesgarten gefunden wurde, doch worin genau dieses Fehlverhalten bestand, wird nicht ausgeführt. Erst in der späteren redaktionellen Vernetzung in v16a wird mit Bezug auf den tyrischen König der Handel als Grundlage allen Frevels benannt; in der älteren Qina scheint eine genauere Begründung für die Vertreibung aus dem Gottesgarten dagegen zu fehlen, was diese vorezechielische Überlieferung deutlich von Gen 2f unterscheidet.

Damit ist das Repertoire an Gemeinsamkeiten zwischen beiden Texten erschöpft. Es ist unbestreitbar, dass sich in Gen 2f und Ez 28,11-19 einzelne Elemente entsprechen und somit durchaus als Parallelen eingestuft werden können; doch die konkrete literarische Ausgestaltung dieser Parallelen weicht so deutlich voneinander ab, dass man von einer einfachen literarischen Abhängigkeit des einen Textes vom anderen wohl nicht ausgehen kann.

Das unterstreichen neben den genannten Unterschieden drei weitere gewichtige Differenzen zwischen Gen 2f und Ez 28,11-19. Auf der Ebene der Einzelelemente ist hier zunächst auf die Zahl der Bewohner des Gartens hinzuweisen. Während in Gen 2f neben Jahwe selber der Mann und seine Frau die Protagonisten der Erzählung sind und als Paar die Menschheit in ihrer geschlechtlichen Differenzierung repräsentieren, ist in Ez 28,11-19* lediglich von einer Einzelgestalt die Rede, die nach v14 dem Schutz des Cheruben untersteht; erst in der späteren Fassung der Qina wird diese Einzelgestalt mit dem tyrischen König identifiziert, an den sich der Text nun v12 zufolge richtet. Diese unterschiedliche Personenkonstellation könnte darauf hindeuten, dass Ez 28,11-19* mit den in diesem Text verarbeiteten mythischen Elementen eine ältere Stufe der Überlieferung von einem ‚Urmenschen‘ repräsentiert, die in Gen 2f dann zu einer Erzählung des uranfänglichen Menschenpaares umgestaltet worden wäre[7]. Einer solchen Annahme stehen allerdings wichtige inhaltliche Gründe entgegen, denn neben der unterschiedlichen Personenkonstellation innerhalb des Gartens liegt die wohl bedeutendste Differenz zwischen den beiden Texten in ihrem jeweiligen Ziel und Ende: Verbunden sind Gen 2f und Ez 28,11-19 noch ansatzweise durch

---

7 Vgl. dazu H. Schüngel-Straumann, Frau am Anfang, 67-69, die Ez 28 für traditionsgeschichtlich älter hält und die Umgestaltung des ‚Urmenschen‘ zu einem Paar als ein spezifisches Anliegen des ‚Jahwisten‘ interpretiert.

die jeweils verschieden akzentuierte, aber in beiden Texten erwähnte Ausweisung aus dem Garten heraus bzw. vom Berg Gottes hinab; während jedoch Adam und Eva nach Gen 3,16-19 zu Mühen verdammt werden, ihr – durch die Sterblichkeit begrenztes – Leben aber dennoch außerhalb des Gartens fortsetzen und damit den Verfassern der Erzählung zufolge als Urahnen der Menschheit gelten können, schließt die Qina in Ez 28,18b mit dem den Bewohner verzehrenden Feuer, der vor den Augen der Betrachter zu Staub auf der Erde wird. Auch wenn man von den in v18b genannten כל־ראיך absieht, deren Erwähnung ja bereits auf ein irgendwie geartetes Publikum und damit eine bereits existierende Menschheit schließen lässt, zeigt die unmissverständliche Vernichtung des Bewohners des Gottesgartens auf dem heiligen Berg, dass es sich bei ihm in keinem Fall um einen ‚Urmenschen' gehandelt haben kann, von dem die folgenden Menschheits-geschlechter abhängen würden[8]. Eine Menschheit, die sich auf einen derart ver-nichteten Urahnen zurückführen müsste, gäbe es schlichtweg nicht. Schließlich sei neben den inhaltlichen Differenzen noch auf einen formgeschichtlichen Un-terschied zwischen Gen 2f und Ez 28,11-19 hingewiesen, der hinsichtlich der Frage nach literarischen Abhängigkeiten zwischen beiden Texten ebenfalls zur Zurückhaltung mahnt: Während der nichtpriesterschriftliche Schöpfungsbericht in Gen 2f der Gattung nach als eine Erzählung oder, etwas genauer, als eine ätio-logische Sage bestimmt werden kann[9], gibt Ez 28,11-19 sowohl in der vorezechielischen Fassung wie auch in der späteren Beziehung auf den tyrischen König eine Qina über den Untergang des Bewohners des Gottesgartens wieder. Bei der Annahme direkter literarischer Abhängigkeiten müsste man daher davon ausgehen, dass entweder eine Totenklage über einen vollkommen vernichteten Bewohner des Gottesgartens zu einer Schöpfungserzählung umgestaltet worden sei oder dass – bei umgekehrter Abhängigkeit – aus einer Schöpfungserzählung, die am Ende durchaus Perspektiven des Weiterlebens der Menschheit eröffnet, eine Qina konstruiert wurde, an deren Ende die vollkommene Vernichtung steht[10]; beide Male wäre der Stoff jedoch so tiefgreifend verändert worden, dass der Begriff der Abhängigkeit die Sachlage nicht angemessen beschreiben würde[11].

---

8   Vgl. van Seters, Creation, 337: „That the figure in Ez 28,12-19 represents the primeval, and therefore prototypical, king is very likely. But there ist nothing in this oracle to suggest the (*sic!*) he is divine or that he is the first man (*Urmensch*). The myth used by Ezekiel could have represented an etiology for royalty but nothing in it suggests that it has to do with man in general."

9   Vgl. Steck, Paradieserzählung, 66-73.

10   Vgl. dazu etwa die Deutung von J. Barr, Cherub, 213-223, der dafür plädiert, Ez 28 als eine Wiederaufnahme des Stoffes aus Gen 2f zu deuten, die in den Kontext der in der Zeit des Zweiten Tempels aufkommenden Apokalyptik und ihrer Thematisierung eines Engelssturzes gehören könnte.

11   Vgl. Seebass, Genesis I, 136f, der ebenfalls die Unterschiede zwischen beiden Texten betont und zu dem Schluss kommt: „Eine entfernte Verwandtschaft der beiden Texte besteht gewiß (Gunkel), aber daß J den Mythos aus Ez 28 auf alle Menschen hin abgewandelt habe [...], kann

Da die Gemeinsamkeiten zwischen Gen 2f und Ez 28,11-19 eher auf der Oberfläche liegen und sich die Texte im Detail doch recht deutlich voneinander abheben, wird man wohl davon auszugehen haben, dass in Gen 2f und Ez 28,11-19 zwei eigenständige literarische Ausformungen einer beiden Texten vorausliegenden mythischen Tradition überliefert sind[12], deren Grundelemente sich auf die Rede von der Schöpfung des Menschen, auf die Anwesenheit des Erschaffenen in einem Garten Eden, auf die Erwähnung von Cheruben und auf die Vertreibung des Erschaffenen aus dem Garten reduzieren lassen. Es kann dabei durchaus sein, dass Ez 28,11-19* aufgrund der im Gegensatz zu Gen 2f weiter ausgeprägten mythischen Spurenelemente zeitlich näher an die alte Tradition heranreicht[13]; letztlich aber lassen sich darüber keine gesicherten Erkenntnisse gewinnen. Es ist auch nicht ganz auszuschließen, dass man es bei der alten mythischen Tradition vom Gottesgarten mit einer Vorstellung zu tun hat, die nicht nur in Palästina bzw. dem vorexilisch-exilischen Israel bekannt war und rezipiert wurde, sondern unter anderem auch bei den benachbarten Phöniziern ihre Ausgestaltung gefunden hat; ob Ez 28,11-19* jedoch auf einen phönizischen Hymnus zurückgeht, wird sich nicht mehr ermitteln lassen[14] – auch hier bleiben

unmöglich stimmen. Die Verwandtschaft beschränkt sich auf die Gewährung eines herrlichen Privilegs, der Verstoßung aus ihm und der Erwähnung von Wächterkeruben." Darüber hinausgehende und weiterführende Überlegungen stellt Witte, Urgeschichte, 242, an: „Direkte literarische Beziehungen zwischen der Grundschicht von Ez 28,11-19* und Gen 2,4b-3,24 sind nicht erkennbar. Die Frage möglicher Abhängigkeiten verschiebt sich somit auf die Ebene der redaktionellen Bearbeitungen beider Textkomplexe. Ob allerdings ein voneinander unabhängiger Rückgriff der jeweiligen Redaktoren auf eine gemeinorientalische Paradies- und Gottesbergmotivik vorliegt, die sich auch in Hi 15,7f zeigt, oder ob eine literarische Abhängigkeit besteht, ist kaum nachweisbar. Rechnet man mit einer gegenseitigen literarischen Beeinflussung, dann dürfte die Abhängigkeit eher auf der Seite der Redaktoren von Ez 28,11-19 liegen, die das Wort über den König von Tyros zu einem Urzeitparadigma gestaltet haben und dabei dann an die Endgestalt von Gen 2-3 angepaßt hätten." Während Witte also – bei aller Zurückhaltung – eine literargeschichtliche Erklärung des Verhältnisses zwischen Gen 2f und Ez 28,11-19 für möglich hält, kann auch der von ihm zunächst erwogene Rückgriff beider Texte auf eine ältere Vorlage nicht ganz ausgeschlossen werden; die voranstehende Analyse der Gemeinsamkeiten und Unterschiede zwischen Gen 2f und Ez 28,11-19 scheint eher für ein solches Modell zu sprechen; vgl. dazu auch die Bestimmung der unterschiedlichen literarischen und theologischen Profile von Gen 2f und Ez 28,11-19 bei Schüle, Prolog, 156-161, der offenkundig mit einem beiden vorliegenden Stoff rechnet, der dann in unterschiedlicher Weise ausgearbeitet wurde.

12 So auch Pfeiffer, Baum II, 7: „Da literarische Abhängigkeit zwischen Ez 28,11-19 und Gen 2f. wegen erheblicher inhaltlicher wie sprachlicher Differenzen unwahrscheinlich ist, läßt sich dieser Befund am besten im Sinne einer gemeinsamen überlieferungsgeschichtlichen Wurzel erklären."

13 Vgl. Gunkel, Genesis, 35.

14 Vgl. dazu ebenfalls ablehnend Zimmerli, Ezechiel, 683: „Ob man geradezu sagen darf, daß Ezechiel hier ,das Fragment eines tyrischen Hymnus' darbiete (vdBorn), ist dagegen angesichts der unverkennbaren Jahwisierung des Stoffes fraglich." Es bliebe in diesem Fall immerhin auch zu klären, wie aus einem Hymnus, der doch wohl auf den König gesungen wurde, eine Totenklage werden konnte, die dann ja nichts weniger als die vollständige Vernichtung dieses Königs betrauert.

aufgrund der fehlenden Informationen große Unsicherheiten, die durch weitere Hypothesen nicht noch vergrößert werden sollten.

Aufgrund der überlieferungsgeschichtlichen Erklärung des Verhältnisses zwischen Gen 2f und Ez 28,11-19, also der Annahme einer Vorstufe des Stoffes, die den beiden verschiedenen Verfasserkreisen bekannt war und aus der beide in selbständiger Weise die vorliegenden Texte schufen, lässt sich bei aller Vorsicht doch auch etwas über die Verfasser des Tyroszyklus erkennen, die mit der vor-ezechielischen Qina in Ez 28,11-19* auf eine Überlieferung zurückgriffen, die die Tradition vom Gottesgarten in die Form einer sehr düsteren Untergangsvision gebracht hatte. Dass die Verfasser des Tyroszyklus diese ältere Qina aufgriffen und auf den tyrischen König bezogen, zeigt zunächst einmal ihre Verwurzelung in den alten Traditionen und Mythen, in denen sich das Ezechielbuch insgesamt bewegt[15]; zum anderen wird aber auch die Gestaltungskraft und die Fähigkeit zur Transformation alter Überlieferungen deutlich, wie sich besonders eindrücklich in der Rezeption der Selbstverbrennungsvorstellung in Ez 28,18b zeigt, die – wie auch immer die ursprüngliche Herkunft dieser Vorstellung zu bestimmen sein mag – im vorliegenden Zusammenhang eines Klageliedes auf den Untergang des tyrischen Königs als eine harsche Polemik gegen die tyrische Kultpraxis gelesen werden muss. Auf die breite Bildung und die literarischen Fähigkeiten der Verfasser des Tyroszyklus wurde nun schon an vielen Stellen hingewiesen; die hier gemachten Beobachtungen vervollständigen das Bild dieser Verfassergruppe, das nun im folgenden Abschnitt noch durch einen letzten Mosaikstein ergänzt werden soll.

6.2.2 Ez 28,13aγ und Ex 28,17-20/39,10-13

Neben den Verbindungen zur nichtpriesterschriftlichen Schöpfungsgeschichte in Gen 2f weist Ez 28,11-19 eine auffällige Parallele zur priesterschriftlichen Darstellung der Ausstattung des Priesters in Ex 28/39 auf[16]: Sowohl in Ez 28,13aγ als auch in Ex 28,17-20 wird eine Reihe von Edelsteinen genannt – in Ez 28 im Kontext des tyrischen Königs, der von diesen Steinen umgeben ist, in Ex 28 im Zusammenhang des priesterlichen Ornats, der hier bis in die Details hinein be-

---

15   Vgl. dazu nur die breite Rezeption der Cherubenvorstellungen in Ez 10, aber auch die Ausgestaltung der Thronwagenvision in Ez 1-3 oder die Visionen in Ez 37 und Ez 38f.

16   Dass die Berichte aus Ex 25-29 zur Priesterschrift gehören, ist weithin anerkannt und muss daher an dieser Stelle nicht ausführlich begründet werden; vgl. zu den Details Kratz, Komposition, 226-248, der die priesterliche Grundschrift um 500 v. Chr. ansetzt, und ähnlich Gertz, Tora, 236f. Die Parallele zu Ex 28 in Ex 39 wird in der folgenden Darstellung nicht an jeder Stelle mitgenannt; die Passage Ex 35-40 schildert die Ausführung der Bestimmungen aus Ex 25-29 und gehört damit in den weiteren Zusammenhang der Priesterschrift.

schrieben wird[17]. Der Darstellung der Priesterbekleidung in Ex 28,15-21 zufolge trägt der Priester vor der Brust ein rechteckiges Textilprodukt, den חשן; es könnte sich dabei um eine Art Tasche oder einen Brustschild handeln, auf dessen Vorderseite in vier Reihen je drei in Gold eingefasste Edelsteine aufgesetzt sind, die nach v21 den zwölf Stämmen Israels entsprechen sollen[18].

Bei den zwölf Edelsteinen, die in Ex 28,17-20 genannt werden, und den neun Edelsteinen, die in Ez 28,13aγ aufgezählt werden, handelt es sich um Importe aus teilweise weit entfernten Regionen[19], so dass die Edelsteine – darin der Handelsliste in Ez 27,12-25a ganz ähnlich – einen Einblick in die ökonomischen Beziehungen in der 2. Hälfte des 1. Jt. v. Chr. ermöglichen[20].

Die Reihenfolge der Steine in Ez 28,13aγ entspricht zwar nicht genau der Abfolge in Ex 28,17-20; gemeinsam ist jedoch beiden Texten, dass die Steine in Dreiergruppen angeordnet werden. In Ex 28,17-20 wird das explizit greifbar an den vier Reihen mit je drei Steinen; in Ez 28,13aγ lässt sich diese Dreierstruktur daran erkennen, dass jeder dritte Stein mit einem ו eingeführt wird, so dass sich folgende Gruppen ergeben: 1. אדם פטדה ויהלם, 2. תרשיש שהם וישפה und 3. ספיר נפך וברקת – das am Schluss angehängte זהב, das als Edelmetall aus der Edelsteinreihe herausfällt, könnte durch das in Ex 28,20 genannte Gold, das zur Einfassung der Steine im priesterlichen Brustschild verwendet wird, in den Text von Ez 28,13aγ hineingeraten sein. Die in Ez 28,13aγ genannten Steine finden sich alle in Ex 28,17-20; darüber hinaus werden in Ex 28,19 noch drei weitere Edelsteine, nämlich לשם, שבו und אחלמה aufgeführt.

Mineralogisch lassen sich die genannten Steine nur schwer bestimmen, so dass auch die folgenden Zuordnungen nicht mehr als einen Versuch der Annäherung darstellen[21].

---

17 Dass Ez 28,13aγ literarisch von Ex 28,17-20 abhängen könnte, wurde bereits oben in Teil 3.2.2.4 erörtert.

18 Vgl. dazu HALAT, 348, und Galling, Priesterkleidung, 257. Noth, Exodus, 182, deutet den חשן aus dem Kontext des Königtums heraus: „In der Tat übernimmt damit die Tasche zugleich die Rolle eines Brustschildes. Ein solcher Brustschild aber stammt aller Wahrscheinlichkeit nach nicht aus der Priester-, sondern aus der Königstradition. [...] Der *choschän* stellt danach ein – so vielleicht erst von P geschaffenes – *mixtum compositum* dar, in dem die alte priesterliche Losorakeltasche mit dem königlichen Pektorale kombiniert worden ist." Nach C. Dohmen, Exodus, 267, sind für das Verständnis des חשן „zwei Dinge wesentlich: die Bedeutung der zwölf Edelsteine, mit denen er besetzt ist, und ‚Urim und Tummim', die in ihn gelegt werden sollen." Keel, Brusttasche, 379-391, zufolge bildet die Erwähnung der Brusttasche des Hohenpriesters ein Element nachexilisch-priesterschriftlicher Theologie: „Im Kult soll dieses in Wirklichkeit seit dem Exil weit verstreute Stiftervolk geordnet seine durch die Brusttasche des Hohenpriesters repräsentierte Richtigkeit (*ha-mišpaṭ*) JHWH präsentieren und so sein Anrecht auf seinen Anteil am Segen in Erinnerung bringen (vgl. Neh 2,20)." (Keel, Brusttasche, 386)

19 Vgl. Zwickel, Edelsteine, 63: „Im Gebiet Judas gab es keine Edelsteinvorkommen, so dass alle verwendeten Steine importiert werden mußten."

20 Vgl. dazu Zwickel, Edelsteine, 63-65.

21 Vgl. in diesem Kontext den Beitrag H. Weipperts, Edelstein, 64-66; mit Blick auf Ex 28,17-20 und Ez 28,13 schreibt sie: „Daß es aber kaum möglich ist, die hebr. Ausdrücke in unsere Terminologie zu übertragen, zeigen die Übersetzungsvarianten und entsprechend divergierenden Deutungsvorschläge der Exegeten." (H. Weippert, Edelstein, 65) Diese Bedenken sind bei allen

Der erste Edelstein in der ezechielischen Reihe in Ez 28,13aγ ist der אדם, der nur hier und an den beiden Exodusstellen auftaucht. Die Etymologie von אדם weist darauf hin, dass mit dem Begriff ein roter oder rotbrauner Stein bezeichnet wurde[22]; nach Wolfgang Zwickel handelt es sich dabei um „den fleischroten Karneol bzw. leicht bräunlichen Sarder, Sardonyx einen mit weißen Schattierungen versehenen Sarder"[23], der im iranischen Hochland, aber auch auf der arabischen Halbinsel, im Sinai und in Ägypten vorkommt.

Der Name des zweiten Steins, פטדה – neben Ez 28,13aγ und den beiden Exodus-stellen auch in Hi 28,19 belegt –, wird zumeist als Topas aufgefasst[24]; Zwickel geht jedoch davon aus, dass man es hier mit einem Chrysolith zu tun hat, denn erst „im 17. Jh. wurde der Topas als fluorhaltiges Aluminiumsilikat wissenschaftlich bestimmt. In der Antike meinte der Begriff, wie Plinius selbst schreibt, einen grünen Stein, somit eben den Chrysolith."[25] Herkunftsort des פטדה dürfte die Vulkaninsel *ğezīret zabarğad* im Roten Meer etwa 300 km östlich von Assuan sein[26].

Vom dritten Stein, dem יהלם, ist nur in Ez 28,13aγ und an den beiden Exodusstellen die Rede, so dass die Bestimmung schwierig ist[27]; die alten Übersetzungen weisen jedoch auf den Jaspis hin: „Dabei handelt es sich um einen durch unterschiedliche Beimengungen verunreinigten Quarz, was sich entsprechend in der verschiedenen Farbengebung auswirkt. Am ehesten ist bei dem biblischen Stein an den grünen Jaspis zu denken, da dies für Plinius offenbar die Grundfarbe des Steins darstellt [...]; doch sind auch alle anderen Farbvarianten vorstellbar."[28] Aufgrund der Unsicherheiten lässt sich der Herkunftsort des Steins nicht genauer bestimmen.

Die zweite Steingruppe in Ez 28,13aγ wird vom תרשיש eröffnet, von dem außer an den Exodusstellen auch in Ez 1,16; 10,9; Hhl 5,14; Dan 10,6 zu lesen ist und mit dem wohl nach seinem Herkunftsort der spanische Topas bezeichnet wird[29]; dieser gelbe Topas oder Goldtopas wird „in Spanien in größeren Mengen in der Nähe von Cordoba und Salamanca gefunden"[30].

Den folgenden שהם – neben Ez 28,13aγ und den Exodusstellen auch in Gen 2,12; Ex 25,7; 28,9; 35,9.27; 39,6; Hi 28,16; I Chr 29,2 belegt – kann man aufgrund der Septuaginta-fassung von Gen 2,12 „mit dem Smaragd, einem besonders reinen und intensiv grünen

---

Versuchen, die Edelsteine genauer zu bestimmen, grundsätzlich im Blick zu behalten; mit dem 2002 von Zwickel herausgegebenen Band „Edelsteine in der Bibel" steht nun allerdings ein aus-gesprochen hilfreiches Nachschlagewerk zur Verfügung, das neuere Ergebnisse und Einsichten bündelt, so dass auf dieser Grundlage hier zumindest der Versuch einer genaueren Bestimmung der Edelsteine aus Ez 28,13aγ gewagt sei.

22 Vgl. HALAT, 14, wo von einem Rubin oder Karneol ausgegangen wird.
23 Zwickel, Edelsteine, 53.
24 Vgl. HALAT, 873, und die Versionen.
25 Zwickel, Edelsteine, 54.
26 Vgl. Zwickel, Edelsteine, 54.
27 Vgl. HALAT, 380.
28 Zwickel, Edelsteine, 58.
29 Vgl. HALAT, 1654f.
30 Zwickel, Edelsteine, 61.

Beryll, identifizieren"[31]; Beryll wurde in der Antike in Indien, aber wohl auch in Ägypten abgebaut[32].

Der Edelsteinname ישפה findet sich nur in Ez 28,13aγ und an den beiden Exodusstellen. Der hier gemeinte Jaspis[33] ist den alten Übersetzungen zufolge kein bunter, sondern eher ein dunkler Chalzedon oder Achat[34]; Chalzedonvarianten finden sich in Anatolien, im Iran, im Oman, aber auch in Ägypten und im Sinaigebirge; in Ägypten und auf dem Sinai kommen auch Achate vor[35].

Der ספיר steht am Anfang der dritten Gruppe von Edelsteinen in Ez 28,13aγ; er wird, abgesehen von Ex 28,18; 39,11, auch in Ex 24,10; Jes 54,11; Ez 1,26; 10,1; Hhl 5,14; Klgl 4,7; Hi 28,6.16 genannt[36]. Der Name „erinnert ebenso wie die griechische Übersetzung natürlich an unseren Saphir. Während man heute unter diesem Namen alle Farbvariätäten des Korundes (mit Ausnahme von rot) bezeichnet, diente der Begriff bis ins 18. Jh. hinein als Sammelbegriff für blaue Steine, insbesondere den Lapislazuli"[37]; abgebaut wurde Lapislazuli im Gebiet des heutigen Afghanistan, während die weitere Verarbeitung wohl in den Importgebieten selber stattfand[38].

Der נפך – außer in Ez 28,13aγ und an den beiden Exodusstellen auch innerhalb der Handelsliste in Ez 27,16 erwähnt[39] – ist nicht klar zu bestimmen; aufgrund des akk. napāḫu für ‚entzünden‘ oder auch ‚anzünden‘[40] hat man eine feurig-rote Farbe im Blick gehabt und somit an einen Rubin, einen Granat oder einen Karfunkel gedacht[41]. Die alten Übersetzungen verweisen jedoch in den Bereich der Kohle und legen daher einen Schwarzton nahe: „Die schwarzen oder schwärzlichen Siegelsteine aus der Eisenzeit sind entweder aus Serpentin, Feuerstein […], schwarzem Jade oder aber aus besonders dunklem Kalkstein mit einem hohen Anteil bituminöser Elemente gefertigt […]. Dass es sich dabei um keine Edelsteine in unserem heutigen Sinne handelt, war für das Altertum nicht weiter von Relevanz."[42]

Der letzte Stein aus der Edelsteinreihe in Ez 28,13aγ, der sich auch an den Exodusstellen findet, ist der ברקת, der in den alten Übersetzungen als Smaragd aufgefasst wird[43]. Als Smaragde werden im Altertum verschiedene grüne Steine bezeichnet, „vom eigent-

---

31 Zwickel, Edelsteine, 61f; anders dagegen Zimmerli, Ezechiel, 674, und HALAT, 1323, wo mit Hinweis auf akk. *sāmtu(m)* von einem rötlichen Karneol ausgegangen wird (vgl. AHW II, 1019).

32 Vgl. Zwickel, Edelsteine, 61f.

33 Vgl. HALAT, 428.

34 Vgl. Zwickel, Edelsteine, 62: „Unter Jaspis versteht man heute einen körnig ausgebildeten Chalzedon mit breit gefächerten Farbvarianten. […] Die antiken Übersetzungen identifizieren den Stein mit dem Onyx, einem schwarz-weiß gestreiften Chalzedon."

35 Vgl. dazu Zwickel, Edelsteine, 62.

36 Zur Etymologie vgl. HALAT, 722.

37 Zwickel, Edelsteine, 57.

38 Vgl. Zwickel, Edelsteine, 57.

39 Vgl. dazu oben Teil 4.4.2.6.

40 Vgl. AHW II, 732.

41 Vgl. Zimmerli, Ezechiel, 674, aber auch HALAT, 670, wo eher ein grüner Stein im Blick zu sein scheint.

42 Zwickel, Edelsteine, 56.

43 Vgl. HALAT, 155, wo von einem dunkelgrünen Beryll ausgegangen wird.

lichen Smaragd über den Malachit und den Türkis bis hin zum grünen Jaspis und zum grünen Porphyr. Da Smaragde höchst selten und teuer sind, im Sinai im Umfeld der antiken Kupferabbaustätten in Timna und Fenan aber reichlich Malachit [...] und Türkis gefunden wird, legt es sich nahe, dass hier nicht der ägyptische oder äthiopische Smaragd, sondern der grüne bzw. grünbläuliche Stein aus dem Sinai gemeint ist."[44]

Die über Ez 28,13aγ hinaus in Ex 28,19; 39,12 genannten Steine sollen der Vollständigkeit halber an dieser Stelle noch kurz mineralogisch eingeordnet werden.

Von einem לשם ist nur an den beiden Exodusstellen die Rede, so dass seine genaue Bestimmung kaum mehr gelingen kann; Zwickel denkt an einen gelblichen Feuerstein[45], es wurden aber auch der Karneol, der Hyazinth, der rötlich gelbe Bernstein und der weißblaue Feldspat vorgeschlagen[46].

Auch der שבו ist nur an den beiden Exodusstellen belegt; bei diesem Steinnamen handelt es sich wohl um ein Lehnwort aus dem Akkadischen[47]: „Das akk. šubû wird von den Assyriologen mit Chalzedon wiedergegeben, einem Oberbegriff für eine Gesteinsart, die durch Metalloxide als Karneol, Jaspis oder Achat ausgestaltet ist."[48] Ein Achat im Brustschild des Hohenpriesters könnte nach Zwickel aus Ägypten, Syrien oder Zypern stammen[49].

Wie die beiden anderen Edelsteine aus Ex 28,19; 39,12 findet sich auch der אחלמה nur an diesen Stellen; aufgrund der alten Übersetzungen hat man wohl am ehesten mit einem violettfarbenen Amethyst zu rechnen, der aus dem südlichen Ostjordanland, aber auch aus Ägypten stammen könnte[50].

Die neun Steine aus Ez 28,13aγ bilden eine Untermenge der zwölf Steine aus Ex 28,17-20. Dabei ist bemerkenswert, dass die in Ez 28,13aγ ‚fehlenden' drei Steine nicht ungeordnet über die vier Reihen aus Ex 28,17-20 verteilt sind, sondern dass exakt die dritte Reihe des priesterlichen Brustschildes keine Erwähnung findet. Es liegt nahe, diese Auslassung mit technischen Vorgängen wie etwa Nachlässigkeiten der Schreiber zu erklären, die bei ihrer Arbeit aufgrund mangelnder Sorgfalt direkt von der zweiten zur vierten Reihe gesprungen wären, so dass daher in der masoretischen Fassung von Ez 28,13aγ die Steine der dritten Reihe aus Ex 28,19 fehlen würden[51]; diese Vermutung wird durch die Beobachtung gestützt,

---

44 Zwickel, Edelsteine, 55.
45 Zwickel, Edelsteine, 58f.
46 Vgl. HALAT, 510.
47 Vgl. HALAT, 1287.
48 Zwickel, Edelsteine, 59.
49 Zwickel, Edelsteine, 60.
50 Vgl. Zwickel, Edelsteine, 60f; anders HALAT, 33, wo von einem Jaspis ausgegangen wird.
51 Diese Einschätzung findet sich etwa in einer redaktionellen Anmerkung innerhalb des Kommentars von Greenberg, Ezechiel 21-37, 257, die auf den Herausgeber der englischen Ausgabe des Werkes, D. N. Freedman, zurückgeht; nach Freedman ging in Ez 28,13aγ „im Zuge der Textüberlieferung – höchstwahrscheinlich durch Versehen eines Schreibers – eine Dreier-Reihe von Steinen verloren." Etwas anders schätzt Fechter die Verhältnisse ein, wenn er davon ausgeht, dass es einem ‚Glossator' in Ez 28 auf die genaue Anzahl der Steine nicht ankam: „Es

dass in der Septuagintafassung von Ez 28,13aγ sämtliche zwölf Steine aus Ex 28,17-20 genannt werden.

Trotz dieser Erklärungsmöglichkeiten könnte die Reduktion der Zwölferreihe aus Ex 28,17-20 auf die Neunerreihe in der masoretischen Fassung von Ez 28,13aγ jedoch auch das Ergebnis einer absichtlichen Änderung der Zwölferreihe durch die späten Fortschreiber des Tyroszyklus sein. Hier hilft womöglich die bereits erwähnte Angabe aus Ex 28,21 weiter, derzufolge auf den zwölf Steinen die Namen der zwölf Stämme vermerkt sein sollen. Die von den Verfassern vorausgesetzte Reihenfolge der Stammesnamen lässt sich wohl aus der entsprechenden Anordnung in Ex 28,9f erschließen, wo davon berichtet wird, dass die Namen der Söhne Israels auf den beiden Schultersteinen des Priestergewandes stehen sollen – und zwar כתולדתם, ihrer Zeugung bzw. Geburt entsprechend. Geht man nun von der Geburtsreihenfolge der Söhne Jakobs – etwa nach Gen 29f – aus und setzt voraus, dass die Verfasser der Priesterschrift diese Reihenfolge vor Augen hatten, so werden als siebter Sohn Jakobs Gad, als achter Ascher und als neunter Issachar genannt. Diese drei Söhne bzw. die von ihnen abgeleiteten Stämme würden nun übersetzt auf die Edelsteinreihe des priesterlichen Brustschildes aus Ex 28,17-20 die dritte Reihe von Edelsteinen bilden[52], die in Ez 28,13aγ fehlt. Das kann durchaus ein Zufall sein. Sollte man aber annehmen dürfen, dass die späten Fortschreiber des Tyroszyklus bei ihrer Einfügung von v13aγ ebenso großen Wert auf die Details legten wie die älteren Verfasser- und Redaktorenkreise des Tyroszyklus, so wären weder die Auslassung von Ex 28,19 in Ez 28,13aγ noch der Sachverhalt, dass es exakt die den Stämmen Gad, Ascher und Issachar entsprechenden Edelsteine sind, die in Ez 28,13aγ fehlen, mit einem Verweis auf den Zufall hinreichend erklärt.

Zumindest teilweise führen an dieser Stelle die Ortslagen der Stämme weiter: Sieht man einmal vom ostjordanischen Stammesgebiet Gads ab, verweisen zumindest Ascher und Issachar in den Norden Israels und damit in das südliche Einzugsgebiet der Phönizier. Sollte diese geographische Nähe der Stämme zu Tyros *nicht* mit der Auslassung der ihnen entsprechenden Steine in Ez 28,13aγ zusammenhängen? Fehlen jene Steine in v13aγ, weil die mit diesen Steinen assoziierten Gebiete im unmittelbaren Einflussbereich des tyrischen Königs lagen? Wurden in v13aγ nur die Steine genannt, die sich auf ‚Stammesgebiete‘ beziehen, die weiter entfernt von Tyros lagen? Dass neben Ascher und Issachar nicht der ebenfalls nördliche Stamm Dan, sondern das ostjordanische Gad steht, mahnt zur Vorsicht und spricht gegen weitergehende Vermutungen. Dennoch lässt sich die Auslassung von Ex 28,19 in Ez 28,13aγ aufgrund solcher Beobachtungen nicht leichthin mit einem

---

scheint vielmehr so, als habe er aus dem Gedächtnis zitiert. [...] Wenn man also nach dem Verhältnis von Ez 28 und Ex 28 par. fragt, so muß man davon ausgehen, daß die Edelsteinreihe nicht von der schriftlichen Vorlage her übernommen und dann bewußt umgestaltet worden wäre, sondern lediglich aus der Erinnerung zur Illustration des Ausdruckes ‚allerlei kostbares Gestein‘ an den Rand geschrieben wurde." (Fechter, Bewältigung, 173f)

52 Vgl. dazu Keil, Handbuch, 166-169 (mit der Übersicht in Anm. 8).

technischen Versehen erklären; hier liegt wohl eher eine gezielte Reduktion vor, deren genaue Intention sich allerdings nicht mehr rekonstruieren lässt[53].

Letztlich handelt es sich bei diesem Problem um ein Detail der literarischen Geschichte des Tyroszyklus. Dahinter steht die bedeutendere Frage nach der Absicht, die die Fortschreiber von Ez 28,13aγ verfolgten, als sie die Reihe der mit dem Priester verbundenen Edelsteine aus Ex 28,17-20 rezipierten und in den Tyroszyklus einbauten. Zeitlich bewegt man sich bei dieser Frage der literarhistorischen Analyse zufolge wohl im 3. Jh. v. Chr., in dem der in Ex 28 beschriebene Priester der Wüstenzeit unweigerlich mit dem Jerusalemer Hohenpriester identifiziert wurde. Wenn nun eines der Kennzeichen des Hohenpriesters, nämlich die Edelsteinreihe auf seinem Brustschild, in einem Text in Zusammenhang mit dem tyrischen König gebracht wird, auf den jedoch gerade in diesem Text die Totenklage angestimmt wird, so scheint hier eine subtile, aber dennoch erkennbare Kritik am Hohenpriester als dem obersten Repräsentanten der nachexilischen Jerusalemer Tempelgemeinde vorzuliegen. Die Qina über den Untergang des tyrischen Königs wird hier mit einem *link* versehen, der schlaglichtartig das Bild des Hohenpriesters aufblitzen lässt, dessen Nähe zum tyrischen König damit sinnenfällig wird. Die wirtschaftlichen Beziehungen zwischen Tyros und Jerusalem gaben in dieser Zeit wohl mehreren prophetischen Gruppen Anlass zur Kritik an der Jerusalemer Tempelwirtschaft, wie aus den ganz ähnlich gelagerten Vorwürfen in Jes 23,15-18 deutlich wird[54]. Womöglich erschien den späten Fortschreibern, die Ez 28,13aγ in den Text einfügten, der Hohepriester in Jerusalem nicht viel weniger anmaßend als der tyrische König, auf dessen Hybris hin die älteren Tradenten des Tyroszyklus die Qina in v11-19 gestaltet hatten.

Es stellt sich daher nun zuletzt die Frage, mit wem man es hier eigentlich zu tun hat. Lässt die theologische Tendenz einer der spätesten Fortschreibungen des Tyroszyklus das Profil seiner Trägergruppen zumindest ansatzweise erkennen? Kann man von den letzten Bearbeitern des Textes auf das Milieu und die soziale Verankerung derjenigen zurückschließen, die hinter Ez 26-28 stehen – womöglich auch hinter den Fremdvölkersprüchen und dem Ezechielbuch insgesamt? Hier ist natürlich große Zurückhaltung angebracht, denn über vage Vermutungen, die sich auf einige wenige Indizien gründen, wird man kaum hinauskommen.

---

53   Vgl. etwa den Erklärungsversuch Greenbergs, Ezechiel 21-37, 257: „Vielleicht aber ist für die Schilderung des Zauns (oder Gewandes) aus Edelsteinen hier die Liste aus Ex zwar übernommen, aber verändert (um drei reduziert) worden, um das königliche Emblem des Herrschers von Tyrus dem des israelitischen Hohenpriesters nicht zu ähnlich erscheinen zu lassen." Dennoch war die Ähnlichkeit auch nach der Reduktion um drei Edelsteine immernoch so groß, dass die Verbindung zwischen der Ausstattung des Hohenpriesters und der des tyrischen Königs nicht übersehen werden konnte – könnte es nicht sein, dass man sie von vornherein auch nicht übersehen sollte?

54   Vgl. dazu oben Teil 5.2.1.

Bleibt man zunächst einmal noch bei Ez 28,13aγ stehen, so könnten hinter dieser Fortschreibung mit ihrer womöglich kritischen Tendenz Priesterkreise stehen, die ihre Unzufriedenheit mit dem Zustand des Hohenpriesteramtes in Form einer subtilen literarischen Strategie artikulierten; man hätte es in diesem Fall mit einer mehr oder weniger internen Auseinandersetzung innerhalb der nachexilischen Priesterschaft um das Amt und die Amtsführung des Hohenpriesters zu tun. Hinter Ez 28,13aγ könnte sich allerdings auch eine theologische und politische Oppositionsbewegung verbergen, die sich ganz grundsätzlich gegen das Hohepriestertum sowie die mit ihm zusammenhängende Tempelwirtschaft stellt und die in dieser Haltung womöglich mit der theologischen und politischen Absicht von Jes 23,15-18 – ebenfalls einer sehr späten Fortschreibung innerhalb eines Fremdvölkerwortes – übereinstimmt.

Ez 28,13aγ allein vermag das Gewicht der voranstehenden Hypothesen und Vermutungen nicht zu tragen. Die Rezeption der Edelsteinreihe aus Ex 28,17-20 in Ez 28,13aγ ist in dieser Hinsicht nur als ein Indiz zu werten, das die Richtung einer weitergehenden Deutung anzeigen könnte. Diesem Indiz wird neben anderem nachgegangen werden, wenn nun abschließend und zusammenfassend versucht wird, die theologische Intention des Tyroszyklus innerhalb des Ezechielbuches zu beschreiben und in diesem Zusammenhang auch das soziale Milieu der Trägergruppen des Tyroszyklus zu rekonstruieren.

6.3 Die Theologie des Tyroszyklus

Die theologische Intention von Ez 26-28 lässt sich nicht angemessen beschreiben, wenn man das Ezechielbuch als den unmittelbaren literarischen Kontext des Tyroszyklus außer Acht lässt. Insbesondere die Kommentare von Zimmerli und Pohlmann zeigen deutlich, dass das Ezechielbuch nicht als das Produkt einer einsam herausragenden Prophetengestalt des 6. Jh. v. Chr. interpretiert werden kann, sondern das Ergebnis eines sich über mehrere Jahrhunderte erstreckenden Redaktions- und Fortschreibungsprozesses darstellt, der von Zimmerli mit der Annahme einer an den ezechielischen Texten arbeitenden Ezechielschule, die seiner Meinung nach sehr bald nach dem Auftreten des Propheten Ezechiel wirkte, und von Pohlmann mit der Rekonstruktion verschiedener Redaktionsstufen des Ezechielbuches näher beschrieben wird[55]. Die vorliegende Analyse des ezechielischen Tyroszyklus bestätigt anhand eines vergleichsweise kurzen Textabschnittes die Ergebnisse beider Kommentatoren: Die Redaktionsarbeit am Ezechielbuch setzte offensichtlich noch im 6. Jh. v. Chr., womöglich

---

55 Vgl. dazu oben Teil 3.2.1.

sogar zu Lebzeiten des Propheten Ezechiel ein[56]; sie fand ihr Ende jedoch nicht bereits im 6./5. Jh. v. Chr., sondern lässt sich durch die persische Epoche hindurch bis in die hellenistische Zeit hinein verfolgen. Man muss daher die Wirkungszeit einer Ezechielschule auf mehrere Jahrhunderte ansetzen, um vor dem Hintergrund eines derart weitgesteckten zeitlichen Rahmens die Entstehung des Tyroszyklus wie wohl auch des Ezechielbuches im ganzen sachgemäß erklären zu können.

Dass es in dieser Zeit nicht nur zu einer bloßen Repristination ‚ezechielischer Orthodoxie' kam, sondern zu einer produktiven Neuinterpretation und Aktualisierung der prophetischen Botschaft des 6. Jh. v. Chr., zeigt sich anhand der literarischen Entwicklung des ersten Abschnittes des Tyroszyklus in exemplarischer Weise. Die Anspielungen auf den Eroberungszug Alexanders des Großen, die sich in der Überarbeitung von Ez 26,7-14 erkennen lassen, erlauben einen Einblick in die Denkwelt der Verfasser des Tyroszyklus im besonderen, doch damit wohl auch der Ezechielschule im allgemeinen: Zeitgeschichte ist keine Größe, die in theologischen Kontexten vernachlässigt werden kann, sondern sie fordert die Trägergruppen der ezechielischen Prophetie offensichtlich dazu heraus, die überlieferten Inhalte selber neu zu durchdenken und mit ihrer jeweiligen Gegenwart und deren Herausforderungen in ein fortlaufendes Wechselspiel zu bringen. Dass die späten Fortschreiber des Tyroszyklus, die v7-14 mit dem Alexanderzug in Verbindung brachten, damit in einer Kontinuität zur Vorgehensweise der ältesten Verfasserkreise des Tyroszyklus stehen, zeigt sich an der Rezeption und folgenden Transformation vorliegender zeitgenössischer Quellen wie etwa der Handelsliste in Ez 27,12-25a oder der Qina in Ez 28,11-19*, die am Anfang der Entstehung von Ez 26-28 stehen. Mit dieser Form literarischer Arbeit geben sich die Verfasser des Tyroszyklus insgesamt als wache Zeitgenossen zu erkennen, die ihre Intentionen nicht in die Form abstrakter Theologumena bringen, sondern sie anhand konkreter Vorstellungen aus ihrer jeweiligen Zeit und Umwelt illustrieren und damit einen Verstehenshorizont für die Rezeption ihrer Texte eröffnen, der letztlich den Weg für die Entstehung des Ezechielbuches als einer geschlossenen Textsammlung ebnete. Die Verfasser des Tyroszyklus, die wohl als eine Gruppe der Ezechielschule gelten können, werden als ein kulturell ausgesprochen gebildeter Kreis innerhalb des nachexilischen Juda greifbar, der sich die Pflege der ezechielischen Tradition zur Aufgabe gemacht hatte, ohne dabei die Gegenwart aus den Augen zu verlieren[57]. Im Blick auf die soziale Einordnung der Ezechielschule ist es angesichts der Struktur des

---

56   Krüger, Geschichtskonzepte, 468, vermutet, dass die älteren Redaktoren des Ezechielbuches auf kleinere Sammlungen, gewissermaßen ‚Dossiers' aus dem ‚Büro' Ezechiels, zurückgreifen konnten. Diese Annahme Krügers lässt sich auch auf Ez 26-28* beziehen: Die Grundworte des Tyroszyklus könnten bereits eine kleinere Sammlung dargestellt haben, die von den Redaktoren der Ezechielschule mehrfach bearbeitet und noch weiter miteinander verknüpft wurde.

57   Vgl. dazu oben Teil 3.3.5.5.

Ezechielbuches nicht sachgemäß, von einer Alternative zwischen ‚priesterlich‘ oder ‚prophetisch‘ inspirierten Gruppen auszugehen, denn das Ezechielbuch atmet auf Schritt und Tritt priesterlichen und prophetischen Geist zugleich[58]. Die ausführliche Orientierung an der Gegenwart und Zukunft des Tempels, die sich in Ez 8-11 und Ez 40-48 erkennen lässt, zeigt die priesterliche Verankerung der Theologie des Ezechielbuches, das in Ez 1,1 ja auch auf den Priestersohn Ezechiel zurückgeführt wird. Die prophetische Grundstruktur des Ezechielbuches muss daneben nicht weiter nachgewiesen werden; sie erschließt sich mehr oder weniger unmittelbar aufgrund der literarischen Formen und theologischen Themen, die innerhalb des Buches verwendet und aufgegriffen werden[59]. Vor dem Hintergrund einer Analyse des Tyroszyklus verdient in diesem Zusammenhang allerdings eine kurze Passage besondere Aufmerksamkeit, in der priesterliche Traditionen und prophetische Vorstellungen unmittelbar aufeinandertreffen: Die möglichen Anspielungen auf den nachexilischen Hohenpriester in Ez 28,11-19, der hinter dem mit Edelsteinen geschmückten tyrischen König schemenhaft zu erkennen sein könnte, machen in der Auseinandersetzung mit dem Priestertum die letztlich entschieden prophetische Theologie des Ezechielbuches erkennbar, die – womöglich Jes 23,15-18 ganz ähnlich – aus der Außenperspektive das gegenwärtige Priestertum im Geiste der kritischen Prophetie durchleuchtet. Die priesterlichen Themen, die das Ezechielbuch immer wieder aufgreift, machen jedoch deutlich, dass es auch in Ez 28,11-19 nicht um eine prophetisch motivierte Ablehnung des Priestertums im allgemeinen geht, sondern höchstens um eine Kritik an der gegenwärtigen Form der hohepriesterlichen Praxis im Juda des 4./3. Jh. v. Chr.

Diejenigen, die innerhalb der Ezechielschule insbesondere an den Fremdvölkerorakeln gearbeitet haben und neben dem eher summarischen Kapitel Ez 25 mit seinen kürzeren Völkersprüchen und dem ähnlich strukturierten knappen Sidonwort in Ez 28,20-26 auch die größeren thematischen Zyklen gegen Tyros in Ez 26-28 und gegen Ägypten in Ez 29-32 verfasst und zusammengestellt haben, verfolgten allerdings noch ganz andere Ziele, die sich jedoch erst im Kontext der Literargeschichte des Ezechielbuches erkennen lassen. Geht man von Pohlmanns Analyse aus und nimmt an, dass das Ezechielbuch vor allem als das Ergebnis einer golaorientierten und mehreren späteren diasporatheologischen Redaktionen

---

58 Vgl. Schöpflin, Theologie, 352f.
59 Vgl. dazu nur die Visionen Ezechiels, die Zeichenhandlungen des Propheten, aber auch die umfassenden Geschichtsrückblicke; Schöpflin, Theologie, 351-358, interpretiert das Ezechielbuch als ein ‚Kompendium alttestamentlicher Prophetie‘, das „die Wahrnehmung anderer schriftprophetischer Bücher, der Prophetenerzählungen in DtrGW und der sekundär als prophetisch gekennzeichneten Gestalten im Pentateuch beeinflußt, indem es Lesern des hebräischen Kanons ein Vorverständnis davon lieferte, was ein Prophet bzw. ein Prophetenbuch ist und insofern mehr oder minder unbewußt zum Maßstab der Lektüre prophetischen Schrifttums wurde." (Schöpflin, Theologie, 358)

interpretiert werden muss, so stellt sich insbesondere im Rahmen der Analyse eines der beiden zentralen Fremdvölkerzyklen des Ezechielbuches die Frage, wie sich die von Pohlmann ermittelten Redaktionen zu den Fremdvölkersprüchen des Buches im allgemeinen bzw. zum Tyroszyklus Ez 26-28 im besonderen verhalten. Auf die Probleme der buchkompositionellen Verankerung und der Funktion von Ez 25-32 wurde bereits kurz hingewiesen[60]; trotz dieser Schwierigkeiten zeigt die Überlieferung von Fremdvölkersprüchen innerhalb des Ezechielbuches, dass die Ezechielschule – wie die Trägergruppen anderer Prophetenbücher auch – das Problem des Verhältnisses zwischen Juda auf der einen und den fremden Völkern auf der anderen Seite für so virulent hielt, dass sie dieses Verhältnis in der geprägten literarischen Form einer Fremdvölkerspruchsammlung aufgriff und zu bestimmen versuchte[61]. Dass Tyros und Ägypten in der Sammlung der Völkersprüche des Ezechielbuches eine derart prominente Rolle spielen und ihnen insgesamt sieben Kapitel gewidmet sind, könnte mit der Bedeutung von Tyros und Ägypten für das nachexilische Juda zusammenhängen. Ägypten ist ohnehin ein bleibendes Thema, das Israel von seinen Anfängen an begleitet hat und auch für das nachexilische Juda nicht an Aktualität verliert, zum einen aufgrund der immer größeren Gruppe von Diasporajuden in den ägyptischen Zentren, zum anderen aufgrund der bleibenden oder erneuten militärischen Bedeutung Ägyptens auch in der Perserzeit. Dass Tyros in seiner dauernden Bedeutung für Israel und Juda dem ungleich größeren Ägypten jedoch kaum nachsteht, hat die Analyse der Texte gezeigt, die sich innerhalb des Alten Testaments in besonderer Weise mit Tyros auseinandersetzen; zudem scheint Tyros im nachexilischen Juda in Form seiner Händler in derart penetranter Weise präsent gewesen zu sein, dass sich damit seine herausragende Stellung innerhalb der Fremdvölkerspruchsammlung des Ezechielbuches erklärt.

Versteht man das Ezechielbuch insgesamt als einen Versuch der literarischen Bewältigung der Erfahrung des Fremdseins im babylonischen Exil – aber wohl auch innerhalb des Perserreiches – und damit auch als eine theologische Strategie, den Verlust des eigenen Staates mit seinen kultischen Einrichtungen im 6. Jh. v. Chr. zu verarbeiten und sich trotz dieses Verlustes wieder selber zu identifizieren, so erklärt sich damit am ehesten die Funktion der Fremdvölkersprüche: Die Fremdheitserfahrung bestärkt in deutlicher Weise das Bewusstsein für die eigene Identität in Abgrenzung von den anderen, die als fremd wahrgenommen werden – in diesem Zusammenhang ist man offenkundig zu der Überzeugung gekommen, dass Jahwe die fremden Völker für ihr Verhalten zur Rechenschaft ziehen wird[62]. Die Anfänge dieses Denkens, die sich in den kurzen Grundworten der ezechielischen Fremdvölkersprüche in Ez 25-32* literarisch spiegeln, führen wohl zurück in die

---

60 Vgl. dazu oben Teil 3.2.1.
61 Vgl. dazu Premstaller, Fremdvölkersprüche, 255-258.
62 Dass dies jedoch zugleich eine Gemeinsamkeit zwischen Israel/Juda und den fremden Völkern darstellt und damit die Fremdheit der Fremden relativiert und in den verbindenden Kontext des Handelns Jahwes gestellt wird, soll gleich noch einmal eigens aufgegriffen werden.

Zeit der Gola; in der Ezechielschule werden diese Anfänge dann exemplarisch an Tyros und Ägypten fortgedacht und zu zwei großen Zyklen ausgebaut, die neben den unmittelbaren theologischen Intentionen, die sich erkennen lassen, auch Einblicke in die kulturellen Beziehungen zwischen Juda auf der einen und Tyros bzw. Ägypten auf der anderen Seite eröffnen. Vor diesem Hintergrund hat es zumindest den Anschein, als seien die Fremdvölkersprüche innerhalb des Ezechielbuches so fest verankert, dass sie nicht ohne weiteres als letzte, späte Ergänzungen gedeutet werden können[63].

Zeitlich – und wohl auch theologisch – gehören die späten Bearbeitungen des Tyroszyklus mit den Redaktionsstufen des Ezechielbuches zusammen, die sich nach Pohlmann in besonderer Weise an der Diaspora, ihrer Lebenswelt und ihren Interessen orientieren. Die Frage nach der Stellung der ersten Gola, die im ausgehenden 6. Jh. v. Chr. für die Redaktion des Ezechielbuches von herausragender Bedeutung gewesen zu sein scheint, steht im 4. Jh. v. Chr. nicht mehr im Zentrum; um so mehr ist in dieser Zeit jedoch die Frage des Verhältnisses Judas zu seinen Nachbarn und das Problem der Existenz von Juden in der Diaspora in den Mittelpunkt des Interesses gerückt. Die Fremdvölkersprüche, die eine mehrstufige literarische Entwicklung durchlaufen haben, reflektieren in der vorliegenden Form Denkbewegungen aus der persisch-hellenistischen Zeit und müssen daher vor diesem zeitgeschichtlichen Hintergrund gelesen werden. Während Gerichtsworte gegen die Nachbarn und Feinde Judas im 6. Jh. v. Chr. womöglich als indirekte Heilsworte für Juda verstanden werden können[64], verschwimmt diese Funktion der Völkersprüche in der Folgezeit mehr und mehr[65]. Ein Textzusammenhang wie der Tyroszyklus hat wohl nicht mehr die vorrangige Aufgabe, dem nachexilischen Juda gewissermaßen *via negationis* Heil anzusagen. Hier geht es deutlich um mehr: Es handelt sich beim Tyroszyklus offensichtlich um den Versuch, das Verhältnis zwischen Juda und einem bedeutenden Nachbarn unter Rückgriff auf vorliegendes Textmaterial und im Lichte einer Geschichtsdeutung, die mit dem gegenwärtigen Handeln Jahwes rechnet, möglichst angemessen zu bestimmen. Die Stimmung des Tyroszyklus zeigt, dass diese Angemessenheit

---

63 Vgl. dazu auch Krüger, Geschichtskonzepte, 308.

64 Vgl. dazu oben Teil 3.3.3.

65 Vgl. Premstaller, Fremdvölkersprüche, 261-265, demzufolge mit den Fremdvölkersprüchen des Ezechielbuches „die Exilsgemeinde und spätere Angehörige des jüdischen Volkes angesprochen sind. Gerade für sie war es wichtig, weiterhin vom heilvollen Beistand JHWHs in der Gegenwart wissen zu dürfen, der sich neben anderem auch darin zeigte, dass er die schuldig gewordenen Nationen genauso ins Gericht führte wie Juda/Jerusalem selbst; davon wollen die Völkersprüche ihre Empfänger überzeugen. Gleichzeitig warnen sie davor, über das Unglück anderer Schadenfreude zu empfinden, ihre Schwächen und Notlagen auszunützen oder überhebliche, selbstherrliche Positionen einzunehmen. Und über die größere Perspektive zeigen die Völkersprüche, dass JHWHs Anspruch nicht nur für sein eigenes Volk, sondern in gleicher Weise auch für die anderen Nationen verbindlich ist, sodass es sich als ebenso grundlegend wie entscheidend erweist, ihn als Souverän wie als JHWH, d. h. als Gott speziell seines Volkes Israel zu erkennen und anzuerkennen." (Premstaller, Fremdvölkersprüche, 264f)

nicht dadurch zu erreichen versucht wird, dass man sich auf eine abschließende Haltung und auf *ein image* von Tyros beschränkt; die Darstellung ist vielmehr schillernd, die Stimmung changiert, Achtung und Verachtung, Mitleid und Genugtuung bilden eine bemerkenswerte Einheit, die das in diesem Text dokumentierte Verhältnis zu Tyros als ein ausgesprochen ambivalentes erschließt. Das innerhalb der alttestamentlichen Literatur wahrnehmbare zunehmend negative *image* der phönizischen Metropole ist in Ez 26-28 durchaus erkennbar, doch bleiben innerhalb des Textes auch Momente des staunenden Mitleids über den tiefen Fall der Stadt nicht aus[66]. Diese empathischen Untertöne des Textes könnten am ehesten mit dem Widerstand von Tyros gegen Alexander den Großen zusammenhängen; wie auch immer man in Juda zu dem griechischen Eroberer stand – die selbstbewusste Tapferkeit und Standhaftigkeit der Tyrer nötigte in jedem Fall Respekt ab. Der Schrecken über das Ende von Tyros schließt offensichtlich nicht ohne Grund die drei Kapitel des Tyroszyklus in Ez 26,21; 27,36; 28,19 mit dem stereotypen Verweis auf die בלהות ab, zu denen Tyros bzw. der tyrische König werden wird.

Wie steht es nun mit der in der Einleitung aufgeworfenen Frage nach dem Bild des Fremden und seiner Bedeutung für das Bild, das man in Juda von sich selbst entwirft, oder umgekehrt: Wie beeinflusst die Selbstwahrnehmung der Ezechielschule die in Ez 26-28 vorliegende Konstruktion einer tyrischen Identität? Es hat sich gezeigt – und das ist auch nicht weiter überraschend –, dass die Konstruktion der Identität des Fremden nicht losgelöst von tragenden Vorstellungen und prägenden Überzeugungen der Verfasser des Tyroszyklus erfolgt. Die Anspielungen auf Daniel in Ez 28,3 oder die Details der Darstellung des tyrischen Königs im Gottesgarten in v11-19 zeigen, dass vor dem Hintergrund bekannter, die eigene Identität bestimmender Motive und Traditionen die fremde tyrische Welt konstruiert wird. Diese Konstruktion, die nicht nur Ez 28 umfasst, bedient sich im Gesamtentwurf des Tyroszyklus zahlreicher Mittel, um das Bild des Fremden weiter auszubauen und ihm eine gewisse Authentizität zu geben – die Handelsliste in Ez 27,12-25a ist hier nur als eines dieser literarischen Werkzeuge zu nennen. Bemerkenswert ist nun der Punkt, an dem die Verfasser des Tyroszyklus und Tyros selber auf ein beiden gemeinsames Fremdes stoßen, nämlich auf den Eroberer Alexander den Großen. Es scheint, dass die an einigen Stellen des Textes erkennbare Empathie im Blick auf den Untergang von Tyros genau damit zusammenhängt, dass der auf ganz andere Art fremde Alexander die bislang konstruierte Fremdheit zwischen Juda und Phönizien in ein neues Licht rückt und wohl auch zu einem guten Teil als Schimäre entlarvt. Die Fremdheit von Tyros und Juda gegenüber dem Griechen wird zu einer unsichtbaren Ge-

---

66   Im Blick auf Ez 27 bemerkt Zimmerli, Ezechiel, 648: „Es wird auffallen, wie unpolemisch, ja fast aus einer leisen, mit Hochachtung gepaarten Trauer um Tyrus heraus das ganze Geschehen geschildert wird." In eine ähnliche Richtung geht auch Gillmayr-Bucher, Klagelied, 94-99, die vor allem die literarischen Mittel der Verfasser von Ez 27 eingehend analysiert.

meinsamkeit, um die man sowohl in Juda als auch in Tyros aufgrund der gemeinsamen Geschichte weiß[67].

Im Blick auf die abschließende Frage nach der Theologie des Tyroszyklus soll von einer entscheidenden Passage ausgegangen werden, die jedoch emblematisch für den gesamten Textzusammenhang Ez 26-28 steht: Nach Ez 28,1-10 ist es vor allem der Hochmut des tyrischen Fürsten, der seinen Untergang zur Folge hat, Hochmut und Fall bilden offensichtlich einen untrennbaren Zusammenhang. Sollte Pohlmann mit seiner Einschätzung recht haben, dass bestimmte Bearbeitungen der ältesten Texte des Ezechielbuches „das Motiv des Hochmuts und der Überheblichkeit eintragen"[68], so dass diese Texte „mühelos mit Jahwes Gerichtshandeln in Beziehung gesetzt und schließlich als Weissagungen verstanden werden, womit der Weg ihrer Fortschreibung zum Prophetenbuch gebahnt war"[69], so kann der ezechielische Tyroszyklus als nach außen auf Tyros projizierte Fortschreibung dieser Grundthematik des Ezechielbuches interpretiert werden. Damit lässt sich zudem die These einer festen Verankerung der Fremdvölkerspruchsammlung innerhalb des Ezechielbuches weiter erhärten: Zumindest in Ez 26-28 wird dasjenige Thema zentral aufgegriffen, das offensichtlich auch an anderen Stellen des Ezechielbuches eine tragende Funktion hat. Hier scheint nun auch der Schlüssel für die Theologie des ezechielischen Tyroszyklus zu liegen: Ez 26-28 spiegeln offensichtlich den Versuch, das Thema ,Hochmut und Fall' theologisch zu durchdringen. Literarisch werden dabei alle Register gezogen, um den Fall besonders eindrücklich vor Augen zu führen; theologisch gelingt den Verfassern des Tyroszyklus mit der Übertragung des ursprünglich auf Juda bezogenen Themas ,Hochmut und Fall' auf die phönizische Metropole Tyros eine Ausweitung des Horizontes, die zugleich eine Erweiterung des Handlungsspielraumes Jahwes darstellt. Der Untergang der eigenen hochmütigen Monarchie wird mit dem Untergang von Tyros verbunden, dessen Ursache ebenfalls in Hochmut und Selbstüberschätzung zu suchen ist. Die treibende Kraft hinter diesen Untergangsszenarien ist Jahwe selber, dessen Handeln Ez 26-28 zufolge deutlich über Juda hinausgreift. Die Theologie des Tyroszyklus verbindet sich demnach an den

---

67 Vgl. dazu Gillmayr-Bucher, Klagelied, 98, im Blick auf Ez 27: „Die Offenheit der Bildsprache erlaubt den HörerInnen über Tyrus hinaus auch an Jerusalem zu denken, Parallelen zu ziehen und diese Stadt in die Klage über die zerstörte Schönheit assoziativ miteinzubeziehen. Die Parallele zwischen Jerusalem und Tyrus legt sich im Text durch vielfältige Anspielungen nahe."

68 Pohlmann, Ezechielstudien, 197 (mit Blick auf Ez 19,10-14*; 31*). Nach Pohlmann, Ezechielstudien, 198, sind hier bestimmte Vorstellungen greifbar, die die Bearbeiter der Texte leiteten: „Alles Hohe kommt zu Fall, alles Stolze wird stürzen; wer übertreibt, wer überzieht, wer zu hoch hinaus drängt, stört die Weltordnung." Was Pohlmann hier hinsichtlich Ez 17,1-10 bzw. bezüglich der späteren Deutungen von Ez 15*.19*.31* herausarbeitet, gilt *mutatis mutandis* auch für die Passagen, die in Ez 26-28 den Hochmut und Stolz von Tyros anprangern; die leitende Vorstellung, derzufolge der Untergang die Folge einer ausufernden Überheblichkeit ist, gleicht sich deutlich.

69 Pohlmann, Ezechiel, 101.

Stellen mit den theologischen Intentionen des Ezechielbuches insgesamt, wo das
Handeln Jahwes in Welt und Wirklichkeit als ein Eingreifen in die Geschichte
beschrieben wird, das weit über den Tempel auf dem Zion, über Jerusalem und
Juda hinausreicht. Diese universalistische Gotteskonzeption findet sich in zahlreichen Texten aus nachexilischer Zeit. Die Fremdvölkerspruchsammlungen
setzen ein solches Gottesbild implizit immer voraus, wenn sie das Gericht an den
Völkern ansagen und so offensichtlich mit Jahwes Handeln auch außerhalb von
Juda und Jerusalem rechnen und die Orte des göttlichen Eingreifens genau benennen.

Dass innerhalb des Ezechielbuches Theologie anhand der phönizischen
Kultur betrieben wird, zeigt die Offenheit der Verfasser des Tyroszyklus und der
Ezechielschule insgesamt, deren Intentionen sich nicht auf die Aufarbeitung und
Neukonzeption der eigenen Traditionen beschränken – das käme einem reinen
Binnendiskurs ohne jeden Anspruch auf Außenwirkung gleich. Das den Tyros-
zyklus bestimmende theologische Ziel liegt vielmehr in der Auseinandersetzung
mit einer fremden Kultur und damit in der Absicht, die eigene Identität und das
diese Identität prägende Handeln Jahwes im Spiegel des Fremden zu erschließen.

7 Literaturverzeichnis

Die verwendeten Abkürzungen richten sich in der Regel nach Siegfried M. Schwertner, Internationales Abkürzungsverzeichnis für Theologie und Grenzgebiete, Berlin/New York ²1992. In den Fußnoten gebrauchte Abkürzungen für Quellen, Lexika und Grammatiken finden sich in Klammern hinter der bibliographischen Angabe.

7.1 Quellen

Alkiphron, siehe unter: The Letters of Alciphron, Aelian and Philostratus.

The Amarna Letters. Edited and Translated by William L. Moran, Baltimore/London 1992. (= EA mit Paragraphenangabe)

Ancient Near Eastern Texts Relating to the Old Testament. Edited by James B. Pritchard. Third Edition with Supplement, Harvard ³1969. (= ANET)

Ancient Records of Assyria and Babylonia I-II. By Daniel David Luckenbill, Chicago 1926f. (= ARAB mit Paragraphenangabe)

Arrian in Two Volumes I. Anabasis Alexandri. Books I-IV. With an English Translation by E. Iliff Robson (LCL 236), London/Cambridge (Massachusetts) 1989 (reprinted). (= Arrian)

Assurbanipal und die letzten assyrischen Könige bis zum Untergang Niniveh's. Bearbeitet von Maximilian Streck. II. Teil: Texte. Die Inschriften Assurbanipals und der letzten assyrischen Könige (VAB VII/2), Leipzig 1916.

Assyrian and Babylonian Chronicles. By A. Kirk Grayson, Winona Lake 2000 (reprinted). (= ABC)

Athenaeus. The Deipnosophists. Books I-III.106e. With an English Translation by Charles Burton Gulick (LCL 204), London/Cambridge (Massachusetts) 1993 (reprinted). (= Athenaios)

Athenaeus in Seven Volumes IV. The Deipnosophists. With an English Translation by Charles Burton Gulick (LCL 235), London/Cambridge (Massachusetts) 1969 (reprinted). (= Athenaios)

Beyer, Klaus, Die aramäischen Texte vom Toten Meer samt den Inschriften aus Palästina, dem Testament Levis aus der Kairoer Genisa, der Fastenrolle und den alten talmudischen Zitaten, Göttingen 1984.

Biblica Hebraica, hg. v. Rudolf Kittel, Stuttgart ³1929. (= BHK)

Biblica Hebraica Stuttgartensia, hg. v. Karl Elliger und Wilhelm Rudolph, Stuttgart ⁴1990. (= BHS)

Corpus inscriptionum semiticarum. Pars quarta inscriptiones ḥimyariticas et sabæas continens I-III, Paris 1889ff. (= CIS IV)

Q. Curtius in Two Volumes I. Books I-V. With an English Translation by John C. Rolfe (LCL 368), London/Cambridge (Massachusetts) 1956 (reprinted). (= Curtius)

Diodorus of Sicily in Twelve Volumes I. Books I and II 1-34. With an English Translation by C. H. Oldfather (LCL 279), London/Cambridge (Massachusetts) 1989 (reprinted). (= Diodor)

Diodorus of Sicily in Twelve Volumes IV. Books IX-XII 40. With an English Translation by C. H. Oldfather (LCL 375), London/Cambridge (Massachusetts) 1989 (reprinted). (= Diodor)

Diodorus of Sicily in Twelve Volumes VI. Books XIV-XV 19. With an English Translation by C. H. Oldfather (LCL 399), London/Cambridge (Massachusetts) 1977 (reprinted). (= Diodor)

Diodorus of Sicily in Twelve Volumes VII. Books XV 20 – XVI 65. With an English Translation by Charles L. Sherman (LCL 389), London/Cambridge (Massachusetts) 1980 (reprinted). (= Diodor)

Diodorus of Sicily in Twelve Volumes VIII. Books XVI. 66-95 and XVII. With an English Translation by C. Bradford Welles (LCL 422), London/Cambridge (Massachusetts) 1983 (reprinted). (= Diodor)

Diodorus of Sicily in Twelve Volumes IX. Books XVIII and XIX 1-65. With an English Translation by Russel M. Geer (LCL 377), London/Cambridge (Massachusetts) 1984 (reprinted). (= Diodor)

Diodorus of Sicily in Twelve Volumes X. Books XIX 66-110 and XX. With an English Translation by Russel M. Geer (LCL 390), London/Cambridge (Massachusetts) 1983 (reprinted). (= Diodor)

Die El-Amarna-Tafeln. Mit Einleitung und Erläuterungen herausgegeben von J. A. Knudtzon. Anmerkungen und Register bearbeitet von Otto Weber und Erich Ebeling (VAB II), Aalen 1964 (Neudruck der Ausgabe 1915).

Eusebius, Das Onomastikon der biblischen Ortsnamen. Herausgegeben von Erich Klostermann, Hildesheim 1966. (= Euseb, Onom.)

Eusèbe de Césarée, La préparation évangelique. Introduction générale. Livre I. Introduction, texte grec, traduction et commentaire par Jean Sirinelli et Edouard des Places (SC 206), Paris 1974. (= Euseb, Praep. ev.)

A Genesis Apocryphon. A Scroll from the Wilderness of Judaea. Description and Contents of the Scroll. Facsimiles, Transcription and Translation of Columns II, XIX-XXII by Nahman Avigad and Yigael Yadin, Jerusalem 1956. (= 1QGenAp)

Handbuch der althebräischen Epigraphik. Herausgegeben von Johannes Renz und Wolfgang Röllig. Band I: Johannes Renz, Die althebräischen Inschriften. Teil 1: Text und Kommentar, Darmstadt 1995. (= HAE I)

Herodoti, Historiae. Recognovit brevique adnotatione critica instruxit Carolus Hude (SCBO), Oxford ³1927. (= Herodot)

Homer, Ilias. Herausgegeben von Eduard Schwartz. Übersetzung: Johann Heinrich Voss. Neuausgabe und Nachwort: Bruno Snell, Augsburg 1994.

Homer, Odyssee. Herausgegeben von Eduard Schwartz. Übersetzung: Johann Heinrich Voss. Neuausgabe und Nachwort: Bruno Snell, Augsburg 1994.

Jahn, Leopold Günther (Hg.), Der griechische Text des Buches Ezechiel nach dem Kölner Teil des Papyrus 967 (PTA 15), Bonn 1972.

Johnson, Allan Chester/Gehman, Henry Snyder/Kase, Edmund Harris (Hg.), The John H. Scheide Biblical Papyri. Ezekiel (Princeton University Studies in Papyrology 3), Princeton 1938.

Josephus, Flavius, Contra Apionem, Buch I. Einleitung, Text, Textkritischer Apparat, Übersetzung und Kommentar von Dagmar Labow (BWANT 167), Stuttgart 2005.

Josephus in Nine Volumes I. The Life. Against Apion. With an English Translation by H. St. J. Thackeray (LCL 186), London/Cambridge (Massachusetts) 1976 (reprinted). (= Josephus, C. Ap.)

Josephus in Nine Volumes V. Jewish Antiquities, Books V-VIII. With an English Translation by H. St. J. Thackeray and Ralph Marcus (LCL 281), London/Cambridge (Massachusetts) 1966 (reprinted). (= Josephus, Ant. Jud.)

Isocrates in Three Volumes I. Discourses I-VI. With an English Translation by George Norlin (LCL 209), London/Cambridge (Massachusetts) 1991 (reprinted). (= Isokrates)

Isocrates in Three Volumes III. Orations IX-XXI. Letters 1-9. With an English Translation by Larue van Hook (LCL 373), London/Cambridge (Massachusetts) 1986 (reprinted). (= Isokrates)

M. Iuniani Iustini Epitoma Historiarum Philippicarum Pompei Trogi accedunt prologi in Pompeium Trogum. Post Franciscum Ruehl iterum edidit Otto Seel, Stuttgart 1972. (= Justinus)

Kanaanäische und aramäische Inschriften I-III. Herausgegeben von Herbert Donner und Wolfgang Röllig, Wiesbaden 1964/⁵2002 (Band I). (= KAI)

Keilschrifturkunden aus Boghazköi IX. Herausgegeben von Hans Ehelolf, Berlin 1923. (= KUB)

The Letters of Alciphron, Aelian and Philostratus. With an English Translation by Allen Rogers Benner and Francis H. Fobes (LCL 383), London/Cambridge (Massachusetts) 1990 (reprinted). (= Alkiphron)

Livy in Fourteen Volumes VIII. Books XXVIII-XXX. With an English Translation by Frank Gardner Moore (LCL 313), London/Cambridge (Massachusetts) 1955 (reprinted). (= Livius)

Livy in Fourteen Volumes IX. Books XXXI-XXXIV. With an English Translation by Evan T. Sage (LCL 332), London/Cambridge (Massachusetts) 1953 (revised and reprinted). (= Livius)

Livy in Thirteen Volumes X. Books XXXV-XXXVII. With an English Translation by Evan T. Sage (LCL 355), London/Cambridge (Massachusetts) 1949 (reprinted). (= Livius)

Lukian, siehe unter: The Syrian Goddess.

Die neubabylonischen Königsinschriften. Bearbeitet von Stephen Langdon. Aus dem Englischen übersetzt von Rudolf Zehnpfund (VAB IV), Leipzig 1912.

Nonnos de Panopolis, Les Dionysiaques XIV. Chants XXXVIII-XL. Texte établi et traduit par Bernadette Simon (CUFr), Paris 1999. (= Nonnos von Panopolis, Dionysiaca)

C. Plinius Secundus der Ältere, Naturkunde. Lateinisch-deutsch. Buch V. Geographie: Afrika und Asien. Herausgegeben und übersetzt von Gerhard Winkler in Zusammenarbeit mit Roderich König, Darmstadt 1993. (= Plinius)

Pliny, Natural History in Ten Volumes II. Libri III-VII. With an English Translation by H. Rackham (LCL 352), London/Cambridge (Massachusetts) 1947 (reprinted). (= Plinius)

Plutarch's Lives in Eleven Volumes VII. Demosthenes and Cicero. Alexander and Caesar. With an English Translation by Bernadotte Perrin (LCL 99), London/Cambridge (Massachusetts) 1986 (reprinted). (= Plutarch)

Plutarch's Moralia in Sixteen Volumes IV. 263D–351B. With an English Translation by Frank Cole Babbitt (LCL 305), London/Cambridge (Massachusetts) 1972 (reprinted). (= Plutarch, Moralia)

Pollucis onomasticon e codicibus ab ipso collatis denuo edidit et adnotavit Ericus Bethe. Fasciculus posterior lib. VI-X continens (Lexicographi graeci IX), Lipsiae 1931. (= Pollux)

Polybius, The Histories in Six Volumes III. With an English Translation by W. R. Paton (LCL 138), London/Cambridge (Massachusetts) 1979 (reprinted). (= Polybios)

Polybius, The Histories V. With an English Translation by W. R. Paton (LCL 160), London/Cambridge (Massachusetts) 1992 (reprinted). (= Polybios)

Pompeius Trogus, Weltgeschichte von den Anfängen bis Augustus im Auszug des Justin. Eingeleitet, übersetzt und erläutert von Otto Seel, Zürich/München 1972. (= Justinus)

Die Pseudoklementinen II. Rekognitionen in Rufins Übersetzung. Herausgegeben von Bernhard Rehm (GCS 51), Berlin 1965. (= Pseudo-Clemens)

Religionsgeschichtliches Textbuch zum Alten Testament. Herausgegeben von Walter Beyerlin (GAT 1), Göttingen ²1985.

Septuaginta. Vetus Testamentum Graecum. Auctoritate Societatis Litterarum Gottingensis editum vol. XVI pars 1 Ezechiel (ed. Joseph Ziegler), Göttingen 1952.

Strabo, The Geography in Eight Volumes VII. With an English Translation by Horace Leonard Jones (LCL 241), London/Cambridge (Massachusetts) 1983 (reprinted). (= Strabon)

The Syrian Goddess (De Dea Syria). Attributed to Lucian by Harold W. Attridge and Robert A. Oden (SBL.TT 9/GRRS 1), Missoula/Montana 1976. (= Lukian, De Dea Syria)

Textbook of Syrian Semitic Inscriptions III. Phoenician inscriptions including inscriptions in the mixed dialect of Arslan Tash by John C. L. Gibson, Oxford 1982. (= TSS)

Texte aus der Umwelt des Alten Testaments I-III. Herausgegeben von Otto Kaiser, Gütersloh 1982ff. (= TUAT)

Xenophon, Anabasis. With an English Translation by Carleton L. Brownson (LCL 90), London/Cambridge (Massachusetts) 1992 (reprinted). (= Xenophon)

7.2 Hilfsmittel

Akkadisches Handwörterbuch I-III. Unter Benutzung des lexikalischen Nachlasses von Bruno Meissner (1868-1947) bearbeitet von Wolfram von Soden, Wiesbaden 1965ff. (= AHW)

A Dictionary of the Ugaritic Language in the Alphabetic Tradition I-II. By Gregorio del Olmo Lete and Joaquín Sanmartín. English Version Edited and Translated by Wilfred G. E. Watson (HO I/67), Leiden/Boston ²2004. (= DUL)

Gesenius, Wilhelm, Hebräische Grammatik, völlig umgearbeitet von Ernst Kautzsch, Nachdruck der 28. Aufl., Hildesheim 1962. (= G-K)

Ders., Hebräisches und Aramäisches Handwörterbuch über das Alte Testament. In Verbindung mit H. Zimmern, W. Max Müller und O. Weber bearbeitet von Frants Buhl. Unveränderter Neudruck der 1915 erschienenen 17. Auflage, Berlin u. a. 1962. (= Gesenius)

Ders., Hebräisches und Aramäisches Handwörterbuch über das Alte Testament unter verantwortlicher Mitarbeit von Udo Rüterswörden bearbeitet und herausgegeben von Rudolf Meyer und Herbert Donner. 18. Auflage 1. Lieferung א-ג, Berlin u. a. 1987. (= Gesenius¹⁸)

Hebräisches und Aramäisches Lexikon zum Alten Testament von Ludwig Köhler und Walter Baumgartner. Dritte Auflage neu bearbeitet von Walter Baumgartner, Johann Jakob Stamm und Benedikt Hartmann unter Mitarbeit von Ze'ev Ben-Hayyim, Eduard Yechezkel Kutscher und Philippe Reymond. Unveränderter Nachdruck der dritten Auflage (1967-1995), Leiden/Boston 2004. (= HALAT)

Joüon, P./Muraoka, T., A Grammar of Biblical Hebrew I-III (SubBi 14/I-II), Rom 1993. (= Joüon/Muraoka)

Lisowsky, Gerhard, Konkordanz zum hebräischen Alten Testament, Stuttgart ²1958.

Répertoire Géographique des Textes Cunéiformes I. Die Orts- und Gewässernamen der präsargonidischen und sargonidischen Zeit von Dietz Otto Edzard – Gertrud Farber – Edmond Sollberger (BTAVO.B 7/1), Wiesbaden 1977.

Répertoire Géographique des Textes Cunéiformes III. Die Orts- und Gewässernamen der altbabylonischen Zeit. Unter Benutzung der Sammlungen von J.-R. Kupper und W. F. Leemans und unter Mitarbeit von M. Stol bearbeitet von Brigitte Groneberg (BTAVO.B 7/3), Wiesbaden 1980.

Répertoire Géographique des Textes Cunéiformes IV. Die Orts- und Gewässernamen der altassyrischen Zeit von Khaled Nashef (BTAVO.B 7/4), Wiesbaden 1991.

Répertoire Géographique des Textes Cunéiformes V. Die Orts- und Gewässernamen der mittelbabylonischen und mittelassyrischen Zeit von Khaled Nashef (BTAVO.B 7/5), Wiesbaden 1982.

Répertoire Géographique des Textes Cunéiformes VI. Die Orts- und Gewässernamen der hethitischen Texte von Guiseppe F. del Monte und Johann Tischler (BTAVO.B 7/6), Wiesbaden 1978.

Répertoire Géographique des Textes Cunéiformes VIII. Geographical Names According to New- and Late-Babylonian Texts by Ran Zadok (BTAVO.B 7/8), Wiesbaden 1985.

Répertoire Géographique des Textes Cunéiformes XI. Les noms géographiques des sources suso-élamites par François Vallat (BTAVO.B 7/11), Wiesbaden 1993.

Répertoire Géographique des Textes Cunéiformes XII/2. Die Orts- und Gewässernamen der Texte aus Syrien im 2. Jt. v. Chr. von Juan Antonio Belmonte Marín (BTAVO.B 7/12/2), Wiesbaden 2001.

von Soden, Wolfram, Grundriss der akkadischen Grammatik. 3., ergänzte Auflage unter Mitarbeit von Werner R. Mayer (AnOr 33), Rom 1995.

Ungnad, Arthur, Grammatik des Akkadischen. Völlig neubearbeitet von Lubor Matouš. Fünfte durchgesehene Auflage der Babylonisch-Assyrischen Grammatik Arthur Ungnads, München 1969.

7.3 Sekundärliteratur

Abramenko, Andrik, Die zwei Seeschlachten vor Tyros. Zu den militärischen Voraussetzungen für die makedonische Eroberung der Inselfestung (332 v. Chr.), in: Klio 74 (1992), 166-178.

Albertz, Rainer, Religionsgeschichte Israels in alttestamentlicher Zeit. Erster und zweiter Teilband (GAT 8), Göttingen 1992.

Albright, William F., The Land of Damascus between 1850 and 1750 B. C., in: BASOR 83 (1941), 30-36.

Alt, Albrecht, Erwägungen über die Landnahme der Israeliten in Palästina (1939), in: Ders., Kleine Schriften zur Geschichte des Volkes Israel I, München 1953, 126-175.

Ders., Eine galiläische Ortsliste in Jos 19, in: ZAW 45 (1927), 59-81.

Ders., Herren und Herrensitze Palästinas im Anfang des zweiten Jahrtausends v. Chr. Vorläufige Bemerkungen zu den neuen Ächtungstexten (1941), in: Ders., Kleine Schriften zur Geschichte des Volkes Israel III (hg. v. Martin Noth), München 1959, 57-71.

Ders., Das System der Stammesgrenzen im Buche Josua (1927), in: Ders., Kleine Schriften zur Geschichte des Volkes Israel I, München 1953, 193-202.

Amadasi Guzzo, Maria Giulia, Les inscriptions, in: Krings, Véronique (Hg.), La civilisation phénicienne et punique. Manuel de recherche (HO I/20), Leiden u. a. 1995, 19-30.

Athas, George, The Tel Dan Inscription. A Reappraisal and a New Interpretation (JSOT.S 360), London 2003.

Aubet, María Eugenia, Begräbnispraktiken in der eisenzeitlichen Nekropole von Tyros, in: ZDPV 122 (2006), 1-13.

Avigad, Nahman/Yadin, Yigael, siehe oben unter Quellen (A Genesis Apocryphon).

Baramki, Dimitri, Die Phönizier (UB 85), Stuttgart 1965.

Barnett, R. D., Ezekiel and Tyre, in: ErIs 9 (1969), 6-13 (mit Plate I-IV).

Barr, James, ‚Thou art the Cherub‘: Ezechiel 28.14 and the Post-Ezekiel Understanding of Genesis 2-3, in: Ulrich, Eugene u. a. (Hg.), Priests, Prophets and Scribes. Essays on the Formation and Heritage of Second Temple Judaism in Honour of Joseph Blenkinsopp (JSOT.S 149), Sheffield 1992, 213-223.

Barthélemy, Dominique (Hg.), Critique textuelle de l'Ancien Testament. Tome 3. Ézéchiel, Daniel et les 12 Prophètes. Rapport final du Comité pour l'analyse textuelle de l'Ancien Testament hébreu institué par l'Alliance Biblique Universelle (OBO 50/3), Fribourg/Göttingen 1992.

Bartoloni, P., Navires et navigation, in: Krings, Véronique (Hg.), La civilisation phénicienne et punique. Manuel de recherche (HO I/20), Leiden u. a. 1995, 282-289.

Bauks, Michaela, Kinderopfer als Weihe- oder Gabeopfer. Anmerkungen zum *mlk*-Opfer, in: Witte, Markus/Diehl, Johannes F. (Hg.), Israeliten und Phönizier. Ihre Beziehungen im Spiegel der Archäologie und der Literatur des Alten Testaments und seiner Umwelt (OBO 235), Fribourg/Göttingen 2008, 233-251.

Beck, Martin, Der „Tag YHWHs" im Dodekapropheton. Studien im Spannungsfeld von Traditions- und Redaktionsgeschichte (BZAW 356), Berlin/New York 2005.

Becker, Joachim, Esra/Nehemia (NEB 25), Würzburg 1990.

Becker, Uwe, Endredaktionelle Kontextvernetzungen des Josua-Buches, in: Witte, Markus u. a. (Hg.), Die deuteronomistischen Geschichtswerke. Redaktions- und religionsgeschichtliche Perspektiven zur „Deuteronomismus"-Diskussion in Tora und Vorderen Propheten (BZAW 365), Berlin/New York 2006, 139-161.

Ders., Jesaja – von der Botschaft zum Buch (FRLANT 178), Göttingen 1997.

Berges, Ulrich, Das Buch Jesaja. Komposition und Endgestalt (Herders biblische Studien 16), Freiburg i. Br. u. a. 1998.

Ders., Klagelieder (HThKAT), Freiburg i. Br. u. a. 2002.

Bertholet, Alfred, Das Buch Hesekiel (KHC XII), Freiburg i. Br. u. a. 1897.

Beyer, Klaus, siehe oben unter Quellen.

Bikai, Patricia Maynor, The Pottery of Tyre, Warminster 1978.

Bikai, Patricia/Bikai, Pierre, Tyre at the End of the Twentieth Century, in: Ber. 35 (1987), 67-83.

Biran, Avraham/Naveh, Joseph, An Aramaic Stele Fragment from Tel Dan, in: IEJ 43 (1993), 81-98.

Dies., The Tel Dan Inscription: A New Fragment, in: IEJ 45 (1995), 1-18.

Blum, Erhard, Die Stimme des Autors in den Geschichtsüberlieferungen des Alten Testaments, in: Adam, Klaus Peter (Hg.), Historiographie in der Antike (BZAW 373), Berlin/New York 2008, 107-130.

Bondì, S. F., Le commerce, les échanges, l'économie, in: Krings, Véronique (Hg.), La civilisation phénicienne et punique. Manuel de recherche (HO I/20), Leiden u. a. 1995, 268-281.

Ders., Les institutions. L'organisation politique et administrative, in: Krings, Véronique (Hg.), La civilisation phénicienne et punique. Manuel de recherche (HO I/20), Leiden u. a. 1995, 290-302.

Bonnet, Corinne, Melqart. Cultes et mythes de l'Héraclès tyrien en Méditerranée (Studia Phoenicia 8), Leuven/Namur 1988.

Dies., u. a. (Hg.), Religio phoenicia. Acta Colloquii Namurcensis habiti diebus 14 et 15 mensis Decembris anni 1984 (Studia Phoenicia 4), Namur 1986.

Borger, Rykle, Beiträge zum Inschriftenwerk Assurbanipals. Die Prismenklassen A, B, C = K, D, E, F, G, H, J und T sowie andere Inschriften. Mit einem Beitrag von Andreas Fuchs, Wiesbaden 1996.

Ders., Die Inschriften Asarhaddons Königs von Assyrien (AfO.B 9), Graz 1956.

Briant, Pierre, Histoire de l'Empire perse. De Cyrus à Alexandre, Paris 1996.

Briquel-Chatonnet, Françoise, Les relations entre les cités de la côte phénicienne et les royaumes d'Israël et de Juda (Studia Phoenicia 12), Leuven 1992.

Buchholz, Hans-Günter, Ugarit, Zypern und Ägäis. Kulturbeziehungen im zweiten Jahrtausend v. Chr. (AOAT 261), Münster 1999.

Bunnens, G., L'histoire événementielle partim Orient, in: Krings, Véronique (Hg.), La civilisation phénicienne et punique. Manuel de recherche (HO I/20), Leiden u. a. 1995, 222-246.

Budde, Carl, Das hebräische Klagelied, in: ZAW 2 (1882), 1-52.

Casson, Lionel, Ships and Seamanship in the Ancient World, Princeton 1971/Baltimore and London 1995.

Cecchini, S. M., Architecture militaire, civile et domestique partim Orient, in: Krings, Véronique (Hg.), La civilisation phénicienne et punique. Manuel de recherche (HO I/20), Leiden u. a. 1995, 389-396.

Ders., L'art. Ivoirerie, in: Krings, Véronique (Hg.), La civilisation phénicienne et punique. Manuel de recherche (HO I/20), Leiden u. a. 1995, 516-526.

Chéhab, Maurice, Chronique, in: BMB 6 (1942-1943), 81-87.

Ders., Die Phönizier in Vorderasien, in: Parrot, André/Chéhab, Maurice/Moscati, Sabatino, Die Phönizier. Die Entwicklung der phönizischen Kunst von den Anfängen bis zum Ende des Dritten Punischen Krieges, München 1977, 23-141.

Cintas, Pierre, Manuel d'archéologie punique I. Histoire et archéologie comparées. Chronologie des temps archaïques de Carthage et des villes phéniciennes de l'ouest, Paris 1970.

Clauss, Manfred, Das Alte Ägypten, Berlin 2001.

Clifford, Richard J., Phoenician Religion, in: BASOR 279 (1990), 55-64.

Contenau, Georges, La civilisation phénicienne. Nouvelle édition refondue, Paris 1949.

Cornill, Carl Heinrich, Das Buch des Propheten Ezechiel, Leipzig 1886.

Corral, Martin Alonso, Ezekiel's Oracles against Tyre. Historical Reality and Motivations (BibOr 46), Rom 2002.

Deissler, Alfons, Zwölf Propheten III. Zefanja – Haggai – Sacharja – Maleachi (NEB 21), Würzburg 1988.

Delcor, M., Les allusions à Alexandre le Grand dans Zach IX 1-8, in: VT 1 (1951), 110-124.

346 Literaturverzeichnis

- Destrooper-Georgiades, A., La numismatique *partim* Orient, in: Krings, Véronique (Hg.), La civilisation phénicienne et punique. Manuel de recherche (HO I/20), Leiden u. a. 1995, 148-165.
- Dietrich, Walter, Von David zu den Deuteronomisten. Studien zu den Geschichtsüberlieferungen des Alten Testaments (BWANT 156), Stuttgart u. a. 2002.
- Dochhorn, Jan, Die auf Menander von Ephesus zurückgehende Liste der Könige von Tyrus in C 1:116-126. Ein Beitrag zur Textkritik des Josephus und des Menander sowie zur absoluten Chronologie der Könige von Tyrus, in: Kalms, Jürgen U. (Hg.), Internationales Josephus-Kolloquium Amsterdam 2000 (Münsteraner Judaistische Studien 10), Münster u. a. 2001, 77-102.
- Ders., Die phönizischen Personennamen in den bei Josephus überlieferten Quellen zur Geschichte von Tyrus. Eine textkritische und semitistische Untersuchung, in: WO 35 (2005), 68-117.
- Dohmen, Christoph, Exodus 19-40 (HThKAT), Freiburg i. Br. u. a. 2004.
- Donner, Herbert, Geschichte des Volkes Israel und seiner Nachbarn in Grundzügen (GAT 4/1-2), Göttingen ²1995.
- Ders., Israel und Tyrus im Zeitalter Davids und Salomos. Zur gegenseitigen Abhängigkeit von Innen- und Außenpolitik, in: JNWSL 10 (1982), 43-52.
- Dorandi, Tiziano, Art. Herodotos 1. Der Geschichtsschreiber Herodot, in: Der Neue Pauly 5 (1998), 469-476.
- Driver, G. R., Ezekiel: Linguistic and Textual Problems, in: Bib. 35 (1954), 145-159.299-312.
- Duhm, Bernhard, Das Buch Jeremia (KHC XI), Tübingen/Leipzig 1901.
- Dussaud, René, Melqart, in: Syr. 25 (1946-1948), 205-230.
- Ders., Nouveaux renseignements sur la Palestine et la Syrie vers 2000 avant notre ère, in: Syr. 8 (1927), 216-231.
- Eichrodt, Walther, Der Prophet Hesekiel. Kapitel 19-48 (ATD 22/2), Göttingen 1966.
- Eißfeldt, Otto, Baʿalšamēm und Jahwe, in: ZAW 57 (1939), 1-31.
- Ders., Das Datum der Belagerung von Tyrus durch Nebukadnezar (1933/1939), in: Ders., Kleine Schriften. Zweiter Band (hg. v. Rudolf Sellheim und Fritz Maass), Tübingen 1963, 1-3.
- Ders., Einleitung in das Alte Testament unter Einschluß der Apokryphen und Pseudepigraphen sowie der apokryphen und pseudepigraphen Qumrān-Schriften. Entstehungsgeschichte des Alten Testaments, Tübingen ²1956.
- Ders., Art. Τύρος/Tyros 3. Stadt in Phönikien, in: PRE II/7 – 14. Halbband (1948), 1876-1908.
- Elat, Moshe, The Iron Export from Uzal (Ezekiel XXVII 19), in: VT 33 (1983), 323-330.

Ders., Phoenician Overland Trade within the Mesopotamian Empires, in: Cogan, Mordechai/Eph'al, Israel (Hg.), Ah, Assyria ... Studies in Assyrian History and Ancient Near Eastern Historiography Presented to Hayim Tadmor (ScrHie 33), Jerusalem 1991, 21-35.

Elayi, J., La domination perse sur les cités phéniciennes, in: Atti del II Congresso Internazionale di Studi Fenici e Punici. Roma, 9-14 Novembre 1987. Volume primo (Collezione di Studi Fenici 30), Rom 1991, 77-85.

Elliger, Karl, Das Buch der zwölf kleinen Propheten II: Die Propheten Nahum, Habakuk, Zephanja, Haggai, Sacharja, Maleachi (ATD 25), Göttingen ⁶1967.

Ders., Ein Zeugnis aus der jüdischen Gemeinde im Alexanderjahr 332 v. Chr., in: ZAW 62 (1950), 63-115.

Emmendörffer, Michael, Der ferne Gott. Eine Untersuchung der alttestamentlichen Volksklagelieder vor dem Hintergrund der mesopotamischen Literatur (FAT 21), Tübingen 1998.

Fechter, Friedrich, Bewältigung der Katastrophe. Untersuchungen zu ausgewählten Fremdvölkersprüchen im Ezechielbuch (BZAW 208), Berlin/New York 1992.

Finkelstein, Israel/Silberman, Neil A., David und Salomo. Archäologen entschlüsseln einen Mythos, München 2006 (englische Originalausgabe 2006).

Dies., Keine Posaunen vor Jericho. Die archäologische Wahrheit über die Bibel, München ³2006 (englische Originalausgabe 2001).

Fischer, Georg, Jer 25 und die Fremdvölkersprüche: Unterschiede zwischen hebräischem und griechischem Text, in: Bib. 72 (1991), 474-499.

Ders., Jeremia 1-25 (HThKAT), Freiburg i. Br. u. a. 2005.

Ders., Jeremia 26-52 (HThKAT), Freiburg i. Br. u. a. 2005.

Fischer, Thomas/Rüterswörden, Udo, Aufruf zur Volksklage in Kanaan (Jesaja 23), in: WO 13 (1982), 36-49.

Fleming, Wallace B., The History of Tyre (OSCU X), Columbia 1915 (reprinted New York 1966).

Fohrer, Georg, Jesaja 1-23 (ZBK.AT 19.1), Zürich ³1991.

Fohrer, Georg/Galling, Kurt, Ezechiel (HAT I/13), Tübingen 1955.

Fornaro, Sotera, Art. Herennios Philon, in: Der Neue Pauly 5 (1998), 410f.

Freedman, D. N./O'Connor, P., Art. כרוב, in: ThWAT IV (1984), 322-334.

Frisk, Hjalmar, Le périple de la mer érythrée suivi d'une étude sur la tradition et la langue (Göteborgs Högskolas Årsskrift XXXIII/1), Göteborg 1927.

Fritz, Volkmar, Das Buch Josua (HAT I/7), Tübingen 1994.

Ders., Die Entstehung Israels im 12. und 11. Jahrhundert v. Chr. (Biblische Enzyklopädie 2), Stuttgart u. a. 1996.

Ders., Das erste Buch der Könige (ZBK.AT 10.1), Zürich 1996.

Fuhs, Hans Ferdinand, Ezechiel 1-24 (NEB 7), Würzburg ²1986.

Ders., Ezechiel II. 25-48 (NEB 22), Würzburg 1988.

Galling, Kurt, Die Bücher der Chronik, Esra, Nehemia (ATD 12), Göttingen 1954.

Ders., Art. Damaskus, in: BRL² (1977), 54f.

Ders., Art. Priesterkleidung, in: BRL² (1977), 256f.

Ders., Studien zur Geschichte Israels im persischen Zeitalter, Tübingen 1964.

Ders., Von Naboned zu Darius. Studien zur chaldäischen und persischen Geschichte, in: ZDPV 70 (1954), 4-32.

Ders., Art. Wald und Forstwirtschaft, in: BRL² (1977), 356-358.

Ders., Der Weg der Phöniker nach Tarsis in literarischer und archäologischer Sicht, in: ZDPV 88 (1972), 1-18.

Garr, W. Randall, The Qinah: A Study of Poetic Meter, Syntax and Style, in: ZAW 95 (1983), 54-74.

Gertz, Jan Christian, I. Tora und Vordere Propheten, in: Ders. (Hg.), Grundinformation Altes Testament. Eine Einführung in Literatur, Religion und Geschichte des Alten Testaments. In Zusammenarbeit mit Angelika Berlejung, Konrad Schmid und Markus Witte (UTB 2745), Göttingen 2006, 187-302.

Gese, Hartmut, Komposition bei Amos, in: Emerton, J. A. (Hg.), Congress Volume Vienna 1980 (VT.S 32), Leiden 1981, 74-95.

Ders., Die Religionen Altsyriens, in: Ders./Höfner, Maria/Rudolph, Kurt (Hg.), Die Religionen Altsyriens, Altarabiens und der Mandäer (RM 10/2), Stuttgart u. a. 1970, 3-232.

Geyer, John B., Ezekiel 27 and the Cosmic Ship, in: Davies, Philip R./Clines, David J. A. (Hg.), Among the Prophets. Language, Image and Structure in the Prophetic Writings (JSOT.S 144), Sheffield 1993, 105-126.

Gillmayr-Bucher, Susanne, Ein Klagelied über verlorene Schönheit, in: Grund, Alexandra (Hg.), „Wie schön sind deine Zelte, Jakob!" Beiträge zur Ästhetik des Alten Testaments. Mit Beiträgen von Detlef Dieckmann u. a. (BThSt 60), Neukirchen-Vluyn 2003, 72-99.

Grätz, Sebastian, Das Edikt des Artaxerxes. Eine Untersuchung zum religionspolitischen und historischen Umfeld von Esra 7,12-26 (BZAW 337), Berlin/New York 2004.

Gras, Michel/Rouillard, Pierre/Teixidor, Javier, The Phoenicians and Death, in: Ber. 39 (1991), 127-176.

Greenberg, Moshe, Ezechiel 21-37 (HThKAT), Freiburg i. Br. u. a. 2005.

Ders., Ezechiel 1-20 (AncB 22), Garden City (N.Y.) 1983.

Gressmann, Hugo, Altorientalische Bilder zum Alten Testament, Berlin/Leipzig ²1927.

Ders., Der Messias, hg. v. Hans Schmidt (FRLANT 43), Göttingen 1929.

Goulder, Michael D., The Psalms of the Sons of Korah (JSOT.S 20), Sheffield 1982.

Gunkel, Hermann, Einleitung in die Psalmen. Die Gattungen der religiösen Lyrik Israels. Zu Ende geführt von Joachim Begrich, Göttingen ²1966.

Ders., Genesis. Mit einem Geleitwort von Walter Baumgartner, Göttingen ⁷1966 (= ³1910).

Ders., Art. Isebel, in: RGG 3 (¹1912), 703f.

Ders., Die Propheten als Schriftsteller und Dichter, in: Schmidt, Hans, Die großen Propheten (SAT II/2), Göttingen ²1923, XXXIV-LXX.

Ders., Die Psalmen (HAT II/2), Göttingen ⁴1926.

Gunneweg, Antonius H. J., Esra. Mit einer Zeittafel von Alfred Jepsen (KAT XIX/1), Gütersloh 1985.

Ders., Nehemia (KAT XIX/2). Mit einer Zeittafel von Alfred Jepsen und einem Exkurs zur Topographie und Archäologie Jerusalems von Manfred Oeming, Gütersloh 1987.

Haas, Volkert, Hethitische Berggötter und hurritische Steindämonen. Riten, Kulte und Mythen. Eine Einführung in die altkleinasiatischen religiösen Vorstellungen (Kulturgeschichte der antiken Welt 10), Mainz 1982.

Hachmann, Rolf, Kāmid el-Lōz – Kumidi. Ergebnisse der Grabungen 1963-1981, in: Ders., Frühe Phöniker im Libanon. 20 Jahre deutsche Ausgrabungen in Kāmid el-Lōz, Mainz 1983, 25-37.

Hammel-Kiesow, Rolf, Die Hanse (Beck'sche Reihe 2131), München 2000.

Hanson, Paul D., Zechariah 9 and the Recapitulation of an Ancient Ritual Pattern, in: JBL 92 (1973), 37-59.

Heinz, Marlies, Altsyrien und Libanon. Geschichte, Wirtschaft und Kultur vom Neolithikum bis Nebukadnezar, Darmstadt 2002.

Helck, Wolfgang, Die Beziehungen Ägyptens zu Vorderasien im 3. und 2. Jahrtausend v. Chr. (ÄA 5), Wiesbaden ²1971.

Ders., Art. Phönix, in: WM I (1965), 386f.

Herder, Johann Gottfried, Sämmtliche Werke in vierzig Bänden. Neunundzwanzigster Band. Zur Philosophie und Geschichte. Vierter Band, Stuttgart/Tübingen 1853.

Herrmann, Johannes, Ezechiel (KAT XI), Leipzig/Erlangen 1924.

Ders., Ezechielstudien (BWAT 2), Leipzig 1908.

Hertzberg, Hans Wilhelm, Die Samuelbücher (ATD 10), Göttingen ⁴1968.

Hill, George Francis, Catalogue of the Greek Coins of Phoenicia, London 1910.

Höffken, Peter, Das Buch Jesaja. Kapitel 1-39 (NSKAT 18/1), Stuttgart 1993.

Ders., Rezension zu: Lessing, R. Reed, Interpreting Discontinuity. Isaiah's Tyre Oracle, in: ThLZ 131 (2006), 363-365.

Ders., Untersuchungen zu den Begründungselementen der Völkerorakel des Alten Testaments (maschinenschriftliche Dissertation), Bonn 1977.

Hölscher, Gustav, Hesekiel. Der Dichter und das Buch. Eine literarkritische Untersuchung (BZAW 39), Giessen 1924.

Hornung, Erik, Grundzüge der ägyptischen Geschichte, Darmstadt ⁵2005.

Hossfeld, Frank, Untersuchungen zu Komposition und Theologie des Ezechielbuches (fzb 20), Würzburg 1977.

Hossfeld, Frank-Lothar/Zenger, Erich, Die Psalmen I. Psalm 1-50 (NEB 29), Würzburg 1993.

Dies., Psalmen 51-100 (HThKAT), Freiburg i. Br. u. a. 2000.

Humbert, Paul, Die Herausforderungsformel „hinnenî êlékâ", in: ZAW 51 (1933), 101-108.

Hunt, Patrick N., Mount Saphon in Myth and Fact, in: Lipiński, Edward (Hg.), Phoenicia and the Bible (Studia Phoenicia 11), Leuven 1991, 103-115.

Hutter, Manfred, Grundzüge der phönizischen Religion, in: Haider, Peter W./Hutter, Manfred/Kreuzer, Siegfried (Hg.), Religionsgeschichte Syriens. Von der Frühzeit bis zur Gegenwart, Stuttgart u. a. 1996, 128-136.

Huwyler, Beat, Jeremia und die Völker. Untersuchungen zu den Völkersprüchen in Jeremia 46-49 (FAT 20), Tübingen 1997.

Jahnow, Hedwig, Das hebräische Leichenlied im Rahmen der Völkerdichtung (BZAW 36), Giessen 1923.

Japhet, Sara, I & II Chronicles. A Commentary (OTL), London 1993.

Jenni, Ernst, Die hebräischen Präpositionen. Band 1: Die Präposition Beth, Stuttgart u. a. 1992.

Jepsen, Alfred, Art. Isebel, in: BHH 2 (1964), 779f.

Jeremias, Alfred, Tyrus bis zur Zeit Nebukadnezar's. Geschichtliche Skizze mit besonderer Berücksichtigung der keilschriftlichen Quellen, Leipzig 1891.

Jeremias, Jörg, Der Prophet Amos (ATD 24/2), Göttingen 1995.

Ders., Der Prophet Hosea (ATD 24/1), Göttingen 1983.

Ders., Zur Entstehung der Völkersprüche im Amosbuch, in: Ders., Hosea und Amos. Studien zu den Anfängen des Dodekapropheton (FAT 13), Tübingen 1996, 172-182.

Jidejian, Nina, Tyre Through the Ages, Beirut 1969.

Jigoulov, Vadim, The Phoenician City-states of Tyre and Sidon in Ancient Jewish Texts. Of Diachrony and Ideology, in: SJOT 21 (2007), 73-105.

Kaiser, Otto, Einleitung in das Alte Testament. Eine Einführung in ihre Ergebnisse und Probleme, Gütersloh ⁵1984.

Ders., Der Prophet Jesaja. Kapitel 13-39 (ATD 18), Göttingen ³1983.

Kamlah, Jens/Sader, Hélène, Deutsch-libanesische Ausgrabungen auf *Tell el-Burak*, südlich von Sidon. Vorbericht nach Abschluß der dritten Kampagne 2003, in: ZDPV 120 (2004), 123-140.

Katzenstein, H. Jacob, The History of Tyre. From the Beginning of the Second Millenium B. C. E. until the Fall of the Neo-Babylonian Empire in 538 B. C. E., Jerusalem 1973.

Keel, Othmar, Die Brusttasche des Hohenpriesters als Element priesterschriftlicher Theologie, in: Hossfeld, Frank-Lothar/Schwienhorst-Schönberger, Ludger (Hg.), Das Manna fällt auch heute noch. Beiträge zur Geschichte und Theologie des Alten, Ersten Testaments. Festschrift für Erich Zenger (Herders biblische Studien 44), Freiburg i. Br. u. a. 2004, 379-391.

Ders., Jahwe-Visionen und Siegelkunst. Eine neue Deutung der Majestätsschilderungen in Jes 6, Ez 1 und 10 und Sach 4 (SBS 84/85), Stuttgart 1977.

Keil, Carl Friedrich, Biblischer Commentar über den Propheten Ezechiel (BC III/3), Leipzig ²1882.

Ders., Biblischer Commentar über die zwölf kleinen Propheten (BC III/4), Leipzig ²1873.

Ders., Handbuch der biblischen Archäologie, Frankfurt a. M./Erlangen 1859.

Kindler, A., The Mint of Tyre – The Major Source of Silver Coins in Ancient Palestine, in: ErIs 8 (1967), 318-324.79*.

Knauf, Ernst Axel, Ismael. Untersuchungen zur Geschichte Palästinas und Nordarabiens im 1. Jahrtausend v. Chr. (ADPV), Wiesbaden 1985.

Ders., King Solomon's Copper Supply, in: Lipiński, Edward (Hg.), Phoenicia and the Bible (Studia Phoenicia 11), Leuven 1991, 167-186.

Ders., Art. Zeitrechnung II. Altes Testament, in: TRE 36 (2004), 589-594.

Kraetzschmar, Richard, Das Buch Ezechiel (HK III/3.1), Göttingen 1900.

Kratz, Reinhard Gregor, Die Komposition der erzählenden Bücher des Alten Testaments. Grundwissen der Bibelkritik (UTB 2157), Göttingen 2000.

Kraus, Hans-Joachim, Klagelieder (Threni) (BKAT XX), Neukirchen-Vluyn 1956.

Krieg, Matthias, Todesbilder im Alten Testament oder: „Wie die Alten den Tod gebildet" (AThANT 73), Zürich 1988.

Krings, Véronique (Hg.), La civilisation phénicienne et punique. Manuel de recherche (HO I/20), Leiden u. a. 1995.

Krüger, Thomas, Geschichtskonzepte im Ezechielbuch (BZAW 180), Berlin/New York 1989.

Kutsch, Ernst, Die chronologischen Daten des Ezechielbuches (OBO 62), Fribourg/Göttingen 1985.

Labow, Dagmar, siehe oben unter Quellen (Flavius Josephus, Contra Apionem, Buch I).

Lamprichs, Roland, Die Westexpansion des neuassyrischen Reiches. Eine Strukturanalyse (AOAT 239), Kevelaer/Neukirchen-Vluyn 1995.

Langdon, Stephen, siehe oben unter Quellen (Die neubabylonischen Königsinschriften).

Latacz, Joachim, Phönizier bei Homer, in: Gehring, Ulrich/Niemeyer, Hans Georg (Hg.), Die Phönizier im Zeitalter Homers, Mainz 1990, 11-21.

Lehmann, Reinhard G., Dynastensarkophage mit szenischen Reliefs aus Byblos und Zypern. Teil 1.2: Die Inschrift(en) des Aḥīrōm–Sarkophags und die Schachtinschrift des Grabes V in Jbeil (Byblos) (Forschungen zur phönizisch-punischen und zyprischen Plastik II.1.2), Mainz 2005.

Lemaire, André, Asher et le royaume de Tyr, in: Lipiński, Edward (Hg.), Phoenicia and the Bible (Studia Phoenicia 11), Leuven 1991, 135-152.

Ders., Les écoles et la formation de la Bible dans l'ancien Israël (OBO 39), Fribourg/Göttingen 1981.

Ders., Le royaume de Tyr dans la seconde moitié du IVe siècle av. J.-C., in: Atti del II Congresso Internazionale di Studi Fenici e Punici. Roma, 9-14 Novembre 1987. Volume primo (Collezione di Studi Fenici 30), Rom 1991, 131-150.

Lendle, Otto, Einführung in die griechische Geschichtsschreibung, Darmstadt 1992.

Lessing, Robert Reed, Interpreting Discontinuity. Isaiah's Tyre Oracle, Winona Lake (Indiana) 2004.

Lipiński, Edward, Dieux et déesses de l'univers phénicien et punique (Studia Phoenicia 14), Leuven 1995.

Ders., La fête de l'ensevelissement et de la résurrection de Melqart, in: Finet, André (Hg.), Actes de la XVIIe Rencontre Assyriologique Internationale, Ham-sur-Heure 1970, 30-58.

Ders., Itineraria Phoenicia (Studia Phoenicia 18), Leuven u. a. 2004.

Ders., Products and Brokers of Tyre according to Ezekiel 27, in: Phoenicia and its Neighbours (Studia Phoenicia 3), Leuven 1985, 213-220.

Ders., The Territory of Tyre and the Tribe of Asher, in: Ders. (Hg.), Phoenicia and the Bible (Studia Phoenicia 11), Leuven 1991, 153-166.

Ders., Art. צפן, in: ThWAT VI (1989), 1093-1102.

Liverani, Mario, The Trade Network of Tyre According to Ezek. 27, in: Cogan, Mordechai/Eph'al, Israel (Hg.), Ah, Assyria ... Studies in Assyrian History and Ancient Near Eastern Historiography Presented to Hayim Tadmor (ScrHie 33), Jerusalem 1991, 65-79.

Loretz, Oswald, Der Sturz des Fürsten von Tyros (Ez 28,1-19), in: UF 8 (1976), 455-458.

Lotze, Detlef, Griechische Geschichte. Von den Anfängen bis zum Hellenismus (Beck'sche Reihe 2014), München 1995.

Lust, Johan, The Use of Textual Witnesses for the Establishment of the Text. The Shorter and Longer Texts of Ezekiel. An Exemple: Ez 7, in: Ders. (Hg.), Ezekiel and his Book. Textual and Literary Criticism and their Interrelation, Leuven 1986, 7-20.

Maiberger, Paul, Die syrischen Inschriften von Kāmid el-Lōz und die Frage der Identität von Kāmid el-Lōz und Kumidi, in: Edzard, Dietz Otto u. a. (Hg.), Kamid el-Loz – Kumidi. Schriftdokumente aus Kamid el-Loz (Saarbrücker Beiträge zur Altertumskunde 7), Bonn 1970, 11-21.

Manchot, Carl Hermann, Ezechiel's Weissagung wider Tyrus. Capitel 26. 27. 28., in: JPTh 14 (1888), 423-480.

Markoe, Glenn E., Die Phönizier, Stuttgart 2003.

Mathys, Hans-Peter, Anmerkungen zu 2Sam 24, in: Hartenstein, Friedhelm/ Pietsch, Michael (Hg.), „Sieben Augen auf einem Stein" (Sach 3,9). Studien zur Literatur des Zweiten Tempels. Festschrift für Ina Willi-Plein, Neukirchen-Vluyn 2007, 229-246.

Ders., Chronikbücher und hellenistischer Zeitgeist, in: Ders., Vom Anfang und vom Ende. Fünf alttestamentliche Studien (BEAT 47), Frankfurt a. M. 2000, 41-155.

Ders., Die phönizischen Inschriften, in: Das Eschmun-Heiligtum von Sidon. Architektur und Inschriften. Rolf A. Stucky, unter Mitarbeit von Sigmund Stucky und mit Beiträgen von Antonio Loprieno, Hans-Peter Mathys und Rudolf Wachter (AK.B 19), Basel 2005, 273-318.

Ders., Die tüchtige Hausfrau von Prov 31,10-31: eine phönizische Unternehmerin, in: ThZ 60 (2004), 23-42.

Maul, Stefan M., Der assyrische König – Hüter der Weltordnung, in: Assmann, Jan u. a. (Hg.), Gerechtigkeit. Richten und Retten in der abendländischen Tradition und ihren altorientalischen Ursprüngen, München 1998, 65-77.

Mayer, Günter, Art. Josephus Flavius, in: TRE 17 (1988), 258-264.

McGregor, Leslie John, The Greek Text of Ezekiel. An Examination of Its Homogeneity (SCSt 18), Atlanta 1985.

du Mesnil du Buisson, Robert, Nouvelles études sur les dieux et les mythes de Canaan (EPRO 33), Leiden 1973.

Meyer, Ivo, Die Klagelieder, in: Zenger, Erich (Hg.), Einleitung in das Alte Testament, Stuttgart ⁵2004, 478-483.

Morenz, Siegfried, Joseph in Ägypten, in: ThLZ 84 (1959), 401-416.

Morgenstern, Julian, The King-God among the Western Semites and the Meaning of Epiphanes, in: VT 10 (1960), 138-197.

Moscati, Sabatino, Geschichte und Kultur der semitischen Völker, Zürich/Köln 1961.

Ders., Die Phöniker von 1200 vor Christus bis zum Untergang Karthagos (Kindlers Kulturgeschichte), Zürich 1966.

Müller, Hans-Peter, Geschichte der phönizischen und punischen Religion. Ein Vorbericht, in: JSSt 44 (1999), 17-33.

Ders., Parallelen zu Gen 2f. und Ez 28 aus dem Gilgamesch-Epos, in: ZAH 3 (1990), 167-178.

Ders., Phönizien und Juda in exilisch-nachexilischer Zeit, in: WO 6 (1971), 189-204.

Naster, Paul, AMBROSIAI PETRAI dans les textes et sur les monnaies de Tyr, in: Bonnet, Corinne u. a. (Hg.), Religio Phoenicia (Studia Phoenicia 4), Namur 1986, 361-370.

Nentel, Jochen, Trägerschaft und Intentionen des deuteronomistischen Geschichtswerks. Untersuchungen zu den Reflexionsreden Jos 1; 23; 24; 1 Sam 12 und 1 Kön 8 (BZAW 297), Berlin/New York 2000.

Neumann-Gorsolke, Ute, Herrschen in den Grenzen der Schöpfung. Ein Beitrag zur alttestamentlichen Anthropologie am Beispiel von Psalm 8, Genesis 1 und verwandten Texten (WMANT 101), Neukirchen-Vluyn 2004.

Newsom, Carol A., A Maker of Metaphors – Ezekiel's Oracles Against Tyre, in: Interp. 38 (1984), 151-164.

Niehr, Herbert, Ba'alšamem. Studien zu Herkunft, Geschichte und Rezeptionsgeschichte eines phönizischen Gottes (Studia Phoenicia 17), Leuven u. a. 2003.

Ders., Der höchste Gott. Alttestamentlicher JHWH-Glaube im Kontext syrisch-kanaanäischer Religion des 1. Jahrtausends v. Chr. (BZAW 190), 1990.

Ders., Die phönizischen Stadtpanthea des Libanon und ihre Beziehung zum Königtum in vorhellenistischer Zeit, in: Kratz, Reinhard Gregor/ Spieckermann, Hermann (Hg.), Götterbilder – Gottesbilder – Weltbilder. Polytheismus und Monotheismus in der Welt der Antike. Band I: Ägypten, Mesopotamien, Persien, Kleinasien, Syrien, Palästina (FAT II/17), Tübingen 2006, 303-323.

Ders., Religionen in Israels Umwelt. Einführung in die nordwestsemitischen Religionen Syrien-Palästinas (NEB/Ergänzungsband zum Alten Testament 5), Würzburg 1998.

Niemann, Hermann Michael, Kein Ende des Büchermachens in Israel und Juda (Koh 12,12) – Wann begann es?, in: BiKi 53 (1998), 127-134.

Ders., Von Oberflächen, Schichten und Strukturen. Was leistet die Archäologie für die Erforschung der Geschichte Israels und Judas, in: Hardmeier, Christof (Hg.), Steine – Bilder – Texte. Historische Evidenz außerbiblischer und biblischer Quellen (Arbeiten zur Bibel und ihrer Geschichte 5), Leipzig 2001, 79-121.

Niemeyer, Hans Georg, Expansion et colonisation, in: Krings, Véronique (Hg.), La civilisation phénicienne et punique. Manuel de recherche (HO I/20), Leiden u. a. 1995, 247-267.

Ders., Phönikien, in: DIE ZEIT. Welt- und Kulturgeschichte 2. Frühe Kulturen in Asien, Hamburg/Mannheim 2006, 277-310.

Noth, Martin, Das Buch Josua (HAT I/7), Tübingen ²1953.

Ders., Könige I. Teilband (BKAT IX/1), Neukirchen-Vluyn 1968.

Ders., Überlieferungsgeschichtliche Studien. Die sammelnden und bearbeitenden Geschichtswerke im Alten Testament, Tübingen ²1957.

Ders., Die Wege der Pharaonenheere in Palästina und Syrien. Untersuchungen zu den hieroglyphischen Listen palästinischer und syrischer Städte, in: ZDPV 60 (1937), 183-239.

Ders., Die Welt des Alten Testaments. Einführung in die Grenzgebiete der alttestamentlichen Wissenschaft (STö II/3), Berlin ²1953.

Ders., Das zweite Buch Mose. Exodus (ATD 5), Göttingen 1959.

Otzen, B., Art. חותם, in: ThWAT III (1982), 282-288.

Parpola, Simo, Neo-Assyrian Toponyms (AOAT 6), Neukirchen-Vluyn 1970.

Pfeiffer, Henrik, Der Baum in der Mitte des Gartens. Zum überlieferungs- geschichtlichen Ursprung der Paradieserzählung (Gen 2,4b-3,24). Teil I: Analyse, in: ZAW 112 (2000), 487-500.

Ders., Der Baum in der Mitte des Gartens. Zum überlieferungsgeschichtlichen Ursprung der Paradieserzählung (Gen 2,4b-3,24). Teil II: Prägende Traditionen und theologische Akzente, in: ZAW 113 (2001), 2-16.

Pohlmann, Karl-Friedrich, Das Buch des Propheten Hesekiel (Ezechiel). Kapitel 1-19 (ATD 22/1), Göttingen 1996.

Ders., Das Buch des Propheten Hesekiel (Ezechiel). Kapitel 20-48 (ATD 22/2), Göttingen 2001.

Ders., Ezechiel oder das Buch von der Zukunft der Gola und der Heimkehr der Diaspora, in: Kaiser, Otto, Grundriß der Einleitung in die kanonischen und deuterokanonischen Schriften des Alten Testaments. Band 2: Die propheti- schen Werke, Gütersloh 1994, 82-102.

Ders., Ezechielstudien. Zur Redaktionsgeschichte des Buches und zur Frage nach den ältesten Texten (BZAW 202), Berlin/New York 1992.

Poidebard, A., Un grand port disparu. Tyr. Recherches aériennes et sous-marines 1934-1936, Paris 1939.

Ders., Reconnaissances dans l'ancien port de Tyr (1934-1936), in: Syr. 18 (1937), 355-368.

Porod, Robert, Art. Curtius II 8. Q. C. Rufus, in: Der Neue Pauly 3 (1997), 248f.

Posener, Georges, Princes et pays d'Asie et de Nubie, Bruxelles 1940.

Premstaller, Volkmar, Fremdvölkersprüche des Ezechielbuches (fzb 104), Würzburg 2005.

Pruin, Dagmar, Geschichten und Geschichte. Isebel als literarische und histori- sche Gestalt (OBO 222), Fribourg/Göttingen 2006.

de Pury, Albert, Salomon et la Reine de Saba. L'analyse narrative peut-elle se dispenser de poser la question du contexte historique?, in: Marguerat, Daniel (Hg.,) La Bible en récits. L'exégèse biblique à l'heure du lecteur. Colloque international d'analyse narrative des textes de la Bible, Lausanne (mars 2002) (MoBi 48), Genève 2003, 213-238.

356

Rabinowitz, Isaac, Aramaic Inscriptions of the Fifth Century B. C. E. from a North-Arab Shrine in Egypt, in: JNES 15 (1956), 1-9.

von Rad, Gerhard, Die Nehemia-Denkschrift, in: ZAW 76 (1964), 176-187.

Renz, Johannes, Der Beitrag der althebräischen Epigraphik zur Exegese des Alten Testaments und zur Profan- und Religionsgeschichte Palästinas. Leistung und Grenzen, aufgezeigt am Beispiel der Inschriften des (ausgehenden) 7. Jahrhunderts vor Christus, in: Hardmeier, Christof (Hg.), Steine – Bilder – Texte. Historische Evidenz außerbiblischer und biblischer Quellen (Arbeiten zur Bibel und ihrer Geschichte 5), Leipzig 2001, 123-158.

Graf Reventlow, Henning, Die Propheten Haggai, Sacharja und Maleachi (ATD 25/2), Göttingen 1993.

Ribichini, Sergio, Beliefs and Religious Life, in: Moscati, Sabatino (Hg.), The Phoenicians, London/New York 2001, 120-152.

Ders., Les sources gréco-latines, in: Krings, Véronique (Hg.), La civilisation phénicienne et punique. Manuel de recherche (HO I/20), Leiden u. a. 1995, 73-83.

Röllig, Wolfgang, Art. Melqart, in: WM I (1965), 297f.

Ders., Die Phönizier des Mutterlandes zur Zeit der Kolonisierung, in: Niemeyer, Hans Georg (Hg.), Phönizier im Westen. Die Beiträge des Internationalen Symposions über „Die phönizische Expansion im westlichen Mittelmeerraum" in Köln vom 24. bis 27. April 1979 (Madrider Beiträge 8), Mainz 1982, 15-30.

Ders., Art. Sanchuniathon, in: Der Neue Pauly 11 (2001), 30f.

Römer, Thomas, Entstehungsphasen des „deuteronomistischen Geschichtswerkes", in: Witte, Markus u. a. (Hg.), Die deuteronomistischen Geschichtswerke. Redaktions- und religionsgeschichtliche Perspektiven zur „Deuteronomismus"-Diskussion in Tora und Vorderen Propheten (BZAW 365), Berlin/New York 2006, 45-70.

Ders., L'histoire deutéronomiste (Deutéronome – 2 Rois), in: Ders. u. a. (Hg.), Introduction à l'Ancien Testament (MoBi 49), Genève 2004, 234-250.

Ders., The So-Called Deuteronomistic History. A Sociological, Historical and Literary Introduction, London/New York 2005.

Rösel, Martin, Adonaj – warum Gott ‚Herr' genannt wird (FAT 29), Tübingen 2000.

Rost, Leonhard, Israel bei den Propheten (BWANT 71), Stuttgart 1937.

Ders., Die Überlieferung von der Thronnachfolge Davids (BWANT 3 [Stuttgart, 1926]), Nachdruck in: Ders., Das kleine Credo und andere Studien zum Alten Testament, Heidelberg 1965, 119-253.

Roth, Martin, Israel und die Völker im Zwölfprophetenbuch. Eine Untersuchung zu den Büchern Joel, Jona, Micha und Nahum (FRLANT 210), Göttingen 2005.

Rudnig, Thilo Alexander, Davids Thron. Redaktionskritische Studien zur Geschichte von der Thronnachfolge Davids (BZAW 358), Berlin/New York 2006.

Rudolph, Wilhelm, Das Buch Ruth – Das Hohe Lied – Die Klagelieder (KAT XVII/1-3), Gütersloh 1962.

Ders., Chronikbücher (HAT I/21), Tübingen 1955.

Ders., Esra und Nehemia samt 3. Esra (HAT I/20), Tübingen 1949.

Ders., Haggai – Sacharja 1-8 – Sacharja 9-14 – Maleachi. Mit einer Zeittafel von Alfred Jepsen (KAT XIII/4), Gütersloh 1976.

Ders., Hosea (KAT XIII/1), Gütersloh 1966.

Ders., Jeremia (HAT I/12), Tübingen ³1968.

Ders., Jesaja 23,1-14, in: Rost, Leonhard (Hg.), Festschrift Friedrich Baumgärtel (Erlanger Forschungen. Reihe A: Geisteswissenschaften. Band 10), Erlangen 1959, 166-174.

Ders., Joel – Amos – Obadja – Jona. Mit einer Zeittafel von Alfred Jepsen (KAT XIII/2), Gütersloh 1971.

Rüger, Hans Peter, Das Tyrusorakel Ez 27 (maschinenschriftliche Dissertation, unveröffentlicht), Tübingen 1961.

Ryckmans, G., De l'or (?), de l'encens et de la myrrhe, in: RB 58 (1951), 372-376.

Sader, Helen, Phoenician Stelae from Tyre, in: Ber. 39 (1991), 101-126.

Dies., Phoenician Stelae from Tyre (continued), in: Studi Epigrafici e Linguistici 9 (1992), 53-79.

Salles, J.-F., Phénicie, in: Krings, Véronique (Hg.), La civilisation phénicienne et punique. Manuel de recherche (HO I/20), Leiden u. a. 1995, 553-582.

Saur, Markus, Die Königspsalmen. Studien zur Entstehung und Theologie (BZAW 340), Berlin/New York 2004.

Schaper, Joachim, Auf der Suche nach dem alten Israel? Text, Artefakt und ,Geschichte Israels' in der alttestamentlichen Wissenschaft vor dem Hintergrund der Methodendiskussion in den Historischen Kulturwissenschaften, in: ZAW 118 (2006), 1-21.181-196.

Schipper, Bernd U., Die Erzählung des Wenamun. Ein Literaturwerk im Spannungsfeld von Politik, Geschichte und Religion (OBO 209), Fribourg/Göttingen 2005.

Schmid, Konrad, Buchgestalten des Jeremiabuches. Untersuchungen zur Redaktions- und Rezeptionsgeschichte von Jer 30-33 im Kontext des Buches (WMANT 72), Neukirchen-Vluyn 1996.

Schmidt, Werner H., Die deuteronomistische Redaktion des Amosbuches. Zu den theologischen Unterschieden zwischen dem Prophetenwort und seinem Sammler, in: ZAW 77 (1965), 168-193.

Schmitt, Rüdiger, Die frühe Königszeit in Israel. Anmerkungen zur aktuellen Diskussion um die niedrige Chronologie in Palästina/Israel, in: UF 36 (2004), 411-430.

Schmökel, Hartmut, Geschichte des alten Vorderasien (HO II/3), Leiden 1957.

Schöpflin, Karin, Theologie als Biographie im Ezechielbuch. Ein Beitrag zur Konzeption alttestamentlicher Prophetie (FAT 36), Tübingen 2002.

Schüle, Andreas, Der Prolog der hebräischen Bibel. Der literar- und theologiegeschichtliche Diskurs der Urgeschichte (Genesis 1-11) (AThANT 86), Zürich 2006.

Schüngel-Straumann, Helen, Die Frau am Anfang. Eva und die Folgen (Exegese in unserer Zeit 6), Münster ²1997.

Schwagmeier, Peter, Untersuchungen zu Textgeschichte und Entstehung des Ezechielbuches in masoretischer und griechischer Überlieferung (maschinenschriftliche Dissertation), Zürich 2004.

Seebass, Horst, Genesis I. Urgeschichte (Gen 1,1-11,26), Neukirchen-Vluyn 1996.

Seeden, Helga, A Tophet in Tyre?, in: Ber. 39 (1991), 39-82.86f.

Seel, Otto, siehe oben unter Quellen (Pompeius Trogus).

van Seters, John, The Creation of Man and The Creation of the King, in: ZAW 101 (1989), 333-342.

Ders., In Search of History. Historiography in the Ancient World and the Origins of Biblical History, New Haven/London 1983.

Seybold, Klaus, Die Psalmen (HAT I/15), Tübingen 1996.

Ders., Spätprophetische Hoffnungen auf die Wiederkunft des davidischen Zeitalters in Sach. 9-14, in: Jud. 29 (1973), 99-111.

Simons, J., The Geographical and Topographical Texts of the Old Testament. A Concise Commentary in XXXII Chapters (SFSMD 2), Leiden 1959.

Smend, Rudolf, Der Prophet Ezechiel (KEH 8), Leipzig ²1880.

von Soden, Wolfram, Der Nahe Osten im Altertum, in: PWG 2 (Sonderausgabe 1991), 39-133.

Sommer, Michael, Europas Ahnen. Ursprünge des Politischen bei den Phönikern, Darmstadt 2000.

Ders., Die Phönizier. Handelsherren zwischen Orient und Okzident (KTA 454), Stuttgart 2005.

Stade, Bernhard, Deuterozacharja. Eine kritische Studie, in: ZAW 1 (1881), 1-96.

Steck, Odil Hannes, Die Paradieserzählung. Eine Auslegung von Genesis 2,4b-3,24 (BSt 60), Neukirchen-Vluyn 1970.

Stewart, Andrew, Diodorus, Curtius, and Arrian on Alexander's Mole At Tyre, in: Ber. 35 (1987), 97-99.

Stoebe, Hans Joachim, Das zweite Buch Samuelis. Mit einer Zeittafel von Alfred Jepsen (KAT VIII/2), Gütersloh 1994.

Stolz, Fritz, Das erste und zweite Buch Samuel (ZBK.AT 9), Zürich 1981.

Streck, Maximilian, siehe oben unter Quellen (Assurbanipal).

Teixidor, Javier, Bulletin d'épigraphie sémitique, in: Syr. 53 (1976), 305-341.

Thiel, Winfried, Art. Isebel, in: RGG 4 (⁴2001), 246.

Timm, Stefan, Die Dynastie Omri. Quellen und Untersuchungen zur Geschichte Israels im 9. Jahrhundert vor Christus (FRLANT 124), Göttingen 1982.

Treves, Marco, The Date of Joel, in: VT 7 (1957), 149-156.

Uehlinger, Christoph, Bildquellen und ‚Geschichte Israels'. Grundsätzliche Überlegungen und Fallbeispiele, in: Hardmeier, Christof (Hg.), Steine – Bilder – Texte. Historische Evidenz außerbiblischer und biblischer Quellen (Arbeiten zur Bibel und ihrer Geschichte 5), Leipzig 2001, 25-77.

Unger, Eckhard, Nebukadnezar II. und sein Šandabakku (Oberkommissar) in Tyrus, in: ZAW 44 (1926), 314-317.

Ussishkin, David, Notes on Megiddo, Gezer, Ashdod, and Tel Batash in the Tenth to Ninth Centuries B. C., in: BASOR 277/278 (1990), 71-91.

Ders., Was the ‚Solomonic' City Gate at Megiddo Built by King Solomon?, in: BASOR 239 (1980), 1-18.

Veenhof, Klaas R., Een Oudassyrische Brief te Brussel, in: Akkadica 18 (1980), 31-44.

Ders., Geschichte des Alten Orients bis zur Zeit Alexanders des Großen (GAT 11), Göttingen 2001.

Vieweger, Dieter, Archäologie der biblischen Welt (UTB 2394), Göttingen 2003.

Wanke, Gunther, Jeremia. Teilband 2: Jeremia 25,15-52,34 (ZBK.AT 20.2), Zürich 2003.

Ders., Die Zionstheologie der Korachiten in ihrem traditionsgeschichtlichen Zusammenhang (BZAW 97), Berlin 1966.

Ward, William A., Art. Phoenicia, in: The Oxford Encyclopedia of Archaeology in the Near East 4 (1997), 313-317.

Ders., The Scarabs, Scaraboid and Amulet-Plaque from Tyrian Cinerary Urns, in: Ber. 39 (1991), 89-99.

Ders., Art. Tyre, in: The Oxford Encyclopedia of Archaeology in the Near East 5 (1997), 247-250.

Weidner, Ernst F., Der Vertrag Asarhaddons mit Ba'al von Tyrus, in: AfO 8 (1932/1933), 29-34.

Weippert, Helga, Art. Byblos, in: BRL² (1977), 53f.

Dies., Art. Dan, in: BRL² (1977), 55f.

Dies., Art. Edelstein, in: BRL² (1977), 64-66.

Dies., Kumidi. Die Ergebnisse der Ausgrabungen auf dem Tell Kāmid el-Lōz in den Jahren 1963-1981, in: ZDPV 114 (1998), 1-38.

Dies., Art. Tyrus, in: BRL² (1977), 349f.

Weippert, Manfred, Art. Bergbau, in: BRL² (1977), 42-44.

Ders., Edom. Studien und Materialien zur Geschichte der Edomiter auf Grund schriftlicher und archäologischer Quellen (maschinenschriftliche Dissertation), Tübingen 1971.

Ders., Art. Kanaan, in: RLA 5 (1976-1980), 352-355.

Ders., Art. Metall und Metallbearbeitung, in: BRL² (1977), 219-224.

Weiser, Artur, Das Buch Jeremia. Kapitel 25,15-52,34 (ATD 21), Göttingen ⁷1982.

Welles, C. Bradford, Die hellenistische Welt, in: PWG 3 (Sonderausgabe 1991), 401-571.

Wellhausen, Julius, Reste arabischen Heidentums, Berlin ²1897.

Westermann, Claus, Genesis 1-11 (BKAT I/1), Neukirchen-Vluyn 1974.

Ders., Grundformen prophetischer Rede, München ³1968.

White, Hayden, Auch Klio dichtet oder Die Fiktion des Faktischen. Studien zur Tropologie des historischen Diskurses. Einführung von Reinhart Koselleck (Sprache und Geschichte 10), Stuttgart 1986.

Wiesehöfer, Josef, Das antike Persien, Düsseldorf/Zürich 1993.

Ders., Kleinasien, in: DIE ZEIT. Welt- und Kulturgeschichte 2. Frühe Kulturen in Asien, Hamburg/Mannheim 2006, 253-276.

Wildberger, Hans, Jesaja. 1. Teilband: Jesaja 1-12 (BKAT X/1), Neukirchen-Vluyn 1972.

Ders., Jesaja. 2. Teilband: Jesaja 13-27 (BKAT X/2), Neukirchen-Vluyn 1978.

Wilhelm, G., La première tablette cunéiforme trouvée à Tyr, in: BMB 26 (1973), 35-39.

Willi-Plein, Ina, Prophetie am Ende. Untersuchungen zu Sacharja 9-14 (BBB 42), Köln 1974.

Wilson, John A., Ägypten, in: PWG 1 (Sonderausgabe 1991), 323-521.

Wilson, Robert R., The Death of the King of Tyre: The Editorial History of Ezekiel 28, in: Marks, John H./Good, Robert M. (Hg.), Love & Death in the Ancient Near East. Essays in Honor of Marvin H. Pope, Guilford (Connecticut) 1987, 211-218.

Winter, Irene J., Homer's Phoenicians. History, Ethnography, or Literary Trope? [A Perspective on Early Orientalism], in: The Ages of Homer. A Tribute to Emily Townsend Vermeule. Edited by Jane B. Carter and Sarah P. Morris, Austin 1995, 247-271.

Wischnowsky, Marc, Tochter Zion. Aufnahme und Überwindung der Stadtklage in den Prophetenschriften des Alten Testaments (WMANT 89), Neukirchen-Vluyn 2001.

Wiseman, D. J., A New Stela of Aššur-naṣir-pal II, in: Iraq 14 (1952), 24-44.

Witte, Markus, Die biblische Urgeschichte. Redaktions- und theologiegeschichtliche Beobachtungen zu Genesis 1,1-11,26 (BZAW 265), Berlin/New York
1998.

Ders., III. Schriften (Ketubim), in: Gertz, Jan Christian (Hg.), Grundinformation
Altes Testament. Eine Einführung in Literatur, Religion und Geschichte des
Alten Testaments. In Zusammenarbeit mit Angelika Berlejung, Konrad
Schmid und Markus Witte (UTB 2745), Göttingen 2006, 403-508.

Ders., Von den Anfängen der Geschichtswerke im Alten Testament – Eine
forschungsgeschichtliche Diskussion neuerer Gesamtentwürfe, in: Becker,
Eve-Marie (Hg.), Die antike Historiographie und die Anfänge der christlichen
Geschichtsschreibung (BZNW 129), Berlin/New York 2005, 53-81.

Wittmann, G., Ägypten und die Fremden, Mainz 2003.

Wöhrle, Jakob, Die frühen Sammlungen des Zwölfprophetenbuches. Entstehung
und Komposition (BZAW 360), Berlin/New York 2006.

Wolff, Hans Walter, Die Begründungen der prophetischen Heils- und Unheils-
sprüche (1934), in: Ders., Gesammelte Studien zum Alten Testament (TB
22), München 1964, 9-35.

Ders., Dodekapropheton 1. Hosea (BKAT XIV/1), Neukirchen 1961.

Ders., Dodekapropheton 2. Joel und Amos (BKAT XIV/2), Neukirchen-Vluyn
1969.

Wright, Jacob L., Rebuilding Identity. The Nehemiah-Memoir and its Earliest
Readers (BZAW 348), Berlin/New York 2005.

Würthwein, Ernst, Das erste Buch der Könige. Kapitel 1-16 (ATD 11/1),
Göttingen/Zürich ²1985.

Ders., Der Text des Alten Testaments. Eine Einführung in die Biblia Hebraica,
Stuttgart ⁴1973.

Ders., Der Ursprung der prophetischen Gerichtsrede, in: ZThK 49 (1952), 1-16.

Xella, Paolo, La Bible, in: Krings, Véronique (Hg.), La civilisation phénicienne et
punique. Manuel de recherche (HO I/20), Leiden u. a. 1995, 64-72.

Ders., Les sources cunéiformes, in: Krings, Véronique (Hg.), La civilisation
phénicienne et punique. Manuel de recherche (HO I/20), Leiden u. a. 1995,
39-56.

Yadin, Yigael, Art. Hazor, in: Stern, Ephraim u. a. (Hg.), The New Encyclopedia
of Archaeological Excavations in the Holy Land. Volume 2, Jerusalem 1993,
594-603.

Ders., Megiddo of the Kings of Israel, in: BA 33 (1970), 66-96.

Yon, M. L'archéologie monumentale partim Orient, in: Krings, Véronique (Hg.),
La civilisation phénicienne et punique. Manuel de recherche (HO I/20),
Leiden u. a. 1995, 119-131.

Ders., Les prospections et ‚surveys' *partim* Orient, in: Krings, Véronique (Hg.), La civilisation phénicienne et punique. Manuel de recherche (HO I/20), Leiden u. a. 1995, 85-105.

Yoyotte, J., Sur le voyage asiatique de Psammétique II, in: VT 1 (1951), 140-144.

Zawadzki, Stefan, Nebuchadnezzar and Tyre in the Light of New Texts from the Ebabbar Archives in Sippar, in: ErIs 27 (2003), 276*-281*.

Zenger, Erich, siehe unter: Hossfeld, Frank-Lothar.

Ziegler, Joseph, Die Bedeutung des Chester Beatty-Scheide Papyrus 967 für die Textüberlieferung der Ezechiel-Septuaginta, in: ZAW 61 (1945-1948), 76-94.

Ders., Das Buch Ezechiel, in: EB.AT 3, Würzburg 1958, 447-593.

Ders., Zur Textgestaltung der Ezechiel-Septuaginta, in: Bib. 34 (1953), 435-455.

Zimmerli, Walther, Erkenntnis Gottes nach dem Buche Ezechiel. Eine theologische Studie (AThANT 27), Zürich 1954.

Ders., Ezechiel (BKAT XIII/1-2), Neukirchen-Vluyn 1969.

Ders., Israel im Buche Ezechiel, in: VT 8 (1958), 75-90.

Zwickel, Wolfgang, Die Edelsteine im Brustschild des Hohenpriesters und beim himmlischen Jerusalem, in: Ders. (Hg.), Edelsteine in der Bibel, Mainz 2002, 50-70.

Ders., Färben in der Antike, in: Ders. (Hg.), Edelsteine in der Bibel, Mainz 2002, 41-44.

Ders., Art. Gebal, in: Calwer Bibellexikon 1 (2003), 399.

8 Stellenregister (in Auswahl)

| 60,13 | 186 |
| 66,19 | 198f |

Jeremia

1-24	275
6,20	208.220
8,22	218
10,9	198.213
13,9	272
16,4	26
21,13	89
22,24	76.242
23,30	89
25	275-282. 311
25,12	273
25,22	275.278-280.282
25,23	206
25,24	207
27	281f.312f
27,3	57.137.154. 281f.310
27,6-8	281
29	46
29,10	273
41,8	218f
46-51	276
46	278
46,9	194
46,11	218
47	277-281. 309.311f
47,4	277f.280. 282
49,8	207
49,28-33	221
50,31	89
51,25	89
51,40	221
52,4	183

Ezechiel

1-24	56
1-3	322
1,1-3	54
1,1	16.331
1,4	244
1,16	324
1,26	325
3	54
3,10-16	54
3,16-21	49
3,22-27	55
4-7	54
4,2	183
4,13	55
5	84
5,8	88
6,8-10	55
8-11	54.331
8,1	16.106
10	322
10,1	325
10,9	324
10,15	243
10,20	243
11,1-13	54
11,16	55
12,11	55
12,15f	55
12,21ff	54
13,8	88
14	73
14,1-20	54
14,14	73
14,21-23	54
15	335
15,1-6	54
15,1-4	53
15,6-8	54
16	273
16,13	219
16,19	219

16,29	300
17	54
17,1-18	54
17,1-10	335
17,4	300
17,17	183
17,19-24	54
18	49.54.73
19	54.56.335
19,1-9	53
19,1	85
19,10-14	53.335
20	54f
20,1	16
20,23	55
20,34	55
20,41	55
21,1-5	54
21,8	88
21,17	183
22,15f	55
23	53.273
24	32.49.54.56
24,1	16
24,25-27	54
25-32	49.55f.332
25f	72
25	60f.89f.331
25,3	61.88.203
25,5	61
25,6	61.88
25,7	61
25,8	61.88
25,11	61
25,12-14	57
25,12	61.88
25,13	207
25,15	61.88
25,17	61
28,20-26	60.331
28,35	55